Americana Eystettensia

27

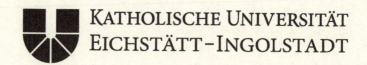

KATHOLISCHE UNIVERSITÄT
EICHSTÄTT–INGOLSTADT

Fútbol y sociedad en América Latina -
Futebol e sociedade na América Latina

Thomas Fischer
Romy Köhler
Stefan Reith
(eds.)

Iberoamericana - Vervuert • 2021

Impreso con el apoyo de la Fundación Konrad Adenauer
y la Asociación Alemana de Investigaciones sobre América Latina (ADLAF).

© Iberoamericana 2021
c/ Amor de Dios, 1
E-28014 Madrid

© Vervuert 2021
Elisabethenstr. 3-9
D-60594 Frankfurt am Main

info@ibero-americana.net
www.iberoamericana-vervuert.es

ISBN 978-84-9192-181-3 (Iberoamericana)
ISBN 978-3-96869-102-2 (Vervuert)
ISBN 978-3-96869-156-5 (e-Book)

Depósito legal: M-1385-2021

Diseño de la cubierta: a.f. diseño y comunicación

Foto de la cubierta: Daniel Kfouri

Este libro está impreso íntegramente en papel ecológico blanqueado sin cloro.
Impreso en España

Índice

PODER POLÍTICO

DESIGUALDAD DE GÉNERO

Fútbol y sociedad en América Latina: a manera de introducción

Thomas Fischer, Romy Köhler, Stefan Reith

Cuando algo que a uno le gusta está ausente, lo nota. De ello hemos podido darnos cuenta cuando, debido a la pandemia del covid-19, las ligas y los campeonatos nacionales e internacionales de fútbol interrumpieron sus operaciones por un tiempo indefinido. Si bien es cierto que no es aconsejable llenar los estadios con público mientras el virus siga matando a miles de personas, también lo es que los aficionados del fútbol no aguantarán mucho tiempo únicamente con transmisiones de sus equipos. No es lo mismo que marchar a los estadios con banderas y camisetas y llenar el ambiente con cantos y coros al hacer rodar la pelota. Este ritmo de vida, de momento, está detenido.

La fascinación de competir por un balón con dos equipos compuestos de once personas es compartida por Europa y América Latina desde hace más de cien años. Excepto en algunos enclaves en Centroamérica y el Caribe, el fútbol es el deporte rey en América Latina y en Europa para los jóvenes, los viejos, para los hombres y —cada vez más— las mujeres. Niños, jóvenes y adultos juegan partidos en su tiempo libre. Familias, amigos e hinchas están pendientes de "sus" clubes y equipos; participan, ya sea a través de su asistencia en el estadio o a través de la transmisión en la televisión. Los funcionarios profesionales y honoríficos se encargan de la organización de las agendas, la implementación de las reglas y los aspectos económicos. Los medios de comunicación, así como artistas e intelectuales, producen y reproducen análisis y narrativas que giran en torno al fútbol. Las corporaciones y empresas de fútbol dirigen y se benefician (o generan pérdidas) y los políticos tratan de hacer valer la publicidad y el despliegue mediático que el juego produce. El fútbol es un deporte que se practica en muchos lugares y que emociona a la gente de todas las clases sociales. En el fútbol y a través de él, se organiza buena parte del tiempo libre, se da sentido a la vida y se negocian identidades de género, de etnia, de nación y de otras comunidades. Podría decirse que América Latina ha presenciado una "futbolización".

No cabe duda de que existe un espacio de actores, conocimientos, discursos e instituciones europeo-latinoamericanos de fútbol. Es por ello que debe importar a las ciencias sociales y humanidades. Eso es lo que ha pasado en el Nuevo

Mundo, donde los estudios sobre el fútbol han conseguido una gran visibilidad a través de grupos de trabajo, publicaciones, revistas, obras colectivas, congresos y cátedras. Realmente, uno no deja de sorprenderse por cómo, a partir de los años ochenta del siglo pasado, el tema del fútbol se ha establecido en los círculos académicos en y sobre América Latina como un asunto relevante. En particular, se han desarrollado las siguientes líneas de investigación:

1. Muchos investigadores e investigadoras dedican sus estudios a los espectadores, los hinchas, así como su constitución, su composición, sus lugares de reunión, sus símbolos y rituales y sus demás actitudes para diferenciarse de los aficionados de otros equipos.

2. La construcción de identidades colectivas y el papel que tienen los imaginarios compartidos por ciertos grupos en la inserción de estas comunidades en la sociedad, así como los cambios transculturales que el fútbol produce, son otros temas estudiados. En particular, se investiga a los hombres (la masculinidad), las mujeres y los géneros, las clases sociales, los jóvenes, así como a las comunidades étnicas y sus representaciones.

3. Otros tantos estudios, inspirados por las tesis de Benedict Anderson sobre las comunidades nacionales, se centran en los medios de comunicación que relatan el fútbol y lo comentan, reproduciendo fotografías o grabando momentos claves. Estos estudios amplían nuestros conocimientos sobre la creación de lenguajes, leyendas, mitos, discursos y narrativas. Se incluye a menudo el papel que tienen el Estado y la política. La prensa, los semanarios especializados, la radio y la televisión están igualmente en la mira. Además, se considera a los agentes en el proceso de comunicación, los comunicadores, y las técnicas que adoptan para narrar el fútbol, así como el lenguaje de los textos e imágenes que producen.

4. No debemos olvidar los estudios sobre la violencia vinculada con los espectáculos futbolísticos y las divergentes ideas, prácticas y doctrinas de la gestión de la seguridad relacionadas con ello. Esto no se refiere solamente a las medidas adecuadas que se deben tomar, sino también a la responsabilidad de los clubes y asociaciones de fútbol y del Estado. La violencia se expresa de manera física-corporal, pero también debería ser entendida como una lucha de significados.

5. Finalmente, en los últimos años empezaron las investigaciones sobre las implicaciones políticas, económicas y sociales de megaeventos y espectáculos como la Copa del Mundo en Brasil en el año de 2014. El tema de la "canibalización" del fútbol y la expropiación de los lugares de las hinchadas por los grandes medios masivos y las empresas transnacionales se puso sobre el tapete. La gobernanza del fútbol comercializado, el fútbol mercancía, merece ser estudiada.

A la hora de haberse institucionalizado el fútbol como campo de investigación en gran parte de América Latina, los miembros de la Asociación Alemana de Investigaciones sobre América Latina (ADLAF), en su reunión en el año 2016, tomaron la decisión de dedicarse a este gran tema en su próximo congreso. El comité de organización de la ADLAF del congreso "Fútbol y Sociedad en América Latina", compuesto por Thomas Fischer, Romy Köhler, Karen Macknow Lisboa, Anika Oettler, Stefan Reith y Stephanie Schütze, pidió en su convocatoria presentar ponencias sobre temas, debates y controversias vigentes, que adoptan perspectivas y enfoques con potencial innovador. De esta manera, el congreso "Fútbol y Sociedad en América Latina" tuvo lugar en junio de 2018 en la Academia de la Konrad-Adenauer-Stiftung en Berlín, patrocinado por esta misma fundación. Fue uno de los más grandes eventos científicos sobre el fútbol latinoamericano y el mayor en el continente europeo.

Aquí se exponen las pesquisas presentadas desde hace dos años. A partir de la tesis de que tal cosa como "el" fútbol latinoamericano no existe, las autoras y los autores de este compendio exploran facetas de la "futbolización" a nivel local, nacional y global —a menudo con una perspectiva histórica—. Desde diferentes micro y macroperspectivas, ponen de relieve (re)construcciones de pertenencia y exclusión en formaciones cambiantes de identidad comunitaria en base a distinciones de género, etnicidad y raza o de estilo. Que haya, además, análisis sobre las construcciones de pertenencia en los juegos de pelota indígena prehispánicos y contemporáneos, representa otra característica destacable de este volumen, que al mismo tiempo se inscribe en la larga tradición académica alemana de estudios sobre los pueblos amerindios. La lucha permanente por el poder político sobre la cancha y sus actores principales y el rol de los medios de comunicación, de la literatura y de las representaciones visuales son otros ejes a partir de los que se estudian las relaciones dinámicas entre fútbol y sociedad en América Latina. Basándose en tradiciones y lógicas metodológicas disciplinarias diversas, los ensayos invitan al debate transdiciplinar. El compendio está organizado en dos ensayos introductorios acerca del campo de fútbol y la sociedad y en siete campos temáticos. Ojalá sea el punto de partida de un intercambio académico transoceánico e transdiciplinario más intenso, que impulse nuevos estudios.

FÚTBOL, HISTORIA, SOCIEDAD

Contar la historia del fútbol en América Latina[1]

Thomas Fischer

En América Latina el fútbol es —con excepciones que merecen ser explicadas— el deporte rey. Durante la larga tradición de practicar, comentar y consumir este deporte colectivo, se ha mantenido la fascinación sobre él. Si bien queda comprobado que el fútbol nunca fue una mera moda capaz de perderse de un día para otro, durante casi un siglo las ciencias sociales y las humanidades lo trataron de manera poco frecuente. Este desinterés académico terminó a partir de los años 80 del siglo pasado, con la aparición de algunas investigaciones pioneras hechas con rigor científico. Una década más tarde, cuando el fútbol del Nuevo Mundo celebró su centenario de existencia, los primeros estudios sobre su historia salieron a la luz. Estas indagaciones, principalmente acerca de los países en el Cono Sur, se hicieron con enfoques nacionales, locales, barriales y clubales. A día de hoy, son pocas las monografías nacionales, locales y clubales sobre la historia del fútbol en América Latina; entre las obras que ofrecen un panorama general merecen ser mencionadas las del antropólogo Pablo Alabarces (2018) y la del periodista Andreas Campomar (2014).

Este ensayo se dedica a la historia de la historia del fútbol en el continente americano, delimitándose a Sudamérica —donde todo empezó—. Es un estudio que pretende enfocarse en los protagonistas de la historiografía, los cronistas y los académicos. Se quieren explorar los objetivos que persiguen, la metodología que usan, los enfoques que adoptan y los temas que les interesan. De esta manera se quieren poner de relieve los momentos de cristalización de la producción y circulación historiográfica del fútbol.

La labor de los cronistas

Desde el momento en que el fútbol llegó a América Latina lo hizo acompañado de los medios de comunicación masivos. En los espacios que prestaron al fútbol los comentaristas de deporte, intelectuales y expertos presentaron al público interesado sus variados análisis. En Buenos Aires, Montevideo, Río de Janeiro y São Paulo esto sucedió a partir de la segunda década del siglo xx.

---

[1] Se agradecen los comentarios de Nelson Chacón.

Pusieron sobre el tapete aspectos variados como las opiniones acerca del concepto ético y físico del fútbol, de los lugares urbanos que ocupó, los significados que los estadios evocaron, las emociones que el juego despertó, los procesos de inclusión y exclusión que impulsó y los estilos de juego que generó. Estos temas requerían cada vez más espacio en los diarios, semanarios y revistas especializadas en deporte. *La Gazeta — Edição Esportiva* (São Paulo), *O Jornal Dos Sports* (Río de Janeiro) o *El Gráfico* (Buenos Aires) publicaron tanto textos escritos como fotos y caricaturas. A esto se agregó que ya a partir de los años veinte empezaron las transmisiones radiales en vivo.

Algunos de los comentaristas fueron llamados por sus contemporáneos "cronistas". Dado que informaron periódica y continuamente sobre los partidos, los jugadores, los técnicos y los lugares donde se jugaba y gozaba el fútbol, los receptores de estos relatos los usaron como referentes del recuerdo[2]. Con el tiempo, los "cronistas" empezaron a escribir algo más que simples reportajes y análisis inmediatos, como es el caso de las columnas, es decir, miradas más reflexivas y contextualizadas sobre aspectos particulares que consideraron típicos del juego. Algunos de ellos produjeron ensayos y monografías en las cuales solían incorporar mayores cantidades de datos históricos. Varios clubes también celebraron aniversarios de fundación y fechas relevantes de su existencia a través de conmemoraciones; en estos textos, en los que también se incluyeron fotografías y entrevistas, recordaron lo que consideraron los hitos y las derrotas individuales y grupales, así como momentos difíciles de la historia de los clubes. De esta manera, rescatando el pasado y dándole sentido en el presente —bien sea afirmando un comienzo, un momento fundador, un punto de partida, una tradición, un desarrollo, una reforma, o bien una ruptura— se construyó memoria. En este mundo del recuerdo también tenían lugar momentos de grandes sorpresas, eventos de gloria y de tragedia. Dicha memoria iba más allá de la memoria comunicativa de los jugadores, los hinchas, sus familias y el público general, anclada en experiencias personales y colectivas (Assmann 1988: 10s.) Los relatos del pasado, entonces, llevaron a conformar la identidad histórica de los sujetos individuales o bien colectivos. Cabe señalar que se sintetizó el pasado también para tener esperanzas, energía y motivación para hacer futuro (Rüsen 2013: 270s.).

Algunos de estos "cronistas" destacados se pueden considerar como "emprendedores de memoria" en la lucha por el sentido que se da al pasado[3]. A la hora de consolidarse el juego del fútbol, a este pequeño grupo de periodistas

---

[2] Sobre el papel de los medios de comunicación para la formación de memoria colectiva, véase Wolfram Pyta (2015).

[3] Se toma prestada la expresión "emprendedores de memoria" de Jelin 2002: 48-51.

se sumaron algunos publicistas e intelectuales. Quizás el más conocido en el Cono Sur era Mário Filho. Cabe señalar que su narrativa sobre el comienzo y la transformación del fútbol carioca y del Brasil entero se arraigó en la pasión por este juego. Impulsado por su *paixão*, Filho hizo una continua observación de los partidos y, a raíz de esta práctica, se desarrolló una rutina para comentarlos en los espacios que le ofrecieron los medios masivos. Así como el fútbol se profesionalizó a partir de los años treinta con jugadores pagados, Mário Filho se convirtió en "cronista", persona que contaba semanalmente, como una novela por entregas, "el fútbol". Por ejemplo, inventó nuevas palabras, dando nombres a los futbolistas, y usó un lenguaje afectivo. Contó la historia del fútbol que él había visto con sus propios ojos. Dicho con otras palabras, percibió y analizó conceptos fundamentales del fútbol que él vio, lo relató, ponderó ciertos aspectos del juego y omitió otros y, así, aportó a la construcción e invención del propio deporte. Las entrevistas de Mário Filho con jugadores, pero también con *torcedores*, dirigentes, entrenadores y otros personajes del *futebol*, publicadas a partir de 1930 en *O Globo* (Río de Janeiro), enfatizaron aspectos como la biografía de los jugadores y sus orígenes sociales. Y en su columna "Primeira fila" —publicada a partir de 1942 en el mismo periódico— se presentó por primera vez como historiador.

Desde ese espacio, el relato del *futebol brasileiro* evolucionó y maduró en cuatro libros. De estos, el texto canónico, donde se consagraba la llegada del fútbol con toque inglés, la profesionalización, la apropiación del juego por los sectores populares, la entrada de los afrobrasileiros y su repercusión sobre el fútbol, fue "O negro no footeball brasileiro", publicado en 1947 por Irmãos Pongetti Editores. Para tejer su texto, Mário Filho, oriundo de Recife, se basó principalmente en sus experiencias y observaciones de campo. Se nutrió de los "relatos dispersos coletados ao longo de anos e que precisavam ser articulados em torno de uma narrativa que lhes desse coesão" (Da Costa 2010: 26). Apelando a la autoridad del oficio del historiador, Filho quería que se entendiera su trabajo como el fruto de una intensa pesquisa. "Não, eu não usei a imaginação", puntualizó, mostrando el *habitus* de un historicista (Da Costa 2010: 27). Con su método de documentación rígida e interpretación cautelosa, quería diferenciarse de la literatura ficcional. Hoy día podríamos decir que desarolló una estrategia narrativa. Presentó hechos cronológicos, enfocándolos y organizándolos en perspectiva histórica; se centró en los desarrollos y cambios que él consideraba esenciales. Estos desarrollos se notan claramente en la organización temática del libro, dividido en cuatro capítulos: "Raízes do saudosismo" (sobre los comienzos con fuerte influencia inglesa), "O campo e a pelada" (datos de la cronología futbolística entre 1910 y 1930, ingreso de trabajadores al fútbol, popularización y nuevas instituciones creadas), "A revolta do preto" (intentos de rebeldía de afrodescendientes y estrategias de control por las élites) y como apogeo de este relato "A ascensão social do negro" (profesionalización y levantamiento de la discriminación).

En este libro, Mário Filho partió de la premisa de que el fútbol era el escenario donde las comunidades negras, excluidas del acceso al capital económico, podían compensar esta desventaja estructural, gracias a la ventaja comparativa otorgada por su condición física y cultural. El autor percibió el fútbol en el sentido de Bourdieu, como un campo donde se luchaba por posiciones; pensaba que allí las comunidades negras (masculinas) podían alcanzar mejor la "democracia racial" propuesta por el sociólogo-antropólogo Gilberto Freyre (quien escribió el prefacio del libro). Los protagonistas principales para probar su tesis del ascenso social de los afrobrasileiros como vanguardia del "homem brasileiro" eran Arthur Friedenreich, Carlos Alberto, Manteiga, Feitiço y Leônidas (o "Diamante Negro"). Mário Filho llegó a afirmar que en la sociedad entera debería pasar lo mismo que en el *futebol*. En fin, esta armonía social era una propuesta más bien voluntarista para cambiar la identidad brasileña. Es más, quizás el fútbol ni siquiera fue el laboratorio utópico percibido por parte de la vanguardia intelectual brasileira y carioca contemporánea. Al fin y al cabo, el mismo autor tenía que admitir en la segunda edición, de 1962, que el racismo no había llegado a su fin.

No obstante, la tesis de la historia de Mário Filho persistió en algunos contextos. Antonio J. Soares, académico de las Ciencias del Deporte, destacó en el año 2000 el papel del cronista brasileño, considerando su texto como algo emblemático, un hito en la invención de una tradición. Según esta lectura, Mário Filho sería entonces el arquitecto de un relato mítico. Alegó: "A carência de historiografia sobre o futebol converteu o NFB [O negro no football brasileiro] em clássico, na verdade em laboratório de provas, sem passar pelo rigor da crítica" (Soares 2000: 114). Tildando a Mário Filho de freyreriano, este autor criticó a los representantes de casi medio siglo de la historia del fútbol por su falta de rigor metodológico, pereza y oportunismo, ya que se quería evitar deconstruir la narrativa de Mário Filho.

Los logros de la antropología y la sociología histórica

Pasaron casi cien años hasta que las ciencias sociales y humanas empezaron a interesarse por el fútbol. En este tiempo, no solamente cambiaron los significados que se produjeron y los rituales que se llevaron a cabo, sino también varias generaciones de futbolistas cedieron sus puestos a otros. Las modificaciones también fueron notables en la implementación de nuevas tácticas. Por otra parte, los hinchas se recompusieron, aparecieron otros lugares donde se practicaba y observaba el fútbol. Además, los medios de comunicación también se modernizaron. A esto se agregó que la organización del fútbol a través de las asociaciones y clubes a nivel regional, nacional y transnacional se reconfiguró, así como los modelos de financiación. ¿Por qué esta ausencia, por qué este silencio de las ciencias sociales y humanas acerca de la historia del fútbol a pesar de que —como hemos visto— los futbolistas, los hinchas y otras personas relataron, consumieron, construyeron y conmemoraron el pasado? Este tema no se ha estudiado a fondo. Lo cierto es que una respuesta preliminar debería mencionar que los científicos de los años 50, 60 y 70 se ocuparon en su mayoría de los grandes temas del desarrollo, de la urbanización, de la modernización, del estado y de la política. Además, en los años 60 ya empezó la coyuntura dictatorial y de política inestable que hizo difícil la vida a muchos científicos innovadores (Bruno 2010: 116). Esto podría explicar el retraso en el estudio del fútbol en América Latina (Ribeiro 2014: 198).

Ahora bien, con la recuperación de la autonomía académica a partir de los años ochenta, las humanidades y las ciencias sociales se empeñaron a diseñar nuevos proyectos de investigación, cuestionando ciertos paradigmas y premisas preexistentes. No solamente se produjo una "relectura crítica del pasado historiográfico" (Bruno 2010: 2019), sino que fue en ese contexto donde arrancaron los estudios del fútbol. Estas investigaciones podían recurrir a los debates generales acerca de los conceptos de la profesionalización y la institucionalización, la incorporación social y étnica, la organización del espacio urbano, el ocio o el aspecto lúdico del tiempo libre para estudiar científicamente los cambios sociales que se habían producidos en y a través del fútbol. Los análisis del mismo también adoptaron nuevos enfoques desde Europa y EE. UU. Cabe mencionar que en los estudios del deporte se produjo un giro hacia lo cultural (Sazbón 2011: 148, 152). Es decir, se empezaron a "leer" el deporte, en general, y el fútbol, en particular, a explorar los sentidos que generaban y a estudiar sus representaciones, discursos, rituales y mitos. Se quería entender la corporalidad, las imágenes que evocaban y las emociones que despertaban. Los primeros estudios historiográficos de las ciencias sociales y humanas estuvieron influidos por este escenario.

Varios de los pioneros de la nueva historia del fútbol latinoamericano han sido oriundos de Argentina. Uno de ellos era Eduardo P. Archetti, que tenía formación como antropólogo y sociólogo. Vale la pena mencionar su vida académica. Archetti pasó buen tiempo de su carrera fuera de su país. Después de finalizar sus estudios en Córdoba y Buenos Aires, estuvo en París. Pasó el año emblemático de 1968 en la capital francesa, donde no solamente conoció el movimiento estudiantil y obrero, sino también tuvo contacto con profesores de la antropología social. Hizo su tesis de doctorado, supervisada por Maurice Godelier, titulada *Economie et organisation syndicale chez les colons du Nord de Santa Fe, Argentine,* y la defendió en la Universidad de Oslo en el año del golpe, en 1976. Allá se quedó. Fue nombrado director del Departamento de Antropología Social, función que empeñó hasta su muerte, en el año de 2006. En Escandinavia, en una *scientific community* transnacional, se dedicó al estudio de fenómenos rurales y de desarrollo, principalmente en América Latina, pero también al fútbol de su país, hasta que finalmente, en el año de 1999 —en Inglaterra—, publicó el libro *Masculinities: football, polo and tango in Argentina* y, dos años después, *El potrero, la pista y el ring. Las patrias del deporte argentino.*

A Archetti le interesaban los juegos y los placeres de los hombres. Según este investigador, el fútbol, el polo y el tango eran los juegos masculinos por excelencia. Observó que estas inclinaciones para pasar el tiempo libre persistieron y, de allí, asumieron la característica de ser fenómenos que generaron identidad cultural nacional. Al argentino emigrado a Escandinavia le interesaban los lugares —el potrero, la pista, el *ring*— como lugares y referentes de producción identitaria. En lo que concierne el fútbol, Archetti quería estudiar cómo se construyeron los relatos que sus compatriotas le contaron y cómo llegaron a ser un componente imprescindible de la narración icónica de la nación. Estudió los aportes de sus compatriotas sobre los orígenes ingleses del fútbol y su transformación en un juego con un toque criollo. Afirmó: "Such accounts are periodically reproduced in the sport magazines. Recently, television programmes have been showing, in a systematic way, the history of Argentinian football" (Archetti 1999: 51). Los periodistas y los "cronistas", entonces, alimentaron la memoria. Quedándose con la inquietud de la veracidad de dichas afirmaciones, Archetti hizo un análisis cuidadoso de las primeras décadas, basándose en *El Gráfico*, "la Biblia del deporte argentino", revista de alta circulación, durante su sabático en 1994. Fue así como Archetti se convirtió en un antropólogo crítico que quería deconstruir los comentarios, discursos e imaginarios que rodearon el fútbol. El lugar donde se jugó, el "potrero", era el espacio en el que el territorio y la pertenencia de la población urbana eran negociados. "El potrero" se convirtió para la población masculina urbana en un referente mítico, igual que la Pampa para la gente del campo. El primer texto de esta investigación se publicó en el siguiente año (Archetti 1995). El estilo "criollo" fue acuñado, según Archetti, por las comunidades de inmigrantes, que mostraron en el juego el individualismo, la creatividad, la agilidad y la sorpresa (que resultaba a menudo al pasarse por alto las reglas). El estilo "criollo" se manifestó en el toque o el *dribbling*, según la necesidad de la dinámica del juego. Esta forma de jugar fue asociada, primero, con la figura del "pibe", protagonista y representante de la libertad, quien rompió, con su forma expresiva y espontánea, con el juego disciplinado y subordinado al colectivo de los *gentlemen* de la época pionera —estilo de juego considerado como "frío" y "mecánico"— y, segundo, a nivel de clubes, con River Plate, percibido como el equipo cuyos jugadores generaron un juego arraigado en el arte de la improvisación. Este estilo también fue adoptado por la selección, que era exitosa a nivel internacional. Archetti entendió el fútbol como componente crucial de la nación, como deporte de masas, al polo como el juego de los adinerados propietarios en el campo y el tango como la diversión de noche de la población urbana. Todo eso, según él, se añadió al cosmos simbólico de la nación, al igual que la figura del gaucho de Lugones y Riojas, conformando de esta manera un constructo híbrido (masculino) con un fuerte ingrediente italiano, español y argentino nativo.

Con todo, el aporte de Archetti consistió en llamar la atención sobre el relevante papel del fútbol para la construcción de la identidad colectiva. Este autor añadió un componente popular al discurso sobre la nación cultural de Argentina. Se pareció a Mário Filho en su pasión por el fútbol. Igual que el brasileño, quería entender la nación (argentina), y la historia del fútbol (y otros placeres de los argentinos). Contextualizó el juego, ramificándolo con información sobre los momentos de cambio social y modernización económica. En cuanto al método, introdujo en su visión histórica la perspectiva comparativa (con el polo y el tango hacia adentro y con el fútbol europeo hacia afuera). De hecho, el juego de fútbol que se define por la competencia invita a hacer comparaciones (Werron 2015: 20). La narrativa de Archetti fue más analítica que la del "cronista", ya que elevó al fútbol, con su enfoque antropológico, a un nivel más generalizado. Gracias a su análisis innovador y quizás también a publicar no solamente en español, sino también en inglés, llamó la atención de la *cientific community* transnacional en el tema del fútbol; esto impulsó a investigadores anglosajones, franceses y alemanes para llevar a cabo estudios de casos sobre otros países. Archetti también hizo un aporte significativo en que se construyera cada vez más una comunidad epistemológica de futbólogos que trabajaron la historia (y la actualidad) de manera multi y transdiciplinaria.

En cuanto a Argentina, fue ante todo el antropólogo y sociólogo Pablo Alabarces, con un PhD de la Universidad de Brighton, quien continuó la empresa iniciada por Archetti. Alabarces se ocupó de las narrativas nacionales del siglo XX, a través del lente del fútbol. Esto se observa especialmente en su descripción del peronismo y de Maradona, a quien ve como síntesis de lo genial, de la rebeldía y la (auto)destrucción. La narrativa histórica de Alabarces termina cuestionando la mercantilización del fútbol, que a partir de los años 90 del siglo pasado ya no podía aglutinar la misma cohesión e identidad nacional de tiempos pasados (Alabarces 2008). Enfatiza el papel de la cultura popular, las prácticas desarrolladas en el tiempo libre, las formas de sociabilidad, los placeres y el lenguaje que usan los hinchas. Alabarces fundó el estudio de las hinchadas como agentes del campo de fútbol, con sus organizaciones, alineamientos, rituales, costumbres y formas de vestirse (Alabarces/Rodríguez 2008). No se contentó con formar ——en la Universidad de Buenos Aires donde enseña e investiga— a una generación de jóvenes investigadores, sino que también colaboró activamente en un grupo de trabajo del Consejo Latinoamericano de Ciencias Sociales (CLACSO). Además, mantiene una red de intercambio investigativo con otros países en América Latina, Estados Unidos e Inglaterra. Su último aporte es la *Historia mínima del fútbol en América Latina* (2018), en donde intenta —a pesar de grandes lagunas de investigación— sintetizar las divergentes historias nacionales que ponen de relieve aspectos particulares, como la difícil construcción del fútbol latinoamericano y la inclusión/exclusión étnica en el fútbol. Alabarces es, como casi todos quienes trabajan la historia del fútbol, apasionado por el fútbol e hincha. De allí que no solamente se interese por el tema de la nación a través de este deporte, sino que también se preocupe por las recientes tendencias y desarrollos investigativos.

Casi todos los científicos de América Latina que estudian temas de historia del fútbol son académicos con corazón y emociones, son comprometidos. Viven y sufren los hechos, eventos y transformaciones del fútbol y tratan de establecer con rigor metodológico una visión distante de los intereses particulares y de las emociones inmediatas acerca del pasado. Sienten que tienen una deuda con el público y es por eso que dan entrevistas, publican blogs y *podcasts* y/o colaboran con museos o talleres con hinchas. En el mundo anglosajón se diría que son representantes de la tendencia historiográfica de *public history* (Cauvin 2018). No son pocos los que no solamente son académicos, sino también emprendedores de la memoria.

Otro país en el que se produjo un despegue de los estudios del fútbol es el Perú. El interés por este deporte se debe principalmente a Aldo Panfichi, sociólogo con PhD de la New School of Social Research en Nueva York. Panfichi, catedrático en la Pontificia Universidad Católica del Perú, se interesa por la desigualdad urbana, el autoritarismo, los jóvenes y la violencia y es a través de estos temas como entró, en la segunda mitad de los años noventa del siglo pasado, en la investigación sobre el fútbol peruano. Panfichi se centra ante todo en los clubes de Lima y las barras bravas. En el año de 2008 publicó en su compendio *Ese gol existe,* estudios supervisados parcialmente por él mismo, apoyando el trabajo en fuentes periodísticas. Los temas que se abordaron, entre otros, fueron el comienzo de los clubes en la capital del Perú, contextualizándolos en el asociacionismo, la participación de los sectores populares en el fútbol y su apropiación por ellos, la historia del "clásico", el desarrollo de imaginarios de clubes y la experiencia del equipo nacional en los Juegos Olímpicos de 1936[4]. De una u otra manera en estos ensayos el fútbol también es un

---

[4] Este compendio fue reeditado en el año de 2016. Los temas mencionados se refieren a los siguientes artículos: Gerardo Álvarez sobre "El fútbol en Lima: actores e instituciones

lugar de negociación étnica y de sus posiciones en la sociedad. Asimismo, el propio Panfichi publicó en el año 2018, junto con Gisselle Vila Benites, Noelia Chávez y Sergio Saravia López, una monografía sobre la historia de la organización del fútbol peruano. Los autores denominan el enfoque teórico de su libro "sociología histórica" (Panfichi/Benites/Chávez/Saravia López 2018: 17). Las instituciones del fútbol, ante todo los clubes, son entendidas como débiles y poco democráticas, dominadas por el clientelismo, la lucha fratricida y el personalismo. Este diagnóstico converge con los resultados de las investigaciones en Argentina y en Brasil. En estos países, se ha subrayado la paradójica condición del fútbol, por un lado, caracterizado por su popularización y, por el otro, por la continuidad de la dominación elitista. De hecho, las élites nunca consideraron necesario legitimarse a través de su efectividad y mediante el servicio prestado a la población, sino que instrumentalizaron las instituciones futboleras para asegurar sus propios privilegios, para mantenerse en el poder y aumentarlo. Esta práctica es bautizada por los autores como "patrimonialismo" (Panfichi/Benites/Chávez/Saravia López 2018: 20-29). A su vez, se afirma que en la organización de los torneos, federaciones y el equipo nacional imperaban a lo largo del siglo XX también intereses particulares y políticos, es decir, otros que los meramente deportivos.

La historia social y cultural del fútbol

La disciplina de la historia que se empeña *ex officio* del pasado también se demoró para insertarse en el campo de la investigación del fútbol. Al principio prevaleció el enfoque de historia social, en aumento en América Latina y ya en descenso en Europa y EE.UU. (Nathaus 2012). La historia social pretendía estudiar el cambio y el desarrollo de la sociedad, destacando la relación entre grupos sociales, clases, *milieus*, capas, generaciones y géneros. También se analizaban las condiciones de vida, la organización de los actores de la sociedad civil y grupos de interés, los movimientos sociales, así como sus protestas y resistencias. Con estos esquemas se podían, además, estudiar muchas facetas

---

(1892-1912); José Deustua/Steve Stein/Susan C. Stokes: "Entre el *offside* y el chimpún: las clases populares limeñas y el fútbol, 1900-1930"; Martín Benavides: "De la fundación a la invención de la tradición aliancista: el Alianza Lima, club de 'obreros', de 'negros' y de 'La Victoria'"; Jaime Pulgar Vidal-Otálora: "A bastonazo limpio: la historia del primer clásico del fútbol peruano"; Luis Carlos Arias Schreiber: "Berlín, 1936: la verdadera historia de los Juegos Olímpicos peruanos"; Efranín Trelles Aréstegui: "Navidad y Reyes, la disputa del balón y el poder"; Carlos Aguirre: "Los usos del fútbol en las prisiones de Lima (1900-1940)".

de la historia del fútbol. La historia social se reformó rápido y se sumó a partir de los años noventa a la (nueva) historia cultural del fútbol. Esta tendencia enfocó los rituales, las costumbres, las formas de vestirse, los lugares apropiados y construidos por grupos (en particular, los hinchas), los estadios y las performances. Se estudió a los hinchas, con sus imaginarios, deseos y agencias que producen sentidos e identidades, lo popular y lo masivo en sus representaciones. También se analizaron los discursos y representaciones. No podía faltar el gran tema de la inclusión y exclusión étnica. Finalmente, empezaron a salir los primeros estudios de la historia global del fútbol, tendencia que quiso ver a este juego a través de la dinámica de los entrelazamientos transnacionales e internacionales (Fischer 2020).

La historia social, la historia cultural y la historia global aprovechan los enfoques, los conceptos y las teorías desarrollados por las ciencias vecinas. Si bien en la disciplina de la historia —igual que en otras— se hace valer la hermenéutica, esta se distingue de la sociología (y la antropología) histórica (Rüsen 2013: 57). Su valor, autoridad y prestigio consisten en la aplicación rígida de su método, en la forma en que se buscan, ordenan e interpretan las fuentes para comunicar los resultados en medios especializados a la comunidad científica o bien a un público más amplio. La disciplina de la historia pretende que, de esta manera, se pueden establecer verdades, a veces ocultas, sobre el pasado.

El pionero de la nueva historia del fútbol latinoamericano es Julio Frydenberg. Este argentino es doctor de la Universidad de Buenos Aires y es allí donde investiga y enseña. Cuando salió su *Historia social del fútbol* ya había publicado, a lo largo de dos décadas, una veintena de ensayos que giraron en torno a los temas de esta obra. Enfatizó el autor: "En este libro prestaremos especial atención a la vida de los grupos sociales mayoritarios y su cultura, con el propósito de contribuir a la comprensión y el reconocimiento de ciertos procesos que aún no han sido suficientemente analizados" (Frydenberg 2011: 13). Su texto no es precisamente lo que se promete en el título, es menos: tan solo se abarcan en dos partes, organizados en diez capítulos, una introducción y un epílogo, los inicios del deporte y los años veinte. Y el estudio se delimita únicamente a Buenos Aires. Pero, a menudo, menos suele ser más. Realmente el autor ha elaborado su texto muy cuidadosa y cariñosamente. Contextualiza el fútbol en el comienzo del deporte en la sociedad porteña, abarcando las tres primeras décadas del siglo XX. ¿Qué le interesa? Insiste en que, precisamente durante el periodo bajo consideración, el mundo masculino se apropió del fútbol y lo incorporó a la vida cotidiana de los sectores populares urbanos en las barriadas; allí, los sujetos dedicaron tiempo natural, sentimientos y ética a este deporte. Su libro es un texto sobre la construcción de redes constitutivas de la sociedad civil, sobre la vida barrial y su intersección con el fútbol, a través de rituales colectivos e individuales, hábitos, valores, pasiones, rutinas y su transformación en un espectáculo. Se explora la consolidación y apropiación del juego, a través de la increíble popularización del fútbol, el desarrollo de las prácticas deportivas, los debates y discursos que lo rodearon, todo esto más o menos hasta los años veinte del siglo pasado; esto se explica considerando históricamente los hombres que participaron, los hinchas que lo consumieron, la puesta en escena del juego y el espectáculo, la calidad de un deporte profesionalizado, masivo y hegemónico. Este estudio fue ejemplar e inspiró varios estudios parecidos. Entre las fuentes consultadas prevalecen la prensa capitalina, los semanarios, las revistas especializadas y las publicaciones que representan a los sectores populares.

La primera parte aborda los comienzos del fútbol y la fundación de clubes por los ingenieros y obreros británicos de la construcción y el manejo de líneas ferroviarias, empresas mercantiles y financieras. Algunos miembros de la élite y empresarios provenientes de otras naciones también se organizaron en clubes que integraron las ligas. Dichas ligas tenían múltiples fusiones y divisiones. A los clubes se les concedió escoger a sus socios; determinaron las condiciones acerca del pago de las cuotas del ingreso y otras cosas. Se distinguieron por las banderas y los colores de las camisetas. Los que se formaron, en un inicio, hablaban en inglés. En las ligas oficiales e independientes se institucionalizó la idea de la competitividad entre equipos, aunque, al parecer, les tomó un tiempo, tanto a los jugadores como al público, implementar el criterio de que perder pertenecía a las reglas del juego. A esto se sumó que las ligas malgastaron la oportunidad de formar un cuerpo profesional de árbitros para implementar las reglas y poder sancionar a los que no las respetaban. Estas normas se enseñaban en las escuelas y colegios británicos.

El fútbol "fue un compromiso corporal y afectivo mayor, cuya práctica e identidad se forjaron en torno a los lugares de residencia, trabajo o educación de sus practicantes", alega Frydenberg (Frydenberg 2011: 56). La apropiación de este juego como práctica popular se interpreta en relación con el auge del espectáculo y el rol que jugó el deporte en la prensa. Era todo un movimiento asociativo y de equipos espontáneamente conformados por jóvenes. Los niños que no tuvieron ni club ni cancha empezaron a jugar en las calles, plazas, parques o en los terrenos baldíos. El autor hace hincapié en cómo la prensa, ante todo la argentina, formó parte de este proceso, alimentando al público con información, comentarios de expertos, sensacionalismo y parcialidad. En particular llama la atención en la construcción de la figura del *sportsman* como ejemplo moralista del *fair play*, que también fue transferido a otras ramas de la sociedad, la idea de la competitividad y la rivalidad que desembocaba en el deseo de la victoria y —a menudo— en la construcción de enemigos.

La segunda parte se concentra temporalmente en los años veinte del siglo pasado, época en la que se dio la transformación de "la ciudad del vecindario" a la "gran urbe de los barrios". Se señalan los vínculos de los barrios nacientes con el mundo del fútbol, entonces organizado por instituciones deportivas, acompañado por los medios; acá se dan los comienzos del fútbol institucionalizado. Frydenberg, a diferencia de Archetti, quien asoció la idea del "potrero" al paisaje rural de la Pampa, es decir, con potencial de construir una dimensión nacional, insinúa que el imaginario espacial de los porteños no iba más allá de los barrios. Partiendo de los barrios, el fútbol movilizaba a decenas de miles de espectadores que iban a los grandes estadios y, de esta manera, se estaba estructurando el ritmo semanal y anuario de las masas. Los grandes y medianos estadios no solamente sirvieron para ver a los equipos del corazón, sino también —esto era cierto sobre todo para las mujeres— para ser observados.

Aparte del estadio, otro emblemático lugar barrial del mundo futbolístico era el café. Allí, el fútbol llegaba a los sectores populares de la calle y, entre ellos, a muchos jóvenes. A esta forma de sociabilidad futbolística se juntaron los miles de lectores de la prensa especializada, ante todo del diario *Crítica* (apuntando a las barriadas) y del semanal *El Gráfico*, fundado en 1919 (representando el fútbol como vehículo del buen criollismo que era el combustible para construir la nación).

Desde los barrios se construyeron identidades y rivalidades. En relación a ello, Frydenberg hace énfasis en el rol de los estadios grandes y modernos, donde tenían lugar los rituales semanales del fútbol en interacción con el público. El público se constituía cada vez más por gente de los barrios. Los hinchas empezaron a traer banderas y los más fanáticos tiraron piedras y botellas. Las autoridades locales y nacionales, por su parte, casi no intervinieron. Los hombres compartieron en aquel entonces su socialización con el fútbol "como ejercicio colectivo con escenarios similares —la calle, el terreno colectivo— y con un mismo instrumento —la pelota de confección casera—" (Frydenberg 2011: 177).

Ser un futbolista de primera fila, un *crack*, era un sueño para muchos. Cobraba sentido para los jóvenes barriales convertirse en *crack*, ya fuera como el "talentoso" o bien como el "bohemio", para volverse "futbolista como estrella mediática" (Frydenberg 2011: 264). Para los jóvenes jugadores, que se reclutaron principalmente de la clase obrera, el deseo de jugar en un nivel más alto convergía con la esperanza de alguna remuneración formal. Frydenberg pone de relieve que los dirigentes de los clubes tenían que justificarse delante de los socios con cada vez más éxitos en las ligas. Aparte de la remuneración de los jugadores, que finalmente desembocó en el profesionalismo legal a partir de los años 1930, el *training* también tenía que profesionalizarse. La competición era algo intrínseco del juego entre dos equipos.

La prensa que también estudia el autor comentaba cuando un equipo local estaba jugando en Europa o un equipo europeo iba a Argentina. El hito a este nivel transnacional fueron los Juegos Olímpicos de 1928 en Ámsterdam, cuando —así lo insinúa el autor— el equipo argentino que representó al país mostró sus raíces en la "condición porteña" (Frydenberg 2011: 248). En la capital holandesa el seleccionado argentino llegó hasta la final, donde perdió contra Uruguay 1-2. Los medios de comunicación de Buenos Aires elogiaron el estilo "criollo" del equipo argentino, subrayando con particular atención la actuación de los "pibes".

Desde la publicación de la obra de Frydenberg, la investigación profesional de la historia del fútbol en América Latina se ha expandido no solamente en América Latina, sino también en otros países fuera de esta región. Dicho esto, a mi manera de ver cabe mencionar principalmente dos obras publicadas en inglés: la de Brenda Elsey sobre el fútbol chileno y la de Gregg Bocketti sobre el *futebol* brasileño (Elsey 2011, Bocketti 2015). Aparte de la llegada del fútbol a Chile y su popularización, la monografía de Elsey, que se basa en fuentes de prensa, archivos de clubes y fuentes estatales, demuestra cómo este juego impactó a otras esferas de la sociedad. La historiadora estadounidense vincula el desarrollo de los grandes clubes directamente con el desarrollo capitalista; no solamente sirvió a algunos sectores de las élites para producir beneficios, sino que también generó la economización del deporte del fútbol. Por otra parte, alega Elsey, el amateurismo persistió en los barrios y dentro de la cultura obrera. Los clubes sin ánimo de lucro entonces eran un componente fuerte de la sociedad civil, donde se practicaban los valores básicos del fútbol. Esta cultura fue desmantelada por el régimen de Pinochet a partir de 1973. El rol del fútbol entre democracia y autoritarismo también ha sido estudiado en compendios editados por Raanan Rein y Euclides de Freitas Couto (Rein 2015, De Freitas Couto 2014).

En su trabajo titulado *The Invention of the Beautiful Game. Football and the Making of Modern Brazil*, Gregg Bocketti reconstruye cómo Brasil se convierte en una nación loca por el fútbol en el plazo de tan solo cuatro décadas. Le llama la atención que "almost from the very beginning, football was more than a game in Brazil" (Bocketti 2015: 255). El profesor asociado de la Transylvania University analiza la construcción del mito de Brasil como nación del fútbol, centrándose —a diferencia de Elsey— solamente en la emergente clase media blanca y los caballeros adinerados urbanos. De los sectores populares se esperaba que se orientaran en la idea elitista y eurocentrista del *sportsman* si se querían integrar en la sociedad. El autor ofrece una mirada revisionista acerca de la tesis establecida por Mário Filho, Gustavo Freyre y otros, según la cual el *football* importado de Inglaterra se convirtió en *futebol*, un auténtico producto del Brasil, que estuvo provisto de un enorme potencial para transformar el país entero en una "democracia racial". Esta idea se aleja de los hechos reales. Bocketti critica que el concepto de "democracia racial" juega con parejas de oposición que borran las tendencias ambiguas híbridas. Bocketti resalta la continua presencia de los ricos, descendientes de inmigrantes y blancos en este deporte, que sabían bien adaptarse a condiciones cambiantes. Su capacidad de ejercer poder en el fútbol y la sociedad se manifiestó ante todo a nivel de las representaciones discursivas.

Conclusión

En suma, podemos constatar que la historiografía sobre el fútbol en América Latina se nutría y sigue nutriéndose hoy de dos actores distintos: en primer lugar cabe destacar el papel de los "cronistas" de la prensa deportiva, quienes acompañaron el desarrollo del fútbol a nivel local, nacional e internacional. A partir de los años veinte del siglo pasado se agregaron los reporteros de radio y —posteriormente, a partir de los años cincuenta— los comentaristas de la televisión. Estos expertos de los medios de comunicación respondieron no solamente al interés informativo y la autenticidad de su público, sino también al deseo de conocer mejor el pasado. Los relatos pequeños y las narrativas grandes que contaron giraron alrededor de hitos, momentos cruciales y mitos. De esta manera se fomentó la memoria comunicativa del público creciente y naciente, interesado en el fútbol. Algunos de los "cronistas", periodistas y publicistas, tales como Mário Filho, ganaron fama y así lograron establecerse como "emprendedores de la memoria". Puede decirse que, antes de que circularan los estudios profesionales del fútbol, ya se habían conformado memorias colectivas que no solamente se basaban en la continua comunicación oral dentro de las comunidades futbolísticas, sino también en las narrativas que proporcionaron los "cronistas". Además, existían otros vehículos organizados por otros actores que fomentaron la memoria: lugares importantes, conmemoraciones, rituales, álbumes, etc., que no han sido el tema de este ensayo[5]. Cabe señalar que la memoria colectiva es dinámica, ya que se acomoda y adapta a cada evento que pasa. Un buen ejemplo para comprobar esta afirmación serían los Mundiales, que tienen lugar periódicamente y que sirven para ajustar las narrativas existentes y crear nuevas (Helal/Da Cabo 2014). Además, siempre existen corrientes alternativas a la narrativa hegemónica.

En segundo lugar, se puede observar desde hace tres décadas la aparición de académicos que trabajan la historia en el campo del fútbol. Es curioso que entre los pioneros de la historia moderna del fútbol latinoamericano se encontraran ante todo sociólogos y antropólogos, quienes adoptaron los enfoques del tiempo libre, de género y grupos étnicos y los colectivos nacionales (y

---

[5] Véase para Europa, Herzog 2015.

locales y clubales), según Benedict Anderson. La producción historiográfica del fútbol es fruto de discusiones que sobrepasan los espacios disciplinarios. Los historiadores y las historiadoras de carrera se conectaron con estos espacios. De hecho, tan solo a partir de la primera década de este siglo podemos observar un despegue de la historiografía futbolística. El aporte de los historiadores es, por una parte, metodológico y, por otra, el hacer valer los conceptos de la historia social y de la nueva historia cultural. Falta tomar en serio lo que nos pueden contar estudios del campo de la historia global (Rinke 2007). De hecho, la primera monografía que pretende adoptar tal perspectiva es la de Christina Peters (Peters 2015).

Los trabajos de historia, fundados en la exploración sistemática de fuentes primarias, no solamente fueron importantes para tapar lagunas de investigación, sino que llevaron a matizar y deconstruir interpretaciones, tesis y mitos que se habían grabado en las memorias de los hinchas y que circularon en el gran público. Aún hay mucho por hacer —sobre todo en Colombia, Paraguay, Ecuador y Centroamérica—. Entretanto, se ha juntado a los futbólogos y futbólogas historiográficos comprometidos de América Latina, investigadores e investigadoras de carrera menos aficionados, provenientes de universidades europeas y estadounidenses.

Bibliografía

Alabarces, Pablo (2008): *Fútbol y Patria. El fútbol y las narrativas de la nación en la Argentina*. Buenos Aires: Prometeo.

— (2018): *Historia mínima del fútbol en América Latina*. Ciudad de México/Barcelona: El Colegio de México/Turner.

— /Rodríguez, María Graciela (eds.) (2008): *Resistencias y mediaciones. Estudios sobre cultura popular*. Buenos Aires: Paidós.

Archetti, Eduardo (1995): "Estilo y virtudes masculinas en *El Gráfico*: la creación del imaginario del fútbol argentino", en *Desarrollo Económico*, vol. 35, n° 139, pp. 419-442.

— (1999): *Masculinities: football, polo and tango in Argentina*. Oxford: Berg.

Assmann, Jan (1988): "Kollektives Gedächtnis und kulturelle Identität", en Jan Assmann/Tonio Hölscher (eds.): *Kultur und Gedächtnis*. Frankfurt am Main: Suhrkamp, pp. 9-19.

Bocketti, Gregg (2016): *The Invention of the Beautiful Game. Football and the Making of Modern Brazil*. Gainesville: University of Florida Press.

Bruno, Paula (2010): "Notas sobre la historia intelectual argentina entre 1983 y la actualidad", en *Cercles. Revista d'Història Cultural*, vol. 13, pp. 113-133.

Campomar, Andreas (2014): *¡GOLAZO! A History of Latin American Football*. London: Quercus.

Costa Da, Maria Leda (2010): "O negro no futebol brasileiro: entre a História e a Literatura", en *Revista UNIABEU Belford Roxo*, vol. 3, n° 5, pp. 17-38.

Elsey, Brenda (2011): *Citizens & Sportsmen: Fútbol & Politics in 20th-Century Chile*. Austin: The University of Texas Press.

Filho, Mário (1947): *O negro no football brasileiro*. Rio de Janeiro: Irmãos Pongetti.

Fischer, Thomas (2020): "La Nueva Historia del Fútbol. El ejémplo del Brasil", en *Iberoamericana*, vol. 20, n° 74, pp. 263-278.

Freitas Couto De, Euclides (2014): *Da ditadura à ditadura: uma história política do futebol brasileiro*. Niterói: Eduff.

Frydenberg, Julio (2011): *Historia social del fútbol. Del amateurismo a la profesionalización*. Buenos Aires: Siglo XXI.

Helal, Ronaldo/Da Cabo, Alvaro (eds.) (2014): *Copas do Mundo: comunicação e identidade cultural no país do futebol*. Rio de Janeiro: EdUERJ.

Herzog, Markwart (2015): "Rituals and Practices of Memorial Culture in Football", en Wolfram Pyta/Nils Havemann (eds.): *European Football and Collective Memory*. London: Palgrave Macmillan, pp. 185-204.

Jelin, Elizabeth (2002): *Los trabajos de la memoria*. Madrid: Siglo XXI.

Panfichi, Aldo (ed.) (2008): *Ese gol existe. Una mirada al Perú a través del fútbol*. Lima: Pontificia Universidad Católica del Perú.

Panfichi, Aldo/Vila Benites, Gisselle/Chávez Ángeles, Noelia/Saravia López, Sergio (2018): *El otro Partido: la disputa por el gobierno del fútbol peruano*. Lima: Pontificia Universidad Católica del Perú.

Peters, Christina (2015): *Das globalisierte Spiel. Fußball und Identitäten in Brasilien aus transnationaler Perspektive, 1894-1930*. Historamericana, vol. 33. Stuttgart: Hans-Dieter Heinz.

Pyta, Wolfram (2015): "Introduction: Football Memory in a European Perspective", en Wolfram Pyta/Nils Havemann (eds.): *European football and collective memory*. London: Palgrave Macmillan, pp. 1-17.

Rein, Raanan (ed.) (2015): *La cancha peronista. Fútbol y política (1946-1955)*. San Martín: UNSAM EDITA.

Ribeiro, Luiz Carlos (2014): "Fútebol, identidade nacional y ciências sociais no Brasil", en Diego Armus/Stefan Rinke (eds.): *Del football al fútbol/futebol: historias argentinas, brasileiras y uruguayas en el siglo XX*. Madrid/Frankfurt am Main: Iberoamericana/Vervuert, pp. 185-201.

Rinke, Stefan (2007): "¿La última pasión verdadera? Historia del fútbol en América Latina en el contexto global", en *Iberoamericana*, vol. 7, n° 27, pp. 85-100.

Rüsen, Jörn (2013): *Historik. Theorie der Geschichtswissenschaft*. Köln/Weimar/Wien: Böhlau.

Sazbón, Daniel (2011): "Fútbol y ciencias sociales: problemas e intersecciones", en Matías Godio/Santiago Uliana (eds.): *Fútbol y sociedad. Prácticas locales e imaginarios globales*. Buenos Aires: Eduntref, pp. 147-159.

Soares, Antonio J. (2000): "História e a invenção de tradições no futebol brasileiro", en Pablo Alabarces (ed.): *Peligro de Gol. Estudios sobre deporte y sociedad en América Latina*. Buenos Aires: CLACSO.

WERRON, Tobias (2015): "How are football games remembered? Idioms of memory in modern football", en Wolfram Pyta/Nils Havemann (eds.): *European football and collective memory*. London: Palgrave Macmillan, pp.18-39.

Sitios web y periódicos

CAUVIN, Thomas (2018): "The Rise of Public History: An International Perspective", en *Historia Crítica*, n° 68, pp. 3-26. <https://doi.org/10.7440/histcrit68.2018.01> (10-03-2020).

NATHAUS, Klaus (2012): "Sozialgeschichte und Historische Sozialwissenschaft", versión: 1.0, en *Docupedia-Zeitgeschichte*, 24 septiembre 2012. <http://docupedia.de/zg/Sozialgeschichte_und_Historische_Sozialwissenschaft> (09-06-2020).

Construyendo el campo sociológico del fútbol en América Latina

Aldo Panfichi

Introducción

La construcción académica del deporte, y en particular del fútbol, como un campo de estudio e investigación es un fenómeno creciente no solo en el mundo, sino también en América Latina. Atrás han quedado los tiempos en que solitarios o poco acompañados pioneros luchaban por lograr que se reconociera el deporte como un objeto legítimo de estudio e investigación. No obstante los avances, una de las tareas pendientes que ahora estamos en condiciones de abordar es la construcción de marcos generales de análisis. Ya no está en discusión la legitimidad de este campo de estudio, sino la necesidad de proponer marcos generales de análisis, identificando factores y procesos que formarían parte del campo sociológico del fútbol, lo cual nos lleva a problematizar desde la experiencia de América Latina los aportes de Pierre Bourdieu, Max Weber y otros reconocidos teóricos de las ciencias sociales.

En efecto, para Bourdieu la vida de la sociedad moderna se constituye y estructura en diversos campos o microcosmos sociales: económico, político, científico, artístico, deportivo... Cada uno de ellos es un sistema de relaciones sociales históricamente objetivadas y constituidas por actores que participan directamente en la producción y circulación de bienes y prácticas que lo caracterizan. Actores que tienen intereses comunes, prácticas sociales, un lenguaje y una "complicidad objetiva que subyace a todos los antagonismos" (Bourdieu 1990: 111). Sin embargo, sobre esa complicidad se desarrolla una dinámica interna de lucha o disputa por la apropiación del capital (económico, social o cultural), que generan los actores que intervienen en el campo. Lucha que enfrenta a los actores que dominan el capital, fundamento del poder y la autoridad del campo, y quienes aspiran a poseerlo

Con esta perspectiva, el campo deportivo futbolístico se empezó a construir a partir del proceso de homogenización, regulación e institucionalización de diversos juegos con balón que se practicaban a mediados del siglo XIX en Europa, especialmente en Inglaterra, y su transformación en el deporte denominado fútbol. Un proceso que implicó uniformizar las reglas del juego que garantizaran el carácter previsible de su práctica, superando los particularismos que se practicaban en diversas sociedades. Esto ocurrió en octubre de 1863, cuando un conjunto de capitanes y representantes de clubes ingleses acordaron en Londres la creación de la Football Association (FA) y aprobaron las reglas y normas que caracterizan el fútbol. Reglas que hacen posible la competencia entre distintos clubes y la formación de un cuerpo de gobierno especializado (dirigentes) que lo gestione y administre.

En esos años, la práctica del fútbol primero se impuso en Inglaterra como el deporte nacional, para luego difundirse, en las dos décadas previas a la Primera Guerra Mundial, por Europa y América del Sur. Como señala Baker, la difusión inicial del fútbol fuera de Reino Unido supuso también la difusión y, sobre todo, la aceptación de las reglas y regulaciones aprobadas por FA. No es casual, entonces, que varios promotores de este deporte que viajaron o emigraron a América Latina testimonien haber llevado consigo copia de estos documentos. Son los casos de los hermanos James y Thomas Hogg, en Argentina, y de Charles Miller en Brasil, entre otros (Baker 2015: 127-128, 144-159).

Con la rápida difusión de este deporte, con sus reglas inequívocas, regulaciones y formatos institucionales, se fue construyendo el campo del fútbol como un espacio social de acción e influencia en el que confluyen actores, tipos de relaciones sociales, disputas de poder y formas de "distinción" definidas por la posición o producción de formas específicas de capital. La forma específica que adopta este campo en una sociedad determinada y sus transformaciones a lo largo del tiempo funcionan en relación con una mezcla de procesos y factores. Entre estos, el origen y la forma de difusión del fútbol, su vinculación con las trayectorias de modernización impulsadas por las élites, la composición de la estructura social de las sociedades de estudio y las formas de dominación y apropiación que se instalan en este campo. También influye la resistencia por parte de los actores con menos poder, pero que encuentran en el deporte/fútbol un campo de reivindicación.

Origen y difusión del fútbol en América Latina

En los últimos años se han publicado importantes libros que suponen un aporte sustantivo al conocimiento del desarrollo histórico del fútbol latinoamericano. El sociólogo Argentino Pablo Alabarces ha sistematizado estos aportes y producido una interpretación propia, con su libro *Historia mínima del fútbol en América Latina* (2018). El argumento de Alabarces sobre el origen del fútbol en nuestra región consta de varias ideas fuerza, algunas de las cuales señalo a continuación para luego pasar a problematizarlas. La primera es que el fútbol (y los deportes en general) se expande en América Latina en momentos en que esta se integra al mercado mundial capitalista, la primera etapa de la globalización económica y cultural, como también la denomina David Wood en su aporte en este compendio, "Cien años de goledad: literatura, medios y fútbol globalizado". Esta integración ocurre tanto desde economías agroexportadoras como desde economías de enclave, en ambos casos en un papel dependiente de la economía capitalista internacional.

La segunda idea es que, si bien el fútbol ingresa a América Latina a través de sus puertos desde el Reino Unido y otros países europeos (marineros, maestros, misioneros, estudiantes e inmigrantes económicos), no existe una ruta común de origen ni un desarrollo homogéneo. Y la tercera idea es que tampoco existe un único estilo de juego que caracteriza a América Latina, sino una variedad de estilos vinculados a identidades nacionales construidas históricamente, con sus propias "narrativas de diferenciación" (Nadel 2014: 1-16) y con sus respectivos héroes y épicas deportivas.

Compartiendo en términos generales estas ideas, pienso que los enfoques de Alabarces y Nadel se basan sobre todo en las experiencias históricas de Argentina, Uruguay y Brasil, todos ellos países ubicados a orillas del Atlántico. Esto es entendible, además, por ser estas las mayores potencias futbolísticas de la región y del mundo. Sin embargo, en aras de profundizar el conocimiento, es necesario problematizar estas ideas desde la experiencia histórica de otros países como Perú, Colombia, Bolivia y Chile, de manera que ganemos mayor heterogeneidad y complejidad argumental. Países andinos, estos últimos, que tienen sus propios matices en el origen y difusión del fútbol. Así como una estructura social y étnica diferente, formas de dominación política patrimonialistas y trayectorias híbridas en la modernidad de la que forma parte el fútbol. La imagen que emerge al incorporar en el análisis a los países andinos junto con los del Cono Sur complejiza aún más la idea que propone Alabarces: que no hay un origen común ni un desarrollo homogéneo del fútbol en América Latina.

La premisa de partida es que el origen del fútbol en América Latina coincide con la inserción temprana de la región en la economía mundial de fines del siglo XIX y primeras décadas del siglo XX. Siendo esto cierto, hay patrones diferentes. Los países del Cono Sur y Brasil se insertan mediante la exportación a Europa de productos agropecuarios (trigo, lanas y carnes), producidos por hacendados criollos e individuos y familias que forman parte de una numerosa y diversa inmigración europea. Los promotores de la práctica del fútbol no son solo inmigrantes ingleses, escoceses e irlandeses, sino también de otras nacionalidades como alemanes, suizos e, incluso, italianos. Es decir, promotores e inmigrantes de múltiples nacionalidades, muchos de los cuales se vincularon con las élites locales mediante alianzas matrimoniales, y cuyos hijos educados en Europa también se sumarían a la difusión de los deportes, en particular, del fútbol.

La inserción de los países andinos en la economía mundial tiene características propias. Se desarrolla mediante la exportación de recursos naturales extractivos como el guano, salitre y minerales (plata, estaño, cobre), a través de influyentes y poderosas casas comerciales inglesas. Estas últimas, además, incursionaron en la provisión de préstamos habilitaciones e hipotecas a hacendados locales e inmigrantes a cambio del derecho a comprar sus productos (azúcar, algodón, lanas) o venderlos en Europa bajo el sistema de consignación (Miller 2018: 104-106). En el caso del Perú, el apogeo de los capitales británicos ocurre entre la firma del Contrato Grace (1890) y el Oncenio de Leguía (1919-1930). Alrededor de estas actividades económicas se establecieron comunidades de inmigrantes británicos conformadas por banqueros, ingenieros, gerentes, técnicos, empleados y maestros que buscaban reproducir hábitos y prácticas de su sociedad de origen. En este esfuerzo los clubes constituyen la forma asociativa predominante.

En Chile, Ecuador, Bolivia y Perú se observa el activo papel de la comunidad británica en la difusión inicial del fútbol y otros deportes. En efecto, el primer club deportivo del que se tiene registro fue el Lima Cricket, fundado en 1865 por empleados de las casas comerciales Anthony Gibbs & Sons y Duncan Fox. Según el semanario *West Coast Leader* del 21 de agosto de 1913, uno de los fundadores más importantes de este club fue Norman Evans, nacido en Kensington, Inglaterra, en 1834, y que había llegado a Lima como empleado para trabajar para la firma Anthony Gibbs & Sons. La revista *El Gráfico* de Argentina señala que este club es el tercer equipo de fútbol más antiguo del mundo y, sin duda, el más antiguo de América. Lo anteceden el Heidenheim, fundado en 1846 en Alemania, y el Sheffield Football Club, fundado en 1857 en Inglaterra.[1] En 1885, este club se fusiona con otro y toma el nombre de Lima Cricket and Tennis Club. Una década más tarde, en 1906, el club nuevamente cambia de nombre al que conserva hasta hoy: Lima Cricket and Football Club. Este cambio revela las preferencias deportivas de sus socios más recientes, ingleses y escoceses que llegaron con la diversificación de la economía de inicios del siglo XX (*Revista Deportes D'Elite* 2017).

La influencia temprana de los ingleses en la difusión del fútbol en esta subregión de América Latina se observa en la formación de las primeras rivalidades futbolísticas entre ingleses e hijos de las élites locales. La prensa incluso denominaba estos primeros partidos como "internacionales". Los equipos ingleses estaban representados por los clubes de inmigrantes, pero también había equipos conformados por marineros de barcos mercantes y buques de la armada inglesa que visitaban regularmente los puertos de la región. Los ingleses

---

[1] http://www.elgrafico.com.ar/2015/09/30/C-8562-el-club-mas-grande-del-mundo.php.

se enfrentaban con combinados formados por jóvenes de las élites peruanas, ecuatorianas y chilenas que habían viajado a estudiar a Inglaterra o Europa y que estaban familiarizados con la práctica de los deportes. Sobre los marineros ingleses, como anota Alabarces, hay referencias en los países del Cono Sur, pero no muchas evidencias.

Situación distinta es la de los países andinos donde sí existen evidencias sistemáticas de la presencia británica en los inicios del fútbol. En efecto, las Casas Comerciales inglesas alquilaban barcos mercantes para el transporte de personas y mercaderías, dinamizando el tráfico marítimo entre puertos del Callao, Valparaíso y Guayaquil con Liverpool y otros puertos europeos (*Revista Mundial*, julio 1921). Estas mismas rutas eran recorridas regularmente por cruceros de la armada británica hasta antes del inicio de la Primera Guerra Mundial. En una investigación reciente, he encontrado registros periodísticos y de archivo que señalan que entre 1899 y 1812 se jugaron treinta partidos entre equipos de marineros británicos con clubes de Lima y Callao, mayormente clubes de las élites locales. No es poca cosa. Treinta partidos jugados en trece años es una cifra que revela lo frecuente de estos encuentros. Lo interesante, además, es que varios de ellos se realizaron como parte del programa oficial de celebraciones por las fiestas patrias peruanas, asistiendo altas autoridades políticas, incluyendo en varias oportunidades al presidente de la República (Panfichi/Muente 2018: 249).

Al respecto, David Wood, en el mencionado trabajo "Cien años de goledad", presenta un poema publicado por el semanario *Sport* (22 agosto de 1899) a propósito de los partidos jugados días antes entre equipos locales con el equipo del crucero HMS, tipo Leander, llamado Amphion, que estaba al mando del almirante inglés Beaumont. La composición dice así: "Limeños / que dormían tranquilos/ sobre sus laureles ́lucharon/ con el buen *eléven*́ siempre triunfante/ les da más aliento/ para ir adelante ́jugar con mucho orden/ prestarse auxilio siempre y patadas van/ y patadas vienen/ ellos meten *goal* para jugar *foot ball*/ es necesario/ el ejercicio diario". Según el diario *El Comercio*, este fue el primer equipo "extranjero" que jugó en el Perú dos veces ese mismo año. El primer partido se llevó a cabo el 13 de agosto de 1899 ante un combinado local, asistieron cerca de tres mil personas, ganando los visitantes por 5-0. El segundo partido se jugó el 20 del mismo mes; esta vez el equipo inglés derrotó 2-0 a un combinado de los clubes Lima Cricket y Unión Cricket. Este crucero permaneció en la costa del Pacífico los siguientes años, razón por la cual volvió a jugar en el puerto del Callao y en Lima en 1900, 1903 y 1904. Pero no fue el único caso.

Otros cruceros británicos con sus respectivos equipos de fútbol animaron encuentros con equipos locales: SMN Phaeton en 1900 y 1901, HMS Grafton en 1904, Cambrian en 1909, el crucero Flora en 1909 y BritiAgerine en 1910.

De particular importancia es el partido jugado el 6 de junio de 1901 entre el equipo del SMN Phaeton y un combinado local, que significó la primera victoria obtenida por un equipo local frente a un equipo británico. Antonio Cajas (1949: 61), citando el diario *El Comercio*, señala que a dicho encuentro "asistieron distinguidas damas de la mejor sociedad" y que la victoria sobre "los gringos considerados invencibles" generó una enorme alegría[2].

Equipos conformados por marineros de otros navíos son también mencionados por los medios de prensa: el equipo de fútbol del buque Bluebell, el del buque Bonaventure, el del Montank, el del buque cable inglés Faraday (oficiales y marineros), el del buque inglés California y el de los vapores Orita y Oravi, dedicados al transporte de pasajeros y carga. El Orita era propiedad de la Compañía Inglesa de Vapores y cubría la ruta entre el estrecho de Magallanes, el Callao y los principales puertos de Europa. Según la revista *Variedades* (1923:104) el Orita había sido construido en 1903, tenía una capacidad para 580 pasajeros y era el principal medio para viajar al Viejo Continente. El Oravia, de otro lado, fue propiedad de la Pacific Steam Navigation Company y hacía la ruta Liverpool-Callao-Valparaíso. Este vapor tuvo la desgracia de naufragar el 12 de noviembre de 1912, cuando regresaba de Europa a América del Sur, causando gran consternación, ya que pocos meses antes, el 28 de abril y el 4 de agosto, su tripulación había jugado dos partidos amistosos con el club Association F. B. C.

En suma, la presencia de equipos ingleses, tanto de residentes como de marineros, tuvo un activo papel en los orígenes y difusión temprana del fútbol en Perú, Ecuador y Chile. Fueron partidos jugados con equipos formados por inmigrantes y miembros de las élites locales, no se jugaron con equipos de origen popular, como algún mito urbano podría señalar. De otro lado, resulta interesante indicar que los encuentros entre ingleses y peruanos fueron parte de las celebraciones oficiales organizadas por la Municipalidad de Lima con motivo de las Fiestas Patrias, entre los años de 1894 y 1912. La mayor parte entre los clubes Unión Cricket y Lima Cricket, aunque también con marineros ingleses.

Es interesante ver cómo el diario *El Comercio* cubrió estos eventos: "Con motivo de fiestas patrias, se jugó el 29 de julio de 1903, en el terreno de Santa Beatriz, el clásico partido entre los clubes peruano e inglés Lima Cricket vs. Unión Cricket, terminando empatado a un gol por bando [...]. El municipio de Lima prestó toda clase de facilidades y donó una hermosa copa de plata para el club ganador". Aunque en aquel tiempo aún no se había generalizado cobrar la entrada a los espectáculos deportivos —solo se hacía en ciertas ocasiones y

---

[2] En la *Biblioteca del fútbol ecuatoriano*, libro editado por Fernando Carrión, vol. 4, p. 113, se señala que el crucero Cambrian también jugó por esos años en Guayaquil (Ecuador) contra equipos constituidos por inmigrantes ingleses y jóvenes de la élite local.

con fines benéficos o cuando había que hacer arreglos al campo de fútbol—, en esta ocasión se cobraron veinte centavos para gastos. El tabladillo de Santa Beatriz fue vistosamente arreglado con guirnaldas y con los colores patrios. Los señores E. Swayne, F. Tudela, F. Almenara, Miguel Miró Quesada y Luis Miro Quesada conformaron la comisión para recibir a los invitados especiales (extranjeros). Asistió el presidente de la república, don Eduardo López de la Romaña, con su gabinete en pleno, el jefe del Estado Mayor y los miembros de la Misión Militar Francesa" (Cajas 1949: 80-81).

Tejido social, dominación patrimonialista y proyecto político[3]

El segundo comentario tiene que ver con la premisa de que las características del tejido social y las formas de dominación que se desarrollan en la sociedad ayudan a entender el papel político y social que adquieren el fútbol y los deportes en las sociedades bajo estudio. Esta no es una premisa menor, ya que ilustra la diversidad de trayectorias a la "modernidad" que se desarrollaron en la región durante las primeras décadas del siglo XX, para las que los deportes tuvieron un papel importante. También ayuda a entender a los actores y las disputas sociales y políticas que ocurren en el campo sociológico del fútbol.

En efecto, a diferencia de las sociedades del Cono Sur, en las sociedades andinas como Perú, Ecuador y Bolivia la inmigración europea, si bien fue importante económicamente, fue menos numerosa demográficamente. Por el contrario, en estas sociedades el peso demográfico de la población indígena era muy grande, al ser los Andes el área central de lo que fue el imperio de los Incas y, previamente, de varias culturas precolombinas. La importancia demográfica y cultural de los grupos indígenas quizás fue una de las razones por las que el extermino como política de Estado no fue viable del modo en que lo había sido en Argentina, por ejemplo.

La construcción de las nuevas repúblicas andinas significó, por parte de las élites independentistas, la continuidad de prácticas coloniales como la servidumbre, el pago de tributos, la separación de casta con los indígenas, el sometimiento de los esclavos de origen africano y la discriminación de los plebeyos mestizos. Desde mediados del siglo XX, estas élites constituyeron Estados oligárquicos, reclamando paradójicamente representar la modernidad y

---

[3] Esta sección se apoya en el capítulo uno, titulado "El juego de los honorables. Los inicios formativos del fútbol durante la República Oligárquica (1890-1930)", del libro *El otro partido. La disputa por el gobierno del fútbol peruano*. Un libro de coautoría de Aldo Panfichi, Gisselle Vila, Noelia Chávez y Sergio Saravia, publicado por el Fondo Editorial PUCP en Lima en 2018.

el capitalismo. Este proceso coincide con el ingreso de las nuevas repúblicas al comercio mundial a través de la exportación de nitratos, guano, madera, lanas y minerales, y conecta la costa occidental de América del Sur con los países desarrollados del Atlántico (Larson 2002: 27-33). Durante la segunda mitad del siglo XIX e inicios del XX, en el Perú el tejido social se complejiza aún más con la inmigración inglesa e italiana, poco numerosa, por cierto, y otra mucho más considerable, formada por trabajadores asiáticos de China y Japón, y el intenso mestizaje entre todos los grupos étnicos que habitaban el país. El orden social vigente en ese entonces excluía de toda condición ciudadana a las mayorías, lo que llevó al historiador Alberto Flores Galindo a calificar dicha situación como la propia de una república sin ciudadanos.

No obstante, la oligarquía, basada centralmente en la agricultura costeña de exportación, no fue un bloque homogéneo, desde su interior un sector se diversificó económicamente (comercio, banca, urbanización) y elaboró un discurso en donde la educación física y los deportes eran considerados los medios para "mejorar las razas inferiores" (indios, negros, asiáticos, mestizos). El ideal era construir un "hombre nuevo" (racional y disciplinado), apto para las actividades modernas que requería el capitalismo y, por lo tanto, alejado de recreaciones "bárbaras" como los toros, la pelea de gallos, las fiestas libertinas y los juegos de azar. El deporte, además, debía promover la disciplina, alejándolos del comportamiento público caótico y contencioso. Un hombre nuevo para una patria nueva.

La idea del deporte como un instrumento para corregir supuestas debilidades físicas y morales del pueblo está presente también en otras sociedades, aunque con énfasis propios. Para el caso de Chile, Elsey, por ejemplo, señala que para las élites de este país la difusión del deporte en las clases populares tenía como objetivo alejarlos de actividades como la bebida. También ayudaba a construir el sentido de pertenencia y lealtad hacia las empresas que subsidiaban la práctica del fútbol (Elsey 2011: 19)

En el Perú, la idea de crear la "patria nueva" se desarrolla sin transformar el ejercicio patrimonialista del poder. Fernando de Trazegnies denomina este proceso como "la modernización tradicionalista", en el sentido de que se busca modernizar la sociedad "desde arriba", sin modificar las estructuras ni las prácticas sociales y culturales tradicionales heredadas algunas desde la colonia, lo cual produce un híbrido particular (De Trazegnies 1980: 46-53). En sociedades donde el orden social está jerarquizado por criterios étnicos, las posibilidades de movilidad social son escasas. En este contexto, la difusión del fútbol más allá de los clubes ingleses y de élite oligárquica generó dos situaciones nuevas.

La primera fue crear un espacio social inédito, donde los excluidos podían vencer a los poderosos y ser reconocidos socialmente por ello, un hecho que no ocurría en otras esferas de la vida diaria. La pasión temprana por el fútbol y su rápida difusión en colegios, centros laborales y barrios populares tiene mucho que ver con esta inédita posibilidad. Y lo segundo es que, no obstante lo antes señalado, fuera de los campos de juego los clubes de fútbol seguían reproduciendo el orden social con dirigentes de las élites considerados "caballeros honorables" y nominados presidentes "perpetuos" o "protectores" (Panfichi/Vila/Chávez/Saravia 2018: 51-53).

II.1. Patrimonialismo

Las formas de dominación que se desarrollan en el campo sociológico del fútbol en sociedades como las que aquí estamos describiendo tienen, sin duda, una naturaleza patrimonialista. Esto nos lleva a reivindicar el concepto de patrimonialismo de Max Weber, especialmente en sus desarrollos recientes y pensados desde la experiencia histórica de América Latina, concepto que resulta pertinente en sociedades con gran diversidad étnica y con procesos de modernización tradicionalista.

Según Max Weber (1974), el patrimonialismo es una forma de dominación tradicional opuesta a la dominación moderna racional/legal, y donde los derechos políticos, relacionados con lo público, son tratados como derechos privados. Las virtudes que sostienen la dominación patrimonial son el honor y la piedad, sobre las que descansan la docilidad de las masas y la limitación de críticas a quienes ejercen el control Las élites mantienen la legitimidad de su dominación mediante la fuerza de la tradición, pero también mediante su capacidad para presentarse como portadores honorables de una ética caritativa o paternalista, expresada en las políticas de los aparatos de gobierno (Zabludovsky 2016: 461-462). En el Perú, como lo muestra el libro de Pablo Whipple (2013), las élites limeñas esgrimieron una narrativa sobre su propia "decencia", que les sirvió para mantener sus privilegios y permanecer inmunes ante la aplicación de las nuevas leyes o narrativas republicanas, que buscaban acortar las diferencias sociales.

Lo interesante es que esta forma de dominación está presente desde el inicio en las repúblicas latinoamericanas, hasta bien entrado el siglo XX, en donde la tradición pierde fuerza sin lograr ser remplazada del todo por la modernidad legal-racional (Centeno 2016, Morcillo/Weisz 2016). En esta situación híbrida o de cohabitación entre la tradición y la modernidad, la dominación se sostiene a través de un sistema personalista de incentivos o transacciones materiales desiguales (Roth 1971, citado por Breuer 2006: 259). Se trata de arreglos jerárquicos de poder que determinan con regularidad la interacción social entre dominantes y dominados (Morcillo/Weisz 2016).

De acuerdo con esta perspectiva, cuando la dominación patrimonial se extiende, "los señores" que ejercen el poder económico y político se rodean de un círculo de amigos y familiares confiables y dependientes, que lo ayudan en la gestión administrativa a cambio de algún tipo de prebenda material o simbólica. Por lo tanto, el "señor" seleccionará a personas ligadas a él o reclutadas a través de círculos extendidos de confianza. De esta manera se crean redes de interacción e intercambio en las que los vínculos personales tienen un fuerte componente de "respeto", "fidelidad" y "reciprocidad", incluso cuando las asimetrías del poder son considerables (Centeno 2016: 408).

La "decencia" como narrativa justificadora de las acciones de las élites se encuentra en los orígenes mismos del campo sociológico del deporte. La transformación de los juegos populares en deportes regulados tuvo lugar en las escuelas, sobre todo inglesas, reservadas para la sociedad burguesa. La diferenciación entre la práctica mundana y el deporte como disciplina se enraíza en la elaboración de una filosofía del deporte que es, inherentemente, una filosofía aristocrática: el deporte educa en la disciplina, imprime valentía, energía, iniciativa, espíritu de empresa y otros atributos dignos de una disposición caballerosa totalmente opuesta a la búsqueda vulgar de la victoria a cualquier precio" (Bourdieu 1990: 146). La nobleza de tales virtudes se expresa también en la condición de quienes las profesan, siendo acaso uno de los mejores ejemplos la consolidación en 1894 del Comité Olímpico Internacional de la mano del barón Pierre de Coubertin, acompañado de un grupo de nobles.

En los países andinos se sigue una estructura similar. Entre fines del siglo XIX e inicios del siglo XX, personalidades de la oligarquía incorporan los deportes —incluido el fútbol— como parte de un proyecto modernizador y de higiene racial que busca educar, disciplinar al pueblo y extirpar los vicios que, según ellos, impiden su desarrollo. Además de ser los artífices de los primeros clubes y de asumir o adaptar los reglamentos que regulan la práctica de este deporte que provenía de Inglaterra, esta élite asumirá el mecenazgo para subvencionar y controlar las actividades de los clubes emergentes y las primeras formas asociativas. Basando sus acciones en una filosofía moral de amor patriótico, modernidad y decencia, ostentar el respaldo a un club se convertiría en una disposición caballerosa opuesta al rédito económico y sustentada, más bien, en su potencial para distinguir a quienes piensan, organizan y mantienen el fútbol.

El patrimonialismo es entonces un configurador temprano del campo sociológico del fútbol, tanto en el sector modernizador de la oligarquía y sus operadores deportivos, como de los nuevos dirigentes de los clubes emergentes y sus formas asociativas de las primeras décadas del siglo XX. Al interior de este campo deportivo interactúan los dirigentes futbolísticos (presidentes de clubes, directivos de asociaciones profesionales y federaciones), los jugadores y los aficionados, en una jerarquía definida según los recursos con los que cuentan (Panfichi/Vila/Chávez/Saravia 2018: 23).

Estos recursos se pueden entender como capitales cuyas propiedades, en su dimensión objetivada, son capaces de conferir poder al poseedor (Bourdieu 2000: 135). Pueden ser capitales sociales (pertenencia histórica a clubes, redes entre dirigentes, grupos familiares vinculados al deporte), capitales culturales (conocimiento sobre el manejo del deporte, códigos de conducta sobre cómo se relacionan los líderes deportivos, habilidades para canalizar financiamiento a las actividades futbolísticas) y capitales económicos (disponibilidad de recursos suficientes para subvencionar la práctica del fútbol, acceso personal a individuos o instituciones con solvencia económica).

Sin embargo, el capital no se refiere solo a recursos, sino también al reconocimiento de las prácticas de los grupos dominantes como formas aceptadas de control por parte de los dominados. En términos de Weber, se trata de la legitimidad de la dominación por los propios dominados. Desde esta lógica, los dirigentes del fútbol son reconocidos como "caballeros" no solamente por su disposición de recursos, sino porque su posición de privilegio en el campo sociológico del deporte es lo que da sentido a tales recursos.

En suma, el patrimonialismo está presente desde los inicios de la constitución del campo sociológico del fútbol y ha permanecido vigente, con las variantes propias de las sociedades y sus coyunturas históricas, hasta hace muy poco. Históricamente, el poder de este campo fue ejercido por familias, amigos leales al señor dirigente que ejercía una gestión basada en lealtades. Cuando a nivel mundial el fútbol se convierte en una industria y moviliza ingentes recursos, algunos de los autodenominados "caballeros del fútbol" se adaptan y otros quedan de lado. Sin embargo, la herencia continua. En los países andinos los clubes tienen pocos asociados, a diferencia de lo que ocurre en los países del Cono Sur, y son manejados por pequeños círculos o clanes de iniciados con total opacidad.

Proyectos políticos

En el fútbol existen desde siempre intereses políticos que en algunos casos adquieren la forma de manipulación de los aficionados con fines electorales o de encubrimiento de acciones gubernamentales impopulares. Los ejemplos en América Latina son numerosos. Sin embargo, para ir más allá de esto es necesario introducir en el análisis el concepto de proyecto político deportivo, adaptación de una noción antes desarrollada con un grupo de colegas en un estudio sobre la democracia en América Latina. Se entiende por proyecto político el conjunto de ideas, creencias y representaciones de lo que debería ser la vida en sociedad y que motiva la acción de individuos y grupos por alcanzarlo. El proyecto político, tal como lo consideramos en esta publicación, es un horizonte de ideas y creencias que van más allá de los proyectos ideológicos partidarios y que tienen distinta índole, grado de elaboración y tipo de actor involucrado. Lo central es la existencia de una propuesta de vida que incluso pudiera ser embrionaria, pero que convoca a la acción social y política de grupos de individuos (Dagnino/Olvera/Panfichi 2006: 43-44).

La dimensión deportiva del proyecto político se refiere al papel que tiene el deporte en la constitución o transformación de la nación. Estos proyectos, no obstante las diferencias políticas o ideológicas de sus promotores, se caracterizan por concebir la práctica del fútbol y de los deportes en general— como un instrumento para promover cambios sociales, insuflar amor patrio y obtener apoyo popular a un régimen político. Con ese sentido, da lugar a políticas deportivas promovidas por el Estado. Si bien los proyectos son resultado del posicionamiento que tiene algunas fuerzas políticas en el deporte, también responden a la influencia de corrientes internacionales; esto es, a modelos de gestión deportiva y de filosofía del deporte que dan forma a los emergentes mecanismos de gobernanza global.

Para el caso peruano, en una publicación ya señalada se ha identificado la existencia de, por lo menos, dos proyectos políticos deportivos durante el siglo XX, desarrollados desde el Estado. El primero, durante el gobierno de Augusto Leguía (1919-1930) y continuado parcialmente por el gobierno de Óscar R. Benavides (1914-1915; 1933-1939); el segundo, durante el gobierno militar de Juan Velasco Alvarado (1968-1975) (Panfichi/Vila/Chávez/Saravia 2018: 82-84). Este mismo concepto es útil para releer el trabajo de Alonso Pahuacho sobre la rivalidad futbolística entre Perú y Chile (2017). La hipótesis de este autor es que esta rivalidad futbolística nace y es presentada como un enfrentamiento de "caballeros", que busca estrechar los vínculos entre ambos países enfrentados pocas décadas antes en la denominada guerra del Pacífico. Un enfrentamiento caballeresco que ha quedado atrás hasta convertirse, desde hace décadas, en una rivalidad antagónica, xenofóbica y con expresiones agresivas de nacionalismo, (sobre todo, a partir de los años setenta del siglo pasado, con los gobiernos militares de Velasco Alvarado y Augusto Pinochet).

Lo interesante es que en esta transformación de la rivalidad están presentes múltiples referencias a la guerra del Pacífico, pero no lo están al inicio de la rivalidad caballeresca. No obstante, recién en 1929 se firmó el tratado de paz, el cual era en esos mismos años duramente cuestionado por sectores políticos y sociales del país. El tratado significó la pérdida de territorio peruano (Arica y Tarapacá) y la totalidad del litoral boliviano. Sociedades patrióticas conformadas por organizaciones civiles (veteranos de la guerra, artesanos, intelectuales, bomberos, Cruz Roja y repatriados de las zonas conquistadas) rechazaban el tratado frente a los países garantes, realizaban marchas y romerías cívicas y pedían el retorno de lo que denominaban "las provincias cautivas" (Torrejón 2003). Sin duda, eran años de efervescencia nacionalista. Entonces, si esto era así, ¿cómo se origina una rivalidad caballeresca?

La respuesta creo tiene que ver con el proyecto político deportivo que sectores modernizadores de las élites peruanas venían desarrollando desde los primeros años del siglo XX. La economía peruana se había recuperado, como señala Pahuacho, y las ideas del olimpismo habían sido integradas en los discursos de los dirigentes deportivos, pero sobre todo era de interés del gobierno de Benavides, y antes de Leguía, el estrechar relaciones políticas y económicas con el vecino del sur. El fútbol era entonces un espacio para ello, desalentando el antagonismo que se vivía en otras esferas de la vida diaria.

Violencia, racismo y animalización del rival

El tercer comentario está en relación con las narrativas contemporáneas de odio, masculinidad radical, racismo y animalización del rival que se desarrollan al interior del campo sociológico del fútbol. La violencia de las denominadas barras bravas, una de las problemáticas más estudiadas en el fútbol, se ve facilitada precisamente por estas narrativas, aunque estas están siendo crecientemente cuestionadas con el ingreso masivo de las mujeres migrantes y trabajadoras en el fútbol. Así lo demuestran los trabajos de Julia Hass y Stephanie Schütze sobre las ligas de fútbol de migrantes bolivianas y peruanas en Brasil, Gabriela Ardila en sus estudios sobre la trayectoria histórica del fútbol femenino en Bogotá y Carmen Rial en sus indagaciones sobre fútbol y feminismo en Brasil en este compendio: trabajos innovadores que transforman la agenda de investigación de la sociología y antropología del fútbol.

Las narrativas de odio, racismo y animalización han creado un clima cultural y moral permisivo a la violencia, situación que Mafessoli describe como el "espíritu de las bestias". Como la violencia siempre tiene un objetivo, es decir, está dirigida contra alguien, en el fútbol la violencia se objetiva en el aficionado o barrista del clásico rival. No se trata de cualquier hincha, sino de aquel identificado con los clubes o colores que representan aquello que se rechaza visceralmente, identidad sintáctica, en términos de Giulianotti, y, además, con los que se disputa regularmente situaciones de superioridad o inferioridad. La rivalidad se desborda y se tiñe de violencia.

Los perpetradores de esta violencia, por otro lado, no son mal vistos por su entorno, todo lo contrario, tienden a ser distinguidos con un estatus de prestigio por la "hazaña" que supone castigar sin piedad al adversario. Estas narrativas se construyen sobre la base de ideas y nociones que provienen de una concepción radical de la masculinidad. Una que tiene como premisa que el fútbol es una problemática de hombres, no de mujeres, y mucho menos de hombres afeminados o considerados homosexuales. Se glorifica la virilidad, la fuerza y la falta de frenos morales y emocionales en el enfrentamiento físico, al mismo tiempo que se busca feminizar al rival para descalificarlo y "bajarse" al rival. Uno de los recursos más utilizados es insultar, agraviar con gritos, silbidos y bullicios asociados a la caricatura de un comportamiento homosexual estereotipado o de una mujer deseosa de tener un amante protector.

Otro recurso de odio es la animalización del rival, sobre la cual se ha puesto poca atención. Es decir, se caracteriza a los hinchas rivales como animales y no como seres humanos racionales, lo que facilita el abuso y la violencia contra ellos. Estos últimos aparecen como seres humanos degradados, deshumanizados, una masa sin rostro ni derecho a la que se puede golpear sin miramientos. La definición griega clásica del hombre como "animal racional" colisiona con la noción de "animalidad" que enfatiza el elemento instintivo, primario y no racional. Resulta que en la atmósfera permisiva en la que se vive es relativamente sencillo actuar violentamente contra esos individuos a los que se ha animalizado, es decir, despojado de su condición humana para percibirlos como animales, a los que se les puede castigar sin tener que enfrentar la justicia. La historia de la humanidad presenta regularmente en sus ritos, mitos, leyendas y religiones a criaturas que asemejan ser un animal en forma humana.

Pero en este caso, en el fútbol, no se trata de una representación antropomorfa, es decir, de un animal humanizado o que dispone de dos brazos a ambos lados del tronco, una cabeza sobre este y dos piernas inferiores, asemejándose a una persona. No, en el fútbol es un ser humano degradado de su condición a través de un proceso de animalización. Es decir, un hombre animalizado. Entre las hinchadas rivales predomina el uso extenso de narrativas e insultos al rival que hacen referencia a diferentes tipos de animales. Muchas veces esta animalización sirve para canalizar racismo, como nos muestra Sharun Gonzales con su trabajo sobre la representación del racismo en la prensa deportiva en este tomo. Gonzales señala cómo Jugadores afrodescendientes son insultados desde las tribunas por aficionados con gritos imitando a monos y gorilas, una práctica regular en los estadios de fútbol. Un caso emblemático fue el del jugador Paulo César Tinga del club Cruziero de Brasil, quien en febrero del 2014 denunció ante las autoridades deportivas hostigamiento racista de parte de los hinchas del club Garcilaso del Cusco. Otra variante es calificar de "gallinas" o "patos" a los jugadores rivales, haciendo referencia a una falta de hombría o supuesta homosexualidad. A estos animales, además, se les puede "comer", una palabra que en el mundo popular y sobre todo en el fútbol tiene una connotación sexual. Comer es entendido también como penetrar, el peor agravio que puede recibir el machismo radical.

La animalidad también es recogida por la prensa deportiva sensacionalista que la ha utilizado, incitado y difundido con fines comerciales, hasta convertirla en parte del vocabulario regular de las personas. Sin embargo, el sentido de animalidad que utiliza la prensa en sus titulares y crónicas es diferente del que utilizan los hinchas, ya que la prensa homogeniza a todos los barristas de todos los clubes como bestias, animales salvajes e inadaptados que merecen castigo. En la sociedad mayor, más allá del mundo del fútbol, incluso entre las autoridades políticas y la propia policía, predomina esta percepción construida y difundida por la prensa, situación que da pie a que, con cierta frecuencia, la policía golpee a los barristas al ingresar al estadio o en sus alrededores, por considerarlos seres deshumanizados, animales que solo "entienden a golpes".

Reflexión final

En este artículo se hizo un esfuerzo por delinear algunas de las características del campo sociológico del fútbol en los Andes, especialmente en el Perú, como un campo cohesionado por reglas y prácticas deportivas de estándares internacionales en el que se encuentran e interactúan clubes, instituciones deportivas, dirigentes, jugadores y aficionados. La forma que adopta este campo está relacionada tanto con las trayectorias de modernización tradicionalista, que impulsaron las élites peruanas de las primeras décadas del siglo veinte, como con el papel que le asignaron al fútbol y a los deportes en este tipo de modernización, impulsada desde arriba sobre un tejido social diverso étnicamente y sin cambiar las prácticas y formas de dominación patrimonialistas.

En este contexto, la difusión del fútbol más allá de los clubes ingleses y de élite crea un espacio social inédito, donde los pobres y excluidos pueden vencer a los poderosos y ser reconocidos socialmente por ello, un hecho que no ocurre en otras esferas de la vida diaria. De esta manera, hay un contenido político contestatario en la pasión temprana por el fútbol, que se deja describir como una suerte de resistencia y apropiación de este deporte por parte del heterogéneo sector urbano popular que, sin embargo, no puede evitar coexistir conflictivamente con el clientelismo patrimonialista, el racismo y la violencia real y simbólica. Aún así, se trata de una tensión o disputa que acompaña al campo sociológico del fútbol peruano hasta nuestros días.

Bibliografía

ALABARCES, Pablo (2018): *Historia mínima del fútbol en América Latina*. Ciudad de México: El Colegio de México.

BAKER, Keith (2015): *Fathers of Football. Great Britons who took the game to the World*. Durrington: Pitch.

BOURDIEU, Pierre (1990): *Sociología y Cultura*. Ciudad de México: Grijalbo.

— (2000). *Poder, Derecho y Clases Sociales*. Bilbao: Desclee de Brouwer.

BREUER, Stefan (2016): "Patrimonialismo", en Álvaro Morcillo/Eduardo Weisz (eds.): *Max Weber en Iberoamérica. Nuevas interpretaciones, estudios empíricos y recepción*. Ciudad de México: Fondo de Cultura Económica, pp. 251-266.

CAJAS, Alberto (1949): *El Futbol Asociado*. Lima: s/e.

CENTENO, Miguel (2016): "Max Weber y el Estado Latinoamericano", en Álvaro Morcillo/Eduardo Weisz (eds.): *Max Weber en Iberoamérica. Nuevas interpretaciones, estudios empíricos y recepción*. Ciudad de México: Fondo de Cultura Económica, pp. 397-418.

DAGNINO, Evelina/OLVERA, Alberto/PANFICHI, Aldo (2006): *La disputa por la construcción democrática en América Latina*. Ciudad de México/Veracruz: Fondo de Cultura Económica/CIESAS/Universidad Veracruzana.

DE TRAZEGNIES, Fernando (1980): *La idea de Derecho en el Perú republicano del siglo XIX*. Lima: Pontificia Universidad Católica del Perú.

ELSEY, Brenda (2011): *Citizens and Sportsmen: Football and Politics in Twentieth Century Chile*. Austin: The University of Texas Press.

GIULIANOTTI, Richard/ARMSTRONG, Gary (2001): "Afterword: Constructing social identities: exploring the structures relations of Football rivalries", en Richard Giulianotti/Gary Armstrong: *Fear and Loathing in Worlds Football*. Oxford: Berg, pp. 267-280.

LARSON, Brooke (2002): *Indígenas, élites y estado en la formación de las repúblicas andinas 1850-1910*. Lima: Pontificia Universidad Católica del Perú/Instituto de Estudios Peruanos.

MAFFESOLI, Michel (1990): *El tiempo de las tribus: el declive del individualismo en las sociedades de masas*. Barcelona: Icaria.

MILLER, Rory (2018): "Dos siglos de negocios británicos", en Mauricio Novoa (ed.): *Perú & Gran Bretaña. Una historia en común*. Lima: Asociación Cultural Peruano Británico, pp. 92-127.

MORCILLO, Álvaro/WEISZ, Eduardo (eds.) (2016): *Max Weber en Iberoamérica. Nuevas interpretaciones, estudios empíricos y recepción*. Ciudad de México: Fondo de Cultura Económica.

NADEL, Joshua (2014). *Fútbol! Why Soccer Matters in Latin America*. Gainesville: University Press of Florida.

PAHUACHO, Alonso (2017): *La representación de la rivalidad futbolística Perú/Chile en la prensa escrita peruana: análisis de los diarios El Comercio, La Prensa y La Crónica (1935-1947)*. Tesis de Licenciatura en Periodismo. Lima: Pontificia Universidad Católica del Perú.

PANFICHI, Aldo/MUENTE, Rodrigo (2018): "El origen británico del fútbol peruano", en Mauricio Novoa (ed.): *Perú & Gran Bretaña. Una historia en común*. Lima: Asociación Cultural Peruano Británico, pp. 238-265.

Panfichi, Aldo/Vila Benites, Gisselle/Chávez, Noelia/Saravia, Sergio (2018): *El otro partido. La disputa por el gobierno del fútbol peruano*. Lima: Pontificia Universidad Católica del Perú.

Whipple, Pablo (2013): *La gente decente de Lima y su resistencia al nuevo orden republicano*. Lima: Instituto de Estudios Peruanos/Centro de Investigaciones Diego Barro Arana.

Zabludovsky, Gina (2016): "El concepto de patrimonialismo y su aplicación al estudio de México y América Latina", en Álvaro Morcillo/Eduardo Weisz (eds.): *Max Weber en Iberoamérica. Nuevas interpretaciones, estudios empíricos y recepción*. Ciudad de México: Fondo de Cultura Económica, pp. 447-468.

Primera parte

IDENTIDADES Y ESTILOS

Esta parte aborda el gran tema de las identidades, pertenencias (y exclusiones) vinculadas con las prácticas del fútbol. Desde comienzos del siglo xx, diferentes grupos sociales en América Latina empezaron a desarrollar el gusto por el fútbol como jugadores, espectadores. Así fue que este deporte en equipo se convirtió en un motor decisivo para la formación y transformación de identidades que se produjeron en diferentes espacios —a nivel local, regional, nacional, continental y global—.

Pablo Alabarces se dedica al relato del fútbol latinoamericano a partir de un argumento que causa mucho ruido en el mundo mediático europeo y latinoamericano. Tiene una respuesta decisiva: no existe tal cosa como "el" fútbol latinoamericano, en tanto no se conserva homogeneidad compartida en el subcontinente. Pero hay componentes que llevan a la percepción del fútbol como algo que gira en torno a la etnicidad, la raza, la clase, el territorio y la nación. Christian Schwartz explora la eterna idea del *futebol brasileiro*. Si existiese algo como el fútbol nacional del Brasil, habría también otros estilos de los cuales ese fútbol brasileño se distinguiría. Y de allí le parece pertinente indagar las fronteras entre lo propio y lo "otro". Según Flavio de Campos, estas certidumbres de "un" estilo nacional con el que se identifican los ciudadanos brasileños ya no se pueden observar. Dan cuenta de esto el largo proceso de la globalización y la realización de megaeventos transnacionales como la Copa de las Confederaciones (2013), la Copa del Mundo (2014) y los Juegos Olímpicos (2016), así como giros políticos, lo que conlleva que los sentidos que produce el fútbol se hayan comercializado, causando alienación en parte de las hinchadas. Algo parecido nota Karmen Saavedra Garfias en su microestudio sobre Oruro, ciudad minera, aunque allí la hinchada del club San José en y fuera del país sigue produciendo significados de la orureñidad, a pesar de su desterritorialización y pese al hecho de que los jugadores no son mineros locales.

La invención del fútbol latinoamericano: cinco relatos y un silencio

Pablo Alabarces

Introducción: fundaciones

Como afirmé en mi reciente investigación sobre la historia del fútbol latinoamericano (Alabarces 2018), la invención —radicación, apropiación, aclimatación, incorporación— del deporte en el subcontinente se realizó de modos complejos, a veces contradictorios, a veces risueños, a veces dramáticos. Pero lo que comparten todas las invenciones es, precisamente, su variedad: no hubo un único eje que permitiera un relato de identidad latinoamericano, algún tipo de homogeneidad continental —o subcontinental, con más precisión— que aceptara la construcción de un imaginario unificador. El fútbol latinoamericano no existe ni como un relato único ni como un desarrollo homogéneo ni como un modo colectivo de jugarlo o de mirarlo, siquiera como un origen común —y, mucho menos, como un destino común—. Sin embargo, el subcontinente comparte cinco ejes en torno de los cuales se inventaron las narrativas de la identidad futbolística: la etnicidad, la raza, la clase, el territorio y la nación, todos ellos puestos en acción a través de relatos que, en algunos casos, se autonominaron como *estilos de juego*. La etnicidad nos remite a las fundaciones reales y los conflictos entre europeos —que no fueron solo ingleses—, criollos y mestizos; la clase, a la popularización y a las disputas por la profesionalización; la raza, a la aparición de los afrodescendientes; el territorio, a la estrecha relación entre equipos y ciudades o pueblos (o barrios, en las ciudades más importantes); finalmente, la nación, desde 1916 y con la aparición de las competencias internacionales, encontró en el fútbol el soporte más idóneo para la popularización de narrativas de identidad. A la vez, empero, hay una gran ausencia —que no es propiedad latinoamericana—: el género fue silenciado (tanto como prohibido) en esa invención y en esos relatos.

Cinco ejes, muchos relatos, una ausencia: trataremos de sintetizar esos desarrollos, pero con un énfasis histórico. Nos interesa aquí el momento de fundación, construcción y consolidación, entre 1870 y 1940, aproximadamente, el período en el cual se constituyen los *futboles* nacionales y, a la vez, las competencias continentales y mundiales que revelan, desde sus inicios, la potencia

simultáneamente futbolística —en términos de la calidad y el éxito del juego—
e identitaria —la fortaleza de estas narrativas para construir o reformular identidades, locales o nacionales, pero nunca regionales o continentales—.

Disputas étnicas, primera versión: el mito inglés

En realidad, otro dato común a todo el fútbol latinoamericano es que su
surgimiento está estrecha y causalmente vinculado a la expansión del capitalismo y a la integración de las economías locales en el nuevo modelo de acumulación global. La primitiva preeminencia uruguaya y argentina estaría explicada
por ese mismo factor: si ese capitalismo era, a finales del siglo XIX, fundamentalmente el británico, la integración de las economías agroexportadoras de ambos países era próspera y "armoniosa", mientras que en el resto del continente
dependía de economías de enclave, explotaciones específicas o inversiones especiales —como los ferrocarriles, británicos en casi todo el continente—.

El peso del capitalismo británico generó el *mito inglés*. Pero el padre fundador del fútbol argentino, Alexander Watson Hutton, no era inglés: había nacido
en Glasgow en 1853 y estudiado en Edinburgh —obtuvo un grado en Filosofía—. No hay un solo inglés en la fundación del fútbol argentino. Y la falacia
inglesa se repite a lo largo y ancho del continente. En Uruguay, el decisivo impulsor del fútbol uruguayo fue Henry Candid Lichtenberger Levins, fundador
del primer club específicamente futbolero, el Albion Football Club, en 1891, e
inventor de la primera liga y la primera asociación. Lichtenberger era uruguayo,
aunque hijo de alsaciano —alguna fuente dice inglés, otra afirma alemán, una
tercera brasileño— e inglesa, y el Albion, contrariamente a lo que su nombre
indica, se fundó como club estrictamente criollo (*Albion* fue el nombre primitivo, supuestamente celta, de la isla de Gran Bretaña).

La extensión del Brasil, por su parte, permite que la fundación sea un hecho
disputado geográficamente. Hay versiones diversas, hay documentación variada,
hay distintas leyendas. Lo cierto es que el pionero es Charles William Miller.
Pero Miller, claro, no era inglés, sino brasileño, hijo de escocés, nuevamente, y
brasileña (a su vez, de familia inglesa), enviado a estudiar a la madre patria, como
su tradición familiar lo exigía. Distinto es el caso del fundador del fútbol carioca,
Oscar Cox; distinto porque, aunque también brasileño, sus años de estudiante
los pasa en Lausanne, en el Collége de la Ville, de donde regresa en 1897.

En Chile, en cambio, tenemos un problema: el fundador tiene nombre y
apellido, es un periodista británico llamado David N. Scott, radicado en Valparaíso, donde funda el Valparaíso Football Club en 1892, aunque sus andanzas
se rastrean hasta 1889. Todas las fuentes hablan del inglés Scott; pero se llamaba, insisto, Scott. Es decir, escocés, en español.

En Perú, como siempre hace falta un prócer, este habría sido Alexander o Alejandro Garland, hijo de británico pero peruano, estudiante en Gran Bretaña, que trajo la pelota en su equipaje antes de la guerra del Pacífico de 1879. En Paraguay, en cambio, no hay mayores dudas: el fundador es un holandés, Friedrich Wilhelm Paats Hantelmann, nativo de Rotterdam, que migra por razones médicas y llega a Asunción en 1894.

En Colombia, como en Brasil, los relatos son variados y dependen de la región: las costas, las sierras. Hay franceses, ingleses, suizos, pero el fundador indiscutido del fútbol colombiano habría sido el coronel estadounidense Henry Rowan Lemly, director contratado de la Escuela de Ingeniería Civil y Militar en Bogotá, que impulsó los deportes en la escuela hacia 1891 y, entre ellos, el fútbol. De todas las historias, es la única en la que aparece un habitante del país del béisbol.

En Bolivia, es un nativo, pero que lleva el balón desde Chile a Oruro gracias al ferrocarril que unía esta ciudad con Antofagasta: Leoncio Zuaznabar, fundador del Oruro Royal Football Club en 1896. En Ecuador, son los hermanos Juan Alfredo y Roberto Wright, nativos, que traen la pelota desde Gran Bretaña, donde habían estudiado, y fundan el Sport Club en Guayaquil, en 1899. En Venezuela es un galés (al fin), A. W. Simpson, un maestro que organiza el primer juego en un muy temprano 1876, en los campamentos mineros de El Callao. En todo el resto de América Latina es más difícil de identificar un único pionero, salvo en Honduras, donde se llama Julio Luis Ustáriz, un hijo de inmigrantes franceses al que unos connacionales, llegados en un barco de esa bandera, le regalaron un balón en 1896.

En México se repite el fenómeno del Cono Sur de las fundaciones simultáneas: ingenieros ingleses y escoceses de la Pachuca Mining Co. hacia 1880; ingleses como Percy Clifford y Robert Blackmore en la ciudad de México, alrededor de 1902. Pero México tiene una originalidad irrepetible: el fundador del fútbol tapatío fue un belga, Edgar Everaert, que fundó el Union Football Club de Guadalajara en 1906 (junto al francés Calixto Gas). El Union devino Guadalajara Football Club en 1908 y luego, en 1923, Club Deportivo Guadalajara. El equipo que más orgullosamente reivindica su identidad mexicana es obra de un belga.

Instituciones y disciplinamiento

En realidad, los pioneros importan poco, aunque les permitieron a los distintos *futboles* locales un mapa de efemérides y homenajes. Dicho rápidamente: si Watson Hutton hubiera naufragado en la travesía de Edimburgo a Buenos Aires, alguien habría tomado su lugar —incluso podría haber sido otro escocés, que abundaban—. El historiador inglés Matthew Brown señala con agudeza que la teoría del Gran Hombre —el prócer, el sujeto excepcional— como motor de la historia ha sido abandonada por la historiografía, salvo en el caso de los deportes. Lo decisivo son las instituciones involucradas en la fundación del fútbol en el continente. Siempre hay pioneros y migrantes, y muchos de ellos nativos, pero lo importante son los lugares donde despliegan su pionerismo: las instituciones.

Son, primero, los clubes de la colectividad británica, luego imitados por las burguesías locales; son también las escuelas originalmente para expatriados, más tarde replicadas por las escuelas privadas de la burguesía o las estatales; son a la vez las compañías mineras, de ferrocarriles o industriales. No hay sorpresas: la lista de los fundadores no se aparta, en todo el continente, de esa pauta. No hay asociaciones populares ni grupos políticos ni reuniones vecinales. No hay cárceles, pero sí escuelas, cuarteles y fábricas, y no falta alguna iglesia. Es decir, lugares donde disciplinar los cuerpos y las mentes —y las almas, si fuera posible—.

El fútbol permitía blindar los cuerpos en comportamientos más ascéticos que los esperables en las clases obreras. Por eso apareció, tempranamente, como una herramienta que alejaba a los obreros del alcohol, el tabaco y el sexo. Eran tiempos de higienismo, de convicciones redentoras respecto de los peligros que acechan a los pobres; convicciones compartidas por los religiosos, los educadores, los militares y los empresarios. Y por ciertos políticos también: luego de algunos primitivos rechazos, incluso grupos socialistas terminaron defendiendo la práctica deportiva como un medio para alejar a los grupos populares de los peligros tenebrosos de la disipación.

Como sabemos, las clases populares latinoamericanas terminaron jugando al fútbol, fumando, bebiendo, teniendo sexo —y bailando, no lo olvidemos—, a veces simultáneamente. Parafraseando al filósofo francés Michel Foucault, la existencia de instituciones disciplinadoras no implica la necesaria existencia de comunidades disciplinadas. En el caso del fútbol latinoamericano, ambas cosas aparecen como indiscutibles: la pretensión disciplinadora de las élites y sus instituciones, pero también el fracaso relativo de sus esfuerzos.

En síntesis, a pesar de la ausencia de ingleses propiamente dichos y de la abundancia de escoceses, las fundaciones del fútbol latinoamericano son indudablemente tres cosas a la vez: son disciplinadoras, son modernizadoras —o modernistas— y son europeas, aun cuando los actores fueran criollos: todos eran epigonalmente europeos. Sin embargo —o por eso mismo— el proceso de apropiación implicó la construcción de algún tipo de relato de criollización o nacionalización: el *estilo rioplatense* o el *fútbol criollo* en el Perú o la lisa y llana expulsión, como ocurrió en un caso particular de clivaje étnico: el mexicano, en el que la disputa ocurrió entre los clubes locales y los de la colectividad migrante española.

Los relatos del estilo

Los clivajes étnicos, especialmente en el Río de la Plata, fueron narrados como *estilos de juego*. Las narrativas de diferenciación, generadas en Argentina y Uruguay —en sus respectivas prensas populares— en los años 20 del siglo pasado, echaron mano de la invención de un *estilo criollo* —rioplatense— de juego para la construcción de sus relatos. Esas narrativas eran coherentes, además, con las que inventaban los intelectuales nacionalistas de ambos países, como demostró el trabajo de Eduardo Archetti en el caso argentino. Los primeros años del siglo mostraron la aparición de un primer nacionalismo, basado en la reivindicación americana e hispanófila y la resistencia al cosmopolitismo anglosajón, conocido con el nombre de *arielismo* y originado, precisamente, en la obra del uruguayo José Enrique Rodó, quien publicara su *Ariel* en 1900. Ese nacionalismo desplegó sus convicciones en torno de una postulada *raza americana* y en la combinación de las nociones de sangre y nación, en la mezcla de etnicidad y fenotipo. En el caso argentino, se basaba en la mixtura de la inmigración europea —italiana y española— con una mítica continuidad del *gaucho* de las pampas, sabiamente condimentada con la invisibilización de su componente indígena y afroamericano; en el uruguayo, esa misma mezcla incorporaba a los afrodescendientes en la práctica —sin reivindicarlos— y la condimentaba con la recuperación meramente legendaria de un espíritu indígena —radicalmente inexistente: los pueblos originarios habían sido exterminados—, a la que llamaron (desde 1930) *garra charrúa*, en referencia al pueblo indígena más importante del territorio uruguayo.

Ese estilo criollo para jugar al fútbol, compartido por ambas narrativas, se diferenciaba en estas dos últimas peculiaridades: los uruguayos vencían finalmente por su *garra* y porque tenían grandes jugadores *negros*; los argentinos adeudaban ese rasgo de carácter, aunque luchaban por incorporarlo. Por supuesto, se trata de fantasías: los fantasmas de los indígenas se agitaban en sus tumbas mientras escuchaban esos mitos. Del mismo modo, una presunta caracterización del estilo rioplatense como de gran dominio del balón y predominio de los pases cortos chocaba con el reconocimiento de que los que jugaban con pases cortos eran los jugadores profesionales ingleses del Southampton F. C., que visitó el Río de la Plata en 1904. El estilo, entendido como modo *real* de jugar, no era central en la diferenciación y la nacionalización del juego: pero la *narración del estilo*, a través de sus mitos, fue decisiva.

Ya sabemos bien que los estilos *reales* —entendidos como modos de jugar y no como relatos periodísticos de modos de jugar míticos— proceden de la imitación, la práctica o las elecciones tácticas, que son además variables en el tiempo y en el espacio. Que no emanan del suelo o de la sangre o de la historia.

Pero todo esto lo afirmaron la sociología y la antropología desde finales del siglo XX: para la prensa popular de la primera mitad de ese siglo, el relato del estilo se etnificó o, como en los casos brasileño y peruano, se racializó.

Como es previsible, la diferenciación fue respecto de los "ingleses" —que, como ya dijimos, eran muy escoceses—: había que mudar apellidos de anglosajones a ítalo-españoles, los grupos migrantes dominantes, pero también nombrar un estilo de juego que se proponía como distinto, sintetizado en el pasaje del pase largo y la carrera al control del balón, el pase corto y la gambeta. Como señaló Eduardo Archetti, "la nuestra" funcionó especialmente en espejo, en la comparación con el otro y la atención a la mirada del otro: del "otro distante", los europeos, y del "otro cercano", los uruguayos. Para el periodista uruguayo Borocotó, uno de los inventores de la prensa deportiva rioplatense, ese estilo se volvía algo natural, esencial: simplemente con el contacto con el aire de la pampa, el consumo de mate y la ingesta de asado, los jugadores, ahora hijos de inmigrantes "correctos" (españoles e italianos: no de los ingleses), comenzaban a jugar con gambetas y a desarrollar indisciplinas creativas. Por supuesto, todo eso conformó un hermoso mito, pero jamás una explicación antropológica.

Hasta qué punto la narrativa del estilo describe o prescribe, es indecidible. Si por razones inexplicables —o por abuso de mate y carne vacuna— los jugadores locales decidieron dejar de correr y enviar centros para las cabezas de los delanteros, nunca lo sabremos. Tampoco sabremos si la creciente alfabetización de masas permitía a esos jugadores leer la revista deportiva *El Gráfico* y actuar de acuerdo a lo que Borocotó esperaba de ellos. Lo único indudable es que, al igual que para los uruguayos, el fútbol porteño-argentino constituía, a mediados de la década de 1920, un eficaz relato de integración nacional, coherente y complementario de los relatos que el Estado y la escuela difundían por los canales legítimos: es decir, por los canales letrados. Los canales informales no los contradecían, simplemente, los encarnaban figuras más populares que los próceres: los jugadores de fútbol. Algo similar ocurrió, en Perú, con la invención —con la nominación— de un *fútbol criollo*, desde los años 30, negro y plebeyo a la vez. Por eso, es hora de que hablemos de esos otros dos ejes de identidad: la clase y la raza.

La clase, la raza y la clase racializada: historias de negros y plebeyos

Juan Carlos Luzuriaga, en su excelente trabajo sobre la historia del fútbol uruguayo, señala un dato clave para esta historia: que, ya desde finales del siglo XIX, las compañías de tranvías habían detectado el crecimiento del número de pasajeros los días en que había juegos, por lo que colaboraron con los primeros clubes en la instalación de sus estadios (relacionados, claro, con el recorrido de los servicios). Eso nos habla de una expansión de los públicos; si lo sumamos a la aparición de clubes plebeyos a finales de la década, debemos preguntarnos por la popularización.

Aunque la incorporación de los afroamericanos al fútbol uruguayo no presenta las aristas conflictivas que sí veremos en el caso brasileño, la sociedad uruguaya del cambio de siglo no era necesariamente más abierta y tolerante que el resto de las naciones latinoamericanas —aunque Uruguay había abolido la esclavitud cincuenta años antes que el Brasil—. Las instituciones británicas no incorporaron a jugadores negros; el primer jugador afrodescendiente de que hay constancia en la liga fue Federico Arrieta, arquero del Intrépido, en 1908. Nacional incorporó en 1911 a Antonio Ascunzi y, en 1912, a José María Viamont, provocando una disidencia entre algunos de sus socios, que preferían la segregación. El CURCC se extinguió sin tener jugadores negros, pero su sucesor, Peñarol, creado en 1913, sumó a las dos primeras estrellas negras del fútbol uruguayo: en 1916, Isabelino Gradín, y, en 1917, Juan Delgado. Ambos jugaron el primer campeonato sudamericano de 1916, motivando la protesta de la liga chilena, que exigió la pérdida de los puntos para el equipo uruguayo por alistar a "jugadores africanos". A partir de 1921, con su debut en Bella Vista, y 1924, con su participación en los primeros Juegos Olímpicos, aparece la figura de José Leandro Andrade, la "maravilla negra" (como lo apodó la prensa francesa en 1924), figura decisiva en los éxitos nacionales entre 1924 y 1930 y la primer gran figura afroamericana del fútbol latinoamericano.

Andrade, descendiente directo de africanos esclavos, era más afroamericano que su contemporáneo brasileño, Arthur Friedenreich, mulato hijo de alemán y brasileña, dueño de unos germánicos ojos verdes, al que algunas fuentes califican como el goleador más grande de la historia del fútbol universal, con hasta 1379 goles en toda su carrera, cifra totalmente indemostrable e indemostrada. Pero Andrade ganó los tres títulos mundiales de la década para Uruguay, lo que nos permite asignarle una mínima preeminencia.

La presencia de Gradín, Delgado y Andrade nos señala que a mediados de la década la popularización del fútbol uruguayo ya era definitiva. Luzuriaga indica un dato incluso anterior: que en 1905 ya había casos de *amateurismo marrón*, es decir, de pagos indirectos a los jugadores (tales como darle empleos en el ferrocarril a jugadores de Nacional para llevarlos al CURCC, como ya señalamos), dato complementado con la sanción de directivas explícitamente condenatorias del profesionalismo en 1915. Esto es revelador de la presencia de jugadores de las clases populares —los jugadores procedentes de las clases acomodadas no precisaban ese incentivo, e incluso lo despreciaban enfáticamente— y, en el mismo movimiento, el hecho de que la conducción burocrática de la liga permanecía en manos férreamente burguesas, que rechazaban el profesionalismo.

En el mismo momento, en 1913, las autoridades británicas del Central Uruguay Railway se lamentaban de dos consecuencias indeseadas de la participación futbolística de sus obreros en el CURCC: el ausentismo laboral, primero, y los destrozos en los vagones en los días de partido. En consecuencia, decidieron poner fin a la asociación de la compañía con el fútbol. A partir de ese momento, surgió el Club Atlético Peñarol: el nombre procedía del suburbio original donde se había afincado el primitivo CURCC.

Lo realmente importante del fin del CURCC es su justificación: ausentismo de los obreros, destrozos de la parcialidad. Ninguno de ambos rasgos puede ser atribuido a los *gentlemen*, que no podían ser obreros ni, presuntamente, causar destrozos sin violentar sus normas morales. Es el mejor indicio de que el proceso de popularización había finalizado. Los héroes futbolísticos, de allí en más, serán todos de origen popular: comenzando con José Nasazzi, el capitán de los tricampeones del mundo entre 1924 y 1930, hijo de dos inmigrantes pobres (italiano y vasca), obrero él mismo antes de brillar como futbolista y obtener, en compensación, un empleo en la Intendencia Departamental de Montevideo.

Como ocurre con todos los datos y todas las historias de los *futboles* latinoamericanos, las explicaciones sobre la popularización —exitosa— del fútbol uruguayo son solamente hipotéticas. Y la razón del desplazamiento estaría en la combinación de baratura más simplicidad. El juego es económico, porque solo es necesario simular una pelota, si no se posee, y disponer de espacios que las ciudades como Montevideo o Buenos Aires tenían en exceso a comienzos del siglo XX. Pero únicamente tendremos relatos periodísticos o ficcionales, incluso tardíos o anacrónicos.

El juego aparecía, además, como un símbolo de modernidad en sociedades que se modernizaban aceleradamente y exhibían esa modernización como marca de la vida cotidiana y el éxito social. Si la Montevideo de comienzos de siglo XX se caracterizaba por algo no era por la renta agropecuaria, sino por el modo en que esa renta se transformaba en urbanización, transporte, educación pública, prensa de masas, servicios públicos. Es decir, en rasgos modernos experimentados como vida cotidiana. Esa modernidad *periférica* alcanzaba a las clases populares también en sus experiencias o en sus deseos: la anomalía uruguaya consistió en que esos sectores, los protagonistas del fútbol desde la segunda década del siglo, la vivían más como experiencia que como deseo. El contexto batllista fue decisivo en la instauración de una suerte de estado de bienestar distante de cualquier experiencia socialdemócrata, pero eficaz en dos aspectos centrales: el tiempo libre y la educación pública. No puede haber experiencia deportiva de masas sin *sábado inglés* (el descanso semanal desde el mediodía del sábado) y sin progresiva reducción de la jornada laboral; y Uruguay fue el pionero: en 1915 ya estaba establecida la jornada de ocho horas —por mucha diferencia, el primer país latinoamericano en establecerla: la Argentina recién lo hizo en 1929—.

No hay milagro, entonces, ni casualidad ni error, sino una serie de disposiciones estructurales que permitieron la explosión popular de la práctica futbolística. A las antecitadas tenemos que sumar: una masa crítica de la colectividad británica, suficientemente importante como para difundir el deporte en diez años, y a la vez suficientemente débil como para ser desbordada por los criollos en cinco, y la estabilidad política y la rapidez con que el Estado aceptó —no podemos decir *asumió*— la facilidad con la que el fútbol emergía rápidamente como un símbolo y una narrativa de unidad nacional, ya en los años veinte del siglo pasado.

Frydenberg señala, asimismo, dos elementos claves para terminar de entender la popularización vertiginosa del fútbol. El primero, en relación con el total de las prácticas populares del período, ubica al fútbol como el esparcimiento que proporcionaba el mayor compromiso a la vez corporal y afectivo: involucramiento de los cuerpos —masculinos— en la práctica, un involucramiento intenso y continuado en el tiempo; pero también de las *almas*, en tanto el *amor por los colores* implicaba una intensa carga emotiva también duradera en el tiempo —toda la vida—. A finales de la segunda década del siglo, los clubes de la primera división ya designaban de manera sólida el eje clave de una potente relación afectiva con los territorios. Por eso Frydenberg puede afirmar que, en 1920, la concurrencia semanal a la *cancha* era una práctica universal, aunque por supuesto que ese universo era estrictamente masculino.

El crecimiento del fútbol entre los sectores populares no fue visto con mucha simpatía por los grupos de izquierda, que lo entendían como una mera disipación de esfuerzos, cuando no como una maniobra burguesa para distraer a los sujetos de una cultura realmente obrera. A pesar de los intentos románticos de algunas narrativas muy posteriores, las relaciones entre los clubes plebeyos y el movimiento obrero eran muy distantes. Sin embargo, como ha señalado el historiador inglés Eric Hobsbawm, el fútbol se fue constituyendo lentamente como un eje de una identidad de clase. Si para el caso inglés esa identidad fue especialmente *obrera*, en el caso latinoamericano el fútbol fue desde tiempos muy tempranos un eje de una identidad *popular*, donde el adjetivo nos remite a una relación de clase. El fútbol *popularizado* implicó la afirmación de las *masas* involucradas, cuantificable en el crecimiento explosivo de jugadores y públicos, pero también respecto del origen de esas masas: eran masas plebeyas, es decir, populares.

La democracia racial

En el caso brasileño, las historias clave son centralmente la paulista y la carioca: paralelas y simultáneas, pero con diferencias. Poco sabemos sobre cómo se produjo la popularización del fútbol paulista, originalmente limitado a inmigrantes *nobles* o sus descendientes, y a jóvenes de la burguesía cafetera paulista educados en sus mejores colegios. Pero en 1906 se produjo la fundación del Clube Atlético Ypiranga, el primero en incorporar jugadores plebeyos, y en 1910 la del Sport Club Corinthians Paulista, fundado por trabajadores ferroviarios del barrio de Bom Retiro. El primer presidente del Corinthians fue un sastre llamado Miguel Battaglia, quien habría pronunciado la siguiente frase: "El Corinthians va a ser el equipo del pueblo y el pueblo va a hacer el equipo". En el mismo año de 1910, se fundó el Palestra Italia (a partir de los años 40, el actual Palmeiras), creado por trabajadores italianos de las Indústrias Matarazzo. Este trío de equipos populares accedió a la liga a partir de disputas entre los clubes fundadores que llevaron a la ruptura en 1913 y la creación de una liga paralela a la oficial. Al reunificarse las ligas, en 1917, los clubes plebeyos ya habían ganado su lugar.

En la entonces capital de la república, la excepción a la regla elitista del fútbol carioca era el Bangu, fundado como club deportivo de la fábrica textil del mismo nombre. Aunque inicialmente el club agrupaba a los técnicos y ejecutivos británicos, su condición fabril y su relativo aislamiento —Bangu es un suburbio de la ciudad— llevó a la incorporación de los operarios nativos, entre los que más temprano que tarde aparecieron los mulatos. Así, en 1905, el Bangu presentó un jugador negro en su formación: Francisco Carregal, pero fue antes de la formación de la liga. Como señala Leite Lopes, la incorporación de los obreros de la fábrica en el equipo de fútbol tenía un sentido pedagógico y disciplinario, regulando a través del deporte el tiempo libre de los operarios.

La condición elitista del fútbol carioca fue radical hasta por lo menos 1923, con cláusulas explícitas de exclusión racial: todos los jugadores debían ser blancos, pero porque los no-blancos no podían ser *amateurs*. La liga no contó por esa razón por un tiempo con la participación del Bangu. En 1914, el mulato Carlos Alberto, flamante jugador del Fluminense, decidió cubrir su rostro con polvo de arroz (obviamente blanco) para ocultar su tez: el descubrimiento del truco por parte de la parcialidad visitante motivó la aplicación del mote *pó de arroz* para el club. Algunos historiadores afirman este relato, como Leite Lopes; otros, como Victor Melo, sostienen que no hay fuentes que lo prueben definitivamente. Es, de todos modos, una leyenda que merece ser cierta.

A pesar de la aparición estelar del mulato paulista Friedenreich en el Campeonato Sudamericano de 1919, las tensiones en torno al racismo persistieron incluso en las representaciones nacionales: para el Sudamericano de 1921, jugado en Buenos Aires, el presidente brasileño Epitacio Pessoa impuso su voluntad en el sentido de que el equipo brasileño fuera integrado solo por jugadores blancos, ya que el año anterior, al pasar por Buenos Aires rumbo al Sudamericano de Chile, los brasileños habían sido tratados de "macaquitos" por la prensa argentina.

Las novedades más radicales vendrían por el lado de clubes tradicionalmente dedicados a los deportes acuáticos. Por un lado, el Club de Regatas Flamengo, fundado en 1895 y que desarrolló su sección futbolística desde 1912; por otro, el Club de Regatas Vasco da Gama, fundado en 1898 y que comenzó a jugar al fútbol en 1915. El Flamengo era un club de élite, que se integró rápidamente al perfil aristocrático dominante del fútbol carioca; pero muchos años después, en 1936, al comenzar el profesionalismo —y luego de, inclusive, inicialmente rechazarlo—, dio un giro copernicano al incorporar a los más famosos jugadores negros de la época, Domingos Da Guía y Leónicas Da Silva, lo que popularizó definitivamente a sus seguidores —en un sentido clasista: los hinchas del Flamengo pasaron a ser predominantemente de las clases subalternas. El Flamengo fue entonces apodado *pó de carvão* (polvo de carbón), como un modo de señalar la oposición de clase con los seguidores de su rival Fluminense.

Pero fue el Vasco da Gama el responsable de las transformaciones más drásticas en un sentido democratizador. Como relata Leite Lopes, el Vasco no era un club de la élite carioca, sino de los migrantes portugueses, la mayoría de ellos comerciantes, sin escolaridad universitaria. Por ello, le resultó más sencillo asumir la "proletarización" de sus jugadores: los deportistas comenzaron a ser de otra clase social que los dirigentes que, dedicados a la acumulación económica familiar, no disponían del mismo tiempo libre que sus colegas de los clubes aristocráticos. Así, con equipos integrados por obreros, mulatos y negros, el Vasco ganó la Segunda División en 1922 y la Primera en 1923.

La resistencia de los clubes elitistas incluía tanto consideraciones étnicas —el racismo era vertiginoso— como clasistas: lo que la irrupción del Vasco auguraba era necesariamente el profesionalismo y, con él, la definitiva popularización de la práctica del fútbol. La necesidad de competir con el Vasco —y con el São Christóvão Athletic Club, fundado en 1909 y que también reclutaba jugadores y seguidores entre los grupos populares y de afrodescendientes, campeón carioca en 1926— llevó a los clubes "nobles" a reclutar nuevos jugadores, blancos pero pobres y, en algunos casos, del interior del estado de Río de Janeiro. Como era previsible, estos nuevos jugadores también reclamaban algún tipo de renta, lo que transformó al amateurismo carioca en absolutamente insostenible. En 1933, simultáneamente con la liga paulista, el torneo carioca comenzó a profesionalizarse.

La popularización del fútbol en el Brasil, a diferencia de Uruguay y Argentina, ha sido trabajada por los estudiosos fundamentalmente en torno de los procesos de incorporación de los afrodescendientes —negros o mulatos—. La popularización debe leerse, a la vez, como la ruptura del racismo dominante de las élites brasileñas, las que, como señalamos, concedieron la abolición de la esclavitud apenas pocos años antes de la introducción de los deportes británicos —fue la última sociedad esclavista americana—. Sobre cómo se produjo ese proceso, conocemos solamente los datos, no sus modos, aunque toda la bibliografía entiende que se trató de un fenómeno similar al de las otras sociedades latinoamericanas. El esquema es siempre el mismo: la difusión entre los grupos populares de una práctica de élite, generalmente a pesar de esa misma élite, que resiste su expropiación refugiándose en el amateurismo como último espacio de su propiedad. Aunque en el caso brasileño el foco se ponga en los afroamericanos, lo mismo ocurrió con los blancos pobres —que no eran pocos—.

La novedad consistió en que, cuando el fútbol brasileño explotó internacionalmente, a mediados de los años 30 y luego de la primera hegemonía uruguaya, sus mayores estrellas fueron jugadores afrodescendientes. La tentación —más de una vez recorrida— es entonces explicar las características del fútbol brasileño a partir de este trazo étnico, y esto supone un debate arduo. Lo que afirmamos para los casos rioplatenses —que no existe ningún innatismo que explique cierto tipo o *estilo* de juego, sino una serie de elecciones producidas en contextos muy específicos e irrepetibles que son luego transformadas en *discursos de identidad*— es igualmente válido para el caso brasileño, aunque la aparición de los jugadores negros sea excepcional y decisiva. Posiblemente, podamos pensar en una explicación más ampliamente cultural o, como sugiere el periodista brasileño Gustavo Mehl, de una intersección entre cultura, cuerpo y ritmo. Sin entrar en grandes disquisiciones, la relación del fútbol brasileño, tal como saltó a la fama mundial desde los años 30, con la *capoeira* y la samba, prácticas populares con estrecha dependencia de la herencia africana, parece innegable.

Lo cierto es que esa aparición permitió que sus discursos de identidad tomasen ese giro etnificado, que remataría en 1958 con el primer título mundial en Suecia liderado por las estrellas Vavá, Didí, Pelé y Garrincha: tres negros y un mulato.

El investigador norteamericano Jason Borge coloca la diferencia entre rioplatenses y brasileños en un lugar adecuado: se trata, insistimos, de juegos de discurso. La invención rioplatense consiste en narrar una diferencia y una distancia con otro hegemónico: consiste en la criollización del fútbol inglés. La invención brasileña, en cambio, consiste en la integración imaginada de un grupo subalterno interno: el *negro en el fútbol brasileño*, como narró Mário Filho en 1947, realiza una *democracia racial*, aunque esta sea, inevitablemente, puramente imaginada.

La aparición simultánea de Pelé y Garrincha en 1958 es, posiblemente, uno de los sucesos más felices de la historia del fútbol latinoamericano, porque la actuación del equipo —al que le sobraban los grandes jugadores, como los ya mencionados Vavá (Edvaldo Izidio Neto) y Didí (Waldir Pereira), pero también los blancos Nilton Santos (Nílton Reis dos Santos) o Zagallo (Mário Jorge Lobo Zagallo)— fue de una brillantez unánimemente elogiada por la prensa de todo el mundo. Por primera vez, además, un equipo latinoamericano vencía en una copa disputada en Europa —también por última vez, hasta al menos 2018—. Era el fútbol-arte proclamado por Gilberto Freyre veinte años antes, pero ahora victorioso y multiétnico: blancos, negros y mulatos.

Para Leite Lopes, la figura clave fue Garrincha, al que el público apodaba "la alegría del pueblo". Mané —como se lo llamaba— portaba, en su cuerpo débil, contrahecho y mal alimentado, las marcas y estigmas de las clases populares brasileñas; pero las transformaba en un estilo inusual y desconcertante que solo el fútbol brasileño podía mostrar. A cambio, Garrincha llevó a ese fútbol a ganar dos copas. La primera, junto a Pelé. La segunda, solo. Su muerte en 1983, pobre y solitario, fue, según Leite Lopes, el fin de la edad dorada del fútbol brasileño.

Las naciones, un invento futbolizado

El primer territorio fue el club, la escuela o la fábrica: de allí, el relato identitario se extendió hacia el barrio o el vecindario. En pocos casos, aquellos en los que la ciudad solo tuvo un equipo importante como representante en una liga "nacional", el territorio de la identidad fue la ciudad o la región: el caso tapatío, en Guadalajara, es posiblemente el más renombrado. Pero a partir de 1916, con la aparición de los torneos internacionales, el territorio representado —y el interpelado por los relatos del estilo— fue la nación.

Cuando los países latinoamericanos comenzaron a desplegar sus futboles, una de las primeras cosas que precisaron hacer fue competir internacionalmente: primero contra sus vecinos inmediatos, luego ampliando la mira hacia otros rivales. La afición futbolística unió rápidamente a las naciones, primero a las sudamericanas, luego al resto del continente: pero no para celebrar la unidad, sino para disputar, hasta el día de hoy, quién es el mejor. En última instancia, es la reproducción internacional de un fenómeno local: el fútbol permitía la construcción de identidades locales, ligadas a pertenencias territoriales, que disputaban el honor de la comunidad frente a las comunidades vecinas o más alejadas. Lo mismo podía hacerse fingiendo que la comunidad representada era la nación. Como veremos, en 1896 se había inventado una ficción equivalente, en la que muchos hombres competían en deportes individuales o de equipo haciendo de cuenta que representaban a los pueblos de sus naciones. Esa ficción se llamó Juegos Olímpicos.

Por eso, ya en 1901, hubo un partido amistoso entre dos equipos que se autoasignaron el nombre de "combinados nacionales", de Uruguay y Argentina, en Montevideo —en realidad, el equipo uruguayo fue el Albion, con la camiseta del Albion—. En 1902, ya fueron equipos organizados por ambas ligas, y en 1905 disputaron por primera vez un trofeo, la Copa Lipton. Es el clásico más antiguo del fútbol mundial, después de Inglaterra vs. Escocia, que se juega desde 1872.

Paralelamente, uruguayos, argentinos y brasileños precisaron comprobar hasta qué punto había sido exitosa su apropiación del juego británico. Para eso, había que jugar contra los maestros británicos, algunos de cuyos clubes visitaron estos países antes de la guerra de 1914-1918. Una segunda etapa la constituyeron las giras de los equipos sudamericanos por Europa. El dato fantástico es que en el mismo 1925 viajaron tres equipos de los tres países: el Boca Juniors argentino, el Nacional uruguayo y el Paulistano brasileño. Julio Freydenberg señala que la gira de Boca Juniors fue la primera ocasión en que el fútbol argentino fue acompañado por una operación de la prensa de masas: el diario popular *Crítica* de Buenos Aires alentó, difundió y celebró la gira como el triunfo definitivo del fútbol argentino sobre el europeo.

Eduardo Archetti afirmaba que a través de los Juegos Olímpicos y, posteriormente, a través de otras competiciones en diversos deportes, se impuso la ficción de una coronación de los mejores del "mundo". El deporte pasó a ser así un espejo en donde verse y ser, al mismo tiempo, mirado. Estar entre los primeros era importante; pero, paralelamente, era decisivo "ser visto" representando "algo diferente". La globalización temprana del deporte no era un proceso de homogeneización, sino un espacio en donde producir imaginarios, símbolos y héroes que establecieran diferencias: para sí y para el resto —y con respecto al resto—. Los países latinoamericanos comenzaron a afirmar esa diferencia desde 1924: centralmente, lo hicieron en el fútbol.

Mujeres: una ausencia inexplicable

¿Y las jugadoras latinoamericanas? La historia del fútbol latinoamericano es casi con exceso una historia de hombres, con total exclusión de las mujeres; consecuentemente, las fuentes eran, hasta fecha sumamente reciente, muy escasas.

Sin embargo, el fútbol femenino latinoamericano es antiguo: hay datos de juegos por lo menos en 1921. Si esta historia no se desplegó no fue por descuido o por falta de atención, sino por exceso de prohibiciones. La Football Association británica prohibió el fútbol practicado por mujeres apenas concluida la Primera Guerra Mundial, en 1921. En Brasil, un decreto de Getulio Vargas hizo lo mismo en 1941, alegando los riesgos de golpes en los genitales que "dañaran el aparato reproductivo"; esto revelaba que el rol asignado a las mujeres era meramente el de madres y que nada debía obstaculizarlo. Lo más grave es que el decreto duró, oficialmente, hasta 1979. Semejante obstáculo impidió la realización de un torneo brasileño hasta 2007, la Copa de Brasil de Fútbol Femenino, luego seguida por un Campeonato Brasileño de Fútbol Femenino recién en 2013. En la mayor potencia mundial del fútbol masculino, hace apenas diez años que hay torneos regulares de mujeres. Su mejor jugadora, la notable Marta (Marta Vieira da Silva), ha sido elegida la mejor jugadora del mundo por cinco años consecutivos, de 2006 a 2010; su carrera profesional ha transcurrido —ha debido transcurrir— fundamentalmente en Suecia y EE. UU.

Joshua Nadel dedica un largo capítulo de su libro al fútbol de mujeres en el continente, donde afirma que el enorme peso del fútbol masculino en la construcción de narrativas nacionales y unitarias implicó que el fútbol femenino fuera percibido como una amenaza: si la nacionalidad es un relato masculino, ocupa todo el espacio disponible; no hay lugar para heroínas. La ausencia de una narrativa femenina, entonces, es producto de una censura doble: por un lado, la de la prohibición y la de la persecución directas, como hemos señalado, que no escapa a la pauta dominante del patriarcado. La relación causal que la prohibición brasileña estableció entre genitalidad y maternidad es buena prueba de esto; no habría allí mayor novedad que la continuidad de la represión patriarcal. Pero hay una segunda censura: en la cultura deportiva, las mujeres no pueden ser soporte de narrativas de identidad, porque esa imposibilidad es dependiente de una ley más amplia, y no meramente local, según la cual la patria no puede narrarse en femenino y las mujeres no pueden ser los heroínas de un relato nacionalista. A la inversa: el exceso narrativo —el exitoso exceso narrativo— del fútbol masculino obturó por completo la posibilidad de que hubiera un relato femenino —hasta, incluso y como hemos señalado, su misma prohibición—.

¿Qué podríamos narrar del fútbol femenino latinoamericano sin esas prohibiciones? ¿Qué podremos narrar en los próximos diez años, en los que, indefectiblemente, el fútbol femenino debe explotar como posibilidad en la práctica, pero también entre los espectadores y hasta en el *marketing*?

Fin

Dijimos al comienzo que el fútbol latinoamericano no existe como relato o historia unificada. Existe como conjunto en otras coincidencias lamentables, en continuidades que deberíamos resolver comunitariamente: la violencia y la corrupción que lo rodea, su hipermasculinidad y su consecuente desprecio por el fútbol femenino, la mercantilización desmesurada de lo que fue —ha sido, sigue siendo— un núcleo fuerte de una identidad popular. Existe en los estilos cada vez más comunes de un *hinchismo* que comparte carnavalizaciones y *aguantes*, incluso repitiendo cánticos en las tribunas —evidenciando, según afirman los colegas del continente, una cierta *argentinización* en el estilo de los fanáticos, seducidos por el *hinchismo* agonístico, hiperpasional y desgarrado de los rioplatenses—. También existe en el achatamiento y mediocrización de sus narrativas periodísticas, cada vez más uniformadas por el peso de las grandes cadenas —que permiten, como acento local, simplemente la exacerbación del tribalismo nacionalista—. Las narrativas tradicionales han perdido peso: los relatos del estilo local, por ejemplo, han sido ya desplazados por narrativas globales centradas en las ligas y las competencias europeas. Los ejes de identidad que permitieron las invenciones exitosas y proliferantes de los futboles latinoamericanos parecen ser hoy, apenas, motivos de documentales o exhibiciones museísticas —y los museos del fútbol se han multiplicado en el continente. Probablemente, la transformación del fútbol en la gran mercancía global de la cultura de masas —con el fútbol europeo como vidriera privilegiada— ha contribuido decisivamente a cancelar los grandes relatos identitarios, hoy reducidos al tribalismo exacerbado —y, nuevamente, agonístico—. El flujo de jugadores hacia el centro, iniciado en 1925 pero agudizado desde los años 80 del siglo pasado, también contribuye a este panorama.

Pero esa misma circulación de relatos y de cuerpos dentro del continente, desde por lo menos el Dorado colombiano, que implicaron décadas de circulación de jugadores, directores técnicos, historias y memorias, campeonatos internacionales, ha permitido que el fútbol latinoamericano exista como un espacio compartido de fantasías. Aunque esto también pueda ser transformado en mercancía —todo puede ser mercancía en el capitalismo global—, sigue siendo el terreno compartido del sueño: los latinoamericanos *siempre* vencemos al poderoso en el fútbol. O mejor aún, sigue siendo la única posibilidad de vencer al poder, hasta cuando esa posibilidad está gestionada por el mismo poder que deseamos vencer. Una contradicción más de las muchas de las que estamos plagados. El fútbol latinoamericano sigue siendo deseo, que es siempre precisamente de aquello que nos falta: alegría y democracia.

Bibliografía

ALABARCES, Pablo (2018): *Historia mínima del fútbol en América Latina*. Ciudad de México: El Colegio de México/Turner.

ARCHETTI, Eduardo (2003): *Masculinidades. Fútbol, polo y el tango en la Argentina*. Buenos Aires: Antropofagia.

BORGES, Jason (2009): "Hinchas, Cracks and Letrados: Latin American Intellectuals and the Invention of Soccer Celebrity", en *Revista Canadiense de Estudios Hispánicos*, vol. 33, n°. 2, pp. 299-316.

BROWN, Matthew (2015): "British Informal Empire and the Origins of Association Football in South America", en *Soccer & Society*, vol. 16, n° 2-3, pp. 196-182.

FILHO, Mário (1964): *O negro no futebol brasileiro*. Rio de Janeiro: Editôra Civilização Brasileira.

FRYDENBERG, Julio (2011): *Historia social del fútbol: del amateurismo a la profesionalización*. Buenos Aires: Siglo XXI.

LEITE LOPES, José Sergio (1998): "Fútbol y clases populares en Brasil. Color, clase e identidad a través del deporte", en *Nueva Sociedad*, Caracas, n° 154, pp. 124-146.

LUZURIAGA, Juan Carlos (2009): *El football de novecientos: orígenes y desarrollo del fútbol en el Uruguay (1875-1915)*. Montevideo: Taurus/Fundación Itaú.

MELO, Victor Andrade de *et al.* (2009): *História do esporte no Brasil: do Império aos dias atuais*. São Paulo: UNESP.

NADEL, Joshua (2014): *Fútbol! Why Soccer Matters in Latin America*. Miami: University Press of Florida.

Narrativas do estilo: uma história das fronteiras nacionais pelo futebol

Christian L. M. Schwartz

> *A comunidade imaginada de milhões parece mais real como um time de onze dos quais sabemos os nomes. O indivíduo, mesmo aquele que apenas torce, se torna ele próprio um símbolo de sua nação. Este autor se lembra da sensação de nervosismo durante a primeira partida da história entre Inglaterra e Áustria, disputada em Viena em 1929, que escutou pelo rádio na casa de amigos, os quais prometeram se vingar dele caso os ingleses derrotassem os austríacos, resultado muito provável, dado o histórico das duas seleções. Como único menino inglês presente, eu era a Inglaterra ali, e, eles, a Áustria. (Por sorte, o jogo terminou empatado.) É assim que crianças de doze anos de idade estendem à nação a lealdade a um time.* (Hobsbawm 1992: 143, tradução nossa)

Essa passagem em que o historiador britânico Eric Hobsbawm comenta a importância das seleções de futebol para o imaginário nacional é bastante conhecida: aparece no clássico estudo *Nações e nacionalismo desde 1780*. Pode ser bastante instrutivo recuar no tempo à cena em que o menino Hobsbawm sentiu que sua "inglesidade" dependia, por alguma razão, da performance daquele "time de onze" contra a seleção austríaca no período entreguerras. Essa foi, aliás, uma época em que a nascente mídia de massa fomentava as mais variadas formas de expressão do pertencimento nacional —não mais apenas os velhos nacionalismos de líderes carismáticos ou heróis de guerra, mas de outro tipo também, *cultural*, por assim dizer, da ordem de um indefinível "caráter" nacional, e certamente mais próximo do que outro pensador britânico, o antropólogo e historiador Benedict Anderson, chamou de "comunidades imaginadas".

Não por acaso Hobsbawm abre com uma referência a Anderson a célebre passagem de seu livro —"A comunidade imaginada de milhões parece mais real como um time de onze dos quais sabemos os nomes"— e foi ela que me voltou à mente em novembro de 2017, sentado nas arquibancadas do não menos célebre estádio de Wembley, em Londres. Tinha ido assistir a um amistoso entre Brasil e Inglaterra na companhia de um amigo inglês e de seu filho de 8 anos, cuja mãe é brasileira. Ali estava, portanto, e quase 90 anos no futuro, um menino diante da mesma questão que Hobsbawm, aos doze, um dia enfrentara: a do pertencimento nacional conforme sua representação num campo de futebol.

Só que o menino ao meu lado na arquibancada encarava ainda um outro dilema: qual dos dois "times de onze" escolher? Embora sua mãe brasileira não estivesse presente, e ainda que o pai inglês fizesse questão de o tempo todo ressaltar as qualidades da jovem equipe inglesa em campo, a primeira reação do menino, poucos minutos depois do apito inicial, foi uma pergunta ao mesmo tempo inocente e intrigante: "Por que o Brasil está jogando com quinze jogadores e a Inglaterra só com onze?", ele quis saber. O pai riu alto e olhou para mim, como se buscasse a confirmação do que nós dois supostamente conhecíamos bem pela experiência de várias Copas passadas e meia-vida acompanhando futebol internacional. Então virou para o filho: "É, parece mesmo que tem mais jogadores do Brasil lá, mas é só por causa *do jeito como eles jogam e do jeito como nós jogamos*", explicou.

No fim, conforme esclareceu o próprio menino, a pergunta nem era sobre quem jogava de um jeito ou de outro —uma questão que, para o pai, parecera oferecer a ilustração perfeita para a suposta diferença fundamental entre brasileiros e ingleses, *nós* e *eles*, e melhor ainda: com um *deles* (eu) ali mesmo para confirmar tudo. Ocorre que a atenção do menino desde o início estivera não no campo e nos jogadores, mas nos telões do estádio que exibiam as escalações dos dois times; ocorre ainda que o menino prestava atenção não nos nomes dos onze (ou vinte e dois) listados lá como representantes de milhões, mas nos números de identificação dos jogadores: os do Brasil exibiam numeração fora de ordem nas camisas —Paulinho, com a 15, o último da lista brasileira— enquanto os ingleses usavam, do goleiro Hart ao atacante Rashford, a numeração crescente e regular de 1 a 11.

Um "time de onze" contra um "time de quinze" —talvez a saída para o dilema do menino tivesse agora ficado mais fácil.

Alguns anos atrás, numa tese infelizmente pouco lida fora dos círculos acadêmicos, apesar da linguagem acessível, o professor gaúcho Arlei Sander Damo, um refinado etnógrafo do futebol, foi (literalmente) a campo instigado pela seguinte —e ousada— suposição:

> "Se o futebol-arte não é apenas uma ficção sem referente empírico, então ele deve ser aprendido e ensinado. A hipótese parece razoável, mas também parece ser pertinente a conjectura inversa: se nada é aprendido e ensinado em termos de futebol-arte, então essa é uma ficção dos mediadores, especializados ou não, sem correspondência concreta" (Damo 2005: 318).

Em "Do Dom à Profissão", extensa etnografia realizada em categorias de base no Brasil e na França (campeã mundial agora incensada, não sem razão, pelos seus métodos de formação de jogadores), Damo investigou os supostos estilos nacionais de jogo na origem de sua reprodução, seja como prática, seja como discurso. Na etapa brasileira da pesquisa, relata interessante vivência junto a equipes juvenis de clubes cariocas e gaúchos —contraste latente na pretensa linearidade do "estilo brasileiro"— e ali se vale, além da observação, também de entrevistas sobre questões de estilo com os treinadores dos jovens.

A investigação avança, em seguida, para o mais emblemático dos gestos técnicos em se tratando de futebol-arte, o drible, de modo a testar empiricamente toda uma escola interpretativa descendente das teses de Gilberto Freyre —e francamente adepta de certo determinismo.

Afirma essa escola de pensamento que os brasileiros, porque miscigenados, trariam no próprio corpo um quê da famosa ginga. Será?

"A pergunta pode parecer disparatada num primeiro instante, afinal, onde mais poderiam estar inscritas as predisposições para o drible à brasileira senão nos corpos dos dribladores? [...] Seria ele natural, então?", questionava-se Damo (2005: 321).

Suas conclusões, organizadas em torno da noção de "dom" entre futebolistas em formação, deveriam ser mais conhecidas: "Dei-me conta, a certa altura do trabalho de campo", resume o pesquisador, "que as categorias de estilo e, particularmente, o futebol-arte, possuíam uso restrito no meu universo de observação participante, centrado no circuito da formação/produção de profissionais e, portanto, um tanto à margem dos torcedores e dos mediadores especializados" (Damo 2005: 317-18).

É certo que o futebol mudou desde que, ali pelos anos 1950, primeiro se aventaram hipóteses, à falta de palavra melhor, "racialistas", para explicar a excepcionalidade do nosso futebol em particular. Mas essa chave de leitura segue influente, a ponto de, na análise de Juca Kfouri sobre o triunfo da, na expressão do próprio colunista do jornal Folha de S. Paulo, "multirracial seleção tricolor" francesa na final da Copa de 2018, voltar como explicação contundente: "Se a influência do sangue negro é uma ótima notícia para o mundo, para o futebol brasileiro é mais um sinal de que o reinado acabou. Porque, além de mais rico e bem organizado, a verve do drible, do improviso e da cintura bailarina, se firmam no futebol europeu" (Kfouri 2018).

Persiste, portanto, essa visão do futebol como "palco entremeado das disposições, dos imaginários corpóreos e das gestualidades inerentes aos grupos sociais mais diversos", conforme escreveu José Miguel Wisnik, no tipo de raciocínio que em seu "Veneno Remédio — O Futebol e o Brasil", alentado ensaio sobre o tema, conduzirá à teoria de certa "prontidão" do negro como exemplo maior de "gestualidade inerente" (Wisnik 2008: 94-5).

Wisnik faz todas as ressalvas de praxe, mas não consegue evitar a sensação de que, sob aquela mesma perspectiva "racialista", caminha no fio da navalha de corroborar os piores engodos de nossa festiva miscigenação positiva (nome original da famigerada democracia racial brasileira), como fez a linhagem desde Freyre —inspiradora de Mário Filho e seu clássico "O Negro no Futebol Brasileiro"— até desembocar na ideia algo incômoda da "prontidão".

Como sustentá-la em favor de Rivaldo e Ronaldos em 2002, e contra Zico, Sócrates e Falcão vinte anos antes? (E ainda seria possível, tomando-se essa célebre Seleção só do meio para a frente, incluir Éder, deixando de fora apenas Cerezo e Chulapa.) A ironia é que os "branquelos" de 1982 é que ficaram conhecidos, embora derrotados, como verdadeiros representantes daquele futebol-arte brasileiro, enquanto há quem diga que os pupilos de Felipão ganharam a Copa com menos jogo bonito que o desejável.

E não vamos esquecer que o "europeu" Bellini foi quem primeiro nos imortalizou nas Copas erguendo uma taça de campeões. Ou será necessário também apagar dessa vitoriosa história da Seleção no palco dos Mundiais a participação dos zagueiros —mais ou menos brancos ou negros— porque "nosso estilo é de ataque"?

Tal mitologia não se restringe ao Brasil, obviamente —é traço cultural forte em boa parte da América do Sul. Se temos nosso ápice em Pelé, mito maior, os argentinos o têm em Maradona. Talvez não se levante a bola da miscigenação com tanta frequência no país vizinho, por boas razões históricas, mas tampouco é incomum ouvir a louvação do "mestiço" Diego —o que, claro, só faz reforçar a contradição na hora de explicar Messi.

"Lógica serial": o caso "riopratense"

Naquela célebre teoria das "comunidades imaginadas", em que trata em particular do mundo pós-colonial, Anderson (2008) defendeu que as nações se consolidam a partir da emergência de um fenômeno próprio das modernas sociedades capitalistas: a leitura simultânea, numa língua comum, de jornais e romances por um número crescente de concidadãos. O gesto sincronizado da leitura de jornal —e veja-se a semelhança com o torcer por um time ou por uma seleção— os lançaria numa "realidade" imaginada que é a refração de acontecimentos de interesse comum no raio de alcance da língua de determinada comunidade.

O que vou apresentar aqui é parte de um projeto em andamento para uma história global que reconstitua como as comunidades locais e, em particular, as nacionais narraram a si próprias em termos dos estilos de jogar supostamente únicos de seus times ou seleções de futebol. Considero que os estilos, em geral associados a nações, só existem pelo olhar subjetivo coletivo dos observadores à medida que o processo descrito por Anderson evolui no tempo. Esses observadores (comentaristas e aficionados, mas também, por reverberação, a parcela não torcedora de uma comunidade) traduzem o estilo a cada novo *evento*: jogo a jogo na história do futebol.

Tal "lógica serial" dos eventos, para usar outra expressão do próprio Anderson, é informada tanto por mitos e memória coletiva quanto pela ação vista em campo a cada momento —o que contribui para a noção de que não apenas existem "jeitos de jogar" como, muito além disso, esses supostos estilos seriam marcas distintivas de diferentes "povos" (ou, dentro de uma mesma nação, de comunidades locais diversas), ou ainda de que supostamente refletiriam "jeitos de ser" típicos desses povos e comunidades, seu "caráter" nacional ou local/regional.

Se os estilos, conforme penso, somente existem como *narrativas* pelas quais as coletividades podem se imaginar como únicas, deveríamos buscá-los não no gestual do futebol em si —até porque não há suficiente registro iconográfico (e, particularmente, de imagens em movimento) mostrando como o futebol de fato era jogado quando se definiram as principais reputações nacionais no esporte, entre os anos 1920 e 1930.

A questão persiste, no entanto, mesmo com a abundância de imagens e comentários sobre jogos a que temos acesso já há algumas décadas —não disponho de espaço, aqui, para desenvolver mais a questão, mas é notável como nós, espectadores/comentadores de futebol, com centenas de partidas ao vivo disponíveis, acabamos vivendo por uma espécie de memória seletiva dos melhores momentos, um recorte enganoso ou, no mínimo, parcial da realidade do jogo.

Claro, a evolução dos sistemas táticos está bem documentada, além de ter sido brilhantemente reconstituída num livro de alguns anos atrás, "A Pirâmide Invertida", do inglês Jonathan Wilson, jornalista e historiador do futebol. O autor, porém, não consegue se desembaraçar do bem mais espinhoso conceito de estilos, ao afirmar logo de saída: "Eu deveria talvez esclarecer que defino 'sistema tático' como uma combinação da formação em campo com o estilo do time" (Wilson 2010: 1.93, tradução nossa). Só que, no restante do livro, menciona a palavra "estilo" outras 141 vezes, na maioria delas perfeitamente substituível, sem prejuízo de sentido, por "esquema" ou "formação". Como muitos espectadores/comentadores de futebol antes dele, Wilson termina por explicar as diferenças nesse quesito apontando para jogadores individualmente.

Outro bom exemplo da dificuldade com o conceito é um livro sobre o tema daquele que talvez seja o mais respeitado analista de futebol na imprensa brasileira, Paulo Vinicius Coelho, o PVC: ao escolher o título da obra em que passa em revista a evolução do futebol no Brasil desde seus primórdios, preferiu chamá-la "Escola Brasileira de Futebol", quando uma opção perfeitamente plausível seria anunciar que trataria ali do "*estilo* brasileiro de futebol".

Assim, se por um lado se tende a recorrer repetidamente a um mesmo punhado de indivíduos e seus melhores momentos como ilustração das teses sobre estilos, por outro, na relação entre estilo e tática, pode-se muito bem argumentar, como faz Lechner (2007: 224, tradução nossa), que "a maioria das escolas [futebolísticas nacionais] se forma pela síntese resultante da circulação internacional de ideias, conforme ilustrado pelo fato de o *catenaccio* ter sido desenvolvido na Espanha a partir de experiências de um treinador sul-americano, o qual se baseou numa experiência suíça anterior".

Prefiro, portanto, ver os estilos como *discursos reiterados ao longo do tempo*. Poderíamos então nos perguntar: como esses discursos acabaram por se tornar discursos de identidade nacional e em que medida servem também às identidades regionais/locais?; quem eram as pessoas, numa então incipiente mídia de massa, que primeiro passaram a falar nesses termos sobre partidas e torneios de futebol —ou seja, os "narradores" nessas narrativas?; e por que diferenças relativamente pequenas na prática propriamente dita do esporte, as quais se resumem basicamente à oposição entre força e habilidade com a bola, e levando-se em conta que uma visão mais completa do jogo no momento crucial da invenção dos estilos é praticamente impossível quando só o que podemos assistir das partidas são uns poucos segundos —por que, enfim, aquelas poucas diferenças ganharam tamanha importância e, como eu disse, têm sido reiteradas ao longo de tanto tempo?

Minha tese sobre estilos de jogo no futebol é de que, a não ser que falemos deles em linhas muito genéricas e sem jamais atribuí-los a "raças" ou nacionalidades específicas, são uma miragem; não passam de produto da imaginação de comunidades torcedoras sobre os times ou seleções que as representam. Valem, sim, esse ensaio em história cultural —projeto em andamento, reitero— que reconstitua como as comunidades locais e sobretudo as nacionais narraram a si próprias nesses termos, em especial quando se configurou uma arena futebolística verdadeiramente internacional, nas primeiras décadas do século passado.

O que se disputa aqui é aquilo a que chamo paradoxo do estilo: se, por um lado, muita coisa acontece no campo de jogo, por outro, as diferenças perceptíveis nos gestos em si —sempre individuais, a propósito, nunca de um time inteiro— e os relativamente poucos esquemas táticos estabelecidos como formas consagradas tornam mais fácil encontrar descontinuidades e até influências insuspeitadas do que defender uma coerência que não sobrevive a tantas exceções. Basta ver que, nas descrições de supostos estilos nacionais, o máximo que se consegue fazer é, de fato, generalizar: o futebol argentino é de passes curtos, o holandês de criatividade na movimentação, o italiano de defesa, o inglês de passes longos, o brasileiro de dribles...

Evidente que a ação, em si, não é miragem: ali, no campo, emergem os belos momentos, a arte individual ou coletiva, quase fortuita, dada a natureza do jogo. Mas a fragilidade maior da tentativa de cristalização do que se poderia chamar, como fez o intelectual alemão Hans Ulrich Gumbrecht, de "dimensão da observação do estilo" (Gumbrecht 2006) —muitas vezes, só memória edulcorada daqueles belos momentos— é que, nessa dimensão, não se leva em conta a vastidão de partidas e jogadas para a qual simplesmente não há videoteipe, tampouco registro fotográfico.

E, pior, mesmo quando é possível assistir a algum jogo completo de um time célebre de quarenta, cinquenta ou sessenta anos atrás, o que geralmente se faz é rever sempre e somente "o que de melhor aconteceu", como manda o clichê dos locutores da televisão brasileira. Eis o procedimento, tão corriqueiro, que descaracteriza todo acontecimento presente no jogo que se vê *aqui e agora*.

Para se reconstituir essa história interessam, pois, mais do que o movimento dos corpos em si, no mais das vezes inacessível em imagens, as *narrativas do estilo*: por exemplo, aquelas pioneiramente contadas sobre o futebol do Rio da Prata pelo diário *Crítica* — mais popular jornal da Argentina no início do século XX e o primeiro a dar atenção constante ao futebol por lá, circulando na casa das centenas de milhares de exemplares por toda Buenos Aires.

Numa cidade que, concentrando boa parte da população do país, fervilhava como um verdadeiro caldeirão cultural —em 1914, quase 43% de seus habitantes era de estrangeiros, alguns dos quais viriam a formar as primeiras seleções "argentinas" de futebol—, *Crítica* não apenas cobria os jogos como ia às ruas ouvir de populares que "nossos jogadores são capazes de desenhar com a pelota" (1928: 4). Curioso é que a declaração "nacionalista", orgulhosa do estilo batizado localmente de *la nuestra*, e colhida às vésperas da final olímpica entre Argentina e Uruguai, em 1928, foi dada à reportagem por um... espanhol.

Uma narrativa que se repete na cobertura de alguns jogos entre selecionados argentinos um pouco improvisados e clubes ingleses ou escoceses em visita a Buenos Aires. O jornal exalta, porém, um tal jeito "riopratense" de jogar, em oposição ao jogo dos britânicos. Mas havia também aqueles dias de futebol em que, sem importar muito como *de fato* se comportavam as seleções em campo (jamais saberemos...), argentinos e uruguaios não mais comungavam de um mesmo estilo e passavam a rivalizar. A culminância desse processo de individualização das narrativas foi, evidentemente, a final da Copa de 1930, a primeira da história, decidida justamente entre os dois países vizinhos —e vencida pelo Uruguai em Montevidéu.

A questão é que, pela mesma época, quando algum grande jornal do Rio de Janeiro ia às ruas pedir a opinião futebolística de populares, também eles, aqui no Brasil, se vangloriavam do nosso jogo "sinuoso" —dos "desenhos com a pelota" de que nós, e não os platinos, é que seríamos os mais capazes. Enquanto isso —prosseguia a narrativa—, os europeus (mas quais, exatamente? E ingleses contam como europeus?) privilegiariam apenas o aspecto físico do jogo, por supostamente serem mais altos e fortes (alguém por acaso se lembrou de comparar estatísticas sobre média de altura das populações, ou ao menos das seleções, dos vários países?).

"Estilos" e seus "narradores"

Antes de seguirmos para os breves comentários acerca do "estilo brasileiro", a partir de passagens de um romance contemporâneo sobre futebol, façamos um desvio pelo caso britânico —trata-se, afinal, dos pioneiros do jogo. Holt; Porter (2016) comentam da consciência bastante tardia da parte dos britânicos, e particularmente dos ingleses, quanto à existência de uma arena internacional de disputa de identidades no futebol. Ao contrário do que acontecia, na mesma época, com europeus e sul-americanos, os britânicos mantinham essa disputa nos limites de suas ilhas.

Aliás, como o jogo na sua versão moderna nasceu na Inglaterra, a primeira disputa entre nações ocorreu em Londres: o país sede enfrentou a vizinha Escócia, em novembro de 1870, vencendo-a por 1 a 0. A retribuição deu-se dois anos mais tarde, em Glasgow (0 a 0), e, desde então, alternando o país anfitrião, aconteceu um encontro anual até 1989 (salvo durante a Segunda Guerra Mundial), e depois mais algumas partidas sem periodicidade fixa. Em 1883-1884, organizou-se um campeonato também com Irlanda e País de Gales —só entre as nações britânicas, mais uma vez— cuja disputa se repetiu quase ininterruptamente (exceção feita aos períodos de guerra) durante exatos cem anos.

Em suma, durante mais de um século, numa época em que o jogo expandia seus domínios ao redor do globo, os ingleses tinham um contato muito limitado com o futebol internacional —a identificação se dava, sobretudo, com seus clubes locais (Holt; Porter 2016). Mas, talvez paradoxalmente, é justamente aí —no que se poderia livremente associar ao conceito freudiano do "narcisismo das pequenas diferenças" para explicar certos arroubos nacionalistas (Burke 2017)— que se fomentam as identidades nacionais pelo futebol em solo britânico.

Vejamos, a respeito, o caso da identificação com o Arsenal, de Londres, no que ficou conhecido como "a ascensão do sul", pois, até aquele momento, final da década de 1920, o futebol inglês era dominado pelos clubes do norte do país. Herbert Chapman, técnico do Arsenal, tinha adotado com grande sucesso para o clube uma nova formação —o WM— com a qual tirar vantagem da então recente mudança na lei do impedimento. Acredita-se que essa mudança na regra e as táticas usadas para aproveitá-la aumentaram a velocidade do jogo: o passe longo teria se tornado uma estratégia preferível à anterior, mais lenta e metódica na aproximação ao gol, o chamado *passing game*, associado à prática do futebol na Escócia de então.

Daí ser notável, na imprensa local da época, a frequência com que se menciona orgulhosamente a presença de jogadores escoceses nos clubes do norte inglês, como o Huddersfield Town (aliás, treinado pelo próprio Chapman, antes de sua contratação pelo Arsenal), assim como a expressão *passing game*, num esforço de contraposição à nova hegemonia do clube londrino —e do sul do país como um todo. Mas, ao mesmo tempo, tamanha era a influência do sucesso do Arsenal que até o *Huddersfield Examiner*, jornal local da cidade, circulava com anúncios para as análises de Chapman publicadas em jornais de Londres.

Certamente que havia outras experiências em curso e redes de comunicação entre as comunidades futebolísticas para além do que era reportado na mídia —mas, conforme tenho argumentado, pelo menos parte dessas outras manifestações realimentava a própria cobertura dos jornais. E esses "narradores" das narrativas do estilo via mídia falavam de diferentes perspectivas: a dos *especialistas* (jornalistas, comentaristas), a dos *torcedores* e a dos próprios *profissionais* (jogadores, treinadores como Chapman), conforme a classificação de Toledo (2000).

Assim, uma narrativa que associava aquele bem-sucedido Arsenal ao "estilo inglês" do passe longo passou a circular nesse circuito que se retroalimenta, e pelo qual a mídia, desde os primórdios da popularidade do futebol, estruturou toda a história do jogo. Essa dinâmica remonta a um período ainda anterior àquele no qual se definiram as principais reputações nacionais no esporte, entre os anos 1920 e 1930. Segundo o sociólogo alemão Tobias Werron, seria preciso olhar ainda uma vez para os pioneiros globais do jogo, os ingleses, e para a configuração local —no máximo, regional— de identidades futebolísticas entre eles nas décadas finais do século XIX.

O país se fragmentava em identidades futebolísticas locais por conta, precisamente, da organização pioneira de uma liga *nacional* de clubes. Tendemos a pensar que a razão para a formação da liga teria sido, principalmente, a necessidade de um acordo entre as várias associações locais num momento —as três últimas décadas do século XIX— em que as próprias regras do jogo variavam de uma região a outra do país. Mas, no movimento que levou àquela organização pioneira, pode-se atribuir igual peso a uma demanda dos jornais por uma sequência contínua e comparável de eventos que eles pudessem narrar, uma vez que o futebol crescia em popularidade (Werron 2015).

Estabeleceu-se, portanto, uma via de mão dupla pela qual a "lógica serial" da imprensa, voltando à expressão de Benedict Anderson, passava a balizar a experiência dos espectadores dos jogos e, em última análise, sua identidade pelo futebol, informada tanto pela ação vista em campo a cada momento quanto por mitos e memória coletiva que a imprensa tratava de perenizar em tinta sobre papel. Em outras palavras, o futebol só ganha sentido para além das quatro linhas do campo como narrativas mediadas (por jornais e outras mídias) e historicamente enraizadas —e penso que é importante lembrar, por fim, o fato de que as notícias durante muito tempo dividiram espaço com certos "acontecimentos semifictícios", os chamados *faits divers*, histórias algo romanescas publicadas capítulo a capítulo no mesmo território impresso do jornal. Não parecerá estranho, pois, que a conclusão desta apresentação parta de um romance contemporâneo sobre futebol: "O Drible", do jornalista e escritor Sérgio Rodrigues.

O "estilo brasileiro", numa genealogia dos "jeitos de jogar", talvez seja aquele que mais se traduz como mito. Não basta ao Brasil "simplesmente" ganhar uma Copa, como em 1994 e 2002; não basta que a Seleção aplique uma goleada —se não jogar bonito, "o futebol brasileiro não entrou em campo"; não basta ao nosso jogador cumprir sua função com competência técnica e tática. No Brasil, certa memória mitológica turva a leitura de cada novo acontecimento: ser campeão mundial —mas como em 1958 ou, melhor ainda, 1970; vencer —mas com a plástica da Era de Ouro, e em todas as partidas; jogar bem —mas sempre, a cada toque na bola, há a expectativa do lance de efeito: bicicleta, elástico, caneta, chapéu, afora todos aqueles momentos da memória mitológica protagonizados por Pelé, mito maior.

É um desses momentos que dá título ao romance de Sérgio Rodrigues —Pelé ludibriando, sem tocar na bola, o goleiro uruguaio Mazurkiewicz, na Copa de 1970, para em seguida perder o gol por um triz. (A sequência está de tal modo constituída como memória coletiva que quase dispensa descrição mais detalhada.) O protagonista do romance, um calejado cronista esportivo vivendo seus últimos dias, arrisca uma interpretação generalizante do suposto estilo brasileiro: "O futebol não atinge o patamar de mito o tempo todo. Em determinados jogos, contudo, forças poderosas se galvanizam nas arquibancadas e colunas de tempo que não vemos atravessam o gramado em ângulos improváveis", escreve ele numa de suas fictícias crônicas (Rodrigues 2013: 48, grifo original). Mas não se contenta com o suposto *insight*. E o explica com uma "teoria" que remete a Benedict Anderson e suas "comunidades imaginadas".

Discorre "sobre o papel desempenhado pela conjugação de futebol com rádio na história do Brasil, tal mágica tendo consistido, segundo sua teoria, na fabricação das toneladas de argamassa necessárias para colar os cacos de um país gigantesco que até aquele momento não era bem um país" —como explica o narrador do romance, referindo-se ao início do século xx. "'Aí alguém arranjou uma bola'", continua agora o próprio personagem-cronista, "'foram onze para cada lado, outro maluco pegou um microfone e logo estava embelezando as jogadas mais toscas com umas retumbâncias ridículas de retórica'" (Rodrigues 2013: 59).

Evidentemente que as teorias de um personagem ficcional não precisam ser tomadas ao pé da letra. Mas é possível ver aí, mais uma vez, uma ilustração daquilo que Anderson acredita ter sido fundamental na formação das "comunidades imaginadas": uma mídia —nos exemplos do antropólogo e historiador inglês, o jornal; no Brasil, o rádio (depois a tevê) —que promovesse a consolidação do que o próprio Anderson chamou de "camaradagem universal" entre os compatriotas de uma nação; qualquer nação.

Mas vem então o arremate da teoria de Murilo Filho, o protagonista de "O Drible": "Foi assim que o futebol brasileiro virou o que é: em grande parte por causa do esforço sobre-humano que os jogadores tiveram que fazer para ficar à altura das mentiras que os radialistas contavam" (Rodrigues 2012: 61).

O santo graal, por assim dizer, de uma história dos estilos seria ir muito além dos sistemas táticos para desvendar o mecanismo que leva àquela cristalização da dimensão observadora de que falámos antes, na busca de uma pluralidade de interpretações do gesto técnico e contra sua "naturalização" como próprio desta ou daquela "raça", desta ou daquela nação. E assumir que os observadores, conforme meu argumento anterior, traduzem o estilo jogo a jogo na história do futebol.

Breve conclusão

E quanto às imagens sobreviventes, ainda que poucas, às quais se poderia recorrer para uma prova dos nove dessas, como as chamei, *narrativas* —e acrescento: um tanto *ficcionais* — *do estilo*?

São poucos os registros de algo que, para o futebol brasileiro, equivalha a uma gênese do "jeito brasileiro de jogar". É possível, contudo, assistir ao Brasil de 1958 —talvez nosso momento definidor, embora tenhamos mostrado a cara ao mundo já com o time de Leônidas, em 1938, e ainda antes nos torneios sul-americanos. Sugiro a íntegra da final Brasil 5 X 2 Suécia, disponível no You-Tube, apenas como confirmação de que, com olhos neutros, o que se vê são aqueles dois excepcionais de sempre —Garrincha e, sobretudo, Pelé— contra suecos bastante bons tecnicamente, à altura dos demais brasileiros (à exceção, talvez, de Didi).

Futebol só é futebol, dirão alguns, porque não importa o que nele se possa ver objetivamente — ou ao menos não deveria importar, já ensinava Nelson Rodrigues sobre o videoteipe. Só que, como também escreveu certa vez o ensaísta Nuno Ramos: "No caso brasileiro, a reversão da tragédia de 1950 no tricampeonato de 1958-1970 trouxe junto uma aura de alegria e improviso de que não nos livramos jamais" (Ramos 2012).

Talvez tenha passado da hora de exorcizar o que deixou de ser aura para virar fantasma —e poderíamos começar conversando a sério sobre essa história de estilos.

Bibliografia

ANDERSON, Benedict (2008): *Comunidades imaginadas: reflexões sobre a origem e a difusão do nacionalismo*. Trad. Denise Bottmann. São Paulo: Companhia das Letras.

DAMO, Arlei S. (2005): *Do dom à profissão: uma etnografia do futebol de espetáculo a partir da formação de jogadores no Brasil e na França*. Tese de doutorado. Porto Alegre, UFRGS.

FRANCO JÚNIOR, Hilário (2007): *A dança dos deuses: futebol, sociedade, cultura*. São Paulo: Companhia das Letras.

HOBSBAWM, Eric (1992): *Nations and nationalism since 1780: programme, myth, reality*. 2nd ed. Cambridge: Cambridge University Press.

HOLT, Richard/PORTER, Dilwyn (2016): "Qui pour soutenir l'Angleterre? L'équipe nationale d'Angleterre et les Anglais (1966-2015)", in Fabien Archembault/Stéphane Beaud/William Gasparini (eds.): *Le football des nations: des terrains de jeu aux communautés imaginées*. Paris: Éditions de la Sorbonne, pp. 135-153.

LECHNER, Frank J. (2007): "Imagined communities in the global game: soccer and the development of Dutch national identity", in *Global Networks*, vol. 7, n° 2, pp. 193-229.

FILHO, Mário (2003): *O negro no futebol brasileiro*. 4ª ed. Rio de Janeiro: Mauad.

COELHO, Paulo Vinícius (PVC) (2018): *Escola brasileira de futebol*. Rio de Janeiro: Objetiva.

RANC, David (2012): *Foreign players and football supporters: the Old Firm, Arsenal, Paris Saint-Germain*. Manchester/New York: Manchester University Press.

RODRIGUES, Sérgio (2013): *O drible*. São Paulo: Companhia das Letras.

RUSSELL, Dave (1997): *Football and the English: a social history of association football in England, 1863-1995*. Preston: Carnegie.

— (2013): "Kicking off: the origins of association football", in Rob Steen/Jed Novick/Huw Richards (eds.): *The Cambridge Companion to Football*. Cambridge: Cambridge University Press, pp. 13-26.

SHINDLER, Colin (2013): "The Boss: a very British convention", in Rob Steen/Jed Novick/Huw Richards (eds.): *The Cambridge Companion to Football*. Cambridge: Cambridge University Press, pp. 143-155.

TOLEDO, Luiz Henrique de (2000): *Lógicas no futebol: dimensões simbólica de um esporte nacional*. Tese de doutorado. São Paulo, USP.

WERRON, Tobias (2015): "How are football games remembered? Idioms of memory in modern football", in Wolfram Pyta/Nils Havemann (eds.): *European football and collective memory*. Basingstoke: Palgrave MacMillan, pp.18-39.

WILSON, Jonathan (2010): *Inverting the pyramid: the history of football tactics*. London: Orion Books. Arquivo Kindle.

WISNIK, José M. (2008): *Veneno remédio: o Brasil e o futebol*. São Paulo: Companhia das Letras.

Páginas web e periódicos

BURKE, Peter (2017): "Culturas em choque". Entrevista a Christian Schwartz, in *Gazeta do Povo*, 22/ago-12/set/2017, pp. 30-1.

CRÍTICA (1928): "*¡Tienen derecho a opinar!*", 12 junio 1928, p. 4.

GUMBRECHT, Hans U. (2006): "Comunidades imaginadas", in *Folha de S. Paulo*, 4 junio 2006. <http://www1.folha.uol.com.br/fsp/mais/fs0406200607.htm> (29-06-2012).

KFOURI, Juca (2018): "Fecho de ouro", in *Folha de S. Paulo*, 16 julio 2018. <https://www1.folha.uol.com.br/colunas/jucakfouri/2018/07/fecho-de-ouro.shtml> (18-08-2020).

RAMOS, Nuno (2012): "Depois do 4 x 0", in *Revista Piauí*, n° 66, março 2012. <https://piaui.folha.uol.com.br/materia/depois-do-4-x-0> (18-08-2020).

Verdeamarelismo na ponta das chuteiras: reconfiguração da identidade nacional brasileira e Golpe de Estado (2013-2018)

Flavio de Campos

À guisa de introdução

Em 1945, após um período de oito anos de ditadura no Brasil conhecido como Estado Novo (Camargo *et al.* 1989; Palmeira 1999), foram realizadas eleições parlamentares e presidenciais. Na época, comentava-se muito sobre um célebre capitão, quase mítico, cercado de polêmicas e provocador de discussões acaloradas: o comunista Luís Carlos Prestes, principal líder da quase lendária Coluna Prestes-Miguel Costa que cruzou o território brasileiro entre 1925 e 1927 driblando e derrotando as tropas governamentais sem sofrer nenhuma derrota (Reis 2014; Prestes 2015). Uma palavra de ordem era bradada pela recém-criada União Democrática Nacional (UDN): "Todo poder ao STF"[1], o que acabou se confirmando na posse do ministro José Linhares como presidente da República, após a destituição de Getúlio Vargas, em 29 de outubro. Em setembro de 1945, o time do São Paulo Futebol Clube conquistara o campeonato paulista, comandado por Leônidas da Silva, o incontrolável "Diamante Negro". Na segunda e terceira colocações, Corinthians e Palmeiras, respectivamente. O time do Vasco seria campeão carioca em novembro. O vice-campeonato ficou com o Botafogo, que tinha o irrequieto Heleno de Freitas em sua equipe. Nas eleições presidenciais de 1945, Heleno de Freitas manifestou apoio ao Brigadeiro Eduardo Gomes, candidato da UDN. Leônidas da Silva declarou voto em Iedo Fiúza, candidato do Partido Comunista do Brasil (PCB) (Franco Júnior 2007: 87).

Antes das eleições, em 13 de outubro de 1945, dirigentes do Corinthians, do Palmeiras e da Federação Paulista de Futebol (FPF) promoveram uma partida amistosa cuja arrecadação foi destinada ao Movimento Unificador dos Trabalhadores (MUT), braço sindical do PCB. Os recursos serviram para custear as candidaturas comunistas. Um jogo beneficente com conotação político-ideológica (Rebelo 2010). Até a Copa de 1950, o uniforme predominante da seleção brasileira de futebol fora branco com detalhes em azul. Após a derrota para o

---

[1] Supremo Tribunal Federal.

Uruguai, a vestimenta original foi substituída pela camiseta amarela com detalhes em verde, que acabou se tornando não apenas a marca do selecionado como também uma espécie de símbolo oficioso do próprio país. Foi com a vestimenta branca que Leônidas de Silva e Heleno de Freitas defenderam a seleção brasileira como atletas profissionais. Leônidas, de 1932 a 1946. Heleno, entre 1944 e 1948. Sob a camiseta amarela, o time brasileiro conquistou a Copa de 1958, sediada na Suécia, apesar de ter disputado a última partida com um improvisado uniforme azul. Além de revelar ao mundo a dupla Pelé e Garrincha, a seleção era comandada por Didi, "o Príncipe Negro", e exibia uma equipe vencedora multicultural, repleta de negros e brancos (Florenzano 2014: 143). Garrincha, com suas pernas tortas e vida desregrada, era um atleta improvável, uma expressão futebolística do personagem Macunaíma, do livro homônimo de Mário de Andrade (1978). Era também a expressão da complexionada mestiçagem nacional: indígena, europeu e negro. Um modernismo revisitado e, de certo modo, reconciliador das duas vertentes que travaram uma luta cultural nas décadas de 1920 e 1930 no Brasil: o grupo pau-brasil e o grupo verdeamarelismo[2]. Com as vitórias nas copas de 1962 e 1970, a combinação cromática do verde com o amarelo passou a se tornar um símbolo flutuante, um poderoso operador cultural e político acionado em diversos períodos e episódios da história brasileira e associado ao futebol de forma recorrente, sobretudo em tempos de copas do mundo (Guedes 1998; Ortiz 2006; Souza 2018).

Foi assim entre 1970 e 1972, com o tricampeonato do México, com a Minicopa da Independência[3] e com as comemorações do sesquicentenário da Independência do Brasil. O país, vestido de verde e amarelo, representava, simultaneamente, a pátria de chuteiras e de coturnos.

A atribuição de sentidos ao verdeamarelismo alterou-se no início da década de 1980. Com a Copa de 1982, a campanha pelas Diretas Já de 1984 (Leonelli e Oliveira 2004) e a eleição indireta de Tancredo Neves em 1985, a utilização das cores nacionais e das camisetas da seleção de futebol foram ressignificadas e associadas a uma refundação democrática da república brasileira: a Nova República. Àquela altura, um dos grandes atletas do país era Sócrates que, juntamente com outros integrantes do Corinthians, participou ativamente do processo de democratização do Brasil e da extraordinária experiência intitulada "Democracia Corinthiana" (Florenzano 2009).

---

[2] Oswald de Andrade publicou o "Manifesto da Poesia Pau-Brasil" no jornal *Correio da Manhã*, em 18 de março de 1924. A vertente conservadora do modernismo respondeu com um manifesto assinado por Cassiano Ricardo, Menotti Del Picchia, Plínio Salgado e Alfredo Elis em 17 de maio de 1929, publicado no jornal *Correio Paulistano*.

[3] Torneio envolvendo vinte seleções promovido pelo governo militar por ocasião das comemorações do sesquicentenário da Independência do Brasil.

Fig. 1: Atletas do Sport Club Corinthians Paulista entram em campo com a faixa.
"Ganhar ou Perder, Mas Sempre Com Democracia", em partida da final do
Campeonato Paulista contra o São Paulo, no Estádio do Morumbi, São Paulo,
SP, 14/12/1983. Crédito: Irmo Celso/Abril Comunicações S.A.

Fig. 2: Manifestação pela aprovação da Emenda Constitucional Dante de Oliveira
que estabelecia eleições diretas para a Presidência da República no Brasil.
Brasília. 25 de abril de 1984. Crédito: Ricardo Azoury/Olhar Imagem

Em 1992, durante o mandato do primeiro presidente eleito após a ditadura, Fernando Collor de Mello tentou reverter a situação política adversa pela qual passava apelando para o sentimento patriótico coletivo. Em 13 de agosto, convocou os brasileiros a saírem às ruas com roupas com as cores do país em sinal de apoio ao seu governo. Três dias depois, ocorreu uma ampla movimentação contra o presidente no episódio conhecido como domingo negro. O verde e o amarelo marcaram as campanhas políticas das candidaturas de centro e centro-direita no Brasil desde 1989. Intensificaram-se, sobretudo, a partir de 2002, quando pela primeira vez um partido de esquerda, no caso o Partido dos Trabalhadores, obteve a vitória no pleito presidencial. Mas foi no processo de *impeachment* de Dilma Rousseff em 2016 e durante a campanha de 2018, contudo, que o verdeamarelismo assumiu significações mais contundentes. No primeiro caso, com a cassação do mandato presidencial de Dilma. No segundo, devido à sua utilização por parte do candidato vitorioso Jair Bolsonaro, ex-capitão do exército e representante da extrema direita brasileira.

Desde o início da campanha, foi possível acompanhar declarações de diversos atletas brasileiros de grandes agremiações que apoiaram a candidatura fascista. Alguns ilustres ex-jogadores, como os pentacampeões mundiais Marcos, Cafu, Rivaldo e Ronaldinho Gaúcho também manifestaram publicamente o seu apoio a Bolsonaro. Em 6 de outubro, quase todos os atletas do rubro-negro Atlético (PR) entraram em campo em uma partida contra o América (MG) com camisetas amarelas demonstrando seu apoio a Bolsonaro. Por outro lado, foram quase inexistentes apoios públicos de jogadores de futebol a candidaturas progressistas. A postura de Paulo André, atleta do Atlético (PR) e um dos organizadores do "Bom Senso F.C."[4], deve ser destacada por ter sido signatário de um manifesto em defesa da democracia brasileira e por ter se recusado a vestir a camiseta amarela na partida referida.

Nos tempos atuais, a politização dos atletas parece ocorrer às avessas, com adesões e manifestações que prescindem da participação política nos clubes, do envolvimento com movimentos sociais e que correm na direção do retrocesso político e civilizatório. As parcas exceções são de ex-atletas. Mesmo assim, alguns que se manifestavam costumeiramente de maneira positiva parecem hoje mais acanhados e até mesmo receosos em sustentar posições mais contundentes. Estamos, portanto, na contramão de outros contextos, em que as relações entre política e futebol eram mais edificadoras. Pode-se dizer que perdemos os vestiários de goleada e corremos o risco de perder as arquibancadas, a despeito das valorosas manifestações de representantes de torcidas organizadas,

---

[4] Movimento de atletas profissionais de futebol criado em 2013 para discutir questões como calendário dos campeonatos, férias dos jogadores e participação política dos atletas.

torcedores e coletivos de resistência. No campo do futebol, a correlação de forças é muito desfavorável ao campo democrático e progressista.

O neofascismo brasileiro

Em relação à disputa eleitoral travada em 2018, há que se diferenciar a disputa política do significado do combate político que foi travado. Da mesma maneira que o futebol é muito mais que um jogo, essas eleições foram muito mais que as escolhas do mandatário do executivo federal, dos governadores e dos parlamentares.

Sob o palco do espetáculo eleitoral, no subterrâneo dessa história presente, esteve em questão o pressuposto de toda e qualquer proposta de governo ou plataforma política. Na eleição de 2108 discutiu-se a própria democracia. De maneira perversa, nessa quadra sombria da História, foram revisitados os elementos que compuseram o processo relativamente recente de abertura política iniciado na segunda metade da década de 1970. Voltaram à baila índices como nacionalismo, moralidade, família, fé, misoginia, homofobia, racismo, intolerância, fanatismo, autoritarismo, censura, tortura, militarismo, negacionismo e ditadura. Isso se deu na direção contrária às balizas civilizatórias que se constituíram por séculos e foram reafirmadas após a Segunda Guerra Mundial. Tais balizas demarcaram os horizontes dos embates políticos no interior do Estado de Bem-Estar Social do mundo capitalista.

Arrisco a afirmar que assistimos no Brasil ao estabelecimento de um Estado de Mal-Estar Social, sem termos conseguido sequer estabelecer o modelo de bem-estar. Mais ainda: talvez estejamos diante da montagem de um Estado Policial e/ou um Estado Genocida, cujos objetivos serão cercear liberdades, estimular o fanatismo religioso, tripudiar sobre os direitos humanos, militarizar a sociedade, perseguir opositores e aniquilar a população subalternizada. Tal quadro se revela tanto pela retirada dos direitos sociais dos cidadãos e, sobretudo, das camadas populares, como assistimos nos últimos dois anos do governo de Michel Temer, quanto pela ameaça recorrente do cerceamento da participação política e do estabelecimento de uma tutela autoritária.

Os índices mencionados anteriormente são elementos constitutivos do neofascismo brasileiro. Há uma vastíssima literatura especializada que examinou tal fenômeno social desde a década de 1930. Esquivando-me de retomar esses debates, é importante chamar a atenção para uma característica fundamental do fascismo apontada por Hannah Arendt em 1951: é um movimento de massas, constituído, sobretudo, por pessoas que não se articulam por identidade de classe, partidária ou organização profissional e que durante muito tempo nutriram indiferença ou desprezo pela política institucional (Arendt 1998: 361).

O neofascismo brasileiro, talvez indispensável para garantir o Estado de Mal-Estar Social, aciona como elemento catalizador a apologia à Pátria, o desprezo pelas instituições partidárias, a depreciação dos setores subalternizados e a identificação de inimigos internos. Esse último aspecto é recorrente ao longo da História do Brasil cujas elites enunciaram, por diversas vezes, a necessidade de combater e subjugar afrodescendentes escravizados, povos indígenas, assalariados, camponeses e subversivos, denominando-os respectivamente como barris de pólvora, selvagens preguiçosos, criminosos, fanáticos e terroristas. A criminalização dos movimentos sociais é um traço de permanência política da nossa História.

Toda essa cultura fascista foi impulsionada pela Cruzada Judiciária que tem no combate à corrupção o seu cálice sagrado do qual emanaram os elixires seletivos e persecutórios. Nosso tenentismo togado (Vianna 2017), responsável pela judicialização da política e pela politização do Judiciário, promoveu o desequilíbrio dos poderes e a tutela judicial da política. Todo o poder ao Supremo Tribunal Federal? A expressão udenista foi reeditada quando os processos em questão tinham como réus integrantes do Partido dos Trabalhadores e a corte máxima do Brasil estava inclinada a proferir sentenças a eles desfavoráveis. A partir de 2018, no entanto, assiste-se a uma reviravolta e às recorrentes tentativas e ameaças de submissão do Judiciário e do Legislativo ao Executivo militarizado. Aqui é perceptível uma outra disputa ideológica, que se dirigiu não apenas para o presente, mas, sobretudo, para a memória do passado. A corrupção foi manuseada como um ingrediente específico e característico do período democrático denominado Nova República (1985-2018), avalizado pelas normas constitucionais promulgadas em 1988 e potencializado às alturas a partir de 2003, com o presidencialismo de coalizão capitaneado pelo lulismo (Singer 2012).

Na reconstrução contínua do passado pelo presente, ao sabor das tensões políticas e da ação sistemática de poderosos meios de comunicação, a ditadura virou ditabranda[5], o sólido "Rouba mas faz", que fazia alusão a Adhemar de Barros, um dos principais conspiradores civis do golpe de 1964 se desmanchou no ar e o neologismo "malufar"[6] se desprendeu das paredes da memória. Com isso, as práticas de superfaturamento de obras comandadas por empreiteiras, o financiamento ilícito de campanhas, as operações de lavagem de dinheiro e o loteamento de cargos públicos passaram a ser identificados exclusivamente com determinados agentes do campo político —no caso, o Partido dos

---

[5] Expressão utilizada por Otávio Frias Filho, diretor do jornal *Folha de São Paulo*, em editorial publicado em 17 de fevereiro de 2009.

[6] Referência ao político Paulo Salim Maluf, apoiador da Ditadura Militar envolvido em diversos escândalos de corrupção.

Trabalhadores e seus aliados— e como um aspecto estruturante e inseparável da democracia brasileira. Em lugar da historicidade e da memória crítica, essa disputa pelo passado tem imposto a fugacidade e a avaliação arbitrária e líquida. Diante de todo esse quadro de depreciação do sistema político, não é surpreendente que tenha se alimentado uma solução mítica, messiânica ou salvacionista. Talvez seja por isso que tenhamos hoje um cavaleiro do fascismo que defende a tutela política autoritária sobre a sociedade brasileira. Ele parece estar montando num cavalo selado que passou à sua frente e vem percorrendo o país há alguns anos. Não é um cavaleiro da esperança, como era saudado o capitão Luís Carlos Prestes. É o *Triunfo da Morte*, semelhante ao quadro de Brughel do século XVI, no qual uma caveira monta um cavalo esquálido atrelado a uma carroça repleta de crânios e restos de esqueletos.

As Jornadas de Junho e a inflexão política

Essa cultura fascista esteve adormecida ou parcialmente controlada até 2013. Suas expressões pareciam ser movimentos exóticos e pontuais, resquícios de selvageria que imaginávamos estar superando pouco a pouco. Nutríamos essa ilusão. Uma certa calmaria dominava o cenário político brasileiro no início de 2013. Os índices de popularidade do governo federal e da presidente Dilma[7] batiam sucessivos recordes. Isso foi quebrado pela intensa onda de manifestações conhecidas como Jornadas de Junho (Rolnik 2013). Desencadeadas pelo aumento das tarifas das passagens, ganharam corpo e articularam outras demandas sociais: fim da violência policial, mais verbas para educação e saúde, combate à corrupção e críticas ao sistema político vigente. Na sua origem, traziam uma pauta progressista e legítima. Eram manifestações vinculadas a dezenas de entidades e grupos, muitos deles ligados à Articulação Nacional dos Comitês Populares da Copa do Mundo (Ancop), atuante desde 2010, que passaram a ocupar vias públicas nas proximidades dos estádios nos quais se disputavam partidas da Copa das Confederações. Retomavam-se, com visibilidade, antigas bandeiras dos movimentos sociais, arriadas em nome da governabilidade e do presidencialismo de coalizão (Campos 2017).

Em Brasília, na cerimônia de abertura da Copa das Confederações, no interior do Estádio Mané Garrincha, Dilma foi vaiada por integrantes das classes médias confortavelmente instalados nas cadeiras coloridas da arena esportiva. Do lado de fora, foi vaiada por representantes de movimentos populares que, paradoxalmente, denunciavam também o processo de elitização e de exclusão

---

[7] Eleita em 2010, reeleita em 2014 e destituída após processo de *impeachment* em 2016.

dos setores subalternizados dos espaços destinados à assistência das práticas esportivas. As críticas estampadas em cartazes e gritadas em palavras de ordem denunciavam o projeto tecnocrático que envolvia a preparação e a realização da Copa das Confederações, da Copa do Mundo e dos Jogos Olímpicos, todos reféns da lógica dos megaeventos. Na abertura da Copa de 2014, as vaias foram substituídas por um xingamento chulo e machista, em geral endereçado aos árbitros de futebol que contrariam a torcida com suas decisões ou a atletas que desapontam seus torcedores com mau desempenho. A essa altura, a popularidade da presidente já despencara, e as eleições indefinidas permitiram uma série de articulações e defecções políticas.

O entrelaçamento da agenda esportiva à agenda política tornava-se ainda mais evidente. A ferocidade do desrespeito a Dilma era a expressão de descontentamentos, frustrações e divergências ideológicas que, aparentemente, pareciam ter sido superadas pelo grande pacto social costurado pelo lulismo. Era mais que isso. Do lado de fora dos gabinetes e palácios, entre junho de 2013 a junho de 2014, a questionadora palavra de ordem "Copa pra quem?" passou a ser substituída pela temerária "Não vai ter Copa!", reeditando definições redutoras que desconsideram o futebol como um ingrediente da cultura das classes subalternizadas das sociedades contemporâneas e o compreendem apenas como elemento de alienação social. De qualquer modo, ambas questionaram as prioridades sociais dos investimentos públicos e cobraram coerência ideológica do governo federal, capitaneado por um partido de origem popular como o PT.

Manifestações diárias, protestos e greves às vésperas da abertura da Copa elevaram as críticas contra a Fifa, a CBF e a organização do megaevento esportivo, construindo um panorama de intensa mobilização social que contrastava com a desmobilização torcedora. Um cenário surpreendente para uma Copa realizada no Brasil, tido como o país do futebol. Do ponto de vista da estética das massas, da sua gestualidade e da sua vocalidade, as manifestações e toda a extensa e difusa pauta que se construiu nas ruas brasileiras mimetizavam as expressões das arquibancadas. "Pula sai do chão contra o aumento do buzão" (e, depois, com mais ênfase: contra a corrupção!) era uma paródia do "Pula sai do chão faz ferver o caldeirão". "O povo acordou" tem também suas matrizes futebolísticas: "O campeão voltou". "Sou brasileiro, com muito orgulho, com muito amor..." era o decalque do principal (e enjoativo) canto entoado pela torcida brasileira em partidas da seleção.

Se nos antigos estádios ocorriam disputas entre modalidades do torcer por aqueles que ocupavam gerais, arquibancadas, numeradas, tribunas de honra e outros espaços diferenciados, nas ruas pôde-se observar a expressão de diversos setores sociais e lutas ideológicas bastante explícitas. A arquibancada das ruas estava em disputa. À direita, embutida no discurso da ordem, ecoou uma saraivada de slogans ufanistas: "O Brasil é o meu partido", "O povo unido não precisa de partido", "Sou brasileiro, com muito orgulho...". Resgate do nacionalismo autoritário particularmente perigoso. Em algumas cidades, ocorreram a intimidação, a queima de bandeiras e a expulsão de militantes de partidos de esquerda das ruas e avenidas. As bestas-feras mostravam seus dentes e o verdeamarelismo ornamentava suas propostas furiosas.

Pôde-se observar, desde esse momento, a intensificação dos discursos pela criminalização dos movimentos sociais, pelo rompimento da ordem democrática e pelo afastamento de Dilma, reverberando falas agressivas de setores da imprensa neolacerdista[8], empenhados no ataque sistemático às esquerdas e ao governo federal.

É interessante notar que parte desses neolacerdistas hoje tenta reescrever sua participação nesses movimentos que culminaram no golpe que afastou a presidente Dilma.[9] Na campanha eleitoral de 2014, os coordenadores da candidatura de Aécio Neves (PSDB) procuraram se apropriar do verdeamarelismo ao convocar seus eleitores a comparecerem às urnas vestidos com as camisetas da seleção brasileira de futebol no primeiro e no segundo turnos. Nas manifestações contra Dilma, a camiseta da seleção brasileira uniformizava e organizava os defensores do *impeachment*.

Entre 2013 e 2016, disputamos um longuíssimo campeonato de pontos corridos, com gols anulados maliciosamente, decisões no tapetão, expulsões injustas e suspensões de atores políticos. Enquanto se travava uma luta renhida, responsável pelo acirramento ideológico e pela polarização política, ocorria o esgarçamento da democracia brasileira. A divisão também se expressou nas arquibancadas e nos vestiários, com apoios ao golpe ou ao governo de Dilma.

---

[8] Denominei como "neolacerdistas" um conjunto de jornalistas que, como o célebre Carlos Lacerda (1914-1977), tiveram formação original no campo da esquerda e, posteriormente, tornaram-se porta-vozes dos setores conservadores e impulsionadores de campanhas persecutórias à esquerda em geral e ao PT em particular. Carlos Lacerda participou das articulações que resultaram no Golpe de 1964, que instaurou a Ditadura no Brasil, mas teve seus direitos políticos cassados em 1968.

[9] Paradoxalmente, já acuada pela oposição conservadora, a presidenta Dilma Rousseff enviou ao Congresso Nacional, em 2015, um projeto de lei que ficou conhecido como a Lei Antiterror, que viria a ser debatido e modificado pelos parlamentares e sancionado, com vetos por Dilma em 16 de março de 2016, um de seus últimos atos como principal mandatária do país. A lei 13260/16 é um dos principais instrumentos legais de intimidação e criminalização dos movimentos sociais.

Fig. 3: Manifestação pelo *impeachment* de Dilma Rousseff.
Rio de Janeiro, RJ, 12/4/2015. Crédito: Tomaz Silva/Agência Brasil

Enquanto transcorria essa disputa, o verdeamarelismo foi acionado como elemento aglutinador do antipetismo, contra a corrupção e contra a política. Sob o verdeamarelo que embalou gigantescas manifestações públicas pela derrubada de Dilma e pela candidatura da extrema direita, sempre foi possível identificar os brancos das classes médias, os setores dominantes e os sulistas de nosso país. Havia afrodescendentes, claro. Havia setores subalternizados, óbvio. Mas quem conferia o tom da fala e da significação e dos sentidos atribuídos eram os setores dominantes e suas paranoias sociais. Sob as bandeiras do Brasil hasteadas nas janelas e tremuladas nas ruas e sob as camisetas da seleção brasileira de futebol consolidou-se o cromatismo massificador, que homogeneizou e foi capaz de branquear a nação brasileira. Em nome da família, da fé cristã, da heteronormatividade, da pátria, da moralidade e do capitalismo, um oceano obscurantista trouxe à tona todos os preconceitos e estigmas da sociedade brasileira. Se no início da Copa de 2018 pôde-se observar certo constrangimento em utilizar as camisetas amarelas da seleção para acompanhar o torneio —muitos preferiram o uniforme azul ou até mesmo camisetas vermelhas e pretas com alusões ao Brasil—, no decorrer das eleições o verdeamarelismo voltou às ruas e às urnas.

A vitória de Bolsonaro e de seus aliados para o Congresso Nacional e para os governos estaduais representa o desfecho do Golpe de Estado iniciado em 2015, logo no início do segundo mandato da presidente Dilma Rousseff. Em uma eleição que em nada se assemelhava a uma festa democrática, tudo indica que ritualizámos o fim da Nova República e o início de um período sombrio para a história brasileira.

A comemoração dos vitoriosos, com armas de fogo, tiros ao alto, intimidações e ameaças aos adversários, não era a vibração de quem pratica o prazer da liberdade e da democracia, mas a vibração de quem exerce o poder do cerceamento e da repressão. Mais uma vez, vale insistir, além de um governo específico, o que estava em jogo era o sistema político do país. Antes de se perderem os vestiários e as arquibancadas, perderam-se as ruas para as massas fascistas, que ocupam hoje, com desfaçatez, espaços da memória democrática e futebolística, como a avenida Paulista, no coração de São Paulo. Em alguns momentos desse período, pessoas vestidas de vermelho ou identificadas como esquerdistas foram perseguidas ou até mesmo espancadas.

Fig. 4: Manifestação pró candidatura de Jair Bolsonaro.
São Paulo, SP, 21/10/2018 Crédito: Ignacio Aronovich/Lost Art

Fig. 5: Manifestação na Avenida Paulista, região central da cidade de São Paulo, pelo *impeachment* da presidenta Dilma Rousseff. São Paulo, SP, 13/3/2016. Crédito: Agência Estado

Os atletas que hoje se manifestam em apoio à candidatura fascista se deixaram contaminar, como tantos outros setores da sociedade brasileira, por esse discurso de ódio e intolerância. É importante demarcar as diferenças de posicionamento desses atletas com relação a antigos jogadores como Leônidas da Silva e Sócrates.

Nesse momento, penso que é indispensável destacar a importância das pesquisas sobre futebol que envolvem relações de gênero, política, diversidade sexual, religiosidade, racismo, cultura, territorialidades e tantos outros temas que, a partir da consistência acadêmica, podem travar a batalha contra o senso comum que alimenta os índices do fascismo. Essa é a nossa contribuição coletiva e individual.

É importante também fomentar a discussão sobre gestão do futebol e esporte, de maneira a enfrentar e superar as referências tecnocráticas e neoliberais que hoje são hegemônicas. É importante enfrentar as resistências ainda hoje encontradas no campo progressista para ampliar o espaço do debate e da formulação de políticas públicas sobre esporte, lazer e o futebol em particular. É importante mencionar o papel dos coletivos de resistência, determinadas torcidas organizadas e associações de torcidas organizadas, que atuam no campo torcedor e que fazem o embate com os grupos fascistas e intolerantes disseminados nas mais variadas formas de torcer. Contra a barbárie e contra o fascismo, a resposta deve ser o fortalecimento de formas democráticas de torcer, gerir, pensar, brincar, festejar e disputar o futebol.

Por fim, três referências bibliográficas podem contribuir para as reflexões apontadas neste artigo. Ao final da década de 1930, com o nazifascismo já instaurado na Europa e às vésperas da Segunda Guerra Mundial, ou seja, em plena barbárie, foram elaborados dois livros indispensáveis. Em 1938, era publicado o *Homo ludens* (2007), de Johan Huizinga, obra seminal para discussão sobre os jogos e a cultura humana. No ano seguinte, na Suíça, foi editado *O processo civilizador* (1994), de Norbert Elias, sobre a origem da civilização, dos costumes e das boas maneiras. Na edição do pós-guerra, Elias dedicou o livro à memória de seus pais, Hermann Elias e Sophia Elias, mortos, respectivamente em Breslaw (1940) e Auschwitz (1941?). Algum tempo antes, em 1932, ano da vitória eleitoral dos nazistas na Alemanha, Walter Benjamin escreveu o instigante "O que os alemães liam, enquanto seus clássicos escreviam" (Benjamin 1986). Em um dos diálogos memoráveis, um personagem pergunta incrédulo: "O senhor não está querendo dizer que a *Ilíada* esteja proibida na Áustria!". Ao que é respondido: "A *Ilíada* já foi proibida na Áustria, do mesmo modo como ainda hoje em dia a *Eneida* está proibida na Baváia". Pode parecer perfumaria, mas o fascismo também se combate com elegância, com arte e com cultura. E sem ilusões: o fascismo ainda será um espectro que rondará nossa sociedade por muitas décadas e que teremos de combater diariamente porque seu veneno está inoculado em nosso tecido social. Inclusive no futebol. A consagrada camiseta da seleção brasileira de futebol, bem como as cores verde e amarela, é um símbolo em disputa. Retomá-la e vesti-la, com postura democrática, faz parte da luta contra o fascismo no Brasil.

Bibliografia

ANDRADE, Mário de (1978 [1928]): *Macunaíma: o herói sem nenhum caráter*. São Paulo: Martins Fontes.

ARENDT, Hannah (1998 [1951]): *Origens do totalitarismo. Anti-semitismo, imperialismo, totalitarismo*. Trad. Roberto Raposo. São Paulo: Companhia das Letras.

BENJAMIN, Walter (1986 [1932]): *Documentos de cultura. Documentos de barbárie. Escritos escolhidos*. Trad. Willi Bolle. São Paulo: Cultrix/Edusp.

CAMARGO, Aspásia *et al.* (1989): *1937: o golpe silencioso*. Rio de Janeiro: Rio Fundo.

CAMPOS, Flavio de (2017): "O lulismo em campo: aspectos da relação entre esportes e política no Brasil", in Gilberto Maringoni/Juliano Medeiros (eds.) *Cinco mil dias: o Brasil na era do lulismo*. São Paulo: Boitempo/Lauro Campos, pp. 241-247.

CHAUÍ, Marilena (2000): *O verdeamarelismo em Brasil - mito fundador e sociedade autoritária*. São Paulo: Fundação Perseu Abramo.

ELIAS, Norbert (1994 [1939]): *O processo civilizador*. Rio de Janeiro: Jorge Zahar Editor.

FLORENZANO, José Paulo (2009): *A Democracia Corinthiana: práticas de liberdade no futebol brasileiro*. São Paulo: Educ/Fapesp.

— (2014): "Brasil e África do Sul: o futebol-arte no campo do *Apartheid*", in Flavio de Campos/Daniela Alfonsi (eds.): *Futebol, objeto das ciências humanas*. São Paulo: Leya, pp. 129-164.

FRANCO JÚNIOR, Hilário (2007): *Dança dos deuses. Futebol, sociedade, cultura*. São Paulo: Companhia das Letras.

GUEDES, Simoni Lahud (1998): *O Brasil no campo de futebol. Estudos antropológicos sobre os significados do futebol brasileiro*. Niterói: EDUFF.

HUIZINGA, Johan (2007[1938]): *Homo ludens*. Trad. João Paulo Monteiro. São Paulo: Perspectiva.

LEONELLI, Domingos/OLIVEIRA, Dante (2004): *Diretas Já: 15 meses que abalaram a ditadura*. Rio de Janeiro: Record.

MARQUES, José Carlos (2010): "Todos juntos vamos: a superação do verdeamarelismo da Ditadura Militar na conquista do mundial de futebol de 2002", in Gustavo Roese Sanfelice/Mauro Myskwi (eds.): *Mídia e esporte*. Temas contemporâneos. Nova Hamburgo: Feevale, pp. 29-43.

ORTIZ, Renato (2006): *Cultura brasileira e identidade nacional*. São Paulo: Brasiliense.

PALMEIRA, Moacir Gracindo Soares (org.) (1999): *Repensando o Estado Novo*. Rio de Janeiro: FGV.

PRESTES, Anita Leocádia (2015): *Luiz Carlos Prestes: um comunista brasileiro*. São Paulo: Boitempo.

REBELO, Aldo (2010): *Palmeiras e Corinthians 1945: o jogo vermelho*. São Paulo: Unesp.

REIS, Daniel Aarão (2014): *Luís Carlos Prestes. Um revolucionário entre dois mundos*. São Paulo: Companhia das Letras.

ROLNIK, Raquel (apres.) (2013): *Cidades rebeldes: Passe Livre e as manifestações que tomaram as ruas do Brasil*. São Paulo: Boitempo/Carta Maior.

SINGER, André (2012): *Os sentidos do lulismo: reforma gradual e pacto conservador*. São Paulo: Companhia das Letras.

SOUZA, Denaldo Alchorne de (2018): *Pra Frente, Brasil! Do Maracanazo aos mitos de Pelé e Garrincha, a dialética da ordem e da desordem (1950-1983)*. São Paulo: Intermeios.

Páginas web e periódicos

VIANNA, Rodrigo (2017): "O tenentismo togado e a crise total: estamos às portas de uma anti-Revolução de 1930", in *Revista Forum*. <https://revistaforum.com.br/blogs/rodrigovianna/brodrigovianna-38197/> (2-11-2018).

La orureñidad en el fútbol, del campamento minero a la diáspora: colectividades nómadas e identidades migratorias

Karmen Saavedra Garfias

Prólogo

Son las seis de la mañana del domingo de carnaval; por la avenida Cívica todavía hacen su ingreso las últimas comparsas folclóricas. Las primeras ingresaron a las ocho de la mañana del día anterior rumbo a la iglesia del Socavón, donde se encuentra la Virgen de la Candelaria. La explanada de la iglesia ha sido copada por una multitud, personas que han llegado a Oruro desde diversos puntos del planeta, muchas de ellas no han dormido nada, otras han despertado temprano para estar ahí en lo que se llama el Alba, una especie de serenata a la Virgen a cargo de las mejores bandas de música del carnaval después de la entrada del sábado, que ha durado veinte horas. La gente baila cual masa amorfa al son de morenadas, caporales y diabladas. De pronto, las bandas, sin ponerse de acuerdo, tocan al son de una diablada la música de este texto:

> Viva, viva mi San José, el gran equipo minero.
> Viva, viva mi San José, el gran equipo orureño.
> Mil campeones sucumben ya, ante el blanco y celeste,
> los colores que ganarán, aunque la vida les cueste.
> Goles aquí, goles allá, superataque que no pararán.
> Cabeza aquí, remate allá, marcha defensa que no pasarán.[1]

Y la masa amorfa, como si estuviera respondiendo a un llamado celestial, baila y corea al unísono. No todos los presentes son hinchas de San José, pero los que somos nos sentimos como si en lugar de estar en el Alba estuviésemos en el estadio y San José estuviera jugando una final. Con frecuencia nos sucede lo mismo cuando estamos en el estadio y las bandas que acompañan a los hinchas ejecutan una de las tantas composiciones dedicadas a San José en sones

---

[1] Compuesta originalmente por Óscar Elías en 1970 exclusivamente para el equipo minero de fútbol San José en ritmo de mecapaceña.

de tobas, caporal, morenada, llamerada o diablada[2], ahí nos sentimos como si estuviésemos en pleno carnaval. De esa manera, el vínculo sentimental con San José genera inevitablemente un vínculo afectivo y efectivo con el carnaval y viceversa.

Introducción

En el fútbol ningún jugador es más importante que el juego mismo y es en torno al juego que surge la hinchada y debido al valor agregado que la hinchada le da al fútbol que este puede ser comercializado. Juan Villoro (2006) señala que "el verdadero espectáculo está en las gradas porque cuando los estadios están vacíos son mausoleos a la nada". Me interesa esa asociación que Villoro hace entre hinchada y espectáculo en las gradas para indagar en la articulación entre el equipo de fútbol San José y la presencia de su hinchada a nivel nacional e internacional, con el objetivo de comprender la performatividad de la orureñidad en la diáspora. Una diáspora que se da a consecuencia del decreto 21060 que provocó el desplazamiento y la emigración de miles de mineros de la ciudad de Oruro y sus centros mineros.

Entiendo por performatividad (Lyotard 2006, McKenzie 2011, Butler 2006, Taylor 2007) la constitución de una realidad por medio de actos vitales de transferencia en los que intervienen la cognición corporalizada, el pensamiento colectivo y el saber localizado con componentes lúdicos y estéticos que acontecen en vivo. Lo performativo señala siempre la posibilidad de acontecimiento, de vínculo con el cuerpo y de una práctica con poderes de efecto. El hacer de la hinchada, en tanto comportamiento corporalizado o performativo, conlleva una forma de conocer, así como de almacenar y transmitir cierto saber cultural que imagina, configura e instituye una identidad como la de ser hincha de San José y proyecta la orureñidad más allá de un territorio geográfico.

Con orureñidad me refiero no a una esencia, sino a la constelación de múltiples caracteres atribuidos a quienes los ostentan y los viven, aludiendo a una heterocronía y una heterotopía que no reflejan necesariamente un discurso nacional o local, sino una percepción y una acción, un modo particular de relacionarse.

---

[2] Estos sones musicales también dan nombre a los conjuntos folclóricos que participan del carnaval de Oruro.

Oruro, carnaval, campamento y fútbol

No solo en el Alba se toca y se baila, evocando a San José como si se estuviese en pleno estadio. Cada año desde el 2001 en el Festival de Bandas de la ciudad de Oruro, que se lleva a cabo una semana antes del carnaval y en la que participan entre 6000 a 10000 músicos, se interpretan al unísono las notas musicales del himno nacional, del himno a Oruro y, como tercer número, el "Viva, viva mi San José", la canción más emblemática de la hinchada santa. La ciudad de Oruro es conocida en Bolivia como la capital del folclore por su carnaval, que se diferencia de los demás carnavales por ser una festividad pagana religiosa en devoción a la Virgen del Socavón, patrona de los mineros, sin perder conexión con la ceremonia que se ejecuta en las bocaminas destinadas a la deidad de los metales, conocida como el tío de la mina.

Para Walter Guevara Arce, expresidente de Bolivia e ideólogo de la Revolución Nacional de 1952[3], que consiguió la nacionalización de las minas, Bolivia, al momento de su fundación, fue pensada por la oligarquía boliviana como campamento minero, establecido sobre una economía feudal agraria (Mesa/Carlos 2009). Como se sabe, el campamento se caracteriza por la vivienda transitoria, temporal e improvisada. La idea de campamento establece en cuanto a temporalidad lo efímero, lo circunstancial y, en cuanto a espacialidad, el desarraigo, a diferencia de la fundación y urbanización de la ciudad. Debido a eso se puede mencionar que los campamentos mineros son resultado de un pensamiento centrado en la extracción, la explotación de los recursos y la aceleración del tiempo para extraer las riquezas que propician el asentamiento. A fines del siglo XIX, empresarios mineros de nacionalidad inglesa se establecieron en Oruro para explotar plata, estaño y bismuto. En el siglo XX, Oruro se constituye en la capital del estaño y en una ciudad de asentamiento para extranjeros europeos y bolivianos de otras regiones, especialmente para los campesinos de los valles, quienes cambiaban el oficio de agricultor por el de minero.

La ciudad de Oruro, desde la fundación de la república hasta mediados de los años 80, fue el segundo centro minero más importante del país y en ella se creó, en 1896, el Oruro Foot Ball Club, primer equipo de fútbol en Bolivia, con el apoyo de jóvenes ingleses que trabajaban para la compañía inglesa The Bolivian Railway Limited, que a partir de 1892 había empezado a tender los rieles del ferrocarril Oruro-Uyuni. Jóvenes ingleses practicaban el fútbol con jóvenes indígenas migrantes del campo en el tiempo de descanso; este equipo mixto

---

[3] Víctor Paz Estenssoro decretó el 31 de octubre de 1952 la nacionalización de las minas, por lo cual el Estado pasó a administrar las minas que pertenecían a los "barones del estaño" y, para ese fin, creó la Corporación Minera de Bolivia (COMIBOL)

participó en varios campeonatos de fútbol en la ciudad de La Paz y, en el año 1907, se refundó como el Oruro Royal Club, incorporando a la vez la práctica de otros deportes. Con el tiempo este club se convirtió en el antagonista de otro club más cercano al pueblo, como es el equipo minero San José, que hasta el día de hoy anida en el corazón de la mayoría de los orureños.

El 19 de marzo de 1942, un grupo de trabajadores y técnicos de la mina San José, administrada por la Compañía Minera de Oruro, propiedad del barón del estaño Mauricio Hochschild, motivados por el inglés Harry Keegan, decidieron crear la Liga Deportiva San José[4], que fue llamada así porque fue fundada al frente del campamento minero del mismo nombre y porque ese día en el calendario católico está dedicado a San José. Este club con 75 años de vigencia se ha constituido en el equipo de fútbol representativo de la ciudad de Oruro y ha participado en los campeonatos de aficionados organizados en Oruro desde 1921 hasta 1953. En 1954 solicitó su incorporación al campeonato profesional de La Paz y en 1955 se coronó campeón del fútbol boliviano. Los jugadores que ganaron, tanto el primer campeonato orureño, después de la Segunda Guerra Mundial, como el campeonato profesional de La Paz, eran todos trabajadores mineros de la mina San José. Aunque el Equipo Santo, como también se conoce a San José, estuvo integrado durante sus primeros años únicamente por trabajadores mineros, hoy en día, con la profesionalización del club, no solo no queda ni un trabajador minero en el equipo, sino que muchas veces la plantilla de jugadores no está conformada por ningún orureño, siendo la mayoría de Santa Cruz, Cochabamba, La Paz o de otros países como Argentina, Paraguay, Uruguay, Brasil. etc. Para la hinchada de San José, a pesar de eso, su club de fútbol sigue siendo el gran equipo minero. En el imaginario colectivo, San José sigue proyectando una identidad minera que tiene que ver cada vez menos con el oficio de minero y más con un vínculo con el pasado épico del club, que remite, por un lado, al auge de la minería y a las migraciones del campo a la mina y de esta a la ciudad a finales del siglo XIX y principios del siglo XX. Y, por otro lado, rememora la participación del club en el fútbol boliviano de los años 50 y 60, cuando era común que San José anotará arriba de los cinco goles por partido. San José y el carnaval de Oruro comparten en sus orígenes prácticas de la identidad minera. El equipo de fútbol San José fue fundado por mineros y el carnaval fue imaginado y creado por mineros también. En el fútbol los mineros, antiguos campesinos en su mayoría, desarrollaron el juego junto a los ingleses. Los orígenes del carnaval orureño[5] se explican en la cosmovisión

---

[4] Tal y como se narra en el sitio web: <http://www.club-sanjose.com/>.

[5] La leyenda señala que Huari, un dios precolonial, castigó a la ciudad de Oruro mandando por el sur una serpiente gigante, por el norte un enorme sapo y por el este una plaga de hormigas, pero apareció una mujer joven que, con una honda, convirtió a la serpiente y

andina y las ceremonias agrarias que portaban los mineros, antes agricultores, a lo que se suma la explicación mítica de la topografía de la ciudad y la influencia de la religión católica. El asentamiento de los campamentos mineros y las inmigraciones no han sido mero movimiento económico y desplazamiento geográfico, pues han posibilitado creaciones, recreaciones lúdicas y creativas, sociales y culturales.

Fig. 1: La mascota @danielorosm

Esa familiaridad entre fútbol, carnaval y religión hace que el equipo de fútbol San José no genere una adhesión solo de gremio, sino que se torne en la metonimia de la orureñidad, como señala el estribillo de otra canción de la hinchada santa: "San José es Oruro, Oruro es San José", lema que ha guiado a los orureños desde los inicios:

El domingo 15 de enero de 1956, San José se consagró campeón nacional jugando de visita con Bolívar en La Paz. San José, que brindó un gran espectáculo

---

al sapo en piedra y a las hormigas en arenales. Los orureños asocian a la joven con la Virgen María, conocida como la Virgen del Socavón porque su imagen fue encontrada en la gruta de una mina por un ladrón conocido como el Chiru Chiru. El origen del carnaval se asocia al momento en que los mineros empezaron a bailar diablada en devoción a la Virgen del Socavón, luego de rendirle culto o hacer ofrendas al Tío de la Mina, que hace referencia al dios de los subsuelos presente en la cosmovisión precolonial.

futbolístico, fue vitoreado y prácticamente obligado por los aficionados a dar la vuelta olímpica, donde el público paceño y los cientos de hinchas que se trasladaron en tren a esa capital premiaron con aplausos al gallardo campeón nacional de fútbol. [...] Una vez que retornaron a Oruro, el pueblo oruro se movilizó y fueron a la estación del ferrocarril para recibir a los gallardos campeones" (Llanque Albarrazín 2018).

Otro de las etapas importantes para San José en el marco de la liga tuvo lugar de 1990 a 1996. El año 1995 fue una de las mejores temporadas que jugó el equipo a lo largo de su historia liguera. El club se coronó campeón de la Liga de Fútbol Profesional Boliviano por segunda vez, ganando el torneo de apertura y de clausura. El exjugador y actual director técnico, Eduardo Villegas de Cochabamba, recuerda que, luego del partido disputado en la ciudad de Cochabamba frente a Guabira en Oruro, la gente los estaba esperando ya en Caracollo, a 37 km de la ciudad, y desde ahí los acompañaron en una caravana lenta que duró más de cuatro horas hasta llegar a la plaza principal: "[...] La gente y nosotros disfrutábamos ese momento, con cánticos y bocinazos, y la canción que se quedó grabada en mí fue 'Ay Oruro, quién te robó el corazón, son los muchachos de San José, muchachos de gran corazón'" (Villegas 2018).

Y ¿quiénes son los muchachos de San José, los muchachos de este equipo minero? Paradójicamente, hoy en día esos muchachos no son mineros y, en muchos casos, no son oruros de nacimiento, pero juegan en San José que, por ser el equipo de fútbol de la ciudad, también es un territorio simbólico que hace a los muchachos tan oruros como cualquiera. El verso de la canción antigua que cita Villegas tiene más que ver con una declaración de amor al equipo que con un grito de guerra. Esa y otras declaraciones de amor, afirmaciones de pertenencia, adhesiones afectivas e identificaciones se hicieron más visibles a partir de los años 90, cuando en las tribunas la oruñeñidad se manifestaba performática, espectacular y estéticamente.

Por estética no me refiero a la teoría del arte y de lo bello, sino a procesos vivenciales, experimentables, en los que interviene la sensibilidad de los participantes y proveen estímulos sensoriales y un vínculo afectivo con los otros a través de ciertos rituales, experiencias y prácticas en la construcción y reproducción de la comunidad deseada. En este caso, la estética es parte de los hechos mismos de los procesos de producción, transmisión y percepción de la oruñeñidad en el estadio durante los partidos que San José disputa. En cada partido de San José, sin importar si juega de local o visitante, acompañan a la hinchada osos, diablos, cóndores..., personajes que hacen alusión a la mitología oruña y a la danza de la diablada junto a la mascota del club, que es un quirquincho con casco de minero y botas de diablo de la diablada. A fines de los años 80 llamó la atención a nivel nacional la presencia de una banda de músicos que acompañaba a San José absolutamente en todos sus partidos. Hoy en día también otros equipos cuentan con pequeñas bandas de músicos, siguiendo la tradición impuesta por la hinchada santa. San José es el equipo de fútbol boliviano que cuenta con más canciones compuestas por distinguidos músicos orureños y registradas en placas discográficas; las mismas, como señalé anteriormente, son coreadas tanto durante el carnaval como durante los partidos que este disputa.

La hinchada, los mineros, del campamento a la diáspora

Es común escuchar a periodistas deportivos, jugadores e hinchas afirmar que San José es el único equipo de la liga boliviana que puede decir que juega de local en y fuera de Oruro, por el apoyo y cantidad de su hinchada, la misma que no solo es activa asistiendo a los partidos de fútbol, sino también aportando económicamente en los momentos difíciles del club. La hinchada santa, distribuida dentro y fuera del país, organiza múltiples actividades para la recaudación de fondos que van en beneficio del equipo. En 1993 Adolfo Valdivia, orureño residente en La Paz, inspirado por la relación tan particular e intensa entre fútbol, carnaval, ciudad, hinchada y los acontecimientos de emigración orureña reciente, compuso la siguiente morenada:

> San José es Oruro.
> Oruro es San José. (bis)
> El equipo de mis amores
> es el San José. (bis)
> Donde quiera que tú vayas
> allí yo estaré,
> defendiendo los colores
> de mi San José. (bis)

A esta canción se suman otros estribillos que la hinchada suele gritar a toda voz, como "Y ya lo ven y ya lo ven, somos locales otra vez", cuando están de visitantes, o "La mitad más uno es de la V azul, la mitad más uno delira por San José", con relación a Bolivia como todo. Todas las canciones hacen referencia a la entrañable relación y a la cantidad de seguidores con la que cuenta el club. Evidentemente es difícil separar al equipo de la ciudad, no sucede lo mismo con los lugareños que frecuentemente son obligados a abandonar su ciudad por razones económicas, laborales y de salud. Los 3700 metros de altura en los que se encuentra Oruro para muchos se tornan inhabitables. A esto se suman otras causas que obligan a los ciudadanos a dejar su lugar de origen. Uno de los aspectos que ocasionó una emigración masiva fue el cierre de las minas. Diez años antes de que por primera vez el equipo minero de San José se coronara campeón de la Liga de Fútbol Profesional Boliviano, el presidente Víctor Paz Estensoro promulgó, el 29 de agosto de 1985, el Decreto Supremo N° 21060, ese mismo mes. En respuesta al despido masivo de trabajadores mineros, se llevó a cabo la Marcha por la Vida y la Paz, una marcha de protesta en la que participaron varios sindicatos de trabajadores y los mineros con sus familias. El objetivo de esta marcha fue partir de la ciudad de Oruro y llegar a la sede de gobierno en la ciudad de La Paz, a trescientos kilómetros de distancia, para solicitar al gobierno la nulidad de los despidos. Esta marcha fue una movilización histórica que pretendió evitar la "relocalización" de mineros y la privatización de las minas estatales. A 60 kilómetros de la ciudad de La Paz, el ejército y la policía intervinieron la marcha en pleno gobierno democrático y, ante la resistencia de los marchistas, se produjo un enfrentamiento con muertos, heridos y detenidos políticos. Durante ocho días, mujeres, niños y siete mil mineros recorrieron una de las carreteras principales de Bolivia. Meses después, los mineros relocalizados dejaron los campamentos mineros y migraron hacia el Chapare, Cochabamba, La Paz, Santa Cruz, Tarija, Yacuiba, Argentina, Brasil, etc. Con esta migración también cambió su identidad laboral minera, pues muchos de ellos y ellas se dedicaron al comercio informal, a la costura, a la plantación de coca, entre otras tareas (Cajías de la Vega 2010, Muruchi Poma 2009, Lagos 2006). La lógica de campamento de la oligarquía republicana hacía cuerpo en miles de mineros que, involuntariamente, debían abandonar su terruño y sus puestos de trabajo, pero, a diferencia de la oligarquía, los mineros acamparon en las minas siendo portadores de principios de organización comunitaria, pues la mayoría de los mineros a lo largo de la historia republicana hicieron el viaje de las comunidades rurales a las minas, lo que a la vez conllevó que prácticas rituales y festivas del ciclo agrario y ganadero fueran transferidas a la mina y luego a la ciudad. A esa articulación entre lógica de campamento, principios de organización comunitaria y mentalidad de festividad sagrada se sumó la lógica sindicalista, la misma que en muchos casos posibilitó a los mineros generar movimientos organizativos que les permitieron asentarse en la diáspora como colonos, conformando barrios mineros en las ciudades, como cooperativistas, etc. Paralelamente y paradógicamente, a consecuencia de la economía liberal que se estableció en el país, Oruro pasó de ser centro minero a ser zona franca comercial. El comercio informal y el contrabando fueron dos de los factores determinantes para una nueva inmigración de las provincias del departamento a la capital. Entonces, mucha gente del campo llegaba a Oruro, ya no para ser mineros, sino comerciantes.

Colectividades nómadas, identidades migratorias

¿Cómo se genera y proyecta una identidad oruteña sin terruño, fuera del territorio geográfico al que su identidad de pertenencia colectiva y geopolítica hace referencia? ¿Cómo se transfiere la afectividad en un espacio de desarraigo?

Las emociones, igual que las afecciones y las afectividades, son percibidas por sus efectos; estos a la vez se manifiestan en actos y acciones concretas, en archivos y repertorios. "Las emociones son, pues, significados que, porque son articulados físicamente, pueden ser percibidos por otros y, en este sentido, pueden sin duda serles transmitidos sin que haya que traducirlos a palabras" (Fischer-Lichte 2011: 302). La orureñidad es un atributo polisémico cargado de afectos, cuyos efectos conllevan un significado que surge en el acto de percepción en el cual interviene la experiencia corporal en pleno. Para Spinoza (1990): "El cuerpo tiene gran cantidad de partes extensivas y por eso es afectado de múltiples maneras". Como sucede con el arte, la política o en el estadio, ocurre con el fútbol en su doble nivel lúdico: el juego técnico de balón entre los veintidós jugadores y el juego entre equipo e hinchada. Esta presencia que emerge de esa interrelación de manera dinámica e intensa produce sensaciones, desencadena pasiones, sugiere representaciones mentales articuladas físicamente y manifiestas, en tanto reacciones psicológicas, afectivas, energéticas y motoras.

El equipo de fútbol San José, el único carnaval pagano religioso en el mundo, la Virgen de los mineros y el pasado épico minero conforman la memoria colectiva de los oruteños y componen gran parte de su repertorio de actuación colectiva. Hice experiencia de todo eso en los años 90 cuando, como orureña residente en La Paz, asistí a varios partidos disputados por San José en Oruro y en las otras ciudades de Bolivia y vi que la hinchada santa sobrepasaba en cantidad a la hinchada de los equipos locales, sobre todo en Cochabamba. En las redes sociales los hinchas del santo hacen alarde de eso, posteando vídeos, y los adversarios responden con insultos, llamándolos refugiados, invasores, indios sucios, mineros masca coca, caras de llamas. Los insultos hacen referencia al carácter migratorio, el origen altiplánico, la procedencia laboral de la orureñidad con la que no todos los oruteños se sienten cómodos. En el 2008, cuando San José jugó contra Santos de Brasil en la Copa Libertadores, 1500 oruteños y oruteñas, residentes en Sao Paolo, donde muchos trabajan como mano de obra barata[6], fueron en caravana al estadio de Santos para apoyar a su equipo épicamente minero. En 2007 se fundó en La Paz la barra brava La Temible[7],

---

[6] Este vídeo da cuenta de ello: https://www.youtube.com/watch?v=IDjFMcJuVKU.

[7] todabarrabrava.blogspot.com/2011/04/la-temible-san-jose-de-oruro.html.

con filiales en todas las ciudades de Bolivia, quienes frecuentemente organizan congresos nacionales de hinchada santa.

Los medios de la teatralidad permiten promocionar y mostrar modelos de identidad y comunidad. Entiendo por teatralidad estrategias de organizar la mirada del otro haciendo énfasis en la corporalidad, la representación, la percepción y la escenificación, que en el caso de las identificaciones colectivas se trata de escenificar un "nosotros" mediante la delimitación de un "ellos". Chantal Mouffe indica que el migrante vive continuamente en la tensión que provoca el lugareño que niega su identidad y cuestiona su existencia. Tomando en cuenta que toda identidad se da por conciencia de una pertenencia social, se establece por relación y se construye en función de una diferencia, se puede sugerir que una identidad migratoria se establece menos por la aceptación que por la negación. Una identidad migratoria sería la conciencia de la no pertenencia por derecho ni por ley, sino por conquista, conexión, apertura. Asistir al estadio, organizarse como hincha, puede implicar un nomadismo como micropolítica de las fronteras, una forma de intervención urbana como acto de transformación simbólica del espacio (Maffesoli 2000). La identidad migratoria y la colectividad nómada, que son constitutivas de la oruereñidad en la diáspora, son percibidas y experimentadas de manera privilegiada durante los partidos de fútbol del equipo minero San José.

La hinchada proyecta una identidad que, fuera de ese acontecimiento deportivo, no sería ni percibida ni vivenciada. En cada partido la hinchada toma conciencia de pertenencia a partir del cuerpo a cuerpo como el principal soporte para producir una realidad social que, por su carácter de acontecimiento, es irrepetible y fugaz, pues dura lo que dura el partido y es en ese tiempo-espacio en el cual la hinchada escenifica su propia presencia, en la misma medida y con la misma intensidad con la que hace acto de presencia. En esa medida ser hincha de San José se vuelve una actividad recreativa, de tiempo libre, pero fundamental para experimentar con su identidad santa y sus otras identidades de oficio, de género, política, etc. Es a partir de esa recreación identitaria que interactúa dinámica y continuamente con el equipo.

Fig. 2: Fanáticos del fútbol @danielorosm

El ciudadano de a pie, el migrante, en su vida privada del día a día, está privado de presencia pública, pero mientras dura el partido de fútbol los individuos, los migrantes, la multitud en tanto hincha tiene nombre, lugar de origen, color, puede decir a gritos quién es, de dónde viene, qué quiere y qué no quiere. Mientras dure el partido en el estadio, la negación y el anonimato diarios se convierten en una afirmación clara y unánime. Es probable que el fútbol espectacularizado y mediatizado tenga una fuerza simbólica que le permita mover masas, pero hay otro fútbol, el de los barrios o el de bajos presupuestos, que no tiene una fuerza simbólica, sino real, y esa fuerza no se genera solo en la cancha, sino en conexión con la gradería; ese fútbol no mueve masas, forma colectividades y genera experiencia de comunidad.

Conclusiones

No considero que el fútbol canalice pasiones, porque estas no preexisten fuera de él. Entre el fútbol y la hinchada —no la masa, pues la hinchada, a diferencia de esta, tiene un rostro y es portadora de historias y memoria— hay una relación *autopoiética* que genera las pasiones y emociones durante el juego. En el estadio, la hinchada, el equipo y el juego interactúan como los lados de una cinta de Moebius. La conexión entre fútbol, carnaval, pasado minero, la emigración de orureños y la continua toma de la ciudad por los nuevos inmigrantes del área rural a Oruro no gira solo en torno al fútbol, gira en torno a las construcciones poéticas y lúdicas que establecen el bucle de retroalimentación *autopoiética* entre actores y espectadores, entre equipo e hinchada. Todo eso da lugar al juego agónico que se desarrolla tanto en la cancha como en las graderías.

Si toda identidad se establece por relación y se construye en función de una diferencia, no hay mejor espacio para hacer experiencia de pertenencia y proyectarla que el estadio y el espectáculo de las graderías que, a diferencia de lo que señala Debord (2003) sobre el espectáculo que aparta en una representación lo que era vivido directamente, en el espectáculo de las graderías en las que se concentra la hinchada santa, si bien hay representación, también hay manifestación y manifiesto. De qué otra manera se puede explicar que, en sones más modernos, ya no tan carnavaleros, del acervo orureño, con ritmos musicales de otras regiones, los jóvenes asistan al estadio hoy en día cantando: "Cómo voy a olvidar que soy del santo y nací en Oruro, eso no voy a olvidar si es lo mejor que me pasó en la vida". Es en las graderías donde los hinchas de San José celebran el rito y el juego (Agamben 2001): el rito, que invoca los acontecimientos del pasado mítico con las contingencias del presente, y el juego, que ignora la conexión pasado-presente porque lo que quiere es crear acontecimiento, apropiación del momento que, por mucho que se desee y se planifique, siempre está abierto a lo imprevisible. Lo que quiere decir que la hinchada y el equipo en cualquier momento, en lugar de generar pasión que devenga en declaraciones de amor, podría también generar pasión que devenga en violencia y agresión, he ahí lo incontrolable y peligroso del juego, de la pasión y del evento en vivo que implica todo partido de fútbol y el presenciarlo.

Bibliografía

Agamben, Giorgio (2001): *Infancia e Historia*. Buenos Aires: Adriana Hidalgo.

Butler, Judith (2006): *El género en disputa*. Barcelona: Paidós.

Cajías De La Vega, Magdalena (2010): "Crisis, diáspora y reconstitución de la memoria histórica de los mineros bolivianos: 1986-2003", en *Si Somos Americanos, Revista de Estudios Transfronterizos*, vol. X, n° 2, pp. 61-96. Santiago: Universidad Arturo Prat. https://www.redalyc.org/pdf/3379/337930338003.pdf (09-01-18).

Debord, Guy (2003): *La sociedad del espectáculo*. La Paz: Malatesta.

Fischer-Lichte, Erika (2001): *Ästhetische Erfahrung, Das Semiotische und das Performative*. Tübingen: Francke.

— (2005): *Performativität und Korporalität in Diskursen des Theatralen*. Vol. VII, Theatralität. Tübingen/Basel: Francke.

— (2011): *Estética de lo performativo*. Madrid: ABADA.

Lagos, María (2006): *Nos hemos forjado así: al rojo vivo y a puro golpe, historias del Comité de Amas de Casa del siglo XX*. La Paz: Plural.

Lyotard, Jean-François (2006): *La condición postmoderna. Informe sobre el saber*. Trad. de Mariano Antolín Rato Madrid: Cátedra.

Maffesoli, Michel (2000): *Del nomadismo per una sociología dell'erranza*. Milano: Edizione Consumo, Comunicazione, Innovazione.

Mandoki, Katya (2006): *Estética cotidiana y juegos de la cultura. Prosaica Uno*. Ciudad de México: Conalculta-Fonca/Siglo XXI.

— (2007): *La construcción estética del Estado y de la identidad nacional. Prosaica Tres*. Ciudad de México: Conalculta-Fonca/Siglo XXI.

McKenzie, Jon (2011): "Performance y Globalización", en Diana Taylor/Marcela Fuentes (eds.): *Estudios avanzados de Performance*. Ciudad de México: Fondo de Cultura Económica, pp. 433-458.

Mesa Gisbert, Carlos D. (2009): "Guevara, la razón o el pragmatismo". en *Bolivia, siglo XX*. La Paz: Plano Medio. Documental en DVD.

Mouffe, Chantal/Mansour, Mónica (1996): "Por una política de la identidad nómada", en *Debate Feminista*, n° 14. <https://debatefeminista.cieg.unam.mx/df_ojs/index.php/debate_feminista/article/view/326> (05-10-17).

Muruchi Poma, Feliciano Félix/Farthing, Linda/Kohl, Benjamín (2009): *Minero con poder de dinamita: la vida de un activista boliviano*. La Paz: Plural.

Spinoza, Baruch (1990): *Tratado breve*. Madrid: Alianza.

Taylor, Diana (2007): *The archive and the repertoire: performing cultural memory in the Americas*. 3ª ed. Durham: Duke University Press.

Villoro, Juan (2006): *Dios es redondo*. Barcelona: Anagrama.

Sitios web y periódicos

LLANQUE ALBARRAZÍN, Etzhel (2018): "Las tres hazañas del San José en 76 años", en *El Fulgor*, 18 de marzo. <https://elfulgor.com/noticia/245/las-tres-hazanas-del-san-jose-en-76-anos> (18-03-18).

Outlet Minero (2016): "Los Mineros, el Barrio que Surgió con la relocalización, Bolivia", en *Outlet Minero*, 26 de febrero. <http://outletminero.org/los-mineros-el-barrio-que-surgio-con-la-relocalizacion-bolivia/> (10-02-18).

VILLEGAS, Eduardo (2018): "En Oruro se siente una energía especial", en: *La Patria*, 19 de marzo. <http://lapatriaenlinea.com/index.php?nota=314835> (19-03-18).

FUTBOLISTAS E HINCHADAS

Esta parte se enfoca en los futbolistas y las hinchadas, es decir, aparte de los técnicos, los periodistas y los fotógrafos, en los principales actores del fútbol. El contexto en el que encontramos nuestros estadios es influido por el largo proceso de la globalización, la comercialización del fútbol y las migraciones. Ello implica un gran reto para las prácticas y las identidades de los futbolistas y sus hinchas. No solamente los futbolistas profesionales se mueven, migran y emigran, sino también los *amateurs*. Gran parte de los/las jóvenes (y no tan jóvenes) migrantes latinoamericanos y latinoamericanas suelen organizarse en su tiempo libre para jugar al fútbol. Para ellos ir a la cancha sigue produciendo sentido de identidad como comunidad latinoamericana. Esto nos demuestra Arturo Córdova Ramírez en su estudio de campo sobre el Haus der Jugend en Bonn. Según el autor de este ensayo, se trata de una apropiación del espacio público, lo que podría ser interpretado como una construcción de ciudadanía en diáspora. Por otra parte, para la barra del Club Atlético Belgrano de Córdoba, Argentina, ser hincha significa lo mismo.

A diferencia de la mayoría del gran campo de investigación sobre las hinchadas latinoamericanas que se dedica a las estructuras barriales y la violencia, Nicolás Cabrera observa a sus protagonistas en su camino, en sus viajes cuando se mueven en el espacio, cruzan "territorios" y pasan "fronteras". En las "disputas" que este movimiento produce se negocian pertenencia, afinidades y alteridades.

Kevin Daniel Rozo Rondón y Renzo André Miranda Cerrutti también indagan en hinchadas. Pero, a diferencia del caso de Cabrera, estos/estas, de perfil de clase media-alta y alta, no persiguen físicamente a sus ídolos, sino que se asocian en espacios urbanos para ver transmisiones de partidos de fútbol de los "súperclubes" europeos en pantalla televisiva, cuyos productos compran y se ponen como *accessoires* costosos. En contextos de transnacionalización e hipermediatización, estas comunidades en Ciudad de México, Bogotá o Lima, entonces, no se identifican con lo local, sino con equipos "imaginados" que geográficamente no podrían ser más lejanos.

Campeonatos de fútbol y ecuavoley en Reuterpark-Haus der Jugend (Bonn). Redes transnacionales y prácticas de ciudadanía de migrantes latinoamericanos a través de la apropiación informal del espacio público

Arturo Córdova Ramírez

La ciudad en movimiento

> "Every story is a travel story — a spatial practice"
> (Certeau 1984: 115).

Las ciudades son el destino y escenario medular de la sociedad contemporánea. El rol que ellas han tenido para la formación de ciudadanía y de políticas identitarias ha sido siempre relevante, pero en nuestros tiempos de globalización digital y de movilidad vertiginosa de personas y capitales, las ciudades se convierten en espacios nodales interdependientes y donde, por ende, se ponen en juego nuevas prácticas de ciudadanía y pertenencia que desafían el marco jurisdiccional del Estado nación (Holston/Appadurai 1996: 189). La movilidad deviene, entonces, en un factor que otorga beneficios sociales y económicos transfronterizos. La movilidad, igualmente, como matriz generadora de grandes centros urbanos, los caracteriza con una gran heterogeneidad de estilos de vida; esto ocurre debido a que dichas ciudades se vuelven también lugares de tránsito de diversos grupos de personas en redes migratorias mucho más amplias. De la misma manera, el desarrollo continuo de medios de comunicación conduce a que las redes y rutas migratorias se expandan continuamente, creando así procesos transnacionales de identidad (Appadurai 1996, Bauman 2003). La transnacionalización en grandes ciudades presenta, por lo general, dos facetas que pueden resultar a primera vista contradictorias: por un lado, lugares periféricos son continuamente articulados a las ciudades como respuesta a la demanda de nuevos espacios —valga acotar que una creciente movilidad y diversidad no significa necesariamente que una ciudad siempre crezca, sino que está sometida a una serie de fluctuaciones de personas y capitales que precisamente hacen de ella una ciudad global—; por otro lado, el rol de los espacios citadinos y sus correspondientes historias o significados tradicionales pierden importancia como marco de sentido para las nuevas interacciones sociales. Surgen procesos de des- y reterritorialización (Appadurai 1996), esto es, una erosión de la especificidad cultural de espacios y la reapropiación o resignificación de los mismos debido a la agencia de nuevos actores.

Una respuesta ante dicho fenómeno, dentro de contextos nacionales, es un creciente escepticismo respecto a la movilidad y la diversidad en el marco de una economía y política liberales: cuando la movilidad está asociada a la migración de trabajadores, por ejemplo, el localismo es la norma. Grupos reaccionarios difunden entonces discursos hostiles contra inmigrantes, adjudicándoles arbitrariamente un abuso de servicios sociales, falta de integración, aumento de inseguridad social o competencia injusta por puestos de trabajo. Esto trae consigo, frente a la diversidad cultural y de estilos de vida urbanos, prácticas de exclusión que refuerzan la noción formal de ciudadanía definida como pertenencia a un Estado nación que garantiza derechos exclusivos y un sentimiento de pertenencia cultural e histórica más estable. En ese escenario, grupos de inmigrantes desarrollan una serie de prácticas y discursos que les permiten negociar y participar del acceso a los recursos sociales y económicos que la ciudad de destino ofrece.

Dicho esto, la presente exposición plantea un acercamiento a algunas prácticas de inmigrantes latinoamericanos en la ciudad de Bonn (Alemania) relacionadas con el uso de espacios públicos para la realización de torneos y actividades deportivas. Las reuniones deportivas y campeonatos de verano en el Reuterpark del Haus der Jugend son eventos de confraternidad de suma importancia para un amplio grupo de latinoamericanos residentes en Bonn. A través de una observación participativa en dichos eventos y posteriores entrevistas —en su mayoría, semiestructuradas— realizadas a algunos de sus integrantes, podemos esbozar algunos aspectos relevantes de esas interacciones, reconociendo que dichos encuentros cumplen diversos roles, sean estos identitarios, económicos o sociales. Asimismo, la dificultad en el acceso a ciertos espacios públicos que permiten el despliegue de esas redes es experimentada por muchos de ellos como una falta de reconocimiento de ciudadanía en Bonn.

Reuterpark-Haus der Jugend: apropiación del espacio público por migrantes latinoamericanos

Reuterpark es un recinto amplio de tierra afirmada que circunda la Haus der Jugend (Casa de la Juventud), una institución estatal que ofrece actividades recreativas para niños y jóvenes de la ciudad de Bonn. El recinto se conforma por una cancha de fútbol, una de baloncesto y un parque infantil, todo rodeado por arbustos que fungen de límites y lo separan —lo esconden, realmente— de dos grandes avenidas de la ciudad: Reuterstraße y Hausdorffstraße. Originalmente, a fines del siglo XIX, el lugar le perteneció a la asociación Bonner Eisclub e.V., que adquirió dichos terrenos para la realización de actividades deportivas. Tras su disolución en 1912, el lugar fue donado a la ciudad de Bonn con el mismo objetivo, es decir, para el fomento del deporte, y de esa manera perdura hasta el día de hoy.

Si entendemos los espacios públicos —tanto urbanística como políticamente— como lugares de circulación y uso libre, normativizados, pero disponibles para toda la ciudadanía, la idea de apropiación es esencial (Aramburu 2008a: 6). Sobre todo si asumimos que bajo esa definición liberal del espacio público existen siempre tensiones y jerarquías, en la medida que en muchos de dichos lugares se "esconde[n] las restricciones de acceso a los grupos menos favorecidos de la sociedad y que al mismo tiempo margina[n] otras formas de vida pública diferentes a las dominantes" (Aramburu 2008b: 144). Los espacios públicos no solamente son asumidos en términos de proyección funcional (usos previstos), sino también en términos de apropiación real, término que en la perspectiva transnacional llamamos aquí territorialización.

La apropiación colectiva del espacio público, en el caso de migrantes, se realiza de forma intensiva y corresponde a la falta de recursos para poder acceder a espacios privados (Aramburu 2008b: 145) donde poder desplegar prácticas de sociabilidad impregnadas de costumbres y hábitos de sus sociedades de origen. Sin embargo, ¿son todos los espacios públicos aptos para la realización de dichos eventos colectivos? ¿En qué medida formas de socialización foránea trasgreden las prácticas sociales aceptadas por la ciudad como normales y adecuadas? Inmigrantes latinoamericanos y africanos, debido a las características del Reuterpark, la han convertido en punto de encuentro predilecto para hacer eventos deportivos y recreativos los sábados y domingos. Cuando nos referimos a las características del lugar, definimos el Reuterpark como un *empty space*:

> The empty space is a part of reality, including organizational reality; it is, however, reality intentionally misread. The empty space is a deconstruction of social space: empowering the silence to speak for itself, concentration on the marginalized elements. Instead of reading the written text, we read the blank background. [...] In our reading we construct a space out of the anti-space — a reflection of our own state of mind. We became conscious of the existence of the empty spaces and the ambiguity they carry, and we accepted the chaos — the poetic — as the integral part of our reality, not trying to eradicate it in the obsessed chase after the grand, total, univocal, mystical, and unattainable Order (Kociatkiewicz/Kostera 1999: 6-7).

Este concepto hace referencia a lugares que no poseen sentido ni importancia en la red de significaciones de los espacios públicos oficiales. Estos lugares

vacíos no están aislados por muros ni barreras de algún tipo, tampoco están
prohibidos, su vacío radica en su condición de invisibilidad y su poca valía en el
campo de percepción del panorama urbano. Según Bauman, esos lugares quedaron como residuos, después de que otros percibidos como importantes fueron incorporados a una estructura funcional urbana (Bauman 1999: 123-124).

Esto es esencial para entender el éxito que ha tenido el uso intensivo de
dicho espacio para la realización de eventos deportivos: por ejemplo, los primeros años del siglo XXI estos fueron organizados en lugares más centrales,
como el Bonner Hofgarten. Sin embargo, un espacio como el Hofgarten ocupa un rango central en la red de espacios urbanos de Bonn y está lleno de
otras historias, usos y significaciones. En la medida en que los campeonatos
organizados allí adquirían mayor visibilidad, surgieron ciertas animadversio-
nes y conflictos por el uso del espacio con otros grupos (turistas, estudiantes,
hobby-deportistas), así como controles policiales —debido a la venta informal
de comidas, actividad indisociable de los campeonatos—. Todo ello derivó en
una progresiva renuncia al Hofgarten como espacio central para los encuentros recreativos, en especial para muchos inmigrantes cuya situación legal era
irregular. Como "lugar vacío", el Reuterpark no es frecuentado ni posee car-
gas emotivas o históricas para la mayoría de ciudadanos de Bonn, su ubicación
es más bien periférica y, además, no es visible al tránsito de personas, puesto
que las dos calles que la circundan —de amplia circulación de autos— fungen de límites. En entrevistas con algunos de los organizadores, manifiestan
dichas ventajas: "Mira, antes hemos organizado en otros parques, en la cancha
de equipos que hemos alquilado también, eso cuesta, me entiendes, pero aquí
está céntrico, cualquiera puede venir incluso con el tranvía y es posible también vender nuestra comida y bebidas, así sale todo bien y nos integramos más
a menudo" (Javier, 36 años).

Debido a la venta de comida y bebidas, el Reuterpark se presenta como
ideal por la ausencia de una vigilancia constante en el lugar. La normativa para
la venta de alimentos y los seguros exigidos para los torneos son considerados
como desmedidos y vistos, entonces, como un obstáculo. En sus países de
origen, tanto en Perú como en Ecuador, el uso del espacio público y de áreas
verdes es ciertamente más restringido, sin embargo, la apropiación informal de
calles es paradójicamente más común y aceptable, debido a carencias económicas y a la existencia de un amplio sector económico informal. La apropiación
del parque no es, empero, continua, sino que sucede en días concretos. En
la medida que los vecinos y la administración de Haus der Jugend entienden
que dicha apropiación es temporalmente limitada, además de no afectar a las
viviendas más cercanas, son tolerados los torneos.

Sin embargo, esto no ha evitado que el lugar sea objeto de disputa por otros
actores y grupos vecinales. En 2015 un grupo de asociaciones locales (Verein

Lucky Luke, Paritätische Bonn, Lebenshilfe Bonn, Förderverein Psychomotorik, etc.) desarrollaron una iniciativa para convertir el área en un parque que incluyese a todos —con un café para padres, una pared para escalar, un "Sinnesgarten", etc. (*Generalanzeiger Bonn* 2015). Paradójicamente, el grupo más representativo que utiliza dicho espacio no fue invitado a los talleres para delinear el proyecto. El 2016 el gobierno local inició la construcción de casas provisorias destinadas a ser vivienda para refugiados, lo que provocó una fuerte resistencia de los vecinos que iniciaron una petición para que el Reuterpark no se convirtiera en zona de alojamiento de refugiados. Actualmente, la residencia está lista y es habitada por 80 refugiados (*Generalanzeiger Bonn* 2018). La administración de Haus der Jugend ha cerrado el acceso a la zona de parqueo de autos. Esta transformación del lugar ha provocado nuevas tensiones por el uso del área, que ahora es más reducida: un caso representativo de estos nuevos conflictos ocurrió un sábado, cuando se desencadenó una fuerte discusión con un grupo conformado por alemanes y latinoamericanos agrupados bajo una asociación(Teutonia Traumpass Bonn), quienes siempre usan la cancha los sábados de 2 a 4 para jugar al fútbol. Aquel sábado del mes de mayo, un grupo de ecuatorianos había llegado más temprano para marcar el campo e iniciar un minitorneo. Eso generó la disputa. En un momento tenso, dos lógicas y prácticas distintas colisionaron: el primer grupo argumentaba que ellos tenían una autorización (*Genehmigung*) para usar la cancha a esas horas; el otro, encabezado por los organizadores de los torneos de ecuavoley, defendía su postura aludiendo a los años que vienen jugando ellos allí; en ese sentido, documentos y autorizaciones carecen de importancia. Si bien la convivencia de los diversos grupos se mantiene pacífica, en constante interacción y diálogo, eso no evita ciertas desavenencias y nuevas distinciones entre extranjeros. Carlos (ecuatoriano, 34 años), jugador de ecuavoley, articula su malestar debido a la reducción del campo culpando a los refugiados: "Yo pago los impuestos para que estos moros vivan aquí gratis, ¿y ahora nos toca buscar un nuevo lugar?". La percepción de que el uso del parque para realizar sus encuentros se ve amenazado es creciente.

Organización de campeonatos como espacios de información e integración en un contexto transnacional migratorio

Los campeonatos de fútbol 7 y ecuavoley —una variante ecuatoriana de voleibol, donde juegan dos equipos de tres personas con un balón más pesado y con una malla puesta a mayor altura—, datan de aproximadamente hace más de una década en Bonn. Los meses en los que se realizan son los de primavera y verano. La regularidad de dichos eventos depende mucho de las fluctuaciones migratorias. De esa manera, cuentan algunos de los participantes más antiguos, entre fines del siglo pasado e inicios del presente, los campeonatos —organizados en sus inicios por peruanos— convocaban no solo a latinoamericanos de Bonn, sino de otras ciudades como Colonia o Hamburgo, e incluso del extranjero, debido a las redes de información de los migrantes. Sin embargo, la participación en los campeonatos se ve drásticamente reducida, debido a mayores restricciones para la estadía de extranjeros en Alemania, así como por el retorno de muchos latinoamericanos a ciudades de España, atraídos por las facilidades del idioma compartido y una creciente demanda de mano de obra, en especial en el sector de la construcción. Tras las crisis económicas en España e Italia (lugar de destino privilegiado de inmigrantes latinoamericanos), las redes migratorias se reactivaron en dirección a Alemania, lo que condujo a que en los últimos años los torneos sean nuevamente atractivos y sirvan como nudos sociales y de información para la comunidad latinoamericana en Bonn. Actualmente, quienes participan exclusivamente en la organización de los torneos en el Reuterpark son ecuatorianos.

En el 2018 los torneos se han iniciado con gran éxito: entre 10 y 16 equipos de mujeres y hombres han participado en los tres primeros torneos ya organizados desde el mes de abril. La organización no es exclusiva de un solo grupo, sino rotativa. La inscripción por equipo es de 50 euros y las ganancias adquiridas pueden ser usadas para distintos fines, sean estos personales, solidarios (ayudar a algunos compatriotas que pasan apuros económicos o de salud) o colectivos (ayuda social a pueblos de Ecuador).

Debido a conflictos ocurridos anteriormente (en años anteriores se intentó realizar torneos de larga duración durante todo el verano, lo que implicaba la exclusividad de un grupo en la organización), cada equipo participante tiene la potestad de organizar el siguiente torneo de fin de semana. Los equipos que poseen primacía y acceso a mejores recursos son los que tienen más años de residencia y experiencia en la ciudad. Sin embargo, la composición de los equipos y sus fines son heterogéneos: así, existen equipos de participación mixta como Gran América, organizados oficialmente como un club deportivo que participa en la liga de empresas de Bonn (*Betriebsliga*) y, por ende, tienen acceso a mejores recursos. Otros se formaron por vínculos familiares, como los equipos Rompehuesos (hombres) y Sporting 10 (mujeres), conformados por familias que han vivido antes en Madrid. Otros equipos tienen un fin social, como San Alfonso Pepinales, formado por migrantes de Pepinales (Ecuador) y cuyo objetivo es fomentar proyectos de desarrollo en su pueblo (*braingain*). Otros equipos relativamente nuevos, como Inkari, han integrado a jóvenes migrantes de segunda generación que han llegado a la ciudad recientemente. Interesante es observar que aquí participan también jóvenes españoles, conformándose una identidad diaspórica con sentimientos de pertenencia heterogéneos que atraviesan diversos espacios nacionales entre Ecuador, España y Alemania, un espacio que podríamos denominar como "tercer espacio", esto es, en palabras de Ritty Lukose: "A difference situated between the 'here' of the host country and the 'there' of origin, between the 'us' of a dominant community and the 'them' of multiple forms of racialized identification" (Lukose 2007: 410, citado en el estudio sobre jóvenes latinos en Madrid de Dyrness, Sepúlveda 2018: 149).

En las comunicaciones orales y escritas —en forma de invitaciones—, los equipos se llaman asociaciones; sin embargo, en algunos casos no existe alguna inscripción legal. Actualmente se debe consultar con la administración de la Haus der Jugend: se les informa sobre el torneo y se resaltan sobre todo términos como "integración", "sano esparcimiento" y "solidaridad". En muchos casos, se concede el uso de electricidad y otros servicios. Debido al éxito de estos campeonatos, se exige el alquiler de un baño portátil. Además, hay que coordinar con anticipación e informar a los otros grupos que usan regularmente el campo —deportistas de varios países de África y, últimamente, un grupo de refugiados—.

Los torneos dan cabida a procesos de des- y reterritorialización (Appadurai 1996, Gupta/Ferguson 1997), proceso por el cual la especificidad cultural de diversos espacios se transforma por la participación de nuevos actores sociales[1]. Los latinoamericanos residentes en Bonn, durante la organización de los campeonatos deportivos, actualizan temporalmente prácticas y símbolos de los países de origen. De esa manera, la música que impera va de pasillos y bachatas a reguetón; la venta de alcohol y de comida tradicional sucede de manera irregular, pues no se tramita licencia para ello; así, se ofrecen guatita, hornado y ceviche, también llegan algunos bolivianos a vender salteñas y colombianos ofrecen arepas. Otra práctica que hemos observado es la organización de apuestas, vinculadas sobre todo al ecuavoley, cuyas reglas son dinámicas y adaptables al sistema de apuestas. Bajo este contexto de prácticas y símbolos, si bien existe un ambiente de confraternidad, se reactivan en las conversaciones nuevamente categorías y etiquetas identitarias propias de los países de origen: *guayaco, longuito, paisa, perucho* son formas de diferenciar a los participantes. Para los más jóvenes, sin embargo, estas categorías carecen de sentido debido a que han crecido en ciudades de España o Italia. El proceso de reterritorialización queda manifestado en lo que Marcelo, procedente de Ambato, comenta en una entrevista: "Doblas por la Reuterstraße, buscas dónde estacionar, alguien

---

[1] "[D]eterritorialization has destabilized the fixity of 'ourselves' and 'others.' But it has not thereby created subjects who are free-floating monads [...]. Instead of stopping with the notion of deterritorialization, [...] we need to theorize how space is being reterritorialized in the contemporary world" (Gupta/Ferguson 1997: 50).

te amonesta en alemán por no haber dado señal, bajas tras los arbustos y de pronto ya estás en un barrio de Chillogallo[2]".

La participación en los torneos deportivos es esencial para el desarrollo de las redes transnacionales de inmigrantes latinoamericanos en Bonn. No solo porque ofrece la posibilidad de hacer deporte, sino también porque permite el acceso a un espacio para la búsqueda de información sobre nuevos puestos de trabajo, vivienda o servicios necesarios a bajo costo. También personas con una situación legal irregular buscan apoyo e información en los compatriotas asentados que acuden al parque. Asimismo, se hace más viable la aclimatación de los nuevos jóvenes migrantes a la ciudad. Debido a que estos campeonatos están caracterizados por prácticas económicas informales, la elección del espacio es fundamental para su éxito o fracaso.

Torneos de fútbol y nuevas prácticas de ciudadanía

Las disputas en torno al Reuterpark revelan la falta de agencia de los inmigrantes en la toma de decisiones que los vinculen a la ciudad. Mientras que las obligaciones y problemas sociales afectan a cuantos residen en ella, la plenitud de derechos se reserva a una parte de la población, siendo el resto sujetos pasivos de los procesos políticos y comunales de toma de decisiones. El fenómeno migratorio revela los límites de la igualdad cívica y del carácter incluyente de ciudadanía. A partir de esta premisa, y en relación a las propuestas de Appadurai y Holston, diferenciamos dos formas de ciudadanía: una formal —vinculada a la pertenencia a un Estado nación y una serie de deberes y derechos correspondientes— y una sustancial —entendida como un conjunto de acciones participativas, luchas y discursos para acceder a recursos públicos, sean estos sociales, educativos, políticos o económicos—, que no solo compete a los inmigrantes, sino también a sectores marginalizados de la propia sociedad: "In other words, formal membership in the nation-state is increasingly neither a necessary nor a sufficient condition for substantive citizenship. That it is not sufficient is obvious for many poor citizens who have formal membership in the state but who are excluded in fact or law from enjoying the rights of citizenship and participating effectively in its organization" (Holston/Appadurai 1996: 190).

Si bien, en muchas entrevistas, los organizadores anhelan acceder al plano de la formalidad tanto individual (muchos de ellos trabajan informalmente en la gastronomía o en el sector de servicios de limpieza), como colectiva (tener algún día su propia sede deportiva y cultural), reconocen las ventajas de las

---

[2] Cono popular urbano ubicado al sur del área metropolitana de Quito.

prácticas informales, puesto que permiten mayor dinamismo y adaptabilidad ante posibles coyunturas económicas y políticas negativas: "Thus, people tend to perceive them [the exclusive rights of citizens] more as burdens than as rights" (Holston/Appadurai 1996: 192).

Cuando las preguntas van dirigidas a saber por qué continúan con la organización de estos campeonatos, teniendo en cuenta que ello implica tiempo y esfuerzo, uno de los aspectos que siempre se resalta es la necesidad de reconocimiento en algún ámbito de la sociedad. La mayoría de los participantes trabajan en el sector de servicios: asisten a ancianos, limpian oficinas y casas, realizan mudanzas, trabajan en cocina, etc. Ellos formulan conscientemente que el suyo es un trabajo desgastante, duro y anónimo. La falta de reconocimiento social se ve contrastada con la satisfacción vivida en los campeonatos. María (36, ecuatoriana) lo expresa de esta manera: "A veces nos toca horario de sábados, madre mía, tengo ese día que trabajar rapidito y, aunque termine con la espalda molida, igual vengo a entrenar si tenemos que jugar al día siguiente. A veces me ha tocado irme antes de tiempo y, si el supervisor regaña, qué más da, con lo que recibo allí".

El sentimiento de lealtad y pertenencia a Alemania vacila entre frustración y gratitud, dependiendo del tiempo de estadía como de las perspectivas a corto o mediano plazo en el país. La organización de estos eventos posibilita entonces una forma de integración social, entendida como la experiencia de pertenencia, tanto al grupo referencial (otros latinoamericanos con una primera experiencia migratoria en España o Italia), como a la ciudad de Bonn. Durante los campeonatos, el sentimiento de pertenencia crece, ofreciéndole a los migrantes posibilidades para acumular capital social en forma de relaciones colectivas que no solo llenan una necesidad identitaria y de reconocimiento, sino que los insertan como sujetos activos en una red de información y trabajo que posibilita el éxito del grupo, confirmándose así prácticas que desafían una concepción normativa de ciudadanía (Jansen 2003). Las prácticas realizadas en el Reuterpark atraviesan entonces diversas dimensiones (Granero 2013), que van de lo económico y social, a través de estrategias de acumulación de capital de forma informal, mas organizada; pasando por lo jurídico, en la medida que se accede a información concreta en el caso de regularización de documentación; lo político, al hacer factible el uso del espacio público a través de las asociaciones culturales y deportivas; y, finalmente, lo étnico-identitario, con la reterritorialización del parque con objetos, prácticas y símbolos que performativamente los afirman como colectividad.

Esto explica la continuidad de los campeonatos de fútbol y ecuavoley, nosotros lo definimos como prácticas performativas de ciudadanía, debido a que, a través de una activa participación colectiva, encuentran formas de acceder en la ciudad a bienes materiales y sociales, así como a reconocimientos subjetivos; estas prácticas los hacen conscientes del derecho que poseen a dichos espacios, a pesar de las diferencias jurídicas, sociales o económicas.

Conclusión

Los torneos deportivos, en un primer nivel, son prácticas de recreación que permiten a los latinoamericanos encontrarse entre ellos, reactualizando así pertenencias identitarias. En un segundo plano, dichos eventos son necesarios para el desarrollo de redes sociales de información, fundamentales, por ejemplo, para la adecuación de nuevos inmigrantes en la ciudad. Por último, los torneos deportivos ofrecen alternativas económicas, puesto que les permiten a muchos una fuente de dinero extra a través de la venta de comida, alcohol y la organización de apuestas. Los torneos ofrecen también a los organizadores acumular capital social, que articula lo individual con lo colectivo. Condición necesaria de dichos eventos es el uso de espacios públicos. Nuestra hipótesis es que, debido a la vigencia de prácticas económicas informales en los torneos, los inmigrantes buscan espacios que no tengan un significado y uso central en la red de espacios públicos de la ciudad. Por ello, el campo que ofrece el Reuterpark es especial para el desarrollo de dichos eventos: planteamos que dicho lugar puede ser catalogado como un *empty space*, en el sentido que no cumple un rol relevante como lugar de encuentro para otros vecinos de la ciudad, lo que complicaría su uso. Sin embargo, su disponibilidad no es estable y siempre es objeto de negociación con otros grupos en la ciudad.

La organización y realización de los campeonatos de ecuavoley y fútbol 7 juegan un rol importante también en el plano subjetivo. Dichos encuentros les permiten un reconocimiento social a inmigrantes latinoamericanos a través de su participación activa; ese reconocimiento que normalmente no adquieren en los ámbitos laborales y citadinos en Bonn, donde un gran número de ellos realiza trabajos de ardua exigencia física y poca remuneración, esto se puede rastrear en su propia percepción del trabajo (descrito como trabajo duro o, incluso, trabajo sucio). De esta manera, este entramado de interacciones sociales y la apropiación y reterritorialización del espacio público representan una forma de ejercicio performativo de ciudadanía, esencial para el empoderamiento de inmigrantes. Resulta crucial saber cuál será el destino de estos eventos: el gobierno local de la ciudad ha decidido en estos días la transformación del recinto deportivo en un parque recreativo; la iniciativa ciudadana llamada "un lugar para todos" (*Ein Platz für alle*)[3], que derivará en la construcción de un nuevo parque, empezará en 2019. Con ello, se inicia un reto para el grupo

---

[3] El estado actual del proyecto "Ein Platz für Alle" (un lugar para todos) en el Reuterpark se puede encontrar en el siguiente enlace: <https://www.bonn-macht-mit.de/dialoge/reuterpark-ein-platz-f%C3%BCr-alle> (18.10.2020).

de migrantes latinoamericanos de hallar un nuevo lugar de encuentro, donde poder realizar sus prácticas sociales colectivas de manera efectiva.

Bibliografía

Appadurai, Arjun (1996): *Modernity at Large. Cultural Dimensions of Globalization*. Minneapolis: University of Minnesota Press.

Aramburu, Mikel (2008b): "Usos y significados del espacio público", en *ACE@ Arquitectura, Ciudad y Entorno*, Año III, n° 8, pp. 143-151.

Bauman, Zygmunt (2003): *Flüchtige Moderne*. Frankfurt am Main: Suhrkamp.

Certeau, Michel de (1984): *The Practice of Everyday Life*. Los Angeles: University of California Press.

Dyrness, Andrea/Sepúlveda, Enrique (2018): "Between 'Here' and 'There'. Transnational Latino/a Youth in Madrid", en Mark Overmyer-Velázquez/Enrique Sepúlveda (eds.). *Global Latin(o) Americanos. Transoceanic Diasporas and Regional Migrations*. New York: Oxford University Press, pp. 139-161.

Granero, María (2013): "Ciudadanía y migración: un debate abierto", en *Revista Direitos Humanos F. Democracia*, vol. 1, n° 2, pp. 269-292.

Gupta, Akhil/Ferguson, James (1997): "Beyond 'Culture': Space, Identity, and the Politics of Difference", en Akhil Gupta/James Ferguson (eds.): *Culture, Power, Place. Explorations in Critical Anthropology*. Durham: Duke University Press, pp. 33-51.

Holston, James/Appadurai, Arjun (1996): "Cities and Citizenship", en *Public Culture*, vol. 8, n° 2, pp. 187-204.

Jansen, Dorothea (2003): *Einführung in die Netzwerkanalyse*. Opladen: Leske + Budrich.

Kociatkiewicz, Jerz/Kostera, Monika (1999): "The anthropology of empty spaces", en *Qualitative Sociology*, vol. 22, n° 1, pp. 37-50.

Sitios web y periódicos

Aramburu, Mikel (2008a): "Inmigración y usos del espacio público", en *Los Monográficos de B.MM*, n° 6. <https://upcommons.upc.edu/bitstream/handle/2099/6586/ACE_8_SE_26.pdf?sequenc> (19-11-2020).

Generalanzeiger Bonn (2015): <http://www.general-anzeiger-bonn.de/bonn/stadt-bonn/Der-Reuterpark-soll-sch%C3%B6ner-werden-article1647278.html> (10-05-2018).

Generalanzeiger Bonn (2018): <http://www.general-anzeiger-bonn.de/bonn/stadt-bonn/So-leben-Fl%C3%BCchtlinge-in-Bonn-in-Containern-article3805349.html> (10-05-2018).

Experiencias itinerantes: territorios, fronteras y disputas de una *barra* argentina en movimiento

Nicolás Cabrera

Si de "barras bravas"[1] se trata, hay una simplificación que merodea la temática: me refiero al reduccionismo que las piensa como fósiles anclados en la tribuna. En esta visión, poco se dice sobre las dinámicas, flujos, desplazamientos y fronteras por las que estos colectivos transitan en aquel devenir cotidiano alejado de los estadios futboleros. En una investigación como la que enmarca el presente texto, que pretende abordar los procesos de adhesión individual y formación colectiva de una *barra* argentina, resulta imprescindible poner el foco en las experiencias ocurridas fuera de las tribunas de fútbol. Comprender el proceso de formación social de un colectivo tan complejo como las *barras* exige una lectura dinámica. No solo hay que trazar múltiples temporalidades, además, se impone la tarea de acompañar la cotidianeidad itinerante de un grupo que se construye en movimiento. Solo desde la ingenuidad o la necedad podría negarse la centralidad que tienen los partidos de su equipo para una *barra* de fútbol, pero su importancia simbólica, emotiva y moral debe ser leída desde una perspectiva relacional que contextualice tal evento en función de otros que también son constitutivos de un colectivo en permanente tránsito.

Este trabajo se centra en las experiencias itinerantes de los miembros de la *barra* del Club Atlético Belgrano de Córdoba, autodenominada *Los Piratas*[2]. Para dar cuenta de sus desplazamientos, me centraré en la experiencia de *viajar*.

---

[1] A lo largo del trabajo utilizaré como sinónimos las nociones nativas de *barra* o *Los Piratas*, con las cuales nuestros interlocutores se autoidentifican. Preferimos recurrir a esta terminología en reemplazo de la categoría mediática y estigmatizante de "barra brava". Todas las categorías nativas se transcriben en *cursivas*.

[2] Mi trabajo de campo consistió en una aproximación etnográfica desarrollada entre el 2010 y el 2015, con un receso anual durante el 2013. Allí acompañé y registré —mediante observación participante y entrevistas semiestructuradas— las experiencias de los miembros de la *barra* de Belgrano tanto cuando acompañaban al equipo profesional de fútbol los días de competición como en algunas situaciones cotidianas que no tenían "la cancha" como epicentro: reuniones semanales de la barra, salidas nocturnas, partidos de fútbol, visitas a los domicilios particulares, entre otros. También se apeló a fuentes secundarias como recortes de la prensa gráfica, registros fotográficos y datos estadísticos.

Se trata de una de las vivencias nodales que explican el carácter dinámico tanto de la formación social de la *barra* como de los procesos de adhesión de sus miembros, pues es *viajando*, además de *peleando*, que *Los Piratas* se constituyen como tales. Los *viajes*, tradicionalmente, son los traslados territoriales organizados, principalmente en ómnibus, que *la barra* realiza para acompañar a su equipo cuando juega como *visitante* en estadios localizados en otras ciudades o provincias. No obstante, a lo largo del texto veremos que, desde la prohibición al público visitante en el fútbol argentino, al modo tradicional de *seguir a Belgrano* cuando juega *afuera*, se le suman otras maneras de *viajar*.

Gastón Gil, en su etnografía de *la barra* del Club Atlético Aldosivi de Mar del Plata, entiende que "*los viajes* resumen varios de los aspectos más relevantes de las identidades de los hinchas de la *hinchada*" (Gil 2007: 31). Si, por un lado, Gil nos alerta de la importancia emic del *viajar*, por otro lado, Clifford James nos invita a pensar "los viajes" como "metáfora y categoría" (Gil 2007: 34). El antropólogo norteamericano sostiene que, en la disciplina antropológica, subsiste la idea de concebir el trabajo de campo como "una suerte especial de residencia localizada" (Gil 2007: 34). Durante el siglo XX la antropología fue distanciándose de la idea del "viaje" para pensar en y desde campos delimitados y fijos. Como consecuencia, según Clifford James, la etnografía "pasó a priorizar las relaciones de residencia por sobre las relaciones de viaje", el "estar allí" por sobre el "llegar allí" (Gil 2007: 36). De lo que se trata no es de invertir la operación, sino, más bien, de reconstruir las "mediaciones concretas" que nuestros interlocutores trazan en tanto "nativos" y "viajantes" (Gil 2007: 36), pues ambas son constitutivas de las experiencias cotidianas que aquí nos convocan.

Finalmente apuntamos a la noción de *viaje* como recurso metodológico. Estos nos permiten, a los antropólogos, compartir largas horas con nuestros interlocutores, alimentar una mutua confianza, conocer nuevas personas y acceder a prácticas que de otra forma estarían vedadas a nuestra curiosidad. Cambian el modo y el contexto en el que nos relacionamos con nuestros interlocutores, por eso son otros los datos —en relación a la entrevista, por ejemplo— que construimos en nuestra interacción con ellos. Además, los *viajes* permiten que se modifique la experiencia habitual del campo como un espacio físico fijo. Importan los desplazamientos y las fronteras, los escenarios y las temporalidades, las posibilidades y los límites de un "objeto" itinerante. Voy a pensar en los *viajes*, entonces, como categoría nativa, metáfora analítica y recurso metodológico. En consecuencia, el texto se estructura en torno a cuatro tipos de *viajes* que *Los Piratas* protagonizan: a) barriales; b) provinciales; c) de *infiltrados;* d) de anfitriones y huéspedes.

Viajes barriales

Desde su nacimiento en 1968 hasta el día de hoy, la *barra* de Belgrano llega caminando a su estadio. El ritual suele replicarse cuando se juega *de visitante* contra un competidor de la misma ciudad. Las rivalidades cordobesas son codificadas en clave barrial. Cuando se juega el clásico cordobés de mayor relevancia, Belgrano contra Talleres, también se enfrentan sus respectivos barrios, Alberdi contra Barrio Jardín. Para entender el significado que *el barrio* tiene en el imaginario del fútbol argentino hay que comprender su proceso de popularización (Frydenberg 2011). Desde las décadas del veinte y el treinta —en el preámbulo de la profesionalización del fútbol— ningún club puede jactarse de no tener su estadio y su barrio: *su casa*. El caso contrario implica una deshonra fácilmente devenida en burla. Esta característica fue diagramando una cartografía futbolera donde cada barrio tiene un color. En cada *caminata* que los hinchas hacen para *seguir a su equipo*, se adentran en la riesgosa aventura de quien se sabe invasor de un territorio que no le pertenece. Y es que el camino por el que los sectores populares masculinos se apropian del fútbol ha tenido como condición necesaria la "barrialización" de las identificaciones que se defienden. En este contexto, el *barrio* propio se protege, se custodia, se presenta como amenazante. Y el barrio ajeno se invade, se conquista, *se copa*. Los territorios son botines simbólicos en permanente disputa dentro de una cartografía estructurada por una lógica bélica. Algunos de los cánticos que *Los Piratas* entonan en esas itinerancias urbanas dicen:

A	B	C	D
Soy del barrio de Alberdi, me gusta el *rock and roll*, Soy del barrio de Alberdi, de la droga y el alcohol. Si nos dicen bolivianos, tiene una explicación, de Bolivia traemos la droga para el descontrol. Dicen q somos bolivianos, que vendemos limones, pero peor es ser gallina, pecho frío y cagones. Que yo vivo en una villa, vos no estás equivocado, con el porro y con la pala, yo te sigo a todos lados.	Alberdi, Alberdi es una joda, vino puta y droga, es un descontrol.	Esta es la primera barra, se la aguanta de verdad, el que tenga alguna duda, que nos venga a buscar.	En Jardín Espinoza viven los putos de Talleres, para Alberdi nunca van, porque les tiembla la pera, ayayay, vos corres como corre central.

Ser de Alberdi para los miembros de la *barra* es tener *aguante* (Alabarces/ Garriga/Moreira 2008). En las canciones "A" y "B" el binomio *Alberdi- aguante* aparece referido a ciertos consumos: rock, alcohol y drogas (la cocaína se dice *pala* y la marihuana *porro* o *chala*). Alberdi es representado como un territorio donde la discontinuidad entre legalidad y legitimidad es la norma. Las transgresiones al orden normativo jurídico —traficar o consumir drogas, por ejemplo— aparecen como prácticas legítimas y cotidianas del paisaje barrial. Ellas sirven para ponderar la noción del *descontrol*. En la canción "C" la proclamación de *aguante* se torna amenaza. Este cántico es uno de los más comunes a la hora de llegar a un barrio ajeno.

En la canción "D" Alberdi se presenta como terreno peligroso y temeroso para las distintas alteridades. Para la barra de Belgrano, las otredades no pueden ni quieren entrar al barrio. La falta de valentía, honor, coraje y bravura necesarios, expresada en las nociones nativas *tiembla la pera*, *pecho frío*, *gallinas* y *cagones*, no solo diferencia, también jerarquiza. Los rivales se denigran en el mismo gesto que se subalternizan. Las operaciones simbólicas para ello son la desmasculinización —*putos*—, y animalización —*gallinas*—. Una barrera de género en su sentido más amplio: un género sexualizado y un género de especie. La metáfora concluye con una extensión semántica de la simbolización que se hace sobre Talleres al resto de las alteridades (*la federal* y *central*)[3].

Apelando a Goffman (1998) podemos afirmar que la barra traduce en signos de prestigio ciertos estigmas que pesan sobre el barrio. Alberdi es uno de los enclaves urbanos que concentra la mayor cantidad de inmigrantes bolivianos y peruanos de la ciudad de Córdoba. La xenofobia, el racismo y el sociocentrismo, componentes estructurales en el campo del fútbol argentino, sumados a las características demográficas y socio-económicas del barrio de Alberdi, han hecho que la hinchada de Belgrano sea *etiquetada* despectivamente como *bolivianos*, *bolitas*, *sucios* o *villeros*[4]. *Los Piratas* retoman aquellos estigmas y los positivizan, en sintonía con sus moralidades y sensibilidades. La presencia de *bolivianos* y *peruanos* sería representativa de una masiva circulación y comercialización de

---

[3] "Federal" hace referencia a la policía federal y "central" al Club Atlético Rosario Central de la ciudad de Rosario.

[4] No parece haber grandes diferencias entre la composición socio-económica de la hinchada de Talleres y la de Belgrano. Al tratarse de los clubes más masivos de Córdoba, en ambas hinchadas convergen sujetos de distintos barrios populares de la ciudad de Córdoba. Pero la diferencia es que la hinchada de Talleres se autorreferencia con el barrio Jardín Espinoza, donde está su estadio. Este último barrio contrasta radicalmente con Alberdi, ya que es un barrio de clase media-alta que no posee importantes contingentes de migrantes limítrofes. Con ese trasfondo sociológico debe leerse la siguiente canción que la hinchada de Talleres suele entonar: "Que feo es ser pirata Boliviano / que en una villa tiene que vivir. / Tu hermana revolea la cartera, / tu vieja chupa pija por ahí. / Belgrano... / Belgrano... / Belgrano... / Belgrano no lo pienses más, / andate a vivir a Bolivia, / toda tu familia está allá".

drogas que impera en Alberdi, lo que lleva a amplificar la representación de un barrio *descontrolado* en el que se vive de *joda* y *de la cabeza*. Además, el hecho de imaginar al barrio como una *villa* parece buscar un incremento de la peligrosidad asociada al barrio. En resumen, hay una inversión del estigma que no deja de reproducir las mayores discriminaciones que pesan sobre el barrio: la de los inmigrantes como un elemento ligado al tráfico de drogas y la de los pobres como responsables de la delincuencia. Resignificar no siempre es subvertir.

Finalmente, resta decir que, para *Los Piratas*, las *caminatas* son verdaderos desfiles de poder. No solo exponen la autoridad de un colectivo que se abre paso entre el resto de los hinchas, policías, autos particulares o servicio público de transporte, y que, además, impone desafíos explícitos a los contrincantes, mostrando una ruidosa invasión del territorio ajeno —*entramos caminando y no pasó nada*, suelen cantar—. También desnuda la dinámica interna de una organización siempre oscilante entre principios igualitaristas y jerárquicos. Si, por un lado, podríamos pensar en el carácter igualador que da la horizontalidad del asfalto, también podemos registrar asimetrías en los lugares ocupados durante la caminata. Siempre, sin lugar a excepcionalidades, la columna de *Los Piratas* es encabezada por su jefe histórico, conocido como El Loco Tito. A sus costados están los que se conocen como *la primera línea*, las personas de mayor confianza del líder y mejores *rankeados* en la jerarquía interna. Atrás, como centro y retaguardia, suelen ir el resto de los *pibes*, más preocupados en poner la *fiesta* y el *carnaval* a una caminata en la que el silencio es ofensivo.

Viajes provinciales

En 1968 Belgrano ganó el torneo regional y se clasificó, por primera vez, en los torneos nacionales. Ese mismo año nacieron *Los Piratas*. Una de las razones era la necesidad de organizarse para *seguir a Belgrano* por lo largo y lo ancho del país. Hasta el día de hoy *la barra* de Belgrano *viaja* a otras provincias en trayectos que pueden durar entre cincos horas a dieciocho. En estos *viajes* se ponen en juego disputas regionales. Las rivalidades deportivas son leídas como enemistades provinciales. Se repite la lógica polar y bélica —machista, xenófoba, animalizante, aguantadora— de los viajes barriales, solo que ahora las fronteras se desplazan junto con los barras. Cuando acompañé a *Los Piratas* hasta la provincia de Santa Fe en el partido disputado contra Colón, mientras caminábamos desde los micro hasta el estadio, se cantaba: *Hola Colón, qué tal cómo te va, es el pirata que te viene a visitar. Aguante no tenés, ya lo sabés , vos sos la hinchada más puta de Santa Fe.*

Los viajes provinciales también trazan otras fronteras, son mediciones que ponen a prueba el *verdadero sentimiento* por Belgrano: *Yo no soy como esos que se quedan en casa/ escuchando la radio para ver que lo que pasa./ Yo soy hincha de Belgrano y no me cabe ninguna./ Si me andan buscando miren la tribuna./ Miren a la tribuna.* Se canta en los colectivos que trasladan a *Los Piratas* por todo el país. El mismo cántico delimita entre los *que se quedan en casa* y los que se van *a la tribuna.* La diferencia deviene jerarquía cuando se sobrentiende que los segundos son los "verdaderos" *hinchas de Belgrano.* En esa especie de *ranking* de hinchas de Belgrano viajeros, la *barra* lidera con comodidad. Nadie recuerda algún partido oficial, sin la prohibición del público visitante, en que la *barra* no estuviese representada por algunos de sus miembros. Sería inadmisible para *Los Piratas* no estar presentes en un partido de Belgrano; no ocurre lo mismo con otras organizaciones de hinchas del Belgrano[5].

Hay un último nivel a considerar, pues no quiero reducir la densidad analítica de los viajes a los procesos identitarios o las clasificaciones sociales. Los *viajes* también son relevantes en tanto experiencias sensitivas. Los límites cruzados no solo son geográficos, ni siquiera exclusivamente identitarios. Los desplazamientos espacio-temporales de los hinchas también son corrimientos cognitivos y emocionales. Cada escenario parece llevar inscripto un "código-território" (Perlongher 1987: 121) que prescribe comportamientos y sentimientos. Así como Perlongher vio que "a diferenciação territorial também implica diversos 'tipos' de prostitutos" (Perlongher 1987: 120), nosotros podemos afirmar que el tránsito por diferentes espacios, momentos y fronteras también implica una pluralización de los "tipos" de barras. Los miembros de *Los Piratas* van moviéndose junto a sus "nomenclaturas classificatorias" (Perlongher 1987: 152), que siempre son relacionales, contextuales y dinámicas. Son desplazamientos donde también se ponen en juego "mobilizações moleculares, no nível das sensações dos corpos" (Perlongher 1987). Cada momento del viaje propone diferentes estados emocionales: desde las primeras y sosegadas horas matinales hasta el eufórico y convulsionado ingreso al estadio. El cómo comportarse y el qué sentir siempre resulta de un complejo balance entre procesos sedimentados de larga duración y ajustes o definiciones de situaciones contextuales e inmediatas. A *Los Piratas* también los enlazan sentimientos mutuos. Sin embargo, la demostración de esos afectos siempre parece estar subordinada al contexto de interacción.

---

[5] Aunque no tengan tanta visibilidad, es importante resaltar que *Los Piratas* no son el único grupo de hinchas de Belgrano organizados, aunque solo ellos se autoidentifican como *barra.* Las Filiales, la subcomisión del socio y otras agrupaciones como La 17, La Banda de los Trapos, La Orgaz, La Banda del Medio, Amas Belgrano, entre otros, son algunos de los colectivos de hinchas organizados que frecuentan el club. La directiva del Belgrano organiza reuniones periódicas con estos grupos —no así con la *barra*— en un espacio llamado la multisectorial de las agrupaciones.

Por último, cabe resaltar que *los viajes* dinamizan una economía política que estructura la barra. Cada viaje tiene un costo: están los que pagan y los que cobran. Y no todos dan y reciben los mismos valores. En *Los Piratas* existe un acople entre desigualdades materiales y distinciones simbólicas. Mientras la punta de la pirámide usufructúa de un excedente socialmente producido, la base de la pirámide gasta más de lo que recupera. Esta suma de saldo negativo no quiere decir que *los pibes* no encuentren en la economía de la barra un seductor sistema de compensaciones. La economía informal de la barra siempre ofrece mejores precios que cualquier otro transporte de la economía legal —además de incluir la entrada a los partidos—. En muchos testimonios de *barras* pertenecientes a los sectores populares de la sociedad cordobesa, el ritual de *viajar siguiendo a Belgrano* viene acompañado de la experiencia de *conocer el país*, o incluso, *salir de él* —como sucedió cuando Belgrano jugó en Brasil o en Chile—. Lo que quiero decir es que esa economía informal de la barra, al mismo tiempo que reproduce desigualdades, posibilita compensaciones.

Viajes de infiltrados

La prohibición en los estadios del público visitante por "razones de seguridad" —en el ascenso desde el 2007 y en la primera división desde el 2013—, frente a la escalada de violencia, modifica sustancialmente las dinámicas de las *barras* argentinas, ya que queda relativamente suprimida la posibilidad de *viajar*. Digo "relativamente" porque las *barras* nunca dejaron de *seguir a su equipo de visitante*. Por un lado, porque la prohibición no es absoluta. Hay muchos partidos que todavía se disputan con las dos hinchadas: amistosos, clásicos de verano, Copa Argentina y torneos internacionales. Pero fundamentalmente porque, aun vedadas, las *barras* siguen *viajando*. Lo que produce la prohibición del público visitante es la reconfiguración de la experiencia de *viajar*: una ley prohibitiva no extingue una práctica sedimentada por décadas, obliga a ajustes.

Los Piratas transgreden la prohibición al público visitante en nombre de *la pasión*. La ley del hincha está por encima de la norma jurídica. Cuando se trata de pocos barras que se lanzan a *seguir a Belgrano viajan* como *infiltrados*. Es decir, están mezclados entre los hinchas del equipo local, intentando disimular su condición de hinchas de Belgrano. En este caso, suelen ser miembros de la *barra* que viajan con dos, tres o cinco personas más. A veces son promesas planeadas con tiempo, en otras oportunidades son simples arrebatos espontáneos. Lo más común es que vayan en autos propios y con entradas gestionadas en el club, compradas en la reventa del estadio local o a través de Tito, que con su interminable lista de *contactos* siempre tiene alguien a quien llamar. Aunque durante el partido camuflen sus adhesiones, posteriormente publican el *viaje* en las redes sociales. La *selfie* con el ojo tapado de pirata ya es un clásico de los *infiltrados* celestes.

Manu es un *barra* de Belgrano que siempre viaja de *infiltrado*. Sostiene que *sigue a su equipo* por muchas razones y de diferentes formas. Le gusta *verlo jugar*, algo que la mayoría de los miembros de *Los Piratas* no hacen cuando Belgrano juega de local, ya que están preocupados por *alentar* o *tocar* los instrumentos. Hay un goce en el acto de presenciar fútbol, aunque se diga que el resultado es anecdótico. Pero, además, Manu *viaja* para *aprender cosas* sobre las *tribunas*. Para *tomar lo bueno y dejar lo malo de la gente que lo vive* como él. Y es que la mayoría de los *barras* son críticos agudos del desempeño que cada hinchada tiene en su tribuna. Siempre están comentando sobre canciones, banderas, ritmos, salidas o bombos. Las tribunas son espejos donde las barras se comparan. Obviamente, suelen ser muy ligeros para los elogios propios y los defectos ajenos, pero eso no impide que, en determinados casos, haya profundas autocríticas o felicitaciones a terceros. Ambos registros, entonces, el partido y la tribuna, parecen mezclarse en el testimonio de Manu. Cuando lo escucho hablar me remite a un jugador de fútbol que hace de la tribuna un partido donde hay que *mejorar cosas y no cometer errores*. Resuena una idea que es un lugar común a la hora de hablar de las *barras* argentinas, pero no por eso deja de ser menos verdadero: *Los Piratas* replican en las tribunas la competencia que se disputa en el campo de juego. Hay una *performance* de banderas, cantos, silencios, silbidos, ritmos o coreografías a partir de la cual los hinchas participan activamente del espectáculo deportivo.

Viajes de anfitriones y huéspedes

La otra modalidad son *viajes* que se hacen tras un acuerdo previo entre las *barras* de los dos equipos que van a jugar. Estos *viajes* suelen ser en *traffic*, donde se embarca *la primera línea*, con Tito incluido. La invitación no es para cualquiera. Generalmente *la barra* que está de *local recibe* a la *visitante* con asado, bebida y entradas. Una generosidad que obliga, pues se espera una futura inversión de roles cuando los mismos equipos jueguen en Córdoba. A diferencia de *viajar infiltrados*, en los encuentros de *barras* no se esconde la identidad provincial o la pasión por el club, pero sí se regula. Y es que, en estos casos, las dos *barras* presencian el partido juntas en la tribuna local, lo que exige un comportamiento particular del *visitante*. Se trata de *respetar a quien te abre las puertas de su casa*. Al igual que en la modalidad anterior, son experiencias dignas de fotografiar para compartir en las redes sociales, pues, ¿de qué sirve arrogarse ser los verdaderos hinchas de Belgrano si no se presentan pruebas?

Esta forma de viajar incluye un sistema de derechos y obligaciones que Manu describe como *códigos de barras*. Se trata de un pacto de no agresión por el que las viejas rivalidades, o se esfuman, o se ponen entre paréntesis en pos de *seguir al equipo* que cada uno representa. Es un intercambio recíproco de dones mediado por un *respeto* territorial entre anfitriones y huéspedes. Está lejos de ser un fenómeno totalmente nuevo, pues la *amistad* entre barras diferentes tiene una larga lista de ejemplos. Verónica Moreira ya lo expuso de manera rigurosa y creativa con la barra de Independiente (Moreira 2001). Pero esta vieja tradición de *recibir barras amigas* antiguamente se reducía a unos pocos casos que respondían al síndrome de Beduino[6] (Moreira 2001). Hoy, el mapa de las rivalidades se ha trastocado sustancialmente. El síndrome de Beduino no desaparece, se suspende momentáneamente.

Para que tal proceso sea posible operan, al menos, dos factores: el primero ya lo hemos mencionado, la prohibición del público visitante. La ley ha tenido efectos colaterales paradójicos en relación a la violencia: si, por un lado, la aumenta incrementando los conflictos entre hinchas del mismo equipo o creando la figura del "infiltrado", por el otro lado refuerza viejas *amistades* entre barras, al mismo tiempo que posibilita otras. Lo cierto es que hoy, entre asados, vinos y camuflaje neutral se dan "ritos de comensalidad" (Moreira 2001: 91) entre viejos enemigos que se estrechan manos para continuar *viajando*. Con la prohibición vigente, se torna imprescindible un cordial recibimiento, con previo aviso y organización, de la *barra local* hacia la *visitante* para poder "burlar" la proscripción. Y solo sabiéndose comportar en la *casa* ajena el trueque sobrevive en el tiempo. Una gentileza que obliga para perdurar. En un intercambio entre *dueños de casa* e *invitados*, sobre territorios propios y extraños, las *barras* argentinas dan y reciben, entre ellas, lo que esperan del resto: *respeto*. Como bien lo expresa Pitt-Rivers en su trabajo sobre las comunidades mediterráneas: "Un anfitrión lo es sólo en el territorio sobre el que en una ocasión determinada tenga derechos a la autoridad. Fuera de él no puede mantener su papel [...]. [El huésped] contra el derecho y la obligación de devolver la hospitalidad en el futuro en territorio en que tenga derecho a la autoridad. Así la reciprocidad entre anfitrión y huésped se transpone en una secuencia temporal y una alternancia espacial en que los papeles se invierten" (Moreira 2001: 99). Los *códigos* que menciona Manu son los del anfitrión y el huésped, una relación que, al mismo tiempo que refuerza las identidades territoriales, permite cruzarlas.

El segundo factor que dinamizó un acuerdo generalizado de no agresión entre las *barras* y que hasta hoy permite que ellas sigan *viajando de visitante*, fue la

---

[6] El amigo de un amigo es un amigo, el enemigo de un enemigo es un amigo; el amigo de un enemigo es un enemigo; el enemigo de un amigo es un enemigo.

experiencia de Hinchadas Unidas Argentinas (HUA)[7]. Aquella aventura One-geista, hoy extinta, significó un acuerdo explícito entre más de cuarenta *barras* de diferentes categorías y provincias para, según dijo su creador Marcelo Mallo, erradicar la violencia en el fútbol, acompañar a la selección argentina y trabajar políticamente para el gobierno kirchnerista que estaba en el poder. Lo más importante sobre la experiencia de HUA, a los fines del presente apartado, fueron las vivencias en torno al Mundial de Sudáfrica 2010. La idea de *acompañar a la selección argentina* como la *hinchada oficial* implicaba para los *barras* hacer lo mismo que hacen con su equipo: organizarse colectivamente y gestionar los recursos necesarios para *viajar* adonde la selección juegue. Una vez conseguido lo imprescindible, cada *barra* escogía a sus representantes que iban a *viajar* a Sudáfrica. Una vez allí, convivieron, por semanas, cantando a favor de *Argentina*, las *Malvinas, Maradona* o la *selección* y en contra de los *chilenos* y los *ingleses*. En varios videos se puede ver a HUA cantando, en Sudáfrica, *Esta es la banda loca de la Argentina, / la que de las Malvinas nunca se olvida./ La que deja la vida por los colores, / la que le pide huevos a los jugadores / para ser campeones.* Finalmente, hubo una última experiencia que afianzó solidaridades entre *barras* diferentes. Varios de ellos, entre los que se cuentan los de Belgrano, fueron detenidos en Sudáfrica para después ser deportados. Según varios miembros de la *barra*, la vivencia de estar preso en un país extraño, de lengua incomprensible para muchos de ellos, alejados de la familia y con un futuro inmediato incierto, reforzó solidaridades y amistades.

La existencia de HUA incluyó un proceso por el que los *referentes* de las *barras* de cada equipo empezaron a reconocerse como pares. La identificación —con su correspondiente jerarquización— se construyó sobre reciprocidades reguladas por *códigos* comunes. En ese proceso, el *viaje* a Sudáfrica fue nodal. Porque allí no solo tomó cuerpo y nervio *la hinchada de la selección*. Sin desdibujarse las coordenadas barriales, provinciales y regionales que condensa cada club, en la Copa Mundial de Sudáfrica 2010 hubo un gran paraguas aglutinador de semejante heterogeneidad: la patria. Una vez más, como desde su nacimiento, el fútbol se convertía en un "operador de nacionalidad" (Alabarces 2008: 27) sobre el que se suspendían viejos conflictos. Se hacen *amigos* a fuerza de *códigos* en común forjados al calor de vivencias grupalmente experimentadas. Barras históricamente enemistadas o indiferentes se *hicieron amigas viajando*. No es de extrañar que para *viajar* tengan que seguir *siendo amigos*.

---

[7] Hinchadas Unidas Argentinas (HUA) fue una ONG que reunió a más de cuarenta barras de equipos, desde la primera división hasta la cuarta del ascenso. Fue creada en 2009 en la previa a la Copa del Mundo disputada en Sudáfrica. Su ideólogo fue Marcelo Mallo, quien se definió como "un dirigente político que acompaña al kirchnerismo". Se los pudo ver en bloque en el mundial de Sudáfrica 2010 y en la Copa América de Argentina 2011. Ya para el mundial Brasil 2014 la organización estaba disuelta.

Comentarios finales

Los *viajes* son desplazamientos que trazan contornos en diferentes sentidos. Igualan, diferencian, jerarquizan y distinguen en múltiples dimensiones. Estamos frente a experiencias constitutivas de *Los Piratas* en, al menos, cuatro niveles distintos, pero complementarios:

1. Consagran diferencias entre los "verdaderos hinchas" de Belgrano y los que no lo son. En el imaginario del fútbol argentino, viajar de visitante —experiencia reflejada en expresiones por lo demás comunes, como *ir a todos lados, seguir al equipo adonde vaya, alentar en todas las canchas*, entre otras— es una prueba en la que los hinchas renuevan el contrato pasional con el equipo. Como decía un interlocutor, se *da todo sin esperar nada*. Los *viajes* son termómetros de la incondicionalidad, lealtad y compromiso con el equipo, de ahí que *viajar* los torne "más hinchas". Como toda competencia, necesita de mediciones, trofeos y reconocimientos. El mérito del viaje es proporcional a las proezas vividas: la adversidad se afronta, la distancia se relativiza, el reto se supera y el logro se festeja. Y todo se comunica. El anecdotario de viajes o las imágenes, propias o ajenas, se atesoran como pruebas irrefutables. *Los Piratas*, que *viajan a todos lados* desde 1968, se sienten los "verdaderos" hinchas de Belgrano.

2. Configuran a la barra trazando contornos, solidaridades, alteridades, intercambios y asimetrías. Unen, diferencian, jerarquizan y conectan. *Viajando* se sabe *el lugar* que le corresponde a cada uno. Es una vivencia que mide pertenencias, méritos y desigualdades al interior de *Los Piratas*. Nadie puede ser considerado parte si no viaja con ellos. Los viajes permanentemente refuerzan un sentimiento de pertenencia colectiva: canciones, anécdotas o chistes son narrativas que, como dice Certeau, "no se limita[n] a expresar un movimiento. Lo hace[n]" (Certeau 2000: 90). Lo mismo puede decirse de los tatuajes, la ropa, los consumos, los colectivos, los bombos o las banderas. Son marcas diacríticas de una pertenencia que se torna tan material como visible. Pero los viajes no solo dibujan fronteras de identificación y diferencia, también demarcan desigualdades: quién puede reservar pasajes y por cuánto, quién cobra y quién paga, dónde se viaja y con quién, qué función tiene cada uno, al lado de quién se camina, cuántas veces se viajó, quién cuenta historias, quién las escucha, de qué se ríen todos, cuándo hay silencios, quién puede hablar con la policía y de qué manera, quién es requisado y quién no; son simplemente algunas de las preguntas que se disparan a partir de la experiencia itinerante de *viajar*, y que expresan las asimetrías constitutivas de un colectivo vertical y jerárquico. Son momentos de socialización que enlazan personas al mismo tiempo que distinguen y ponderan. Me interesa enfatizar que *los viajes* son instancias privilegiadas para captar un organigrama de la barra, que se construye en movimiento. Pero

Los Piratas distan mucho de ser un colectivo encapsulado y ensimismado. Los *viajes* también desnudan la amplia red de intercambios y reciprocidades que una *barra* va tejiendo mientras se mueve. *Viajando, Los Piratas* se conectan. Policías, dirigentes, agrupaciones de socios, barras de otros equipos, periodistas, jugadores u organizaciones políticas son algunos de los *contactos* que mis interlocutores agencian para *seguir a Belgrano*.

3. Son procesos de subjetivación. Construyen género: viajando *Los Piratas* se hacen hombres heterosexuales y adultos. Pero, además, en ese proceso de generización, también producen y reproducen otros marcadores sociales vinculados a categorías clasificatorias, identificaciones y vivencias locales, regionales y globales. Son desplazamientos atravesados por una "geometr
ía del poder" (Massey 2000: 179) que siempre puede ser pensada desde diferentes marcadores sociales. La identificación más clara es la de género: el *viajar* es una experiencia del devenir *hombre*. Es un momento donde se prueba la hombría de cada miembro, pero no en relación a cualquier prototipo, sino en referencia a aquel que prescribe a la masculinidad heteronormativa y adulta como ideal y deber. Como ya lo dijo Archetti, las tres grandes alteridades a subordinar en el fútbol son las mujeres, los niños y los homosexuales. Pero también hay una geopolítica en disputa. A medida que cruzan fronteras geográficas, las reafirman. Es *viajando* cuando se consagran como sujetos de barrios populares, cordobeses y argentinos. Cuando caminan a barrio Jardín, lo hacen en el nombre de barrio Alberdi; si *viajan* a jugar contra los *porteños* o *rosarinos* se presentan como *cordobeses*; y a la hora de insultar a *brasileros, chilenos* o *ingleses* enfatizan su argentinidad. Identificaciones *glocales*. Parafraseando a Pablo Alabarces, por más globalizado, massmediatizado y espectacularizado que el fútbol esté, las narrativas de los hinchas siguen necesitando de diferentes territorios donde anclarse.

4. Condensan dinámicas emocionales e intercambios económicos que no pueden ser reducidos a una perspectiva de la "identidad". Me interesa recuperar dos dimensiones que sueles ser excluidas cuando el punto de partida es, igual que el de llegada, una acción social y un proceso de adhesión orientados únicamente por una racionalidad valorativa o "simbólica". Los *viajes* también son relevantes en tanto experiencias sensitivas. Son actividades miméticas donde las emociones no se liberan, se construyen. Toda esta carga emotiva no tiene que llevarnos a pensar que se trata de una práctica desprovista de regulación. Vale recordar la noción elisiana de "descontrol controlado". Viajar es, como dice Manu, un barra, saber *ubicarse*. Comprender que hay emociones válidas para cada contexto y situación. Pero los *viajes* también tienen una dimensión económica que permite compensar ciertas asimetrías estructurales que muchos miembros de la barra tienen por su ubicación desfavorable en un espacio social desigualmente estratificado. Por un lado, ponen en marcha toda una economía

subterránea (Bourgois 2010) que deja un excedente monetario acumulado y distribuido en el vértice de la barra. Por otro lado, algunos de la *primera línea* pueden conseguir descuentos o formas de pago más accesibles y flexibles que cualquier otro régimen monetario de la economía legal. Finalmente, aquellos más desconocidos entre los barras, aun pagando el precio más caro, siguen ahorrando una importante cantidad de dinero en relación al precio que se pagaría para *viajar* en un colectivo de línea o en otro ómnibus de "hinchas comunes", además, solo la *barra* ofrece la entrada al partido. Estos facilitadores han permitido que muchos de nuestros interlocutores me comentaran que *gracias a Belgrano y la barra* han *recorrido el país* o *salido de él*. Haber *viajado* por casi todas las provincias de la Argentina o al exterior, siguiendo a Belgrano, es una experiencia que no se veía en el horizonte de lo posible de muchos de mis entrevistados de no haber sido por la *barra*. Claramente, en *los viajes* se cristaliza toda una "economía subterránea (no sujeta a impuestos)" (Bourgois 2010: 31) que para algunos significa "métodos alternativos de generación de ingresos" (Bourgois 2010: 33) y para otros unos sistemas compensatorios de acceso a bienes, servicios y experiencias que la economía formal les veda debido a su subalternidad estructural. Pero para la enorme mayoría de *Los Piratas* los gastos siempre superan a los ingresos. Lo que *la barra* posibilita es que esos gastos se amortigüen mediante un sistema de solidaridad organizada e intercambios de favores. Y los que se lucran por aquel sistema son una ínfima minoría que detenta los espacios de más alto nivel jerárquico. Porque la barra, como la mayoría de los grupos humanos, no deja de estar atravesada por relaciones socioeconómicas y simbólicas que oscilan entre el trabajo cooperativo y la apropiación desigual del excedente producido.

A lo largo del texto he querido demostrar que *viajar* es, entre *Los Piratas*, una "experiencia común, aunque no necesariamente es una experiencia compartida entre ellos" (Segura 2015: 70). Hay modos de ver, hacer y sentir que "persisten" en el espacio y en el tiempo. En paralelo, también hay "variabilidad" en las vivencias que cada barra despliega en los distintos escenarios por los que se mueve. La barra *viaja* entre lo articulado históricamente y lo vivido subjetivamente. *Viajar* muestra que hay cambios dentro de la continuidad. Raymond Williams, también citado por Ramiro Segura, sostiene que "la persistencia indica alguna necesidad permanente" (Segura 2015). Me animo a decir que la necesidad persistente que condensa los *viajes* se vincula al imperativo que tiene todo grupo social de experimentar límites. Los límites, o fronteras, son relaciones sociales objetivadas en el espacio. Remiten a sentimientos y clasificaciones, flujos y confines, identificaciones y alteridades, afinidades y enemistades, enclaves e itinerancias que posibilitan la formación de un grupo. Principios de visión y división, diría Bourdieu. Fredrik Barth (1976), en su análisis de las relaciones interétnicas, sostuvo que los límites a partir de los cuales se formaban dos grupos distintos no se debían a la ausencia de interacción entre los mismos. Todo lo contrario. Es en la "estructura de interacción" (Barth 1976: 18) entre grupos diferentes donde esos límites se experimentan y, por ende, donde los grupos se reconocen como tales, al mismo tiempo que se distinguen de sus alteridades. Atravesando espacios, *Los Piratas* experimentan límites que unen, separan y jerarquizan. Procesos sociales que, entre lo articulado y lo vivido, les permiten existir.

Bibliografía

ALABARCES, Pablo (2008): *Fútbol y patria*. Buenos Aires: Prometeo.

ARCHETTI, Eduardo (1984): "Fútbol y ethos", en *Monografías e informes de investigación: Series de investigación*. Buenos Aires: FLACSO, s/p.

BARTH, Fredrik (1976): *Los grupos étnicos y sus fronteras. La organización social de las diferencias culturales*. Traducción de Sergio Lugo Rendón. Ciudad de México: Fondo de Cultura Económica.

BOURGOIS, Philippe (2010): *En busca de respeto: vendiendo crack en el Harlem*. Buenos Aires: Siglo XXI.

CABRERA, Nicolás (2016): "Entre el poder de la comprensión y la comprensión del poder. Notas para un estudio integral de una hinchada del fútbol argentino", en Alejo Levoratti/Verónica Moreira (comp.): *Deporte, cultura y sociedad: estudios socio-antropológicos en Argentina*. Buenos Aires: Teseo, pp. 241-268.

CERTEAU, Michel de (2000): *La invención de lo cotidiano, Vol. I. Arte de hacer*. Edición establecida y presentada por Luce Girard. Traducción de Alejandro Pescador. Ciudad de México: Universidad Iberoamericana.

CLIFFORD, James (2000): "Culturas viajantes", en António A. Arantes (ed.): *O espaço da diferença*. Campinas: Papirus, pp. 51-79.

FRYDENEBERG, Julio (2011): *Historia social de fútbol, del amateurismo a la profesionalización*. Buenos Aires: Siglo XXI.

GIL, Gastón (2007): *Hinchas en tránsito: violencia, memoria e identidad en una hinchada de un club del interior*. Mar del Plata: EUDEM.

GOFFMAN, Erving (2008): *Estigma: la identidad deteriorada*. Buenos Aires: Amorrortu.

MASSEY, Doreen (2000): "Um sentido global do lugar", en António A. Arantes. (ed.): *O espaço da diferença*. Campinas: Papirus, pp. 176-185.

MOREIRA, María Verónica (2001): "Honor y gloria en el fútbol argentino: el caso de la hinchada del Club Atlético Independiente". Tesis de grado, Universidad de Buenos Aires, Argentina.

SEGURA, Ramiro (2015): *Vivir Afuera: antropología de la experiencia urbana*. Buenos Aires: UNSAM EDITA.

Sitios web y periódicos

Alabarces, Pablo/Garriga Zucal, José/Moreira, María Verónica (2008). "El aguante y las hinchadas argentinas: una relación violenta", en *Horizontes Antropológicos*, vol. 14, n° 30, pp. 113-136. <http://www.scielo.br/pdf/ha/v14n30/a05v1430.pdf> (20-08-2019).

Ritos, identidades y colonialismo en hinchadas transnacionales en Colombia y México

Kevin Rozo Rondón

Los hinchas transnacionales

Actualmente, el fútbol se encuentra en un proceso de hipermercantilización. Los jugadores, técnicos, camisetas, insignias y transmisiones deportivas se rigen bajo la lógica del mercado; las selecciones nacionales y los clubes son patrocinados por empresas transnacionales que motivan el consumo de productos extranjeros. Desde la década de 1990 el fútbol de clubes europeos se ha convertido en un enorme negocio transnacional, en particular, las ligas española, inglesa, italiana y alemana cuentan con inversionistas, jugadores y técnicos provenientes de todo el mundo, sus partidos son televisados semanalmente a escala global y cada vez tienen más seguidores en diferentes zonas del planeta (Giulianotti 2012, Millward 2011, Persovic/Mustapic 2013, Villena 2001, Ben-Porat 2000).

Las ligas europeas se han encargado de comprar los mejores jugadores de todo el mundo, allí aumentan su valor y muchos de ellos se convierten en estrellas mediatizadas, al estilo de actores de Hollywood, súper modelos o cantantes. Su figura es explotada por los equipos que poseen sus derechos deportivos y mediáticos para vender todo tipo de productos y servicios a escala global. Estos flujos de futbolistas y capitales evocan algunas similitudes con la economía colonial que organizaba las relaciones entre el *Viejo* y el *Nuevo* Mundo: en América Latina se extraía materia prima para exportar a Europa, allá se convertía en mercancía que, a la postre, era vendida a mayor precio en todo el planeta, incluyendo el *Nuevo* Mundo[1].

Legado colonial o no, lo cierto es que para los países exportadores de futbolistas la salida de sus *cracks* constituye, por un lado, motivo de orgullo por producir jugadores adorados alrededor del mundo y, por el otro, frustración y muestra de pobreza por no poder mantener sus más valiosos productos

---

[1] Sin embargo, estas relaciones actualmente son más complejas, pues, por ejemplo, varios equipos europeos cuentan con capital de todas partes del mundo, especialmente de Asia.

(Helal/Gordon 2002). Ante esta situación, algunos aficionados consideran a los futbolistas traidores de la nación y de los clubes locales, mercenarios contemporáneos. Otros aficionados, en cambio, prefieren seguir las trayectorias de sus ídolos en los clubes europeos, lo que da lugar a una generación de hinchas de jugadores particulares y no de clubes. Esta situación coincide, en muchos casos, con una disminución paulatina del interés por las ligas locales de fútbol.

Este panorama ha dado lugar a la formación de grupos de personas que se autoinventan como hinchas de equipos europeos y se organizan desde la distancia (Giulianotti/Robertson 2007). Sobre este tipo de hinchas transnacionales se han adelantado algunas investigaciones en países como Israel, Dinamarca, Suecia, Noruega, Finlandia, Estados Unidos, Japón y Nigeria (Millward 2011, Kerr 2009, Ben-Porat 2000, Onyebueke 2015). En América Latina los estudios empíricos sobre esta temática son escasos (Miranda 2016). El propósito de este artículo es, por tanto, contribuir a llenar este vacío de conocimiento.

Los ritos

El principal rito de los hinchas transnacionales consiste en reunirse para ver los partidos de su equipo. El rito tiene cuatro momentos, a saber: antes del partido, durante el partido, el receso del medio tiempo y después del partido. Primero, los hinchas empiezan a llegar al bar más o menos una hora antes del partido, algunos con reserva previa, otros con la esperanza de conseguir un lugar. En este tiempo beben cerveza o consumen algún plato del bar, mientras se explayan contando sus predicciones futbolísticas a los hinchas que van llegando.

Segundo: cuando se inicia el partido los hinchas aplauden y se disponen a emprender una dramatización que emula la experiencia de los hinchas europeos que asisten al estadio semanalmente. Durante algunos pasajes del partido los hinchas entonan cantos típicos de sus semejantes del Viejo Continente: los bogotanos del Liverpool entonan el clásico "You'll never walk alone", mientras los mexicanos del Real Madrid cantan "Hala Madrid y nada más". Igualmente, los seguidores del Liverpool estiran en lo alto sus bufandas rojas, mientras los del Real Madrid las agitan en forma de círculos. Cuando el resultado es abultado se escucha el "ole", si un jugador tiene mal desempeño se le abuchea grupalmente y, cuando anota Cristiano Ronaldo, los madridistas mexicanos emulan su particular grito de gol, "Uhhhhh", tal y como lo hacen los asistentes al Santiago Bernabéu semanalmente en Madrid. En ambos casos, los hinchas transnacionales despliegan una puesta en escena que mimetiza hasta en los mínimos detalles la ritualización de los hinchas europeos en los estadios de sus equipos favoritos. Es una forma de sentirse parte del rito y un requisito indispensable para demostrar que se es un auténtico hincha.

Tercero: en el descanso del medio tiempo la intensidad de la simbolización del rito disminuye; los hinchas se dispersan, algunos aprovechan para ir al baño, otros miran el celular o van a por otra cerveza. La mayoría conversa acerca de los avatares del partido y saca su rol de director técnico para sugerir qué cambios debe hacer el equipo para conseguir un resultado favorable.

Cuarto: finalizado el partido, los hinchas exteriorizan colectivamente las emociones que dejó el marcador del encuentro. Si se trata de una victoria decisiva se les puede ver cantando, saltando y brindando por varios minutos u horas. Si la victoria no es muy relevante o el resultado fue negativo, el silencio se apodera del lugar, la euforia desaparece y paulatinamente los hinchas abandonan el sitio de reunión, lo que da por finalizado el rito. Quienes no parten de inmediato aprovechan para consumir más alcohol mientras comparten sus impresiones sobre el partido con sus pares.

Este rito es el resultado de la combinación de dos ritos diferentes: 1) el rito de alentar al equipo de fútbol desde las gradas del estadio y 2) el rito de beber y conversar con amigos en un bar. Los hinchas transnacionales emulan la experiencia del estadio combinando aspectos típicos de la reunión con amigos en un bar. Los ritos toman componentes de otros ritos y los resignifican; esto da lugar a nuevos ritos.

Sostengo que hay una organización colonial del tiempo ritual de los hinchas transnacionales. Los seguidores de equipos europeos en América Latina deben ajustar sus agendas personales a los tiempos del fútbol europeo, con diferencias de siete a diez horas de por medio. Esta disparidad horaria da lugar a prácticas rituales poco convencionales en la cultura de países como Colombia o México, tales como beber cerveza un martes a la una de la tarde para poder ver colectivamente un partido de la UEFA Champions League, por ejemplo.

Quienes por diferentes circunstancias no pueden asistir a los ritos presenciales tienden a adelantar una ritualización personal desde sus casas. Ven el partido en la comodidad de sus camas y a través de diferentes redes sociales comparten su experiencia e impresiones del partido. Basta con tomar una foto al televisor y sumar un comentario para formar parte de un ritual remoto. Así se trate de un partido de domingo en la mañana y sea visto en la comodidad solitaria del hogar, para muchos hinchas es preciso compartir su experiencia con otros. El rito de alentar a un equipo de fútbol es por excelencia un coto colectivo, por ello los hinchas procuran socializar su vivencia, sin importar las condiciones objetivas de ritualización.

No obstante, según la mayoría de hinchas, la ritualización desde sus casas no es la forma ideal de vivir los encuentros de sus equipos favoritos. Prefieren acudir al rito presencial en un bar para compartir su pasión con otros aficionados. Esto no siempre es posible, ya que los partidos de las ligas europeas se llevan a cabo en horarios en los que las personas deben trabajar o estudiar en

América Latina. Esta situación produce una cuota de frustración en la experiencia de muchos hinchas, siempre ávidos de intensa ritualización. Los aficionados deben hacer auténticos sacrificios para participar activamente de los ritos. Asistir al "Bernabéu" o "El Inglés, Gastro Pub" un miércoles a la 13:00 pm no es fácil para todos los seguidores del Madrid y el Liverpool. Quienes lo logran resaltan el sacrificio que constituye escapar (en muchos casos de forma literal) de sus obligaciones matutinas para sumergirse en el escenario ritual del fútbol transnacional. Dichas narrativas fortalecen su autopercepción como auténticos hinchas.

Las identidades

Diversos estudios indican que los hinchas transnacionales se autoinventan, especialmente por tres motivos. Primero: el éxito deportivo del equipo. Hay una correlación entre la cantidad de seguidores a nivel mundial que tiene un equipo y su éxito deportivo (Dimmock/Grove/Eklund 2005). Para nadie es un secreto que el Real Madrid tiene más seguidores en los cinco continentes que el Getafe o que el Liverpool tiene más fans que el Aston Villa. Los hinchas transnacionales se adhieren a los mejores equipos del mundo, por ello, el objeto de autoinvención son principalmente los clubes europeos y no los asiáticos o los africanos, por ejemplo.

Segundo: varios autores sostienen que la profunda admiración por un jugador dotado de cualidades destacadas es otro factor decisivo en el proceso de autoinvención de los hinchas transnacionales (Gieske/Forato 2004, Greenwood/Kanters/Casper 2006, Jacobson 2003). Koch (2015) sugiere que actualmente hay fanáticos de jugadores que autoinventan su pasión por los clubes donde estos militan, así, por ejemplo, muchos fans de Cristiano Ronaldo, que antaño seguían al Manchester United cuando el jugador portugués vestía sus colores, hoy siguen al Real Madrid.

Tercero: otros estudios demuestran que la militancia destacada de un compatriota en un equipo del extranjero es un factor fundamental que motiva la autoinvención de los hinchas (Kerr 2009, Onyebueke 2015). Este es el caso, por ejemplo, de los miles de seguidores colombianos que el Real Madrid ganó cuando fichó a James Rodríguez. Denomino a estos aficionados *hinchas de la nación*. Se caracterizan por apoyar a varios equipos europeos donde militan compatriotas futbolistas. Su apoyo no expresa su amor por un equipo, sino por la patria: ven la nación en múltiples camisetas de clubes europeos. Lo nacional hoy se puede representar en lo transnacional.

Ahora examinemos el peso específico de estas variables en los procesos de autoinvención de los hinchas transnacionales de Ciudad de México y Bogotá.

En México varios hinchas afirman ser seguidores del Real Madrid debido a que detentan herencia familiar española. Generalmente, hacen remisiones a padres o abuelos de origen español que trajeron consigo la pasión por el equipo blanco durante algún capítulo del siglo xx. Estos hinchas construyen narrativas que legitiman su admiración por el Madrid y la cultura española a partir de dicho vínculo sanguíneo. La pasión por el Madrid expresa una suerte de nostalgia por el pasado español que opera, a la vez, como fuente de legitimidad, naturalización del vínculo con el club.

Otras personas se convirtieron en hinchas del Real Madrid gracias a su admiración por Hugo Sánchez, ídolo mexicano y leyenda del equipo blanco en la década de 1980. Estos hinchas sienten un peculiar orgullo por las buenas actuaciones que tuvo su compatriota en el equipo europeo. Consideran que "un pedacito" de México hizo parte de la historia del Real Madrid. Se trata de un proceso de atribución de *logro indirecto*: Hugo Sánchez es mexicano, él forjó parte de la historia del Real Madrid, yo soy mexicano, por tanto, siento orgullo por su actuación; los mexicanos aportamos a la historia del Madrid, orgullo mexicano. Estamos ante una generación de *hinchas de la nación*, hinchas de "lo mexicano", que devienen hinchas del Real Madrid, conducidos por un peculiar imaginario nacionalista que ve en el éxito de algún compatriota en el exterior un motivo de orgullo propio.

Algunos fanáticos más jóvenes que no alcanzaron a ver jugar a Hugo Sánchez heredaron la pasión por el Madrid de sus padres que, en algún momento, se convirtieron en hinchas del equipo merengue, motivados por su identificación nacionalista con Hugo Sánchez, esto es, *hinchas heteroinventados*. Fabián lo explica mejor: "Soy hincha del Real Madrid por mi padre, mexicano, que era muy fan del Madrid desde tiempos de Hugo Sánchez. Era su mayor ídolo y, desde entonces, fue hincha del Madrid, él me lo heredó [sic]". La referencia al astro mexicano opera, entonces, como una narrativa que procura legitimar al hincha que carece de un pasado español contiguo. Es un intento de naturalizar su vínculo con el equipo europeo mediante la exaltación de otro lazo que se supone natural por excelencia, la condición mexicana.

Décadas después, cuando Javier "Chicharito" Hernández jugó una modesta temporada en el equipo blanco, para muchos aficionados mexicanos este sentimiento se intensificó, fue más evidente: la playera número 14 del Real Madrid, por un momento, representó la playera de México. Los hinchas, de nuevo, sintieron que Real Madrid y México no eran cosas diferentes, sino dos expresiones de una misma pasión. Esto fue especial, sobre todo, para quienes no alcanzaron a ver jugar a Hugo Sánchez. Por primera vez vieron con sus ojos el vínculo que tanto buscaban legitimar entre México y el Real Madrid, observaron a la nación en el club europeo, un poco de México en España.

Estos hinchas contemplan un poco de la nación en un club de fútbol transnacional en tiempos en que la supervivencia del imaginario nacional depende, cada vez más, del consumo de productos transnacionales. Nacionalismo de mercado o mercantilización de lo nacional, la experiencia del hincha mexicano del Real Madrid descentra la relación entre el imaginario nacional y los símbolos típicamente nacionales (la bandera, el escudo, el himno, la playera de la selección nacional, etc.). Reinventa un nuevo universo de *símbolos no-nacionales* en los que se puede ver lo nacional, expresarlo: todo tipo de productos de la marca Real Madrid (playeras, vasos, gorras, bufandas, placas, etc.). Para este tipo de hinchas la expresión de la identidad nacional tiene como condición el consumo de productos no nacionales, transnacionales. *Hinchas de la nación* que se identifican con lo nacional a partir del consumo de productos transnacionales: "Cuando llegó Chicharito al Madrid me volví loco, fui a comprarme las tres playeras número 14 del Madrid; era un sentimiento indescriptible ver a un mexicano en el Madrid" (Mauricio, hincha del Real Madrid). Mauricio no solo compró playeras de un equipo español, ni de un club global, compró, ante todo, unas playeras que reconciliaban su sentimiento mexicano con su aspiración madridista. Sintió a México más universal que nunca.

Otros hinchas deben su afecto por la cultura española a trayectorias laborales con empresas de ese país radicadas en México. Esta afinidad se mezcla con una peculiar admiración por el fútbol español, lo que produce al hincha transnacional, aquel que celebra los triunfos de la selección española como propios, ese que, como Arturo, tiene en su cuarto una bandera de España que le recuerda todos los días el vínculo que tiene con la cultura de ese país:

> Trabajé mucho tiempo con españoles. Mi padre también lleva trabajando cuarenta y seis años para ellos. Me gusta mucho la comida, me gusta toda la cultura española. Apoyo a la selección española en la Eurocopa y en el mundial. Soy mexicano de nacimiento, el amor por el futbol es a México, obviamente por ser mexicano, pero también por España. Tengo una bandera de España en mi cuarto, pero es por el amor a la cultura que me acogió desde muy chiquito (Arturo, hincha del Real Madrid).

Según Arturo, su identificación con la cultura española no riñe con su orgullo mexicano; siente que puede identificarse con ambas culturas a la vez. Sostiene que en una eventual confrontación futbolística entre México y España se inclinaría por México, aunque, de entrada, supone que este será derrotado por su inferioridad deportiva: "Sí le voy a México y a España. Es decir, si juega México vs. España, le voy a México, aunque, obvio, sé que ganará España por habilidades, pero igual soy hincha de ambos" (Arturo, hincha del Real Madrid).

Otros hinchas no necesitaron de herencia española o de identificación con un compatriota militante en las filas del Madrid para autoinventarse como hinchas del equipo merengue. Bastó con su profunda admiración por el éxito deportivo del onceno español y el brillo de sus diferentes figuras. Para estos hinchas no son relevantes los vínculos con la hispanidad o la mexicanidad. La afición por el Madrid es, simplemente, un asunto deportivo. Se trata de un equipo global integrado por jugadores de todo el mundo y, para ellos, naturalmente, con hinchas de todo el mundo. Para estos aficionados no hay mayor tensión entre el sentimiento mexicano y el amor por el Madrid, son cosas pertenecientes a ámbitos diferentes de la vida. Estos hinchas aseguran no tener interés alguno por la cultura española, diferente a la curiosidad que les podría despertar cualquier otra cultura. Sin embargo, admiten que uno de sus sueños más preciados es viajar algún día a España, más que a cualquier otro país, y apoyar al Real Madrid desde las gradas del Santiago Bernabéu.

Este último caso coincide con la experiencia de la mayoría de hinchas del Liverpool en Bogotá. Estos aficionados comenzaron su romance con el club inglés después del 2005, año en que se coronó campeón de la UEFA Champions League. Este dato coincide con el perfil etario del grupo: se trata de hinchas jóvenes que rondan los veinte y treinta años. Este fenómeno es más reciente en Colombia que en México. Esto se debe, principalmente, a dos motivos: 1) la carencia de migraciones europeas masivas durante el siglo XX; 2) la ausencia de jugadores colombianos altamente destacados en los grandes equipos del fútbol europeo en el siglo XX.

Algunos hinchas sostienen que uno de los motivos que afianzó su pasión por el equipo inglés, incluso por encima de sus equipos locales favoritos, es que pueden utilizar sus camisetas tranquilamente en las calles de la ciudad, en contraste con el temor que supone usar una de los equipos locales en espacios públicos, pues pueden ser víctimas de agresiones. En estos casos la adscripción a equipos europeos constituye una reacción a las dinámicas violentas del fútbol local y las masculinidades violentas asociadas a los hinchas de los equipos locales. En palabras de Gustavo:

> Uno tal vez se arraiga mucho al fútbol europeo en nuestra Colombia por el simple hecho de que uno acá se va a poner una camiseta de un club, en mi caso del América, y no se puede, me da miedo salir a la calle con una camisa del América, es peligroso. En cambio yo sé que si me pongo una del Liverpool mucha gente, la mayoría ni siquiera sabe de qué equipo es, así uno puede andar tranquilo (Gustavo, hincha del Liverpool).

Dadas las condiciones de producción del hincha colombiano del Liverpool, este no encuentra vínculo alguno entre su equipo favorito y su nación, pasado genealógico o su cultura. Estos hinchas describen su adhesión al equipo europeo como un asunto principalmente deportivo que, no obstante, es muy importante en sus vidas.

Los hinchas transnacionales definen su identidad comparando jerárquicamente su grupo con los demás; formar parte del mejor equipo del mundo genera una mejora de la autopercepción, orgullo. Revestirse de la grandeza del Real Madrid o el Liverpool, equipos que han sido en varias ocasiones considerados los mejor del planeta, mediante un proceso de *logro indirecto*, produce identidades transnacionales fundadas en la victoria, el éxito y la grandeza.

Sin embargo, aquí las narrativas aguantadoras de fidelidad al equipo en los momentos difíciles no desaparecen. Los hinchas del Liverpool siempre resaltan que son hinchas cuya fidelidad se demuestra en el apoyo al equipo durante una década de ausencia de títulos importantes. Sostienen que ser hincha del Liverpool supone una cuota de sufrimiento y frustración, pero que las victorias, cuando se consiguen, son más gratificantes, más luchadas, merecidas.

Estos hinchas suelen desacreditar a los nuevos fans que ahora empiezan a simpatizar con el Liverpool debido a los triunfos actuales del equipo; los consideran hinchas de moda, "falsos hinchas". Empero, admiten que la mayoría de ellos también empezó a hinchar por el Liverpool en su mejor época de rendimiento deportivo. Ellos en algún momento fueron "falsos hinchas" y, con el tiempo, se convirtieron en hinchas más auténticos.

Los fans del Real Madrid también utilizan este tipo de narrativas. Lo hacen especialmente cuando alguien cuestiona su legitimidad; frecuentemente son acusados de ser hinchas por moda, falsos hinchas. Entonces, el hincha del Real Madrid relata que durante muchos años el equipo no ganó una UEFA Champions League y que él estuvo allí, apoyando; recuerda varias derrotas penosas para el Madrid, goleadas históricas en contra, en las que él siguió incondicional al equipo en tiempos difíciles. Sostengo que los hinchas transnacionales viven una lucha permanente por legitimar su pasión y su identidad: deben demostrar a toda costa que son verdaderos hinchas. La autenticidad es el mayor capital en juego.

Los europeos, ¿los verdaderos hinchas?

La mayoría de hinchas transnacionales consultados arguyen que la pasión de los aficionados europeos[2] que residen en Madrid y Liverpool es superior a la de los latinoamericanos; lo viven de otra manera. La proximidad con el equipo y la condición europea hacen del aficionado residente en Madrid y en Liverpool un hincha más "auténtico". La posibilidad de asistir al estadio, estar cerca de los jugadores y formar parte del rito semanal genera una experiencia diferente que garantiza un vínculo más contiguo con el club. Este aficionado no tiene que poner en su habitación banderas de un país que nunca ha visitado ni explorar una cultura foránea para legitimar su condición de verdadero hincha; el latino-americano sí. La gran lucha del hincha transnacional consiste en legitimar su condición de aficionado a distancia. Para ello consume todo tipo de productos de la marca del equipo europeo, explora la cultura del país foráneo y proyecta exhaustivamente su épica visita a Europa, al estadio de su club, situación en la que finalmente podrá sentarse junto a cualquier hincha europeo y sentirse igual, un auténtico hincha. Según Sebastián:

> Sí cambia el nivel de pasión. Si yo tuviera la oportunidad de vivir en Madrid, mi pasión sería diez veces más grande. Iría cada quince días al estadio. Sería abonado, compraría la credencial para que me apartasen lugares; a veces te mandan en tu cumpleaños un afiche con la firma de los jugadores. Se vive diferente porque lo tienes ahí. También tenerlo en tu país lo vas a ver, quieras o no. Para ver al Madrid ahorro y voy a Orlando o a Los Ángeles por temporadas, cada fin de temporada tienes que ir a Estados Unidos para verlo. Pero nunca los he visto en el Bernabéu. No es lo mismo verlos en Estados Unidos. Verlos en vivo, haciendo la chilena, debe ser algo como la hostia (Sebastián, hincha del Real Madrid).

Igualmente, los fans del Liverpool sienten que hay algo que les hace falta para ser auténticos hinchas: ir al estadio. John, por ejemplo, se ubica en otra categoría, según él, de menor legitimidad que la de hincha, *supporter*. "Ser hincha del Liverpool hace parte [sic] de mi identidad. No soy tanto como un hincha, soy un *supporter*. Se llama eso, no soy hincha porque hincha es estar allá; yo apoyo al equipo desde acá" (John, hincha del Liverpool). La imposibilidad de asistir al estadio genera una particular tensión identitaria en el hincha transna-cional: "El equipo es muy importante para mí, pero siento que me falta algo para ser un hincha completo, carezco de plena autenticidad" (John, hincha del Liverpool).

---

[2] Los hinchas en México y Colombia usan la categoría "europeo" para referirse de manera general a las personas nacidas en el Viejo Continente, los "otros".

El hincha transnacional tiene que luchar todo el tiempo contra cierta idea esencialista que legitima la autenticidad de su pasión a partir de su relación territorial con su equipo favorito. Desde este punto de vista, un verdadero hincha del Liverpool es una persona que nació o vive en Liverpool, por ejemplo. Como esta batalla es difícil de ganar desde otro continente, el hincha transnacional opta por recrear, de la manera más fidedigna posible, la experiencia de los hinchas europeos que asisten al estadio. Se trata, fundamentalmente, de un proceso mimético.

El hincha mexicano imita al hincha español, legítimo hincha, como medio para certificar su insegura pasión. No basta sentirse un auténtico hincha, hay que demostrarlo, ponerlo en escena, dramatizarlo, es preciso actuar como los verdaderos hinchas, como los españoles. Empero, los hinchas rechazan la expresión "imitación" o "copia" para describir las formas en que alientan a su equipo durante el rito en el bar. El problema no está en aceptar que adoptan las puestas en escena de los hinchas españoles, eso, por el contrario, es signo de autenticidad, de conocimiento de cómo se apoya al Madrid legítimamente. El problema es aceptar que ese proceso es una imitación; para los hinchas mexicanos esta palabra es sinónimo de falsedad y eso es justamente lo último que quieren parecer, falsos hinchas. Algunos prefieren hablar en términos de "traer" la pasión a México: no solo se trae un canto o un modo de alentar, se trae también la pasión, la verdadera pasión. En palabras de Martín: "La forma de celebrar los goles, cómo le pego a la mesa como a los tambores que tocan adentro del estadio, celebrar con los puños arriba, gritar el nombre del jugador y tres aplausos, gritar que dónde está Benzemá ("dónde está, dónde está, dónde está Benzemá"), los cantos son cosas como de traerlo, no es imitar, es sentir que estás allá" (Martín, hincha del Real Madrid).

Varios aficionados mexicanos utilizan expresiones típicamente españolas mientras ven los partidos del Madrid. Es común escuchar a los hinchas gritar "¡venga Cristiano!", "¡joder Marcelo!", "¡coño, mét123lo!", etc. No solo se mimetizan las formas de alentar, también las palabras. El antropólogo en ocasiones siente que está en medio de una comunidad de españoles, no de mexicanos. Empero, para los hinchas esta tampoco es una imitación colonial, para ellos es simplemente un empleo de palabras foráneas que nada tiene de diferente a la forma en la que diversas palabras de otros idiomas han sido históricamente incorporadas a la jerga de los mexicanos. Según Sebastián: "Es normal usar esas palabras, en México lo hacemos todo el tiempo. Tienes *checar*, que viene del inglés, tienes la *laptop*, tienes *bye*... Muchas de nuestras expresiones son traídas de otros lados y de otros idiomas. Eso no tiene nada de malo, es normal. Decir "coño" u "hostia", es lo mismo; incluso es español, nuestro idioma" (Sebastián, hincha del Real Madrid).

Los hinchas del Liverpool en Colombia también emprenden una puesta en escena que evoca la forma en que alientan los aficionados ingleses: extienden sus bufandas con los brazos en alto y entonan cantos en inglés. Según ellos, estas dramatizaciones les permiten irse preparando para su visita a Anfield, donde ya sabrán alentar como cualquier hincha inglés, alentar legítimamente: "Porque la idea es que en un futuro, si se puede visitar el estadio en Inglaterra, uno sepa cómo cantar allá. Uno no puede llegar allá a cantar en español, hay que admitir que el club es de Inglaterra, hay que cantar como inglés" (Juan, hincha del Liverpool).

Los hinchas bogotanos creen que los ingleses no tienen la más remota idea de que hay fanáticos del Liverpool en Colombia. Para ellos es importante ser reconocidos, existir. Por ello suman esfuerzos económicos para pagar una membresía oficial emitida por el club para figurar oficialmente en el mapa global de hinchas del Liverpool. Es una forma más de encontrar legitimidad, autenticidad: "Pues, la verdad, yo creo que ellos ni piensan que uno existe. Por eso es ideal oficializar el club porque la oficialización del club nos da a conocer. Liverpool da a conocer que hay algo oficial en Colombia. Eso es algo que ya ellos van a ver" (Steven, hincha del Liverpool).

Para todos los hinchas es un sueño conocer España o Inglaterra y alentar a su equipo favorito en el estadio, máxima ilusión, proyecto de vida. Nostalgia por el pasado español en unos casos, ilusión por finalmente estar cerca de la cultura que consumen e imitan, en otros, la visita al Santiago Bernabéu o al Anfield constituye para los hinchas una auténtica realización vital; no en vano, varios usan expresiones del tipo "después de ver al Liverpool en Champions en Anfield puedo morir feliz". Peregrinación obligatoria. Quienes ya han cumplido este sueño lo describen como una de las experiencias más significativas de sus vidas.

¿Intercambio cultural simétrico o nuevo colonialismo?

Los hinchas transnacionales en México y Colombia no ven en su experiencia una relación de colonialismo cultural o algo que se le parezca. No observan relaciones de poder asimétricas en sus consumos culturales. Desde esta perspectiva, en el mundo globalizado las personas consumen diferentes productos culturales del mundo sin que ello suponga un proceso de dominación cultural o hegemonía. Ellos se perciben como consumidores libres, cosmopolitas.

Sin embargo, mis observaciones indican lo contrario. Yo no veo una hibridación cultural simétrica. Veo una relación profundamente asimétrica. Basta con indagar cuántos grupos de hinchas de los Pumas o de Millonarios F. C. hay en España e Inglaterra y compararlos con la cantidad de grupos de hinchas que el Real Madrid o el Liverpool tienen en México, Colombia y el resto del planeta para ilustrar el carácter asimétrico de estas identificaciones. Es una relación que expresa huellas coloniales. El hincha latinoamericano desea ser como el hincha europeo, legítimo hincha, lo imita para validarse como un verdadero hincha. El hincha europeo no tiene que pasar por estos malestares identitarios: en condiciones ideales, nace en la ciudad de su equipo favorito y su padre lo lleva al estadio desde niño. Ser un "auténtico" hincha no es una preocupación vital, es algo dado, natural, punto de partida; para el latino sí. Como recuerda De Castro Rocha (2012), el colonizado (el "otro otro") no es un ser digno de imitación; el colonizador, sí. El hincha transnacional en América Latina se ve inmerso en una carrera mimética cuya meta es ser lo más parecido posible al hincha europeo, el digno de imitación. Ese es el camino para convertirse en un "verdadero" hincha.

¿Qué hacer con estas dos lecturas? La pregunta no es menor ni se reduce a la circunscripción del estudio de la experiencia de los hinchas transnacionales. El problema al que nos enfrentamos es cómo "tomar en serio" las perspectivas de las personas que estudiamos (como sugiere Wagner 2016) en contextos donde, como antropólogos, evidenciamos relaciones de dominación.

Como se sabe desde hace tiempo, una condición fundamental para la existencia y reproducción de la dominación es que el dominado no la perciba, la ignore. El dominado es el principal cómplice de la dominación, pues la naturaliza (Weber 2014, Bourdieu 2005). ¿Cómo hacer, entonces, antropología del colonizado cuando este niega el proceso colonial? Hay dos caminos que conducen al mismo problemático lugar. El primero consiste en develar la dominación y silenciar al colonizado. El problema es que este es otro proceso de colonización epistémica: el antropólogo hace las veces de colonizador e impone al colonizado una versión de la realidad que le es ajena y le otorga estatuto de realidad por la investidura que le dispensa el oficio de antropólogo; es decir, inventa una nueva cultura. El segundo camino implica "tomar en serio" la versión del colonizado y negar la existencia del colonialismo. El problema es que no alertar sobre la posible dominación, cuando a través de la observación rigurosa tiene cómo demostrarla, convierte al antropólogo en cómplice de la dominación, en un colonizador más. Ambos caminos conducen a la legitimación y reproducción de procesos coloniales.

En este artículo me propuse encarar esta problemática situación incluyendo en mi relato ambas perspectivas, la del colonizado que niega la colonización y la del antropólogo que devela la colonización. El primer mundo es invención de los protagonistas del relato, es su realidad. El segundo es creación del escritor del relato, pura invención. El resultado es una suerte de tercer relato que incluye dos perspectivas diferentes y, por tanto, dos ontologías disímiles que le otorgan al lector la posibilidad de producir nuevas realidades.

¿Y las categorías? El uso de categorías como "colonialismo", "relación colonial" o "colonialismo cultural" es pertinente, y tiene valor heurístico, especialmente en la realidad en la que el hincha transnacional es un *colonizado mimetizador de su propio colonizador*, bajo mi perspectiva. En la realidad del hincha, donde no existe relación colonial alguna, estas nociones no sirven para nada, son pura ficción. En la tercera posibilidad de realidades, la que produce mi relato, estas nociones son imprescindibles, forman parte fundamental del mundo ambiguo donde el hincha es libre y colonizado a la vez, donde es y no es. La pertinencia del uso de una categoría varía, entonces, de una perspectiva a otra, de una realidad a otra.

Bibliografía

Ben-Porat, Amir (2000): "Overseas Sweetheart: Israelis Fans of English Football", en *Journal of Sport and Social Issues*, vol. 24, pp. 422-424.

Bourdieu, Pierre/Wacquant, Loïc (2005): *Una invitación a la sociología reflexiva*. Traducido por Ariel Dilon. Buenos Aires: Siglo XXI.

Damatta, Roberto (1994): "Antropologia do obvio", en *Revista USP*, Dossiê Futebol, n° 22, pp. 10-17.

Damo, Arlei (2008): "Dom, amor e dinheiro no futebol de espetáculo", en *RBC*, vol. 23, n° 66, pp. 139-150.

Dimmock, James A./Grove, Robert/Eklund, Robert C. (2005): "Reconceptualizing Team Identification: New Dimensions and Their Relationship to Intergroup Bias", en *Group Dynamics: Theory, Research, and Practice*, vol. 9, n° 2, pp. 75-86.

Gieske, C./Forato, M. (2004): *The most valuable football brands in Europe*. London: FutureBrand.

Giulianotti, Richard (2003): "Globalização cultural nas fronteiras o caso do futebol escocês. História", en *Questões e Debates*, n° 39, pp. 41-64.

— (2012): "Fanáticos, seguidores, fãs e flaneurs: uma taxonomia de identidades do torcedor no futebol", en *Recorde: Revista de História do Esporte*, vol. 5, n° 1, pp. 1-35.

Giulianotti, Richard/Robertson, Roland (2005): "The Globalization of Football: A Study in the Glocalization of the Serious Life", en *British Journal of Sociology*, vol. 55, n° 4, pp. 545-568.

— (2007): "Recovering the social: globalization, football and transnationalism", en *Global Networks*, vol. 7, n° 2, pp. 166-186.

Greenwood, Brian P./Kanters, Michael A./Casper, Jonathan M. (2006): "Sport Fan Team Identification Formation in Mid-Level Professional Sport", en *European Sport Management Quarterly*, vol. 6, n° 3, pp. 253-265.

Guedes, Simoni (2009): "Las naciones argentina y brasileña a través del fútbol", en *Vibrant*, vol. 6, n° 2, pp. 167-185.

Helal, Ronaldo/Gordon, Cesar (2002): "A crise do futebol brasileiro: perspectivas para o século xxi", en *Eco-Pós*, vol. 5, n° 1, pp. 37-55.

JACOBSON, Beth Pamela (2003): *Rooting for Laundry: An Examination of the Creation and Maintenance of a Sport Fan Identity*. Doctoral dissertation thesis. University of Connecticut, Mansfield.

KERR, Anthony (2009): *You'll Never Walk Alone: The Use of Brand Equity Frameworks to Explore the Team Identification of the Satellite Supporter*. Doctoral dissertation thesis, University of Technology.

KOCH, Rodrigo (2015): "Marcas da futebolização no torcedor pós-moderno: a condição flâneur", en *Canoas*, n° 30, pp. 9-28

MILLWARD, Peter (2011): *The Global Football League. Transnational Networks, Social Movements and Sport in the New Media Age*. Basingstoke: Palgrave.

ONYEBUEKE, Victor (2015): *Globalisation, Football and Emerging Urban 'Tribes': Fans of the European Leagues in a Nigerian City*. Leiden: Afrika-Studiecentrum Leiden.

PERASOVIĆ, Benjamin/MUSTAPIĆ, Marco (2013): "Football Supporters in the Context of Croatian Sociology: Research Perspectives 20 Years After", en *Kinesiology*, vol. 45, pp. 262-275.

VILLENA, Sergio (2001): "Globalización y fútbol postnacional", en *Iconos*, n° 10, pp. 112-116.

WAGNER, Roy (2016): *The Invention of Culture*. Chicago: University of Chicago Press.

Sitios web y periódicos

GUEDES, Simoni (2004): "Mercado X patria: a transnacionalizaçao do esporte e os europeus do futebol brasileiro", VIII Congresso Luso-Afro-Brasilero de Ciencias Sociais, Universidade de Coimbra, Portugal. <https://www.ces.uc.pt/lab2004/pdfs/SimoniLahudGuedes.pdf> (18-09-2019).

Fútbol globalizado: nuevas identidades y formas de asociación. Un análisis de los hinchas del F. C. Barcelona y del Real Madrid en Lima

Renzo Miranda Cerruti

Introducción

Tanto la globalización como la revolución de los medios de comunicación han modificado la forma en la que se ve fútbol, las dinámicas al interior de los estadios y al propio hincha. El objetivo central de este artículo consiste en discutir si, verdaderamente, existe un nuevo perfil de hincha limeño en su identidad, asociación y ligado a una clase social a partir de la aparición de las nuevas Tecnologías de la Información y Comunicación (TIC), las redes sociales y la consolidación de los denominados superclubes (Groves 2011) o clubes transnacionales, como F. C. Barcelona, Real Madrid, Manchester United o Bayern de Múnich[1].

El antropólogo indio Arjun Appadurai sostiene que la modernidad está entrando en una nueva etapa donde grandes flujos reestructuran la vida de las sociedades en el conjunto del planeta; en particular, el flujo migratorio y el flujo de la información, constituyendo lo que el autor llama "espectadores desterritorializados". Su teoría adopta a los medios de comunicación y los movimientos migratorios como los dos principales ángulos desde donde ver y problematizar el cambio: "Los medios de comunicación electrónicos transforman el campo de la mediación masiva porque ofrecen nuevos recursos y nuevas disciplinas para la construcción de la imagen de uno mismo y de una imagen del mundo" (Appadurai 2001: 19-20). El presente artículo expresa el punto de vista de las audiencias desterritorializadas y la importancia de aproximarnos

---

[1] Sandvoss dice que estos grandes clubes se están volviendo cada vez más sosos y carentes de sentido cultural, utilizando esta creciente falta de contenido como premisa para su accesibilidad universal, mientras navegan sin cesar por el mundo para nuevos fanáticos. Mientras que los clubes de fútbol representaron históricamente a ciertos grupos culturales, sociales o geográficos, el enfoque en el beneficio monetario ha hecho indeseable el privilegio de determinados grupos sociales y culturales (Groves 2011: 271).

desde la experiencia comunicacional al campo de las identidades y formas de asociación en tiempos de la modernidad desbordada.

Alabarces sostiene que "lo que resta [en el ámbito de la investigación en deporte y sociedad] es la producción de empirias, locales, regionales o continentales; el establecimiento de comparaciones —la investigación comparada es una deuda enorme—" (Alabarces 2011: 14). De acuerdo a mi experiencia, resultaría muy interesante poder contrastar este ensayo con resultados de investigaciones que se realicen en Bogotá, Ciudad de México, La Habana, Santiago de Chile y otras ciudades para comprender cuáles son los perfiles y cómo surgen estos hinchajes en contextos tan disímiles política, económica, social, cultural y futbolísticamente hablando. En su momento, será también importante contrastar el fenómeno latinoamericano en su conjunto con el del continente asiático, donde los hinchas son percibidos como un mejor "mercado", o los continentes africanos y oceánicos, donde los clubes llegan menos, pero igual cosechan seguidores. Incluso, conocer cuál es la percepción de los propios hinchas europeos respecto de este fenómeno.

Siguiendo la lógica de estudios comparativos, hace falta actualizar los estudios de perfiles de las hinchadas de los principales equipos de fútbol en el Perú y en el continente, tras unos primeros 20 años del siglo XXI en donde ha primado el modelo neoliberal en la mayoría de países de la región y el populista en algunos otros. Las clases populares del siglo XX han dado paso a grandes grupos de clase media —de todo tipo: emergente, provinciana, empresarial—, quienes conforman las distintas barras locales hoy. Sería interesante, por ejemplo, describir qué comparten y en qué se diferencian los nuevos perfiles de los hinchas de clubes locales con los de los hinchas de las selecciones nacionales de fútbol y los de los hinchas de clubes transnacionales.

Finalmente, a nivel peruano, es importante y necesario refrescar los estudios fundacionales y complementarios de Panfichi (Alabarces 2011: 17, Quitián 2014: 33). Por ello, es sustancial plantear trabajos desde disciplinas distintas a la antropología, la historia y la sociología desde, donde predominantemente han llegado los trabajos complementarios de Gerardo Álvarez y Jaime Pulgar-Vidal. Analizar nuevas aristas alrededor del fútbol a partir de las ciencias de la comunicación, la gestión, la literatura y el marketing son necesarios para complementar lo que necesitamos saber de deporte y sociedad en tiempos de globalización, neoliberalismo y revolución de los medios de comunicación. Así lo sugiere Rodríguez: "Prestando atención al velocísimo desarrollo de nuevas tecnologías de comunicación que, por un lado, ponen en tensión la conformación de audiencias masivas, y por el otro, recolocan a la vez novedosas formas de consumo segmentando por género y por generación" (Rodríguez 2012: 352-353).

Por ello, me pregunto quiénes conforman la audiencia del fútbol. ¿Es verdaderamente el fútbol "moderno" democrático? *A priori*, parecería que no tanto:

solo un selecto grupo de clubes europeos tiene el privilegio económico de contratar a los mejores jugadores del mundo; para acudir a partidos de selecciones y partidos de ciertas ligas, se requiere de relativo poder adquisitivo; y para seguirlo desde otras latitudes hace falta contar con televisión satelital (que no es barata en América Latina), acceso a internet (cuya accesibilidad en muchos países del hemisferio sur es precaria), cierto poder adquisitivo para comprar productos y camisetas, poder viajar y, por supuesto, tiempo para ver los partidos que, finalmente, por el horario europeo y la concentración mediática en América (casos como el de la Copa Libertadores y la Copa Sudamericana) requiere de muchas horas de ocio. Entonces, la pregunta principal sobre la cual buscará reflexionar este ensayo es ¿quiénes conforman y cómo es el perfil de los hinchas limeños de clubes de fútbol transnacionales?

Las identidades

Las identidades tienen un componente definidor y un componente diferenciador (Oliven/Damo 2001: 17, Panfichi 2013). En el ámbito del fútbol, hasta casi finales del siglo XX, lo común era pertenecer a un club de fútbol por la pertenencia racial, social o territorial. De la relación identidad y territorio, surgen tres niveles: 1) local, cuyas variables identitarias acabo de enunciar, 2) nacional, que se refiere a las selecciones de fútbol y 3) global, que desborda la circunscripción territorial y permite el hinchaje por equipos o selecciones con los que, aparentemente, no se tiene un vínculo.

Tradicionalmente, los hinchas articulaban con natural normalidad el nivel local y el nivel nacional; así, hinchas de Alianza Lima y Universitario de Deportes[2] se unían y se unen para alentar a la selección peruana de fútbol. No obstante, el desarrollo de los medios de comunicación y redes sociales virtuales han introducido el conflicto y posibilidad de elegir uno o varios equipos más a los cuales seguir de distintas formas. En términos comunicacionales, la recepción de un producto es siempre social y culturalmente diferenciada, y no "trasnacional" y absolutamente "estandarizada" (Giménez 1996: 26). Uno puede decidir convertirse en hincha de un equipo por algunas de las siguientes razones: a partir de su origen y/o historia, por su estilo de juego, por un jugador de fútbol en específico, por el uniforme y los colores del club, por membresía territorial o societaria, por socialización, por éxito y por oposición (Calderón 2013, Carrión 2016, Panfichi 2013), pudiendo ser estos factores complementarios y nunca mutuamente excluyentes.

---

[2] Los dos clubes más populares del Perú.

El último factor de oposición debe entenderse bajo una doble concepción en el contexto de globalización: oponerse al equipo o a los equipos rivales del equipo propio (lo que permite identificarse y diferenciarse) y oponerse al fenómeno de globalización y mercantilización del fútbol (lo que provoca estar a favor de la integración o en resistencia a los cambios en el fútbol). Por ejemplo, y como veremos más adelante, un hincha limeño podrá convertirse en hincha del F. C. Barcelona por el estilo de juego del club blaugrana y como una forma de insertarse a la globalización; mientras que un hincha oestemidlandés del Wolverhampton podrá convertirse en hincha del Athletic Club Bilbao por su entrega en el campo de juego y como resistencia al sistema mercantil del fútbol. "Siempre seré un hincha acérrimo de los 'Wolves'; pero siempre recordaré mi primer viaje a San Mamés porque, desde esa noche en adelante, Athletic quedó establecido como mi segundo equipo" (Groves 2011: 273). En su autoetnografía, Groves explica cómo se convirtió en hincha del Wolverhampton desde muy pequeño gracias a su pertenencia territorial y por socialización amical y familiar, y cómo ya de adulto tomó la decisión de establecer a Athletic Club Bilbao como su segundo equipo por la política localista del club de solo fichar a jugadores del País Vasco, una victoria vibrante que presenció frente al Valencia C. F. y por simbolizar —en palabras del autor— una resistencia ante la mercantilización y globalización del fútbol.

La globalización

A partir de lo expuesto en párrafos anteriores, podemos deducir que, futbolísticamente hablando, un tercer tipo de identidad territorial ha surgido para ponerse a la par de las identidades barriales y de los Estados nacionales. Frente a dicho fenómeno, hay personas que optarán por retraerse y hacer resurgir sentimientos locales y nacionales, y otros que optarán por integrarse:

> En la modernidad, uno de los aspectos que esta dialéctica unificación/diversificación ha asumido es el debilitamiento de las fronteras nacionales, a las cuales se sobreponen sinnúmero y variados mecanismos de actuación transnacionales. Este proceso, sin embargo, hasta el momento, no eliminó los espacios del Estado-nación, aunque sus fronteras se hayan tornado más porosas. [...] De cualquier forma, son Estados-naciones en un mundo conectado, sometido a mercados transnacionales, penetrados en sus fronteras políticas (Guedes 2009: 168-169).

En este conflicto generado por la globalización, habrá quienes acusen a unos (hinchas) de fundamentalistas y a otros de alienados. Lo que hay detrás son discusiones más amplias en torno a la globalización del fútbol: a) si los "héroes futbolísticos contemporáneos pueden ser héroes nacionales o no, ya que se vuelven figuras del espectáculo, actores globales desterritorializados o reterritorializados en un club europeo" (Alabarces 2013: 40), como Lionel Messi o Neymar Jr., por ejemplo; b) si las identidades se han convertido en mercancías explotadas por la publicidad; o c) si existe la posibilidad de articular tres niveles identitarios donde cada club le permita a uno afirmarse, definir su identidad y dotar de significado parte de su vida.

Pero, ¿qué entendemos por globalización? Robertson ha descrito la globalización como la compresión del mundo en un espacio único, mientras que Rowe considera que el concepto afecta a la compresión del tiempo y el espacio, que vincula localidades que hasta ahora tenían poca conexión directa. En el fútbol, según Giulianotti, "estos procesos han llevado a que los lazos entre los clubes de fútbol y sus comunidades locales se dañen a medida que los clubes buscan nuevos mercados y fanáticos de todo el mundo" (Groves 2011: 270). Siguiendo a Kapuscinski (2003), yo considero a la globalización, desde el paradigma transformacional, como el proceso de revoluciones en la tecnología, la informática y las comunicaciones que producen cambios en las esferas política, económica, social y cultural. Y creo que el cambio cultural más importante que genera la globalización es la localización y el enraizamiento de fenómenos sociales.

Las etapas de la globalización

Robertson/Giulianotti (2006), Miller/Crolley (2007) describieron cinco etapas en la globalización del fútbol. A partir del año 2001, vivimos una sexta etapa, con la consolidación del fútbol como negocio y las primeras Copas del Mundo fuera de Europa y América: Japón-Corea 2002 y Sudáfrica 2010; así como la elección de Qatar 2022. Es la época de los galácticos de Florentino Pérez del Real Madrid y sus primeras giras en China y Estados Unidos, que se expanden por otros equipos y perduran. La supremacía de la UEFA Champions League como principal torneo de clubes y la rivalidad entre el F. C. Barcelona y el Real Madrid también forman parte de este periodo. Desde el nuevo milenio, hablamos de equipos plurinacionales y multiculturales con casos en los que equipos tan tradicionales como el Porto F. C. de Portugal o el Inter de Milán no han alineado a ningún jugador portugués o italiano respectivamente durante un partido (por supuesto que esto es gracias a la ley Bosman[3]); lo cual, según

---

[3] Si bien esta ley se dictaminó en 1995, las reales repercusiones se empezaron a manifestar a partir del nuevo milenio. Puede revisar tres artículos acerca de esta controvertida y famosa ley en los siguientes enlaces: http://www.excelsior.com.mx/adrenalina/2015/12/15/1063443,

Sergio Villena, genera "adhesiones nacionalistas indirectas, sobre todo en los países del sur" (Villena 2014: 328).

La mercantilización del fútbol

La "televisión pay-per-view es uno de los cuatro ingredientes claves identificados en el proceso de mercantilización [del fútbol]" (Giulianotti 2002)[4]. El hecho de que gritos e insultos se produzcan cada vez más con mayor frecuencia detrás de un televisor que en un estadio nos hace preguntarnos si tenemos consumidores o hinchas. Un hincha es el seguidor entusiasta de un equipo de fútbol; aunque puede tener matices. Existen los 1) espectadores que gustan del fútbol más que un solo equipo y son 100% objetivos, los 2) aficionados que van desde una simple adhesión por encima del espectador hasta estar muy involucrados y seguir las noticias, todos los partidos, formar parte de grupos o barras organizadas y 3) el barrista que vive por y para el equipo y cuya mayor parte de tiempo está destinado a seguir al equipo (Celestino 2009, González 2011, Santa Cruz 1991). Aquí estamos estableciendo distintos grados de hinchas que pueden ser reconocidos en cada uno de los equipos y selecciones del mundo; yendo desde el compromiso mínimo hasta el máximo con el equipo.

No obstante, para el análisis de los hinchas transnacionales, resulta más pertinente una taxonomía de acuerdo a las características territoriales, de compromiso y solidaridad entre hinchas. "Los viejos hinchas de la clase obrera —con su 'conciencia futbolística' subcultural centrada en el equipo local, la masculinidad, la participación activa y la victoria— han sido reemplazados por los espectadores 'genuinos' de la clase media y su presunto interés en el fútbol familiar, el espectáculo, la habilidad y la eficiencia performativa" (Taylor 1971, citado en Giulianotti 2002). Raymond Williams y Charles Critcher fueron dos de los primeros investigadores en estudiar las relaciones socioculturales entre individuos o grupos sociales hacia instituciones, identificando tres tipos: miembros, clientes y consumidores (Doidge 2015).

Lamentablemente, hoy es difícil describir a varios clubes de fútbol, especialmente a los grandes equipos de Europa occidental, como instituciones socioculturales. La mayoría se ha convertido en empresas transnacionales (ETN) o,

---

http://www.bbc.com/mundo/noticias/2015/12/151215_deportes_futbol_ley_bosman_20_aniversario_jugadores_jmp y http://elbocon.pe/internacional/la-ley-bosman-que-liberalizo-los-fichajes-en-europa-cumple-20-anos-116087/.

[4] Los otros tres son la creciente popularidad del fútbol, sus lazos cada vez más serpentinos con las empresas y otras instituciones comerciales, y la reducción de la capacidad de los estadios para crear asientos de alto precio.

al menos, funcionan bajo esa lógica. "Entre las ETN en ascenso, ciertamente podríamos enumerar grandes corporaciones de medios y de corporaciones de mercaderías deportivas, pero cada vez más clubes de fútbol como Manchester United, Real Madrid y Juventus poseen características transnacionales en el perfil del consumidor, prácticas flexibles de reclutamiento laboral y la difusión global de simbolismo corporativo" (Giulianotti 2002: 30). Por ello, quizá la siguiente clasificación de Giulianotti sea un poco más pertinente para entender a los hinchas limeños que han surgido.

El investigador escocés propuso una nueva taxonomía de los hinchas de acuerdo a dos ejes continuos cuyos extremos son el consumidor y el hincha tradicional, en el eje "y", y relaciones frías y calientes para con el equipo, en el eje "x", obteniendo de este modo cuatro perfiles: hinchas, aficionados o seguidores, fans y simpatizantes: "Cada categoría evidencia una forma particular de relación espacial con el club. Como tipos ideales, estas categorías permiten grados de variación empírica y diferencia entre sus componentes, por ejemplo en sus manifestaciones relativas de solidaridad fuerte o débil" (Giulianotti 2002: 33). Asimismo, cada uno de los cuatro perfiles busca y obtiene diferentes cosas al seguir a su equipo:

> Los hinchas dan su apoyo a los clubes porque están obligados a hacerlo. El club proporciona al hincha no solo un elemento de identidad personal, sino una representación compleja y viva de la identidad pública del hincha. Los aficionados o seguidores envían varias alianzas a los clubes porque ayuda a mantener y difundir sus sentidos personales de participación en el fútbol. Los fanáticos están motivados a producir relaciones no recíprocas con otras distantes, que son cualitativamente diferentes a las relaciones cara a cara y que promueven una identidad orientada al consumo para unir simbólicamente la división socioespacial. Finalmente, los simpatizantes están motivados para buscar sensación, emoción y así cambiar su mirada a través de clubes, jugadores y naciones. La mayor mercantilización del fútbol y el énfasis en la asociación con el éxito estructura la búsqueda peripatética del simpatizante de equipos ganadores o 'elegantes'" (Giulianotti 2002).

Con esta clasificación, el autor no emite juicio de valor; es decir, no hay "mejores" o "peores" hinchas; lo cual suscribo. Lo que se tiene son diversos tipos de hinchajes de acuerdo a determinadas características como el espacio, el grado de compromiso con el equipo y los niveles de solidaridad entre los miembros de la hinchada.

El caso limeño

En Perú, son conocidos los hinchas de determinados equipos locales como Alianza Lima, Sporting Cristal, Universitario de Deportes, etc. No obstante, hoy se pueden observar hinchas de clubes transnacionales, a los cuales podemos clasificar en tres grupos también: 1) los asociados a peñas y clubes de fans oficiales[5], como la Peña Blaugrana de Lima (PBL), la Peña Madridista Perú Vikingo (PMPV), Inter Club Perú o Juventus Club Perú; 2) los que forman parte de un club de fans como Liverpool Reds Perú, Arsenal Fans Perú, Manchester United Perú, entre otros; y 3) los hinchas de distintos clubes que no se asocian, sino que viven su pasión individualmente o con otros hinchas que tampoco están asociados.

Parte de los ejemplos que me ayudarán a discutir las ideas expuestas hasta el momento se obtuvieron como resultado de una investigación llevada a cabo entre 2015 y 2016[6]. En ella, se aplicaron 120 encuestas: 55 a miembros de la PBL y 65 a hinchas limeños del Real Madrid. Posteriormente, se realizaron tres observaciones participantes durante tres actividades oficiales de la PBL: dos reuniones para ver partidos del F. C. Barcelona y un partido de confraternidad versus la PMPV. Se ampliaron los hallazgos de las encuestas y las observaciones con un grupo focal y cuatro entrevistas grupales (dos a miembros de la PBL y dos a los hinchas del Real Madrid) para, finalmente, realizar cinco entrevistas en profundidad que permitieron conocer algunas particularidades de estos hinchajes.

A nivel sociodemográfico: un perfil de clase

Una de las interrogantes iniciales fue si el fútbol "moderno" es realmente democrático. "Una de las críticas posibles a este punto de llegada, siempre en términos de construcción del campo, es que la mediación del mercado de la cultura reducía las posibilidades de pensar al fútbol en clave de *clase*, básicamente porque, como se sabe, los medios de comunicación operan centralmente diluyendo el conflicto" (Martín Barbero, citado en Rodríguez 2012: 344-345). Sin embargo, a continuación veremos cómo los hinchas transnacionales sí presentan un perfil de clase, cómo los medios juegan su rol en esta "elitización"

---

[5] Reconocidos oficialmente por el club. Normalmente, se les asigna un nombre y número según registro de las actas del club.

[6] Miranda, Renzo (2017). Tesis para optar por el grado de licenciatura en Comunicación para el Desarrollo por la Pontificia Universidad Católica del Perú.

de la audiencia, pero también cómo permiten reafirmar la base identitaria y facilitan la asociación; creándose comunidades de hinchas *glocales*.

El perfil sociodemográfico del hincha limeño de clubes de fútbol transnacionales es de sexo masculino, residente de los distritos de Lima centro[7] y con educación superior privada completa. Entre la totalidad de los encuestados, el 79% son hombres, mientras que solamente un 21% son mujeres. El 70% del total de los hinchas provienen de la denominada Lima centro o moderna. El segundo lugar corresponde a Lima este, con el 16%. El Callao y los conos norte y sur, sumados todos en conjunto, corresponden apenas al 14% del total.

Respecto al nivel educativo, un abrumador 83% estudió en una universidad privada, seguido de un 8% que lo hizo en un instituto superior privado. El 83% con grado de instrucción superior universitaria dista mucho del 23% total de Lima según cifras del Instituto Nacional de Estadística e Informática (INEI 2014); lo que no hace más que reafirmar la hipótesis de asociación entre una mayor posibilidad de generar una identidad por algún club transnacional cuando se pertenece a un nivel socioeconómico alto. Este perfil de clase es curioso, pues coincide con el simpatizante que describe Giulianotti: "Las diferencias de clase sí permanecen, porque el simpatizante tiene el capital económico, cultural y educativo para inspirar un interés cosmopolita en la recopilación de experiencias. […] En consecuencia, las prácticas sociales del simpatizante están cada vez más orientadas al consumo" (2002). Uno de los directivos de la PBL me comentó lo siguiente:

> Los socios de la peña, en general, son personas muy respetuosas. Son personas, por el buen sentido, profesionales o estudiantes responsables. O sea, a qué me refiero: no se hacen socios de la peña gente que patea latas. Hay estudiantes, profesionales. No sé si será por casualidad o porque hay un filtro invisible; pero se hacen socias personas de bien y muy respetuosas. Quizá ese paso lo toman aquellos que tienen un poco más —no de cultura—, pero se sienten más seguros de sí mismos de entrar a un grupo (Marcelo, de la PBL).

Sobre las identidades

El 92% (85% del Barça y 97% del Real Madrid) es hincha de un equipo local con una distribución similar entre Universitario de Deportes, Alianza Lima y Sporting Cristal, los tres clubes más populares y representativos de Perú. El

---

[7] Se trata del conjunto de distritos que concentran a los sectores más acomodados de la ciudad. La mayoría de sus habitantes pertenecen a los sectores A (clase alta) y B (clase media alta) de una escala que va hasta la letra E.

78% (69,1% del Barça y 86% del Real Madrid) se identifican con la selección peruana de fútbol, cifra que, seguramente, ha aumentado tras la clasificación y participación del seleccionado peruano en la Copa del Mundo Rusia 2018 luego de 36 años: "La selección [peruana] es un sentimiento. Siempre he seguido a la selección, incluso, desde chico que no veía nada de fútbol. Al Madrid lo sigo porque me gusta; a la selección la sigo porque es *feeling*, porque soy peruano. Es algo que te nace, como si fuera un símbolo" (Rodrigo, hincha del Real Madrid).

Respecto a los equipos locales y la selección nacional, los factores de adhesión predominantes son la socialización familiar y un simbolismo arbitrario. Los principales factores de adhesión identitarios a los clubes transnacionales son el estilo de juego, el éxito del club, un jugador en específico y el uniforme o los colores del club. En el caso del F. C. Barcelona, un 90,9% de sus hinchas limeños se sienten atraídos por el estilo de juego, mientras que en Real Madrid predomina el éxito del club, con un 61,5%. En suma, queda demostrado que los hinchas limeños actuales tienen amplia capacidad para articular los 3 niveles identitarios: "Digamos, por esos tres lados: Barça, Perú y [Sport] Boys[8] tengo un sentimiento. Por ejemplo, el Barça ganó la Champions, le metió tres a Juventus y yo boté lágrimas. En el 2009, el [Sport] Boys le ganó 3-2 a Cobresol. Le volteó el partido en los últimos 5 minutos y lloré abrazado con mi papá y con mi abuelo. El día que Perú perdió con Chile hace poco, lloré; pero lloré de rabia por haber perdido" (Miguel, de la PBL).

No obstante, el contexto del fútbol globalizado puede generar el efecto inverso, un vacío identitario en algunos hinchas:

> En 1999, cuando el Manchester United se convirtió en el primer club inglés en 15 años en ganar la Liga de Campeones, quedé encantado. Eran un equipo inglés que ganó la competición de clubes más importante de Europa. Para mí fue solo una extensión de apoyar al equipo nacional. En 2008, cuando lo ganaron nuevamente, realmente no me importó, excepto por el hecho de que eso significaba que Chelsea, a quien vencieron en la final, no lo hizo. Simplemente ya no había ese sentido de identificación (Groves 2011: 270).

Esa dificultad de identificación se explica en la transición de alinear a 5 promesas del fútbol inglés frente a dos o tres veteranos entre la consecución de un campeonato y otro. También por la gesta que implicaba salir victorioso de un torneo relativamente más parejo en el que hoy el dinero ha pervertido dicha paridad. Lo contrario sucede con América Latina: los aficionados latinoamericanos ven cada día más cómo sus principales ídolos migran al fútbol europeo

---

[8] El Sport Boys es el club más popular de la provincia constitucional del Callao, principal puerto del Perú.

a temprana edad para formar parte de los clubes más poderosos del mundo, generando las adhesiones indirectas de las que hablaba Sergio Villena.

Medios de comunicación e identidades

Mientras que en 1999 podía resultar más fácil ver la final de la Liga de Campeones de Europa en Lima, las nuevas generaciones no han tenido la oportunidad de ver los partidos de ligas extranjeras por canales de señal abierta. Hoy, se ha convertido en un privilegio de quienes tienen acceso a señal satelital: "Si [el partido] es [transmitido] en DirecTV, yo lo veo en T.G.I. Fridays", explica Carlo, fan del Real Madrid, mientras Rolando aclara: "Yo me saqué DirecTV solamente para ver los partidos del Barça. A mí me llaman para ofrecerme paquetes y yo les digo que no me interesa. Ya puedo ver los partidos del Barça; para qué más. No me importan las películas. Yo me he hecho de DirecTV solo para ver los partidos del Barça. No me ofrezca más" (Rolando, de la PBL).

Y, en muchos casos, los medios de comunicación no son el medio, sino el mensaje para reafirmar su identidad por el club: "Yo no tengo DirecTV en casa. Entonces, de pasada que practico, yo escucho [los partidos] en catalán a través de Catalunya Radio. Yo lo sigo directamente a través de Internet. Si por allí lo pasan y puedo cogerlo de una buena señal de internet, por ahí lo veo y bacán. Pero hay veces que se corta. En mi oficina utilizo la web de la UEFA cuando [el F.C. Barcelona] juega Champions" (Silvana, de la PBL).

Sobre la asociación

Los socios de la PBL describen a la peña como el lugar en el que "compartir su afición por el equipo del cual son hinchas" (98,2%) y para "ver los partidos de fútbol" (61,8%). "Hacer amigos" ocupa el tercer lugar, con un 36,4%, mientras que "practicar actividades deportivas" y "realizar actividades de ayuda social" aparecen más atrás, con un 29,1% y un 21,8% respectivamente. Compartir su afición con otros hinchas es la actividad más importante.

El ver los partidos de fútbol es la segunda en mayor importancia que, si se compara con los menores porcentajes de practicar algún deporte o realizar obras sociales, se entiende como una pasividad del socio que todavía no se acerca mucho al ideal de representar los valores del Barça. Con las peñas oficiales, el sentir de la asociación es global:

Una de las actividades que el club motiva que siempre se dé es el contacto inter-peñas. Yo, por ejemplo, voy a viajar a la China. Me voy a Shangai. '¿Habrá peña en

Shangai?'. Agarro mi aplicativo FCBPenyes, ahí o por internet tú te enteras si hay una peña. Buscas su correo y les escribes. Pones: 'Hola, soy tal, de la Peña Perú y voy a viajar'. 'Te esperamos', —te contestan—. La dirección es tanto, tu base es tanto y te reciben como hermano. Tú les llevas de recuerdo un pin, un banderín. Ellos te regalan cosas. Se toman fotos y la pasas bacán; porque a un país que en tu vida has ido, que te reciban así como familia es muy bonito. Yo estuve en la peña Cerclé Catalá de Madrid. Ahí vi un partido de Champions con ellos en su local en Madrid (Marcelo, de la PBL).

Para los hinchas limeños del Real Madrid, la acción más importante es "ver los partidos de fútbol". Del total de madridistas encuestados, 48% lo hace solo y el 52% acompañado (26% con amigos, 15% con familiares y 11% con otros hinchas del Real Madrid), lo que evidencia una mayor preferencia por ver los partidos con otros hinchas:

> No me gusta ver los partidos solo. Siempre me gusta juntarme con gente o ir a un lugar donde hay gente, como un restaurante. Antes, cuando pasaban los partidos en [ambientes de la Pontificia Universidad] Católica [del Perú] (él es estudiante de esa universidad), iba allá. Y es diferente porque es gente que no se conoce apoyando al mismo equipo. Se siente la buena vibra, la ilusión de todos. Siempre me ha gustado verlo en grupo (Juan, hincha del Real Madrid).

3.5. Los medios de comunicación y la asociación

Es innegable que, actualmente, las nuevas tecnologías permiten la creación de vínculos entre hinchas capaces de interactuar en tiempo real durante un partido mediante redes sociales u otros dispositivos (Villena 2014: 332). En realidad, ya lo venían haciendo desde varios años atrás, tal como le ocurrió a la PBL con el navegador Netscape:

> En realidad, era un grupo que participábamos en uno de los foros más activos que había del Barcelona que existe hasta ahora [sic]: webdelcule.com. Te estoy hablando de las épocas en que nadie le daba bola al Barça. Nos juntábamos —era muy raro ubicar a otro peruano que fuera del Barça— y coincidimos en esta página web con dos chicos más peruanos y una vez soltamos la idea. Así empezamos a contactar al club. Yo envié un mensaje al club consultando cuáles eran los requisitos y registramos el interés. Y cuando estábamos en ese trámite, nos contactó un chico catalán que estaba haciendo lo mismo y que vivía -era casado con peruana-, digamos, viajaba y vivía entre Lima y Barcelona por negocios (Alberto, de la PBL).

Es innegable las aportaciones de los medios de comunicación y las redes sociales para facilitar el intercambio y contacto entre hinchas: "Se amplía la 'comunidad fútbolera en anonimato' más allá de las fronteras nacionales para dar lugar a comunidades transnacionales de aficionados virtuales" (Villena 2014: 333). Así lo cuenta Marcelo:

> Me gustaría mencionar que también nos hemos contactado con gente de provincias en Perú. Me han contactado de Tingo María, Lambayeque, La Libertad. Hinchas "x" por mensaje, por inbox a la *fanpage*, haciéndome saber que en sus ciudades hay hinchas culés; por ahí me mandan fotos, y yo los he invitado aquí a que vengan, que nos busquen en Lima, y me he dado cuenta que hay mucho por hacer. Tenemos varios socios en Trujillo, Chiclayo, Arequipa, Cusco. Se han hecho socios por Internet. Tenemos socios de Estados Unidos; en España, varios (Marcelo, de la PBL).

En suma, los medios de comunicación no solo permiten el contacto entre peñas o grupos de aficionados a nivel mundial, sino que fortalecen la cohesión organizacional de cada comunidad en un territorio determinado.

Conclusiones

La primera conclusión es que, a nivel de audiencias, existe un perfil sociodemográfico del hincha limeño del fútbol transnacional actual, cercano a lo elitista. La segunda conclusión es que los aficionados limeños articulan tres niveles identitarios: local, nacional y global. Esto se produce gracias a la desterritorialización de las audiencias y la característica posmoderna del sujeto para engancharse y desengancharse con distintos acontecimientos e identidades muy fácilmente. La tercera conclusión es que el fútbol sigue siendo un fenómeno eminentemente asociativo. Como cuarta conclusión, podemos afirmar que los medios de comunicación contribuyen a la difusión de la peña, la interacción entre hinchas y a que los clubes puedan captar más adeptos. Nuevos dispositivos como *smartphones*, las redes sociales virtuales y medios de comunicación *online* permiten que se formen comunidades *glocales* alrededor de identidades desterritorializadas y transnacionales.

Futuras investigaciones, como se mencionó líneas arriba, deben buscar actualizar los perfiles de hinchas a nivel local, nacional y transnacional para comparar diferencias y similitudes entre ellos y analizar las nuevas conformaciones, los nacionalismos de mercado y la validez del hinchaje transnacional. Asimismo, realizar trabajos comparativos regionales para comprender los motivos en contextos distintos según cada país y también a niveles continentales.

Finalmente, la existencia de estos nuevos perfiles de hinchas debe llevarnos a reflexionar sobre las implicaciones del fútbol moderno o fútbol espectáculo que la FIFA intenta imponer: resistencias e integraciones. Pero también, a comprender las relaciones de poder detrás de esta lógica mercantil.

Bibliografía

APPADURAI, Arjun (2001): *La modernidad desbordada. Dimensiones culturales de la globalización.* Montevideo: Trilce.

CARRIÓN, Fernando (2006): *El fútbol como práctica de identificación colectiva. Área de candela, fútbol y literatura.* Quito: FLACSO.

DOIDGE, Mark (2015): "*Il Calcio* as a Source of Local and Regional Identity", en Udo Merkel (ed.): *Identity, Discourses and Communities in International Events, Festivals and Spectacles.* London: Palgrave Macmillan, pp. 37-53.

KAPUSCINSKI, Ryszard (2003): *Los cinco sentidos del periodista (estar, ver, oír, compartir, pensar).* Ciudad de México: Fondo de Cultura Económica/Fundación Nuevo Periodismo Iberoamericano.

MILLER, Rory/CROLLEY, Liz (2007): *Football in the Americas: Fútbol, Futebol, Soccer.* London: Institute for the Study of the Americas.

OLIVEN, Rubén G./DAMO, Arlei S. (2001): *Fútbol y cultura.* Bogotá: Norma.

ROBERTSON, Roland/GIULIANOTTI, Richard (2006): "Fútbol, globalización y glocalización", en *Revista Internacional de Sociología (RIS),* vol. 64, n° 45, pp. 9-35.

RODRÍGUEZ, María Graciela (2012): "¿Qué es un campo, y tú me lo preguntas?", en Juan Branz/José Garriga Zucal/Verónica Moreira (eds.): *Deporte y ciencias sociales: claves para pensar las sociedades contemporáneas.* La Plata: EULP, pp. 337-362.

SANTA CRUZ, Eduardo (1991): *Crónica de un encuentro. Fútbol y cultura popular.* Santiago de Chile: ARCOS.

VILLENA, Sergio (2014): "El fútbol, territorio (local, nacional, global) de pasión y de tedio", en Fernando Carrión/María José Rodríguez (eds.): *Luchas urbanas alrededor del fútbol.* Quito: 5ta. Avenida .

Sitios web y periódicos

ALABARCES, Pablo (2011): "Veinte años de ciencias sociales y deportes, diez años después", en *Revista da ALESDE,* vol. 1, n° 1, pp. 11-22. <http://revistas.ufpr.br/alesde/article/view/22598/15148> (26-09-2017).

CALDERÓN, Luis (2014): "El fútbol mexicano como representación de poder e identidad", en *Pacarina del Sur,* vol. 5, n° 18. <http://www.pacarinadelsur.com/home/mascaras-e-identidades/893-el-futbol-mexicano-como-representacion-de-poder-e-identidad> (18-08-2015).

CELESTINO, Teresa (2009): "Globalización y origen de las barras La Adicción y Los Libres y Lokos", en *Razón y Palabra*, n° 69. <http://www.razonypalabra.org.mx/GLOBALIZACION%20Y%20ORIGEN%20DE%20LAS%20BARRAS%20LA%20ADICCION%20Y%20LOS%20LIBRES%20Y%20LOKOS.pdf> (24-02-2018).

GIMÉNEZ, Gilberto (1996): "Territorio y cultura", en *Estudios sobre las culturas contemporáneas*, vol. 2, n° 4, pp. 9-30. <http://www.redalyc.org/pdf/316/31600402.pdf> (19-12-2017).

GIULIANOTTI, Richard (2002): "Supporters, followers, fans and flaneurs: a taxonomy of spectator identities in football", en *Journal of Sport and Social Issues*, vol. 26, n° 1. <https://dspace.lboro.ac.uk/2134/15506> (19-03-2018).

GONZÁLEZ, Rayco (2011): "El espectador deportivo y la construcción de la identidad cultural", en *Nómadas. Revista Crítica de Ciencias Sociales y Jurídicas*, vol. 29, n° 1. <https://revistas.ucm.es/index.php/NOMA/article/viewFile/NOMA1111140027A/25615> (12-03-2018).

GROVES, Mark (2011): "Resisting the globalization, standardization and rationalization of football: my journey to Bilbao", en *Soccer & Society*, vol. 12, n° 12, pp. 265-278. <https://doi.org/10.1080/14660970.2011.548362> (02-04-2018).

GUEDES, Simoni Lahud (2009): "Las naciones argentinas y brasileña a través del fútbol", en *Vibrant Virtual Brazilian Anthropology*, vol. 6, n° 2, pp. 167-185. <http://www.redalyc.org/articulo.oa?id=406941908009> (23-03-2018).

PANFICHI, Aldo (2013): "Sociología de la violencia en el fútbol peruano". <http://blog.pucp.edu.pe/blog/wpcontent/uploads/sites/38/2013/10/violenciaenelfutbol_panfichi.pdf> (15-03-2018).

QUITÁN, David (2014): "Estudios sociales del deporte en América Latina en clave colombiana: alumbramiento y pubertad", en *Revista Universitaria de la Educación Física y el Deporte*, vol. 7, n° 7. <http://iuacj.edu.uy/uploads/publicaciones/revistas/Revista_Universitaria_de_la_Educacion_Fisica_y_el_Deporte_N%C2%BA_7,_noviembre_2014.pdf> (27-09-2017).

TERCERA PARTE

PODER POLÍTICO

Este capítulo se dedica al estudio del campo de fútbol como un campo político en el que interfieren actores gubernamentales y no gubernamentales a nivel local, regional, nacional, continental y global. En cuatro ensayos se arroja luz sobre actores individuales y colectivos seleccionados con el fin de visibilizar las medidas específicas a partir de las cuales tratan de aumentar su posición en y a través de este campo.

El recorrido continental desde la llegada del fútbol europeo a América Latina a finales del siglo XIX hasta la primera década del siglo XXI, presentado por Stefan Rinke, rompe con el mito de una edad de oro del fútbol latinoamericano, que lo concebía como un deporte "limpio". Muestra, más bien, que las luchas por la supremacía en las canchas en América Latina se iniciaron entre las federaciones regionales y la mundial FIFA antes de que las apropiaciones identitarias por diferentes gobiernos nacionales tuvieran lugar. Sus microperspectivas, puestas en diferentes gobiernos nacionales de los siglos XX y XXI, revelan que el fútbol sigue siendo un elemento esencial en el programa de cualquier político con aspiraciones en América Latina.

El artículo de Peter J. Watson confirma este análisis para el proceso de pacificación del conflicto nacional colombiano. Su análisis del contenido lingüístico y estético de los *twits* presidenciales de Juan Manuel Santos (2010-2018) sobre el fútbol revela la intención de fortalecer una afiliación psicológica y emotiva de la población colombiana con la nación, promover el mensaje político de paz y unidad y usar el fútbol como tiempo y espacio aceptable para la inclusión de las FARC como parte de la comunidad imaginada nacional, además de estimular el optimismo y el orgullo nacional.

Rosana da Câmara Teixeira explora las dinámicas de movilizaciones colectivas alrededor de megaeventos globales en América Latina como la Copa del Mundo (2014) o los Juegos Olímpicos (2016) en Brasil. Al enfocarse en la Federación de Aficionados Organizados de Río de Janeiro y la Asociación Nacional de Aficionados Organizados, ella concibe las contradicciones provocadas por el proceso de una 'elitización' del fútbol comercializado como el caldo de cultivo favorable para la constitución de movimientos colectivos de resistencia contra el poder gubernamental directivo. Muestra cómo, en base a sus estatutos, aprendieron a concebirse como entidades jurídicas para prevenir su penalización.

A través de los casos concretos de Colombia y México, Günther Maihold entiende la cancha como el reflejo regional de una lucha permanente por la supremacía del Estado. Revela cómo el fútbol ha sido vía para el lavado de dinero proveniente del tráfico de drogas, así como el espacio propicio para el crimen organizado y fuente de reconocimiento social para narcotraficantes. De esta manera, enfatiza en la inestabilidad social de las posiciones que los jugadores siguen adoptando.

Fútbol y política/política y fútbol: aspectos históricos de unas relaciones peligrosas

Stefan Rinke

Introducción

Hacia la segunda mitad del siglo XX, el fútbol distaba de ser un objeto de reflexión. En los medios académicos era ignorado o despreciado por ser considerado un tema menor que no merecía ser problematizado. Solo un puñado de periodistas deportivos reflexionaba sobre este deporte en clave memorialista y escribía historias de clubes de fútbol marcadas por un tono casi épico, similares a las de los historiadores locales que no dudan en celebrar la historia siempre gloriosa de una ciudad o un pueblo. Esas historias del fútbol escritas por periodistas deportivos ofrecen narrativas amenas que, sin embargo, aplanan y simplifican el pasado (Mazzoni 1950, Lorenzo 1955). A pesar de ello, son fuentes de datos y detalles imprescindibles al momento de emprender lecturas más contextualizadas del fenómeno del fútbol, en particular del fútbol profesional, tanto pasado como presente.

Fue en las últimas dos décadas cuando los intentos por problematizar el fútbol comenzaron a dar frutos y lo transformaron en un campo de estudios muy dinámico que va más allá de la historia de los clubes y el fútbol profesional. Historiadores, sociólogos, etnógrafos, politólogos, escritores, críticos culturales, especialistas en medios de comunicación y gestores de grandes organizaciones han estado impulsando la renovación de los estudios sobre el fútbol (Arbena 1988, Bourdieu 1986, Elias/Dunning 1986; Guttmann 1994, Huizinga 1938, Lever 1983). No debe sorprender entonces que hoy, en el siglo XXI, pocos se animen a cuestionar a quien afirme que el fútbol es mucho más que un deporte. Estas nuevas perspectivas le fueron dando forma a distintas miradas históricas relacionadas con las dimensiones socioculturales del deporte más popular de todos los tiempos.

Este artículo trata una sola dimensión de este fenómeno, la cual es, no obstante, una dimensión central: la política. No tengo tiempo para definir aquí exactamente lo que significa política y en qué sentido se distingue de otras dimensiones de la vida humana (ver Rinke 2007). Mis preguntas centrales son: ¿hubo una época "dorada" en la que el fútbol todavía era inocente? ¿Cuándo perdió entonces su "virginidad"? ¿Y qué pasó después del "pecado original"? ¿Es el deporte solo un juguete al servicio de intereses políticos?

Obviamente se podrían escribir tochos al respecto y se han escrito, de hecho, varios libros de muchas páginas —más o menos buenos— sobre el asunto. Voy a concentrarme entonces en algunos casos ejemplares que abarcan el período que va desde el comienzo del fútbol en América Latina hasta la actualidad.

Aquí voy a hablar primero sobre la creación de la primera unión sudamericana; segundo, sobre la llamada guerra del Fútbol; tercero, sobre el deporte bajo las dictaduras y, finalmente, sobre la situación actual.

La creación de la primera unión sudamericana

El deporte moderno llegó de Europa a América Latina a finales del siglo XIX. En este sentido, los comerciantes, navegantes y empresarios europeos también fueron los emisarios de la Modernidad. Los primeros fueron los trabajadores del sector comercial y los técnicos ingleses, cuando Inglaterra era la potencia hegemónica en Latinoamérica. La historia temprana del fútbol en Latinoamérica es una historia de transferencia cultural, ya que formó parte de la ola de globalización e integración de Latinoamérica en el mercado mundial capitalista (Eisenberg 1999).

Esta integración no fue en absoluto impuesta. Desde el punto de vista de los grupos oligárquicos dominantes, el desarrollo "a la inglesa" era considerado absolutamente indispensable para alcanzar un estadio de civilización y alejarse de la barbarie, supuestamente inherente a las sociedades latinoamericanas étnicamente diversas. En esa época, también se buscaron nuevas formas de sociabilidad y el ejemplo inglés del club de caballeros era visto como un modelo digno de imitación (Carmagnani 1984).

A partir de 1904 los equipos ingleses aprovecharon la pausa de invierno para ganar dinero en giras por Sudamérica. Los partidos con los equipos locales se transformaron en una gran atracción para el público. Como estos equipos ingleses eran en parte profesionales, ganaron numerosas veces por mucha diferencia. Pero, con el tiempo, la distancia se fue reduciendo. Muchos términos del inglés se incorporaron a las variantes latinoamericanas del español y portugués. ¿Se trataba entonces de una "penetración pacífica"?

Esta idea se contradice con el hecho de que el proceso de criollización del fútbol se inició muy temprano. En las sociedades con mucha inmigración era, por lo general, casi imposible mantener la separación por nacionalidad, de modo que los elitistas clubes ingleses pronto permitieron el ingreso de los grupos de latinoamericanos socialmente cercanos a ellos. Además, los latinoamericanos aficionados al deporte crearon sus propios clubes de fútbol, los cuales imitaban el ideal inglés (Taylor 1998).

Después de sus humildes inicios, a finales del siglo XIX, en el siglo XX el fútbol latinoamericano se desarrolló rápidamente hasta convertirse en un factor de peso en la competencia por la atención a nivel internacional. El éxito que tuvieron los equipos de fútbol latinoamericanos desde muy temprano y el hecho de que dieran la talla e incluso pudieran vencer a los europeos que habían creado el deporte —especialmente a los ingleses— les hizo obtener resultados positivos en la escena global (Mason 1995: 15-27).

El Movimiento Olímpico nació a finales del largo siglo XIX, una era que había creado una nueva economía global, industrial y capitalista, y nuevas redes de comunicación, en un mundo, no obstante, fracturado por imperialismos rivales. En este contexto, el Comité Olímpico Internacional y la FIFA pueden ser vistos como dos de los muchos cuerpos internacionales —como la Cruz Roja o la Fundación Nobel— que emergieron con una misión mundial en los años previos a la Gran Guerra (Fanizadeh *et al.* 2005). En el caso del Movimiento Olímpico, esto se combinó con una amalgama de las nuevas culturas deportivas de élite que estaban surgiendo en Europa y América. Es igualmente importante que, en sus primeros años, los Juegos se sostenían gracias a su asociación con las Ferias Mundiales, las cuales se habían convertido en nodos centrales de un entramado de interacción económica y cultural cada vez más complejo. En ellas se exhibían las nuevas tecnologías, los estilos artísticos y los productos comerciales del momento, no solo para una audiencia local, sino también para un público internacional y, entre 1900 y 1908, incluyeron los Juegos Olímpicos. A diferencia de los demás deportes olímpicos, el fútbol no contaba con alguien que los impulsara al interior del COI, por lo que fue un deporte no oficial hasta 1908 y un asunto meramente europeo y *amateur* hasta los juegos de Amberes en 1920 (Goldblatt 2006: 112).

Durante la Primera Guerra Mundial, muchos intelectuales, frustrados con la matanza que ocurría en Europa, instaron a una mayor unión al interior de América Latina. El gran autor uruguayo, José Enrique Rodó, dijo en 1916, desde Roma, que la hora de la unidad latinoamericana había llegado (Rinke 2017: 253). Justo ese año el fútbol puso la primera piedra para la integración. Por primera vez, las selecciones de Argentina, Brasil, Chile y Uruguay se enfrentaron en el Campeonato Sudamericano de Fútbol —hoy en día la Copa América—. La fecha no fue coincidencia, Argentina celebraba su centenario. El 9 de julio de 1916, las cuatro federaciones presentes fundaron la Confederación Sudamericana de Fútbol, CONMEBOL, por iniciativa del uruguayo Héctor Rivadavia Gómez, un político influyente del Partido Colorado, presidente de los Montevideo Wanderers y delegado de la liga de fútbol de Uruguay (Santa Cruz 1996: 51).

En los años siguientes, los demás países sudamericanos se unirían a la primera confederación continental de fútbol, sentando un ejemplo que los europeos no seguirían sino hasta los años cincuenta, con la creación de la UEFA. A partir de ese momento, los latinoamericanos tuvieron un papel de liderazgo al interior de la federación mundial, FIFA, fundada ya en 1904, lo cual se vio reflejado en la decisión de hacer la primera Copa del Mundo en Uruguay. Latinoamérica o, más exactamente, Sudamérica, marcó la pauta en los torneos internacionales de fútbol de la época. Los políticos latinoamericanos se habían dado cuenta del potencial del fútbol para la movilización de votantes y lo usaron con este fin. No obstante, el fútbol era además un elemento que se prestaba, como ningún otro, para presentar a la nación en el escenario mundial, pues los equipos del sur eran invencibles (Armus/Rinke 2014: 10-11).

Compararse directamente con los viejos maestros europeos fue crucial para la creciente conciencia latinoamericana. La primera oportunidad para hacerlo se presentó en las Olimpiadas de París en 1924. En ese torneo participó por primera vez un equipo latinoamericano, el de Uruguay, el cual dominó y ganó la competencia con toda claridad. Las formas de juego sudamericanas, que superaban en elegancia a las de los europeos, provocaron incluso la euforia de los comentaristas europeos. Tras ese éxito, se invirtieron en cierto modo los mundos: los europeos ya no viajaban a Latinoamérica para hacer presentaciones, sino que equipos como Nacional de Montevideo o el AC Paulistano hacían exitosas giras en Europa que duraban meses. Ya en las Olimpiadas de Ámsterdam, en 1928, el predominio de los sudamericanos era bastante aplastante. Además de Uruguay, defensor del título y favorito, participaron por primera vez Argentina y Chile. En el partido final, Uruguay venció a Argentina 2 a 1. Otro triunfo de los uruguayos en el primer campeonato mundial de 1930, esta vez en su país natal, confirmaría claramente esta tendencia (Mason 1995: 31-42).

Por otra parte, al privilegiar el fútbol, en América Latina se seguían una vez más discursos originados en Europa. El discurso europeo eugenésico y de salud del pueblo se tradujo en la concepción del deporte como medio para el mejoramiento del "cuerpo del pueblo" y para el fortalecimiento militar de las masas. De esta forma, el deporte se convirtió en los años veinte y treinta en un elemento de la política nacionalista, si bien no de la misma forma que en la extrema derecha italiana y alemana (Santa Cruz 1996).

Desde muy temprano, el fútbol fue visto por los políticos latinoamericanos como un importante elemento propagandístico. En ello confluyeron distintos factores. En el primer tercio del siglo XX, es decir, en el mismo período en el que el fútbol inició su entrada exitosa en Latinoamérica, la región experimentaba una primera ola de urbanización, ascenso de las clases medias y desarrollo de nuevos medios que se servían especialmente de recursos visuales. Políticamente, lo anterior estuvo acompañado del ascenso del populismo clásico, el cual celebró sus triunfos desde fines de los años veinte, primero en Perú y, después, en Chile, Brasil y Argentina (Rinke 2002).

La forma como se aprovechó el potencial de movilización del nuevo deporte puede verse ya en la primera década del siglo XX, cuando los festejos del centenario de la independencia fueron opacados en muchos países por torneos de fútbol (Villar 2004: 306). Para ese entonces ya había estrechos lazos entre los funcionarios de las federaciones de fútbol y la política. Después de la Primera Guerra Mundial, cuando los equipos latinoamericanos celebraban éxitos internacionales, los presidentes de muchos países de la región se engalanaban con estos triunfos. En Brasil, esto era práctica habitual desde los años veinte, pero fue Getúlio Vargas quien perfeccionó el sistema. Durante su gobierno, el fútbol fue utilizado activamente como fuente de orgullo nacional y como recurso para promover la integración nacional contra el poder de los Estados particulares (Da Silva Drumond Costa 2006: 107-15). La funcionalización del deporte fue similar en Argentina durante el gobierno de Perón, quien utilizó expresamente el fútbol para movilizar a las masas a promover agendas como la higiene pública y, en 1953, proclamó el día de la primera victoria contra la selección inglesa como el "Día del Futbolista" (Scher 1996: 193).

La guerra del fútbol

La capacidad del fútbol para profundizar animosidades internacionales no es un fenómeno puramente latinoamericano, pero en América Latina dio lugar a una verdadera guerra, aunque de corta duración. El 8 de junio de 1969 hubo en Tegucigalpa un partido de calificación para el Mundial en el que se enfrentaron Honduras y su país vecino, El Salvador. El equipo visitante fue tratado mal y los hinchas se encargaron de que los jugadores no pudieran dormir por las noches. Al final, El Salvador perdió el juego 0 a 1, lo cual causó ataques furiosos por parte de la prensa de este país. Una mujer se suicidó supuestamente a causa de la indignación que le provocó la vergüenza ocasionada a su patria.

En el segundo partido, que se realizó poco después en El Salvador, el ambiente estaba sobrecargado. La selección hondureña se vio a punto de sufrir un linchamiento popular. El ejército salvadoreño rodeó el estadio, pero no hizo nada para proteger a los visitantes. El himno nacional de Honduras fue abucheado. En lugar de la bandera nacional hondureña, que había sido quemada por los hinchas, fue izado un trapo. Los hinchas visitantes fueron agredidos físicamente y dos de ellos asesinados. El juego finalizó 3 a 0 a favor de El Salvador. En los días siguientes la cuestión escaló en la prensa y el 14 de julio empezó efectivamente una guerra que duró apenas unas 100 horas, pero les costó la vida a entre 3 000 y 6 000 personas y dejó 50 000 desplazados (Carías/ Slutzky 1971, Martz 1978).

Naturalmente, el partido de calificación fue solo el desencadenante de una guerra, causada por problemas socioeconómicos, que venía anunciándose desde hacía mucho tiempo. Por una parte, en el marco del Mercado Común Centroamericano, Honduras había acumulado entre 1958 y 1960 un déficit comercial con El Salvador, el cual había provocado descontentos a nivel gubernamental. Por otra parte, desde hacía mucho tiempo, decenas de miles de salvadoreños pobres buscaron trabajo y tierras en Honduras. Cuando llegó la escasez de tierra apta para la agricultura en Honduras, hubo incidentes xenófobos. En junio de 1969, el gobierno de Honduras reaccionó al problema de los refugiados con una ley especial que prohibía a los salvadoreños la adquisición de tierra. Esta es la situación que explica el inicio de la guerra. Sin embargo, no deja de ser significativo que el motivo fuese un partido de fútbol (Anderson 1981).

Deporte y dictadura

Con los golpes de Estado que tuvieron lugar a partir de 1964, la apropiación del fútbol por parte de la política alcanzó una nueva dimensión.

La presencia de manifestantes en contra de Pinochet en las tribunas del Mundial de Alemania en 1974 nos recuerda que la Copa del Mundo autoritaria y dirigida por el Estado, tipificada por la de Italia en 1934, no había desaparecido. En 1970 México todavía era un Estado altamente autoritario y con un solo partido. Cuando Argentina fue sede de la Copa del Mundo en 1978 era gobernada por la Junta Militar que había tomado el poder en 1976, tras remover a Isabel Perón. El golpe de Estado del 24 de marzo de 1976 no fue el primer golpe de Estado de la historia de Argentina, pero ciertamente fue el más sangriento. En nombre de la "Doctrina de Seguridad Nacional" y la batalla contra la "subversión", decenas de miles de ciudadanos fueron secuestrados, encarcelados, torturados y asesinados. En 1978, en la víspera del Mundial en Argentina, la magnitud de los crímenes de terrorismo de Estado por parte de la dictadura militar ya no era un secreto. Incluso el gobierno de Estados Unidos, encabezado por Jimmy Carter, el líder del partido demócrata, se había unido a quienes criticaban abiertamente las continuas violaciones de derechos humanos por parte de la Junta Militar. Fue en estas circunstancias que Argentina sería sede del Mundial, un evento en el que los altos mandos militares, que estaban en el poder, aprovecharon para mostrarle tanto al mundo como a la población local la imagen de un país desarrollado y organizado bajo un gobierno militar eficiente. Se preparó una recepción bien orquestada para asegurarse de que los turistas, periodistas y jugadores pudieran ver con sus propios ojos lo pacífica, amigable y moderna que era Argentina (Gilbert/Vitagliano 1998).

Con la represión despiadada de sus opositores domésticos de fondo, la Junta argentina destinó cerca de un cuarto del presupuesto estatal a sus propios salarios y a la infraestructura necesaria para los torneos, por no mencionar el vasto apoyo al régimen peruano, cuyo equipo perdió estrepitosa y convenientemente en la segunda ronda. El testimonio de un sobreviviente del Plan Cóndor avala la teoría de que el resultado del partido, en el que Argentina terminó goleando 6-0 a Perú, fue un acuerdo entre las cúpulas militares de ambos países para mejorar la imagen de la dictadura, cuestionada por sucesivas violaciones a los derechos humanos (Rein 2014: 241-242). El general Videla habló con la selección argentina antes del inicio del campeonato y les dijo, como un comandante les dice a sus tropas antes de la batalla, que ganarían.

El fútbol siguió siendo un elemento simbólico central en la vida diaria argentina, a pesar de la tensa atmósfera que se vivía en el país. El primero de junio, mientras se inauguraba el Mundial, las Madres de la Plaza de Mayo organizaron una protesta a gran escala en la plaza de Mayo, ante montones de periodistas internacionales presentes para cubrir las emotivas manifestaciones. Si bien la Junta Militar quería poner el fútbol en primer plano, las Madres de la Plaza de Mayo usaron la vitrina de la Copa del Mundo para mostrarle al mundo las atrocidades del gobierno de Videla.

Sin embargo, los generales se propusieron utilizar sistemáticamente el Mundial de 1978 en Argentina. En efecto, el primer título argentino como campeón mundial desencadenó un enorme entusiasmo en todo el país. No obstante —y esto ha sido señalado en repetidas ocasiones— no todos los argentinos celebraron conforme a las expectativas de los militares (Gilbert/Vitagliano 1998).

Los militares tenían en mente un concepto monolítico de identidad nacional cuando pusieron en marcha su "política de fútbol", para la cual recurrieron a los aspectos emocionales habituales. Al menos desde las primeras victorias espectaculares en el extranjero en los años veinte, los futbolistas latinoamericanos se convirtieron en populares héroes nacionales que eran galardonados por presidentes y cuyos retratos adornaban las estampillas. El club AC Paulistano, que había triunfado en Europa, tuvo desde los años veinte su desfile y su monumento. Sobre todo en Brasil, la identidad nacional pronto dejó de ser concebible sin el fútbol (Guedes 1998). Poco después de que la Seleção obtuviera su histórico tercer título de campeón mundial en 1970, una encuesta realizada entre las clases de la población dio por resultado que el 90% de los encuestados opinaban que el fútbol podía ser identificado con la nación brasileña. Sería interesante volver a hacer esta encuesta después de los famosos "goles da Alemania" de 2014.

Esta relación puede ilustrarse de forma particular con el fútbol mexicano. Las "Chivas" de Guadalajara tienen solamente jugadores mexicanos entre sus filas, mientras que en el América, el rival nacional de la capital, juegan muchos extranjeros. De acuerdo con el antropólogo Fábregas Puig, allí se refleja el conflicto fundamental de la historia nacional mexicana: "El partido entre el América y el Guadalajara significa también ese enfrentamiento que está presente en la historia mexicana, entre una parte de la sociedad que pugna por afianzarse en su historia propia y otra que desconoce o le resta valor a lo anterior" (Fábregas Puig 2001: 73). Desde la perspectiva de un historiador esto es una visión muy simplista, pero muy popular, de la historia de este país.

Fútbol y política en el siglo XXI

En los primeros años del siglo XXI, la frágil e incompleta transición de Latinoamérica a la democracia alcanzó un momento definitivo, ya que el poder estaba siendo transferido pacíficamente de gobiernos derrotados en las urnas a oposiciones victoriosas. Muchas de estas oposiciones estaban conformadas por partidos con tendencia hacia la izquierda o coaliciones de la izquierda, cuyo ascenso inicial al poder había sido impedido por el gobierno militar en los años setenta. Lula gobernaba en Brasil, mientras que el Palacio de la Moneda de Santiago de Chile era sede de una coalición de centro-izquierda. El Frente Amplio llegó al poder en Uruguay y Hugo Chávez introdujo su populismo militar radical en Venezuela. El aspecto político del continente se transformó debido al agotamiento ideológico y práctico de la derecha latinoamericana, sus flagrantes fracasos económicos y sociales y a la moderación de una izquierda agotada. La consolidación de la democracia era una preocupación central para muchos de estos gobiernos (Rinke 2014: 114).

En América Latina esto requería dos cosas. Primero, la creación de un contexto más justo, tanto en la economía como en la sociedad, y una cierta reducción del grado de inequidad económica, política y educativa entre individuos y clases sociales. Según los niveles de ese entonces, la inequidad era tan grande que las instituciones formales de la democracia liberal eran menoscabadas constantemente. Y, en segundo lugar, era necesario reducir los niveles sistemáticos y endémicos de violencia, corrupción y clientelismo en todas sus formas, los cuales manipularon y distorsionaron la vida social y deportiva. Un barómetro interesante aunque parcial para estos proyectos era el progreso en la resolución de estos dos problemas en el fútbol del continente.

Demos una mirada al ascenso del fútbol paraguayo en los noventa y dos mil. Olimpia, de Asunción, ganó tres Copas Libertadores y la selección de Paraguay se clasificó para los mundiales de 1998 y 2002, en los que se ganó la simpatía de muchos por su exitoso estilo. La Asociación Paraguaya de Fútbol fue la anfitriona de la Copa América en 1999, aunque esta se realizó en medio de la violencia política que siguió al asesinato del vicepresidente. No obstante, la gloria del fútbol nacional es un factor importante en un país que se concibe a sí mismo como aislado y marginado al interior de Sudamérica.

Olimpia ganó sus tres copas Libertadores (en 1979, 1990 y 2002) durante la presidencia de treinta años de Osvaldo Domínguez Dibb, un empresario, político y oligarca. El poder y la influencia de Domínguez estaban basados en tres pilares: su inmensa riqueza, amasada sobre todo en las fábricas de tabaco de contrabando de Ciudad del Este; ser el dueño del periódico *La Nación* y de otros medios; y su relación con la familia del general Stroessner, dictador de Paraguay entre 1954 y 1989. Fue una figura central del Partido Colorado. Su control a título personal del Olimpia durante tres décadas ilustra la forma como el fútbol sigue siendo un elemento esencial del portafolio de cualquier político populista con aspiraciones en América Latina. Asimismo, el éxito del Olimpia —como el del Atlético Nacional en Colombia— sugiere que los dineros ilegales o negros siguen siendo una de las formas como las naciones más pequeñas de Latinoamérica compiten con Argentina y Brasil. Pero el Olimpia, bajo la presidencia de Domínguez, apunta sobre todo a la fragilidad y la inconsistencia de este tipo de política personalizada semifeudal. La gobernanza errática de Domínguez incluía anuncios de página completa en sus periódicos criticando decisiones arbitrales. Los cuestionamientos de la Asociación Paraguaya de Fútbol eran respondidos con contrademandas y contrataques, como las demandas en las que la acusaba de corrupción en la distribución de recursos durante las campañas mundialistas del equipo nacional (Goldblatt 2006: 823-834).

En la final de la Copa Libertadores en 2002 su equipo perdió como visitante contra São Caetano de São Paulo, tras lo cual Domínguez insultó a sus jugadores y renunció a su cargo. En el partido de vuelta en Asunción ya había vuelto a aferrarse a su silla y pudo celebrar el triunfo. Sin embargo, un año después abandonó el club y se llevó con él la cuenta del seleccionado, lo cual sumió al club en una profunda crisis. Los jugadores y los entrenadores dejaron de recibir sus salarios y tuvieron que buscarse nuevos clubes.

Los jugadores, por supuesto, no debían ser compadecidos. Sus salarios, a pesar de no ser comparables a los de sus compatriotas establecidos en Europa, eran astronómicos comparados con los de casi cualquier otra persona. Este crecimiento de la inequidad, la cual era cada vez más visible, resultó en una ola de secuestros relacionados con el fútbol. Cristián Riquelme, el hermano menor de la estrella argentina Juan Román Riquelme, fue secuestrado en 2002 y liberado dos días después del pago de un rescate. Después vino el secuestro del padre del capitán de Independiente, Gabriel Milito, y el de Florenci Macri, la hermana de Mauricio Macri, el expresidente de Boca Juniors y ahora presidente de la República. Igualmente, seis hombres simularon un accidente automovilístico a plena luz del día en el centro de Buenos Aires para abducir al padre del capitán del River Plate, Leonardo Astrada. Y en Brasil, en 2004, hubo dos secuestros de alto perfil relacionados con el fútbol (Goldblatt 2006: 825).

Conclusiones

Los documentos de los populistas, de los militares y los ultranacionalistas autoritarios de Latinoamérica demuestran lo mucho que el poder político ha intentado controlar el fútbol directamente y usarlo como instrumento de legitimación, distracción o glorificación. ¿Cuándo cayó en desgracia el fútbol? No es posible señalar un único momento. Es dudoso que haya existido la edad de oro que los historiadores *amateurs* y los aficionados al fútbol han situado en tiempos pasados distantes. Sin embargo, el momento que estamos buscando puede ser el momento en el que el primer espectador pagó para ser parte del espectáculo, cuando el primer político notó que su presencia en la tribuna valía la pena. Después del pecado original no era posible romper ese vínculo, así haya resultado y siga resultando ser bastante peligroso para todas las partes involucradas. En un contexto latinoamericano infestado de corrupción en los niveles más altos del poder político, tanto en la izquierda como en la derecha, hoy en día es más el gran capital que la gran política él que tiene a los aficionados en sus garras, si es que esa distinción es de alguna utilidad hoy en día. Mientras los espectadores sigan la cuerda y los funcionarios saquen bastante provecho, no hay un final a la vista para la atracción del fútbol y sus relaciones peligrosas con la política.

Bibliografía

ANDERSON, Thomas P. (1981): *The War of the Dispossessed: Honduras and El Salvador, 1969*. Lincoln: University of Nebraska Press.

ARBENA, Joseph L. (1988): *Sport and Society in Latin America: Diffusion, Dependency, and the Rise of Mass Culture*. München: Praeger.

BOURDIEU, Pierre (1986): "Historische und soziale Voraussetzungen des modernen Sports", en Gerd Hortleder/Gunter Gebauer (eds.): *Sport, Eros, Tod*. Frankfurt am Main: Suhrkamp, pp. 91-112.

CARÍAS VIRGILIO, Marco/SLUTZKY, Daniel (1971): *La guerra inútil: análisis socio-económico del conflicto entre Honduras y El Salvador*. San José: Editorial Universitaria Centroamericana.

CARMAGNANI, Marcello (1984): *Estado y sociedad en América latina: 1850-1930*. Barcelona: Crítica.

DA SILVA DRUMOND COSTA, Mauricio (2006): "Os gramados do Catete: Futebol e política na era Vargas (1930-1945)", en Francisco Carlos Texeira Da Silva/Ricardo Pinto dos Santos (org.): *Memoria social dos esportes — Futebol e política: A construção de uma identidade nacional,* vol. II. Rio de Janeiro: Mauad, pp. 107-32.

EISENBERG, Christiane (1999): *"English Sports" und deutsche Bürger: eine Gesellschaftsgeschichte 1800-1939.* Berlin: Schöningh.

ELIAS, Norbert/DUNNING, Eric (1986): *Quest for Excitement: Sport and Leisure in the Civilizing Process.* Oxford: Basil Blackwell.

FÁBREGAS PUIG, Andrés (2001): *Lo sagrado del rebaño: el fútbol como integrador de identidades.* Guadalajara: El Colegio de Jalisco.

FANIZADEH, Michael *et al.* (eds.) (2005): *Global players - Kultur, Ökonomie und Politik des Fußballs.* 2ª ed. Frankfurt am Main/Wien: Brandes & Apsel/Südwind.

GILBERT, Abel/VITAGLIANO, Miguel (1998): *El terror y la gloria: la vida, el fútbol y la política en la Argentina del mundial '78.* Buenos Aires: Norma.

GOLDBLATT, David (2006): *The Ball is Round: A Global History of Football.* München: Penguin.

GUEDES, Simoni Lahud (1998): *O Brasil no campo de futebol: estudos antropológicos sobre os significados do futebol brasileiro.* Niterói: Editora da Universidade Federal Fluminense.

GUTTMANN, Allen (1994): *Games and empires: modern sports and cultural imperialism.* New York: Columbia University Press.

HUIZINGA, Johan (1938): *Homo Ludens: Vom Ursprung der Kultur im Spiel.* Leipzig: Rowohlt.

LEVER, Janet (1983): *Soccer Madness: Brazil's Passion for the World's Most Popular Sport.* Long Grove: Waveland Press.

LORENZO, Ricardo (Borocotó) *et al.* (1955): *Historia del fútbol argentino.* Buenos Aires: Eiffel.

MARTZ REID, Mary-Jeanne (1978): *The Central American Soccer War: Historical Patterns and Internal Dynamics of OAS Settlement Procedures.* Athens: Ohio University Center for International Studies.

MASON, Tony (1995): *Passion of the people? Football in South America.* London: Verso.

MAZZONI, Tomás (1950): *História do futebol no Brasil, 1894-1950.* São Paulo: Edições Leia.

REIN, Raanan (2014): "Football, Politics, and Protests: The International Campaign Against the 1978 World Cup in Argentina", en Stefan Rinke/Kay Schiller (eds.): *The FIFA World Cup 1930-2010: Politics, Commerce, Spectacle and Identities* Göttingen: Wallstein, pp. 240-258.

REYES DEL VILLAR, Soledad (2004): *Chile en 1910: una mirada cultural en su centenario.* Buenos Aires: Sudamericana.

RINKE, Stefan (2002): *Cultura de masas, reforma y nacionalismo en Chile 1910-1931.* Santiago de Chile: DIBAM.

— (2007): "¿La última pasión verdadera? Historia del fútbol en América Latina en el contexto global", en *Iberoamericana,* vol. 7, n° 27, pp. 85-100. <http://dx.doi.org/10.18441/ibam.7.2007.27.85-100>.

— (2014): *Geschichte Lateinamerikas: Von den frühesten Kulturen bis zur Gegenwart.* München: Beck.

— (2017): *Latin America and the First World War*. Cambridge: Cambridge University Press.

RINKE, Stefan/FACCHIO, Florencia (2014): "La globalización del fútbol durante la crisis de 1930: Uruguay y la primera Copa del Mundo", en Diego Armus/Stefan Rinke (eds.): *Del football al fútbol/futebol: historias argentinas, brasileras y uruguayas en el siglo XX*. Madrid/Frankfurt am Main: Iberoamericana/Vervuert, pp. 67-84.

RINKE, Stefan/SCHILLER, Kay (2014): "Introduction", en Stefan Rinke/Kay Schiller (eds.): *The FIFA World Cup 1930-2010: Politics, Commerce, Spectacle and Identities*. Göttingen: Wallstein, pp. 9-14.

SANTA CRUZ, Eduardo (1996): *Origen y futuro de una pasión: futbol, cultura y modernidad*. Santiago de Chile: Arcis Universidad.

SCHER, Ariel (1996): *La Patria deportista*. Buenos Aires: Planeta.

TAYLOR, Chris (1998): *Samba, Coca und das runde Leder: Streifzüge durch das Lateinamerika des Fußballs*. Stuttgart: Schmetterling.

#VamosColombia: selección, nación y Twitter. El uso de Twitter para el nacionalismo deportivo del presidente Juan Manuel Santos

Peter J. Watson

Introducción

En 2014, la selección colombiana de fútbol volvió por primera vez al Mundial de Brasil desde hacía dieciséis años y llegó acompañada por una nueva narrativa nacional, optimista por la posibilidad de hacer las paces con las Fuerzas Armadas Revolucionarias de Colombia (FARC). El gobierno de Juan Manuel Santos (2010-2018) y los líderes de las FARC negociaban en La Habana unos acuerdos que se firmarían en 2016 para terminar la guerra y este proceso, aunque políticamente polémico, inspiró un cierto positivismo que convergió con los éxitos de la selección nacional en Brasil 2014. La paz, la unidad nacional y los triunfos futbolísticos fueron unidos retóricamente por Santos como parte de una estrategia discursiva continua, aprovechándose del poder simbólico del fútbol y la ola de patriotismo que engendró la selección para estimular apoyo nacional para su proyecto de unidad nacional y paz con las FARC. Esta estrategia había empezado al iniciar su presidencia y continuaría hasta el final de la misma, cuando Colombia participó en el Mundial de Rusia 2018. Como reconoce el sociólogo Alejandro Villanueva: "Cada vez que Santos quería llegar a la gente, en lugar de mostrar un discurso político tradicional, un discurso en donde se hablaba en unos términos que el pueblo no entendía, un discurso retórico tradicional, él transformó esas líneas en clave de ciclismo, en clave de bicicross, en clave de boxeo y en clave de fútbol" (entrevista personal, Bogotá, 2017). Archetti y Alabarces señalan que el éxito, los héroes deportivos y un estilo reconocido como nacional son imprescindibles para el nacionalismo deportivo (Archetti 1999, Alabarces 2002: 42-3). Durante este período, en cada oportunidad, Santos instrumentalizó a la nueva generación de futbolistas y sus victorias para generar su versión de nacionalismo deportivo, "futbolizando" el discurso político y politizando el discurso futbolero. Los megaeventos como los Juegos Olímpicos y los Mundiales suelen ser los momentos perfectos para estos discursos, pero Santos habló de fútbol y nación, y de unidad nacional y fútbol, cada vez que surgió la posibilidad. Su director de comunicaciones, Juan Carlos Torres, reconoció esta estrategia deliberada:

Santos puede ser el presidente que más ha mencionado temas de deporte o de fútbol en sus discursos, estadísticamente hablando. [...] Ha sido un elemento importante en la comunicación del gobierno para fomentar valores que el gobierno quiere impulsar en los colombianos, como la unidad, como la solidaridad, como la disciplina, como el valor del talento y del esfuerzo personal, y también del trabajo en equipo (entrevista personal, 14 diciembre 2017).

Los académicos, en general, tienden a centrarse en los discursos o entrevistas presidenciales para analizar cómo se construye la nación en torno a la retórica. En este artículo, sin embargo, nos centraremos en el uso de Twitter a través de la cuenta personal de Santos (@JuanManSantos) y de la Presidencia de la República de Colombia (@infopresidencia) para ver cómo esta red social llegó a ser una herramienta fundamental para difundir mensajes que fomentaban la unidad nacional en clave de fútbol. Discutiremos cómo las diversas funciones de Twitter, como los *hashtags*, los *emojis* y la posibilidad de incluir fotos, imágenes, *gifs* y videos como parte del tuit, fortalecían el mensaje de unidad nacional a través de comunicaciones sobre la selección de fútbol y analizaremos el contenido y regularidad de vocabulario e imágenes que recuerdan a la nación y nacionalidad colombiana.

La importancia del fútbol en Colombia

Desde el principio de su gobierno, Santos reconoció el poder unificador que tiene el fútbol en Colombia. Colombia, notoriamente, tiene un Estado débil que carece de poder hegemónico a través del territorio y, en los últimos cincuenta años, ha visto su mando contestado en muchas regiones periféricas por una variedad de actores antiestatales (Tirado Mejía 1998: 114, Richani 2002: 15, Hylton 2006: 11-12, Dennis 2006: 91). Estas organizaciones, que incluyen grupos de guerrilla como las FARC, paramilitares y grupos dedicados al narcotráfico, han creado lo que Hylton ha denominado "paraestados", quiere decir donde el Estado está ausente (Hylton 2006: 10). El conflicto armado y las múltiples violencias que sufren los ciudadanos y comunidades llevan a la fragmentación de la unidad nacional y a que el país se perciba como un mosaico de regiones aisladas (Palacios 2006: 5, Pearce 1990: 10) o un país de diferentes naciones (LaRosa/Mejía 2012: 21, Kilcullen 2016: 67). En esta situación, debido al déficit de símbolos e instituciones nacionales unificadores, el fútbol ha servido como una actividad y símbolo, con origen en lo popular, que puede unir a la gente.

El fútbol surgió con este poder en 1985, con la aparición de una generación "dorada" de futbolistas, liderada por Carlos Valderrama en el campo y el entrenador Francisco Maturana, que encontraron el éxito con un estilo de juego atractivo, articulado y reconocido por la prensa y el público como "auténticamente colombiano" (*Semana*, 5 abril 1988: 52; *Semana*, 15 agosto 1989: 97). Cada vez que jugaba este equipo, representaba la Colombia pacífica y alegre que deseaban los políticos y la población, contra un "otro" que era la representación de la Colombia imaginada por el mundo, esa Colombia de drogas, violencia y terror, que podemos denominar "Narcolombia" (Watson 2018). Sirvió como una "válvula de escape" (Jiménez Garcés 2014: 86) para dar esperanza a una población azotada por traumas diarios y violencias banales (Pécaut 1999) y unir a la gente alrededor del fútbol, como argumentan Dávila y Londoño:

> En aquella Colombia sin referentes colectivos; crecientemente absorbida por la violencia, la corrupción y el enriquecimiento fácil; sumida en una crisis de valores unificadores y perdidos los mecanismos legitimadores (la iglesia, los partidos); con significativos procesos de descomposición social; en aquella Colombia decíamos, el fútbol se convirtió en la única instancia aglutinadora en términos constructivos (Dávila/Londoño 2003: 134).

El fútbol en Colombia sirve como un tiempo y espacio para encuentros nacionales, en vez de desencuentros nacionales: "En un país tan desigual, donde cada estrato vive aparte del otro, donde las oportunidades de encuentro entre unos y otros son prácticamente inexistentes, el fútbol nos hizo ese milagro. [...] Como si el fútbol pudiera darnos lo que los políticos no han logrado" (Jiménez Duzán, citada en Larraín 2015: 194). Con cada victoria de la selección nacional y en particular su actuación en la Copa América 1987, el Mundial de 1990 y la calificación al Mundial de 1994, con el espectacular 5-0 contra Argentina, "el deporte terminó convirtiéndose en elemento aglutinante, en símbolo de la identidad nacional y en motivo de orgullos para un pueblo golpeado por la corrupción, la violencia, los pocos ricos y los muchos pobres, y la humillación en los aeropuertos del resto del mundo" (Ramos Valencia 1998: 12).

Aunque este periodo dorado que vio la unión de la identidad nacional con el símbolo de la selección terminó con el fracaso del Mundial de 1994, la tragedia del asesinato del defensor Andrés Escobar y las revelaciones de dineros sucios de los carteles de drogas en varios de los clubes más ilustres del país, el fútbol nacional quedó como elemento que podría servir como "institución cero" (Guedes 1977) para el político que supiera desplegar hacia su proyecto político cualquier éxito futbolístico que surgiera.

Santos tuvo la suerte de ser presidente cuando surgió esta nueva generación dorada de Falcao, James Rodríguez y compañía. Santos se benefició del hecho de que la población también entendiera que el fútbol une y que goza de cualidades que pueden beneficiar a individuos y comunidades. El sondeo "El poder del fútbol", realizado por el Ministerio del Interior, reveló esta fe nacional en lo positivo del fútbol. Para el 94% de los encuestados, el fútbol resulta ser o importante o muy importante (Ministerio del Interior 2014: 22) y el 96% cree que la selección es importante como símbolo de integración nacional (Ministerio del Interior 2014: 42). Los resultados también revelaron que los sondeados reconocían varios beneficios en el fútbol como herramienta de desarrollo social, en asuntos como la educación, la salud, la seguridad, la equidad y la coexistencia. Así, podemos apreciar que había una población ya receptiva a la idea de los beneficios del fútbol que Santos podía explotar para convencer al país de las posibilidades de paz y unidad nacional. A la vez, el fútbol ofreció una manera de conectarse con el pueblo, un lenguaje y metáforas futbolísticas entendibles que facilitaban la percepción de mensajes políticos y un campo fértil y reconocido de posibilidades de positivismo y avance social.

Twitter como modo de comunicación masiva

Los presidentes y políticos se encuentran en una posición privilegiada para articular y dar forma a narrativas de la nación y, según Hall, es importante que los ciudadanos que se imaginan como miembros de la comunidad nacional sean conectados por y a través de estas narrativas (Hall 1992: 293). Los políticos, por eso, se ven obligados a buscar narrativas que convoquen e incluyan y a encontrar formas para que estas narrativas lleguen a la población de la manera más efectiva para convencer al pueblo y derrotar versiones alternativas de su visión. En un mundo moderno en el cual la velocidad y el alcance de la comunicación se han transformado (Castells 2011, Ausserhofer/Maireder 2013: 291), el internet y las redes sociales ofrecen nuevos canales de noticias e información para reproducir o transformar los conceptos e ideas de nación.

Durante la presidencia de Santos, hubo una evolución en el uso de Twitter como canal para difundir su mensaje político. Creció la conciencia de cómo esta plataforma de "microblogging" podría influenciar a un público cada vez más amplio, infiltrar otros sectores de los medios y crear *online* "afiliaciones ambientales" (Zappavigna 2011, 2012) a través de *hashtags*, palabras y tendencias "de moda", videos, *gifs* y *emojis*, que estimulan un sentimiento más profundo y fuerte de comunidad entre los que reciben el mensaje. Debido a su rapidez, accesibilidad, alcance y simplicidad, Twitter se ha convertido en un espacio electrónico esencial para que gobiernos lleguen al electorado (Lux Wigand 2010: 66). Twitter favorece una interacción más adulta comparada con otras redes sociales y, por ello, los mensajes suelen dirigirse a una audiencia más metida en la política (Grant *et al.* 2010: 581, Parmelee/Bichard 2013: 6). Es una forma de emitir mensajes directamente a los seguidores, sin filtros impuestos por los medios de comunicación, de un modo barato, rápido y efectivo (Grant *et al.* 2010: 579, Parmelee/Bichard 2013: 11-12, Graham *et al.* 2016: 766, Theocaris *et al.* 2016: 1007, Coesemans/DeCock 2017: 39). Se ha notado también que, aunque Twitter ofrece la capacidad para facilitar la comunicación y un sentimiento de acercamiento entre político e individuo, los políticos solo tienden a emitir y promocionarse en vez de dialogar (Grant *et al.* 2010, Ausserhofer/Maireder 2013: 293, Parmelee/Bichard 2013: 9, Lyons/Veenstra 2016: 9, Graham *et al.* 2016: 768, Theocaris *et al.* 2016: 1009). El *homepage* y la lista en la cuenta personal llegan a ser una actuación controlada para presentarse bajo condiciones óptimas (Papacharissi 2002: 644) y que ayudan a perfeccionar el mensaje deseado. Los políticos pueden mostrar lo oficial y lo personal, el político serio y profesional y el humano normal con aficiones e intereses como los demás. Para un político como Santos, a quien le costó aproximarse a la población, mostrarse como un fan de la selección le sirvió para crear afiliaciones más horizontales que verticales, uniéndose a las celebraciones con un tuit cada vez que alguien marcaba un gol. Esa afiliación horizontal se fortaleció cuando el tuit iba acompañado por una foto del presidente con la camiseta de la selección puesta, mirando el partido en la televisión o presente en el estadio. En estos instantes, Santos altera su identidad para ser primero hincha de la selección y colombiano y su identidad como político se relega al segundo plano.

Aunque ha habido algunos trabajos sobre los discursos deportivos de Santos (véase, por ejemplo, Baquero 2016, Prada 2017), reconociendo que "Santos empleó varios imaginarios populares, como la unidad, la identidad y la fortaleza, excusado en las victorias del combinado nacional" (Villanueva/Rodríguez Melendro 2015: 125) y que la narrativa de "un solo país" fue ejemplificada y ligada con la selección (Quitián 2014, Quitián/Watson 2017), no se ha estudiado el impacto de Twitter en este proceso. Este artículo concluye que Santos empleó las múltiples posibilidades de la plataforma de una manera cada vez más efectiva para vincular el símbolo de la selección de fútbol con el objetivo de la unidad nacional y la paz.

Metodología

Estos resultados son parte de un análisis que se centra en los discursos y los tuits centrados en el deporte, empleando una forma adaptada del análisis crítico discursivo (Fairclough 1995) que se basa en el análisis de eventos discursivos en torno a los tres componentes de descripción, interpretación y explicación (Titscher *et al.* 2000: 148). Para la investigación, se recogieron tuits de la cuenta personal de Santos (@JuanManSantos) y de la Presidencia de la República (@infopresidencia). La última sirve como noticiero, agenda y promotor de lo que hace y dice el presidente, durante los ocho años de su gobierno. Debido a la cantidad de tuits durante este periodo, se analizaron solamente los tuits dedicados al fútbol, de megaeventos en los cuales el fútbol aparece y de legislación y campañas presidenciales que tienen impacto en el fútbol. Como resultado, fueron compilados 1048 tuits, 508 de @JuanManSantos y 548 de @infopresidencia[1]. Los tuits, incluyendo los textos e imágenes (y transcripciones de videos que fueron insertados en el cuerpo del tuit) fueron introducidos en el programa NVIVO, que fue seleccionado para poder analizar las tendencias lingüísticas. Entonces, se crearon *nodes,* o sea, categorías, para coleccionar todos los ejemplos de ciertas palabras, frases o temas. Al leer cada tuit, una palabra sería codificada al *node* que le correspondía. Por ejemplo, versiones del verbo "unir" o "unidad" o "unión" serían codificadas bajo el mismo *node.* Las fotos e imágenes serían codificadas de la misma forma según el contenido de la imagen, para catalogar las palabras, temas o personas incluidas en la imagen. Cada tuit fue catalogado según el año de su transmisión y según el contenido (si contenía imágenes, videos, *hashtags,* etc.). Tras la fase inicial de codificación, fue posible realizar búsquedas específicas para asegurar que no se había perdido instancias de ciertas palabras, y luego búsquedas que analizaron la aparición de determinadas palabras o temas en el mismo tuit, como, por ejemplo, "selección masculina de fútbol" y "paz y convivencia". Este proceso permitió evaluar la cantidad de instancias repetidas de palabras, temas y mensajes, establecer cuándo solían aparecer, cómo evolucionó el mensaje en cuanto a la "estetización" (cuándo aparecieron los *hashtags, emojis,* imágenes, *gifs,* etc.) y las tendencias de yuxtaposición de varios elementos y temas.

Resultados de la frecuencia de tuits

El cuadro 1 revela la cantidad de tuits analizados que aparecieron cada año durante la presidencia. Hay que tener en cuenta que el periodo del mandato del presidente en Colombia empieza en agosto y termina en julio.

---

[1] Valdría la pena destacar que la cantidad total de trinos dedicados al deporte sería mucho mayor si se hubieran incluido todos los trinos dedicados a victorias de ciclistas como Rigoberto Uran, Nairo Quintana y Mariana Pajón, atletas como Caterine Ibargüen y todos los demás deportistas que ganaron medallas en juegos importantes globales o continentales. Los mismos tipos de mensajes de orgullo y positivismo nacional, y destacando a los deportistas como héroes o embajadores nacionales, también aparecían a menudo en estos trinos.

	2010	2011	2012	2013	2014	2015	2016	2017	2018	Total
@JuanManSantos	0	38	48	91	78	62	86	62	43	508
@infopresidencia	0	18	64	30	88	40	170	54	76	540
Total	0	56	112	121	166	102	256	116	119	1048

Cuadro 1: Cantidad de tuits por año. @PeterWatson2019

Este cuadro nos permite entender que la estrategia de comunicación sobre los éxitos deportivos fue un proceso continuo. Apreciamos que Santos y la cuenta de la Presidencia de la República transmitieron regularmente mensajes durante su mandato. No sorprende tanto, ya que casi todos los años hubo, o bien megaeventos de fútbol, o bien juegos multidisciplinarios (2011 Mundial Sub-20 en Colombia, 2012 Juegos Olímpicos y Paralímpicos en Londres, 2014 Mundial en Brasil, 2015 Copa América en Chile, 2016 Copa América Centenario en los Estados Unidos y Juegos Olímpicos y Paralímpicos en Rio, 2018 Mundial en Rusia), además de torneos femeninos y otros eventos multidisciplinarios continentales o partidos de clasificación para el próximo torneo. En general, Santos transmitía tres tuits al día de un partido de la selección, uno antes para desearles suerte, un tuit para cada gol marcado y otro reaccionando al resultado.

El cuadro 2 muestra que una cantidad significativa de tuits en el año de un torneo global de fútbol fueron transmitidos durante el torneo.

	Mundial Sub 20 Colombia (29 julio - 20 agosto 2011)	Mundial Brasil (12 junio - 13 julio 2014)	Mundial Rusia (14 junio - 15 julio 2018)	Total
@JuanManSantos	12	51	21	84
@infopresidencia	12	47	31	90
Total	24	98	52	174

Cuadro 2: Tuits durante un torneo global de fútbol. @PeterWatson2019

Del cuadro 2 observamos que estos megaeventos futboleros permitían que Santos se incluyera y se conectara con el *Twittersphere* colombiano, enterándose de la importancia del evento deportivo y la cantidad de reacciones a los partidos y de que gran parte de la población estaría pendiente del partido. Como dicen Radcliffe y Westwood, el fútbol también contribuye a y dimensiona conceptos de tiempo y espacio nacional (Radcliffe/Westwood 1996: 94). Historias y mitos de éxitos pueden importar más, dado que tienen su origen en lo popular en vez de en lo oficial (Radcliffe/Westwood 1996: 97). Los megaeventos son momentos propicios para difundir mensajes que forman la celebración y articulan la nación, sobre todo cuando hay una ola de patriotismo y positivismo, generada por cualquier triunfo importante, configurando esta reacción hacia una identidad colectiva —establecida por la selección como un factor identitario (Loureiro Cornelsen 2018: 16)—. Se observa que 98 de los 166 tuits en 2014 fueron transmitidos durante el mundial y 52 de los 119 en 2018, demostrando que el Mundial fue el periodo más importante para tuitear. Santos pudo sumarse a y liderar las celebraciones del resultado, mostrándose como un colombiano normal más, hincha de la selección, sabiendo que sus tuits luego se difundirían aún más en los medios. Rozo Rondón ha demostrado que en Colombia los éxitos futbolísticos nacionales invaden los titulares de noticieros y periódicos, desplazando a las actualidades políticas (Rozo Rondón 2016). De esta forma, como señala Billig, el deporte no permanece en su campo de juego y su territorio definido en los medios, sino que invade el discurso político (Billig 2005: 123). Así, se destaca que es importante para la audiencia y la nación. Cuando una victoria de la selección "invade" los titulares, una reacción fácilmente citable del presidente, como la de un tuit, será reproducida como parte de la noticia, mostrando el impacto.

Otra invasión aparece aquí también, cuando Santos incluye una sutil referencia política en este tuit. Un ejemplo sería esta reacción después de la derrota de Colombia contra Brasil en los cuartos de final del Mundial 2014: "¡Gracias mi Selección! ¡Gracias por mostrarnos hasta dónde podemos llegar cuando trabajamos juntos en paz!" (@JuanManSantos 4:34 pm, 5 julio 2014). El mensaje es que la selección es un ejemplo para la nación y que la paz se puede lograr con la misma unidad y entrega de los jugadores. La nación puede ser como el equipo que la representa. De la misma forma en que este tipo de discurso politiza el fútbol, la terminología futbolera "futboliza" la política, como el siguiente ejemplo muestra: "Metámosle gol a la desinformación, pesimismo, la violencia y el miedo. ¡Que gane la paz y Colombia! #LaPazEsPosible" (@JuanManSantos, 9:27 pm, 3 junio 2016).

Palabras y temas más comunes

Pasemos a investigar las palabras, frases y temas más comunes en los tuits, que se muestran en el cuadro 3. Este cuadro recoge en cuántos tuits se menciona la frase y la cantidad de referencias en total (cuándo se repiten palabras o frases en el mismo tuit, qué es común cuando una imagen acompaña el mensaje).

Node	Número de Fuentes	Número de referencias
Selección nacional masculina	381	514
Nuestro	168	322
Símbolo o ceremonia nacional	163	205
Todos	148	174
Apoyo	130	143
Paz y deporte	127	194
Unidad	111	136
Felicitaciones	111	115
Orgullo y optimismo	104	112
Gratitud	95	114
Juegos Olímpicos	80	98
Ser anfitrión o apoyar torneos	74	85
Triunfo deportivo (que no es fútbol)	68	88
Felicidad	62	66
Vamos Colombia	62	66

Cuadro 3: *Nodes* más comunes de palabras y temas. @PeterWatson2019

Más de un tercio de los tuits mencionan a la selección nacional masculina, con más de quinientas menciones individuales. Sobresalen también la cantidad de referencias a palabras o frases que estimulan la unidad o la idea de toda la nación colombiana impulsando y apoyando a la selección, o siendo impactada por los resultados. Podemos apreciar que hay un proceso de hiponimia, o sea de "relaciones de significado", que implica que frases particulares se vinculen implícitamente con ciertos significados (Fairclough 2003: 149); en este caso, la selección nacional con ciertos valores nacionales como la unidad y la paz. Vemos que prima el uso de pronombres de la primera persona plural, tendencia retórica que incluye a la audiencia como parte del grupo nacional de hinchas de la selección. Una búsqueda revela que la frase "nuestra selección" aparece en 62 ocasiones en el texto de los tuits, o sea que la selección pertenece a todos los colombianos y los representa. Es un ejemplo de la deixis rutinaria que continuamente indica la patria (Billig 1995: 11), en los tuits transmitidos, a menudo acompañados por otros *flaggings* evidentes y banales (Billig 1995) en forma de *emojis* de la bandera nacional o imágenes y fotos repletas de símbolos y los colores nacionales. Fairclough nos recuerda que el uso de pronombres como "nosotros", "nuestro" y "nos" reduce la jerarquía, por implicar que todos "nosotros" estamos en la misma situación (Fairclough 1995: 76). Notamos también que "Vamos Colombia" aparece en 66 ocasiones y, como se verá en otra sección de este artículo, aparece 48 veces como el *hashtag* #VamosColombia y en 15 ocasiones como #VamosMiSelección. Este "nosotros nacional" colombiano representado por la selección está conformado por todos los colombianos. Como se ve en el cuadro

3, hay 174 referencias a diferentes versiones de "todos", como "toda Colombia", "todos los colombianos" y "47 millones de colombianos" que subrayan este hecho. Esta repetición continua de "nosotros", de "todos" y de "unidad" (136 referencias en varias formas) es importante porque se refiere al proyecto político de Santos de paz con las FARC. Vemos que "paz y deporte" se mencionan en 194 ocasiones en estos tuits analizados. Santos preparaba el terreno para poder integrar a los antiguos enemigos de la nación en la nueva Colombia, viendo el fútbol como un sitio aceptable y compatible donde los colombianos podrían encontrarse y reconocerse como hinchas de la selección. Históricamente las FARC se habían excluido de la nación en narrativas de la nación alrededor de fútbol, como parte del "otro", la "Narcolombia" (Watson 2018), pero Santos vio en el fútbol una propicia cancha simbólica donde integrarlos. En tuits como "hoy será un gran día cuando avancemos al mundial. Unidos todos como país apoyemos a nuestra selección con mucha fuerza y fe" (@JuanManSantos, 1:19 pm, 11 octubre 2013), las FARC no se mencionan específicamente, pero no se puede ignorar la relevancia de palabras como "unidos todos como país", ya que el tema de paz con las FARC fue un asunto nacional. De hecho, en otros eventos discursivos el fútbol se empleaba específicamente para integrar a los guerrilleros. En un discurso cuando Santos invitó a la selección a la Casa Nariño para entregarles la bandera nacional como embajadores de la nación, antes de viajar a Brasil para el Mundial de 2014, Santos dijo:

> Cuando los estemos viendo jugando los partidos todas las diferencias en el país van a desaparecer, porque detrás de ustedes van a estar los 47 millones de colombianos. No importa a qué partido político pertenezcan, no importa a qué religión pertenezcan, no importa cuáles sean las diferencias. Inclusive aquellas personas con las cuales estamos hoy conversando para terminar el conflicto armado, ellos también los estarán apoyando. Toda Colombia los va a estar apoyando (*Presidencia de la República,* 23 mayo 2014).

De igual forma, una publicidad del Ministerio de Defensa, con el lema "Colombia le está guardando el puesto", mostró a una variedad de colombianos de todos los rincones del país invitando a los guerrilleros a desmovilizarse y a acompañarlos para ver juntos los partidos de la selección en el Mundial (*MinDefensa,* 10 junio 2014). En el discurso y la publicidad, se reconoce a los integrantes de las FARC como colombianos y como hinchas de la selección y se permite su inclusión en la nación bajo esos términos.

Volviendo a los datos del cuadro 3, es posible categorizar los tuits de la siguiente manera:

1) Legitimación: cuando Santos promueve las acciones gubernamentales para respaldar el deporte.

2) Reacciones: Cuando Santos articula la reacción de la nación y alaba a los deportistas.
3) Despliegue del fútbol hacia beneficios colectivos o individuales: cuando Santos explica para qué sirve el fútbol en términos nacionales o personales.

Si nos centramos en las categorías 2 y 3, es evidente que Santos estimula el positivismo y optimismo en la nación, aprovechándose de victorias futbolísticas para hacerlas victorias para la nación, intentando desplazar las múltiples historias negativas que tachan la imagen de Colombia a nivel internacional y nacional y que suelen dominar los titulares diarios. El jefe de comunicaciones de Santos, Juan Carlos Torres, explica la estrategia:

> El deporte, en cambio, es una fuente permanente de buenas noticias. El deporte es una fuente permanente de buenos ejemplos. Entonces él pide, con razón, que siempre que tengamos algún evento deportivo lo vinculemos al discurso que estemos haciendo. [...] Siempre usamos estos triunfos deportivos como un gancho para estimular el positivismo y la unidad en el país (entrevista personal, 14 diciembre 2017).

Es esencial notar que era Santos quien pedía incluir estos triunfos deportivos para "deportizar" y normalmente "futbolizar" el mensaje político. Torres enfatizó la estrategia y el papel de Santos:

> En los discursos hemos procurado, por las instrucciones del presidente y también por consejo de sus asesores de comunicaciones, utilizar el fútbol como un elemento para unificar el país. Lo hemos hecho conscientemente y lo usamos en muchos discursos y alocuciones, sobre todo en la época de preparación para el Mundial de fútbol y después del Mundial de fútbol. La excelente campaña de la Selección Colombia nos sirvió como metáfora para mostrar la capacidad de transformación y de éxito del país. El mensaje es este: si los muchachos de la selección han sido capaces de llegar lejos, también todos los colombianos somos capaces de alcanzar grandes metas (entrevista personal, 14 diciembre 2017).

Cada victoria de la selección se utiliza para evidenciar características colombianas visibles en el estilo y juego de los jugadores. Los futbolistas trabajan juntos para superar adversidades como también deberían hacer los colombianos. Así se podrán lograr metas nacionales, como la unidad y la paz, u objetivos comunales o individuales. Santos crea un sentimiento de nación como un grupo de *faith achievement*, con la capacidad de superar las adversidades y obstáculos (Smith 1991: 17) a través del fútbol. Por ejemplo, se refiere a "características colombianas" generales en 28 ocasiones, a la posibilidad de "superar la adversidad" 31 veces, a la "disciplina y esfuerzo" 48 veces y a la "confianza en sí mismo" en 12 ocasiones, características que servirán a la nación para lograr sus propias metas. Unos ejemplos que reflejan cómo funciona esta táctica son los siguientes tuits:

"La @FCFSeleccion Colombia nos ha demostrado lo que es Colombia, se crece en la adversidad y unida logra sus objetivos" (@JuanManSantos, 1:17 am, 12 octubre 2013).

"La Selección nos unió como país y nos mostró lo mejor de los colombianos: ese talento, esa capacidad de lucha, Pdte @JuanManSantos" (@infopresidencia, 5:13 pm, 5 julio 2014).

"TODO, todo lo podemos lograr si trabajamos —como la Selección Colombia— ¡UNIDOS POR UN PAÍS!" (@infopresidencia, 5:05 pm, 5 julio 2015).

En general, el objetivo más importante, y el que se menciona con más frecuencia cuando destacan las virtudes y beneficios del fútbol, es la paz. Abundan referencias al deporte y la paz (como se ve en el cuadro 3, 194 en total), en clave de la selección y al fútbol en general. Aquí unos ejemplos concretos: "Quiero para Colombia que dejemos de pelear, que todos hagamos goles en la misma dirección, para un mejor país" (@JuanManSantos, 12:40 p. m., 16 noviembre 2013); "¡Gracias mi Selección! Gracias por mostrarnos hasta dónde podemos llegar cuando trabajamos juntos en paz" (@JuanManSantos, 4:34 p. m., 5 julio 2014).

El ejemplo más concreto fue la siguiente foto que Santos publicó el día en que asistió a un partido de la selección, que confirmó su compromiso de la paz y el sitio de la selección como lugar privilegiado para simbolizar esta meta nacional.

Fig. 1: @JuanManSantos
7:48 am, 8 octubre 2015

El objetivo nacional de la paz, así, está directamente ligado al símbolo nacional de la camiseta. La camiseta y lo que representa está deliberadamente politizada por Santos, que elige también el "10", tradicionalmente el número del jugador que arma las jugadas y proporciona las oportunidades para el equipo. Santos se autodefine en este rol para el país, creando oportunidades para la paz. El problema es que, al poseer la camiseta con un mensaje político y controvertido, politiza un símbolo popular que pertenece a la gente y no a la clase política. Fue fuertemente criticado por esta acción en respuestas al tuit.

Hashtags y la estetización del evento discursivo

Tras analizar la cantidad de mensajes y el contenido y tendencias más regulares de los tuits, pasamos ahora a considerar cómo se ha fortalecido el mensaje y su difusión mediante los *hashtags* y elementos más visibles, como videos, imágenes, *gifs* y *emojis*. Según Zappavigna, los *hashtags* crean comunidades mediante un proceso de "afiliación ambiental" (Zappavigna 2011: 2012). Usarlos hace *searchable talk* (Zappavigna 2012: 1), que permite que usuarios de Twitter puedan buscar ciertas frases y tendencias. Zappavigna explica que el discurso que emplea este tipo de expresión grafológica amplía el potencial para que los usuarios se conecten y establezcan lazos interpersonales, lo que, en términos nacionales, puede fortalecer lazos imaginados de reconocimiento mutuo alrededor de un interés compartido, en este caso, por la selección nacional (Zappavigna 2012: 95). Por ejemplo, en la camiseta de la selección desde 2014 ha aparecido el *hashtag* #UnidosPorUnPaís (como se puede ver debajo del cuello, en la foto de Santos en Fig. 1). La gente puede buscar este *hashtag* en Twitter, ver mensajes de otros usuarios que emplean el *hashtag* y luego sumarse a la conversación. De esta forma, los *hashtags* coordinan tales expresiones masivas de valor al enfocarlas alrededor de un blanco ideal; o sea, los *hashtags* alinean a los usuarios en comunidades coincidentes de entendimiento actitudinal (Martin 2004: 123, Zappavigna 2012: 39). Identificaciones mutuas se conciben mediante estas interacciones con *hashtags* alrededor de la selección colombiana, facilitadas e impulsadas cuando ciertos *hashtags*, como #UnidosPorUnPaís son promovidos por futbolistas, patrocinadores, los medios y los políticos, y son adaptados por una masa crítica de usuarios (Huang *et al.* 2010: 173). El *hashtag* #UnidosPorUnPaís apareció en 6 tuits, por ejemplo, cuando Santos se sumó a esta comunidad. Fue empleado en la entrega de la bandera a la selección antes del Mundial de 2014 en este mensaje "Despedimos y entregamos bandera a nuestra @FCFSeleccionCol deseándole mucha suerte y muchos éxitos! #UnidosPorUnPais", un tuit que también incluyó tres fotos de la ceremonia. En estas fotos, llenas de símbolos y héroes nacionales, Santos se legitima e intenta fomentar su popularidad, una táctica común para políticos, como señala Gold-lust (1987:124). En el cuadro 4 se muestra la frecuencia del uso de *hashtags* durante la presidencia.

Año	2010	2011	2012	2013	2014	2015	2016	2017	2018	Total
Hashtags	0	4	23	9	58	44	232	85	93	548

Cuadro 4: Frecuencia del uso de *hashtags*. @PeterWatson2019

Como se puede ver, la Presidencia de la República se da cuenta del poder del uso de *hashtag* en cuanto al deporte solo en el año 2014, y de allí en adelante se hacen muy útiles para la comunicación de mensajes políticos. Destacamos 2014 (año del Mundial de Brasil y la campaña para la reelección), 2016 (año de los Juegos Olímpicos, Paralímpicos, la Copa América Centenario y el plebiscito para ratificar el acuerdo de paz) y 2018 (año del Mundial de Rusia y el final del gobierno de Santos) como momentos importantes con cifras altas de *hashtags*. El siguiente cuadro 5 muestra cuáles fueron los *hashtags* más comunes y el año en que este *hashtag* apareció más frecuentemente.

Hashtag	Número de tuits	Referencias en total	Año de más uso (las cifras entre paréntesis muestran cuántas referencias hubo)
#VamosColombia	46	48	2017 (19)
#Rusia2018	39	39	2018 (24)
#UnaSolaHinchada	30	50	2016 (50)
#CreoEnColombia	23	27	2016 (26)
#TodosConLaTricolor	23	26	2018 (26)
#ConLaTricolorPuesta	21	22	2017 (14)
#ColombiaOroYPaz	18	19	2016 (13)
#VamosMiSelección	14	15	2018 (8)
#ColombiaFábricaDeCampeones	12	12	2018 (12)
#MásRecursosMásDeporte	10	17	2016 (17)
#SíALaPaz	10	14	2016 (14)
#SíAlMinisterioDeDeporte	10	10	2018 (10)
#FútbolEnPaz	10	10	2014 (9)

Cuadro 5: *Hashtags* más comunes. @PeterWatson2019

Vemos aquí una serie de *hashtags* que fomentan varios mensajes patrióticos de positivismo, paz y unidad nacional alrededor de símbolos (#VamosColombia, #UnaSolaHinchada, #CreoEnColombia, #TodosConLaTricolor, #ConLaTricolorPuesta, #VamosMiSelección y #FútbolEnPaz) y también otros que tratan de mostrar a Colombia como moderna, exitosa y progresiva (en particular #ColombiaOroYPaz y #ColombiaFábricaDeCampeones). También se ven *hashtags* para campañas y objetivos políticos (#SíAlMinisterioDeDeporte y #SíALaPaz). En general, todos estos *hashtags* serían una tendencia en una época particular. Si tomamos como ejemplo #UnaSolaHinchada, este *hashtag* fue tendencia en 2016, como eslogan para la Copa América Centenario de ese año. Además, fue el año del plebiscito para ratificar el acuerdo de paz con las FARC. No es de extrañar que este *hashtag* casi siempre apareciera en las cuentas de Santos y de la Presidencia de la República con la frase "Un solo país, #UnaSolaHinchada". El mensaje reitera la unidad deseada de todos los colombianos y que no hay divisiones nacionales, sutilmente animando el apoyo al "Sí" en el referendo. Aquí un ejemplo de cómo fue usado este *hashtag*.

Fig. 2: @infopresidencia

Vemos en este ejemplo símbolos nacionales como la bandera y colores nacionales, imágenes de celebración y otros *hashtags* para buscar más audiencia, además de una referencia a la unidad del país.

El tipo de imagen que se ve en el ejemplo anterior muestra la evolución del uso político de Twitter por el equipo de comunicaciones de Santos. El cuadro 6 revela este crecimiento en uso de imágenes, fotos, videos y *emojis*.

	2010	2011	2012	2013	2014	2015	2016	2017	2018	Total
Imágenes y fotos	0	0	4	7	39	36	132	59	59	336
Videos	0	0	2	3	10	6	46	19	16	102
Gifs	0	0	0	0	0	0	14	2	3	19
Emoji de bandera colombiana	0	0	0	0	0	3	59	27	38	127
Emoji de fútbol	0	0	0	0	0	0	32	6	19	57
Emoji de paz	0	0	0	0	0	0	1	1	8	10
Fotos de deportistas	0	0	3	5	15	22	72	48	33	198
Fotos de Santos	0	0	3	7	25	16	39	29	24	143

Cuadro 6: Uso de elementos estéticos en tuits. @PeterWatson2019

Antes de 2014, se ven muy pocas instancias de adiciones gráficas al texto del tuit[2]. Desde ese año empiezan a aparecer más videos cortos, fotos e imágenes que refuerzan el texto con símbolos patrióticos e imágenes reconocibles nacionales, evidencia visible de cómo el fútbol vincula a jugadores, colombianos y objetivos políticos y sociales. A través de todos estos elementos visuales, la nacionalidad es recordada por símbolos obvios y sutiles, el patriotismo es impulsado y es más probable que el tuit genere la atención y apele a la emoción del usuario a causa del impacto estético que tiene. Los videos, en particular, funcionan como momentos de patriotismo excepcional. Reúnen imágenes de colombianos y colombianas de diferentes razas y partes del país, paisajes reconocibles (selva, montaña, llano, costa), panoramas urbanos con monumentos famosos, símbolos patrios como cóndores, sombreros vueltiao y la bandera, todos mezclados con goles y celebraciones de la selección, que hacen que estos momentos lleguen a ser mitos fijados en la memoria colectiva nacional. La música llega a un crescendo, el narrador evoca la emotividad y comunica el mensaje deseado. Un ejemplo es el video que agradece a la selección tras el Mundial de 2014. La transcripción fue:

Gracias selección. Gracias por habernos convertido en una sola familia. Gracias por mostrarnos que se puede soñar. Gracias por demostrarle al mundo de qué estamos hechos. Gracias mi selección, por enseñarnos lo que podemos lograr cuando trabajamos juntos. Gracias mi selección por dejar nuestro nombre en alto. Gracias,

[2] Fue posible incluir fotos como parte del tuit desde agosto de 2011, pero avances tecnológicos con celulares y Twitter han facilitado el proceso de subir videos, *gifs*, etc., desde ese año.

porque más allá de un resultado ustedes le han mostrado al mundo y a nosotros mismos hasta dónde podemos llegar cuando trabajamos juntos en paz. Gracias. Por eso, la Presidencia de la República se suma a los 47 millones de colombianos para decirles gracias (@infopresidencia, 8:28 am, 5 julio 2014).

Hubo un mensaje muy parecido cuando Colombia fue eliminada contra Inglaterra en el Mundial 2018. Antes del partido, Santos transmitió dos tuits. En el primero, escribió "¡Vamos Colombia, hoy estamos más unidos que nunca! Nuestra @FCFSeleccionCol nos necesita. Todos a apoyarla" (@JuanManSantos, 10:16 am, 3 julio 2018) e incluyó una bandera colombiana al final del tuit y una foto de la selección con el mensaje "Comparte esta Selección Colombia para luchar unidos por grandes sueños. ¡Vamos Colombia!". Este fue el segundo tuit:

Fig. 3: @JuanManSantos

Vemos una vez más la combinación de imágenes, *hashtags* afiliativos, símbolos y colores patrios, optimismo, unidad nacional y un país que puede superar las adversidades. Tras la derrota, los mensajes patrióticos continuaron, destacando los temas de unidad, patriotismo, positivismo y el sentimiento de un país que está avanzando hacia un futuro mejor con más respeto mundial.

Fig. 4: @JuanMan Santos

Estos tuits son momentos de nacionalismo excepcional (Giulianotti/ Robertson 2009: 58), con un exceso de imágenes patrióticas que estimulan el orgullo, el optimismo y la unidad nacional. Así, Santos refuerza las ideas y símbolos más importantes para la nación, empleando elementos de textos, imágenes, colores y videos, siendo consciente de que un partido importante de la selección se ha convertido en un ritual nacional digno de ser aprovechado. Para Santos, Twitter supone una plataforma rápida, efectiva y barata para lograr transmitir y reunir estos mensajes y símbolos durante la ceremonia nacional del fútbol para un público nacional y amplio.

Conclusión

Como se ha mostrado, Twitter ha servido cada vez más al gobierno de Santos como una plataforma para respaldar su mensaje político, sobre todo con transmisiones a la hora de partidos de la selección nacional de fútbol. Aprovechándose de la popularidad y reconocimiento del símbolo nacional de la selección y del ritual nacional que han llegado a ser los partidos del equipo, y de las varias ventajas y avances de Twitter como manera para comunicarse, Santos difundía continuamente mensajes emotivos, futbolísticos y políticos que inspiraban unidad, patriotismo u optimismo desde la posición horizontal de hincha. A través de Twitter, Santos encontró un canal nuevo, fácil y efectivo para estimular el enlace psicológico y emotivo que es fundamental a la hora de establecer y fortalecer lazos entre ciudadano y nación (Billig 1995: 10). Fomentan el acto afirmativo de identificación del ciudadano con la nación que se requiere para un proyecto de nación exitoso (Grotenhuis 2016: 20). Los mensajes constantes que aparecían durante el ritual nacional de la celebración de un partido de la selección nacional masculina (la selección femenina no goza todavía de las mismas posibilidades para reunir a tanta gente ni ser plenamente reconocida como máximo ejemplo y representación de orgullo nacional) determina y dimensiona cómo los ciudadanos entienden el impacto de la victoria futbolística. Los mensajes y todo el contenido estético no solo profundizaban afiliaciones con los símbolos patrióticos, sino también creaban una sensación de simultaneidad nacional de celebración, de un pueblo unido para apoyar a la selección, incluyendo todos los rincones y comunidades del país. La condición de ser hincha de la selección se proyecta como la mejor manera para incluir a los antes excluidos de la nación, los exguerrilleros de las FARC, donde los colombianos pueden reconocer una calidad aceptable e importante de su colombianidad y comenzar a aceptar su inclusión en el "nosotros" nacional. Así, Santos intenta convencer al pueblo de su mensaje político de paz y su proyecto de unidad nacional, haciendo que, a través del fútbol, el ciudadano se comprometa y se incluya como parte de la hinchada nacional dedicada a un futuro más positivo.

Bibliografía

Alabarces, Pablo (2002): *Fútbol y patria. El fútbol y las narrativas de la nación en la Argentina.* Buenos Aires: Prometeo.

Archetti, Eduardo P. (1999): *Masculinities: Football, Polo and the Tango in Argentina.* Oxford: Berg.

AUSSERHOFER, Julian/MAIREDER, Axel (2013): "National Politics on Twitter: Structures and Topics of a Networked Public Sphere", en *Information, Communication & Society*, vol. 16, n° 3, pp. 291-314.

BILLIG, Michael (1995): *Banal Nationalism*. London: Sage.

CASTELLS, Manuel (2011): *Communication Power*. Oxford: Oxford University Press.

COESEMANS, Roel/DE COCK, Barbara (2017): "Self-Reference by Politicians on Twitter: Strategies to Adapt to 140 Characters", en *Journal of Pragmatics*, vol. 116, pp. 37-50.

COLLIANDER, Jonas/MARDER, Ben/FALKMAN, Lena Lid/MADESTAM, Jenny/MODIG, Erik/SAGFOSSEN, Sofie (2017): "The Social Media Balancing Act: Testing the Use of a Balanced Self-Presentation Strategy for Politicians Using Twitter", en *Computers in Human Behavior*, vol. 74, pp. 277-285.

DÁVILA LADRÓN DE GUEVARA, Andrés/LONDOÑO, Catalina (2003): "La nación bajo un uniforme: fútbol e identidad nacional en Colombia 1985-2000", en Pablo Alabarces (ed.): *Futbologías: fútbol, identidad y violencia en América Latina*. Buenos Aires: CLACSO, pp. 123-143.

DENNIS, Marisol (2006): "National Identity and Violence: The Case of Colombia", en Will Fowler/Peter Lambert (eds.): *Political Violence and the Construction of National Identity in Latin America*. Basingstoke: Palgrave Macmillan, pp. 91-109.

FAIRCLOUGH, Norman (1995): *Critical Discourse Analysis: The Critical Study of Language*. Harlow: Pearson.

— (2003): *Analysing Discourse: Textual Analysis for Social Research*. London: Routledge.

GIULIANOTTI, Richard/ROBERTSON, Roland (eds.) (2009): *Globalization & Football*. London: Sage.

GOLDLUST, John (1987): *Playing for Keeps*. Melbourne: Longman Cheshire.

GRAHAM, Todd/JACKSON, Dan/BROERSMA, Marcel (2016): "New Platform, Old Habits? Candidates' Use of Twitter during the 2010 British and Dutch General Election Campaigns", en *New Media & Society*, vol. 18, n° 5, pp. 765-783.

GRANT, Will J./MOON, Brenda/BUSBY GRANT, Janie (2010): "Digital Dialogue? Australian Politicians' Use of the Social Network Tool Twitter", en *Australian Journal of Political Science*, vol. 45, n° 10, pp. 579-604.

GROTENHUIS, René (2016): *Nation-building as Necessary Effort in Fragile States*. Amsterdam: Amsterdam University Press.

GUEDES, Simoni (1977): *O futebol brasileiro: instituição zero*. Dissertação de Mestrado, en *Antropologia Social*, Museu Nacional, Universidade Federal do Rio de Janeiro.

HALL, Stuart (1992): "The Question of Cultural identity", en Stuart Hall/David Held/Tony McGrew (eds.): *Modernity and its Futures*. Cambridge: Polity Press, pp. 273-326.

HUANG, Jeff/THORNTON, Katherine M./EFTHIMIADIS, Efthimis N. (2010): "Conversational Tagging in Twitter", en *HT '10: Proceedings of the 21st ACM Conference on Hypertext and Hypermedia*. Toronto, junio de 2010. New York: Association for Computing Machinery pp. 173-178.

HYLTON, Forrest (2006): *Evil Hour in Colombia*. London: Verso.

JIMÉNEZ GARCÉS, Claudia Mercedes (2014): "El mundial desde las periferias", en *Desbordes*, vol. 5, pp. 85-89.

KILCULLEN, David (2016): "Guerrilla and Counter-Guerrilla Warfare in Colombia", en Dickie Davis/David Kilcullen/Greg Mills/David Spencer (eds.): *A Great Perhaps? Colombia: Conflict and Convergence*. London: Hurst & Company, pp. 61-88.

LAROSA Michael J./MEJÍA, Germán R. (2012): *Colombia: A Concise Contemporary History*. Lanham: Rowman & Littlefield.

LARRAÍN, América (2015): "Bailar fútbol: reflexiones sobre el cuerpo y la nación en Colombia", en *Boletín de Antropología Universidad de Antioquia*, vol. 30, n° 50, pp. 191-207.

LOUREIRO CORNELSEN, Elcio (2018): "Futbol y política en América Latina en tiempos de la Copa del Mundo", en *Diálogo Político*, vol. 35 (especial), pp. 14-21.

LUX WIGAND, F. Dianne (2010): "Twitter Takes Wing in Government: Diffusion, Roles, and Management", en *Proceedings of the 11th Annual International Conference on Digital Government Research Conference. Public Administration Online: Challenges and Opportunities*. May 2010. Puebla. Digital Government Society of North America pp. 66-71.

MINISTERIO DEL INTERIOR (2014): *El poder del fútbol*. Ministerio del Interior: Bogotá.

PALACIOS, Marco (2006): *Between Legitimacy and Violence: A History of Colombia, 1875-2002*. London: Duke University Press.

PAPACHARISSI, Zizi (2002): "The Presentation of Self in Virtual Life: Characteristics of Personal Home Pages", en *Journalism and Mass Communication Quarterly*, vol. 79, n° 3, pp. 643-660.

PARMELEE, John H./BICHARD, Shannon L. (2013): *Politics and the Twitter Revolution*. Lanham: Lexington Books.

PEARCE, Jenny (1990): *Colombia: Inside the Labyrinth*. London: Latin America Bureau (Research and Action).

PÉCAUT, Daniel (1999): "From the Banality of Violence to Real Terror: the Case of Colombia", en Kees Koonings/Dirk Kruijt (eds.): *Societies of Fear: the Legacy of Civil War, Violence and Terror in Latin America*. London: Zed Books, pp. 141-168.

RADCLIFFE, Sarah A./WESTWOOD, Sallie (1996): *Remaking the Nation: Place, Identity and Politics in Latin America*. New York: Routledge.

RAMOS VALENCIA, José Cipriano (1998): *Colombia versus Colombia: 50 años de fútbol profesional y violencia política*. Bogotá: Intermedio.

RICHANI, Nazih (2002): *Systems of Violence: the Political Economy of War and Peace in Colombia*. Albany: State University of New York Press.

ROZO RONDÓN, Kevin Daniel (2016): "Antiestructura de los medios de comunicación, privatización de las fuerzas militares e identidades nacionales híbridas: la Copa América Centenario como ritual", en *Desbordes*, vol. 7, pp. 73-82.

THEOCARIS, Yannis/BARBERÁ, Pablo/FAZEKAS, Zoltán/POPA, Sebastian Adrian/PARNET, Olivier (2016): "A Bad Workman Blames his Tweets: The Consequences of Citizen's Uncivil Twitter Use When Interacting with Party Candidates", en *Journal of Communication*, vol. 66, n° 6, pp. 1007-1031.

TIRADO MEJÍA, Álvaro (1998): "Violence and the State in Colombia", en Eduardo Posada Carbó (ed.): *Colombia: the Politics of Reforming the State*. London: Macmillan Press, pp. 111-124.

TITSCHER, Stefan/MEYER, Michael/WODAK, Ruth/VETTER, Eva (2000): *Methods of Text and Discourse Analysis*. London: Sage.

Villanueva Bustos, Alejandro/Rodríguez-Melendro, Nelson (2016): "La selección Colombia, el gobierno Santos y la guerrilla: los discursos de la unidad", en *Desbordes*, vol. 6, pp. 125-132.

Watson Peter J. (2018): "Colombia's Political Football: President Santos' National Unity Project and the 2014 World Cup", en *Bulletin of Latin American Research*, vol. 37, n° 5, pp. 598-612.

Zappavigna, Michele (2011): "Ambient Affiliation: A Linguistic Perspective on Twitter", en *New Media & Society*, vol. 13, n° 5, pp. 788-806.

— (2012): *Discourse of Twitter and Social Media: How We Use Language to Create Affiliation on the Web*. London: Continuum.

Sitios web y periódicos

Baquero Ospina, Diego (2016): *La fallida Operación Mandela de Juan Manuel Santos: las claves de la estrategia político-mediática del presidente que fracasó*. Trabajo de Grado para optar por el título de politólogo con énfasis en comunicación y participación política, Pontificia Universidad Javeriana, Bogotá. <https://repository.javeriana.edu.co/handle/10554/35690?show=full> (07-03-2018).

MinDefensa (2014): "Colombia le está guardando el puesto", 10 junio 2014. <https://www.youtube.com/watch?v=VPDxWcLaLHo> (10-05-2019).

Prada, César (2017): *El deporte en el discurso del presidente Juan Manuel Santos*. Facultad de Sociología, Universidad Santo Tomás, Bogotá, <http://repository.usta.edu.co/bitstream/handle/11634/4343/PradaC%C3%A9sar2017.pdf?sequence=1> (15-08-2018).

Quitián Roldán, David Leonardo (2014): "Las elecciones, el espejismo de un solo pueblo y la Copa del Mundo: apuntes desde Brasil sobre las campañas del gobierno Santos y de la selección de Colombia", en *Cuadernos del Mundial CLACSO*. <http://cuadernosdelmundial.clacso.org/opinion17.php> (27-03-2017).

Quitián Roldán, David Leonardo/Watson, Peter J. (2017): "Las FARC y el fútbol o el partido de las FARC", en *Razón Pública*, 20 agosto. <https://razonpublica.com/las-farc-y-el-futbol-o-el-partido-de-las-farc/> (07-03-2018).

Santos, Juan Manuel (2014): Palabras del presidente en la entrega del Pabellón Nacional a la Selección Colombia y el lanzamiento de la emisión filatélica conmemorativa del Mundial de Fútbol Brasil 2014, Presidencia de la República, 23 mayo 2014. <http://wsp.presidencia.gov.co/Prensa/2014/Mayo/Paginas/20140523_02-Palabras-del-Presidente-Santos-entrega-Pabellon-Nacional-Seleccion-Colombia-emision-filatelica-Mundial-Futbol-B.aspx> (15-05-2017).

Semana (1988): "Todos los caminos conducen a Roma", en *Semana*, n° 309, 5 abril 1988, pp. 52-54.

Semana (1989): "Rumbo a Italia", en *Semana*, n° 380, 15 agosto 1989, pp. 92-97.

Políticas e formas de torcer: novas faces do associativismo torcedor no Brasil[1]

Rosana da Câmara Teixeira

Introdução

O associativismo torcedor no Brasil vem passando por profundas e importantes transformações. A criação da Federação das Torcidas Organizadas do Rio de Janeiro (FTORJ https://ftorj.wordpress.com/) em 2008 e da Associação Nacional das Torcidas Organizadas (ANATORG https://anatorg.com.br/x/) em 2014 representa de modo emblemático o processo de mobilização deflagrado pela realização dos megaeventos no Brasil (Copa do Mundo 2014 e Jogos Olímpicos 2016), pelas medidas adotadas pelo poder público para o controle da violência e pela crescente criminalização desse estilo de torcer. Por outro lado, as trocas culturais entre torcedores brasileiros e alemães no contexto de uma viagem de intercâmbio à Alemanha em 2014 e o contato com os projetos sociopedagógicos desenvolvidos com torcidas de futebol (*Fanprojekte*) desempenharam papel importante na organização do movimento nacional. Esses diálogos interculturais inspiraram propostas, ações e alternativas de prevenção da violência distintas daquelas vigentes no país.

O estabelecimento de um pacto social envolvendo agrupamentos conhecidos pelas rivalidades e hostilidades recíprocas (Hollanda; Teixeira 2017) para lutar por direitos demonstra a emergência de um fenômeno complexo sobre o qual vários pesquisadores têm se debruçado[2]. Pretende-se aqui discutir estas questões, assim como alguns dos dispositivos discursivos e institucionais utilizados por estas entidades representativas na busca do reconhecimento social na arena pública. Os dados apresentados têm como fundamentos metodológicos a observação participante, o acompanhamento e o registro etnográfico das

---

[1] Este texto é uma versão da palestra proferida no 3º Simpósio Internacional Estudos sobre Futebol: políticas, diversidades, intolerâncias. São Paulo, 27 de setembro de 2019. O encontro é fruto da parceria entre Museu do Futebol (SP), LUDENS (USP), PUC-SP, Unicamp e Ludopédio.

[2] Agradeço especialmente aos pesquisadores Bernardo Buarque (FGV), Felipe Lopes (UNISO-Sorocaba), Heloisa Reis (UNICAMP) e Jimmy Medeiros (FGV) que têm se constituído como importantes interlocutores e parceiros de investigação.

ações da FTORJ e da ANATORG no espaço público no período compreendido entre 2010 e 2016. O presente texto organiza-se a partir da minha trajetória nesse campo de pesquisas: 1) O momento inaugural, na década de 1990, durante as pesquisas do mestrado que resultaram na dissertação "Os perigos da paixão: filosofia e práticas das torcidas jovens cariocas" (1998); 2) A retomada das pesquisas nos anos 2000, motivada pela realização dos megaeventos no país, pelo surgimento dos movimentos populares de torcidas no Rio de Janeiro e pela fundação da FTORJ; e, por fim, 3) O período de 2014 a 2016, acompanhando os debates acerca das políticas públicas de prevenção da violência, durante o governo da ex-presidente Dilma Rousseff, através da participação na viagem de intercâmbio à Alemanha (2014), nos seminários promovidos pelo Ministério do Esporte e na Câmara Temática de Especialistas da Comissão Nacional de Prevenção da Violência e Segurança nos Espetáculos Esportivos (CONSEGUE).

"Os perigos da paixão": as Torcidas Jovens cariocas

Na minha dissertação de mestrado (Teixeira 1998), que acaba de completar 20 anos, objetivei conhecer e compreender as representações e as práticas dos torcedores pertencentes às Torcidas Jovens cariocas —Torcida Jovem do Flamengo, Torcida Jovem do Botafogo, Força Jovem do Vasco e Young Flu—, associações constituídas entre o final dos anos de 1960 e início da década de 1970. Iniciei meus estudos em 1996, um ano após a chamada "Batalha Campal do Pacaembu", confronto ocorrido em São Paulo. Utilizando paus e pedras, integrantes da Torcida Mancha Verde, do Palmeiras, e da Tricolor Independente, do São Paulo, se enfrentaram no gramado do estádio, resultando num total de 102 feridos e na morte de um rapaz. Este evento deflagrou uma grande polêmica nos meios de comunicação. Acusadas de transgressoras, as torcidas de futebol eram definidas pela prática de atos violentos, acusadas de promover a desordem, devendo ser banidas do espetáculo futebolístico. Essa visão homogeneizadora hegemônica impedia uma compreensão mais adequada desses agrupamentos que reúnem, em sua maioria, jovens do sexo masculino, entre 14 e 25 anos de idade, com origens e trajetórias socioculturais e econômicas diversas. O trabalho desenvolvido propôs-se, desse modo, a analisar os significados daquela experiência torcedora e os sentidos atribuídos ao futebol e à torcida. A partir das suas narrativas, foi possível compreender que tanto a produção das festas nos estádios e a participação em caravanas para apoiar o "time do coração" pelo país afora, quanto os embates com torcedores rivais, eram faces desse estilo de torcer. Uma sociabilidade que entrelaçava tensamente o congraçamento e a discórdia no jogo das tramas sociais que estruturam as relações sociais entre torcidas aliadas ou rivais (Teixeira 2003). É interessante notar que a categoria "violência", raramente, era utilizada pelos torcedores organizados entrevistados para tratar dos conflitos intergrupais. "Briga" era categoria nativa mobilizada nos discursos para classificar as torcidas em dois grandes grupos: aquelas que tinham uma "filosofia" de briga, e assim valorizavam os confrontos físicos com oponentes e orientavam sua ação em torno dessa experiência, e aquelas em que ela seria uma consequência, ou seja, resultado de situações concretas, resposta a provocações, emboscadas, roubo de bandeiras, faixas ou camisas. No ideário masculino presente neste universo, pode-se evitar a briga, fugir dela, jamais. Valores como honra e coragem são tão valorizados quanto o amor incondicional ao time. Assim, o conflito, ao invés de uma ação espontânea, obedece a uma série de regramentos relacionados às alianças constituídas com base nas relações de amizade/inimizade (Teixeira 2003).

Se essas estruturas hierarquizadas ganharam projeção devido às grandes festas produzidas nas arquibancadas marcadas pela performance crítica e contestatória, entre o final dos anos 1980 e o início da década de 1990, uma série de embates entre integrantes de torcidas rivais e destas com as forças policiais colocou esses grupos na mira dos meios de comunicação e das autoridades. A radicalização desses enfrentamentos, com uso de morteiros, bombas caseiras e armas de fogo, produziu vítimas e intensificou o ciclo de vinganças entre as associações. Mesmo que tais episódios envolvessem uma parcela pequena do universo das organizadas (Murad 1996), elas passam a ser percebidas como um "mal", "locus de transgressão" e "intolerância".

> Do ponto de vista do senso comum, eles são perigosos por desempenharem papéis ambíguos, de torcedores e de vândalos, manifestando respectivamente paixão e ódio, sentimentos tido como opostos [...]. Na medida em que desorganizam uma ordem natural são antissociais, nocivos à vida social e moralmente condenáveis (Teixeira 2003: 134).

Desse modo, medidas de caráter repressivo foram privilegiadas para solucionar o que passou a ser definido como "um problema social" e "um caso de polícia" (Teixeira 2003). Todavia, a visão disseminada que resume a existência dessas torcidas organizadas à prática de atos violentos perde de vista que elas são importantes fontes de identidade, lazer e socialização para milhares de jovens em todo o país. Os confrontos entre torcedores organizados exigem uma análise mais cuidadosa, não podendo ser reduzidos a explicações superficiais, que tendem a reforçar estereótipos e estigmas. (Teixeira/Lopes 2018).

Decorridos 20 anos das pesquisas realizadas no mestrado, que mudanças se observam no tratamento da questão por parte do poder público? E as torcidas organizadas? Como vêm se posicionando no espaço público frente ao processo de estigmatização e à escalada de confrontos e mortes? Na próxima sessão, abordo estes temas, no contexto das transformações arquitetônicas e medidas político-institucionais relacionadas à realização dos megaeventos no país.

O Brasil dos megaeventos: transformações, crises e resistências

A realização dos megaeventos no Brasil (Copa do Mundo 2014 e Jogos Olímpicos 2016) deflagrou um processo de adaptação das infraestruturas esportivas, caracterizado pela reforma de antigos estádios e pela construção de arenas esportivas. Tais transformações estruturais e arquitetônicas buscavam atender ao chamado "padrão FIFA", e se traduziam efetivamente na redução da capacidade dos espaços, na colocação de assentos e no aumento dos preços dos ingressos (Hollanda/Teixeira 2017). A colocação de assentos está no centro de intensas polêmicas, pois reduz a mobilidade dos agrupamentos torcedores acostumados a torcer de pé, realizando coreografias e ritualizações no intuito de exibir sua paixão pelo clube de futebol e provocar os adversários. Cânticos, instrumentos musicais, bandeiras, bandeirões e faixas são alguns dos objetos materiais utilizados nessa teatralização. Assim, "os assentos tornam-se um obstáculo, e até, um problema de segurança" (Curi *et al.* 2008: 36).

O novo estádio-arena, seguindo o modelo europeu, celebra a figura do torcedor-consumidor, espectador do jogo, sinalizando que os modelos de torcer colocados em cena pelas torcidas organizadas, barras e movimentos populares, protagonistas das festas, não são mais compatíveis com este espaço. Em nome do controle e da segurança, práticas torcedoras culturalmente produzidas e aprendidas nas arquibancadas foram cerceadas através das câmeras que vigiam e monitoram o torcedor, disciplinando sua participação (Gaffney/Mascarenhas 2004). Concomitantemente, se observa nos anos 2000, uma nova escalada de embates e a consequente intensificação do processo de criminalização desses agrupamentos torcedores. As palavras de ordem reprimir e banir definem o encaminhamento privilegiado pelo público para solucioná-la.

Do desencantamento à resistência: novas faces do associativismo torcedor

Frente a esse cenário adverso, em 2008, lideranças das Torcidas Jovens do Rio de Janeiro deram início a um diálogo visando dar trégua nos confrontos físicos e ciclos de vingança que têm marcado a sua história e propor a união em torno de uma causa comum: a defesa do seu estilo de torcer e do direito de associar-se. A Federação das Torcidas Organizadas do Rio de Janeiro se constituiu, assim, como um movimento de resistência. Em sua pauta de lutas estava o direito de torcer de pé (reivindicando a retirada dos assentos nos setores destinados às torcidas organizadas), e a revogação dos dispositivos 39a e 39b do Estatuto de Defesa do Torcedor (Lei 10.671/2003), inseridos em 2010 pelo Governo Federal, através da Lei 12.299. Tais dispositivos tratam especificamente das torcidas organizadas que passam a ser responsabilizadas juridicamente pelos danos causados por seus membros, dentro e/ou fora dos estádios (Teixeira 2018).

Além disso, a partir desse momento, essas lideranças pautam o tema dos conflitos violentos envolvendo estes grupos, e se dispõem a discuti-lo nos seminários promovidos pelo Ministério do Esporte, durante o governo da ex--presidente Dilma Rousseff. Tais seminários foram idealizados para apresentar às torcidas as visões de especialistas em segurança, das autoridades governamentais e dos acadêmicos sobre concepções e estratégias de prevenção da violência. Sem dúvida, esses fóruns contribuíram para estimular e fortalecer os diálogos entre torcidas organizadas de todo o país. Pouco a pouco, vislumbrou--se a construção de um coalizão mais ampla, a despeito das intolerâncias, desafetos e desconfianças existentes. Em virtude das experiências acumuladas e dos aprendizados em suas incursões pelo espaço público, a FTORJ desempenhou um papel central na busca do entendimento com as autoridades, agentes do policiamento, imprensa e acadêmicos promovendo articulações, acordos e negociações (Hollanda/Medeiros/Teixeira 2015, Hollanda/Teixeira 2017).

Contudo, um fator determinante no processo de construção de um movimento coletivo nacional foi a viagem de intercâmbio à Alemanha para conhecer os trabalhos sociopedagógicos desenvolvidos pelo *Fanprojekt* ("Projeto Torcedor"), que se configura como uma alternativa ao modelo repressivo vigente no Brasil. Da viagem de 14 dias —fruto de um projeto de cooperação entre o Brasil e a Alemanha ("Futebol para o desenvolvimento")— participaram representantes dos governos federal, estadual e municipal, pesquisadores e lideranças de torcidas[3]. Nessa caminhada pelas cidades de Dortmund, Dusseldorf, Mainz, Augsburg e Berlim, a agenda de atividades incluiu encontros com torcedores alemães, educadores sociais, assistentes sociais nas sedes dos Fanprojekte, com funcionários das Secretarias da Juventude, com especialistas em segurança, pesquisadores, reunião com a ministra do Departamento para Família, Crianças, Jovens, Cultura e Desporto; e com Michael Gabriel, diretor da Koordinationsstelle Fanprojekt - KOS (Centro de Coordenação dos

---

[3] A viagem de intercâmbio foi realizada a convite do Programa Setorial Esporte para o Desenvolvimento (*Sport für Entwicklung*), da Agência Alemã de Cooperação Internacional para o Desenvolvimento Sustentável (GIZ), por encargo do Ministério Federal de Cooperação Econômica e Desenvolvimento (BMZ).

Projetos de Torcidas)[4]. A comitiva teve ainda a oportunidade de visitar estádios e de assistir quatro jogos da 1ª e da 2ª divisão da Bundesliga (Teixeira/Lopes 2018).

As trocas interculturais com os torcedores alemães nos diversos eventos do programa favoreceu uma apreensão mais detalhada do funcionamento dos projetos sociopedagógicos e, especialmente, da atuação do movimento ultra na construção das estratégias e na defesa de seus interesses (Teixeira/Lopes 2018). Ainda que o contexto brasileiro seja significativamente diferente e heterogêneo, o caso alemão tornou-se inspirador justamente por reconhecer "a importância de uma tradição torcedora mais participativa e a necessidade de dar voz àqueles grupos de torcedores habitualmente estigmatizados como violentos e baderneiros" (Teixeira/Lopes 2018).

No retorno ao Brasil, as lideranças integrantes da caravana encontraram nos seminários promovidos pelo Ministério do Esporte o ambiente propício para compartilhar as experiências ocorridas na Alemanha e discutir possibilidades de encaminhá-las aqui no Brasil. Assim, no III Seminário Nacional, em dezembro de 2014, em Belo Horizonte, foi deliberada a fundação da Associação Nacional das Torcidas Organizadas. Inspirados no engajamento do movimento ultra alemão, nas ações desenvolvidas pelo *Fanprojekt*, adotaram seu slogan "Fale connosco e não sobre nós", anunciando que a recém criada entidade representativa pretendia participar da elaboração das políticas públicas de prevenção da violência que lhe eram destinadas.

Desse modo, observa-se uma importante alteração no jogo de forças na arena pública: os fóruns organizados pelo Ministério do Esporte, com o objetivo de controle e monitoramento das torcidas organizadas (tendo em vista a realização dos megaeventos) configuram-se, pouco a pouco, em uma arena pública que mobiliza diferentes atores sociais para debater o tema da "violência". Nesta arena, as torcidas conquistam um espaço para expressar suas visões e lançar proposições. Uma vez criada a Associação Nacional, as lideranças colaboraram na reestruturação do Conselho Nacional de Prevenção da Violência (CONSEGUE) e na configuração das Câmaras Técnicas (Organização de Associações de Torcedores/Torcidas e Especialistas) (Teixeira 2018). Tais câmaras foram concebidas como instâncias privilegiadas de interação entre torcedores, pesquisadores e representantes do poder público, no qual a ANATORG teria voz e voto. Os membros da Associação Nacional também se dedicaram a dar visibilidade às suas ações e projetos em reuniões com torcidas organizadas de vários estados do país, em programas de televisão e rádio, em audiências com o Ministério Público, em eventos

---

[4] A KOS oferece consultoria aos projetos e apoia o estabelecimento de novos e é responsável pela educação e treinamento de seus colaboradores (Winands/Grau 2016).

acadêmicos. Passaram, ainda, a divulgar seus objetivos e atividades nos diferentes contextos institucionais, na página na internet e na rede social Facebook (https://www.facebook.com/anatorgoficial/). Os desafios não são poucos: perante a opinião pública, a ANATORG deve se justificar e provar a autenticidade de seus propósitos e junto às bases torcedoras trava uma batalha para superar egos, vaidades e desconfianças (Hollanda/Teixeira 2017, Teixeira 2018).

O movimento coletivo nacional tem, portanto, a difícil missão de conciliar grupos divididos pelo passado de desavenças e estabelecer consensos mínimos em nome de um bem maior: a sobrevivência das entidades (Teixeira 2018). Por fim, a conquista do reconhecimento social foi duramente atingida com a deposição da ex-presidente Dilma Rousseff em 2016 e a posse de Michel Temer na presidência, pois as ações governamentais foram interrompidas com a desarticulação dos fóruns no âmbito do Ministério do Esporte. Sem apoio institucional e financeiro, a entidade vive dias de incerteza.

Considerações finais

A ocorrência de confrontos violentos está no centro da polêmica que reafirma a visão disseminada de que as torcidas organizadas são agrupamentos perigosos que devem ser banidos do futebol profissional. Por outro lado, nos meios de comunicação, nas redes sociais e nas arenas públicas, a ANATORG reconhece a gravidade do problema, e apela que as autoridades considerem medidas preventivas e o desenvolvimento de projetos sociopedagógicos com esses jovens, a exemplo do que acontece na Alemanha, através dos *Fanprojekte* (Hollanda/Teixeira 2017, Teixeira 2018, Teixeira/Lopes 2018).

Para defender-se, alegam que um movimento torcedor que reúne cerca de dois milhões de jovens em todo o país não pode ser penalizado pela ação de uma pequena parcela que adere à violência. Por outro lado, o aumento da repressão por parte dos órgãos de segurança dos governos estaduais como estratégia isolada de enfrentamento da questão tem gerado impasses na constituição de um diálogo entre Estado e sociedade (Hollanda/Teixeira 2017).

O fato é que a denominação "torcidas organizadas" encobre múltiplas experiências, diversos modos de engajamento emocional, sociabilidades, construção de identidades masculinas e formas de acionar e operar a categoria "violência". Trata-se, portanto, de um fenômeno complexo como revelam inúmeros estudos (Reis 2006, Teixeira 2003, Teixeira/Hollanda 2018, Teixeira/Lopes 2018, Toledo 1996). Nesse sentido, para uma compreensão mais adequada, é fundamental romper com a lógica dualista, com as dicotomias e oposições maniqueístas que opõem torcedores em "autênticos" e "não autênticos", "violentos" e "não violentos", enfim, "bons" e "maus", tão recorrentes nos meios de comunicação, explicações simplistas que embotam sentidos e raciocínios. Lidar com essa multiplicidade de engajamentos emocionais, esse jogo de alteridades e de sociabilidades colocados em cena pela categoria torcida organizada é assumir o desafio de que será sempre provisória qualquer interpretação. Por outro lado, aprendemos com esses desafios buscando novas perspectivas para analisar um fenômeno social que se metamorfoseia com o tempo e conjunturas político-sociais.

A constituição da Federação das Torcidas Organizadas do Rio de Janeiro e da Associação Nacional das Torcidas Organizadas demonstra que as próprias contradições geradas pelo processo de elitização vivido pelo futebol mercantilizado criaram condições sociais e políticas para que se constituíssem movimentos coletivos de resistência que ousaram afirmar os torcedores organizados como sujeitos de direitos. Estes movimentos fizeram história e deixam como legado a experiência de terem se lançado na difícil missão de conciliar grupos divididos pelo passado de desavenças e estabelecer consensos mínimos em nome de um bem maior: a sobrevivência das entidades.

Decorridos 28 anos da "Batalha Campal do Pacaembu", podemos afirmar que as recorrentes ações punitivas sobre as instituições não resolvem o "problema da violência". A repressão como estratégia isolada de enfrentamento tem se mostrado ineficaz. E a suspensão das associações pela ação de alguns de seus membros ameaça a carnavalização e a festa nos estádios.

Porém, a despeito das narrativas que lamentam as arenas frias forjadas para acolher os megaeventos e o torcedor-consumidor, é nestes espaços que a participação controlada e monitorada das torcidas organizadas e de outros coletivos vem produzindo importantes e criativas estratégias de sobrevivência e resistência ao processo de elitização em curso. Um estádio-resistência emerge das adaptações no estilo de torcer, reinvenções, em suma, de novas aprendizagens e habilidades (Ingold 2010) desenvolvidas pelas associações torcedoras para defender o seu modo de torcer e viver o futebol.

Por fim, é preciso que as políticas públicas de prevenção da violência considerem, também, a dimensão sociopedagógica em suas formulações. Para isto, torna-se estratégico fomentar fóruns de debate sobre os padrões de masculinidade vigentes, os direitos das mulheres torcedoras, a homofobia e o racismo. E que, fundamentalmente, articulem essas discussões às políticas públicas com e para as juventudes (Teixeira/Lopes 2018). Quais são as suas expectativas? Suas demandas? Suas angústias? As torcidas são espaços de sociabilidade para milhares de jovens por todo o país, para muitos, inclusive, o único lugar social de pertencimento e participação. O enfraquecimento dessas associações representa o silenciamento das vozes de inúmeros jovens, em especial daqueles pertencentes às classes populares, que têm encontrado no futebol um canal de expressão, de definição de projetos de vida e de manifestação de seus anseios e dilemas.

Bibliografia

GAFFNEY, Christopher/MASCARENHAS, Gilmar (2004): "O estádio de futebol como espaço disciplinar", in Seminário Internacional Michel Foucault Perspectivas. 21-24 de setembro. Universidade Federal de Santa Catarina/Florianópolis.

HOLLANDA, Bernardo Buarque de/TEIXEIRA, Rosana da Câmara (2017): "Brazil's Organised Football Supporter Clubs and the Construction of their Public Arenas through FTORJ and ANATORG", in Christian Brandt/Fabian Hertel/Sean Huddleston (eds.): *Football Fans, Rivalry and Cooperation*. London/New York: Routledge, pp. 76-91.

HOLLANDA, Bernardo Buarque de/MEDEIROS, Jimmy/TEIXEIRA, Rosana da Câmara (2015): *A voz da arquibancada: narrativas de lideranças da Federação de Torcidas Organizadas do Rio de Janeiro*. Rio de Janeiro: 7 Letras.

INGOLD, Tim (2010): "Da transmissão de representações à educação da atenção", in *Educação*, vol. 33, n° 1, pp. 6-25.

MURAD, Maurício (1996): "Futebol e violência no Brasil", in *Discursos Sediciosos. Crime, Direito e Sociedade*. Relume Dumará, [n. 1], pp. 100-214.

REIS, Heloisa Helena Baldy dos (2006): *Futebol e violência*. Campinas: Autores Associados.

TEIXEIRA, Rosana da Câmara (2003): *Os perigos da paixão: visitando jovens torcidas cariocas*. São Paulo: Annablume.

TEIXEIRA, Rosana da Câmara/HOLLANDA, Bernardo Buarque de (2018): "The spectacle of soccer and fan associativism in Brazil: Trajectories and perspectives", in Jean-Michel De Waele/Suzan Gibril/Ekaterina Gloriozova/Ramón Spaaij (eds.): *The Palgrave International Handbook of Football and Politics*. Basingstoke: Palgrave Macmillan, pp. 485-503.

TOLEDO, Luiz Henrique de (1996): *Torcidas Organizadas de Futebol*. Campinas: Autores Associados/ANPOCS.

Páginas web e periódicos

CURI, Martin/ALVES DE DRUMMOND JÚNIOR, Edmundo/ALVES DE MELO, Igor/ROJO, Luis Fernando/TERRA FERREIRA, Melina Autora/CAMPANERUTI DE SILVA, Robson (2008): "Observatório do torcedor": o Estatuto, in *Revista Brasileira de Ciências do Esporte*. vol. 30, n° 1, Campinas, pp. 25-40. <http://revista.cbce.org.br/index.php/RBCE/article/view/189> (09-01-2019).

TEIXEIRA, Rosana da Câmara (1998): *Os perigos da paixão: filosofia e prática das Torcidas Jovens cariocas*. Dissertação de Mestrado. Programa de Pós-Graduação em Antropologia e Sociologia do Instituto de Filosofia e Ciências Sociais/UFRJ. Rio de Janeiro. <http://www.ludopedio.com.br/v2/content/uploads/Teixeira_M__Torcidas_Jovens.pdf> (09-01-2019).

— (2018): "A Associação Nacional das Torcidas Organizadas do Brasil na arena pública: desafios de um movimento coletivo", in *Antípoda. Revista de Antropología y Arqueología*, vol. 30, pp. 111-128. <https://dx.doi.org/10.7440/antipoda30.2018.06> (08-01-2019).

Teixeira, Rosana da Câmara/Lopes, Felipe Tavares Paes (2018): "Reflexões sobre o "Projeto Torcedor" alemão: produzindo subsídios para o debate acerca da prevenção da violência no futebol brasileiro a partir de uma perspectiva sociopedagógica", in *Revista de Antropologia*, vol. 61, nº 3: pp. 130-161. <http://www.revistas.usp.br/ra/article/view/152037> (08-01-19).

Winands, Martin/Grau, Andreas (2016): "Socio-Educational Work with Football Fans in Germany: Principles, Practice and Conflicts", in *Soccer & Society* (online), pp. 1007-1023. https://doi.org/10.1080/14660970.2016.1267623 (08-01-2019).

Goles y cárteles de la droga: la influencia de estructuras criminales en el fútbol de América Latina

Günther Maihold

"Dios es redondo": ¿cómo interpretar el fútbol en América Latina?

"Dios es redondo" es el título de un libro del escritor mexicano Juan Villoro, en el cual el aficionado reportero y periodista intenta ubicar la presencia amplia del fútbol en la vida cotidiana de los latinoamericanos, describiéndola como una pasión en "instantes de excepción" (Villoro 2006: 16). ¿Hay que considerar entonces el fútbol como un gran *show* que se escenifica para traicionar por momentos a los espectadores, alejándolos de la realidad, o más bien como un microcosmos social, un reflejo de la sociedad en 90 minutos? (Bens/ Kleinfeld 2014: 9).

Desde las pasiones que suscita el fútbol hasta los valores y normas, así como los comportamientos sociales que lo rigen, todo parece ser una expresión de las sociedades que lo conforman y en las cuales se realiza este deporte. Por el otro lado, existe la opinión de que el fútbol en su dimensión social y política tiene que considerarse como un fenómeno con su propia lógica, que logra impactar sobre su contexto (Antweiler 2009: 15), que vive de su carácter extraordinario, en el cual los actores se sienten de alguna manera liberados de las normas cotidianas y pueden mostrar comportamientos no permitidos en las reglas de la convivencia de todos los días. Es por eso que hay que enfocar la atención en las conexiones y en las distancias entre estos dos espacios para poder acercarse a una comprensión adecuada. Para muchos observadores —especialmente desde el campo futbolístico— hay que distinguir entre lo que pasa en el fútbol y en la sociedad, al reconocer que son dos campos independientes con sus propias lógicas que, sin embargo, logran empalmar o verse enlazados con resultados a veces poco previsibles. Uno de estos entronques entre estas esferas es el "dinero rápido" generado en el narcotráfico y el (ir)respeto a la ley, que ha llevado al fútbol a las primeras páginas de los periódicos más allá de los partidos recién jugados. Por lo tanto, en lo sucesivo trataremos de abordar esta paradoja productiva con respecto al fútbol, en el cual "se negocian" de manera diferente valores, reglas, conflictos y poder, en una "situación de excepción permitida" (Bens/Kleinfeld 2014: 19). Esta, sin embargo, una y otra vez se ve reencauzada a las reglas establecidas por la ley en materia de la penetración del fútbol por intereses criminales, especialmente en el marco del narcotráfico. Esta situación paradójica no es trivial. Si se mantiene la posición que concibe, por ejemplo, que la violencia en los estadios proviene de la sociedad, se exime inmediatamente de la responsabilidad al fútbol y sus estructuras, construyendo así un único vector para explicar sucesos que van del narcotráfico hasta las "barras bravas" (hinchas) de los clubes. No es nuestro interés perfilar responsabilidades, sino tratar de explicar en los siguientes párrafos las condiciones bajo las cuales fue posible que se dieran situaciones de compenetración del fútbol con el narcotráfico (referido esencialmente a los casos de Colombia y México).

El fútbol en América Latina como industria de entretenimiento

La industria del entretenimiento es aquella parte de la "sociedad del tiempo libre" en la cual el momentáneo éxito puede ser utilizado por parte de actores del crimen organizado para construir capital social y alcanzar reconocimiento popular; este, a su vez, puede ser usado como vía de acceso rápido al círculo de las élites económicas establecidas (Quitián 2013: 63). La inversión en un equipo de fútbol no solamente permite evadir impuestos y blanquear dinero proveniente de actividades ilegales, sino que ofrece al mismo tiempo un ambiente muy oportuno para aplicarle a los diferentes actores del "negocio" futbolístico los métodos de amenaza, coacción y seducción con la oferta del "dinero fácil y rápido", sean estos los presidentes, entrenadores o jugadores de los equipos respectivos. La endeble estructuración del fútbol es uno de los atractivos para los intereses criminales: son mercados fáciles de penetrar: opacos, con multiplicidad de actores socialmente vulnerables y con la capacidad de atraer grandes sumas de dinero no relacionadas con el valor del producto.

Una de las condiciones que facilita la penetración del fútbol por parte de los intereses criminales es su lógica de un "mercado *winner-take-all*" (típico de los negocios de *celebrities* de la industria del entretenimiento) (Frank/Cook 1996), con la oportunidad de lograr ganancias exorbitantes con base en una *performance* relativa. Estas sociedades, donde el ganador se lo lleva todo, se basan en un sistema de proyección social, que se ve reflejado en el fútbol, pero también en los concursos de reinas (ya sea en los del carnaval o de belleza) o las mayordomías para fiestas (patronales). Todos sirven para ganar reputación social por disponer de recursos financieros y políticos a partir de la construcción del espacio de "excepcionalidad", en el que las reglas cotidianas de convivencia son suspendidas, por lo menos temporalmente. Que estas situaciones impliquen también su uso para fines políticos está a la vista de todos, por lo cual existe una alta tentación de apropiación política a través de la generación de estatus social. La división típica de la industria del entretenimiento entre actores y espectadores, la dialéctica cambiante entre integración y exclusión, que genera la sensación para todos de ser parte de un mismo momento especial, es una dimensión central en el fútbol, en donde el activismo, los cánticos de las hinchas en las gradas les han conferido un protagonismo central en el transcurso de los juegos, pero también más allá de las arenas, antes y después de estos eventos espectaculares. Esta nueva notoriedad de las agrupaciones de espectadores también ha tenido una dimensión criminal con las "barras bravas" que, por ejemplo en Argentina, se han ido convirtiendo en estructuras típicas de crimen organizado que viven de la extorsión e incluso de los mismos clubes de fútbol. Sus interacciones con los habitantes del sector, los medios de comunicación y los comerciantes alrededor de los eventos futbolísticos no se refieren solo a comportamientos típicos de una cultura juvenil, sino que son reflejo de unidad, diversidad y resistencia en más amplios espacios comunitarios de su intervención (Miranda Bastidas *et al.* 2015, Castaño/Restrepo 2014).

Que el fútbol se presta como espacio para la (re)producción del narcotráfico se ha podido comprobar por la alta rentabilidad de este deporte en la industria del entretenimiento, la facilidad de justificar y legalizar grandes flujos de dinero y su utilidad como "vía rápida" de ascenso social. Con el protagonismo en el fútbol se pueden ganar aceptación y reconocimiento social, lo que, a su vez, permite aprovechar la influencia adquirida para la movilidad social, camino utilizado por algunos capos del narcotráfico como Pablo Escobar, quien supo satisfacer las necesidades del pueblo a través de obras sociales y convertirse en benefactor. Con ello aumentó su influencia en el ámbito local y regional, que le permitió a su vez aumentar su base económica por medio de otras contrataciones públicas, como es el caso de la industria de la construcción.

La parte del negocio: ganancia económica por medio del lavado de dinero

La desmesurada mercantilización del fútbol y la conversión de clubes en empresas accionarias han cambiado dramáticamente los pesos y contrapesos en las directivas. Los patrocinadores, los directores económicos y los presidentes han alcanzado una importancia antes no conocida (Beichelt 2018: 181). Los clubes han entrado en la lógica de tener que generar más ingresos por medio de la propaganda comercial, aumentar las ganancias a través de la transferencia de jugadores y de la transmisión de partidos en los medios electrónicos. Tales lógicas chocan a menudo con las identidades de los aficionados e hinchas, quienes tratan de mantener la inserción local y regional en las comunidades establecidas en contra de las lógicas económicas. Estas identidades populares y los estilos de los fanáticos se contraponen a estos clubes-empresas y a su lógica mercantil, que hoy caracterizan al fútbol latinoamericano, ya que la circulación de jugadores de carácter transnacional enajena las almas de los espectadores de los equipos.

El tema central de las directivas de los clubes parece aumentar el capital de su "empresa futbolística" a través de la búsqueda de nuevos accionistas. Uno de los factores que facilita la "inyección" de dinero de procedencia ilícita es la diversidad de las estructuras legales que van desde compañías de responsabilidad limitada hasta fundaciones. Incluso los estadios son muchas veces administrados por varias empresas en un sector que se caracteriza por la falta de control y débiles regulaciones. De esta manera, algunas figuras legales aumentan los riesgos de que los clubes cambien de propietario o que las directivas sean relevadas de acuerdo a los intereses de los patrocinadores.

Cómo el narcotráfico habría inyectado dinero al fútbol mexicano quedó ampliamente documentado en el testimonio de Tirso "El Futbolista" Martínez Sánchez, cuando declaró en calidad de testigo en el juicio que se desarrolló en el año 2018 y 2019 en EE. UU. en contra de Joaquín Guzmán Loera, alias el Chapo, del cártel de Sinaloa. Martínez Sánchez, quien es un confeso distribuidor de cocaína y trabajó para distintos cárteles mexicanos, entre los que se encuentra el cártel de Sinaloa, manifestó haber sido dueño de los equipos de Querétaro, Celaya, Irapuato, La Piedad y Mérida de la Liga Mexicana, clubes que volvió a vender para lograr blanquear el dinero proveniente del narcotráfico. En el juicio afirmó que adquirió el equipo de La Piedad por 2.2 millones de dólares, el cual —después de llegar a la Primera División— vendió en 2004 por 10 millones de dólares (Huerta 2018). Hay que recordar en este contexto las acciones que asumió en este caso la Federación Mexicana de Fútbol, la cual, en el año 2004, justamente cuando Tirso Martínez era dueño del Querétaro, no supo defenderse de otra manera que reducir el número de equipos en la Liga, por lo que el mismo equipo del Bajío y el Irapuato, ambos clubes en posesión de traficantes, fueron desaparecidos por el máximo organismo para dejar 18 equipos en la competencia de Liga del máximo circuito y no 20 como venían compitiendo.

Clubes en manos de los narco-empresarios (cártel-clubes)

La creciente presencia de los intereses de los cárteles en los clubes se ha notado más en el caso de Colombia durante los tiempos de la expansión del negocio de la cocaína entre los años 1980 y 1990. La masiva demanda en EE. UU. de esta droga y el control que los cárteles de Colombia (en Cali y Medellín) lograron ejercer en su negocio transnacional tuvieron como consecuencia el trasvase de grandes sumas de dinero a la economía del país. No fue solo la atracción del fútbol la que llevó a los capos a invertir en este deporte, también este sector ofrecía condiciones óptimas para el lavado de dineros "calientes" provenientes del negocio de la droga. También hay que tomar en consideración que esta expansión se debió a una cierta negligencia por parte del Estado al perdonarle las deudas a los equipos en términos de arrendamiento de estadios, la impunidad en la evasión de impuestos y la libre entrada de divisas a los clubes. La confluencia de los centros de producción de la cocaína y la ubicación de los clubes en Colombia encuentra su correspondencia en el caso de México, donde se da una cercanía muy visible entre narcotráfico y fútbol, ya que al menos 53,8% de los clubes de esta nación, entre la Liga MX, Ascenso MX, Liga Premier y Tercera División, tienen su sede en zonas donde operan los principales cárteles de la droga. Los ejemplos no se limitan a estos dos países; se puede rastrear una historia del narco-fútbol en la mayoría de las naciones de la región (Lezcano 2018).

Para el caso de Colombia hay que mencionar tres grandes eras: los años de 1980 pueden considerarse la época del narco-fútbol en Colombia, que vio crecer la presencia del dinero ilícito en los clubes, el impacto de los capos del narco en las directivas, una ola de violencia asociada a los partidos y un auge del fútbol colombiano a nivel internacional. Atlético Nacional (Medellín) quedó bajo la influencia de Pablo Escobar y ganó la Copa Libertadores en 1989; Millonarios (Bogotá) es manejado por Gonzalo Gacha y América (Cali) quedó en las manos de Miguel y Gilberto Rodríguez, lo cual le permitió una primera presencia remarcable en la fase grupal de la Copa Libertadores en 1983.

AMÉRICA DE CALI

En 1977, Gilberto y Miguel Rodríguez Orejuela intentaron comprar acciones del club Deportivo Cali para así ingresar en la industria del entretenimiento. El interés primordial parece haber sido lavar el dinero del negocio de la cocaína (Chica 2018). Pero la Junta Directiva lo impidió. No pasó lo mismo con el club América de Cali, que a la fecha no había logrado un solo título, pero era inmensamente popular. En 1980 los narcos pasaron a ser los accionistas mayoritarios. Con su intervención llevaron a este club a un nivel destacado, contratando jugadores extranjeros como el paraguayo Roberto Cabañas, el peruano Julio Uribe y el argentino Ricardo Gareca. Entre estas contrataciones también se menciona el intento de lograr la transferencia del joven Diego Maradona en 1979, esfuerzo que fracasó ante su contratación con el F. C. Barcelona.

El América de Cali se llevó ocho títulos en Colombia y jugó cuatro finales de la Copa Libertadores. Comenzaba la década de los 80, el auge de la cocaína y el inicio de la violencia narco en el país. Los hermanos Rodríguez Orejuela, líderes del cártel de Cali, pusieron a su club de fútbol favorito entre los mejores del continente. Cuando a finales de los años 1990 las autoridades lograron desarticular el cártel de Cali, el gobierno de EE. UU., a través de su Departamento de Finanzas, seguía sospechando de apoyos por parte de los narcotraficantes y, posteriormente, de organizaciones paramilitares, de manera que hubo de esperar hasta abril de 2013 para que el club fuera dado de baja de la lista de sospechosos por lavado de dinero (Ramsey 2014).

MILLONARIOS DE BOGOTÁ

Con su dinero proveniente del narcotráfico, Gonzalo Rodríguez Gacha, alias el Mejicano, apoyó hasta su abatimiento en 1989 a los jugadores del equipo bogotano Millonarios, además de premiar con un millón de pesos a todo el que anotara un gol en los partidos del torneo profesional. Gacha también fue el principal sospechoso en el asesinato del dueño de Millonarios. Dos años después de tomar las riendas del equipo, el club se proclamó campeón en 1987 y 1988.

DEPORTIVO INDEPENDIENTE MEDELLÍN Y ATLÉTICO NACIONAL

El caso más conocido es la ambición del narcotraficante Pablo Escobar y su afición por el fútbol. Tanto Rodríguez Gacha como Escobar lograron organizar sus partidos de fútbol privados con las estrellas de sus equipos, que contrataban para jugar en la hacienda Nápoles, el refugio de Escobar. Esta misma práctica continuó después de su entrega voluntaria en el año 1991 en "la Catedral", la "prisión" autoconstruida de Escobar, en donde invitaba a los astros del fútbol nacional. René Higuita, el autodenominado "mejor arquero del mundo" y titular de la selección nacional de Colombia, fue uno de los jugadores que más atendió estas invitaciones. Higuita fue detenido el 1 de junio de 1993 acusado de ser intermediario por el monto de 50 000 USD en la liberación de la niña Claudia Molina, hija del comerciante Luis Carlos Molina, presunto socio del jefe del cartel de Medellín Pablo Escobar, secuestrada a mediados de dicho año.

Escobar, el Patrón, tenía un modo de seducir a la población en las áreas marginales de Medellín y lo hacía a través del fútbol: en los rincones rezagados construyó más de 50 campos de fútbol e invirtió en viviendas populares. Esta base social, que utilizó también para reclutar sicarios, trató de ampliarla a través de la intervención en los dos equipos de su ciudad: el Deportivo Independiente Medellín y el Atlético Nacional. Especialmente, el club Atlético logró los éxitos anhelados a nivel internacional, aunque con la presión de "plata o plomo", típico del ámbito narco. Se reporta que en el año 1990, en el marco de la Copa de Libertadores, el árbitro uruguayo Daniel Cardellino presentó un informe ante la Confederación Sudamericana en el que confesó haber recibido amenazas de muerte y una oferta de dinero (20 000 dólares) para favorecer al Atlético Nacional en un partido ante su rival Vasco da Gama. El partido en Medellín lo había ganado 2-0 el local y fue anulado. Se organizó un nuevo partido fuera de Colombia, en Santiago de Chile, y el equipo colombiano logró imponerse de nuevo a su rival, logrando el paso a las semifinales. A consecuencia de ese episodio, el fútbol colombiano fue sancionado de tal manera que sus equipos no pudieron disputar competiciones internacionales en condición de local hasta 1992 (Iglesias 2014).

El entonces ministro de Defensa de Colombia, Rodrigo Lara Bonilla, denunció en este mismo año en rueda de prensa y con nombre propio a los equipos de fútbol profesional que estaban vinculados al narcotráfico: Atlético Nacional, Millonarios, Santa Fe, Deportivo Independiente Medellín, América de Cali y Deportivo Pereira (Alabarces 2018: 241). Esta acción fue su sentencia de muerte, que culminaría en su asesinato el 30 de abril de 1984. Este hecho deja absolutamente clara la intervención del "narco" en el fútbol colombiano, permitiendo, por un lado, el crecimiento en la calidad del juego por la contratación de jugadores y técnicos extranjeros, pero, por el otro lado, la subversión masiva de los clubes y de la lealtad de los aficionados con sus clubes.

El uso que las estructuras criminales le dieron a los clubes es el lavado de dinero acompañado con pagos ilegales a los jugadores predilectos. Sin embargo, después de la denuncia del ministro Lara Bonilla se inició en Colombia un proceso de recuperación del control sobre los clubes por medio de la extinción de dominio que implicó que la Dirección Nacional de Estupefacientes administraba las acciones de los clubes hasta su intervención en 2010 y su liquidación en 2014.

También en México hubo un proceso parecido cuando los clubes cayeron bajo el control de diferentes capos de la droga, como es el caso del León (Carlos Ahumada), del Querétaro (José Martínez, el Tío), del Santos Laguna (Carlos Ahumada), del Puebla, del Irapuato (José Martínez, el Tío) y del Necaxa.

Sin embargo, el problema no se limita solamente a los clubes: hay que incluir en este contexto también a los aficionados de los clubes, especialmente a las llamadas "barras bravas" que han tenido también una presencia creciente en materia de narcotráfico. El llamado cártel de las Barras importaba droga de Colombia para venderla en zonas del Gran Buenos Aires, del cual funcionaba como líder el colombiano Sebastián Parra Jaramillo, quien presuntamente conseguía la droga en depósito y la introducía en Argentina. El vínculo futbolístico de las barras se extendía a Colombia, Perú y Ecuador, donde se conseguía droga "en depósito", algo muy raro porque la droga suele pagarse por adelantado, pero, gracias a las relaciones de confianza entre las barras, se logró hacer efectivo este mecanismo inusual. Se realizaron más de 20 registros durante los cuales se incautaron 1 100 dosis de cocaína, 1 400 de *paco* (una pasta fumable que resulta de una etapa intermedia del procesamiento de la cocaína) y más de un kilo de mariguana. La detención de Parra Jaramillo se realizó en casa del hijo de Edgardo Gustavo, el Gordo Vallejos, jefe de la barra brava del Club Deportivo Laferrere, equipo de fútbol de la provincia de Buenos Aires (Puerta 2018).

El fútbol como espacio económico propicio para el crimen organizado

Para comprender las estructuras creadas por parte de los actores criminales, vale la pena remarcar las "opportunity structures" de este deporte en el contexto transnacional. Hay que mencionar en este sentido algunos casos. Entre la lista de empresarios señalados por la DEA (Drug Enforcement Administration de los EE. UU.) como prestanombres de el Tío del CJNG (Cártel Jalisco Nueva Generación), relucieron dos nombres: el futbolista mexicano Rafael Márquez y el cantante de banda Julión Álvarez, cuyas cuentas bancarias en EE. UU. fueron congeladas y sus bienes inmuebles en este país asegurados. Esta medida implica la cancelación de sus visas y la prohibición a cualquier ciudadano o empresa estadounidense de mantener vínculos comerciales con los acusados. Llama mucho la atención que en muy pocas ocasiones sean las autoridades nacionales quienes den el impulso para investigar estos casos vinculados al delito de blanqueo de dinero, sino que reaccionan ante una acción de autoridades en el exterior, la mayoría de las veces de los EE. UU. Este tema ha sido analizado en profundidad en un estudio de la FATF (Financial Action Taskforce). Según la FATF (2009: 148s), el fútbol se presta para el lavado de dinero a través de 7 delitos tipificados:

- Adquisición e inversión en los clubes (dopaje financiero).
- El mercado internacional de transferencia de jugadores.
- La "adquisición" de jugadores.
- La venta de entradas de los partidos para fines ilícitos.
- Apuestas.
- Utilización de derechos de imágenes.
- Mecenazgo y propaganda comercial.

Ya el simple volumen de las transacciones y la cantidad de actores e intermediadores (financieros) involucrados son un ambiente muy propicio para el lavado de dinero, especialmente cuando se incluyen paraísos fiscales y varias jurisdicciones. Hay evidencia de que la compra masiva de entradas a los partidos de los clubes ha sido un instrumento empleado por parte de los capos del narco para poder lavar su dinero "sucio". Lo mismo sucede con precios sobrevaluados de jugadores que son transferidos entre diferentes equipos a nivel nacional, regional e internacional.

La comercialización del fútbol permite clasificar a los equipos en base a criterios mercantiles y, en algunas ocasiones, coinciden con los equipos más queridos, más populares y con mayor afición, quizá porque son los que más atraen a los inversionistas. Por ejemplo, el *ranking* que Forbes realiza año tras año sobre los 50 equipos de fútbol más valiosos de América[1] se basa en el valor de mercado de los equipos. La medida la estima a partir de tres factores: el valor de los jugadores activos, el valor de la marca y el costo del estadio, cuando este es propiedad del club deportivo. En este *ranking*, el club Corinthians de Brasil se ha mantenido por cinco años como el favorito, con un valor en 2018 de 462,2 millones de dólares, lo cual deja en evidencia que son más bien equipos de tamaño medio de los cuales se pueden apoderar los criminales. Sin embargo, esto no quiere decir que no estén participando de manera encubierta en transferencias de jugadores a través de agentes que logran articular varias jurisdicciones nacionales con flujos de dinero que pasan por paraísos fiscales.

1. Corinthians, Brasil: $462,2 mdd.
2. Palmeiras, Brasil: $424,1 mdd.
…
5. Gremio (Brasil) $313 mdd.
6. Chivas Guadalajara, México: $297,1 mdd.
7. Monterrey, México: $281,8 mdd.
…
9. River Plate, Argentina: $219,1 mdd.
10. Boca Juniors, Argentina: $213,1 mdd.
11. Internacional, Brasil: $201,1 mdd.
…
14. Flamengo, Brasil: $178,5 mdd.
15. América, México $174,8 mdd.

[1] Aquí puede consultarse: https://www.forbes.com.mx/50-equipos-de-futbol-mas-valiosos-de-america-en-2018/>.

16. Santos, México $164,6 mdd.
17. São Paulo, Brasil $156,4 mdd.
...
19. Tijuana, México $140 mdd.
20. Atlético Paranaense, Brasil $137,2 mdd.
21. Independiente, Argentina $136,3 mdd.
....
23. Pumas, México $125,3 mdd.
24. Toluca, México $116 mdd.
25. Santos, Brasil $110,3 mdd.
26. Vasco da Gama, Brasil $103,4 mdd.
...
27. Tigres, México $93 mdd.
Líder mundial = Real Madrid: $3.645 mdd. Los rangos no ocupados corresponden a equipos de EE. UU.

Cuadro 1: Los 30 equipos de fútbol más valiosos de América (2018)
(en millones de dólares).
@Forbes' list of the most valuable football clubs (2018) <https://www.forbes.com.
mx/50-equipos-de-futbol-mas-valiosos-de-america-en-2018/> (22-04-2019).

Las transferencias de jugadores extranjeros a equipos nacionales han sido muy frecuentes a lo largo de la historia del fútbol en Colombia, en especial entre 1949 a 1954, que ha sido calificada como edad "dorada". Sin embargo, debido a esta práctica la liga colombiana fue considerada la primera liga "pirata" y, en consecuencia, desafiliada por un tiempo de la FIFA (Quitián 2013: 62). En cambio, el panorama futbolístico actual se ha globalizado masivamente a través de los procesos de comercialización. No solo para las empresas involucradas, sino también para los jugadores y entrenadores, han surgido mercados competitivos transnacionales que invitan a la especulación global con el valor de mercado de los artistas individuales de la pelota a través del *merchandising* y de potentes inversores. Las tecnologías digitales apoyan las conexiones globales entre los clubes profesionales y sus seguidores para que puedan interactuar con ellos desde cualquier parte del mundo (Llopis-Goig 2018: 159). El espacio de las identidades futbolísticas se ha expandido masivamente y este deporte puede ser considerado un ejemplo de actividad globalizada y posnacional que ofrece todas las ventajas a los intereses criminales en las actividades de compraventa con la participación de paraísos fiscales. El negocio con los jugadores tiene lugar en tres continentes, con América Latina en el primer puesto en la exportación de jugadores.

Desde 2010, cuando se hizo obligatorio el uso del Sistema Internacional de Transferencias (ITMS), los equipos de todo el mundo han realizado 110 574 transferencias de jugadores profesionales hasta 2018. Solo el año 2019 se transfirieron 14 186 jugadores profesionales de 175 nacionalidades diferentes; según la FIFA, el negocio de transferencias ha alcanzado un volumen de 36 070 millones de euros desde 2010. A principios de marzo de 2019, tres jugadores latinoamericanos se colocaron dentro de los 10 más caros del mundo: el brasileño Neymar, en la posición número dos (180 millones de euros), seguido por Lionel Messi (160 millones) en el número tres y, finalmente, Philippe Coutinho en la posición número 9 (140 millones).[2]

La inversión de dineros de procedencia ilícita se está extendiendo a un sector de transferencia que muchas veces se desarrolla por debajo del radar de las autoridades y de la atención pública: el reclutamiento internacional de los talentos menores de edad. En este caso, el afán de los familiares de los jóvenes jugadores por permitir una carrera internacional es el punto de contacto, en el cual los financieros criminales logran apoderarse del negocio —con préstamos e "inversiones por adelantado" en el futuro de los jugadores—. El uso de dinero en efectivo es en estas transacciones hasta el día de hoy un procedimiento aceptable y poco controlado. Limitada atención se está poniendo asimismo a las principales víctimas (los jugadores menores de África y América Latina), quienes se encuentran de pronto en una situación de abandono en EE. UU. y en los países europeos, ya que sus agentes no se están responsabilizando de ellos cuando la carrera esperada no avanza.

Las regulaciones de la FIFA para la transferencia internacional de jugadores establecen como requisito que los jugadores hayan alcanzado los 18 años, aunque contemplan tres excepciones: a) si los padres cambian de domicilio por razones ajenas al fútbol al país donde el nuevo club tiene su sede; b) si el jugador vive a una distancia menor a 50 km de la frontera nacional y el club está también a una distancia menor de 50 km; y c) si la transferencia se realiza en el territorio de la Unión Europea o del Espacio Económico Europeo y el jugador tiene entre 16 y 18 años, con la obligación del club de proporcionarle una formación o entrenamiento futbolístico adecuado que corresponda a los mejores estándares nacionales, garantizarle una formación académica o escolar o una formación o educación y capacitación conforme a su vocación, que le permita iniciar una carrera que no sea futbolística en caso de que cese su actividad

---

[2] Se pueden consultar los valores actuales en: https://www.transfermarkt.de/spieler-statistik/wertvollstespieler/marktwertetop.

de jugador profesional, tomar las previsiones necesarias para asistir al jugador de la mejor manera posible (condiciones óptimas de vivienda, una familia o alojamiento) (FIFA 2018: 23). Sin embargo, quedan muchas dudas sobre si funcionan bien estos reglamentos: los clubes que administra una academia tienen que notificar la presencia de menores de edad. Si la academia no tiene una relación de derecho, de hecho y/o económica con un club, la asociación debe asegurarse de que se constituya en un club que participe en los campeonatos nacionales correspondientes y que notifique la presencia de todos los jugadores menores de edad. También es necesario que cada asociación lleve un registro de los nombres y las fechas de nacimiento de todos los jugadores menores de edad. Al notificar los nombres de sus jugadores, tanto la academia como los jugadores se comprometen a practicar el fútbol según los estatutos de la FIFA.

El fútbol como campo alterno y sustituto para la proyección de importancia y relevancia social

El fútbol ha servido tanto a sus protagonistas en el campo del juego como a sus patrocinadores para aproximarse a las esferas del poder o amarrar sus relaciones dentro de ellas. La alta visibilidad mediática de los deportes les ha conferido un reconocimiento social a las personas involucradas, que va acompañado de toda una amplísima red de padrinazgos, compadrazgos y sociedades anónimas que son útiles para lavar dinero y que sirven para la extensión de la gruesa pantalla legitimadora. La cercanía del fútbol con inversiones en la industria del espectáculo, en la hostelería y restauración y en la industria turística u otros centros de espectáculos múltiples que funcionan como discoteca, para fiestas de graduación (por medio de mecenazgos), concursos de baile e incluso cierres de campaña de las candidatas a reinas de carnaval es reflejo de las relaciones de complementariedad de las diferentes ramas de la industria del entretenimiento y su función condicionante para hacer avanzar los intereses criminales dentro de ellas. Para lograr mayor peso en este ámbito se emplean los métodos del crimen organizado, sea en la forma de compra o presión sobre árbitros, jugadores o funcionarios para amañar partidos o sea con violencia abierta contra equipos contrarios y sus financiadores.

El fútbol se ha convertido, no solo en América Latina, en un espacio de ambivalencia normativa. Tanto para los jugadores como para los espectadores este deporte genera momentos en los que pueden mantener y romper reglas y normas establecidas. La forma concreta como esta ambivalencia se manifiesta, está subordinada, por un lado, a la constelación fundamentalmente antagónica del fútbol, que invita a proyectar a los partidos otros conflictos o contradicciones con la posibilidad de llegar a la violencia. Frente a estas tendencias de violencia asociada al fútbol (sea de carácter cotidiana, emotiva u organizada) se han dado procesos de una mayor "securitización" del futbol que corresponde a procesos parecidos que se aplican en las sociedades con el afán del control de la delincuencia. Pero, más allá de los intereses de los narcotraficantes para lograr una proyección social desde el deporte o de las "barras bravas" por manifestar sus identidades y la cohesión de su grupo, existe también un momento de rebeldía social que se alimenta de la provocación y protesta desde y dentro del fútbol. El fútbol funge en este sentido como campo alterno para la proyección de identidades que logra aprovechar también el crimen organizado, al retar con el apoyo del "pueblo" al Estado, sus autoridades y, especialmente, sus agencias de seguridad. Con el interés de demostrar la ineficacia de la policía de cumplir con su deber y prestar seguridad a los asistentes de los mítines alrededor de un partido de fútbol, al igual que a sus protagonistas, se sirven de la violencia para dejar claro a todo el público quién "manda aquí" y, por lo tanto, esta se encuentra en el centro de las relaciones de poder.

Como un ejemplo puede considerarse la muerte del árbitro Álvaro Ortega en el partido América de Cali vs. Independiente de Medellín de Colombia. Hay que recordar que fue el Independiente, junto al Atlético Nacional, el equipo de Pablo Escobar: el 26 de octubre de 1989, Ortega fue "sentenciado a muerte" por Pablo Escobar tras su arbitraje del partido en el estadio Pascual Guerrero de Cali, en el que América se impuso 3-2 al Medellín en un partido nada significativo en cuanto al campeonato. Sin embargo, este árbitro cometió un grave "delito": anuló el gol de chilena de Carlos Castro, al considerar que había falta peligrosa, y evitó así el empate a falta de dos minutos del final, lo cual 19 días después le costó la vida al ser acribillado en plena calle. Como consecuencia de este hecho fue suspendido el campeonato colombiano de aquel año, no obstante Escobar todavía tendría una gran alegría ese año tras la victoria del Atlético Nacional en la Copa Libertadores (El Espectador 2019). La presión del narco sobre los árbitros había salido con anterioridad cuando se había secuestrado en Medellín al árbitro Armando Pérez, quien dijo que el mensaje de sus captores fue "Al que pite mal, lo borramos" (El Tiempo 2014).

Encuentros amañados y partidos arreglados

De allí se logran trazar los senderos de partidos arreglados por intereses del narcotráfico. Sobre el club Atlético Nacional, que se proclamó campeón de la Copa Libertadores de 1989, pende la sospecha de que el narcotraficante Pablo Escobar influyó para que así ocurriera. "Uno de los hombres que estuvo detrás del arbitraje confesó en televisión las amenazas que recibió antes de este partido. 'Acá esta [sic] la plata, tiene que ganar el Nacional. Saltaron por las camas, con la ametralladora...'", comentó (Montes 2016). Esta situación ha llegado hasta la Oficina de las Naciones contra la Droga y el Delito (United Nations Office on Drugs and Crime-UNODC), que editó una guía de buenas prácticas para la investigación del arreglo de partidos en el año 2016. Allí se demuestra el interés articulado por lograr resultados negociados a través de la corrupción, coerción y extorsión, especialmente con miras a las apuestas comerciales alrededor del deporte y por medio de plataformas electrónicas. El estudio resume una combinación de factores que han permitido que esta amenaza crezca, entre los cuales se menciona la codicia personal, las estructuras de gobernanza débiles del deporte como sector, mercados de apuestas globales de fácil acceso y abiertos a la explotación, baja priorización por parte de las agencias policíacas de la amenaza que presentan los partidos arreglados y el uso del deporte por parte de los delincuentes organizados para promover sus propios intereses (UNODC 2016: 1). Los escándalos sucedidos en El Salvador en 2013 con equipos nacionales demuestran este propósito: la manipulación de casas de juego internacionales, ofreciendo pagos a los jugadores salvadoreños para amañar un partido (Lohmuller 2015). Llama la atención que las suspensiones de por vida dictadas por parte de la Federación Salvadoreña de Fútbol (FESFUT) para varios jugadores fueron las únicas penas impuestas, ya que los juicios ante los juzgados penales terminaron sin condena. De los 14 activos suspendidos varios han vuelto al campo futbolístico al cumplir algunos meses o años de castigo y ser perdonados posteriormente, tras el pago de una multa financiera.

Sin embargo, la situación de los partidos arreglados no termina con los jugadores, igualmente incluye a los árbitros, como lo demuestra el caso de la "Mafia del Silbato" del año 2005 en el caso de Brasil: según las acusaciones, varios árbitros aceptaron dinero de apostadores en línea con el encargo de manipular varios partidos en su favor (LaSusa 2016). En este torneo se pudo detectar una red de corrupción de árbitros, que fueron multados con altas sumas para compensar a clubes e hinchas de los equipos afectados.

Ráfagas en vez de silbatazo...

El crimen organizado desató el pánico en el partido de primera división mexicana el 20 de agosto del 2011 del Santos/Torreón contra Monarcas/Michoacán en el minuto 40, cuando se escuchó una balacera que provocó la desbandada de jugadores, árbitros y espectadores y la suspensión del partido (Contreras Vega 2011). Esta invasión deliberada del espacio público y la búsqueda del "evento" mediático de un partido de futbol refleja claramente el interés "comunicativo" de los criminales por generar atención e impacto no solamente entre el público presente y televisivo, sino también el claro mensaje de que las autoridades no controlan la situación. Buscar enfrentamientos con las fuerzas de seguridad del Estado en un momento de máxima atención pública refleja la dimensión "performativa" de los actores criminales, tanto respecto a las formas de impactar sobre posibles víctimas, como a los mensajes que las acompañan, lo que les permite a sus actos brutales adquirir un grado efectivo de "espectacularidad" (Lantz 2016: 256). Así, el "espectáculo fútbol" es el marco oportuno para los actores violentos para colocarse por encima, tanto de la población civil, como de las autoridades (Lantz 2016: 257). Esta asociación del fútbol con la crueldad de la violencia encontró su expresión más macabra cuando miembros del cártel de Sinaloa desollaron el rostro de una víctima y lo cosieron a un balón de fútbol como amenaza al rival cártel del Golfo en México (Redacción de *El Vigía* 2010).

Hay que recordar también el homicidio al jugador colombiano Andrés Escobar, quien había anotado en el Mundial de 1994 un autogol en el partido que Colombia perdió 1:2 frente a la selección de EE. UU., perdiendo a final de cuentas el avance en el torneo. Aunque el jugador "culpable" pidió perdón al público, fue acribillado una semana después de la salida de Colombia del Mundial en Medellín por un comando que, con cada tiro a Escobar, exclamó de la manera típica de los comentadores radiofónicos "GOOOOL" (Archivo Histórico El Comercio 2014).

El fútbol, el reino de la belleza y los mafiosos del narcotráfico

La incursión de los criminales en la industria del entretenimiento tiene dos objetivos: la búsqueda de reconocimiento y la oportunidad de convertirse en *celebrity*. Por eso, no es sorprendente que los cárteles hayan corrompido, además de los equipos de fútbol, otros espacios de la sociedad, que no solamente forman parte de los pasatiempos preferidos de los narcotraficantes latinoamericanos, sino también permiten un reconocimiento inmediato en los medios y la farándula, como lo son los concursos de belleza (Collins 2014: 31). En este sector del entretenimiento se pueden ubicar igualmente grandes sumas de dinero en efectivo sin que haya mayores controles en su uso; al mismo tiempo, estos eventos permiten ser reconocido en la sociedad y ofrecen la posibilidad de mostrarse con personas que gozan de altos niveles de visibilidad (Santamaría Gómez 2012). El caso más conocido es el matrimonio entre Joaquín "El Chapo" Guzmán, jefe del cártel de Sinaloa, y Emma Coronel, reina del estado de Durango en el año 2006.

Martha Lucía Echeverry, quien en 1974 se convirtió en Señorita Colombia, fue acaso la primera en relacionarse con narcos. Se dejó seducir por Miguel Rodríguez Orejuela, capo del cártel de Cali, cuando empezó a trabajar como relacionista pública del equipo de fútbol América de Cali, del cual eran socios los hermanos Rodríguez Orejuela (Gagne/Alonso 2016). Otro caso corresponde a Juan Pablo Muñoz, alias Carlos Ciro, quien fue arrestado en Madrid el 6 de marzo de 2018 por controlar la ruta europea de la cocaína transportada desde Colombia. Muñoz, quien fungía también como representante de artistas y se hacía pasar por empresario de arte, se había creado una fachada profesional de la industria de entretenimiento para poder realizar sus negocios ilícitos en el tráfico de estupefacientes, en el cual se ha utilizado de igual manera a futbolistas reconocidos. El exfutbolista de la selección colombiana Jhon Viáfara, campeón de la Copa Libertadores con el Once Caldas en el 2004, fue capturado por presunto narcotráfico y ahora enfrenta un pedido a extradición a Estados Unidos en marzo de 2019. Aunque no es la única persona del ámbito de los exjugadores que utilizó su renombre internacional para fines delictivos: el exlateral Diego León Osorio, quien también vistió la camiseta tricolor, fue condenado en febrero de 2019 a cinco años de prisión domiciliaria por intentar traficar un kilo de cocaína en España. Otros internacionales con Colombia también tuvieron que aparecer ante los juzgados por lavado de activos o tráfico de droga, como los mundialistas Luis Alfonso "Bendito" Fajardo y Wilson Pérez (Den Held 2019).

Colofón: Rafa Márquez y su 5ª participación en el Mundial (2018) con el Tri

Rafael Márquez, un emblema del deporte mexicano que ha pasado por el campo del F. C. Barcelona como defensa central, puede considerarse el ejemplo vivo en materia de nexos entre la vida futbolística y el involucramiento en negocios turbios. Este atribulado futbolista logró participar en su 5° campeonato mundial en Rusia 2018, a pesar de las acusaciones que levantara en agosto 2017 la Oficina de Control de Activos Extranjeros de EE. UU. (Office of Foreign Assets Control-OFAC) al aparecer su nombre en una lista de sospechosos por haber actuado como prestanombres en negocios que operaban para Raúl Flores Hernández, el Tío, vinculado al cártel de Jalisco Nueva Generación (U.S. Department of the Treasury 2017). Como efecto de esta decisión le fue cancelada su Visa para ingresar a EE. UU. y sus cuentas bancarias en ese país fueron congeladas.

El efecto inmediato de esta situación se dio en la reacción de sus patrocinadores estadounidenses, Procter & Gamble y Nike, que anularon los contratos con el jugador que habían mantenido con él por más de una década (Mancera 2018). La Federación Mexicana de Fútbol (FMF), a su vez, ni implementó el Art. 13.3 de su reglamento, que pide de sus futbolistas registrados "no ser parte ni haber participado de negocios de dudosa reputación o en conductas delictivas". Aunque la Procuraduría General de la República (PGR) no ha cerrado en definitiva la investigación en contra de él, aun cuando el 13 de enero de 2018 el futbolista ganó un amparo, que a su vez fue revocado en marzo del mismo año, de manera que quedaron bloqueadas varias clínicas de rehabilitación suyas y se ordenó congelar sus cuentas bancarias. Aunque en el contexto nacional se haya mejorado la situación del jugador, su nombre sigue presente hasta noviembre de 2020 en la lista de sancionados de la OFAC (OFAC 2020). Independientemente de cómo se resuelva el conflicto judicial sobre Rafa Márquez, su presencia en Rusia siguió reglas especiales, debido a preocupaciones de las empresas patrocinadoras con operaciones en Estados Unidos que no pueden tener relaciones empresariales con individuos que se encuentran en dicha lista del Tesoro. Así, su participación en Rusia se dio entonces en condiciones muy reservadas (casi sin patrocinadores, con excepción de Puma). Además, había recibido una recomendación de sus abogados y de la misma Federación Mexicana de Fútbol de salir a los entrenamientos con un uniforme sin los patrocinadores habituales del Tri, evitar la zona mixta donde también se pueden ver los logotipos y no estar en las conferencias de prensa. Al terminar, en el año 2018, su carrera activa en su último club, el Atlas, pasó de jugador a la directiva del club (*San Diego Union Tribune* 2018).

Rafa Márquez, como futbolista y como involucrado en negocios turbios, puede considerarse como prototipo de la complicación transnacional y la maraña de intereses que resultan de trabarse entre sí los hilos del lucro personal, comercial y criminal alrededor y dentro del fútbol, resultado de la flexibilidad de estructuras de este deporte, pero también de la facilidad para adecuarlas a intereses personales y patrocinadores del ámbito legal e ilegal. Las oportunidades de beneficio que ofrecen la delincuencia y la debilidad de controles en el "sistema futbolístico" han desembocado en una degradación del fútbol con resultados graves e indeseados: el negocio del fútbol se ha convertido en un campo de diversificación de la delincuencia grave y predadora, es utilizado para la consolidación de la delincuencia organizada con el lavado de dinero y ha servido para la movilidad social de delincuentes que usan la industria del entretenimiento para su reconocimiento en las sociedades latinoamericanas. Se necesitará del esfuerzo de todos los actores del sector para lograr revertir estas desviaciones y reintroducir en este deporte la alegría y la limpieza del juego, únicos fundamentos válidos para su aceptación social y reputación personal.

Bibliografía

ALABARCES, Pablo (2018): *Historia mínima del fútbol en América Latina*. Ciudad de México: El Colegio de México.

ANTWEILER, Christoph (2009): *Heimat Mensch: Was UNS ALLE verbindet*. Hamburg: Murmann.

BEICHELT, Timm (2018): *Ersatzspielfelder. Zum Verhältnis von Fußball und Macht*. Berlin: Suhrkamp.

BENS, Jonas/KLEINFELD, Susanne (2014): "Fußball, Macht und Politik: Eine Einführung. Kritische Blicke auf die Mythen rund um Fußball", en Jonas Bens/Susanne Kleinfeld/Karoline Noack (eds.): *Fußball, Macht, Politik. Interdisziplinäre Perspektiven auf Fußball und Gesellschaft*. Bielefeld: Transcript, pp. 9-19.

CASTAÑO PÉREZ, Guillermo Alonso/RESTREPO ESCOBAR, Sandra Milena (2014): "Agresividad, consumo de drogas y 'barras bravas' en el fútbol", en *Revista Virtual Universidad Católica del Norte*, vol. 41, pp. 79-95.

COLLINS, John (ed.): *Ending the Drug Wars. Report of the LSE Expert Group on the Economics of Drug Policy*. London: LSE.

FATF (FINANCIAL ACTION TASK FORCE) (2009): *Money Laundering through the Football Sector*. Paris: FATF/OECD.

FRANK, Robert/COOK, Philip J. (1996): *The Winner-Take-All Society: Why the Few at the Top Get So Much More Than the Rest of Us*. New York: Penguin.

LANTZ, Andrew (2016): "The performativity of violence: abducting agency in Mexico's drug war", en *Journal of Latin American Cultural Studies*, vol. 25, n° 2, pp. 253-269.

LLOPIS-GOIG, Ramón (2018): "Prácticas e identificaciones transnacionales en el fútbol europeo: un estudio referido a nueve países", en *Revista de Humanidades*, n° 34, pp. 155-172.

MIRANDA BASTIDAS, Luisa Fernanda/URREGO SÁENZ, Ingrid Vanessa/VERA ERAZO, Diana Carolina (2015): "Barra brava, cultura, violencia y sociedad: el mundo barrista como representación", en *Prospectiva. Revista de Trabajo Social e Intervención Social*, n° 20, pp. 163-191.

QUITIÁN ROLDÁN, David Leonardo (2013): "La economía del fútbol colombiano: de la ilegalidad y el crimen al glamur globalizado", en *Polémica*, vol. 4, n° 10, pp. 60-65.

SANTAMARÍA GÓMEZ, Arturo (2012): "Introducción", en ídem (ed.): *Las jefas del narco. El ascenso de las mujeres en el crimen organizado*. Ciudad de México: Grijalbo, pp. 27-52.

UNODC (UNITED NATIONS OFFICE ON DRUGS AND CRIME) (2016): *Resource Guide on Good Practices in the Investigation of Match-Fixing*. New York: United Nations.

VILLORO, Juan (2006): *Dios es redondo*. Ciudad de México: Planeta.

Sitios web y periódicos

CHICA, Adriana (2018): "Gloria y ocaso del club colombiano que de la mano del narco estuvo a punto de contratar a Maradona", *en Infobae*, 11 de noviembre de 2018.

<https://www.msn.com/es-ar/noticias/otras/gloria-y-ocaso-del-club-colombiano-que-de-la-mano-del-narco-estuvo-a-punto-de-contratar-a-maradona/ar-BBPzx1J> (15-04-2019).

CONTRERAS VEGA, Jaime (2011): "Tiroteo desata el pánico en estadio; se suspende el partido Santos vs. Morelia en Torreón", en *Excelsior*, 21 de agosto de 2011. <https://www.excelsior.com.mx/2011/08/21/adrenalina/762582>

DEN HELD, Douwe (2019): "Futbolista de Colombia acusado de marcar en redes de narcotráfico", en *Insight Crime*, 25 de marzo de 2019. <https://es.insightcrime.org/noticias/noticias-del-dia/futbolista-colombiano-acusado-de-penalti-en-redes-narcotrafico/> (17-04-2019).

EL COMERCIO (2014): "Autogol de la muerte: a 20 años del asesinato de Andrés Escobar", en *El Comercio*, 30 de julio de 2014. <https://elcomercio.pe/blog/huellasdigitales/2014/06/autogol-de-la-muerte-a-20-anos-del-asesinato-de-andres-escobar> (20 de marzo de 2020).

EL ESPECTADOR (2019): "Balazos advertidos al fútbol colombiano", *en: El Espectador*, 15 de noviembre de 2019. <https://www.elespectador.com/deportes/futbol-colombiano/balazos-advertidos-al-futbol-colombiano/> (30.11.2020).

EL TIEMPO (2014): "El año en que el fútbol se congeló por el asesinato de un árbitro", en *El Tiempo*, 15 de noviembre de 2014, <https://www.eltiempo.com/archivo/documento/CMS-14835436> (1.03.2020).

EL VIGÍA (2010): "Sicarios cosen la cara de rival en balón de fútbol", en *El Vigía*, 9 de enero de 2010. <https://www.elvigia.net/nacional/2010/1/9/sicarios-cosen-cara-rival-baln-ftbol-1134.html> (25 03.2020).

FIFA (2018). *Reglamento sobre el estatuto y la transferencia de jugadores. Recuperado el 7 de marzo de 2019.* <https://resources.fifa.com/image/upload/regulations-on-the-status-and-transfer-of-players.pdf?cloudid=r692gva86fwf6ezq14fy> (19-04-2019).

GAGNE, David/ALONSO, Luis Fernando (2016): "Tough Love for Latin America's Drug Barons and Beauty Queens", en *Insight Crime*, 13 de agosto de 2016. <https://www.insightcrime.org/news/analysis/tough-love-for-latin-america-drug-barons-and-beauty-queens/> (20-04-2019).

HUERTA, César (2018): "Revelan dinero del narcotráfico en el fútbol mexicano", en *As*, 12 de diciembre de 2018. <https://mexico.as.com/mexico/2018/12/12/futbol/1544589450_940200.html> (15-04-2019).

IGLESIAS, Waldemar (2014): "El fútbol en los tiempos de Pablo Escobar", en *Clarín*, 26 de febrero de 2014. <https://www.clarin.com/deportes/futbol-tiempos-Pablo-Escobar_0_B1AZEI1jvme.html> (12-04-2019).

LASUSA, Mike (2016): "El crimen organizado, uno de los jugadores en los partidos arreglados", en *Insight Crime*, 30 de agosto de 2016. <https://es.insightcrime.org/noticias/analisis/crimen-organizado-jugadores-partidos-arreglados/> (12-04-2019).

LEZCANO, Arturo (2018): "Historias del narcofútbol", en *Jot Down*, enero de 2018. https://www.jotdown.es/2018/01/historias-del-narcofutbol/ (15-03-2019).

LOHMULLER, Michael (2015): "Retiran cargos contra los futbolistas de El Salvador", en *Insight Crime*, 3 de abril de 2015. https://es.insightcrime.org/noticias/noticias-del-dia/retiran-cargos-futbolistas-el-salvador/> (30.11.2020).

MACKENNA, Ewan (2016): "Narco-Football is Dead: Celebrating a Colombia Reborn", en *Bleacher Report*, 2 de junio de 2016. <https://bleacherreport.com/articles/2642116-narco-football-is-dead-celebrating-a-colombia-reborn> (21-04-2019).

MANCERA, Diego (2018): "Rafa Márquez: hacer historia salpicado por el narco", en *El País*, 4 de junio de 2018. <https://elpais.com/deportes/2018/06/04/mundial_futbol/1528130027_031021.html> (12-04-2019).

MONTES, Silvia (2016). "Álvaro Ortega, el árbitro asesinado por Pablo Escobar", en *As*, 15 de noviembre de 2016. <https://as.com/tikitakas/2016/11/15/portada/1479227584_976260.html> (15.03.2020).

OFAC (2020): "Specially Designated Nationals and Blocked Persons List", Washington, D.C. (30 de noviembre de 2020).

PUERTA, Felipe (2018): "Argentina Arrests Members of International Drug-Trafficking Soccer Hooligan Network", en *Insight Crime*, 28 de septiembre de 2018. <https://www.insightcrime.org/news/brief/argentina-arrests-members-international-drug-trafficking-soccer-hooligan-network/> (20-04-2019).

RAMSEY, Geoffrey (2014): "10 Ways Soccer and Organized Crime Mix in Latin America", en *Insight Crime*, 30 de mayo de 2014. <https://www.insightcrime.org/news/analysis/10-ways-soccer-organized-crime-mix-latin-america/> (24.04.2019)

SAN DIEGO UNION TRIBUNE (2018): "Es Rafa Márquez presidente del Atlas", en *San Diego Union Tribune*, 7 de agosto de 2018. <https://www.sandiegouniontribune.com/en-espanol/sdhoy-es-rafa-marquez-presidente-del-atlas-20180807-story.html> (15.03.2020).

U.S. DEPARTMENT OF THE TREASURY (2017): "Treasury Sanctions Longtime Mexican Drug Kingpin Raul Flores Hernandez and His Vast Network", en Press Center of U.S. Department of the Treasury, 8 de septiembre de 2017. < https://www.treasury.gov/press-center/press-releases/Pages/sm0144.aspx https://www.treasury.gov/press-center/press-releases/Pages/sm0144.aspx> (30.11.2020).

CUARTA PARTE

DESIGUALDAD DE GÉNERO

Esta parte discute la importancia y las controversias sociopolíticas del fútbol feminino en América Latina. En base a la tesis de que el fútbol practicado por hombres ha sido uno de los elementos fundamentales en la construcción de las naciones, cuatro ensayos trazan pautas históricas de construcciones de género en el fútbol y abordan posibilidades y límites de la fuerza performativa del fútbol feminino actual.

El artículo de Carmen Rial se pregunta por qué el movimiento feminista de Brasil no tuvo al fútbol femenino en su agenda, a pesar de voces que han visto en él un potencial de empoderamiento de las mujeres. Concluye que la respuesta radica en la distancia histórico-social entre feministas y futbolistas y da ejemplos de cambios ideológicos y sociales que derribaron las fronteras sociales entre mujeres de capas subalternas, pobres, *queers* y no intelectualizadas, con un perfil social muy diferente al de la mayoría de las feministas.

Gabriela Ardila presenta un recorrido diacrónico del fútbol antes de llegar a América Latina, que lo concibe desde sus inicios como un proceso de masculinización política, lo que incluía prohibirlo para las mujeres y mantenerlas sometidas a estereotipos femeninos creados por hombres. Al mostrar de esta manera que al llegar a América Latina el fútbol ya transmitía conceptos y prácticas de desigualdad de género, Ardila se enfoca en el caso colombiano. Destacando la figura de algunas pioneras, revela que el fútbol practicado por mujeres en Colombia tiene un recorrido largo que no se ha reconocido y aún hoy debe pelear contra la estigmatización por parte de periodistas y políticos.

Julia Haß y Stephanie Schütze exploran la fuerza performativa del fútbol en grupos migrantes sudamericanos en Río de Janeiro y en São Paulo. En base a sus trabajos de campo en equipos y torneos femeninos *amateurs* exploran construcciones de pertenencia a una misma nación, región o incluso localidad dentro de nuevas redes sociales que ayudan a los migrantes en su vida en Brasil.

Muestran que la apropiación del espacio urbano por los migrantes es muy importante para su "supervivencia" cotidiana, especialmente para las mujeres migrantes que practican un deporte dominado por hombres.

Martin Curi analiza los comentarios en el *Times Brazil* que las campañas publicitarias de los equipos masculino y feminino brasileños habían provocado durante la Copa del Mundo de 2014 en Río de Janeiro. Los presenta como una lucha simbólica entre los géneros, en la cual el equipo masculino fue asociado con los estereotipos políticos negativos de Brasil, como por ejemplo la corrupcción, mientras que al equipo feminino le fueron atribuidos voluntad, empeño y belleza. Lo interpreta como una batalla de género nacional en el contexto global del Mundial que, por lo menos a nivel simbólico, consiguió deconstruir la hegemonía masculina en la sociedad brasileña.

#Déjala trabajar: el fútbol y el feminismo en Brasil

Carmen Rial

Introducción

El fútbol "femenino", o sea, el fútbol practicado por mujeres, fue históricamente ignorado por el movimiento feminista en Brasil, en el cual me incluyo. El fútbol tardó en ser objeto de reflexiones feministas, tanto en los ámbitos de reflexión teórica como en el campo del activismo, aun con la coincidencia de fechas entre la amnistía política de los presos de la dictadura militar (que permitió el regreso de mujeres que se habían convertido en feministas en el extranjero) y de la "amnistía" futbolística (que puso fin a una legislación que prohibía la práctica de varios deportes por mujeres). Las voces feministas existen desde muy temprano en Brasil, como la de la periodista Cléo de Galsan, quien en 1924 se pronunciara a favor de la práctica del fútbol.

En realidad, el fútbol nunca fue central en la agenda de las mujeres en el país, siendo la exclusión del mundo del fútbol, impuesta por ley, luego interiorizada por la gran mayoría de las mujeres en el país. Este desinterés es paradójico no solo por la centralidad que el fútbol ostenta en el imaginario nacional, sino también porque se refiere al cuerpo, una dimensión fundamental en los estudios de género y en el activismo feminista. Por tanto, es pertinente indagar acerca del desinterés feminista por este deporte y por los deportes en general.

Parte de la respuesta está en la distancia social entre feministas y futbolistas. Cuando resurge en los años 1980, el fútbol fue practicado por mujeres de capas sociales subalternas, pobres y poco intelectualizadas. Aunque había un grupo de mujeres, en especial en los cursos de educación física, que siempre se interesaban por él, las futbolistas eran muy diferentes de las feministas blancas e intelectualizadas que se reunieron en universidades y centros de investigación —entre las que me incluyo— y que forman la base del feminismo más conocido en el país.

En los últimos años, el deporte no dejó de ser secundario en las reflexiones feministas, pero hay que destacar el nuevo momento de la relación entre futbolistas y periodistas deportivas, de un lado, y feministas de otro, donde ese divorcio parece estar siendo superado.

Primeras voces feministas en Brasil

El fútbol "femenino", o sea, el fútbol practicado por mujeres, fue históricamente ignorado por las feministas en Brasil y en buena parte del mundo. El objetivo de este artículo es poner en paralelo fútbol y feminismo en Brasil para intentar comprender el porqué de la persistente ausencia del fútbol en la agenda feminista global.

Si miramos la historia, vemos que en Brasil, después de un inicio prometedor, el fútbol de mujeres se estancó súbitamente, de igual modo, además, que ocurrió en muchos países de Europa —como en Francia, en Alemania o en la Inglaterra de las maravillosas integrantes del Dick, Kerr's Ladies FC (fundado en 1917), compuesto por mujeres que trabajaban en la fábrica Strand Road de construcción de tranvía y tren ligero de los escoceses[1] W.B. Dick and John Kerr de Kilmarnock y que llegó a viajar por Estados Unidos, siendo imbatible incluso en las competiciones con equipos de hombres (Newsham 1997)—.

La periodista brasileña que firmaba bajo el pseudónimo de Cléo de Galsan, ya en 1924, se pronunciaba a favor de la práctica del fútbol en columnas memorables en el diario *A Gazeta de São Paulo*[2]. En una de las columnas, que tuvo como título "Las melindrosas y el... deporte", la relación entre feminismo y deporte aparece ya en el primer párrafo cuando dice: "En esa hora en que el feminismo revoluciona el mundo, en que las mujeres se sienten y golpean con calor por sus derechos, necesito hablar un poco con algunas de mis patricias". Y sigue describiendo críticamente los cuerpos frágiles, "bibelots" de la "niña raquítica" que se nombra como "melindrosa", para concluir que "estas no alcanzarán, porque para la lucha, para la victoria, serán necesarias mujeres, mujeres sanas de cuerpo y alma; se necesitarán jóvenes que no tengan el cerebro empañado por ideas románticas..." (Galsan 1924b: 3). Después de citar una lista de deportistas extranjeras campeonas y referirse explícitamente al fútbol como uno de los deportes, afirma: "Ellas [las deportistas extranjeras] saben que el deporte actuará fuerte y benévolamente sobre sus organismos, desarrollándoles salud, aumentando las fuerzas, la vitalidad. Se convertirán así en mujeres de verdad, formidables adversarias del sexo considerado fuerte, enérgicas batalladoras por la igualdad de derechos" (Galsan 1924b: 3).

Es decir, para Galsan, cien años atrás, ya estaba claro que la lucha por derechos feministas implicaba la fabricación de un nuevo cuerpo por parte de las

---

[1] También en el fútbol masculino los escoces tuvieron un papel importante en América Latina (Alabarces 2018).

[2] Agradezco a Caroline Almeida que me haya mostrado esas crónicas.

mujeres y que el deporte sería el camino para conseguirlo. Por el deporte se ganaría agencia y empoderamiento, como se dice hoy.

Cleo de Galsan defendió lo que llamó "fútbol floreciente" de los ataques de los médicos, los cuales estarían, años después, en la base de la prohibición en 1941 de la práctica del fútbol y varios otros deportes considerados amenazadores para la salud y, especialmente, para el sistema reproductivo femenino (Rial 2015). En el artículo "El fútbol es el juego recomendado a la juventud femenina" se ve que la polémica médica estuvo presente desde los años 1920: "¡El fútbol es el menos peligroso, el menos agotador de los deportes y debe ser clasificado en primer lugar en la lista de los juegos recomendados a la juventud femenina! El fútbol, señores incompetentes, es menos peligroso para los órganos femeninos que los movimientos ejecutados en ciertas danzas rítmicas" (Galsan 1924a: 3).

Órganos reproductores femeninos que son internos (y no externos, como los de los hombres), pero cuya supuesta protección estuvo en la base del argumento de la interdicción de 1941. Otros ejercicios corporales eran (y son) socialmente impuestos a las mujeres. ¡Cómo no pensar en el ejercicio al que una mujer es obligada en lo cotidiano, como equilibrarse sobre zapatos altísimos, para cumplir con gestos corrientes!, como apuntó una socióloga norteamericana citada por Bourdieu:

> Imagínese todos los gestos que usted (ella dice hablando a un hombre), imagine que está con una falda corta y que tiene que recoger algo del suelo. Ella hace un ejercicio de gimnasia. Es un trabajo magnífico, que da conciencia de cosas que incluso las mujeres no tienen conciencia de hacer o no hacer... Es eso la dominación simbólica. Es una dominación que funciona en la medida en que el dominado no tiene la plena conciencia de sufrir la dominación. Incluso las mujeres no son conscientes de lo que hacen (Carles 2002: 24'55").

Un ejercicio de contención del cuerpo, no de su expansión, que las mujeres no son conscientes de hacer. El fútbol practicado por mujeres, de hecho, floreció en Brasil a partir del inicio del siglo XX: fueron más de 200 clubes repartidos por el país en los años 40, como leemos en la carta acusatoria que derivó en la prohibición por la dictadura de Getúlio Vargas de la práctica futbolística (Rial 2015). De ellos, nunca más se oyó hablar, sino por la recuperación de historiadores que insistían en leer periódicos antiguos (Franzini 2005/Almeida 2014) o que entrevistaron a mujeres deportistas sobrevivientes de ese tiempo (Rigo 2008).

De hecho, como en muchos países, el fútbol practicado por mujeres es contemporáneo al practicado por hombres (Giulianotti 2002). Surgió a finales del siglo XIX, en Inglaterra, y protagonizó un punto de giro durante la Primera

Guerra Mundial, con un aumento significativo de equipos formados por mujeres (Newsham 1997). Pero, al final de la Segunda Guerra Mundial, la igualdad de género obtenida con la ausencia de los hombres (convocados a luchar en los ejércitos) fue revertida y el deporte siguió el retroceso social general para las mujeres, con características específicas en cada país. Es decir, la distancia entre las mujeres y el fútbol no es un caso aislado; después de la Segunda Guerra Mundial las mujeres se retiraron de muchos de los lugares públicos anteriormente "conquistados", tanto en el trabajo como en la vida social, para "reinar en el hogar". En Brasil, como en otros países de Europa, esta retirada duró casi 40 años.

De los inicios de una paradoja

Como sabemos, la "manumisión" de las mujeres para patear una pelota en Brasil fue decretada coincidentemente con la amnistía de los exiliados y exiliadas políticas de la dictadura militar, en 1979. Estos y estas exiliadas trajeron en las bolsas de regreso a Brasil, después de una estancia de casi una década en los países de América Latina y en Europa, además de ropa más colorida y osada —pienso en la tanga que el periodista Fernando Gabeira exhibió en la playa—, nuevas teorías, feministas, que enfrentaban el lugar que tradicionalmente ocupan las mujeres en la sociedad brasileña, buscando nuevos derechos sexuales y reproductivos, al mismo tiempo que cuestionaban el cuerpo (Grossi 1996). La mujer, y no el género, estaba en el centro de las teorías, en discusiones que reforzaban una identidad vista como universal y una agenda política que buscaba la igualdad de oportunidades. Es decir, gran parte de nuestro feminismo tiene en el origen características de los movimientos feministas del norte —un feminismo hecho por mujeres de las capas medias, intelectualizadas, centrado en los valores de estas mujeres, pero que se pensaba universal—. De hecho, a finales de los años 70 podemos identificar dos corrientes en el feminismo brasileño: una más individualista, ligada al cuerpo/a la sexualidad, y otra más "social", que actuaba en periferias con mujeres de capas subalternas (Franchetto *et al.* 1985, Costa 1987).

Muerto estaba el fútbol femenino en Brasil hasta los años de la llegada de las feministas exiliadas, únicamente practicado en las familias por niñas que completaban el equipo de los hermanos, muchas veces a escondidas de padres celosos de temían que el gusto por esa práctica pudiera encerrar la manifestación de algún desvío en la identidad de género. Por supuesto que había mujeres hinchas de clubes, pero su presencia en los estadios era insignificante, así como en los trabajos relacionados con el fútbol. No había mujeres dirigentes de clubes ni futbolistas ni periodistas. Así, sorprende, por la rareza, la crónica de la escritora Clarice Lispector, que se decía hincha del Botafogo, en la que elogia a un cronista deportivo carioca (Lispector 1968), como también las entrevistas que hizo con el jugador Zagallo (1970a) y con el técnico y periodista Joâo Saldanha (1970b).

Cuando el fútbol feminino renace en la postamnistía lo hace en el centro del país, en São Paulo, y especialmente en las playas de RJ (en casos aislados en otros rincones del país), practicado por mujeres de capas sociales subalternas, mucho más pobres y menos intelectualizadas que las feministas que se reunían en las universidades y en centros de investigación. Y como en Brasil raza y clase social se interseccionan, muchas de esas futbolistas eran negras. Algunas de ellas, lesbianas.

Como muestra Caroline Almeida en "Buenas Jugando", su disertación de maestría, el fútbol no resurge en el espacio socialmente aceptado de las escuelas, donde eran los niños de capas medias los que iban a aprender un fútbol que ya no podía ser practicado en el espacio público de las ciudades por falta de seguridad (real o imaginaria). Tampoco reaparece en los clubes donde tamizaron sueños de miles de jóvenes hombres, predominantemente pobres y negros, abriendo las puertas o alejando a los candidatos de la más deseada de las profesiones en el país, ni lo hace en el espacio del patio de las fábricas, donde los obreros hombres organizaban exhaustivos juegos en los intervalos de descanso en el almuerzo, aprovechando lúdicamente los cuerpos disciplinados por el tiempo de trabajo fabril y subvirtiendo allí, con un juego de dribles, el orden colectivo impuesto. El fútbol de mujeres resurge en las playas y en las discotecas lesbianas de Rio de Janeiro y de São Paulo. O sea, no renace en el país por una ofensiva feminista, sino por iniciativas individuales —en Rio de Janeiro por un hombre, Eurico Lira, cuya personalidad es de las más polémicas—. Eurico Lira, dueño de una casa nocturna, personaje ambiguo en la descripción de Almeida (2013), fue quien impulsó el fútbol de mujeres, creando un equipo de fútbol femenino (1981-1989) en el club Radar (fundado en 1932). Este equipo Radar llegó a representar a Brasil en la Copa del Mundo de 1989. Esta situación es muy similar a lo que pasó en Francia, donde el periodista Pierre Geoffroy creó en el año mítico de 1968 un equipo, casi como una broma, a partir de un anuncio publicado en un periódico de Reims, la capital de la región de Champagne, al noreste del país, que llamaba a las mujeres a hacer el preliminar del juego del club local para atraer más espectadores al estadio.

No descarto que feministas, profesoras y estudiantes, en cursos de educación física, o médicas y médicos, hayan tenido influencia en el cambio de la legislación que restringía el fútbol a los hombres. Pero la distancia que separaba las ideas feministas de las practicantes de las playas cariocas era enorme. Brasil no tardó mucho en tener una bell hooks (2015) o una Gloria Anzaldúa (1987) - Lélia Gonzales ya en la década de 1980 se volvió hacia las mujeres negras

(1982) y criticó el feminismo (1979), Sueli Carneiro *et al.* (1985) es otro ejemplo de crítica al feminismo, aunque en ambos la preocupación central eran las desigualdades económicas y el racismo, y no incluía el deporte.

No quiero decir con eso que las reflexiones y demandas del movimiento feminista del siglo XX en Brasil estuvieran completamente divorciadas de lo cotidiano de las mujeres pobres y negras. Hay intelectuales negras brasileñas de los años 70 que solo ahora están siendo descubiertas, como Beatriz Nascimento. Es necesario recordar también a Carolina de Jesús, pionera en la escritura sobre mujeres negras en la periferia, ella misma siendo una empleada doméstica que decía escribir para olvidar el hambre. Ni tampoco quiero decir que las feministas brasileñas fuesen un grupo de prendadas mujeres blancas, primordialmente preocupadas por compartir el trabajo de lavar la vajilla con los hombres, cuando no tenían en casa, trabajando para sí, a otra mujer, una sirvienta. Sin embargo, debemos reconocer que el movimiento feminista tenía otras agendas.

Una crítica del feminismo "intelectual" brasileño

El enfoque central de este movimiento en la categoría de la "mujer", al reivindicar una identidad única y universal (Costa 2002, Butler 2003) y escamotear clase y raza, algo característico de las demandas feministas, provocó luchas políticas que se extendían más allá de las preocupaciones del grupo intelectualizado de las feministas, en el cual me incluyo a mí. Por ejemplo, la igualdad salarial para el mismo trabajo o, especialmente, la lucha contra la "violencia doméstica", como se decía en la época, aunque esa era (y es) mayoritariamente una violencia doméstica contra la mujer. Dada la centralidad que el fútbol ostenta en la sociedad brasileña, es pertinente preguntarse: ¿por qué el desinterés feminista por este deporte (y otros, en general)?

A pesar de la coincidencia de amnistías (la política y la futbolística), el fútbol no formaba parte de la agenda feminista. De hecho, nunca fue central en la agenda de las mujeres en el país. La exclusión de las mujeres del mundo de fútbol, inicialmente impuesta, fue interiorizado por la gran mayoría de las mujeres, en un caso de complicidad.

Cuando la antropóloga norteamericana Janet Lever estuvo en América del Sur en los años 80, investigando el fútbol, extrañó la ausencia de las mujeres brasileñas en este deporte y, más aún, su total falta de interés. Al oír hablar de una legislación que prohibía un deporte que en su país era predominantemente practicado por mujeres, preguntó a un funcionario de la Confederación Brasileña de Deportes (la CBD, que dio origen a la Confederación Brasileña de Futbol, CBF) si era verdad que existía tal ley. Su respuesta fue que no era necesaria la ley, pues las mujeres nunca se interesaban (o se interesarían) por el fútbol, dado que ellas conocían su lugar. Como bien apuntó Lever (1983) en el libro *Soccer Madness,* para la mayoría de las brasileñas de estratos medios ni pasaba por la cabeza reivindicar la práctica del fútbol, pues ese era un tema que, decían, "no les interesaba, una tontería de los hombres", de la que pasaban contentas.

Ni jugaban ni asistían. El veto a la práctica no se extendía a los estadios de fútbol —como en países como Irán o Arabia Saudita, por ejemplo, donde el acceso solo fue permitido en 2018—. Pero era rara la afluencia de mujeres en los estadios de fútbol brasileños durante la dictadura militar y años después de ella. Esta ausencia, provocada por el desinterés, pero también por el clima hostil, de asedio, raramente denunciado, en una complicidad común en casos de violencia simbólica (Bourdieu 1998), era interesante para los hombres. Su presencia podría poner en riesgo la masculinidad hegemónica.

Si consideramos la tesis presentada por el antropólogo Arjun Appadurai en un caso similar de rechazo de mujeres —él habla del cricket en la India (Appadurai 2001: 111), pero podemos perfectamente pensar en el fútbol en Brasil—, la presencia de las mujeres en los estadios es peligrosa, pues revela a las mujeres una homopasión: la de los hombres-fans de otros hombres, los futbolistas. Y es esa mirada amorosa, que pone en riesgo su heterosexualidad, la que debe ser evitada. Toda posibilidad de deslizamiento debe ser alejada a través de los insultos homofóbicos y de posturas machistas que reafirmen su condición heterosexual. O sea, por detrás de la ausencia de las mujeres está el miedo a una posible revelación. Así, el componente homoerótico en la experiencia de asistir al fútbol es revelado por el ojo exterior del Otro, en este caso, de las mujeres. La exclusión de las mujeres garantiza que los hombres puedan mirar amorosamente a otros hombres, sin que esa pasión ponga en riesgo su masculinidad. Ella permanece, de algún modo, como un secreto entre hombres.

La producción y negociacón de imágenes corporales en el fútbol brasileño

Además de expresión de género, de una masculinidad hegemónica, el fútbol es un *locus* de expresión de identidad nacional, es "un deporte y una máquina, que socializa a las personas en Brasil. Es un sistema altamente complejo de comunicación de valores esenciales" (Da Matta 2009: 117). Es por eso que el dominio patriarcal sobre temas importantes en la sociedad excluyó durante mucho tiempo a las mujeres. Da Matta reconoce: "[...] Cuando la gente habla de fútbol en Brasil, ellos discuten fútbol. Sólo se discuten cosas serias sobre las que hay que tomar posición. El fútbol y la política son discutidos y muy significativamente estos temas no se consideran apropiados para las mujeres. En Brasil se habla sobre dinero y mujeres, pero se discute política y fútbol. Hay mucho en común entre fútbol y política" (Da Matta 2009: 106). Las mujeres pueden ser objetos de conversación, se habla de las mujeres. Pero no deben participar en discusiones serias, como el fútbol. ¿Por qué el movimiento feminista no atacó esa premisa machista de que la mujer debe quedarse lejos de un asunto tan serio? ¿Por qué no vio en el fútbol una de las posibilidades de reforzar el cuerpo de las mujeres para los embates políticos, como sugería Galsan?

No estoy de acuerdo con lo que afirma Brake (2010: 3), analizando el contexto norteamericano, cuando postula que el feminismo, como muchas otras teorías, no se interesó por los deportes practicados por mujeres por estar sometido a la influencia de la filosofía occidental y su clásica división entre el cuerpo y la mente, que ocuparían puntos opuestos en el espectro de la personalidad. De hecho, tanto en los Estados Unidos como en Brasil, los cuerpos siempre tuvieron un lugar central entre las preocupaciones del feminismo. Y podemos verificar análisis feministas sobre, por lo menos, cinco diferentes concepciones de los cuerpos:

1) El cuerpo como objeto, tematizado en el agotamiento de la polémica en torno a la pornografía y la antipornografía (Rubin 1984), que en Brasil asume inicialmente la forma de contestaciones al uso de la desnudez de mujeres en la publicidad y en concursos para misiones, siendo más recientemente objeto de discusiones en torno al acoso y a la legitimidad de prácticas sadomasoquistas (Gregori 2015).

2) El cuerpo victimizado, sujeto a violencias, sobre todo domésticas (Grossi 1988, Gregori 1992).

3) El cuerpo como fuerza de trabajo, con denuncias sobre la doble jornada, la inferioridad de salarios y la explotación de las mujeres en el campo.

4) El cuerpo controlado por una biopolítica (Foucault 2012) que libera la píldora anticonceptiva —no olvidemos, la píldora surge como política del Estado para controlar la natalidad en los países periféricos (Preciado 2014)— y prohíbe el aborto pero, años más tarde, asegura el papel de protagonistas económicas a las mujeres a través de programas sociales.

En el siglo XXI, otros cuerpos pasan a ser centrales en el debate feminista:

5) El cuerpo *cyborg* (Haraway 2015), el transgénero (Preciado 2014), el cuerpo deficiente (Ayres 2015).

Me alejaría mucho del campo del fútbol al detallar los meandros de los intensos debates involucrando esos cuerpos en diferentes momentos del feminismo. El punto a resaltar aquí es que sí, el cuerpo fue central en las reflexiones feministas desde el principio, siendo por lo tanto muy extraño su casi silencio en torno al cuerpo de las futbolistas.

O mejor, si el movimiento, a juzgar por las columnas de Cléo de Galsan, en su inicio tenía esa preocupación, esta fue abandonada en los años 70, cuando el feminismo resurge con fuerza junto con el regreso de las mujeres del exilio, impuesto por la dictadura militar. El fútbol es sin duda una "tecnología de género", para usar el concepto de Teresa de Lauretis inspirado en Foucault, cuando apunta que "la construcción del género ocurre actualmente por medio de varias tecnologías de género (por ejemplo, el cine) y discursos institucionales (por ejemplo, la teoría), con poder de controlar, producir e 'implantar' representaciones de género" (Lauretis 1994: 228). Y así era entendido por Cléo de Galsan. Pero en Brasil fue la violencia el centro de las reflexiones feministas. Desde las manifestaciones durante el juicio de un *playboy* rico que asesinó a una mujer en Búzios (una playa de RJ conocida por el paso de la mítica Brigitte Bardot) y que fue absuelto en primera instancia, gracias a la ley de la época de la legítima defensa del honor, hasta la instauración de la actual Ley Maria da Penha, que criminaliza y arresta a los perpetradores de violencia contra la mujer, una ley que el actual Congreso golpista, que destituyó a la presidenta Dilma Rousseff en 2016, tiene en la agenda "flexibilizar", o sea, hacer menos rigurosa —en un país donde cada cinco minutos una mujer es agredida, cada once minutos es violada y cada dos horas es asesinada (Soares 2017)—.

El fútbol en Brasil interesó especialmente a mujeres de capas subalternas, negras y lesbianas —una orientación sexual que, como varios trabajos han mostrado, fue celosamente higienizada y ocultada a través de reglamentos de la CBF, de propagandas y de columnas en periódicos (Almeida 2015, Pisani 2012, Rial 2015). También en Europa se intentó "feminizar" a las atletas con distintas estrategias:

> Cuando Fanny Blankers-Koen ganó cuatro medallas de oro en los Juegos Olímpicos de Londres de 1948, se informó de que 'la mujer más rápida del mundo era una excelente cocinera'. En el año 2011, Emma Byrne, la portera irlandesa del Arsenal femenino también fue destacada por sus buenas habilidades culinarias. Una revista como *Sky Sports* debería presentar a una jugadora de fútbol como reveladora de cambios en el deporte en los últimos sesenta años. Que sus habilidades domésticas sean el foco principal del artículo ilustra cuán poco ha cambiado y no solo en las percepciones de los medios de las mujeres atletas (Williams 2013)[3].

---

[3] "When Fanny Blankers-Koen won four gold medals at the 1948 London Olympic Games it was reported that the 'World's Fastest Woman is an Excellent Cook'. In 2011, Emma Byrne, the Arsenal Ladies' Irish goalkeeper was also presented as having good culinary skills. That a magazine like *Sky Sports* should feature a woman footballer at all is indicative of the changes in the sport in the last sixty years: that her domestic abilities are a main focus of the article illustrates how little has changed and not just in media perceptions of female athletes".

Las instituciones brasileñas buscaron arduamente feminizar a las atletas (al obligar al porte de pelo largo, de uniformes apretados y con fotografías sensuales en reportajes sobre el fútbol femenino). Incluso con la introducción de esa modalidad, el fútbol siguió siendo terreno fértil de homofobia en América del Sur.

Aunque hoy el homoerotismo femenino o masculino es aceptado en espacios socialmente legítimos —en los frecuentados por las feministas blancas de capas medias, pero también de modo más amplio en los medios, como se vio en el caso reciente de la ejecución de la concejala Marielle Franco, pues, después de un silenciamiento inicial sobre su orientación sexual, los medios pasaron a identificarla como homosexual e incluso a dedicar unos segundos de hablar de su viuda, Mónica Benício—, las futbolistas continúan en el armario (Sedgwick 2007). Marta, nuestra más famosa jugadora, elegida seis veces como la mejor del mundo y doce veces entre las tres mejores del mundo, jamás es presentada como lesbiana, y de su (o sus) compañera(s) poco sabemos. La orientación sexual, que, si no predomina, está muy presente entre las jugadoras, todavía es silenciada.

Tuvimos un cambio importante en ese aspecto en septiembre de 2016 con el noviazgo de la periodista deportiva brasileña más conocida, Fernanda Gentil, con la también periodista Priscila Montandon, revelado públicamente por Fernanda. Aunque ella no ha perdido el empleo, dejó de hacer el programa diario para presentar uno semanal, pero poco a poco volvió a ganar espacio.

El fútbol sigue siendo terreno fértil también para el racismo y la misoginia. Es simbólico que el golpe de 2016 tenga como marco inicial las ofensas a la presidenta Dilma Rousseff en la Arena Corinthians, en el partido de apertura de la Copa del Mundo. Según consta, el grito del insulto (que no voy a repetir aquí) partió de un grupo de dirigentes de uno de los mayores bancos del país, esparciéndose por la tribuna formada por la elite brasileña que puede pagar el precio exorbitante de la entrada. Los estadios continúan siendo un templo sagrado para una masculinidad machista y para la afirmación de la heteronormatividad.

La FIFA estuvo detrás de algunos avances significativos en el apoyo al fútbol practicado por las mujeres. El condicionar la entrega de dinero a la CBF (el llamado "legado de la Copa") al desarrollo del fútbol de mujeres en el país llevó a la creación de una selección permanente y hasta a la contratación de una entrenadora mujer, Emily Lima —ambas acciones de corta duración—. Emily fue despedida sin muchas explicaciones y la selección permanente duró hasta el final de la Copa América (ganada en 2018 por Brasil por séptima vez, sin que ningún canal de televisión, abierto o cerrado, ni siquiera haya transmitido el partido final). Se espera que tenga una repercusión más duradera la obligatoriedad de los clubes que disputan la primera división del fútbol nacional de mantener un equipo de mujeres.

A pesar de estos obstáculos, el fútbol de mujeres ha obtenido conquistas considerables y las 7 victorias brasileñas en 8 ediciones de la Copa América lo demuestran. Nada especial: es una *performance* deportiva que corresponde a la demografía dominante de Brasil en relación a los otros países de América del Sur, y que demuestra que es el fútbol masculino el que está por debajo de lo que sería estadísticamente esperado, pues, aunque tenga una población 60 veces más grande que la de Uruguay, Brasil (con 8 títulos) tiene la mitad de los títulos sudamericanos que Uruguay (15 títulos).

Las mujeres futbolistas son llamadas "niñas" por los medios, un modo de infantilizarlas, aun sabiendo que la edad media de las jugadoras es superior a la de los hombres, que no son tratados como niños. Ahora, en una triste igualdad con los hombres, a menudo se designan como "piezas", una palabra que remite al tiempo de la esclavitud: "piezas" era como se llamaba a los esclavos en Brasil.

A manera de conclusión

Por mucho tiempo divorciados, hoy el movimiento feminista y el fútbol parecen reencontrarse. Algunas manifestaciones muestran una nueva alianza entre el feminismo y el fútbol. Por ejemplo, el caso de Robinho, cuando bandas exigieron su salida del club por su condena por perpetrar una violación colectiva en Italia a una mujer. O en el caso de la campaña #Déjala trabajar/#Deixa ela trabalhar[4]), a través de la cual jóvenes periodistas gauchas denunciaron el acoso y el prejuicio que sufrían en el trabajo, con gran repercusión en los medios locales. Se eligió el fútbol como tema para una campaña semejante al #metoo norteamaericano (en el cual las deportistas tuvieron un papel prominente, declarando en juicio contra abusadores) o el #balancetonporc francés.

Y fueron muchas. No es una presencia igualitaria, lejos de eso. Pero hoy ellas están en los bastidores y en el micrófono. El periodismo deportivo, durante mucho tiempo exclusivamente en manos de hombres, pasó a tener una presencia creciente de mujeres presentadoras, reporteras, comentaristas e incluso narradoras (esto último muy excepcionalmente y con la característica de ser una atracción casi circense). Como denunciaron las blogueras feministas ya en 2014:

> En cualquier canal que hacía la cobertura de la Copa, en la televisión abierta o en el cable, era posible ver hombres jóvenes, viejos, flacos, gordos, bonitos, feos, narigudos, calvos, peludos, altos, bajos, con o sin gafas, con o sin ojeras, sabiendo o no hablar diferentes idiomas, con acento o sin, con cabellos largos o cortos, con o

---

[4] <https://www.youtube.com/watch?v=6LnAqkKpKi8>.

sin barba. La inmensa mayoría eran blancos, pero no era difícil ver negros e incluso algunos con rasgos indígenas o asiáticos. No vi a ningún usuario de silla de ruedas o alguien que pareciera tener alguna discapacidad. En el caso de las mujeres, con rarísimas excepciones, se siguió el patrón: joven, femenina, delgada, sin deficiencias y blanca. Que es el estándar visto en la gran mayoría de los programas periodísticos de la televisión. Los hombres pueden ser muy diversos, incluso en la edad, mientras que las mujeres siguen reglas más rígidas para aparecer en el vídeo (Cardoso 2014).

La jerarquía y el desfase numérico se mantienen. Raramente hay mujeres en los programas de debate o mesas redondas en que se discuten cuestiones técnicas del fútbol y no solo las noticias. Cuando son comentaristas y narradoras, parecen estar fuera de lugar, como si fueran mujeres Cabiles en el exterior de la casa (Bourdieu 1998). No sorprende, pues, que un respetado columnista (e historiador) le haya gritado a una comentarista mujer "vuelve a tu lugar, a la cocina", en uno de los más importantes programas de radio del país. Lo sorprendente fue la repercusión del hecho, el apoyo recibido por la periodista, con manifestaciones de condenas a la actitud del comentarista, lo que provocó su disculpa pública[5].

Largamente divorciados, hoy el movimiento feminista y el fútbol se reconcilian por voz de las jóvenes periodistas feministas, de algunas (aún escasas) futbolistas y por valientes jugadoras de equipos que permanecen invisibles para los grandes medios de Brasil. Pero el movimiento "déjala trabajar" encierra una ambigüedad: el pedido se dirige a la libertad para las periodistas en los estadios, para que puedan ingresar en ese espacio para trabajar, para hacer la cobertura periodística, pero no para divertirse o para jugar. Algo parecido a lo que sucede en el Congreso Nacional, donde las periodistas mujeres son mayoría, pero muy pocas mujeres son diputadas y senadoras. O sea, hay un largo camino por recorrer hasta la conquista de la plena ciudadanía para las mujeres, tanto en la política como en ese tema "serio" que es el fútbol, símbolo mayor de la nación en Brasil.

---

[5] Sé de lo que hablo. Trabajé como editora en ese mismo programa en los años 80. Era la única periodista de deportes mujer en una radio brasileña. Como editora, estaba entre los bastidores, no en el micrófono. Y esto solamente fue posible gracias a un jefe que era también profesor de Filosofía.

Bibliografía

ALABARCES, Pablo (2018) *História mínima del fútbol en América Latina*. Ciudad de México: Turner/El Colegio de México.

ALMEIDA, Caroline S. (2015): *Boas de bola: um estudo sobre o ser jogadora de futebol no Esporte Clube Radar durante a década de 1980*. Dissertação de Mestrado, Florianópolis: PP-GAS, UFSC.

— (2018): *Do sonho ao possível: projeto e campo de possibilidades nas carreiras profissionais de futebolistas brasileiras*. Tese de doutorado. Florianópolis: PPGAS, UFSC.

ANZALDÚA, Gloria (1987). *Borderlands/La Frontera: The New Mestiza*. San Francisco: Aunt Lute Books.

APPADURAI, Arjun (1996): *Modernity at Large. Cultural Dimensions of Globalization*. Minneapolis: Minnesota University Press.

AYRES, Melina (2015): *Telenovela e deficiência física: uma análise sobre a construção de significado da paraplegia a partir da telenovela* Viver a vida. Tese de doutorado. Florianópolis: PP-GICH, UFSC.

BOURDIEU, Pierre (1998): *La domination masculine*. Paris: Le Seuil.

BUTLER. Judith (2003): *Problemas de gênero: feminismo e subversão da identidade*. Rio de Janeiro: Civilização Brasileira.

CARNEIRO, Sueli/SANTOS, Thereza/COSTA, Albertina/SANTOS, Thereza (1985): *Mulher negra: política governamental da mulher*. São Paulo: Nobel; Conselho Estadual da Condição Feminina.

COSTA, Albertina (1987): "Baseado e pau-de-arara: memórias do feminismo nos trópicos, São Paulo, 1970", en *Encontro Anual da ANPOCS*, vol. 11, Águas de São Pedro. Anais, pp. 1-18.

COSTA, Claudia de Lima (2002): "O sujeito no feminismo: revisitando os debates", en *Cadernos Pagu*, n° 19, pp. 59-90.

GONZALEZ, Lélia (1983): "Racismo e sexismo na cultura brasileira", en *Revista Ciências Sociais Hoje*, ANPOCS, n° 2, pp. 223-244.

FOUCAULT, Michel (2012): *História da sexualidade I: a vontade de saber*. Tradução de Maria Thereza da Costa e J. A. Guilhon Albuquerque. Rio de Janeiro: Graal.

FRANCHETTO, Bruna (1985): "Cavalcanti", en Maria Laura Heilborn/Maria Luiza (eds.): *Perspectivas Antropológicas da Mulher. Sobre Mulher e Violência*. Rio de Janeiro: Zahar, pp.125-135.

FRANZINI, Fábio (2005): "Futebol é 'coisa para macho'? Pequeno esboço para uma história das mulheres no país do futebol", en *Revista Brasileira de História*, vol. 25, n° 50, pp. 315-328.

GIULIANOTTI, Richard (2002): *Sociologia do futebol: dimensões históricas e socioculturais do esporte das multidões*. São Paulo: Nova Alexandria.

GONZALEZ, Lélia (5 a 7 de abril de 1979): "Cultura, etnicidade trabalho: efeitos lingüísticos e políticos da exploração da mulher". Comunicação apresentada no 8° Encontro Nacional da Latin American Studies Association. Pittsburgh.

— (1983): "Racismo e sexismo na cultura brasileira", en Silva, L.A. *et al.: Movimentos sociais urbanos, minorias e outros estudos.* Ciências Sociais Hoje, Brasília, ANPOCS, n. 2, p. 223-244.

Gregori, Maria Filomena (1992): *Cenas e queixas. Um estudo sobre mulheres, relações violentas e a prática feminista.* São Paulo: Paz e Terra/ANPOCS.

— (2015): "Prazeres Perigosos", en *Etnografica*, vol. 19, nº 2, pp. 247-265.

Grossi, Miriam (1988): *Representations sur les femmes battues - la violence contre les femmes au Rio Grande do Sul.* Thèse de doctorat. Paris: Université Paris Descartes V.

— (1996): "Feminismes et Génerations Politiques des Années 90 au Brésil", en *Cahiers du Cedref (Politique et Recherchees Feministes)*, vol. 6, pp. 169-190.

Grossi, Miriam/Lago, Mara/Nuernberg, Adriano (eds.) (2010): *Estudos In(ter)disciplinados: Gênero, Feminismo, Sexualidades.* Florianópolis: Mulheres.

Haraway, Donna (1985): "Manifesto for Cyborgs: Science, Technology, and Socialist Feminism in the 1980s", en *Socialist Review*, nº. 80, pp. 65-108.

Hooks, Bell (2015): "Mulheres Negras: moldando a teoria feminista", en *Feminismo e Antirracismo. Revista de Ciências Políticas*, nº 16, pp. 193-210.

Kosofsky Sedgwick, Eve (2007): "A epistemologia do armário", en *Cadernos Pagu*, nº 28, pp. 19-54.

Kunz, Matthias (2010): *The Women Figure: Vital Statistics from the Women's Game* FIFAWorld. Zürich: FIFA March.

Lauretis, Teresa de (1994): "A tecologia do Gênero", en Heloisa Buarque de Hollanda (ed.): *Tendencias e impasses. O feminismo como crítica da cultura.* Rio de Janeiro: Rocco, pp. 206-242.

Lever, Janet (1983): *Soccer Madness: Brazil's Passion for the World's Most Popular Sport.* Chicago: University of Chicago Press.

Newsham, Gail J. (1997): *In a League of their own! The Dick, Kerr Ladies Football Team.* London: Scarlett Press.

Pisani, Mariane (2012): *Poderosas da Foz: trajetórias, migrações e profissionalização de mulheres que praticam futebol.* Tesis de doutorado, Universidade Federal de Santa Catarina.

Preciado, Beatriz (2014): *Manifesto Contrassexual. Políticas subversivas de identidade sexual.* São Paulo: n-1 edições.

Rial, Carmen (2011): "Rugbi e Judô: esporte e masculinidade", en Fernando Marques Penteado/José Gatti (comp.): *Masculinidade: teoria, crítica e artes.* São Paulo: Estação das Letras e cores, pp. 199-221.

Rigo, Luiz Carlos *et al.* (2008): "Notas acerca do futebol feminino pelotense em 1950: um estudo genealógico", en *Revista Brasileira de Ciências do Esporte*, vol. 29, nº 3, pp. 173-188.

Rubin, Gayle (1984): "Thinking Sex: Notes for a Radical Theory of the Politics of Sexuality", en Carole Vance (ed.): *Pleasure and Danger.* London/New York: Routledge/Kegan, Paul, pp. 143-178.

Williams, Jean (2013): "Football and Feminism", en Rob Steen/Jed Novick/Huw Richards (eds.): *The Cambridge Companion to Football.* Cambridge: Cambridge University Press, pp. 181-197.

— (2014): "Soccer matters very much, every day", en Sine Agergaard/Nina Clara Tiesler (eds.): *Women, soccer and transnational migration*. London/New York: Routledge, pp. 20-32.

Sitios web y periódicos

CARDOSO, Bia (2014): "Onde estiveram as mulheres na Copa do Mundo?", en *Bloguei-ras Feministas*, 15 de julio del 2014. https://blogueirasfeministas.com/2014/07/15/onde-estiveram-as-mulheres-na-copa-do-mundo/ (31-07-2019).

CARLES, Pierre (2001): *La sociologie est un sport de combat (avec Pierre Bourdieu)*. Production C-P Productions et VF Films. <https://www.youtube.com/watch?v=gYI24KtMkQk> (31-07-2019).

GALSAN, Cleo (1924): "A mulher e o esporte — O futebol feminino é o jogo recom-mendado à mocidade feminina", *A Gazeta* (SP), n. 5481b, p. 3.

— (1924): "As melindrosas e o … esporte". *A Gazeta* (SP), n. 5488, p. 3.

LISPECTOR, Clarice (1968): "Armando Nogueira, futebol e eu, coitada", en *Jornal do Brasil*,d 30 de marzo de 1968. <http://cronicasdaestrelasolitaria.blogspot.com/2013/02/cronica-futebol-botafogo-e-clarisse.html> (10-102018).

— (1970a): "Zagalo". Entrevista ao *Jornal do Brasil*, 28 de marzo de 1970. <https://historiadoesporte.files.wordpress.com/2018/01/zagallo-lispector.jpg> (10-10-2018).

— (1970b): "Antes da Copa". Entrevista ao *Jornal do Brasil*, 7 de noviembre de 1970. <http://memoria.bn.br/docreader/DocReader.aspx?bib=030015_09&pagfis=19925&pesq=lispector+futebol> (10-10-2018).

RIAL, Carmen (2015): "Marta is better than Kaká: the invisible women's football in Bra-zil", en *Labrys*, vol. 28. <http://www.labrys.net.br/labrys28/sport/carmen.htm> (31-07-2019).

SOARES, Nana (2017): "Em números: A violência contra a mulher brasileira", en *Es-tadão*, 7 de septiembre de 2017. https://emais.estadao.com.br/blogs/nana-soares/em-numeros-a-violencia-contra-a-mulher-brasileira/ (10-10-2018).

Aproximaciones al desarrollo del fútbol practicado por mujeres en Colombia

Gabriela Ardila

Introducción

El fútbol ha sido practicado por mujeres[1] a nivel global a la par que por hombres. La idea de que esto es novedoso y de que apenas empiezan a incursionar las jugadoras en este deporte está basada en el desconocimiento, muchas veces intencionado, de las prácticas deportivas ejercidas por mujeres. Poco después de la creación de la Football Association en 1863[2], liga que abarcaba solo el fútbol practicado por hombres en Inglaterra, existen registros de partidos de fútbol en los que las jugadoras eran mujeres (exactamente menos de 20 años después, en 1881[3]), así como está documentada la creación, en 1894, del British Ladies Football Club (Hoffmann/Nendza 2011: 11). Estos registros nos permiten entender que el fútbol, entendido como la práctica deportiva que conocemos ahora, ha sido jugado por mujeres durante todo su desarrollo.

A pesar de esto, las construcciones genéricas[4] que se fueron desarrollando y fortaleciendo en el siglo XIX buscaron impedir la participación de las mujeres en los deportes en general, llegando hasta el punto de prohibir la participación de las mujeres al inicio de los Juegos Olímpicos modernos en 1896 (Lucumí 2012: 28). El fútbol no estuvo exento de la construcción patriarcal de los imaginarios sociales. Al ser un deporte de contacto, no concordaba con las características genéricas adjudicadas al "deber ser" de las mujeres, esto principalmente pensando en un tipo de mujer específica: la mujer cis[5] blanca burguesa, pues era

---

[1] Retomando la aclaración que hace Carmen Rial (2013), al evitar "fútbol femenino", pues el deporte es el mismo, practicado por hombres y por mujeres.

[2] Aquí puede rastrearse su historia: <http://www.thefa.com/about-football-association/what-we-do/history>.

[3] La investigación en este artículo se ha enfocado en el estudio del fútbol de mujeres cis.

[4] Con construcciones genéricas me refiero a los imaginarios que son creados alrededor del "deber ser" que se le impone a los seres humanos únicamente por sus genitales.

[5] Cis o cisgénero se refiere a las personas cuyo género corresponde con el sexo recibido al nacer. Es un término acuñado desde los estudios de género. Etimológicamente, parte de cis, que significa "del lado de acá" según la RAE, y el concepto género, que, sin entrar en

este tipo de ideal de mujer el que no podía excederse físicamente, el que debía cuidarse para reproducirse y el que debía cumplir unas características físicas específicas; las mujeres indígenas y negras no formaban parte de este imaginario, pues a estas no se las vio como las reproductoras de la nación, sino principalmente como la mano de obra explotable, ya fuera en la esclavitud o, después, en las estructuras de explotación laboral capitalistas. Esto se da en América Latina mediante la búsqueda del blanqueamiento de la nación por todos los medios, incluso a través del deporte (Rial 2013: 119).

En Inglaterra, las autoridades de fútbol, luego de ver que se estaban dando partidos con 70 000 espectadores a finales del siglo XIX, comunicaron públicamente que este no era un deporte para las mujeres y que los clubes no debían permitir más que se generasen estos encuentros deportivos (McCuaig 2005). Aun así, el primer gran auge del fútbol practicado por mujeres en Europa se dio durante la Primera Guerra Mundial en Inglaterra, cuando, al estar los hombres en el frente, las mujeres ingresaron al mercado laboral fabril de forma masiva, participando entonces en los torneos que estaban organizados para los obreros. Manteniendo su postura en contra de la práctica de fútbol por parte de las mujeres, la Asociación Inglesa de Fútbol boicoteó la participación de mujeres y se hizo más fuerte la desaprobación cuando, luego de la Segunda Guerra Mundial, volvió a entrar en vigor la asociación y asumió una postura clara en contra del fútbol practicado por mujeres. Por esto, tras la Segunda Guerra Mundial en algunos países se prohibió la práctica de fútbol a las mujeres, argumentando que los cuerpos femeninos se verían afectados por esta (Heibel 2011).

En la Alemania Federal, por ejemplo, en la década de los 30 del siglo XX, hubo ataques con piedras a mujeres por practicar fútbol y en 1955 se ilegalizó, bajo "argumentos estéticos" (Hoffmann/Nendza 2011: 6), lo que no impidió que su práctica continuase, pues se dieron entre 1958 y 1965 alrededor de 150 partidos no oficiales. En 1962 se creó la Women's Football Association y en 1970 se retiró la prohibición, pero se le impusieron al fútbol practicado por mujeres reglas específicas para cuidar la habilidad reproductiva de las mismas, pues, aun después de su legalización, los idearios genéricos se mantenían. Es así como, en 1989, el equipo femenino de la República Federal Alemana recibió, por ganar el título de la Eurocopa femenina, un juego de tazas de café, acorde con el imaginario de las necesidades de las mujeres y la desigualdad salarial general en la sociedad y muy presente aún hoy en el fútbol. Estos dos ejemplos del desarrollo del fútbol practicado por mujeres en Europa, el continente del

---

sus debates, es entendido generalmente como los aspectos culturales que enmarcan comportamientos asociados a los genitales.

que se importa el fútbol para América Latina, nos permiten entender bajo qué referentes llega este deporte al continente y se desarrolla con éxito.

Importancia del fútbol en América Latina

En América Latina el fútbol practicado por hombres es un deporte de mucha importancia, tanto para la construcción de representaciones nacionalistas, buscando generar imaginarios de unidad en sociedades desiguales y divididas, como también dentro de las políticas civilizadoras de inicios del siglo XX en el continente (Alabarces 1998, Quitián 2013, Jaramillo 2011, Ruiz 2010). El concepto de deporte en la modernidad adquiere características específicas y útiles para su época, "la sublimación de la violencia (proceso de civilización), la libre competencia, la ganancia a toda costa, la racionalidad reglamentaria, la búsqueda de la eficiencia mediante una economía del movimiento, etc." (Quitián 2013: 22). Estos son elementos que les llaman mucho la atención a los líderes políticos latinoamericanos, quienes buscan estrategias de disciplinamiento para la población trabajadora y que se inspiran en modelos de desarrollo europeos.

Es así como las naciones latinoamericanas, incluso después de las guerras independentistas, se inspiran fuertemente en ejemplos europeos y/o norteamericanos. Sin embargo, los ejercicios de resistencia, autonomía y desobediencia se dieron también en este lado del mundo. El fútbol practicado por mujeres se fue desarrollando en América Latina con mucha fuerza a principios del siglo XX:

> Women, according to this version of history, had no desire to play. This narrative, however, veers somewhat from the truth. By the late 1910s and early 1920s reports began to appear of women stepping onto the field to play soccer. By the 1940s, women played soccer from Costa Rica to Colombia, from Brazil to Mexico. These stories are crucial to understanding the broad reach of women´s soccer in Latin America and act as an important counter narrative to the history of the sport, which has ignored women almost entirely (Nadel 2014: 209).

Como continúa explicando Nadel, ignorar a las mujeres jugando fútbol no se dio por motivos irrelevantes, sino que se dio como estrategia política:

> Women's soccer in Latin America, however, was not simply overlooked. National leaders sought to suppress it. Sports authorities systematically closed down options for women to play the game with the support of public health 'experts' who claimed that soccer damaged women's reproductive capacities. Ultimately [sic] the reason for banning women's soccer had little to do with the game itself and much more to do with the meaning of soccer and womanhood for Latin American nations. While men's soccer was —and remains— the national game throughout

much of the region, women's soccer was seen as the threat, making the game almost antinational. The idea that women soccer players violated national ethos led to the near dismissal of the sport (Nadel 2014: 209-210).

En el caso brasileño, el ejemplo es claro. La antropóloga brasileña Carmen Rial expone cómo la prohibición de esta práctica deportiva para las mujeres se da en medio de una estructura patriarcal definida y deseada:

> Por muchos años, el fútbol fue un juego prohibido para las mujeres brasileñas. Impedirles jugar al fútbol era más que prohibir el movimiento corporal y afirmar su condición de dominadas: la prohibición articulaba género, nación e imaginario, excluía a las mujeres de un gran colectivo y de un amplio espectro de prácticas sociales, y las colocaba en una condición no solamente pasiva y sumisa, sino también de ciudadanas de segunda clase (Rial 2013: 114).

Esto tiene que ver con el hecho de que el fútbol ha sido uno de los elementos fundamentales en la construcción de nación en América Latina, por eso la negación de esta práctica a las mujeres era fundamental para construir Estados nacionales patriarcales y militaristas, ya que los deportes en general eran auspiciados por los militares y, de esta manera, concentrados únicamente en los hombres (Rial 2013: 118).

Deporte y fútbol en Colombia

Colombia no es un caso aparte. Desde la utilización del fútbol en la construcción de nación, el fútbol ha tenido una labor política, involucrando narcotráfico, asesinando futbolistas profesionales[6] y hasta ganando de forma dudosa la Copa América (2001) en momentos de crisis política en el país (Quitián 2013: 37-38). En este país, a principios del siglo XX, el deporte y la educación física fueron utilizados en el "ascenso de un capitalismo y de una modernización precaria con los discursos de higiene, los intentos por hacer de la educación física y del deporte una política nacional [...] a comienzos de los años treinta, con toda la parafernalia de público, prensa y burocracia" (Ruiz 2010: 15).

Al principio, el deporte buscó marcar un privilegio, ya que quienes podían practicarlo eran solo quienes tenían el tiempo para ello, es decir, la élite burguesa urbana. Por esto, con la aparición de esta élite y la llegada de migrantes

---

[6] Andrés Escobar fue asesinado en 1994, luego de haber sido jugador del equipo colombiano en el mundial de ese mismo año y haber metido un autogol en el partido en el que el equipo fue desclasificado.

europeos que fundan sus clubes deportivos para distinguirse y mostrar un instrumento de control mediante la reglamentación del deporte, se inicia el desarrollo del deporte en el país. Sin embargo, este estatus alto del deporte se transforma rápidamente, ya que se populariza un discurso de higiene y se instala como política nacional para los ciudadanos con la Ley 80 de 1925, en la cual se reglamentan, por primera vez, la educación física y los deportes, con la Comisión Nacional de Educación Física (Quitián 2013: 26). Esta ley se desarrolla en un contexto de debates políticos sobre los problemas y la violencia en la sociedad colombiana y se caracteriza por utilizar la educación y sus instituciones para promover políticas de control y manejo del cuerpo. Esto se facilita ya desde 1892, con el Plan Zerda, cuando se definen los lineamientos básicos de la educación, que buscaban introducir a las clases subalternizadas en un proyecto específico de nación, que se fortalece con la ley 39 de 1903, que declaró obligatoria la educación primaria y, así, el acceso por parte del Estado a la población. Por otro lado, los cambios globales y la situación interna del país marcaron una transformación de la élite, que pasó de ser rural terrateniente a volverse una élite urbana burguesa que se autodenominó racional y marcó un discurso pedagógico eugenista sobre el cuerpo, cómo se "degeneraba la raza"[7] y la necesidad de combatir eso mediante el trabajo físico del cuerpo (Quitián 2013: 29).

El discurso político de las élites sobre la importancia del cuerpo empezó a ver el deporte como una forma de tener a la población subalternizada sana para la producción económica. Y es así como la distinción del deporte como placer para la élite va llegando a las masas para poder asegurar su productividad. Por esto, en la tercera década del siglo XX se apoya el desarrollo institucional de entidades deportivas: la Asociación Colombiana de Fútbol (1924), el Instituto Nacional de Educación Física (INEF) (1936) y el Comité Olímpico Colombiano (1936) (Quitián 2013: 30-31).

Luego de la creación de estas instituciones se empiezan a utilizar los deportes, especialmente el ciclismo y el fútbol (aún hoy los dos deportes más importantes a nivel nacional), para conseguir ciertos objetivos políticos. En 1948 se da el primer torneo de fútbol masculino profesional y, en 1951, la primera

---

[7] Aunque utilizo términos de la época, es fundamental reconocer que la idea de "raza" se basa en estructuras coloniales. Aníbal Quijano la presenta como "una construcción mental que expresa la experiencia básica de la dominación colonial y que desde entonces permea las dimensiones más importantes del poder mundial, incluyendo su racionalidad específica, el eurocentrismo. Dicho eje tiene, pues, origen y carácter colonial, pero ha probado ser más duradero y estable que el colonialismo, en cuya matriz fue establecido. Implica, en consecuencia, un elemento de colonialidad en el patrón de poder hoy mundialmente hegemónico" (Quijano 2000: 1).

vuelta a Colombia. Estos eventos se utilizaron como elementos de cohesión social y representación nacional. El ciclismo logró unir regiones vecinas, pero separadas por la falta de vías, y así generar un sentimiento de unidad, como también el trabajo de los ciclistas se utilizó como aporte topográfico para la construcción de vías, además de obtener logros importantes que se argumentaban con la posesión de los deportistas de algo "especialmente colombiano", como la "malicia indígena" de quienes sobrepasaban a los europeos por ser capaces de competir en las condiciones adversas del país (Quitián 2013: 34).

Por otro lado, el fútbol, por ser un deporte económico, permitió la popularización y ser rápidamente profesionalizado en una época de crecimiento demográfico y urbanización del país, además de pensarse como catalizador de problemas internos. Un claro ejemplo de ello fue la decisión de adelantar el torneo de fútbol masculino que iba a celebrarse en 1949 a 1948 (Jaramillo 2011: 116), buscando apaciguar la ola violenta que había estallado con el asesinato del líder político Jorge Eliécer Gaitán:

> El fútbol galvanizó en el imaginario colectivo una nueva simbología, un universo de códigos y subjetividades que propiciaban el entendimiento entre los individuos proyectando un imaginario de país que rebasaba la violencia cotidiana del país real. Para algunos el fútbol era una nueva forma de crear, a través de la pasión, nuevos sectarismos (lealtades, simpatías, fidelidades en el plano deportivo), frente a los sectarismos originados en la confrontación política violenta y la cual había desencadenado las más radicales posturas y antagonismos atentando contra la convivencia entre los colombianos (Jaramillo 2011: 124).

El fútbol practicado por hombres fue utilizado políticamente desde sus inicios en Colombia y popularizado a través de los medios de comunicación como política del Estado (Jaramillo 2011: 122). Sin embargo, la práctica realizada por las mujeres no es nombrada, ni tampoco imaginada, dentro de las estrategias políticas estatales. Claramente, las mujeres entonces no eran pensadas como parte importante de la política nacional —en ese momento ni siquiera tenían derecho al voto—.

Deporte y mujeres en Colombia

El desarrollo del deporte en Colombia se dio por medio de una élite nacional que buscaba emular a las élites europeas —unas élites que, como ya hemos dicho, pasaron de ser rurales a urbanas— y mediante la construcción de clubes, gracias al cambio de la estructura de la vida y al inicio de las prácticas deportivas (Quitián 2013: 26-27). Fue así como el panorama nacional a nivel deportivo se centró principalmente en los hombres. Tanto la vuelta ciclista a Colombia como el torneo de fútbol eran, y aún siguen siendo, eventos de participación únicamente masculina.

Aun así, la popularización del deporte a partir de leyes involucró también a las mujeres. En la ola educadora de finales del siglo XIX ya se planteaba la creación de colegios femeninos (Ley 126 de 1890) (González 2015: 253). Sin embargo, la idea de la educación de las mujeres se regía bajo el pensamiento de educar a buenas madres, esposas y amas de casa. A mediados del siglo XX pueden las mujeres acceder a la educación universitaria (Decreto 785 de 1941), no sin miedo de perder su valor central en la sociedad como madres y esposas (Parra 2011: 127). En los colegios femeninos se planteaba la importancia de ejercitar el cuerpo, pensando en los parámetros definidos por la medicina y la política aptos para las mujeres y niñas.

La paulatina participación de las mujeres en actividades deportivas estaba fuertemente ligada a estereotipos de género. Desde el inicio de la implementación de la educación física, las actividades de las mujeres se pensaron desde una perspectiva de diferenciación genérica. Al cuerpo de las mujeres se le atribuía una labor específica: la reproducción, por lo cual se buscaba la protección materno-infantil (Pedraza 2011: 248). La medicina, y en especial la ginecología, generaron dictámenes médicos definiendo a las mujeres como débiles e irritables, características que debían ser transformadas mediante el disciplinamiento del cuerpo (Pedraza 2001). En la década de los años 30 del siglo XX es creada la Asociación Femenina de Deportes y el deporte femenino se fomenta para contribuir a la salud y la belleza (Pedraza 2001: 253). En general, se debatió sobre la importancia del ejercicio físico de las mujeres burguesas y fueron ellas las que participaron en las competencias deportivas de la época, sin embargo, también desde entonces, como en el deporte masculino, se estaba pensando en la formación de fuerza de trabajo resistente y capaz, tanto de obreros como de obreras (Pedraza 2001: 256). Las características físicas que se atribuían a cada sexo se veían reflejadas en las políticas deportivas y los estudios al respecto. Acá vale la pena resaltar que no era una cuestión únicamente sexista, sino que también tenía componentes clasistas. El Estado buscaba construir cuerpos dependiendo de su sexo biológico y su procedencia socioeconómica. Pedraza lo explica diciendo: "Una notable —con todo y las excepciones que contiene— es la discriminación de los tipos de educación física en función de la clase social, la edad y el sexo: los deportes para los varones de la clase alta y las formas 'mecánicas' de la gimnasia para el pueblo, los niños y las mujeres" (Pedraza 2011: 242). Por tanto, aunque en los diferentes planes educativos nacionales de finales del siglo XIX y principios del siglo XX se pensó la importancia del cuerpo, se mantenía bajo las políticas eugenistas de la ciencia occidental de la época.

Estos imaginarios de género, aunque no idénticos, se han mantenido durante el tiempo. Lucumí lo expone en su trabajo cuando explica que "[e]s preciso también indicar que, en términos culturales, su participación ha estado respaldada por diferentes mitos que, de alguna manera, han afectado su vinculación, como lo señalan Gallo *et al.* (2002)". Lucumí enumera los siguientes mitos que surgieron a partir de la participación de la mujer en el deporte Olímpico (Lucumí 2012: 28):

a) La actividad deportiva-atlética masculiniza a las mujeres.

b) La práctica deportiva es peligrosa para la salud de las mujeres.

c) Las mujeres no están interesadas en el deporte y, cuando lo hacen, no lo ejecutan bien como para ser tomadas en serio.

En ese contexto estereotipado, el fútbol, como deporte de contacto y de fuerza, no era compatible con los idearios de feminidad hegemónicos. Como expone Pedraza, explicando lo permitido a las mujeres en los años 40 y 50:

> El cuadro de las cualidades de los géneros luce por entonces aproximadamente así: las mujeres se caracterizan por la firmeza, perseverancia, continuidad y elegancia. Son deficitarias en concentración, dominio de sí mismas, interés y precisión. Su movimiento es la marcha. Los hombres tienen en su haber esfuerzo, resistencia, precisión, arrojo y capacidad para el "trabajo marcado"; sus inclinaciones cinéticas son la suspensión, el salto y ante todo la carrera. Consecuentemente, en las mujeres se busca fomentar el equilibrio (sin riesgo), la mesura, la coordinación, la movilidad, la soltura, la gracia y el descanso. Las actividades propicias para ello son las grupales, incluyendo las competitivas, pero se controlan las placenteras. En el cuerpo femenino los músculos deben ajustarse a una forma ideal (Pedraza 2011: 259).

¿Cómo ha sido entonces el proceso histórico del fútbol practicado por mujeres en Colombia? El imaginario colectivo colombiano recuerda el inicio de esta práctica hace poco más de 10 años, cuando los medios de comunicación denominaron al equipo como "las chicas súper poderosas" por sus éxitos deportivos. Sin embargo, el recorrido del fútbol practicado por mujeres ha sido mucho más largo. Las excelentes jugadoras del 2005/06 son el resultado de luchas sociales y deportivas de mujeres que se enfrentaron a la estigmatización social que aún es visible.

En las décadas de los 70 y 80 hay registros vagos de torneos departamentales (Díaz Sánchez 2010). La futbolista y entrenadora colombiana Myriam Guerrero, directora técnica de la Universidad de Moscú, pionera, por un lado, en Rusia, donde fue la primera mujer en estudiar esa especialización —algo que pudo hacer después de debates internos en la universidad, que como resultado permitieron que estudiara la especialización— y, por otro lado, en Colombia, donde, a su vuelta, no lo tuvo mucho más fácil como entrenadora de la selección femenina de la Universidad Nacional de Colombia. En los años 90 Myriam participó en proyectos para llevar el fútbol a las mujeres y niñas de barrios en Bogotá, recibiendo ataques con gritos de "¡Váyanse para la cocina!, ¡ustedes solo sirven para limpiar el piso!" (Galindo 2017), motivo por el cual muchas futbolistas abandonaron la práctica. Guerrero continuó en la misma época jugando en el Club Deportivo Social Vida. En 1991, en pleno auge del fútbol practicado por mujeres a nivel mundial, en Colombia los pasos se daban cortos. La Difutbol realiza ese año el primer campeonato nacional de fútbol en Antioquia, evento que se entiende como el inicio del fútbol femenino a nivel oficial en Colombia. Aun así, hasta 1997 no surge la primera selección nacional de fútbol femenino, la cual participa en la Copa América Femenina ese mismo año en Mar de Plata, siendo Guerrero la primera capitana de la selección y logrando, cinco años después, ser la primera entrenadora de la selección (Galindo 2017).

A nivel de clubes, hasta el 2009 la Conmebol no organizó la primera Copa Libertadores de América Femenina. En esta Copa participó el club no profesional Formas Íntimas (el fútbol "profesional" practicado por mujeres existe en Colombia solo desde el 2017), que quedó en tercer lugar. Su entrenadora es Liliana Zapata, otra de las pioneras de fútbol en Colombia. Desde Medellín, Zapata ha impulsado el fútbol practicado por mujeres y niñas y su equipo logró quedar subcampeón en la Copa Libertadores del 2013. Su lucha por el reconocimiento del trabajo histórico que ha tenido el fútbol logró que, para el primer torneo profesional de fútbol practicado por mujeres en Colombia, su club se vinculara con el club profesional Envigado F. C. y no se invisibilizara el trabajo que se había hecho anteriormente, nombrando al equipo Enviado-Formas Íntimas F. C.

En 2017 se da la primera Liga Águila de fútbol practicado por mujeres en Colombia, que es la primera liga profesional de mujeres. Ya en 2016 se había dado su creación formal; casi un año después se disputó este torneo, 69 años después del primer torneo de fútbol profesional de hombres en Colombia. En 2016 se anunció la creación de la Comisión de Fútbol Femenino. La profesionalización es efectivamente un claro avance para las futbolistas en el país; sin embargo, este proceso no ha estado libre de críticas y problemas. Los clubes de primera y segunda división de fútbol masculino crearon equipos de mujeres para participar en este torneo, aun cuando había clubes fuera de estos que ya contaban con una trayectoria formando a mujeres y niñas. Los equipos que participaron fueron Unión Magdalena, Santa Fe, América, Real Cartagena, Deportes Quindío, Patriotas, Real Santander, Orsomarso, Cúcuta, Atlético Huila, Deportivo Pasto, Popayán, Cortuluá, Fortaleza, Envigado, Equidad, Pereira y Bucaramanga. Equipos como Millonarios, Deportivo Cali, Atlético Nacional, entre otros, son equipos profesionales de hombres que no abrieron equipo de mujeres y no participaron en la primera Liga Águila. El único club que reconoció el trabajo de formación fue Envigado-Formas Íntimas F. C., el resto de los clubes contrataron para el tiempo del torneo a futbolistas de clubes no profesionales, como Future Soccer en Bogotá, o hicieron alianzas con equipos de universidades.

Este torneo marcó la profesionalización del fútbol practicado por mujeres y una relativa aceptación y apoyo al mismo a nivel nacional. La final contó con la participación de más de 30 000 espectadores y espectadoras, la mayoría hinchas del equipo que quedó campeón, Santa Fe. Aun así, otros partidos se dieron con el estadio casi vacío, incluso poniendo a las jugadoras como teloneras de partidos de los equipos de hombres. A pesar de que hace más de 50 años que existen equipos de mujeres y alrededor de 20 años que existen clubes de mujeres[8], son los clubes de hombres los encargados de abrir sección femenina y quienes pueden participar en la Liga Águila, aun cuando ninguno de estos había visibilizado ni fomentado el fútbol practicado por mujeres y niñas. Las jugadoras son sacadas de sus clubes formadores, a los que no se les pagan derechos de formación, y, además, son contratadas solo por el tiempo del torneo.

En este contexto de supuesta profesionalización y reconocimiento falta mucho por investigar, puesto que es fundamental sacar a la luz los procesos que han permitido que existan jugadoras de nivel profesional en el país y quiénes han sido las protagonistas de estos procesos. Es por eso que en este marco social, político, económico y deportivo se abre un campo de investigación que está lleno de preguntas, cuyas respuestas permitirán conocer de forma estructurada el proceso de desarrollo del fútbol practicado por mujeres en Colombia. ¿Cuáles fueron y dónde se dieron los primeros equipos de fútbol de mujeres? ¿Cuáles fueron las primeras universidades que permitieron a las mujeres estudiar carreras relacionadas con el deporte? ¿Cuáles han sido los equipos y clubes aficionados que han formado a las futbolistas? ¿Cómo han logrado las mujeres participar en esta disciplina deportiva tan marcadamente masculina?

El fútbol practicado por mujeres en Colombia tiene un recorrido largo que no se ha reconocido y aún hoy debe pelear contra la estigmatización, ejemplo claro cuando uno de los periodistas de fútbol más importantes del país se pregunta públicamente: "¿Qué es más importante, don César Augusto? ¿Estar en la Superliga donde están mis 2 campeones, de mi negocio grande que se llama fútbol profesional de mayores, o estar acompañando a unas niñas en

---

[8] Entrevista de la autora con Liliana Zapata 2018.

Madrid?"[9], llamando "niñas" a las jugadoras profesionales del Club Santa Fe, ganadoras de la primera Liga Águila Femenina, quienes, como parte del premio de un torneo que no cumplió ni con garantizar bebidas para la hidratación de las jugadoras, ganaron jugar dos amistosos con el Atlético de Madrid.

El fútbol practicado por mujeres sigue siendo un campo de batalla en Colombia y a nivel global y es un claro reflejo de las injusticias sociales. La jugadora mejor pagada no es la jugadora latinoamericana que ha ganado cinco años seguidos el FIFA World Player, Marta Vieira Da Silva (317 000 USD), sino la también excelente jugadora norteamericana Alex Morgan (3 millones USD). Reflejando las diferencias entre el norte y el sur global. Al mismo tiempo, las diferencias de género se dejan mostrar claramente en la abismal diferencia entre los ingresos de estas dos jugadoras y dos de los más importantes jugadores masculinos del momento, Cristiano Ronaldo y Lionel Messi, cuyos sueldos son de 79,6 millones y 73,8 millones de USD respectivamente.

En Colombia la diferencia entre lo que gana un jugador profesional y una jugadora profesional es de 1 a 20, mostrando que el 80% de las jugadoras solo reciben el salario mínimo, algunas ganan un poco mejor, pero las más jóvenes reciben únicamente subsidios de transporte. ¿Es posible llamar a esto fútbol profesional? Los recién formados clubes de mujeres no están contratando a jugadoras novatas, están contratando a jugadoras de nivel profesional que se han formado gracias a las luchas de otras mujeres que no tuvieron la oportunidad de participar como jugadoras en eventos de este estilo y que siguen entregando su conocimiento como entrenadoras sin que les sea reconocido su trabajo. Son estas mujeres las que tendrán la voz en los futuros desarrollos de esta investigación.

Conclusiones

El fútbol es uno de los deportes más influyentes a nivel mundial, por su popularidad como deporte y también como espectáculo. Inspirado en diferentes juegos de la pelota que se daban en culturas ancestrales en varios continentes (Hoffmann/Nendza 2011: 10), la base del fútbol, como lo conocemos ahora, se desarrolla en la segunda mitad del siglo XIX en Inglaterra, con el juego tanto de hombres como de mujeres.

El deporte como parte de la sociedad refleja las ideas patriarcales y busca boicotear y prohibir la práctica del fútbol realizado por mujeres. Llegando con

---

[9] Iván Mejía criticó a Jorge Perdomo su ausencia en la Superliga, pero demeritó al fútbol femenino: https://comutricolor.com/audio-ivan-mejia-critico-a-jorge-perdomo-su-ausencia-en-la-superliga/.

la migración el fútbol al continente americano, luego de tener un desarrollo por parte de hombres y mujeres, es prohibido y boicoteado en el caso de las segundas, al igual que ocurre en Europa. Esta persecución e invisibilización de la práctica de las mujeres es claramente parte de la discriminación de las mismas, al ser aceptadas solo como personas de segunda clase.

En Colombia no fue distinto y el desarrollo del deporte se ligó directamente a los imaginarios de género que se buscaban en la construcción de la nación colombiana, razón por la cual había deportes para hombres burgueses y unos distintos para mujeres, niños, niñas, trabajadores y trabajadoras. El fútbol, específicamente, se planteó desde el inicio con intencionalidad política, buscando entretener a una población sumida en la violencia y, además, crear una identidad común en una sociedad diversa y distinta.

En los últimos años el fútbol practicado por mujeres ha tenido un auge a nivel mediático que sigue sin acercarse a la popularidad del practicado por hombres. Sin embargo, continúan existiendo diferencias abismales en los tratos, el reconocimiento, la aceptación social y los salarios. Es por eso que se inicia una investigación sobre cómo han practicado las mujeres fútbol, para así visibilizar el trabajo que hay tras esta práctica deportiva, unir todas las diferentes historias que se van contando y mostrar el esfuerzo realizado por las mujeres por tener la libertad de practicar un deporte sin ser estigmatizadas, ilegalizadas o boicoteadas.

Bibliografía

BARELA, Liliana *et al.* (2009): *Algunos apuntes sobre la historia oral y cómo abordarla*. Buenos Aires: Patrimonio e Instituto Histórico.

BLÁZQUEZ GRAF, Norma *et al.* (2010): *Investigación feminista. Epistemología, metodología y representaciones sociales*. Ciudad de México: Centro Regional de Investigaciones Multidisciplinarias/Facultad de Psicología, UNAM.

FAZIO VENGOA, Hugo (2010): *La historia del tiempo presente: historiografía, problemas y métodos*. Bogotá: Universidad de los Andes.

GARAY, Graciela de (ed.) (2006): *La historia con micrófono*. Ciudad de México: Instituto Mora.

GONZÁLEZ REY, Diana Crucelly (2015): "La educación de las mujeres en Colombia a finales del siglo XIX: Santander y el proyecto educativo de Regeneración", en *Historia de la Educación Latinoamericana*, vol. 17, n° 24, enero-junio, pp. 243-258.

HOFFMANN, Eduard/NENDZA, Jürgen (2011): *Verlacht, verboten und gefeiert. Zur Geschichte des Frauenfußballs in Deutschland*. Weilerswist: Landpresse.

JABARDO VELASCO, Mercedes (ed.) (2012): *Feminismos Negros. Una antología*. Madrid: Traficantes de Sueños.

JAIVEN, Ana Lau (2006): "La historia oral: una alternativa para estudiar a las mujeres", en Graciela de Garay (ed.): *La historia con micrófono*. Ciudad de México: Instituto Mora, pp. 90-101.

NADEL, Joshua H. (2014): *Fútbol! Why Soccer Matters in Latin America*. Gainesville: University Press of Florida.

PEDRAZA GÓMEZ, Zandra (2011): *En cuerpo y alma. Visiones del progreso y la felicidad. Educación, cuerpo y orden social en Colombia (1830-1990)*. Bogotá: Universidad de los Andes.

PÉREZ, Emma (1999): *The Decolonial Imaginary. Writing Chicanas Into History*. Bloomington: Indiana University Press.

RUIZ PATIÑO, Jorge Humberto (2010): *La política del Sport. Élites y deporte en la construcción de la nación colombiana, 1903-1925*. Bogotá: Pontificia Universidad Javeriana.

VIVEROS VIGOYA, Mara (2004): "El concepto 'género' y sus avatares: interrogantes en torno a algunas viejas y nuevas controversias", en Carmen Millán de Benavides/ Ángela María Estrada (eds.): *Pensar (en) género. Teoría y práctica para nuevas cartografías del cuerpo*. Bogotá: Pontificia Universidad Javeriana, pp. 170-194.

Sitios web y periódicos

ALABARCES, Pablo (1998): "Lo que el Estado no da, el fútbol no lo presta: los discursos nacionalistas deportivos en contextos de exclusión social", en *Lasa International*, septiembre, pp. 24-26. <http://lasa.international.pitt.edu/LASA98/Alabarces. pdf>(12-07-2019).

AVALOS, María (2017): "Las nuevas generaciones deben saber que el fútbol femenino no apareció en el 2005", entrevista con Myriam Guerrero en *Fémina Fútbol*, 12 enero 2017. <http://feminafutbol.com/noticias/las-nuevas-generaciones-deben-saber-que-el-futbol-femenino-no-aparecio-en-el-2005-myriam-guerrero-5639/> (12-07-2019).

BBC News (2013): "The Honeyballers: Women who fought to play football", *BBC News*. 26 septiembre 2013. <http://www.bbc.com/news/uk-scotland-highlands-islands-24176354> (12-07-2019).

COMUTRICOLOR (2018): "Iván Mejía criticó a Jorge Perdomo su ausencia en la Superliga, pero demeritó al fútbol femenino", en *Comutricolor*, 2 de febrero. <https:// comutricolor.com/audio-ivan-mejia-critico-a-jorge-perdomo-su-ausencia-en-la-superliga/> (12-07-2019).

DECRETO 785 (1941): "Sobre educación secundaria femenina". <http://www.suin-juriscol.gov.co/viewDocument.asp?ruta=Decretos/1165404> (12-07-2019).

DÍAZ SÁNCHEZ, Wilson (2009): "Lilo, Guerrera del fútbol", en *El Colombiano*, 29 de septiembre. <http://www.elcolombiano.com/historico/lilo_guerrera_del_futbol-BLEC_61707> (12-07-2019).

— (2010): "El cambio extremo del fútbol femenino", en *El Colombiano*, 28 de julio. <http://www.elcolombiano.com/historico/el_cambio_extremo_del_futbol_femenino-OVEC_98413> (12-07-2019).

Distintas Latitudes (2018): "El contradictorio panorama del fútbol femenil en América Latina", 2 de mayo. <https://distintaslatitudes.net/panorama-futbol-femenil-america-latina> (12-07-2019).

Fémina Fútbol: "Rafael Robayo: 'Myriam Guerrero fue mi primera entrenadora, por eso me gusta apoyar el fútbol femenino'", en Globedia, 12 diciembre 2017 <http://co.globedia.com/rafael-robayo-myriam-guerrero-entrenadora-eso-gusta-apoyar-futbol-femenino> (12-07-2019).

Galindo, Felipe (2017): "La historia de la primera capitana de la selección femenina de Colombia", en Semana, 12 de abril. <https://www.semana.com/deportes/articulo/myriam-guerrero-primera-capitana-de-la-seleccion-femenina-de-futbol-colombiana/521917> (12-07-2019).

Gol Caracol (2016): "Fútbol femenino en Colombia: cuando ellas nos llevan a la gloria", en Gol Caracol. 8 de marzo. <https://gol.caracoltv.com/seleccion-colombia/femenino/articulo-225476-breve-historia-del-futbol-femenino-colombiano> (12-07-2019).

Heibel, Marco (2011): "Die Geschichte des Frauenfußballs in Deutschland", en Netzathleten Magazin, 10 de junio <http://www.netzathleten.de/lifestyle/sports-inside/item/2235-die-geschichte-des-frauenfussballs-in-deutschland> (12-07-2019).

Jaramillo Racines, Rafael (2011): "El fútbol de El Dorado: 'el punto de inflexión que marcó la rápida evolución del amaterismo al profesionalismo'", en Asociación Latinoamericana de Estudios Socioculturales del Deporte. <https://www.ludopedio.com.br/biblioteca/el-futbol-de-el-dorado-el-punto-de-inflexion-que-marco-la-rapida-evolucion-del-amaterismo-al-profesionalismo/> (12-07-2019).

Liga antioqueña de fútbol (2014): "Soy antioqueño, toda la vida: Margarita Martínez". Liga Antioqueña de Fútbol. 31 de julio. <http://laf.com.co/noticias/soy-antioqueo-toda-la-vida-margarita-martnez/> (12-07-2019)

Lucumí Balanta, Yanet (2012): "Aportes de la mujer en la transformación de los estereotipos socio-culturales del deporte colombiano", en U.D.C.A Act. & Div. Cient, n°15, (Supl. Olimpismo), pp. 27-35. <http://www.scielo.org.co/pdf/rudca/v15s1/v15s1a05.pdf> (12-07-2019).

McCuaig, Margo (2005): "A Brief History of Women's Football", en Scotish Football Association, 5 de marzo. <https://web.archive.org/web/20050308172042/http://www.scottishfa.co.uk/scottish_football.cfm?curpageid=409> (12-07-2019).

Parra Báez, Lina Adriana (2011): "La educación femenina en Colombia y el inicio de las facultades femeninas en la Pontificia Universidad Javeriana, 1941-1955", en Rhec, vol. 14. n° 14, 11 noviembre. <https://dialnet.unirioja.es/descarga/articulo/3819408.pdf> (12-07-2019).

Quijano, Aníbal (2000): "Colonialidad del poder, eurocentrismo y América Latina".<http://www.decolonialtranslation.com/espanol/quijano-colonialidad-del-poder.pdf> (12-07-2019).

Quitán Roldán, David Leonardo (2013): "Deporte y modernidad: caso Colombia. Del deporte en sociedad a la deportivización de la sociedad", en Colombiana de Sociología, vol. 36 n°1, enero-junio. <https://revistas.unal.edu.co/index.php/recs/article/view/39663/41640> (12-07-2019).

Redacción Caracol Radio (2017): "Fueron muchos años en donde el fútbol estaba prohibido para las mujeres: Miryam Guerrero" 14 de febrero. <http://caracol.com.co/radio/2017/02/16/deportes/1487199603_387806.html> (12-07-2019).

Rial, Carmen (2013): "El invisible (y victorioso) fútbol practicado por mujeres en Brasil", en *Nueva Sociedad*, n° 248, noviembre-diciembre. < http://132.248.9.34/hevila/Nuevasociedad/2013/no248/9.pdf> (12-07-2019).

The Football Association (s.f.): "The History of The FA" <http://www.thefa.com/about-football-association/what-we-do/history> (12-07-2019).

Estrategias transculturales y de género en el fútbol de migrantes andinos en Brasil[1]

Julia Haß y Stephanie Schütze

Introducción

Equipos y ligas de fútbol *amateur* son fenómenos muy comunes entre migrantes en muchas partes del mundo —no solamente en Brasil, sino también en Estados Unidos y en las ciudades grandes de Europa existen equipos de fútbol *amateur* de migrantes latinoamericanos—. Esto se puede interpretar como un modo de integración en la sociedad receptora y —a la vez— como una manera para mantener o recrear un sentido de pertenencia al país de origen. Para los migrantes el fútbol significa un espacio de convivencia cultural y comunitaria, donde expresan la pertenencia común a un país, a una región o incluso a una localidad. Al mismo tiempo, esta apropiación del espacio está vinculada con estrategias transculturales: en el caso de migrantes sudamericanos se integran a la cultura brasileña a través del fútbol —ya que es un deporte muy popular en el país receptor—.

En este artículo analizamos el significado social del fútbol *amateur* en un contexto de migración. La pregunta central es: ¿cuáles son las estrategias de apropiación de espacios de pertenencia por parte de futbolistas migrantes en São Paulo y en Río de Janeiro? Entendemos el proceso por el cual se construye la pertenencia como la apropiación del espacio a través de las actividades cotidianas, en este caso del fútbol *amateur* (Certeau 1984, Fenster 2004). Comparamos ligas de fútbol *amateur* de migrantes sudamericanos en dos metrópolis brasileñas: São Paulo y Río de Janeiro. Los resultados empíricos están basados en el trabajo de campo etnográfico realizado durante varias estancias en ambas ciudades entre 2015 y 2018. En el barrio de Bom Retiro, de la ciudad de São Paulo, investigamos equipos de mujeres futbolistas oriundas de Bolivia que están reclamando un espacio en un deporte que es dominado por hombres. En Aterro do Flamengo, en Río de Janeiro, investigamos equipos de hombres provenientes sobre todo de Perú, ya que allí no existen equipos de mujeres

[1] Este artículo está basado en un proyecto de investigación apoyado por Deutsche Forschungsgemeinschaft (DFG, Fundación Alemana de Investigación — SCHU 1955/4-1).

migrantes. Sin embargo, también analizamos las relaciones de género en este espacio.

El artículo está dividido en cinco partes. Primero exploramos la literatura sobre fútbol en relación con las perspectivas de género y estudios sobre migración. Seguimos con una contextualización de las migraciones de bolivianos y peruanos a São Paulo y Río de Janeiro en las últimas décadas, que se pueden interpretar como nuevos patrones de migración. En los dos siguientes apartados presentamos nuestros datos etnográficos sobre la liga de fútbol de los migrantes en Bom Retiro, São Paulo, y sobre el fútbol *amateur* sudamericano y peruano en Aterro do Flamengo, Río de Janeiro. Concluimos con una discusión sobre las estrategias de apropiación de espacios de pertenencia por parte de los futbolistas migrantes en São Paulo y Río de Janeiro.

Fútbol, género y migración

A pesar de que el fútbol se estableció como un fenómeno social importante en Europa y América Latina desde la segunda mitad del siglo XX, no ha sido un campo de investigación muy estudiado en las ciencias sociales. A partir de la publicación de Roberto DaMatta (1982) sobre el fútbol como un espacio social, el deporte se volvió un fenómeno de interés. El libro del antropólogo argentino Eduardo Archetti (1999) sobre la relación entre fútbol, identidad nacional y masculinidad es otra obra clave sobre fútbol y, además, incluye una perspectiva de género.

Las referencias centrales para nuestro estudio son, por un lado, las investigaciones que analizan las dinámicas específicas de género en el fútbol. A partir de los años 2000 se publicaron estudios que analizaban dinámicas de género en el fútbol, tanto de autores latinoamericanos como europeos. Es el caso de las etnografías de Marion Müller (2009), Stefan Heissenberger (2012) y Friederike Faust (2014) en países de habla alemana, así como las obras de Silvana Vilodre Goellner (2005) y Carmen Rial (2013), sobre la historia del fútbol femenino en Brasil, y Mariane da Silva Pisani (2014), sobre el fútbol *amateur* femenino en São Paulo.

Por otro lado, también hay algunas publicaciones que tratan la temática de equipos de migrantes. Guillermo Alonso Meneses y Luis Escala Rabadán (2012) investigan el impacto de los clubes de fútbol *amateur* de migrantes latinoamericanos en los Estados Unidos y en Europa. Muestran que el fútbol puede ser un factor de cohesión social y cultural. Otro libro muy interesante al respecto es de Mario Murillo y Juliane Müller (2014). Los autores abordan la importancia particular del fútbol *amateur* en el contexto de procesos de migración, a través de estudios de caso de migrantes bolivianos en España,

Argentina y Estados Unidos. En Brasil, la migración y el fútbol *amateur* hasta ahora solo han sido estudiados en dos obras: la de Ubiratan Silva Alves (2011) sobre ligas bolivianas en São Paulo y la de Camila Daniel (2014) sobre ligas peruanas en Río de Janeiro.

Sin embargo, muy pocos trabajos vinculan la temática de fútbol, migración y relaciones de género. Algunas excepciones son Juliane Müller (2013), quien realizó un estudio sobre el género y el fútbol *amateur* en el sur de España en el contexto de las dinámicas migratorias contemporáneas de los países andinos, Sine Agergaard y Nina Clara Tiesler, quienes presentan casos de estudios empíricos sobre la migración internacional de futbolistas profesionales en una antología (2014), y Carmen Rial, quien también trabaja la migración de jugadores y jugadoras brasileños/as al exterior (2008; 2014).

Los libros de Escala y Alonso (2012), así como los de Müller y Murillo (2014), son relevantes en el contexto de nuestro análisis porque demuestran cómo los equipos de fútbol contribuyen a la creación de redes sociales entre migrantes y el surgimiento de nuevas actividades culturales. Eso también lo podemos observar en el caso de los *hometown associations* de migrantes mexicanos en Estados Unidos: muchos de ellos se fundaron al principio como clubes de fútbol y hasta después no desarrollaron actividades culturales, sociales y políticas más amplias. A través de estas asociaciones, los migrantes construyen sus vidas entre diferentes contextos culturales (Schütze 2012, 2013, 2016). La dimensión transcultural de las asociaciones de oriundos y de los clubes de fútbol de migrantes es importante, ya que a partir de ahí desarrollan estrategias cotidianas para construir espacios de pertenencia al país de origen, así como al país de llegada.

En nuestro estudio analizamos el fútbol *amateur* migrante en relación con la creación de espacios de pertenencia. Sin embargo, normas culturales crean u obstruyen la construcción de estos espacios, dependiendo de si están diseñados como espacios prohibidos o permitidos para grupos minoritarios como las mujeres y los migrantes (Fenster 2004). Siguiendo a Cathy van Ingen (2003), los espacios deportivos están especialmente dominados por estructuras de poder: el género, la clase social y los antecedentes culturales son criterios para excluir a los individuos de espacios deportivos. En Brasil, el fútbol estuvo dominado por los hombres durante décadas y conformó un espacio central para el desarrollo de masculinidades hegemónicas (Damo 2005). En las últimas tres décadas las mujeres comenzaron a apropiarse, cada vez más, de las canchas de fútbol en ciudades como Río de Janeiro y São Paulo y a resistir contra la dominación masculina en estos espacios (Haß 2016, 2018). El origen cultural también puede ser crucial para la inclusión o la exclusión en instalaciones deportivas. Anne Enke (2007) describe cómo los espacios deportivos urbanos se convierten en espacios disputados, es decir, lugares que se disputan cuando grupos marginados los empiezan a usar y a cuestionar las relaciones de poder existentes.

Exploramos las estrategias transculturales y de género a través de las que los migrantes construyen espacios de pertenencia en sus dimensiones sociales y urbanas-geográficas (Lefebvre 1991, Massey 1994, Schütze/Zapata Galindo 2007). En el marco de equipos y ligas de fútbol de los migrantes latinoamericanos se forman espacios sociales en los que se expresa la pertenencia común a la misma nación, región y localidad. A través de la participación de familiares y amigos, así como por la relación con otras instituciones socioculturales, los eventos deportivos se convierten en espacios sociales más amplios. Sin embargo, la práctica del fútbol *amateur* también debe entenderse como una estrategia de apropiación transcultural que permite un encuentro con la cultura cotidiana brasileña. Esto crea espacios sociales transculturales en los que los migrantes entran en contacto con funcionarios del fútbol brasileño, equipos y operadores de canchas de fútbol.

La formación de equipos de fútbol *amateur* y la organización de torneos de fútbol también están vinculadas a la apropiación del espacio urbano. Los migrantes utilizan espacios urbanos, los reconfiguran a través de sus prácticas y, por lo tanto, crean pertenencia a ciertos barrios y lugares urbanos. Las actividades futbolísticas son cruciales para la integración de los migrantes en los contextos de llegada. Christopher Strunk (2014) y Omar Borrás Tissoni (2014) describen cómo los migrantes adquieren espacios en el contexto de las ligas de fútbol *amateur* en Estados Unidos y España y cómo esto permite nuevas prácticas transculturales y relaciones sociales dentro de la comunidad migrante. Al mismo tiempo, a menudo están estrechamente relacionados con conflictos sobre los espacios urbanos con las poblaciones locales y las autoridades políticas de la ciudad (Müller/Murillo 2014). Joan Roura Expósito (2014) analiza cómo algunos pobladores españoles perciben como una amenaza el uso de la ciudad por las ligas migrantes.

Migraciones andinas a São Paulo y Río de Janeiro

La fundación de equipos de fútbol *amateur* de migrantes y su lucha por la apropiación del espacio en Río de Janeiro y São Paulo se llevan a cabo en un contexto de grandes desafíos que enfrentan las metrópolis brasileñas en los últimos años. Una fuerte crisis económica y problemas políticos desencadenaron el derrocamiento de la presidenta del Partido de los Trabajadores (PT), Dilma Rousseff, en 2016, e iniciaron un cambio de gobierno. Ya desde 2013 existen movimientos de protesta recurrentes dirigidos contra el alto costo de los trabajos preparatorios de la Copa Mundial de Fútbol en 2014 y los Juegos

Olímpicos de 2016, las reubicaciones forzadas de residentes de los centros de las ciudades a los suburbios y la falta de servicios sociales (transporte público, salud, educación, etc.) en el país. Al margen de los mega-eventos deportivos, los residentes de barrios populares luchan por una infraestructura social; entre otras cosas, para llevar a cabo actividades deportivas propias. Los migrantes se ven particularmente afectados por la exclusión social en las áreas urbanas.

São Paulo y Río de Janeiro son puntos centrales de llegada para migrantes de Bolivia y Perú (OB Migra 2015: 52), debido a la naturaleza predominantemente irregular de su migración, lo que se explica entre otras cosas por la ausencia de controles fronterizos estrictos entre los países vecinos. El número estimado de inmigrantes es mucho más alto que las cifras oficiales (OB Migra 2015: 51). De acuerdo con el Observatorio de la Migrações Internacionais Río de Janeiro es uno de los lugares principales de llegada de migrantes a Brasil debido a su importancia como punto nodal de transporte internacional. Sin embargo, a largo plazo, muchos de los migrantes se desplazan hacia los Estados vecinos, especialmente a São Paulo (OB Migra 2015: 54). Esto se explica no solamente por la fuerza económica de São Paulo, sino también por las redes sociales entre los migrantes ya establecidos y los recién llegados (Daniel 2014).

A pesar de su creciente importancia, hay muy poca investigación previa sobre el tema de la migración andina en Brasil. La mayoría de las publicaciones trata de los/las bolivianos/as en São Paulo: Sidney Antonio da Silva (2005) y Camila Lins Rossi (2005) analizan la vida cotidiana y las condiciones de trabajo de los migrantes bolivianos/as; Beatriz Coutinho (2015) reflexiona sobre el empleo de las migrantes bolivianas en la industria textil en São Paulo. La antología de Rosana Baeninger (2012) estudia diferentes aspectos de la migración boliviana a Brasil como rutas de migración, el trabajo, la salud y la cobertura mediática. Los/las bolivianos/as representan el grupo migratorio más importante en Brasil en los últimos años. Especialmente en São Paulo la comunidad boliviana es muy grande. En Río de Janeiro, su presencia es menos fuerte. Ahí los peruanos representan uno de los grupos migratorios sudamericanos más importantes. El número real de los migrantes andinos es difícil de identificar por las altas cantidades de migrantes irregulares.

Lo siguiente se puede resumir respecto de la migración boliviana a Brasil: en los años cincuenta, la revolución boliviana causó la primera onda de emigración a Brasil, especialmente de miembros de la clase alta y media-alta. En los años sesenta, la introducción de programas de intercambio académico impulsó a muchos bolivianos a estudiar y trabajar en las universidades brasileñas. A partir de la década de 1990, la migración boliviana a Brasil se intensificó. Hombres y mujeres bolivianos jóvenes emigraron a ciudades brasileñas, sobre todo a São Paulo, con el fin de buscar empleo en la industria textil, particularmente en talleres pequeños de costura.

Muchos de los talleres de costura en São Paulo que emplean inmigrantes bolivianos pertenecen a empresarios coreanos que emigraron a Brasil en las décadas anteriores. Sin embargo, algunos migrantes bolivianos/as exitosos lograron establecer sus propios talleres de costura en el centro de São Paulo, en los barrios Bom Retiro y Brás, empleando a otros migrantes de sus países de origen. Bom Retiro y Brás son los barrios donde diferentes grupos de migrantes han residido en el siglo XX. En las últimas dos décadas se han desarrollado comercios, restaurantes, instituciones y organizaciones culturales de bolivianos en ambos distritos. Se puede identificar un cierto padrón migratorio: la mayoría de los/las bolivianos/as en São Paulo es de procedencia más bien pobre, con un nivel educacional bajo o mediano. Ellos migran a São Paulo a una edad joven y solos, sin familia. Los bolivianos que viven en São Paulo son de diferentes partes de Bolivia, la gran parte proviene de los alrededores de Cochabamba y de La Paz.

En comparación con São Paulo, los flujos migratorios de los países andinos a Río de Janeiro son menores. El trabajo industrial es mucho menos importante para los migrantes peruanos en Río de Janeiro. Se trata de un grupo diverso: por un lado, hay migrantes peruanos que trabajan en la gastronomía, en el turismo o en el comercio ambulante. Por otro lado, hay peruanos altamente cualificados que vienen para estudiar o ya vienen formados y trabajan como ingenieros, médicos o científicos. El inicio de la migración peruana a Río de Janeiro tuvo lugar en los años sesenta. Después de una crisis económica en Perú en los años ochenta, los flujos a Brasil y especialmente a Río de Janeiro aumentaron. Además, programas de intercambio y becas estudiantiles del gobierno brasileño atrajeron a peruanos de la clase media. El comienzo del MERCOSUL, en 2011, también estimuló la migración peruana a Brasil, así como la legalización de migrantes peruanos que ya vivían en Río de Janeiro sin documentos oficiales.

En Río de Janeiro los migrantes no se concentran en ciertos barrios. Están dispersos en toda la ciudad, así como en los suburbios. En el centro de Río de Janeiro hay algunas tiendas peruanas de artesanías. En el sur, en el centro y en el norte, hay restaurantes peruanos. Los peruanos son uno de los grupos migratorios sudamericanos más organizados y más visibles en Río de Janeiro. Por ejemplo, ellos organizan equipos y campeonatos de fútbol en el parque Aterro do Flamengo, en el centro de la ciudad.

Según Camila Daniel, Río de Janeiro y São Paulo son muy diferentes en términos de dinámica migratoria y comunidades. En las últimas décadas, en São Paulo, debido a la importante inmigración internacional, movimientos sociales han creado instituciones y ONG que se ocupan de los problemas de los migrantes (por ejemplo, Casa do Migrante). En Río de Janeiro no se han institucionalizado ni han surgido organizaciones más grandes de migrantes;

de hecho, hay pocas organizaciones de este tipo. Sin embargo, existen asociaciones culturales, sociales y deportivas de migrantes (Daniel 2014). El bajo nivel de organización de los migrantes en Río de Janeiro se puede explicar por la gran diversidad de grupos migratorios, el menor número de migrantes en comparación con São Paulo, la dispersión geográfica de las personas, así como la violencia y la criminalidad urbana que complican los encuentros en lugares públicos y la formación de redes.

En ambas ciudades las ligas de fútbol *amateur* son espacios importantes para los migrantes donde pueden expresar su pertenencia a una nación, región o localidad de origen. A la vez, el fútbol *amateur* de los migrantes está vinculado a las estrategias transculturales: también expresa la integración a la cultura brasileña, ya que el fútbol *amateur* es una práctica deportiva y recreativa muy popular en Brasil. Como deporte nacional, es particularmente visible en las ciudades y es parte de la vida cotidiana de muchos brasileños.

Hoy en día, en las metrópolis brasileñas, el fútbol *amateur* se desarrolla principalmente en campos de fútbol pequeños. Difiere del fútbol callejero porque los jugadores pertenecen a equipos permanentes, generalmente tienen posiciones de juego fijas y se reúnen con regularidad, a menudo varias veces a la semana, para entrenar y para jugar contra otros equipos. A pesar de que la práctica del fútbol dura solo unas pocas horas, el aspecto social durante y después del partido es muy importante para los jugadores.

El fútbol *amateur* brasileño no está incluido en la asociación nacional de fútbol y se organiza a nivel privado; por lo tanto, la existencia de ligas y torneos depende de iniciativas de individuos o empresarios. Las ligas de fútbol *amateur* peruanas y bolivianas en São Paulo y Río de Janeiro cuentan con el respaldo financiero de empresas locales del mismo origen étnico; por ejemplo, la Copa Perú-Río anual en Río es financiada por las tiendas artesanales peruanas Inti e Você y Kiswar y por la compañía telefónica La Peruanita.

La liga de fútbol de migrantes en Bom Retiro, São Paulo

Bom Retiro, São Paulo

Esta liga comenzó gracias a nosotras porque como nosotras éramos un grupo de chicas que jugábamos, allí las paraguayas nos vieron jugar también y, como ellas vinieron también con nosotras a trabajar, allí hicimos un desafío entre Paraguay y Bolivia. Allí empezó cada sábado y domingo e íbamos a jugar allá. Y empezó una invitación de uno de los dueños de allí para que nosotras formemos [sic] una liga. O sea, dándonos solamente la cancha, los premios se iban a recaudar de la inscripción de derecho de cancha. Allí comenzamos… (Ely, Bom Retiro, 9-8-2017).

Ely, jugadora boliviana y organizadora de la liga de *fútsal femenil* en Bom Retiro, recuerda los orígenes de la misma. Este torneo existe desde 2012. Ligas de fútbol *amateur* de migrantes de hombres y mujeres han existido desde hace casi 20 años en São Paulo. Cada fin de semana se realizan torneos de migrantes. Sin embargo, no todos los torneos son accesibles para todos los migrantes. Por ejemplo, hay torneos organizados por bolivianas en los que, máximo, solo se permite una mujer no-boliviana por equipo. En otros torneos los equipos se componen libremente y hay equipos mixtos de mujeres con diferentes nacionalidades —bolivianas, paraguayas y peruanas—.

Como el fútbol *amateur* se organiza a nivel privado, las ligas y los torneos de fútbol *amateur* de los migrantes son financiados por empresas locales. La liga en Bom Retiro es apoyada por un empresario paraguayo. El deportivo donde se lleva a cabo incluye una casa club, un bar, un campo de fútbol regular, así como una cancha de *fútsal* donde juegan las mujeres migrantes. *Fútsal* es una variante de fútbol muy popular en Brasil. Se juega en una cancha pequeña en equipos de cinco contra cinco.

Cada fin de semana un gran grupo de espectadores asiste a los juegos de las migrantes en Bom Retiro: maridos, hijos y amigos. Muchos esposos acompañan a sus mujeres a los partidos y las apoyan con el cuidado de los niños. Este fenómeno es sorprendente porque en Brasil el fútbol es considerado un deporte de hombres y, de hecho, el fútbol femenil recibe poca atención o reconocimiento. Históricamente, las mujeres brasileñas han sido discriminadas como jugadoras. Hemos observado que en el fútbol *amateur* femenil brasileño no hay tanto público: los esposos o novios no acompañan a las mujeres. Incluso, al haber desinterés por el fútbol femenil profesional en Brasil, hay poca inversión a nivel nacional, en este ramo. En general, se puede decir que el fútbol femenil es mucho menos valorado que el varonil en Brasil. Ely explica por qué hay otra actitud en el campeonato femenil de migrantes en Bom Retiro: "De los bolivianos es la costumbre de apoyar a las mujeres. La mayoría de sus esposos apoyan, vienen a mirar. Paraguayos no hay tanto. No apoyan mucho. Entre los bolivianos, es costumbre apoyar a sus mujeres. La mayoría de los maridos apoyan a las jugadoras y vienen a verlas" (Ely, Bom Retiro, 9-8-2017).

Ely también es dueña de un pequeño taller de costura en Bom Retiro. Ella y sus empleadas juegan juntas en el equipo Rumberas. El equipo actualmente está compuesto por tres mujeres bolivianas, una paraguaya y dos brasileñas. Cuando Ely llegó a São Paulo, primero trabajaba en un taller de costura de otro boliviano, ya que muchos de los talleres de costura en São Paulo pertenecen a empresarios migrantes que vinieron a Brasil en décadas anteriores. Los bolivianos que viven en São Paulo han sido víctimas de explotación en sus primeros años en esa ciudad. Cuando recién emigran a São Paulo y encuentran trabajo en un taller de costura, generalmente viven en su lugar de trabajo. En estos talleres los migrantes trabajan de 12 a 14 horas diarias, de lunes a viernes, y los sábados trabajan medio día. Sin embargo, con el tiempo algunos migrantes bolivianos —como Ely— logran establecer sus propios talleres de costura en el centro de São Paulo, en barrios como Bom Retiro y Brás, empleando a otros migrantes de Bolivia y Paraguay. Como es común, en muchos de estos talleres en São Paulo, algunos de los trabajadores migrantes viven donde trabajan para ahorrar dinero.

Trabajando y viviendo juntas, además de ser parte del mismo equipo de fútbol, las jugadoras de Rumberas pasan una parte importante de su tiempo juntas. Para ellas, el equipo es como una familia cuyos miembros se apoyan mutuamente en su nueva vida. Rumberas fue ganador de los torneos de 2015 y 2017 en Bom Retiro. Después de su victoria, el equipo recibió una botella de vino espumoso, seguida por una fiesta con música disco en la casa club y la entrega de los premios para las ganadoras del torneo. Las mujeres celebraron intensamente: abrazándose, bailando y brincando en el campo de fútbol —se rociaron unas a las otras con el vino espumoso—. La celebración con un baño de una bebida alcohólica al final de los torneos importantes es un ritual común en el fútbol profesional varonil, como se puede observar en la televisión. Por lo que, celebrando de esta forma, las mujeres migrantes se apropian de rituales y símbolos del fútbol varonil. Es una manifestación de orgullo, de autoconsciencia y de sus derechos como jugadoras de fútbol. Además, es un momento importante para los equipos, porque la mayoría de las mujeres migrantes tiene una vida cotidiana muy estresante y con poco tiempo libre.

El fútbol *amateur* de migrantes peruanos en Río de Janeiro

Aterro de Flamengo, Río de Janeiro

Actualmente los peruanos no son muy activos en el fútbol. En estos días, muchos de ellos trabajan como comparsas en un rodaje de una película brasileña. Es una historia sobre narcotraficantes bolivianos. La agencia me preguntó y yo llamé a los peruanos del fútbol, pregunté quién quiere trabajar allí. 100 reales por día, está muy bien. Ahora interpretan a los bandidos bolivianos. Normalmente juegan aquí siempre fútbol, los jueves, pero actualmente no (Renzo, Aterro do Flamengo, 27-11-2017).

Renzo, organizador de campeonatos peruanos de fútbol en Río de Janeiro desde 2008 y gerente del equipo *amateur* peruano Merengues, nos cuenta cómo las rutinas de juego de los migrantes peruanos se ven alteradas a veces por distintos motivos. En Río de Janeiro, los migrantes sudamericanos juegan fútbol en Aterro do Flamengo, un parque público en la zona sur/centro de Río de Janeiro. Es el lugar más conocido de esa ciudad para practicar el fútbol recreativo y amateur. El parque tiene ocho campos de fútbol. Aquí se juega fútbol en un campo de menor extensión y con siete jugadores en cada equipo.

Es lunes y asistimos a un partido de fútbol de dos equipos sudamericanos en un campo de este parque. Ya es medianoche. A esa hora los jugadores, argentinos, colombianos, ecuatorianos y peruanos han salido de sus trabajos en la gastronomía o en el comercio y están libres para jugar; también en ese horario las canchas de fútbol están desocupadas, porque los jugadores brasileños ya no quieren jugar tan tarde, así que los migrantes sudamericanos las usan. Allí las canchas de fútbol se convierten en espacios de prácticas transculturales, de diversas lenguas como español, portugués y, a veces, quechua.

Los migrantes peruanos han sido centrales para el desarrollo del fútbol *amateur* sudamericano en Río de Janeiro. Hace veinte años grupos peruanos empezaron a jugar y a organizar campeonatos de fútbol en Aterro do Flamengo. Hoy, diferentes grupos de migrantes juegan ahí por las noches: los jueves juegan los peruanos, los sábados los ecuatorianos y los viernes y los lunes grupos mixtos de migrantes latinoamericanos. Los grupos son muy diferentes: varían según su nivel de compromiso y de "apertura" a nuevos miembros, entre otras cosas. Por ejemplo, en los equipos latinoamericanos del viernes es un requisito saber hablar español para que los admitan, además de que solo aceptan a nuevos jugadores que hayan sido invitados por uno de los miembros. En los equipos de los sábados solo hay ecuatorianos; se habla español y quechua. En cambio, los equipos latinoamericanos de los lunes están abiertos para jugadores de todo el mundo. También la composición social de los equipos es diferente: los lunes participan cocineros, profesores de español y personas que trabajan en el ramo del turismo.

Durante el año, hay varios campeonatos de fútbol *amateur* de migrantes sudamericanos en Aterro do Flamengo, como la Copa Perú-Río en julio, la Copa Monseñor de los Milagros en octubre o el Torneo del Día del Trabajo en mayo. La mayoría la organiza la comunidad peruana. En estos torneos el número de jugadores no-peruanos es limitado. Sin embargo, otros jugadores "latinos" y brasileños también participan. Los torneos peruanos se organizan con la cooperación de empresarios peruanos, que cumplen la función de patrocinadores; del consulado peruano, que pagó los trofeos en campeonatos anteriores, así como de la administración del parque Aterro do Flamengo, que da el permiso para usar una cancha durante las fechas que se requieran. Durante los encuentros se vende comida peruana y familiares y amigos/amigas de los jugadores se reúnen cerca de las canchas. En la clausura de los torneos se hace una fiesta con comida típica; a veces con una misa en la parroquia de la comunidad peruana en Río de Janeiro. En Aterro do Flamengo también se han organizado torneos con el fin de recaudar fondos para migrantes que se encuentran en una situación de emergencia.

El organizador de los torneos, Renzo, es de Lima. Llegó a Brasil hace 18 años. En Río de Janeiro conoció a su esposa y su hija nació allí. Logró abrir una pequeña agencia de publicidad en el centro de la ciudad y establecer una vida de clase media. Él y su familia pueden viajar a Perú para visitar a sus familias por lo menos una vez al año. Sin embargo, la crisis económica de Brasil, desde 2015, dificultó la supervivencia de muchos migrantes en Río de Janeiro. A Renzo también le afectó, pero, afortunadamente, sigue en una situación económica estable. Como otros, tuvo que trabajar más que antes para mantener su nivel de vida en Río de Janeiro. Según Renzo, en Brasil, uno como migrante está solo. En una situación de emergencia, financiera, por ejemplo, el Estado brasileño no apoya y, como la familia está muy lejos, muchas veces no puede ayudar.

Semanas o meses antes de un torneo, Renzo comienza los preparativos. Durante los torneos algunas otras personas le ayudan con la organización. Nos contó que una vez pensó en dejar la organización a otra persona, ya que era mucho trabajo, pero como todo el mundo se lo pidió, decidió continuar con su función. Cree que los torneos y los entrenamientos semanales son muy importantes para la comunidad peruana en Río de Janeiro: "Es en el fútbol que la gente se encuentra. Río es una ciudad muy grande. Y los peruanos viven muy dispersos. Sin el fútbol no hubiera un lugar para encontrarnos y intercambiarnos [sic]" (Renzo, 27-11-2017, Aterro do Flamengo). Y, al final, las amistades y las redes sociales que desarrollan en el fútbol contribuyen a que los migrantes se sientan menos solos en Brasil.

Conclusiones

En las ciudades globales diferentes grupos utilizan y se apropian de determinados espacios urbanos, que se caracterizan a través de sus prácticas; algunos grupos dominan estos espacios, mientras que otros son marginados. Analizamos las estrategias transculturales y de género con las que los jugadores y las jugadoras de fútbol *amateur* migrantes se apropian del espacio urbano y crean espacios de pertenencia, con respecto a dos dimensiones: en primer lugar, los migrantes sudamericanos crean espacios sociales en el contexto del fútbol *amateur*, donde se expresa la pertenencia a una misma nación, región o, incluso, localidad. En los lugares donde se practica el fútbol *amateur* en São Paulo y Río de Janeiro los migrantes de Bolivia, Perú, Ecuador o Paraguay pueden hablar español e intercambiar experiencias. La participación de otros actores, como los empresarios migrantes que financian los torneos, es central para estos espacios de pertenencia. A través de la asistencia de familiares y amigos, así como por la posibilidad de convivir y celebrar después del partido, los eventos deportivos se convierten en espacios sociales más amplios.

En el caso de Aterro do Flamengo, las canchas de fútbol se convierten en un lugar de encuentro social para los migrantes peruanos. Familiares y amigos/amigas de los jugadores, así como vendedores/vendedoras de alimentos ocupan el espacio alrededor de las canchas para encontrarse, comer o vender comida y ver los partidos. Con orgullo, los/las vendedores/vendedoras ofrecen platos nacionales típicos a los asistentes al torneo. Es un espacio importante para los migrantes, ya que, generalmente, los migrantes andinos experimentan dificultades y exclusión por ser extranjeros. No obstante, en los torneos de fútbol en Aterro de Flamengo son visibles y reconocidos como equipos de hispanos. Las redes sociales que se desarrollan en este espacio deportivo les ayudan a manejar su vida cotidiana en Río de Janeiro, por ejemplo, en la búsqueda de un trabajo. Sin embargo, principalmente son los hombres quienes aprovechan el fútbol como un espacio social y de pertenencia, ya que las mujeres no participan como jugadoras en el fútbol de migrantes en Aterro do Flamengo. La participación femenina se reduce al rol de acompañante o de proveedora de comida en los torneos, que representan roles tradicionales de género. En nuestro trabajo, estamos investigando la razón de la ausencia de mujeres en el fútbol de migrantes sudamericanos en Río de Janeiro, que contrasta con lo observado en São Paulo.

El torneo en Bom Retiro tiene lugar en un barrio donde se concentra una gran parte de la población boliviana en São Paulo. El campeonato reúne a mujeres migrantes de diferentes orígenes. Esto distingue al torneo de Bom Retiro de otros torneos de fútbol *amateur* de migrantes en São Paulo, que son más excluyentes. Otra diferencia con respecto a otras ligas de fútbol de migrantes es que las mujeres parecen ser muy apreciadas como jugadoras. Sorprendentemente —desde una perspectiva de género— como ya mencionamos, muchos maridos acompañan a sus mujeres a los partidos y las apoyan con el cuidado de sus hijos. Además, podemos ver en el campeonato en Bom Retiro que las mujeres migrantes desarrollan estrategias de apropiación del espacio dentro de un deporte dominado por hombres. Durante los partidos observamos rituales para celebrar los goles, saludar a las otras jugadoras y una dramatización de las derrotas.

También podemos ver, en Bom Retiro y Aterro de Flamengo, cómo el establecimiento de equipos de fútbol *amateur* y la organización de torneos de fútbol de migrantes están vinculados con la apropiación del espacio urbano: el fútbol nocturno semanal en Aterro do Flamengo de peruanos, ecuatorianos o grupos mixtos latinoamericanos representa una apropiación del espacio urbano. Los migrantes juegan muy tarde en la noche —cuando las canchas están desocupadas—, sin embargo, aunque se trata de un uso restringido de los espacios públicos deportivos, esta apropiación de la ciudad es muy importante para ellos. Para las mujeres migrantes el torneo de *fútsal* en Bom Retiro es una apropiación del espacio urbano, en el que pueden pasar su tiempo libre del fin de semana en un entorno protegido. Después de trabajar toda la semana, incluso el sábado, el domingo de fútbol es el único tiempo que tienen para ellas. Además, representa una gran ventaja que en el campo de fútbol practiquen deporte, beban y bailen, todo en el mismo lugar, y ya no tengan que moverse a otro sitio después de su partido. Como mujer, desplazarse por São Paulo puede ser inseguro y peligroso.

Bibliografía

Ageraard, Sine/Tiesler, Nina Clara (eds.) (2014): *Women, Soccer and Transnational Migration*. London: Routledge.

Alonso Meneses, Guillermo/Rabadán, Luis Escala (eds.) (2012): *Offside. Fuera de lugar. Fútbol y migración en el mundo*. Tijuana: El Colegio de la Frontera Norte.

Archetti, Eduardo (1999): *Masculinities: Football, Polo and the Tango in Argentina*. Oxford: Berg.

Baeninger, Rosana (ed.) (2012): *Imigração Boliviana no Brasil*. Campinas: Nepo/Unicamp.

Borrás Tissoni, Omar (2014): "Conexiones translocales entre espacios deportivos en Barcelona y Cochabamba", en Juliane Müller/Mario Murillo (eds.): *Otro fútbol. Ritualidad, organización institucional y competencia en un siglo de fútbol popular en Bolivia (1896-2014)*. La Paz: Plural, pp. 181-212.

Certeau, Michel de (1984): *The practice of everyday life*. Translated by Stephen Rendall. Berkeley: University of California Press.

DaMatta, Roberto (1982): *Universo do futebol. Esporte e Sociedade Brasileira*. Rio de Janeiro: Pinakotheke.

Daniel, Camila (2014): "Territorialidades migrantes. Um estudo antropológico sobre a Copa Peru-Rio", en *Revista Percursos*, vol. 15, n° 28, pp. 120-145.

Da Silva, Sidney Antonio (2006): "Bolivianos em São Paulo: entre o sonho e a realidade", en *Estudos Avançados*, vol. 20, n° 57, pp. 157-170.

Enke, Anne (2007): *Finding the Movement. Sexuality, Contested Space, and Feminist Activism*. Durham: Duke University Press.

Faust, Friederike (2014): "Queering Football — Körperpraktiken im Frauenfußball zwischen Normierung und Destabilisierung der Geschlechterordnung", en *Body Politics*, vol. 2, n° 3, pp. 145-177.

Fenster, Tovi (2004): "Gender and the city: The different formations of belonging", en Lise Nelson/Joni Seager (eds.): *A Companion to Feminist Geography*. London: Blackwell, pp. 242-256.

Goellner, Silvana Vilodre (2005): "Mulheres e futebol no Brasil. Entre sombras e visibilidades", en *Revista Brasileira de Educação Física e Esporte*, vol. 19, n° 2, pp. 143-151.

HAß, Julia (2016): "Frauenamateurfußball in Rio de Janeiro — Umkämpfter Sport- und Stadtraum", en *Peripherie. Zeitschrift für Wirtschaft und Ökonomie in der Dritten Welt*, n° 141, pp. 57-72.

— (2018): "Und es gibt sie doch. Frauen, die Fußball spielen. Historische und aktuelle Dynamiken von Amateurfußball und Geschlecht in Rio de Janeiro", en Julia Haß/ Stephanie Schütze (eds.): *Ballspiele, Transkulturalität und Gender. Ethnologische und altamerikanistische Perspektiven*. Berlin: Panama-Verlag, pp. 73-93.

HAß, Julia/SCHÜTZE, Stephanie (2018a): "Fußball als Zugehörigkeitsraum. Amateurteams bolivianischer Migrantinnen in São Paulo", en Julia Haß/Stephanie Schütze (eds.): *Ballspiele, Transkulturalität und Gender. Ethnologische und altamerikanistische Perspektiven*. Berlin: Panama-Verlag, pp. 115-132.

HAß, Julia/SCHÜTZE, Stephanie (2018b): "New Spaces of Belonging: Soccer Teams of Bolivian Migrants in São Paulo, Brazil", en Andreas E. Feldmann/Xóchitl Bada/ Stephanie Schütze (eds.): *New Migration Patterns in the Americas*. New York: Palgrave Macmillan, pp. 317-336.

HEISSENBERGER, Stefan (2012): "Entgrenzte Emotionen", en Christian Brandt/Fabian Hertel/Christian Stassek (eds.): *Gesellschaftsspiel Fußball: eine sozialwissenschaftliche Annäherung*. Wiesbaden: Springer VS, pp. 209-226.

LEFEBVRE, Henri (1991): *The Production of Space*. Oxford: Wiley-Blackwell.

MASSEY, Doreen (1994): *Space, Place and Gender*. Minneapolis: University of Minnesota Press.

MÜLLER, Juliane (2013): *Migration, Geschlecht und Fußball zwischen Bolivien und Spanien: Netzwerke, Räume, Körper*. Berlin: Reimer.

— /MURILLO, Mario (eds.) (2014): *Otro fútbol. Ritualidad, organización institucional y competencia en un siglo de fútbol popular en Bolivia (1896-2014)*. La Paz: Plural.

MÜLLER, Marion (2009): *Fußball als Paradoxon der Moderne: Zur Bedeutung ethnischer, nationaler und geschlechtlicher Differenzen im Profifußball*. Wiesbaden: VS Verlag für Sozialwissenschaften.

OB MIGRA (2015): *A inserção dos imigrantes no mercado de trabalho brasileiro. Relátorio Anual 2015*. Brasilia: Observatorio das Migrações Internacionais.

RIAL, Carmen (2008): "Rodar: the circulation of Brazilian football players abroad", en *Horizontes Antropológicos*, vol. 14, n° 30, pp. 21-65.

— (2013): "El invisible (y victorioso) fútbol practicado por mujeres en Brasil", en *Nueva Sociedad*, n° 248, pp. 115-126.

— (2014): "New Frontiers: The Transnational Circulation of Brazil's Women Soccer Players", en Sine Agergaard/Nina Clara Tiesler (eds.): *Women, Soccer and Transnational Migration*. London: Routledge, pp. 86-101.

ROURA EXPÓSITO, Joan (2014): "Sacando 'partidos' de las identidades: Transmigrantes bolivianos en la comarca del Alt Empordà", en Juliane Müller/Mario Murillo (eds.): *Otro fútbol. Ritualidad, organización institucional y competencia en un siglo de fútbol popular en Bolivia (1896-2014)*. La Paz: Plural, pp. 103-124.

SCHÜTZE, Stephanie (2012): "'Demandando un trato digno, de iguales'. Transnationale politische Partizipation und verflochtene Ungleichheitsstrukturen", en *Peripherie*, vol. 126, n° 127, revista especial "Umkämpfte Räume", pp. 275-294.

— (2013): "Chicago/Michoacán: The Construction of Transnational Political Spaces", en *Latino Studies*, vol. 11, n° 1, pp. 78-102.

— (2016): *Constructing Transnational Political Spaces. The Multidimensional Political Engagement of Mexican Migrants Between Chicago and Michoacán*. New York: Palgrave Macmillan.

Schütze, Stephanie/Zapata, Martha (eds.) (2007): *Transkulturalität und Geschlechterverhältnisse. Ein Perspektivenwechsel auf kulturelle und geschlechtsspezifische Dynamiken in den Amerikas*. Berlin: Edition tranvía.

Strunk, Christopher (2014): "Ligas de pertenencia: fútbol boliviano, prácticas de ciudadanía y espacios comunitarios en Washington D. C.", en Juliane Müller/Mario Murillo (eds.): *Otro fútbol. Ritualidad, organización institucional y competencia en un siglo de fútbol popular en Bolivia (1896-2014)*. La Paz: Plural, pp. 236-254.

Van Ingen, Cathy (2003): "Geographies of Gender, Sexuality and Race. Reframing the Focus on Space in Sport Sociology", en *International Review for the Sociology of Sport*, vol. 38, n° 2, pp. 201-216.

Sitios web y periódicos

Alves, Ubiratan Silva (2011): "Imigrantes bolivianos em São Paulo: A Praça Kantuta e o futebol". Tesis de doctorado, Universidade Estadual de Campinas, Campinas, en *Biblioteca Digital da Unicamp*. <http://www.bibliotecadigital.unicamp.br/document/?code=000784839> (17-08-2016).

Coutinho, Beatriz (2015): "Imigração laboral e a produção de vestuario na cidade de São Paulo: entre a informalidade e a expectiva de mobilidade social ascendente", en *Cadernos OB Migra*, vol. 1, n° 3, pp. 79-98. <http://biblioteca.versila.com/digital/827/cadernos-obmigra-revista-migracoes-internacionais> (17-08-2016).

Damo, Arlei Sander (2005): "Do dom a professão. Uma etnografia do futebol de espetáculo a partir da formação de jogadores no Brasil e na França". Tesis de doutorado, Instituto de Filosofía e Ciências Humanas, Universidade Federal do Rio Grande do Sul, Porto Alegre, en *Repositório Digital*. <http://www.bibliotecadigital.ufrgs.br/da.php?nrb=000468905&loc=2005&l=24a7bc666aac4e5> (17-08-2016).

Da Silva Pisani, Mariane (2014): "Futebol feminino: espaço de empoderamento para mulheres das periferias de São Paulo", en *Pontourbe. Revista do núcleo de antropología urbana da USP*. <http://pontourbe.revues.org/1621> (27-08-2014).

Lins Rossi, Camila (2005): "Nas costuras do trabalho escravo. Um olhar sobre os imigrantes bolivianos ilegais que trabalham nas confecções de São Paulo". Tésis, São Paulo, Universidade São Paulo, en *Reporter Brasil*. <http://reporterbrasil.org.br/documentos/nas_costuras_do_trabalho_escravo.pdf> (17-08-2016).

A "guerra dos sexos" nos Jogos Olímpicos 2016

Martin Curi

O Brasil nos Jogos Olímpicos

As copas do mundo de futebol masculino são um tema clássico na antropologia brasileira de esporte. O tema se tornou uma preocupação a partir da questão por que o futebol é tão importante para o Brasil. Há uma reflexão bem grande sobre a identidade nacional brasileira e as Copas do Mundo (DaMatta 1982, Gastaldo/Guedes 2006, Gastaldo 2002, Guedes 1998, Helal do Cabo 2014). Sendo assim, analisou-se a importância da Copa do Mundo para os discursos e seus significados na população brasileira.

Mas considerando que os Jogos Olímpicos 2016 aconteceram no Rio de Janeiro, no Brasil, e vários atores brasileiros como políticos e dirigentes esportivos se empenharam em trazer esse evento ao Brasil, se levanta a questão acerca dos significados desse megaevento esportivo para os brasileiros. Essa situação provoca várias questões: Por que os Jogos Olímpicos são menos importantes para o Brasil? Por que uma cidade brasileira organiza Jogos Olímpicos, considerando essa pouca importância? Será que não há também discursos vinculados aos jogos olímpicos que podem ser vistos como histórias dos brasileiros sobre si mesmos?

Neste momento, chama a atenção de que maneira os Jogos Olímpicos costumam ser ignorados em reflexões antropológicas. O texto clássico parece ser o artigo de DaMatta (2006) no qual o autor compara os Jogos Olímpicos com a Copa do Mundo de futebol e pergunta o porquê de o primeiro megaevento ter tão pouca importância para o Brasil enquanto o último se tornou um ritual nacional, formador da identidade nacional.

DaMatta (2006: 189) defende que ambos eventos celebram e dramatizam "o ideal de igualdade universal". Mas "Os Jogos Olímpicos realizam a mediação entre a diferença social e política "real" existente entre as unidades que entram na competição, salientando fortemente o ideal de igualdade" (DaMatta 2006: 190). Ou seja, apesar de percebermos grandes diferenças entre as modalidades esportivas presentes nos Jogos Olímpicos e as nações que competem, o ideal é de igualdade.

Nos Jogos Olímpicos não existe diferença entre um esporte de equipe popular como o futebol ou um esporte individual elitista como o hipismo. Ambas as modalidades rendem uma medalha que se entrega com o mesmo ritual. A cerimônia de entrega de medalhas pode ser caracterizada como sóbria: se espera o uso do uniforme da equipe nacional, sem distinções, e se repete sempre os mesmos passos como entrega de buquê, medalha, música padronizada e hino. Existe até o gesto de o vencedor chamar o primeiro e segundo lugar para dividir o mesmo espaço no pódio.

Ao contrário disso, DaMatta (2006: 193) continua a análise que "[...] nos Campeonatos Mundiais de Futebol, o centro do drama é o particular, o singular e o específico. O fato de estarmos diante de uma mesma modalidade esportiva faz com que se perceba os estilos locais de praticar o futebol". Ou seja, na Copa do Mundo existe uma igualdade esportiva no sentido de que há as mesmas regras para todos, a bola não prefere nenhum time ou jogador —é imparcial. Mas o futebol dá espaço para valorizar um jogador individual, além da clara hierarquização entre o vencedor e todos os outros. Na cerimônia de entrega da taça se exclui o segundo colocado[1] e se espera do time vencedor, ou até de alguns jogadores, alguma festa se destacando dos outros.

Portanto, DaMatta (2006: 196) conclui que "Se a história do Brasil revela sempre uma grande dificuldade de transitar do impessoal ao pessoal, do hierárquico ao igualitário, do local ao universal, o futebol cria um espaço onde isso se faz de modo tranquilo, marcado por lances de grande vigor e beleza". Ou seja, o futebol, ao contrário dos Jogos Olímpicos, se relacionaria bem com a ética da sociedade brasileira que oscilaria entre igualdade e hierarquia, entre individualismo e personalismo[2]. Assim, o futebol se adequa melhor no imaginário nacional beneficiando a possibilidade da construção de uma identidade nacional nas Copas do Mundo e negligenciando os Jogos Olímpicos. Por meio desses argumentos, DaMatta (2006) apresenta uma distinção entre esses dois megaeventos esportivos e seus significados para a sociedade brasileira.

Gostaria de recuperar esta discussão instigante no contexto dos Jogos Olímpicos 2016 no Rio de Janeiro. Uma cidade brasileira foi, pela primeira vez, sede de Jogos Olímpicos e tal fato poderia indicar certas mudanças no imaginário brasileiro sobre este evento. Será que a Copa do Mundo perdeu espaço e os Jogos Olímpicos ganharam importância? DaMatta (2006) percebe o Brasil como o país do futebol que praticamente rejeita os Jogos Olímpicos. Será que ainda é assim? O que significam os Jogos Olímpicos para os brasileiros em 2016?

Há algumas reflexões que sugerem um aumento de importância dos esportes olímpicos em detrimento do futebol. Por exemplo, Helal e Soares (2014)

---

[1] O segundo colocado recebe suas medalhas antes e a cerimônia final da entrega da taça ao campeão é o momento máximo da celebração esportiva.

[2] Para os conceitos de "rua" e "casa" do pensamento antropológico de DaMatta, consultar o livro Carnavais, Malandros e Heróis (1997).

defendem que o país do futebol teria encolhido no sentido de que o futebol no Brasil estaria se transformando de uma instituição que estabelece a identidade nacional em um produto comercial num mercado esportivo no qual há espaço para outras mercadorias. A comercialização do futebol e a internacionalização das carreiras das estrelas de futebol teria diminuído a importância desse esporte para a nação brasileira como comunidade imaginada (Anderson 2008).

As manifestações das jornadas de 2013 provocaram uma reflexão no sentido de que o futebol teria perdido importância para o povo brasileiro que, agora, estaria mais preocupado com assuntos políticos. O Laboratório de Estudos de Mídia e Esporte da UERJ organizou em setembro de 2014 um seminário com o título "Copa do Mundo, Mídia e Identidades Nacionais". Neste seminário, Édison Gastaldo defendeu que naquela edição de Copa do Mundo a política teria invadido o futebol e não o futebol a política.

Por outro lado, Rojo (2013) defende que a importância de outros esportes como ginástica, vôlei, tênis e, também, os esportes paralímpicos, estariam ganhando mais espaço na mídia e mais práticantes no Brasil. Indício para este argumento seria o aumento da cobertura midiática, especialmente nos Jogos Olímpicos, para esses esportes o que inclui a contratação de especialistas qualificados para atuarem durante as transmissões. Isso indica uma demanda no público brasileiro para Jogos Olímpicos e um aumento de conhecimento em relação a regras e histórias dos chamados esportes olímpicos. Ou seja, podemos observar um aumento quantitativo e qualitativo da cobertura esportiva dos Jogos Olímpicos.

Reflexões metodológicas sobre os Jogos, o Facebook e os informantes

Podemos resumir neste momento que há muitas pesquisas antropológicas no Brasil sobre Copas do Mundo e poucas sobre Jogos Olímpicos. Por isso, a edição de 2016 dos Jogos pode ser aproveitada para investigar melhor os significados desse evento. Portanto, minha proposta é seguir a reflexão de DaMatta (1982) e Guedes (1982) e aplicar as suas propostas em relação a Copas do Mundo aos Jogos Olímpicos. Ou seja, perguntar quais as histórias que os brasileiros contam sobre si mesmos em discursos vinculados aos Jogos Olímpicos e quais os significados destas histórias.

Um dos grandes problemas dos Jogos Olímpicos é que são eventos extremamente complexos que levaram DaMatta a compará-los com um "jardim zoológico ou feira mundial esportivos" (DaMatta 2006: 197), uma descrição que parece muito mais adequada do que alguma característica universal dos jogos. É possível se concentrar nas análises em recordes esportivos, em invenções tecnológicas, em eventos políticos, no chamado legado, em valores transmitidos pelos jogos ou em esportes específicos. Essa complexidade exige um recorte metodológico.

Optei na minha pesquisa por observar o perfil no facebook do site Time Brasil do Comitê Olímpico Brasileiro (COB). O Facebook é interessante porque os leitores podem comentar as postagens e, portanto, torna-se possível documentar não apenas o discurso dos editores, mas também dos leitores. Dessas postagens e dos comentários dos leitores foram tirados *screenprints* para serem utilizados na análise dos discursos posteriores ao evento. Esse arquivamento dos *screenprints* começou em outubro de 2015 e terminou no final de agosto de 2016, ou seja, depois do encerramento dos Jogos Olímpicos. A escolha se deu a partir do desejo de observar sites vinculados aos Jogos Olímpicos em língua portuguesa.

Depois dos Jogos Olímpicos foram analisados os comentários dos leitores. A maioria dos comentários se referia a elogios ou apoio para os atletas brasileiros, principalmente aqueles que ganharam medalhas. Além disso, se observou comentários que conectaram temas não esportivos a acontecimentos esportivos nos Jogos. Esses temas podem ser organizados nas seguintes categorias: comparação do desempenho masculino e feminino, racismo, comentários sobre a situação política atual do Brasil e um posicionamento do Brasil perante outros países, principalmente Argentina, França, Alemanha e Estados Unidos da América.

Em princípio, devem ser analisados todos esses temas que vinculam esporte a temas não esportivos, mas para um artigo é necessário recortar um único tema. Neste caso, escolhi a discussão sobre a comparação do desempenho masculino e feminino que se desenvolveu principalmente a partir dos torneios de futebol feminino e masculino.

Neste momento, é importante refletir sobre a validade de dados retirados da internet, especialmente de redes sociais, para observações etnográficas. Usarei as quatro categorias analíticas sugeridas por Hine (2000) para pesquisas na internet: espaço, tempo, autenticidade e identidade. Há a contínua suspeita acerca do conteúdo de textos veiculados na internet, os quais poderiam ser de alguma maneira falsos, seja por ser mentira, meia-verdade, mal pesquisado, mal refletido, ou emitido por alguma pessoa que não revela sua verdadeira identidade. Essas questões somadas ao anonimato não nos permite ter acesso ao contexto da produção de muitas mensagens veiculadas na rede. Seria difícil, por exemplo, entrevistarmos os autores desses discursos, já que sequer podemos identificá-los.

Hine se refere a esse problema com as categorias identidade e autenticidade. Apesar de os esforços da empresa Facebook para controlar a autenticidade dos perfis criados, continua a ser possível criar perfis temporários ou sob nome falso (Hine 2000). De qualquer maneira, cada pessoa que cria um perfil seleciona as informações que publica sobre si mesmo e constrói dessa maneira uma identidade. Os usuários poderiam ter inclusive mais que um perfil, por exemplo, um de uso privado e o outro profissional.

O criador do perfil aqui analisado é o Comitê Olímpico Brasileiro (COB) que lançou seu perfil Time Brasil para poder relatar dos atletas brasileiros e criar uma estratégia de marketing ao redor deles. Isso foi necessário para agrupar os atletas oriundos de modalidades tão diferentes como, por exemplo, basquete, ginástica, rugby, hipismo, golfe ou remo em uma mesma categoria. Parece que teve sucesso, porque os internautas recorreram bastante ao perfil dessa Instituição para comentar o desempenho dos atletas brasileiros.

O debate sobre o desempenho de mulheres e homens aconteceu também em outros perfis, mas o do Time Brasil se mostrou como um dos mais comentados, além de se dedicar diretamente ao esporte e não a temas políticos. Porém, é interessante perceber que, embora o COB se refira claramente aos atletas, muitos comentários do público em geral debatiam temas não esportivos.

Em seguida, citarei 26 comentários de 24 perfis distintos se referindo à temática do desempenho dos gêneros. A reconstrução da identidade dos criadores destes perfis é difícil, principalmente porque não consegui abrir 14 deles por vários motivos. Posso dizer que 16 comentários são de homens e 10 de mulheres.

Em se tratando de um assunto referente a gênero, existe a possibilidade desses comentários serem oriundos de grupos de ciberativismo feministas ou antifeministas. Quero dizer que pessoas politicamente organizadas e motivadas comentam postagens para estabelecer a própria pauta negligenciando o conteúdo da postagem. Por isso, verifiquei 10 perfis e descobri que as caraterísticas dos seus autores variam muito. Encontrei pessoas jovens, adolescentes e adultos até cerca 50 anos que declaravam viver em todas as regiões do Brasil: de Santa Catarina até Ceará e de Brasília a São Paulo. Encontrei referências a sites políticos em vários perfis como curtidas nos perfis dos políticos Dilma Rousseff, Marcelo Freixo e Jair Bolsonaro ou de sites como *Não me Kahlo* ou *Quebrando o Tabu*. Mas não encontrei nenhuma referência explicitamente (anti-)feminista. Inclusive a pessoa que curtiu Bolsonaro curtiu também Dilma, ou seja, isso não parece indicar alguma linha política definida.

Mas há três comentários bastante agressivos oriundos de três perfis que aparentemente foram deletados. Isso provoca especulações se foram perfis criados para postar esses comentários e serem deletados depois ou se foram retirados pela empresa Facebook. Infelizmente, não vamos descobrir mais os motivos. Assim, de fato, nem todas as identidades podem ser reconstruídas. Mas não considero isso tão importante. É fato que tiveram pessoas para as quais o tema foi suficientemente importante a ponto de escreverem um comentário e os comentários de outros fizeram suficiente sentido, de modo que os responderam. Ou seja, se estabeleceu uma discussão com réplica e tréplica sobre o desempenho dos sexos.

Assim chegamos a outras duas categorias de análise de Hine (2000): espaço e tempo. Porque os comentários só fazem sentido inseridos no contexto dos acontecimentos não virtuais. Os Jogos Olímpicos 2016, no Rio de Janeiro, aconteceram numa época conturbada no Brasil. No momento dos Jogos, a presidente eleita Dilma Rousseff se encontrou afastada do seu cargo e seu vice Michel Temer estava substituindo ela. Este acontecimento foi chamado pelos apoiadores da presidente de golpe e pelos seus adversários de *impeachment*. Estas manobras políticas provocaram uma situação que foi chamada de crise econômica, política, constitucional, ética e social. Portanto, era de se esperar que haveria tentativas de usar os Jogos Olímpicos para se aproveitar da atenção midiática e publicar seu ponto de vista político. Enquanto esta discussão de política partidária nitidamente diminuiu, os Jogos Olímpicos nunca ficaram sem conteúdo político.

O primeiro assunto que se impôs com força e ficou até o final dos Jogos é a questão de gênero, que se desenvolveu como uma espécie de guerra dos sexos, em qual se discutiu se as qualidades do suposto sexo frágil, das mulheres, estariam superando as reconhecidas qualidades dos homens a partir das duas seleções de futebol. Tanto as duas seleções, quanto o embate dos sexos, foi representado pelos seus dois jogadores principais: Marta e Neymar.

O embate tomou seu rumo a partir de duas campanhas opostas a essas duas seleções[3]. A seleção feminina começou bem o torneio com duas vitórias nas quais conseguiu marcar oito gols e encantou o público. Mas, em seguida, obteve dois empates de 0:0 que significaram um avanço difícil na competição. Finalmente, perdeu as últimas duas partidas e terminou o torneio num insatisfatório quarto lugar.

No caminho contrário, a seleção masculina estreou com dois empates de 0:0 contra adversários considerados de menor qualidade para terminar a fase de grupos com uma vitória de 4:0 em cima da Dinamarca. Em seguida, ganhou 2:0 contra a Colômbia e 6:0 contra Honduras, para derrotar a Alemanha na

---

[3] A campanha da seleção feminina de futebol do Brasil foi: Brasil : China 3:0, Brasil : Suécia 5:1, Brasil : África do Sul 0:0, Brasil : Austrália 0:0 (7:6, Pênaltis), Brasil : Suécia 0:0 (3:4, Pênaltis), Brasil : Canadá 1:2, quarto lugar para o Brasil.

A campanha da seleção masculina de futebol do Brasil foi: Brasil : África do Sul 0:0, Brasil : Iraque 0:0, Brasil : Dinamarca 4:0, Brasil : Colômbia 2:0, Brasil : Honduras 6:0, Brasil : Alemanha 1:1 (5:4, Pênaltis), Medalha de Ouro para o Brasil.

Ou seja, a seleção feminina começou bem e não conseguiu o êxito esperado; a seleção masculina começou mal, mas conseguiu o ouro olímpico.

final nos pênaltis. Assim, a seleção masculina ganhou pela primeira vez a medalha de ouro em Jogos Olímpicos.

A "guerra dos sexos"

Agora vou tentar reconstruir a narrativa costurada pelos comentários no Facebook do Time Brasil. O desempenho das duas seleções provocou milhares de comentários. A maioria deles de apoio e felicitações aos jogadores ou, em caso de derrota, de crítica sem aparentemente se fazer uso de critérios morais. Mas há um número significativo de comentários que conectam os resultados futebolísticos com valores sociais, a situação geral do país e uma comparação entre os sexos. Estes comentários interessam para a pesquisa.

A seleção masculina chegou aos Jogos Olímpicos com um peso herdado da Copa do Mundo 2014 na qual perdeu a semifinal contra a Alemanha por 7:1, a maior derrota do Brasil em Copas do Mundo. A cobrança de fazer esquecer essa derrota que é percebida como derrota do país e expressão das suas mazelas foi grande. Assim escreveu Celio Andrade já antes da estreia do torneio de futebol:

> Torço muito para que [sic] o Brasil dar vexame nas olimpíadas como a seleção brasileira levou de 7 a 1 na Alemanha na copa do mundo de 2014 (Celio Andrade, Time Brasil, 02.08.2014).

O *torcer a favor da derrota* certamente não é unanimidade, mas também não é um caso isolado. Vejamos o seguinte comentário de Lucas Veiga do dia do primeiro empate da seleção masculina:

> Uma seleção que não se classificou por mérito, mas sim por causa da vaga destinada ao país-sede não merece ser campeã olímpica. Ainda mais nessas olimpíadas da corrupção e dos desvios, em um país que não tem nem saneamento básico decente. Tomara que essa seleção da CBF capitaneada pelo Neymidia leve outro 7 a 1 como aconteceu na Copa do Mundo, de preferência da Alemanha de novo (Lucas Veiga, Time Brasil, 04.08.16).

O autor separa o Brasil entre país (conjunto de um povo) e seleção, que, na sua formulação, é da CBF e que representa a corrupção, os desvios e a falta de serviços. Se percebe *o governo, a mídia, a CBF, a seleção e o Neymar* de um lado e *o povo* do outro. Estas pessoas e grupos teriam perdido o contato com a população brasileira, porque estariam apenas pensando no dinheiro, seja através da corrupção ou através de contratos milionários:

vergunha so tem mercenarios principalmente Neymar empatar com a africa com menos um medalha de lata futebol de merda (José Souza Souza, Time Brasil, 04.08.16).

Assim, a seleção masculina ganha o estigma de ser um bando de mercenários sem amor pela pátria sem capacidade de defender os valores principais do povo brasileiro, algo já observado por Guedes (2006) em relação a Copa do Mundo de 1998. As críticas se intensificaram com o segundo empate contra o Iraque, como mostra exemplarmente o seguinte comentário irônico:

> Seleção brasileira também. Fez história no futebol empatando com o Iraque. Parabéns (Brito Sandro, Time Brasil, 08.08.16).

Ao mesmo tempo, começa a seleção feminina com êxito no torneio olímpico com duas vitórias folgadas. Assim, a seleção feminina é descoberta pelos internautas como alternativa que poderia representar valores positivos e uma saída para um país em crise:

> Seleçao feminina sim....joga com humildade e sem oportunidade....elas sim tem honra a camisa q veste. Esses merdas ganham tanto...e n fazem nada peala seleçao. Nada....quero v eles ficarem assim....em tipo um Barcelona da vida p v se n fica no banco....ou se n sao vendidos logo. Éuma merda mesmo....so faz raiva. Esses merdas (Aline Santana, Time Brasil, 04.08.16).

> Assim que mostra que joga por amor ao futibol [sic] Brasileiro Parabéns que elas continuem assim que não deixa o dinheiro subir pra cabeça! !!!!! (Lauriane Costa Silva, Time Brasil, 07.08.16).

> Que futebol bem jogado.
> Que garra.
> Que técnica.
> Que habilidade.
> Agora digam que mulheres não entendem nada de futebol.
> #Ochoroelivre (Suzana Nunes, Time Brasil, 07.08.16).

As jogadoras estariam jogando com humildade, amor, garra, técnica e habilidade, representando assim o imaginário do futebol brasileiro de beleza estética e sucesso. Elas estariam conseguindo isso porque não estariam corrompidas pelo dinheiro, ao contrário dos homens. Assim, a seleção masculina se transformou em uma representação das mazelas do Brasil e a seleção feminina das virtudes. A partir daí o debate tinha se transformado em um confronto entre os sexos.

Quem poderia melhor representar o país neste momento: os homens ou as mulheres? No Facebook começou a circular a seguinte charge que resume o debate. A mulher é retratada como forte e digna de exemplo a ser alcançado e o homem como fraco e atrasado, invertendo o ditado *trabalha feito homem*. Os últimos comentários citados são de 07.08.16, ou seja, um dia depois da segunda vitória da seleção feminina e do segundo empate da seleção masculina. Foi o momento de maior prestígio para as primeiras e menor reconhecimento para os segundos.

O comentário de Suzana Nunes termina com #Ochoroelivre que merece interpretação. A hashtag # é usada para publicar a postagem também no twitter onde será visto por todas as pessoas que assinaram esta hashtag. O enunciado *O choro é livre* é uma provocação porque insinua a existência de pelo menos dois grupos: aqueles que gostam dos acontecimentos aos quais se refere, e que estariam comemorando, e aqueles que não gostam, que estariam chorando. A formulação em hashtag aumenta a provocação porque quer ampliar o número de visualizações. Assim se cria uma disputa entre os dois grupos que seriam homens e mulheres.

A posição de prestigio da seleção feminina é bastante consolidada nesta época. Os resultados da seleção feminina começaram a piorar e a seleção masculina se recupera com vitórias convincentes sobre a Dinamarca e a Colômbia. Dia 12.08.16 a seleção feminina estava à beira da derrota, mas consegue ganhar da Austrália com dificuldade nos pênaltis. Esse jogo poderia ter sido interpretado como um desempenho ruim. Porém, acontece o contrário: se valoriza a garra, a emoção e a vontade de ganhar das jogadoras.

Os comentários em seguida mostram como se conecta o desempenho das duas seleções diretamente com questões gerais da sociedade brasileira:

Em meio a tantas crises, escândalos, decepções, golpes e corrupção, finalmente posso voltar a dizer que TENHO ORGULHO DE SER BRASILEIRA! Valeu meninas!!! (Priscila Sena, Time Brasil, 13.08.16).

Isso que é garra, sofrer, torcer pela vitória do nosso futebol... Futebol feminino que é tão pouco valorizado, parabéns meninas vocês estão escrevendo história com sua garra, humildade e dedicação pela camisa brasileira. Futebol masculino aprendam com essas guerreiras, tentem ser humildes e joguem de verdade. [...] (Paulo Aparecido de Souza, Time Brasil, 13.08.16).

Mais raça que os homens,
Valeu meninas
Isso sim é jogo é emoção
Assim deveria ser o
Brasil... (Ana Sarah Teixeira Mota Braga, Time Brasil, 13.08.16).

Parabéns as meninas, e principalmente a goleira Bárbara! Mostraram que com elas não tem "Mineiraço" não! (Jardel Siqueira, Time Brasil, 13.08.16).

A seleção feminina estaria representando com garra e amor o Brasil, sem ser corrompida pelo dinheiro. Elas seriam uma resposta a crises, escândalos, golpes e a corrupção. Elas não permitem um *Mineiraço*, ou seja, uma derrota por 7:1. Portanto, as meninas/mulheres seriam melhores do que os homens. Melhores representantes da nação e solução para as crises do país. Só faltou dizer que por causa dos resultados no futebol os homens do governo brasileiro deveriam ser substituídos por mulheres.

Poderíamos dizer que todos esses comentários são típicos no futebol e não passam das brincadeiras e jocosidades comuns entre torcedores neste esporte. Mas há alguns indícios que insinuam que os enunciantes tomam seus comentários um pouco mais sério do que isso. O primeiro indício é o uso da hashtag que já foi descrito e a publicação no perfil do Time Brasil, que é uma plataforma ampla e muito popular. O segundo é que a maioria dos comentários é de mulheres, ou seja, o grupo que se sente fortalecido. O terceiro é que a partir do dia 14.08.16 aparecem comentários que mostram uma reação agressiva de homens que nitidamente se sentiram agredidos pelos comentários da superioridade feminina:

Ainda tem modinhas comparando futebol feminino e masculino. Ridículo! (Vinícius Moreti, Time Brasil, 14.08.16).

Se tivesse perdido tava os modinhas tudinho criticando e detonando o Neymar, hipócritas mudaram de opinião rapidinho (Junior Caio Oliveira, Time Brasil, 14.08.16).

A categoria chave aqui é *modinha*. Os comentários se referem principalmente à comparação entre futebol feminino e masculino. Os enunciantes defendem que esta comparação não seria possível, porque seria óbvio que o futebol feminino é inferior. Vinícius Dias chega a dizer que tem *nojo*. O termo *modinha* indica que a apologia ao futebol feminino, e que ele representaria uma salvação, seria uma moda, ou seja, algo passageiro. Valores tradicionais contínuos, e, portanto, mais valiosos, seriam representados pela seleção masculina e seu máximo representante Neymar. Usa-se inclusive o diminutivo para inferiorizar os defensores da supremacia feminina:

Foda-se pra Seleção Brasileira Feminina todos que estão escrevendo aí são tudo modinha Só espera Seleção Brasileira perde um jogo que só me Essa torcida modinha (Emanuel Dos Santos, Time Brasil, 16.08.16).

Meninas fracassadas incompetentes nas finalizações tem 34 chances de gols no jogo e não faz um gol, pra mim é incompetente e no futebol não tem perdão! (Airton Pereira, Time Brasil, 16.08.16).

Não dá pra comparar futebol feminino com masculino, estavam criticando a seleção brasileira masculina comparando a marta com o neymar que idiotice! (Airton Pereira, Time Brasil, 16.08.16).

Estes comentários são do dia 16.08.16, ou seja, o dia da eliminação da seleção feminina na semifinal contra a Suécia. Os comentários atingiram um grau elevado de agressividade em chamar as jogadoras de *fracassadas e incompetentes*, além do uso de palavrões como *foder e idiotice*. Esses comentários nitidamente saíram da esfera da brincadeira. Quem escreve neste tom estava bastante incomodado com as afirmações às quais está respondendo. O clima do debate era tenso. Não apenas desde esta deflagração, mas já a acusação de *modinha* incomodou:

Eu continuo com a mesma opinião de antes. Ah, e criticar não é "modinha". Então, não seja um modinha que fica falando isso (Klevisson Sousa´h, Time Brasil, 14.08.16).

Sendo que Klevisson aparentemente apenas criticou a seleção masculina e já foi acusado de ser *modinha*, se sentindo obrigado a se defender. Ou seja, nota-se um movimento no qual há apenas dois lados: ou se está do lado da seleção feminina criticando a masculina, ou se está no lado da seleção masculina criticando a feminina. Acontece uma polarização dos argumentos.

A vitória na final da seleção masculina e o decepcionante quarto lugar da seleção feminina reestabelecem de certa forma a hierarquia antiga e enfraquecem os argumentos daqueles que defenderam a supremacia feminina. Essa reviravolta durante o torneio provoca os debatedores a adaptar os seus discursos às novas (velhas) realidades.

Têm aqueles que dizem sempre ter apoiado a seleção masculina, fazendo coro com a reação agressiva aos apoiadores da seleção feminina:

Foi criticado, massacrado pela imprensa e ontem calou a boca de muitos, jogando bola e trazendo títulos pode xingar a vontade kkkkkkkkk valeu Neymar é #Ouro (Dayana Holanda, Time Brasil, 21.08.16).

Mas há também formas de manter a crítica e mesmo assim parabenizar a seleção masculina. Ou seja, são discursos que mudam, parcialmente, de opinião ou conseguem combinar duas argumentações. Houve o discurso que defendia a ideia de que o ouro olímpico era o mínimo a se esperar da seleção masculina, o que justifica as críticas e a vitória:

> Fizeram mais que a obrigação de ter ganhado, lembram na copa do mundo que vergonha que foi, imagina se na olimpíada fosse igual, como ia ficar o país do futebol, pois só pensam em futebol e os outros esportes, que nem patrocínio tem e ganharam ouro! (Cleuson Pereira, Time Brasil, 20.08.16).

Outros parabenizaram pela vitória, mas não esqueceram de lembrar das críticas. Ou seja, afirmam que a vitória não fez esquecer a postura arrogante e fria da seleção masculina. Mais uma vez, Neymar se torna o principal alvo nesse discurso, que lembrava ao jogador que futebol é um jogo de equipe:

> Parabéns à [sic] todos os jogadores, mas Neimar lembrar que não foi você e sim toda uma equipe. Pois sozinho ninguém faz nada. Ninguém vai engolir, pois o dever de qualquer profissional é dar o melhor de si. Ser o melhor sem arrogância é dever de um profissional do seu porte. Parabéns (Hilca Alves, Time Brasil, 20.08.16).

Finalmente, há aqueles que abertamente mudaram de lado. Argumentam que a crítica era necessária para provocar a mudança de desempenho da seleção masculina:

> Se eu critiquei o Neymar? CRITIQUEI SIM E MUITO! Mas o cara foi o dono do jogo e transformou nada em tudo! Tem que ser assim! Dar a cara a tapa sempre! Respeita meu país porra! (Gabriel Vieira Lima, Time Brasil, 20.08.16).

A situação daqueles que continuavam se preocupando mais com a seleção feminina do que com a masculina ficou delicada. Eles tentavam de forma tímida encontrar uma defesa do seu discurso justificando a derrota com a falta de recursos do futebol feminino:

> "Bom mais e aí é a marta ? .. Vão investir no futebol feminino também? .. um dia desses estavam criticando o neymar por não terem 2 jogos muitos bons .. e aí ganham , ok ! . espero que não só esqueçam do feminino também, querendo ou não elas fizeram valer a pena o futebol é sim ver um jogo lindo!" (Luana Maia, Time Brasil, 20.08.16).

Ou defendendo que, considerando as circunstâncias do futebol feminino, a superação e, portanto, o desempenho das jogadoras foi maior do que dos jogadores:

As meninas perderam mas nunca de 7X1 (Jacira Gomes, 21.08.16).

Volta à referência ao 7:1 que é uma derrota da seleção masculina e um símbolo máximo para as crises brasileiras, sejam elas esportivas, econômicas, políticas, morais, jurídicas ou sociais. Novamente se conecta a seleção masculina com a situação do país, e, neste caso de forma pejorativa, para deixar a seleção feminina em uma luz melhor.

Recapitulando: a proposta deste trabalho é documentar os discursos brasileiros vinculados aos Jogos Olímpicos de 2016. Neste caso, um debate sobre o desempenho feminino e masculino nas competições. Portanto, é necessário recuperar a reflexão sobre as relações de gênero na antropologia.

Hegemonia masculina

As reflexões sobre gênero são bastante dominadas pela questão de como se manifesta o poder que os homens têm sobre as mulheres, ou, em palavras de Bourdieu, a "dominação masculina" (2002). Na argumentação desse autor, essa dominação é culturalmente construída, mas é tão internalizada que parece ser natural. Uma sociodicéia é "uma justificação teórica para o fato de serem privilegiados" (Bourdieu 1998: 58). Esta construção naturalizada é trabalhosa e contínua, precisando ser feita continuamente na teoria e prática diária em vários campos da vida social e assim ser ensinada nos *habitus* de homens e mulheres. Ou seja, é necessária uma reafirmação da dominação masculina e da inferioridade feminina. Ou seja, se exclui mulheres sistematicamente dos lugares que são considerados valiosos, como, por exemplo, economia e política.

Bourdieu (2002) chama isso de o mercado dos bens simbólicos. Cada grupo social pode ter outros bens, que são considerados os mais valiosos. Lembramos das vacas dos Nuer e da magia dos Azande, da mesma maneira o futebol é um bem muito valioso para a sociedade brasileira. Ou seja, para reproduzir a dominação masculina é importante excluir as mulheres do futebol ou inferiorizar seu lugar. Como este movimento não é uma violência física, Bourdieu fala de violência simbólica.

Apesar de que Bourdieu diz que a dominação masculina é o resultado de disputas históricas, o que significa que essas disputas continuam e, portanto, poderia haver um questionamento dessa dominação ou até uma mudança do resultado, o autor não conta de fato com essa possibilidade. Para Bourdieu, as desigualdades sociais são tão naturalizadas que a sua visão em relação a mudanças é cética.

Um problema da argumentação de Bourdieu (2002) é que ele faz uma oposição homem- mulher, masculino-feminino. Tal oposição é questionada de duas maneiras. Uma é de Butler (2014) que reconhece que acontece uma tentativa de normatização social, cultural e estatal do gênero em masculino e feminino, atribuindo características, obrigações e tabus, mas que a norma sempre implica também na quebra da norma. Ou seja, uma pura dicotomia masculino-feminino não dá conta de uma realidade muito mais complexa na qual existem, por exemplo, todos os gêneros trans- e homossexuais com todas suas vertentes, nuanças e interpretações.

Ou seja, não poderíamos falar de uma dominação masculina, mas de uma dominação masculina-cis-hétero e a partir daí construir um sistema muito mais complexo de dominações e poderes entre vários gêneros. A partir daí surgem fortes dúvidas se estas estruturas de dominação são de fato universais ou se não seria mais cauteloso pensar em papéis e relações de gênero culturalmente construídos com dominações distintas.

O outro questionamento é de Ortner (1996) que começa a refletir sobre a tese se a dominação masculina de fato é universal. No decorrer da sua obra, a autora desenvolve dúvidas. Ortner não somente considera que é possível que haja sociedades igualitárias, mas que dentro de uma sociedade ou grupo social há áreas onde homens têm mais poder e áreas onde mulheres têm mais poder. Desse modo, chega-se na mesma exigência de Butler (2014) de propor pesquisar as relações entre os gêneros em um dado contexto cultural.

Esta reflexão leva a outra questão que é a difícil definição de poder. Há um grupo de definições que concebem poder na já descrita relação dicotômica entre um grupo poderoso e um grupo excluído, na qual o primeiro de alguma forma ganha algo nessa relação.

Voltando para Ortner (1996) percebemos que a autora resume o debate sobre poder e a leva de volta para a análise das relações de gênero. Para dar conta da multiplicidade dos gêneros descritos por Butler (2014), o caráter do poder descrito por Geertz (1980) e da concepção de poder de Focault (1999) como onipresente, transcendente e mutável, Ortner propõe distinguir entre poder e prestígio, além de falar em hegemonia em vez de dominação. Na visão dela, há muitos exemplos nos quais mulheres teriam um prestígio maior do que homens, mas que mesmo assim há uma tendência universal para uma hegemonia masculina.

Ortner (1996) traz vários exemplos etnográficos dos Sherpas, Andamans e do Havaí que mostram como as mulheres podem interpretar seus papéis de gênero de forma diversa e muitas vezes conseguem desse modo poderes e prestígios consideráveis. O termo da situação estratégica de Focault (1999) parece bastante feliz nestas descrições. Assim Ortner propõe não pesquisar o poder de cada gênero, mas as relações entre os gêneros, inclusive como processo.

Para esta pauta de pesquisa, Ortner (1996: 23) propõe três elementos: discriminação aberta e generalizada nos discursos, percepção generalizada de inferioridade velada e exclusão daquilo que Bourdieu (2002) chamaria mercado dos bens simbólicos. Brah (2006) acrescentaria ainda o elemento da subjetividade, ou seja, como as próprias mulheres ou outros agentes sociais percebem a sua própria situação.

As reflexões de Ortner (1996) estão ancoradas na teoria da prática, ou seja, uma tentativa de resolver o antigo problema da conexão entre sociedade e indivíduo ou de estrutura e ação, a qual grande parte dos pensadores aqui citados contribuiu. O problema dado neste caso é que, de um lado, as estruturas, sejam como elas forem concebidas em normas, categorias, papéis, funções, culturas etc., discriminam, excluem, mas também favorecem. Do outro lado, também há a possibilidade de o indivíduo mudar estas estruturas. Ou seja, as estruturas de poder existem, mas não são eternas.

Por isso, Ortner (1996) propõe falar em "fazer gênero" e não em "construir gênero" como é praxe nas Ciências Sociais, inclusive na terminologia de Bourdieu (2002). O termo construção soa fixo demais na opinião da autora, como se não fosse possível de mudar. Na verdade, há uma multiplicidade de papéis de gênero e é inclusive possível que uma pessoa se mova entre vários destes papéis dependendo do contexto, tanto na sua subjetividade, quanto na percepção por outros.

Desse modo, a autora chega a perguntar se os gêneros foram feitos e se existe uma hegemonia masculina, como então se deu este processo? Ortner (1996) vê duas opções, ou a hegemonia masculina é um resultado involuntário de processos mais amplos, ou os homens estariam de fato buscando esta hegemonia e trabalharam para alcançá-la. A autora prefere a primeira opção.

As seleções de futebol como mercado de bens simbólicos

Como podemos analisar agora o que eu chamei de "guerra dos sexos" durante os jogos olímpicos? Primeiramente, é necessário fazer uma conexão entre as reflexões sobre megaeventos esportivos do começo do texto e a teoria feminista que acabou de ser apresentada. DaMatta (1982) e Guedes (1982) defendem que as Copas do Mundo de futebol masculino são os grandes rituais nacionais do Brasil nos quais se discute os temas da sociedade brasileira. Se esta reflexão pode ser transferida para os torneios de futebol nos Jogos Olímpicos, então os dados empíricos indicam que um grande tema da sociedade brasileira de 2016 foi a "guerra dos sexos". Se a afirmação da importância central destes torneios de futebol para o Brasil for correta, então eles configuram o que Bourdieu (2002) chama de mercado de bens simbólicos.

Considerando esta reflexão, minha primeira hipótese olhando os dados empíricos foi que há no Brasil uma dominação masculina que foi desafiada pelas vitórias da seleção feminina e os comentários no Facebook que defenderam que as mulheres são melhores do que os homens. Estes discursos foram interpretados como ataque aos homens e a ordem estabelecida e assim houve uma reação agressiva no percorrer dos torneios quando a seleção masculina terminou com resultados melhores do que a feminina. Assim a dominação masculina teria sido confirmada e estabelecida. Ou seja, o que teria acontecido seria uma disputa pelo bem simbólico de poder representar de forma legítima a nação brasileira ou a brasilidade.

Não descarto essa hipótese por completo, acho que, em linhas gerais, é isso que aconteceu, mas os processos são mais complexos e gostaria em seguida de elaborar essa questão. Primeiramente, concordo com Ortner (1996) que precisamos falar em hegemonia e não em dominação masculina. Se fosse dominação então as mulheres estariam completamente excluídas do mercado dos bens simbólicos do futebol. Isso não acontece. Existe uma seleção feminina de futebol e mulheres assistindo o esporte. Porém, mais importante ainda é o fato de essas mulheres se manifestarem nos comentários desafiando a hegemonia masculina. Nem a reação agressiva masculina no final do torneio consegue de fato calar a voz feminina.

Nesses comentários se fala apenas em homens e mulheres, sem questionar tais categorias. Ou seja, certamente existem na realidade brasileira várias formas de interpretar os papéis de gênero, como sugerem Butler (2014) e Ortner (1996), mas ocorre uma redução para as categorias homens e mulheres. Podemos observar a naturalização dos dois gêneros no sentido de Bourdieu (2002).

O motivo para tal se encontra no próprio Comitê Olímpico Internacional, que criou competições femininas e masculinas sem se preocupar com nuances. Sendo que a existência de competições femininas precisa ser vista como conquista das mulheres. Na primeira edição dos Jogos Olímpicos modernos, em 1896, mulheres ainda foram proibidas de participar. Esporte era visto como algo masculino e nocivo para o corpo feminino. Apenas timidamente o Comitê Olímpico Internacional aceitou algumas modalidades femininas que foram consideradas adequadas para a suposta fragilidade das mulheres (Rubio; Simões 1999, Ribeiro *et al.* 2013).

Ultimamente, isso mudou e o COI se diz agora "compromissado com a igualdade de gênero" (COI, 2016, original inglês), aceitando apenas modalidades novas que oferecem uma versão feminina e uma masculina. Assim, o COI diz que nos Jogos Olímpicos de Inverno 2014 50% das modalidades eram

femininas e nos Jogos de Verão 2016 foram 47% (https://stillmed.olympic.
org/Documents/Reference_documents_Factsheets/Women_in_Olympic_
Movement.pdf).

Mas com essa categorização de masculino e feminino o COI se viu confrontado com o problema da pluralidade de gêneros descritos por Butler (2014). A separação entre homem e mulher existiria nos Jogos porque homens teriam uma vantagem nas competições. Isso levantou a suspeita que homens poderiam trocar de sexo para competir com as mulheres e assim ter mais chances para ganhar. Por isso se criou testes de verificação de gênero em 1966. Na época, este teste era uma inspeção visual das genitálias. Hoje em dia, o teste consiste em verificar a taxa de hormônios das mulheres (Goellner 2016).

Assim, o COI interpreta a definição de gênero como uma questão biológica que pode ser definido por testes médicos. As diversas formas de interpretação de gênero, orientações sexuais e as formas do corpo não interessam tanto. Ser mulher seria, portanto, uma questão natural. Assim, o COI contribui para a naturalização da binômia de gênero entre homem e mulher por institucionalizar a questão[4].

Agora acontece uma coisa interessante. Nos comentários se passa de forma imediata da avaliação da seleção de futebol para a avaliação do estado da nação exatamente como descreveu Guedes (1998) em relação a Copas do Mundo da seleção masculina. Mas há um novo componente que é o torneio feminino que acontece paralelamente e permite comparações.

A seleção masculina é considerada a seleção do 7:1 e, portanto, representaria as mazelas do país, como falta de saneamento básico, golpes e corrupção. E com a seleção feminina surge uma alternativa que poderia representar os lados positivos do Brasil como humildade, garra e dedicação.

Estes comentários são escritos tanto por homens, quanto por mulheres, e dificilmente afirmam que mulher seria melhor do que homem. Na verdade, se pleiteia a igualdade. "Agora digam que mulheres não entendem nada de futebol" —como disse uma das enunciantes citadas anteriormente— não quer dizer que mulheres são melhores do que homens, mas apenas querem ser reconhecidas como iguais. E esse comentário mostra também que a autora quer ser reconhecida como alguém que entende de futebol, ou seja, ser reconhecida neste mercado de bens simbólicos.

Esta discussão é antiga no Brasil. Como relatam Franzini (2005), Rial (2013), Costa (2014), Pisani (2016), o futebol feminino foi proibido no Brasil

---

[4] Gostaria de indicar o artigo do Rojo (2009) que descreve nas suas observações etnográficas de atletas do hipismo, onde não há competições separadas de homens e mulheres, o caráter performativo dos papéis de gênero que é longe de ser biológico-natural.

por decreto governamental de 1941-1979. A justificativa oficial era a mesma do COI que o corpo feminino precisaria de proteção e não pode ser exposto a esportes violentos como futebol e boxe: "La proibición de jugar al fútbol para las mujeres, que articulaba género, nación e imaginário, las excluía de um gran colectivo y de um amplio espectro de práticas sociales. Incapaces de representar simbolicamente a la nación en competiciones en las que se representaba este sentimiento, ellas eran no solamente pasivas y sumisas sino también ciudadanas de segunda clase". Rial defende que a participação feminina ativa em competições de futebol tem uma dimensão política (Rial 2013: 125). Parece que as enunciantes nos comentários expostos aqui concordam com ela. Na visão delas, as jogadoras brasileiras estão sendo negligenciadas de forma injusta, porque nitidamente não mostram um desempenho inferior comparado com os homens. As vitórias da seleção feminina se transformam em um símbolo para a situação das mulheres no Brasil em geral.

O meme da foto da camisa da seleção onde há o nome do Neymar riscado e colocado o nome da Marta pode ser entendido dessa maneira. Não era fácil encontrar camisas da seleção feminina à venda, o que fez necessário escrever à mão o nome da estrela do futebol feminino. A charge "Joga feito mulher, porra" faz coro neste debate. Ela é uma forma lúdica de comentar a situação e sua piada se baseia na inversão de estereótipos comuns da força masculina e fraqueza feminina.

Assim, os comentários poderiam ser interpretados inseridos no discurso de uma busca de igualdade de gêneros. Mas também é possível interpretar que os enunciantes querem substituir a seleção masculina pela feminina como símbolo máximo da nação brasileira. Da mesma maneira que se trocou o nome do Neymar pela Marta.

E parece que tiveram várias pessoas que entenderam dessa maneira e se sentiram bastante incomodadas por isso. Com a melhora dos resultados da seleção masculina e paralelamente a piora dos resultados da seleção feminina surgiram alguns comentários agressivos, todos enunciados por homens.

Gostaria logo de me dedicar à categoria de acusação *modinha* usada nesses comentários. Aquele que afirma que a seleção feminina seria minimamente tão boa quanto a masculina seria um *modinha*. Ou seja, se cria uma oposição entre tradição e moda. O primeiro representaria os valores duradouros e nobres, de fato, válidos, enquanto o segundo representa fenômenos passageiros e, portanto, inferiores. Ou seja, o que está se criando aqui é uma justificativa teórica, uma sociodicéia em termos de Bourdieu (2002), que defende que homens são naturalmente superiores a mulheres. Não seria nem possível comparar os dois, na opinião desses enunciantes.

Mas, apesar de as categorias homem e mulher terem sido naturalizadas, e a sociodicéia naturalizada, parece que seus defensores não se sentem tão seguros e inalcançáveis. Primeiramente, eles não se manifestaram quando os resultados foram favoráveis para as mulheres. Além disso, sentem a necessidade de usar palavrões para anunciar seu ponto.

E, de fato, aqueles que defendem a superioridade masculina não conseguem de fato dominar o discurso. Há muitas interpretações distintas dos resultados. Há aqueles que simplesmente parabenizam os homens e lamentam a derrota das mulheres, há aqueles que defendem que os homens não fizeram mais que a obrigação, ou que foi uma vitória sofrida, e há aqueles que cobram mais investimentos no futebol feminino. E, finalmente, têm também aqueles que lembram que a seleção feminina não perdeu de 7:1. Ou seja, conecta novamente a seleção masculina com as mazelas do Brasil, apesar da vitória olímpica.

Por isso, não podemos falar de uma dominação masculina, Os Jogos Olímpicos deram às mulheres a oportunidade de se manifestar a seu favor e à seleção feminina possibilidade de se colocar de forma positiva na mídia brasileira e assim exigir mais investimentos. Estas não são atitudes de pessoas dominadas. A exclusão descrita por Bourdieu não aconteceu: "As mulheres são excluídas de todos os lugares públicos (assembleia, mercado), em que se realizam os jogos comumente considerados os mais sérios da existência humana, que são os jogos da honra" (Bourdieu 2002: 32).

Considerações finais

A presente reflexão foi inspirada pela análise de Guedes (1998) que observa que no Brasil se deduz dos resultados da seleção masculina de futebol qualidades ou falhas do povo brasileiro e, portanto, o estado da nação. Se observou em comentários do Time Brasil, sustentado pelo Comitê Olímpico Brasileiro, no Facebook que os enunciantes compararam as campanhas das seleções femininas e masculinas de futebol durante os Jogos Olímpicos 2016 no Rio de Janeiro.

Nesses discursos se comentou que a seleção masculina estaria representando as mazelas do Brasil como corrupção, golpe e crises, enquanto a seleção feminina estaria representando as qualidades como garra, dedicação e beleza. Quando os resultados da seleção masculina melhoraram e da feminina pioraram, surgiram comentários agressivos de homens que se mostraram visivelmente incomodados com o elogio às mulheres e a crítica aos homens. Quem defende este ponto de vista foi chamado de *modinha*, indicando que a ordem percebida como correta e tradicional seria a valorização do selecionado masculino, enquanto o contrário seria apenas temporário.

Essa observação provocou algumas questões. A primeira é que a reflexão de Guedes (1998) que se refere a Copas do Mundo e agora se observa um fenômeno parecido em Jogos Olímpicos. Será que os Jogos Olímpicos podem ser interpretados como ritual nacional ou mercado de bens simbólicos do mesmo peso de Copas do Mundo? Considero essa afirmação exagerada, não podendo ser confirmada a partir dos dados apresentados. Os Jogos Olímpicos 2016 ganharam um significado maior para a população brasileira porque foram sediados em solo brasileiro e não pelo evento em si. Os Jogos em si não são um ritual nacional regular como é a Copa do Mundo. É improvável que daí adiante os Jogos Olímpicos se tornem base das grandes narrativas brasileiras e que as próximas edições vão parar o país da mesma maneira como fazem as Copas do Mundo. Precisa ser destacado muito mais o papel do futebol, principalmente masculino, na sociedade brasileira. O debate sobre as qualidades dos gêneros se desenvolveu principalmente a partir dos torneios de futebol. Ou seja, nesse caso não foram os Jogos Olímpicos que tiveram peso, mas os torneios de futebol.

Mas os Jogos Olímpicos se mostraram um mercado de bens simbólicos. Se mostrou importante se posicionar neste mercado, tanto participando seja como atleta, expectador ou em outro papel, como ganhando e finalmente desenvolvendo um discurso teórico sobre os resultados que hierarquiza certos grupos sociais, neste caso, homens e mulheres. Esse peso se dá por vários motivos, por exemplo, o valor que agentes poderosos da sociedade, como políticos e empresários, deram ao evento, os recursos investidos, não só financeiros, mas também simbólicos, a atenção da mídia brasileira e de outros países. Porém, todos esses fatores são passageiros e não alcançam o valor simbólico de uma Copa do Mundo.

Assim, a disputa entre os gêneros foi uma disputa importante que indicou uma estrutura de hegemonia masculina na sociedade brasileira. Se essa hegemonia não existisse, não seria necessário as mulheres reclamarem para si o *status* de igualdade. Se essa hegemonia não existisse, não haveria homens preocupados em perder seu *status* e reagindo de forma agressiva.

Bibliografia

ANDERSON, Benedict (2008): *Comunidades Imaginadas*. Trad. de Denise Bottmann. São Paulo: Companhia das Letras.

BOURDIEU, Pierre (1987): "What makes a social class? On the theoretical and practical existence of groups", in *Berkeley Journal 01 Sociology*, n° 32, pp. 1-49.

— (1998): *Contrafogos*. Rio de Janeiro: Zahar.

— (2002): *A Dominação Masculina*. Rio de Janeiro: Bertrand.

BUTLER, Judith (2004): "Regulações de Gênero", in *Cadernos Pagu*, n° 42, pp. 249-274.

BRAH, Avtar (2006): "Diferença, diversidade, diferenciação", in *Cadernos Pagu*, n° 26, pp. 329-376.

CALDAS, Waldenyr (1989): *O pontapé inicial*. São Paulo: IBRASA.

Costa, Leda Maria da (2014): "Beauty, effort and talento: a brief history of Brazilian women's soccer in press discourse", in *Soccer & Society*, n° 15, pp. 81-92.

Curi, Martin (2014): *Soccer in Brazil*. Oxford: Routledge.

Damatta, Roberto (1982): *Universo do Futebol*. Rio de Janeiro: Pinakotheke.

— (1997): *Carnavais, Malandros e Heróis*. Rio de Janeiro: Rocco.

— (2006): *A bola corre mais que os homens*. Rio de Janeiro: Rocco.

Drumond, Maurício (2008): *Nações em jogo: esporte e propaganda política em Vargas e Perón*. Rio de Janeiro: Apicuri.

Elias, Norbert (1939): *Über den Prozeß der Zivilisation*. Basel: Verlag Haus zum Falken.

Evans-Pritchard, Edward Evan (2005): *Bruxaria, Oráculos e Magia entre os Azande*. Trad. de Eduardo Viveiros de Castro. Rio de Janeiro: Zahar.

— (2008): *Os Nuer*. Trad. de Ana M. Goldberger Coelho. São Paulo: Perspectiva.

Focault, Michel (1999): *História da Sexualidade*. Trad. de Maria Thereza da Costa Albuquerque e J.A. Guilhon Albuquerque. Rio de Janeiro: Graal.

Franzini, Fábio (2003): *Corações na ponta da chuteira*. Rio de Janeiro: DPA.

— (2005): "Futebol é "coisa para macho"? Pequeno esboço para uma história das mulheres no país do futebol", in *Revista Brasileira de História*, vol. 25, n° 50, pp. 315-328.

Gastaldo, Édison (2002): *Pátria, Chuteiras e Propaganda*. São Paulo: Annablume.

Gastaldo, Édison/Guedes, Simoni (2006): *Nações em Campo*. Niterói: Intertexto.

Geertz, Clifford (1980): *Negara: The Theatre State in Nineteenth-Century Bali*. Princeton: Princeton University Press.

Goellner, Silvana (2016): "Jogos Olímpicos: generificação de corpos performantes", in *Revista USP*, 108, pp 29-38.

Guedes, Simoni (1982): "Subúrbio, Celeiro de Craques", in Roberto DaMatta: *Universo do Futebol*. Rio de Janeiro: Pinakotheke, pp. 59-74.

— (1998): *O Brasil no campo de futebol*. Niterói: EdUFF.

— (2006): "Os 'europeus' do futebol brasileiro ou como a 'pátria de chuteiras' enfrenta a ameaça do mercado", in Édison Gastaldo; Simoni Guedes: *Nações em Campo*. Niterói: Intertexto, pp. 73-86.

Helal, Ronaldo/Do Cabo, Alvaro (2014): *Copas do Mundo*. Rio de Janeiro: EdUERJ

Helal, Ronaldo/Soares, Antonio Jorge (2014): "The decline of the 'soccer-nation': journalism, soccer and national identity in the 2002 world Cup", in *Soccer & Society*, vol. 15, n° I 1, pp 132-146.

Helal, Ronaldo/Soares, Antonio Jorge/Lovisolo, Hugo (2001): *A invenção do país do futebol*. Rio de Janeiro: Mauad.

Hine, Christine (2000): *Virtual Ethnograhy*. London: Sage.

Ortner, Sherry (1996): *Making Gender*. Boston: Beacon.

Pereira, Leonardo (2000): Footballmania. Rio de Janeiro: Nova Fronteira.

Pisani, Mariane (2016): "Uma análise inicial sobre a profissão de jogadora de futebol: trajetórias, dificuldades, histórias de vida e migração de algumas jogadoras do Foz Cataratas Futebol Clube", in Cláudia Samuel Kessler (org.): *Mulheres na Área: gênero, diversidade e inserções no futebol*. Porto Alegre: UFRGS, pp. 43-58.

Rial, Carmen (2013): "El invisible (y victorioso) fútbol praticado por mujeres en Brasil", in *Nueva Sociedad*, n° 248, pp: 114-126.

Rojo, Luiz Fernando (2009): "Borrando los sexos, creando los géneros. Construcción de identidades de género en los deportes ecuestres en Montevideo y Río de Janeiro", in *Vibrant*, vol. 6, n° 2, pp. 50-71.

— (2013): "Assistindo aos Jogos Olímpicos e comentando no Facebook", in Bernardo Buarque Hollanda *et. al.* (org.): *Olho no lance*. Rio de Janeiro: 7 Letras, pp. 190-206.

Rubio, Katia/Simões, Antônio Carlos (1999): "De Espectadoras a Protagonistas", in *Movimento*, vol. 5, n° 11, pp 50-56.

SantosNeto, José (2002): *Visão do jogo*. São Paulo: Cosac Naify.

Páginas web e periódicos

Coi (2016): Factsheet women in the Olympic movement: <https://stillmed.olympic.org/Documents/Reference_documents_Factsheets/Women_in_Olympic_Movement.pdf.> (26-08-2019)

Ribeiro, Bianca Zaccé *et al.* (2013): "Evolução histórica das mulheres nos Jogos Olímpicos", in *EfDeportes*, vol. 18, n° 179. <https://www.efdeportes.com/efd179/mulheres-nos-jogos-olimpicos.htm> (26-08-2019)

Patrimonio cultural e indigenización

En el primer día de los Juegos Olímpicos en la ciudad de México los espectadores vieron un partido del juego de pelota *Ulama*, presentado como parte integral del patrimonio cultural de la nación mexicana. Estas escenificaciones en eventos mundiales contrastan con la reproducción de desigualdades étnicas en el fútbol nacionalizado de toda América Latina. Es en este hiato donde los artículos de la quinta parte exploran historicidades específicas de diferentes juegos de pelota indígena y estrategias para combatir la discriminiación estatal en comunidades indígenas.

La similitud entre el juego actual del *Ulama de cadera* y su contraparte antigua ha inspirado a Manuel Aguilar Moreno a indagar acerca de las relaciones sociales y las construcciones de pertenencia que se desarrollan en base al atuendo de los jugadores, las reglas, la edad de los *veedores* y las connotaciones religiosas de este juego, que está en peligro de extinción. Presenta parte de los resultados de su investigación de campo dirigida en el área cercana a Mazatlán, Sinaloa, México, entre 2003 y 2013.

El arqueólogo Ramzy R. Barrois se pregunta por la naturaleza y la supuesta uniformidad del juego de pelota mesoamericano prehispánico. Su comparación sistemática de vestigios arqueológicos, iconográficos, grafía prehispánica y crónicas de la época colonial temprana no solo distingue tres diferentes juegos de pelota prehispánica, practicados en tres diferentes áreas del México actual. Las contextualizaciones de las canchas en su entorno arqueológico permiten, además, sacar conclusiones sobre atribuciones político-ceremoniales y religiosas en estratificaciones sociales, al tiempo que presentan los límites de su interpretación posterior.

El artículo de Juliane Müller trata acerca de la indigenización del fútbol en el Altiplano boliviano entre 1900 y 1940. Revela que, a diferencia de la gimnasia, el fútbol apenas aparece en los currículos escolares y no proyecta mayores expectativas pedagógicas ni morales para "civilizar" a la población indígena, mientras que en las comunidades y escuelas indígenas el fútbol sí asume ideales y valores mayores. Se presenta como una dimensión más de las acciones indígenas, por un lado contra la expansión de la hacienda y por recuperar las tierras comunales y, por el otro, por la revalorización del espíritu colectivo del *ayllu*.

El foto-ensayo de Martin Berger y Leopoldo Peña explora la posición social actual del juego de la pelota mixteca, que tradicionalmente se jugaba en el estado de Oaxaca, en el sur de México, en la diáspora oaxaqueña en California. Al incluir las voces de los mismos jugadores, traza las construcciones cambiantes de pertenencia en una comunidad en movimiento (ilegal) entre México y los EE. UU.

Entre un pasado lejano y el presente: supervivencias de un juego de pelota mesoamericano

Manuel Aguilar-Moreno

Introducción

El 12 de octubre de 1968, primer día de las Olimpiadas en la ciudad de México, miles de sorprendidos espectadores del mundo entero vieron una exhibición singular: el juego de pelota llamado *Ulama*. Este juego, donde se golpea la pelota con la cadera, es considerado como una supervivencia del *Ullamaliztli* prehispánico, juego popular entre aztecas y mayas.

El juego de pelota mesoamericano tiene una historia de aproximadamente tres mil quinientos años. Era parte integral de la sociedad, como lo atestiguan las más de dos mil setecientas canchas que se han encontrado en el territorio que se extiende entre el suroeste de Estados Unidos y El Salvador. Su compleja estructura obedecía a aspectos socio-políticos y religiosos y conllevaba una serie de significados y funciones. La importancia de este juego se aprecia, además de en la cantidad de canchas existentes, en la profusión de representaciones en el arte de los olmecas, zapotecas, teotihuacanos, mayas, toltecas y aztecas, lo cual indica que era una actividad perteneciente a una cosmovisión pan-mesoamericana. Los españoles se dieron cuenta de que no era solo una actividad recreativa, sino que tenía profundas raíces religiosas y, como parte de su programa de evangelización, lo suprimieron sistemáticamente en toda Mesoamerica. Sin embargo, hubo una forma de este juego que sobrevivió a la conquista hispánica. Se llama *Ulama* y solo se practica en unas cuantas comunidades rurales del estado de Sinaloa.

En 1978, el antropólogo Ted Leyenaar advirtió sobre el peligro de extinción del *Ulama*. De hecho, hoy día solo se practica en cuatro pueblos de Sinaloa (La Sábila, La Mora Escarbada, Los Llanitos y Escuinapa). Me resultó claro que, de desaparecer el *Ulama*, perderíamos el que quizá sea el deporte más antiguo del mundo; así, pues, con el apoyo de la Sociedad Histórica de Mazatlán y una beca de la Universidad Estatal de California, con sede en Los Ángeles, emprendí el proyecto "Ulama 2003-2013", programa de investigación interdisciplinaria que incluyó a ocho estudiantes de la California State University, Los Ángeles, para que diagnosticaran el estado del *Ulama* en el momento actual.

Entre los temas que estudiamos se encontraban la filosofía y el simbolismo del juego mesoamericano de pelota, el redescubrimiento del juego de pelota de hule en el siglo xx, la historia del juego desde los olmecas hasta nuestros días, los términos lingüísticos asociados al *Ulama*, las reglas, la manera de contar los puntos y el papel del *taste* (cancha de pelota, del azteca *tlachtli*) en el contexto social de las poblaciones, los problemas para la producción de las pelotas de hule, el significado del atuendo de los jugadores mesoamericanos a través de la historia, los "dueños" del juego, el papel de las mujeres en él y el estudio y la recopilación de las diversas fuentes primarias documentales.

El *Ulama de cadera*: un juego de pelota mesoamericano entre el pasado y el presente

El juego de pelota tiene una antigüedad aproximada de tres mil quinientos años, si consideramos el reciente descubrimiento de una cancha de juego de pelota del periodo preclásico en Paso de la Amada, Chiapas (Hill *et al.* 1998: 878-879). Se han encontrado más de dos mil quinientas canchas en Mesoamérica (Taladoire 2000: 20-27).

Los investigadores le han asignado diversas funciones y significados al juego: como portal hacia el inframundo (Uriarte 1992), como espacio para recrear las batallas cósmicas entre cuerpos celestes (Wilcox/Scarborough 1991), como rituales de fertilidad, como ceremonias guerreras (Whittington 2001), como afirmación política de los gobernantes o como escenario para los sacrificios y otros más (Schele/Freidel 1991).

Tras analizar las similitudes en diversos patrones constructivos y estilos en las canchas de juegos de pelota, puede afirmarse que fue una actividad panmesoamericana, vinculada a una cosmología compartida por todos los pueblos antiguos que vivieron en esta región.

Para nuestro estudio, tuvimos que elegir entre los tres juegos de pelota que aún existían en Sinaloa: *Ulama de palo*, *Ulama de brazo* y *Ulama de cadera*. El *Ulama de palo*, jugado con un mazo pesado, no fue considerado como objeto de estudio porque se había extinguido desde la década de los cincuenta y no fue recuperado hasta los ochenta. El *Ulama de brazo*, jugado con una pelota que pesa aproximadamente medio kilo y que se golpea con el antebrazo por abajo del codo, es el más frecuente en las comunidades del norte del estado de Sinaloa y aún cuenta con un buen número de jugadores. El *Ulama de cadera* se juega con una bola que pesa entre tres y medio y cuatro kilos, se golpea con la cadera o parte superior del muslo y se practica en el sur del estado. Elegimos el *Ulama de cadera*, que se juega en el área cercana a Mazatlán, porque, además de estar en peligro de extinción, parece ser el más semejante a las descripciones etnohistóricas del juego azteca *Ullamaliztli*.

La similitud entre el juego moderno y su contraparte antigua resulta evidente de inmediato en el atuendo de los jugadores. El traje, que se llama *fajado*, consta de tres piezas: la primera, la *gamuza*, es un trozo de cuero o de tela usado como taparrabos. Es semejante a la prenda antigua que se ve en la pintura de Weiditz, de 1529, que representa a los jugadores de pelota aztecas llevados por Hernán Cortés a Europa. En Los Llanitos, se supone que la *gamuza* debería de ser de venado. Como hoy en día se prohíbe cazar venados, el cuero es de chivo o de vaca.

La segunda pieza del fajado es el *chimali* o *chimale*, cinturón de cuero de aproximadamente cinco centímetros de ancho que se amarra en la cintura y pasa por debajo de las nalgas para mantenerlas compactas e impedir lesiones.

Fig. 1: Jugador vestido con fajado completo.
@ManuelAguilar-Moreno/DavidMallin2006

Aparentemente el nombre deriva del nahuatl *chimalli*, que significa "escudo" o "protección". Kelly dice que en los años treinta, en Nayarit, el *chimali* estaba hecho de la parte exterior de la raíz de un árbol (Kelly 1943: 170-171). La tercera parte, la *faja* de algodón, sostiene la *gamuza* y aprieta la zona del estómago, dando más protección. Kelly dice que los jugadores se envolvían en trozos de llanta de automóvil bajo el *chimali* para protegerse todavía más (Kelly 1943:

170-171). La cuarta pieza, llamada *bota*, es una tira de cuero que usan algunos jugadores debajo de la *gamuza* para amortiguar el impacto. Cuando no se usa, el *fajado* se envuelve con cuidado y se cuelga de las vigas de la casa, tal y como hacían los aztecas, según descripción de fray Diego Durán en su *Historia de las Indias* del siglo XVI, o como hacían los héroes gemelos del *Popol Vuh*.

El *Ulama* se juega en un campo llamado *taste*, de aproximadamente sesenta metros de largo y cuatro de ancho. El *taste* se divide en dos mitades por una línea llamada *analco*, término que aparece desde las crónicas coloniales.

Fig. 2: *Taste* durante un juego en La Mora Escarbada.
@DavidMallin2006

En Los Llanitos la línea se marca con dos piedras colocadas en cada lado del *taste*. Líneas paralelas que corren a lo largo del *taste* marcan los límites laterales. Finalmente, las líneas de atrás se conocen como *chichis*. El número de participantes de cada equipo puede variar, pero generalmente juegan de tres a cinco personas.

Las reglas del *Ulama de cadera* y su relación con la pertenencia social y cultural

En este breve esbozo se pasa por alto la complejidad del juego. La mayoría de los jugadores no conoce todas las reglas. Algunos jugadores nos dijeron que las reglas son tan complicadas que se tenía que jugar el *Ulama* muchos años para entenderlas. Como dichas reglas no han sido formalizadas, hay muchas opiniones y a menudo las diferencias obedecen a la edad de los participantes. En nuestras investigaciones vimos diferencias intergeneracionales en la forma de entender las reglas. Al parecer, también hay diferencias regionales: en un juego de exhibición al que asistimos, hubo un pleito acerca de cómo debía ser el primer saque entre los equipos de Los Llanitos y Escuinapa.

El juego comienza cuando un equipo lanza un saque elevado a través del analco (*male* arriba) o haciendo rodar la bola hacia enfrente (*male* abajo). Este tipo de saque cambia de acuerdo al puntaje. Se anotan puntos o *rayas* cuando el equipo no puede regresar la bola a través del *analco* o cuando cae más atrás de la cancha del oponente. Gana el primer equipo que anote ocho rayas.

A manera de ejemplo, presento el marcador de un juego de *Ulama* que presencié y que se jugó en La Sábila, el 12 de septiembre de 2004, entre dos equipos del mismo pueblo que los denomino como A y B:

Equipo A	Equipo B
0	0
0	1
1	0
2	0
3	0
U-3	0
0	2
0	3
1	U-3
0	3
1	U-3
2	0
U-3	1
3	0
4	0
4	1
4	2
5	U-3
6	0
U-7	0

5	2	
6	U-3	
7	0	
6	1	
U-7	2	
5	3	Si el equipo B hace otro punto, entonces el marcador se va a 0-4 y el equipo A caería a 0.
6	U3	
7	0	
8	0	
Final		

Nos dimos cuenta de que la lógica del juego no es "occidental", donde se usan marcadores acumulativos y donde existe el empate. Una vez que se ha anotado un punto, ya no se pierde. En el *Ulama* la marcación no es lineal, sino oscilatoria, funciona como un subibaja donde los puntos (las rayas) aumentan o disminuyen. La fase *urria* (U), que ocurre entre 2 y 3 y entre 6 y 7, es el paso de transición que determina el ascenso o el descenso del marcador.

La marcación de puntajes coincide con la ideología mesoamericana, pues el juego fue originalmente una práctica ritual donde se escenificaban la dinámica del cosmos y el movimiento de los cuerpos celestes (Schele/Freidel 1991). Los mesoamericanos creían que la vida en el universo se mantenía en equilibrio por la acción de fuerzas contrarias y complementarias en movimiento perpetuo. La oscilación en el marcador del *Ulama* simboliza dicha dualidad entre fuerzas contrarias y complementarias como luz-obscuridad, día-noche, alto-bajo, calor-frío, vida-muerte y fertilidad-sequía (Wilcox/Scarborough 1991, Aguilar-Moreno 2002-2003).

Como no todos los jugadores dominan las reglas, resulta importante el papel del juez o *veedor*. El *veedor* es, por lo general, algún mayor que fue jugador; es el árbitro que posee la última palabra y todos los jugadores la acatan.

Fig. 3: Jueces en acción en un juego de *Ulama*.
@DavidMallin2006

En juegos entre distintas comunidades debe haber un *veedor* por cada equipo y solo participan cuando los equipos tienen diferencias sobre alguna jugada o algún punto. Al parecer existen protocolos acordados para presentar las diferencias ante un *veedor*. Un jugador pidió la intervención del *veedor* en un juego entre Los Llanitos y Escuinapa que presenciamos. Mientras aún se discutía si había sido anotado o no un punto, un segundo jugador del mismo equipo hizo un comentario al *veedor*. El *veedor* regañó al segundo jugador diciéndole que solo se podía presentar un asunto a la vez. Esta regla impide que el *veedor* sea rodeado o abrumado por varios jugadores descontentos.

La edad parece ser otro elemento importante en las disputas. En otro desacuerdo entre los mismos equipos, un jugador veterano de Escuinapa tomó el rol de *veedor*, puesto que el equipo no había llevado uno. Aunque era jugador, tenía preeminencia sobre el *veedor* de Los Llanitos por ser mayor. El equipo de Los Llanitos intentó a su vez que zanjara la querella un antiguo jugador de La Sávila de 94 años. Entonces, un jugador sacó a colación su experiencia, diciéndole al nonagenario: "Serás más viejo que yo, pero yo llevo más tiempo jugando que tú". Edad y experiencia son dos elementos que pueden confrontarse en el juego.

En el pasado, los *veedores* posiblemente ejercían más control sobre estas circunstancias. Tanto Kelly como nuestro anciano informante de 94 años confirman que las competencias entre comunidades con frecuencia se prestaban a la manipulación de los organizadores, que apoyaban y supervisaban las prácticas. Kelly comenta que los patrocinadores tenían permiso de flagelar a los jugadores que no mostraran la capacidad requerida. Estos individuos, conocidos como los "dueños del juego" podían ser también *veedores* y tenían más poder que en la actualidad (Kelly 1943: 170-171).

Las diferencias en las reglas pueden ser un grave problema para quienes tratan de homologar el juego para promover el desarrollo regional. Creemos que en el futuro cada una de las pequeñas comunidades desarrollará reglas diferentes; es interesante ver la tenacidad con la cual defienden los jugadores sus reglas particulares. Al someterse a las reglas, los jugadores se conectan voluntariamente a una añeja tradición. En la disputa con Escuinapa, Chuy Páez, de Los Llanitos, repitió varias veces: "Debemos jugar obedeciendo las reglas, debemos respetar las reglas" (Chuy Páez/Los Llanitos 2003). Los jugadores de Escuinapa, por su parte, afirmaban exactamente lo mismo.

Otro elemento que aparecía en las disputas era la noción de que el *taste* era determinado por algo más que un simple cerco. Cuando el equipo de Los Llanitos aceptó comenzar el juego con un *male* por arriba, la acción se hizo lenta porque ningún equipo podía mantener la pelota en los límites previstos. Varios de los organizadores de este juego de exhibición pidieron a los jugadores que regresaran al *male* por abajo. Los jugadores se mantuvieron firmes, ignorando por completo a la aburrida multitud que los miraba tras la cerca. Como respuesta a la petición de uno de los jugadores, el *veedor* empezó su explicación diciendo: "Dentro de esta cerca y en este taste..." para enfatizar que el *taste* era un espacio distinto, donde la conducta obedecía a un conjunto de reglas propio. Los jugadores demuestran, sin lugar a dudas, que, al venir al *taste* "bien fajados," entraban a un universo social distinto cuyas raíces arraigaban en un mundo diferente.

Supervivencias de patrones religiosos mesoamericanos en el *Ulama de cadera*

Con frecuencia se adjudican connotaciones rituales o religiosas al antiguo juego mesoamericano. En nuestras investigaciones etnográficas recolectamos material suficiente que muestra la sobrevivencia de dichos patrones religiosos y nos permite afirmar que dichos rituales se transfirieron a la celebración de los santos cristianos y se mantuvieron vigentes hasta hace poco.

El *Ulama* se jugaba hasta tiempos recientes durante la mañana de los días de fiesta en Los Llanitos. Fito Páez nos contó que cuando era adolescente, a finales de los sesenta y principios de los setenta, solía jugar cada vez que había fiesta. Antonio Velarde "El Gallo" (que participó en el memorable juego de exhibición de las Olimpiadas de 1968) nos dijo: "Cada 24 de junio, día de San Juan Bautista, santo patrón de Villa Unión, hacían fiestas; el juego era parte de las celebraciones. Igual en otros pueblos, cada vez que festejaban a sus santos patrones, hacían el juego". Isabel Kelly apunta que en Acaponeta, Nayarit, en la década de los treinta, el juego era "absolutamente secular, pero se preferían los días de fiesta para jugarlo" (1943: 170-171).

Si bien coincidimos con Kelly en que el juego de *Ulama* conserva pocos rasgos religiosos, por la forma en que llegó al siglo XX podría creerse que alguna vez estuvo vinculado a creencias religiosas. Uno de esos rasgos es la abstinencia sexual que antecede a los acontecimientos religiosos o semi-religiosos. Con frecuencia dicha práctica se usa al inicio de un proceso de separación por género anterior a la siembra o en rituales practicados en las cuevas. Kelly anota que la prohibición de relaciones sexuales antes de los juegos existía en la década de los treinta (1943: 170-171). Nuestro informante más viejo, Rafael Cázares "El Huilo", también mencionó la práctica y nos dijo: "Los jugadores no podían estar con sus mujeres porque es malo. Te desgastas y la vista se puede empezar a acabar y eso no es bueno para el juego. Pero cuando termina el juego, uno puede estar con su mujer y ¡con mucho gusto! Ahora no es como antes, los jugadores solo se cuidan si hay un amarre (apuesta) de dinero" (El Quelite 2004).

Futuro del *Ulama de cadera*

Si bien el *Ulama de cadera* ha estado al borde de la extinción durante mucho tiempo, ha logrado reinventarse y sigue demostrando que es capaz de conservarse. Uno de los aspectos cruciales del *Ulama de cadera* actualmente es qué perspectiva tiene para el futuro. Puesto que hay solamente cuatro comunidades donde se sigue jugando esta variante, y como solo hay entre treinta y cuarenta jugadores activos, parece que el juego sigue estando en peligro de extinción.

Varias son las razones de esta crisis: actualmente, pocos padres enseñan el juego a sus hijos, dado que el juego es considerado por algunos jóvenes como violento y peligroso. Además, el juego no produce beneficios económicos cuando se juega profesionalmente, como otros deportes como el béisbol o el futbol. El apoyo gubernamental ha sido esporádico y lo más importante, tal vez, sea la dificultad de conseguir las pelotas de hule. No solamente han desaparecido en Sinaloa, casi por completo, los árboles de hule, también es muy difícil el acceso a los lugares donde aún existen. Una cubeta de látex que alcanza para hacer una o dos pelotas cuesta aproximadamente mil dólares. Hay plantaciones de látex en el sureste de México, pero como los jugadores de pelota tienen recursos reducidos, el costo lo hace prohibitivo.

Otro problema es que muy pocas personas de Sinaloa conocen la antigua técnica para hacer las pelotas, mezclando el látex con la raíz de *machacuana*. En nuestro afán por conservar el juego, el *Proyecto Ulama* experimentó haciendo pelotas con látex industrial y un catalizador químico, pues era una alternativa más barata que la técnica prehispánica. Tras once intentos fallidos, por fin logramos hacer una pelota adecuada, que reunía los requerimientos de peso, textura y flexibilidad necesarios. Documentamos este complejo proceso y, en 2013, el director de cine Roberto Rochin y yo enseñamos a los jóvenes jugadores de La Sábila la técnica más eficiente; de esta manera, los jugadores pueden producir sus propias pelotas.

Fig. 4: Creación de una pelota de hule de *Ulama* con técnicas modernas.
@ManuelAguilar-Moreno2013

Aunque la existencia misma del *Ulama de cadera* está amenazada, varios acontecimientos milagrosos le han permitido sobrevivir. Los hermanos Páez y su tío, Fito Lizárraga, han motivado a la gente de Los Llanitos para que mande a sus hijos a practicar *Ulama* y han conservado con gran celo su única pelota y el magnífico *taste* que tienen. Los primos de los Páez, que viven en El Chamizal, pueblo vecino, también formaron su equipo y juegan los fines de semana contra el equipo de Los Llanitos.

En La Sábila, don Manuel Lizárraga enseñó a sus ocho hijos, una mujer incluida, a jugar *Ulama*; luego exportó el juego al parque temático de Xcaret, cerca de Cancún, en Quintana Roo. Xcaret, cuyo propósito es impresionar a los turistas, tiene una cancha y un espectáculo: "Juego de pelota maya". Como ya no hay jugadores en la península de Yucatán, el parque contrató a jugadores de La Sábila, los vistió de mayas y los puso a jugar. Los jugadores sinaloenses aparecen como "falsos" mayas, con penachos y taparrabos, y convierten el *Ulama* en una atracción comercializada y "exótica" para atraer turistas.

Fig. 5: Jugadores de *Ulama* en Xcaret Quintana Roo vestidos de "falsos" mayas antiguos.
@ManuelAguilar-Moreno

Esta ocupación, sin embargo, permite beneficios económicos a los participantes. Si bien sus salarios no pueden compararse con los de los deportistas profesionales, sí mejoran la condición económica de sus familias. Varios se han casado con mujeres mayas y se han quedado en aquel lugar, enseñando el juego de pelota a jóvenes mayas que más tarde aparecerán en Xcaret.

Esta "transnacionalización" del *Ulama* en la Riviera Maya (Xcaret), aunada a los esfuerzos por promover el juego como atractivo turístico hechos por el Dr. Marcos Osuna en El Quelite y La Sábila, han creado fuentes de trabajo para la gente de la región y ha permitido la sobrevivencia del juego.

Debemos continuar con nuestro apoyo a esta tradición milenaria que, como ave fénix, se levanta de sus propias cenizas. Si el *Ulama de cadera* muere, terminará lo que posiblemente es el deporte de equipos más antiguo de la humanidad. Una parte de nosotros mismos morirá con él.

Bibliografía

Aguilar-Moreno, Manuel (2002-2003); "The Mesoamerican Ballgame as a Portal to the Underworld", en *The PARI Journal*, vol. 3, n° 3, pp. 4-9.

— (2003): *La perfección del silencio. El Panteón de Belén y el culto a la muerte en México*. Guadalajara: Secretaría de Cultura de Jalisco.

— (2004): "Filosofía y simbolismo del juego de pelota mesoamericano", en Manuel Aguilar-Moreno/James E. Brady (eds.): *Ulama. Revista Estudios Jaliscienses*, n° 56, pp. 10-28.

— (ed.) (en prensa): *Ulama: Survival of a Mesoamerican Ballgame*. Boulder: University Press of Colorado.

Aguilar-Moreno, Manuel/Brady, James E. (eds.) (2004): "Ulama". *Revista Estudios Jaliscienses*, n°. 56. Guadalajara: Colegio de Jalisco.

Durán, fray Diego (2002): *Historia de las Indias de Nueva España y islas de tierra firme* [1579-1581]. Ciudad de México: Porrúa.

Garza, Sergio/Espinosa, César/Brady, James E. (2004): "La supervivencia de creencias y prácticas religiosas en el ulama", en: Manuel Aguilar-Moreno/James E. Brady (eds.): *"Ulama". Revista Estudios Jaliscienses*, n° 56. pp. 29-39.

Hill, Warren D./Blake, Michael/Clarck, John E. (1998): "Ball court design dates back 3,400 years", en *Nature*, n° 392, pp. 878-879.

Kelly, Isabel (1943): "Notes on a West Mexican Survival of the Ancient Mexican Ball Game", en *Notes on Middle American Archaeology and Ethnology*, n° 26, pp. 170-171.

Leynaar, Ted (1978): *Ulama: The Perpetuation in Mexico of the Prehispanic Ball Game Ullamaliztli*. Translated by Inez Seeger. Leiden: Brill.

— (2001): "The modern ballgames of Sinaloa: A survival of the Aztec *Ullamaliztli*", en Michael E. Whittington (ed.): *The Sport of Life and Death: The Mesoamerican Ballgame*. New York: Thames and Hudson, pp. 122-129.

Motolinia (Toribio de Benavente) (1971): *Memoriales o Libro Segundo de las cosas de la Nueva España y de los naturales de ella* [1555]. Edición, notas y estudio analítico de Edmundo O'Gorman. Ciudad de México: UNAM.

Ramos, María/Espinosa, César (2004): "El papel de las mujeres en el ulama", en Manuel Aguilar-Moreno/James E. Brady (eds.): *"Ulama". Revista Estudios Jaliscienses*, n° 56, pp. 29-39.

Recinos, Adrián (ed.) (1993): *Popol Vuh*. Traducción del texto original con introducción y notas de Adrián Recinos. Ciudad de México: Fondo de Cultura Económica.

Rochín, Roberto (1986). *Ulama: El juego de la vida y de la muerte*. Película. Ciudad de México: Estudios Churubusco.

SAHAGÚN, fray Bernardino (1973). *Historia General de las Cosas de la Nueva España* [1540-1577]. Ciudad de México: Porrúa.

SCHELE, Linda/FREIDEL, David (1990): *A Forest of Kings: The Untold Story of the Ancient Maya*. New York: Quill.

— (1991): "The Courts of Creation: Ballcourts, Ballgames, and Portals to the Maya Otherworld", en David Wilcox/Vernon Scarborough (eds.): *The Mesoamerican Ballgame*. Tucson: University of Arizona Press, pp. 289-315.

SCHELE, Linda/MILLER, Mary Ellen (1986): The *Blood of Kings. Dynasty and Ritual in Mayan Art*. New York: George Braziller.

SOLÍS OLGUÍN, Felipe/VELASCO ALONSO, Roberto/ROCHÍN, Roberto (2010): *El juego de la vida y de la muerte*. Mazatlán: Estado de Sinaloa/Universidad Autónoma de Sinaloa.

TALADOIRE, Eric (2000): "El juego de pelota mesoamericano. Origen y desarrollo", en *Arqueología Mexicana*, vol. 8, n° 44, pp. 20-27.

TALADOIRE, Eric/COLSENET, Benoit (1990): "Bois Ton Sang, Beaumanoir: The Political and Conflictual Aspects of the Ballgame in the Northern Chiapas Area", en David Wilcox/Vernon Scarborough (eds.): *The Mesoamerican Ballgame*. Tucson: University of Arizona Press, pp. 161-174.

URIARTE, María Teresa (ed.) (1992): *El juego de pelota en Mesoamérica. Raíces y supervivencia*. Ciudad de México: Siglo XXI.

WEIDITZ, Christoph (1994): *Authentic Everyday Dress of the Renaissance*. Translated by Theodor Hampe. New York: Dover.

WHITTINGTON, E. Michael (ed.) (2001): *The Sport of Life and Death: The Mesoamerican Ballgame*. New York: Thames and Hudson.

WILCOX, David/SCARBOROUGH, Vernon (eds.) (1991): *The Mesoamerican Ballgame*. Tucson: University of Arizona Press.

WILKERSON, Jeffrey (1991): "And Then They Were Sacrificed: The Ritual Ballgame of Northeastern Mesoamerica through Time and Space", en David Wilcox/Vernon Scarborough (eds.): *The Mesoamerican Ballgame*. Tucson: University of Arizona Press, pp. 45-72.

The evolution of the mesoamerican ballgames through time

Ramzy R. Barrois

Introduction

The Mesoamerican ballgame was played in an area extending from what is today the southwestern United States of America all the way to Honduras, but also on some islands in the Caribbean Sea. It was common throughout Mesoamerica from the first millennium BC onward. Archaeological remains of the objects and places used in this sport have been found, and also iconography giving evidence of it. Since the conquest, occidentals have witnessed the game they discovered among the Mesoamerican people.

The present article focuses, despite the homogeneity of the iconography and archaeological remains, on the existence of three great different ballgames deduced through archaeological, iconographical and epigraphical evidences. The first was practiced along the Pacific coast of Mesoamerica and is characterized by the use of tenon markers. The second type of game was found north of the Yucatán Peninsula, on the Gulf Coast and on the central highlands. The ring is the main element of this variant. Finally, the central Maya lowland had a more specific game, one of the characteristics of which is the presence of a larger ball.

Hence, can we really conclude on the unity of a hypothetic Mesoamerican ballgame? What do we know about the "real nature" of the ballgame? I propose to compare all known information from all precolonial and colonial data sources on the ballgame (archaeological vestiges, iconography, prehispanic texts and Spanish chronicles from the period of Conquest) in order to attempt to answer those questions.

Archaelogy of the ballgame

Archaeologists began to gather the first systematically recorded archaeological data on the ballgame during the 1950's (Strömsvik 1952; Smith 1955). In 1961, archaeologist A.A. Ledyard Smith published the first systematic study and classification scheme for ballcourts from the Highlands of Guatemala. He limited his study to this area because at that time it was the only region with sufficient data. Smith proposed an architectonic typological pattern for ballcourts (Smith 1955: 113). Towards the ends of the 1970's, Éric Taladoire achieved a new classification, based on the work of Smith. Examining all known Mesoamerican ballcourts, he compared them and indentified twelve different types, based on profiles, plans, and longitudinal and transverse sections of each structure (Taladoire 2000: 23). This method is still used to classify newly discovered or excavated ballcourts.

The court in which the game was generally played during precolombian period consists of two parallel structures with sloping benches that formed a banked corridor, or alley. The presence or absence of ending structures made the courts opened, closed or even half-closed. Regularly, although not systematically, ballcourt markers were placed in the central corridor or on the parallel structures. The more important pre-Columbian cities, like Kaminaljuyu in Guatemala, El Tajin in Veracruz or Chichen Itza in Yucatán, had more than ten ballcourts each. Thus, the presence or absence of these buildings and the number of ballcourts at a single site have been interpreted by archaeologists as an indicator of that site's level of importance.

The oldest ballcourt known is located at the site of Paso de la Amada, in Chiapas, Mexico (Hill/Blake/Clark 1998). It has been dated to approximately 1 500 BC. It is possible that the true origin of the ballgame comes from within the Olmec region, but at present, this cannot be proven. The first ballcourts, mainly located in Chiapas, Mexico are of an open-type design and have simple profiles (Taladoire 2000: 24). The lateral benches are heavily damaged, but it appears that they had a rather low elevation. During the Preclassic period (before AD 250), the game was exported from Chiapas to central Petén, due to this courts with the same architectural characteristics can be found in the center of the Maya region and on the Caribbean coast (e.g., Cerros, in northern Belize). The ballgame also seems to have reached the west of Mexico (e.g., Guachimontones in the State of Jalisco), where architectonic patterns were modified: people in this region adopted a greater ballcourt length and employed perpendicular benches. Apart from this scheme, a unique type of court, the palangana style, is attested for all other early iterations of the ballgame.

During the early Classic period (AD 250-550), the influence of Teotíhuacan, the great city of central Mexico, resulted in an almost total disappearance of ballcourts in western Mesoamerica. During this period, constructed courts in the Maya region were gradually abandoned (Taladoire 2003: 338). After the fall of Teotíhuacan, what might be termed a ballcourt "golden age" could be observed. Ballcourts appeared simultaneously in all regions of Mesoamerica, along with local variants: opened, with vertical benches in the northwest (Amapa, in Nayarit); opened or half-closed, with inclined benches in the Maya region (Calakmul, in Campeche or Copan in Honduras); opened, with small benches in the northern Yucatán Peninsula (Edzna, in Campeche or Uxmal, in Yucatán); and partially opened with an associated altar in the Quiche region of the Guatemalan highlands.

By the end of the Classic period (AD 830-950), the ballgame extended from the northern Yucatán Peninsula (Chichen Itza) all throughout the coast of the Gulf of Mexico (towards El Tajin, in Veracruz and Cantona, Puebla). On the Pacific coast, the characteristics of the ballcourt evolved in Chiapas (Chinkultic), extended along the coast as far as the State of Guerrero. At the same time, the type of ballcourt founded at Amapa, in Nayarit seems to have diffused to the north, reaching the southwest region of what is now the United States of America. The size of the courts varies from 20 m ("mini court" in Tikal) to 100 m long, similar to the courts found at Tula (Hidalgo) and at Chichen Itza (Yucatán).

During the Postclassic period (AD 950-1539), the game was most commonly played in three regions: northern Yucatán, the Guatemala highlands, and by the Mexica civilization in central Mexico. After the Spanish Conquest, ballcourts construction ceased. Nevertheless, in west Mexico remains can be found of physical vestiges of colonial period ballcourts.

If we contemplate the evolution of the ballcourt in western Mexico (Taladoire: types 0 and 13, 1981: 354), we will see that courts tended to become longer and more simplified than courts from the Maya, late Classic period. If these assertions are correct, then the physical disappearance of the architectural court might simply be a logical evolution for the sites in western Mexico. The earliest sculptures associated with the ballgame were found in the center of the Maya area and are mainly discs, flat circular stones. Subsequently, distribution patterns suggest a double movement, with the appearance of tenon-head sculptures in the southern Guatelamala highlands, and rings in northern areas of the Yucatán Peninsula. From there, the practice of carving tenon sculptures spread west, along the Pacific coast, and the practice of carving rings spread along the coast of the Gulf of Mexico.

Fig. 1: Nim Li Pünit ballcourt.
Typical ballcourt of late Classic period,
with a flat disk in the middle of the court.
@RamzyBarrois2003

Rings were generally installed in pairs placed laterally on the centerline of the ballcourt (e.g., Chichen Itza and Uxmal). They were inserted at the midpoint of each of the parallel structures. The ring sculpture employed in the Maya ballgame has been found exclusively in the northern Yucatán Peninsula, with only three known exceptions: Naranjo, Tonina, and perhaps Cerro Palenque. In those sites, they were not found *in* situ. This type of sculpture is not encountered in the central and southern parts of the Maya area. For the Mexica models, the size of the ring opening is rather narrow.

Tenon sculptures were also generally installed in pairs, but the number of pairs varied by location. Some sites, such as Mixco Viejo, had one pair, while others (e.g., Copan and Tonina) had three pairs. Tenons were also installed at the midpoint of the ballcourt alley like rings, but sometimes also decorated the ends of the parallel structures. Discs have been found singly (e.g., Monte Alban), in a set of three (e.g., Copan), set of five (e.g., Yaxchilan) or even in a set of seven (e.g., Cantona and Tenam Rosario). They were located in in the middle of benches, or along the centerline of the playing surface: at the center of the ballcourt, or at the end lines of the playing alley. There are also panels which, when found *in situ*, were located on the vertical walls of the benches (e.g., Chichen Itza, El Tajin). Except for some extraordinary sites such as Copan, Chichen Itza, and Tonina, only one type of sculpture was found on a given court, .e.g., we do not find discs combined with rings, tenons or panels in the same ballcourt structure. This exclusiveness suggests that all these sculptures, served the same, or similar role on the court, although we cannot be entirely sure what that role was.

Some scholars tried to make a parallel between *hachas-yugos-palmas* as a possible useful accessory for the ballgame (Roose 2006: 272). Those well-carved stone objects seem incompatible with the practice of a sport during which the player must often fall to the floor to hit a low ball or even strike it after a particularly hard bounce. No evidence of erosion due to repeated impact has been found on these objects. Furthermore, it seems nearly impossible that ballplayers could have played an entire game carrying these sculptures that, like stone yokes, weighed approximately 15 kg. It seems more probable that players used protection made of vegetal materials or deer leather, but which have left no remains. It thus seems more likely that these objects may have been trophies for prestigious players or awards for a great number of victories as they are buried as many prestigious and non-functional ceramics in elite tombs.

We therefore find, through archaeological evidence, that the ballgame has no unique rules in Mesoamerica. The size of the grounds is variable and the associated sculptures are different according to the regions. However, although the type of the sculptures is different, their use seems to have been the same. This implies that there were regional variants.

Iconography of the ballgame

Iconographic data can be categorized as addressing three general topics: the context of the game; the gear used by ballplayers; and, finally, the rites associated with the game. Thus, ballgame iconography presents the opportunity to better understand the game in all of its aspects of a social-political ritual.

Alfred Tozzer made a first iconographic study of imagery associated with the ballgame from Chichen Itza (Tozzer 1957). A number of panels, stelae, polychrome ceramics and on one page of the Dresden codex, portrayed the profile of the court formed by the two parallel structures with its inclined benches. Panels from La Corona, Lacanha, and Edzna illustrate the tilted bench profile of one of the parallel structures. Polychrome ceramics K5201[1] and K5202 also show the profile of the court, as does page 41 of the Dresden codex, and the Las Mojarras stela. This same bench is suggested on the north and south discs from the site of Copan. In some sculptures and few ceramics, we can also notice steps of what might be interpreted as a stairway. The treads of a staircase are visible on the steps of Yaxchilan structure 33 (steps 4, 6, 7, 8, 10 and 12), on ceramics K1209, K1288, K2731, K2912 and K7694, and on frescos 8-21 and 8-51 from Naj Tunich. Some scholars have suggested a possible alternative of the game played on staircases (Schele/Miller 1986: 249). However, if we accept that the ballgame is an athletic and fair sport with two opposing teams, it seems improbable that the game could have taken place on a staircase. The representations of steps on ceramics do not show any constructions at the top of the structures, as there should be at the top of staircases. Thus, it is probable that the representations of the "steps" are only an expression of an iconographic pattern intended to portray the tilted bench of one of the parallel buildings. Thus, a staircase of three steps is, in fact, only one front view of a court, from the point of view of someone located at the top of one of the side structures. It is likely that this representation is only an iconographic convention to describe one of the two structures of the court, seen by a spectator. Thus, we suggest that a stairway with three steps that we often see behind a character dressed as a ballplayer is nothing more than the frontal view of the court, as seen by a spectator of the game.

On some ceramics (K1921, K2022, K2803, K4040, K4407 and K5435), as on sculptures (El Peru, Calakmul, Lubantuun, Pusilha, Laguna Perdida), we can find horizontal lines located behind the players. We cannot be sure of the interpretation of these lines, but it is probable that it is another stylized representation of the ballcourt profile lines, from the point of view of a spectator. On the panel of El Peru, for instance, a player is placed to the left of these lines, as if being outside the ballcourt. I hypothesize that this scene is an illustration of a specific rule of the ballgame (see below). In this case, the lines are a graphic convention of the levels of the parallel structures, seen from the other parallel building of the ballcourt.

The accoutrements of the ballplayer are simple. These consist of a large belt or *yoke* and protection for elbows and knees. The belt is generally portrayed as very large. The protective gear most often portrayed in Maya iconography is kneepads. These are almost exclusively worn on only one leg. In general, when we see an opposition between two players, they do not wear the kneepad on the same leg. Of course, we cannot conclude that teams of left-handed people

---

[1] All numbers prefixed by a K indicate Justin Kerr's inventory: Maya Vase Database on FAMSI website: <http://research.mayavase.com/kerrmaya.html>.

always faced off against right-handed teams. It is more likely a convention intended to represent the opposition of two teams. If correct, this detail may identify members of the same team. That is, two players who wear the kneepad on the same side are most probably teammates.

On pre-Columbian representations of ballplayers, characters wear richly exaggerated headdresses. This very complex element identified the players without need of reading the accompanying inscriptions, which most common people could probably not read. As with the position of kneepads, artists also codified iconographic representations of headdresses. The richness of a cap clearly showed the social status of its owner (Barrois/Tokovinine 2005: 30).

On those headdresses, a number of motives are presented. They are all important to characterize the players. The most common theme is the animal motif. The animal most often associated with ballplaying is the deer, which has been studied extensively (Hellmuth 1987). A deer is an element of a ballplayer headdress on the La Corona panel. Sometimes, this animal has an outgoing bone off his nostrils as on ceramics K2911, K3842, K4040 and K5435. The deer has horns on the vases K1209, K1288, K2803, and a goatee on K1871, K2022, K2731 and K4684. It is possible that the ear of the left character on the south disc of Copan is from a deer (Tokovinine 2002). Hellmuth thinks that such headdresses are attributes of the "old deer god". But, as for the headdresses with jaguar elements, it could be a question of an appropriation of the values linked to the deer. We are not able to clearly define them because of the lack of sources, but we can say that it is an animal useful for the survival of the man, rapid and living in the depths of the forest. It is also associated to the Underworld. Some authors such as Hellmuth associate this animal to the symbolic representation of the captive (Barrois 2006: 283).

There are also images of the feline which belongs to the Underworld. It is the jaguar (K5103 and K6660), its leg (Ceibal) or its tail (K7694). Its peeling is very frequently visible; indeed, it seems to be the principal matter for players' skirts. The same jaguar is reproduced on the stelas of La Amelia, accompanying a player, perhaps like a *way* or *nahual*.

The snake is also presented on the central disc of Copan where it is part of the headdress of the mythical hero *Hun Ahpu*, on step 7 of Yaxchilan and on ceramics K5226, where a character located above a court holds with his arms two snakes of the mouth of which emerge heads of two characters. In Maya language, the words "snake", "four" and "sky" are the same: *CHAN* or *KAN*. The snake is traditionally associated with the Upperworld.

---

[2] A *Way* or *Nahual* is a mythotological being which can be both human (divine) and animal. It is a supernatural companion (Eberl 2000: 312-313).

The shape of muzzle, the teeth and the ears do not leave any doubt about the identification of the canine. We find it on ceramics K2022 and K6660 (Barrois/Tokovinine 2005: 32). In the first case, the player associated with the dog is opposed to a player with the headdress "deer". In the second case, the player with the cap "canine" is confronted with a "jaguar" player. Dog would thus be opposed to two animals associated with Underworld. The dog is the personification of Venus, the evening star, and was associated with heavenly fire, sometimes as companion of souls for the post-mortem road (*Xolotl* of the Mexicas) (Seler 1996: 182).

There are various representations of birds, like macaw, cormorant (Site Q, K2803, K2912, K4407 and K5435), heron (Site Q and K1209) where the bird eats a fish, hummingbird (K2912), turkey (K4040 and K6660) and quetzal (Tonina and K2803). These animals are symbols of the sky. The cormorant and the heron are eating fish; the hummingbird has a specific stationary fly. The feathers of the quetzal are frequently used for headdresses; moreover, we have, on Cancuén central disc and Ceibal stela 7, characters wearing skirts covered with quetzal feathers. We can assume that these are not references to the values of the bird, but indicate the statute of the character, as for the jaguar skin. On the other hand, the headdress "feathers panach", that we find on ceramics K1921 and K3842, would be related to a specific symbolic of the bird, which, in this case, would be opposed to the cap "deer".

K7694, K2345, K1288 and the frescos of Naj Tunich show a headdress "sombrero", i.e., a kind of European hat with a curved brim, which seems to be an attribute of god L (Taube 1992: 81). This style of headdress does not seem to be associated with other elements, except perhaps a bird on one painted vase (K1288). However, they are systematically portrayed on players presented as opposed to the deer headdress (K1288, K4040), to the jaguar cap (K4040, K5103) and to the skull cap (K5103). A similar kind of headdress looks like a feather panach. This style of headdress is systematically presented in opposition to the deer headdress (K1921 and K3842).

Ballplayers did not only personify animals in their costume, but also gods from the Maya pantheon. One of the legendary hero twins from the *Popol Vuh*, Jun Ajaw, who was victorious over the lords of Xibalba, is represented on the central disc at Copan. It is, according to the text, the left character, who is portrayed opposing the king Waxaclajun 'Ubaah K'awiil. The first twins described in the *Popol Vuh* story, the book of the Quiché Maya, Hun Ahpu (Huk-Te Ajaw or Old Master of the Deers) and Hun Hun Ahpu (the maize god) are portrayed on the southern disc of the ballcourt of Copan. The disc shows two players wearing the kneepad on the same leg, indicating they are from the same team and the ball is not in play. The "Old Deer God" (Hellmuth 1995), is characterized by its deer ear, whereas Hun Hun Ahpu's personification of the

Maize God is signified by the *K'in* element in his headdress. Four steps from Yaxchilan Hieroglyphic staircase have "double-faced" characters, a feature also seen on a painted vessel (K3296). This double-face is associated with the water lily and in some cases, with a fish. These images are a representation of the wind divinity, called Ik' K'uh on the Yaxchilan Step 10. On the ceramic vessel (K3296) another character, identified as possibly being Huk-Te Ajaw (Zender 2004) also wears this kind of mask.

Chaac, the god of rain and thunder (Taube 1992: 17), can also be identified by a specific iconography. It includes ears in the shape of shells, and a diadem with a cross-banded motif. Chaac is also sometimes portrayed holding an axe that represents thunder in this god's hands. A beautiful representation of this incarnation is the portrait of Chaac on the Dumbarton Oaks tablet that was commissioned by Kan Joy Chitam II of Palenque.

The central ballcourt disc from Copan depicts a divinity with one hand motive over the mouth (Schele 1987: 2) and a diadem different from the one of Chaac, i.e., with a single scroll positioned in opposition to Hun Ahpu. The hand-over-mouth motive is often associated to the Underworld, and identified as a possible representation of the Mexican god Xipe Totec (Baudez 1984: 149). William Fash (Perso. Com. 2003) identified this divinity as being Macuilxochitl or god Q. The same character, with this scroll diadem element, is present on the ballcourt disc from La Esperanza and also on the Tonina panel.

Fig. 2: La Esperanza Marker.
Museo Nacional de Antropología, México
@RamzyBarrois2013

We also can see vegetal motifs such as the water lily. It is presented on both sculptures (Cancuén, La Amelia, steps 10 and 12 of Yaxchilan with a fish) and on ceramics (K1871). This water plant has been associated with the Underworld because it grows in lakes and other still waters, the entrance doors of Xibalba. In some cases, the bulrush is an alternative to the water lily. This is more common in decorations on ceramics. The plant is portrayed emerging from the headdress of the player (K1209, K1921, K2803, K6660 and K7694). In all these examples, the player wearing this plant is the one who is right in front of the ball.

Iconography associated with ball players shows this omnipresent duality in the game. The same elements are always alike, others always opposite. Animals associated with the Underworld are always opposed to the animals associated with the Upperworld, gods of the Underworld opposed to the ones of the Upperworld. The iconographic comparisons clearly show an Upperworld vs. an Underworld duality. There is no clearly defined rule on the choice of one side or the other, especially since one can identify leaders defending one side or the other. However, no evidence has been found showing the same character defending both sides in different scenes.

Ballgame in written sources

Pre-Columbian written sources are quite scarce. Ballcourts, like most of the constructions of a city, had their own names. Sometimes we can find their architectonic names, as in Tonina, on monument 141: *i elnaahaj huk ik' k'annal hux aha[al] u (ballcourt glyph)*, "then the site of 7 precious winds is dedicated, the ballgame of the 3 conquests".

The ballgame is also mentioned in various codices and hieroglyphic texts. There are no surviving pre-Columbian texts about the game and its rules, so it is not possible today to identify the Maya word used to describe the action of playing the ball. Surviving Classic Maya texts describe the ballgame as a common practice of the political elite of the Maya cities. Glyphs associated with the ballgame are the *pitzil* title, "ballplayer", as well as the verb "to play the ball."

On some monuments and ceramics that show characters dressed in ballplayer paraphernalia, text specifies that they are "ball-playing", using a still unread glyph which has the shape of a ballcourt and has the phonetic complement *-na* or sometimes *-ni*, which indicates that the term finishes with the [- n] phonem.

Ballplayers were members of the Maya social elite. They were also soldiers and had to lead wars during which they captured prisoners. The common Maya title *aj winak baak* means "the one that has many captives". It is associated not only with kings, but also with other members of the elite. Maya prisoners were not considered slaves. They did not have to work. Rather, they were useful for human sacrifice.

Frequently, it is possible to read an expression written on the ball between the players. It is composed by a number (between nine and fourteen) and the glyph *NAHB*, which means "handspan" (Zender 2004). This is a measurement describing the ball used in the game. There is still much debate on the value of this measurement. Some scholars have argued that it indicates the circumference of the ball, whereas others think that it is the amount of natural rubber used for its manufacturing.

The contexts in which games are presented are very different. Ballgames are part of the political activities of the social elite of a city. Thus, the visit of a foreign leader might result in a game, as can be seen on a Calakmul panel (Barrois/Tokovinine 2006: 35), that shows a match between the king of Motul de San José, visiting the city, and an important dignitary of Calakmul.

The ballgame is also the place where the real world has contact with the world of the ancestors. Thus, on the monument 171 from Tonina the leader K'inich Baaknal Chaak plays the ball against the leader Ich'aak Chapaat.

Fig. 3: Monument 171 from Tonina.
Museo Nacional de Antropología, México
@RamzyBarrois2009

However, the first king had died twelve years before the date in which the "game" was supposed to have been played. Ich'aak Chapaat commemorated the end of his second *k'atun* (about forty years) of reign by representing a mythical game with his ancestor. In other cases, some historical characters impersonate deities, as we can see on Panel 10 from Yaxchilan, in which a *sajal* appears dressed as Ik' K'uh, the "wind god".

Another important written source already mentioned above is the so-called *Popol Vuh*, a book compiled during the Spanish Conquest by Quiché Maya in the highlands of Guatemala. Their ancestral myths were transcribed in the middle of the sixteenth century by a Maya priest, and Europeans rediscovered the manuscript at the beginning of the eighteenth century. It was first translated into Spanish by Francisco Ximénez. This book has two complete chapters dedicated to the ballgame. The first is the story of original myths, and the second is a more historical text. Part one, divided into three volumes, begins with the different attempts of the gods to create men; which is followed by the narration of the acts of the divine twin heroes Hunahpu and Xbalanque against the celestial bird Vuqub Caquix and the terrestrial monster Zipacna. The first section concludes with the adventures of the twins, their father and their uncle in the Underworld. This last part is the only section that describes some episodes of the ballgame, albeit in a mythical context. To summarize these events: two twin brothers, Hun Hunahpu and Vucub Hunahpu played the ball near the house of their mother. The bouncing of the ball bothers the lords of the Underworld. They then invite the twins to play a match against them. The invitation is a trap, however, and before the start of the game, the gods of Xibalba sacrifice both twins. Hun Hunahpu is beheaded, and his head is placed on a tree. A princess of the Underworld, called Xkik', comes near the tree shortly after and speaks to the head. Hun Hunahpu spits in the hand of the princess, who then becomes pregnant. Due to her state, Xkik' is evicted from the Underworld and takes refuge in the house of the mother of Hun Hunahpu and Vucub Hunahpu. She gives birth to a second set of twins: Hunahpu and Xbalanque. Once they become adults, these new brothers discover the ballplayer gear of their father and uncle and begin to play. Once again, the game bothers the gods of the Underworld, and they invite the twins to the Underworld. The twins avoid the traps that the lords of Xibalba intend for them, passing the tests of the houses of the darkness, the knives, the cold, the jaguars, and the bats. Finally, Xbalanque sacrifices Hunahpu, and then resurrects him immediately after. The gods of the Underworld want to know that experience and let the twins sacrifice them, but the twins do not resurrect them. The ballgame is briefly described in the course of the adventures of the second pair of twins in the different houses. In this description it is stated that the opponents must keep the ball in movement all along, striking it with the hip. The fact that each team has a different number of players does not seem to be a problem. The *Popol Vuh* mainly emphasizes the fact that the ballgame is the place where the Underworld faces the Upperworld. The *Popol Vuh* is a very late story that tells the Quiché legend of the hero-twins. However, the Quiché point of view is opposed to what is found on Classical records from the Copan site in Honduras, where the king was impersonificating one god of the Underworld.

What can we learn from the ballgame's witnesses in colonial times?

During colonial times, some chroniclers like Toribio de Benavente, known as Motolínia (1482-1568), Bernardino de Sahagún (1500-1590), Diego Durán (1537-1588) and Juan de Torquemada (1562-1624) described the ballgame practiced in central Mexico. In the Maya area, Diego de Landa (1524-1579) wrote in his *Relación de las Cosas de Yucatan* a single sentence alluding to the game:

"[…] se usaba tener en cada pueblo una casa grande y encalada, abierta por todas partes, en la cual se juntaban los mosos para sus pasatiempos: jugaban a la pelota, y a un juego con unas habas como a los dados, y a otros muchos" (Tozzer 1941: 124).

Therefore, to understand how the Maya ballgame was practiced, we had to make comparisons with the Mexica game, the only one described by colonial chroniclers. These "witnesses" did not watch the game with an anthropological eye, and instead, emphasized on the most spectacular aspects of this sport, which were entirely strange for Europeans (Alvarado 1962, Durán 1867-1880, Ixtlilxochitl 1975). We thus have a very fragmented vision of the Mexica game. The rubber ball was the source of great fascination, because this material, the rubber, was unknown to Europeans at that time. The skill and acrobatics of the players also impressed European spectators. Each team consisted of one to eight players and the practice of the sport seems to have been reserved for the social and political elite of the city.

The ballcourt also sparked the interest of the chroniclers. It was constructed in stone and its only use was the practice of this sport. Ballcourts occupied prominent positions in the pre-Columbian cities. Although Sahagún did not comment on the court, Durán mentioned the terminal zones and noted that, during a match, if the ball fell there, it would be considered a fault (Durán 1867-1880: tomo II: chap. 101). This commentary offered a new perspective on the rules of the game. It suggested that a team did not have to score points in a specific scoring zone, but had to force the opposing team to commit faults. Sahagún mentioned a transverse line that crossed the center of the court called *tecatl* (Sahagún 1989: book VIII: chap. 10).

The presence of two rings on the parallel structures of the court has given rise to some controversial interpretations of the game scoring system. Notably, all chroniclers have spoken of the fact that a ball could miraculously pass through the ring (Motolinia 1941: part II: chap. 25; López de Gómara 1922: part II: chap. 93; Torquemada 1943-44: book 14: chap. 12). In that specific case, the game was over and the lucky player won the match, as well as all the jewels of the spectators: "the one that put the ball by that hole of the stone was surrounded by all and they honored him and they sang praise-songs to him and danced a while with him and they gave him a certain particular prize made of feathers or blankets" (Durán 1867-1880: tomo II: chap. 101). However, they have also insisted that the lines drawn up in the field between both rings marked the transverse axis of the central alley. This description is in complete contradiction with modern interpretations of the function of the ring, that have suggested they were a kind of "goals" to score points, like the modern game of basketball. So instead, the ball had to be sent from one side to the other, without ever stopping. It could be high, if a player struck it hard enough, or down with greater speed when a player used the bounce on the lateral benches, or even directly on the ground. In "witnessed" games, victory occurs after scoring up to ten points depending on the observed games. Because of this dynamic scoring system, "historical" games were famous for their length (Ixtlilxochitl 1975: 2: 181-182).

Finally, the ballgame has been associated with the human sacrifices. Because of this, it was quickly catalogued as an "idolatrous ceremonial practice" by the Catholic Church and, as such, was completely prohibited.

Starting in the nineteenth century, ethnographers began describing games they observed in western Mexico that did not seem to be imported from Europe (Peralta 1903, Pérez Bazán/Manterola 1936). These may be forms of precolombian games that have survived in areas more isolated from the impact of Spanish domination. The description of one of the games is the subject of another article in this volume[3]. Although we will not go into the descriptive details, we would like to highlight an interesting detail coming from a variant of the game called *Pelota Mixteca*. During this game, when a team reaches a certain amount of points, it wins a territorial advantage by occupying a part of the opponent field. This advantage rule is quite interesting, as it seems to be unique. The advantaged team literally conquers the opponent's fields during one point session. One of the first things notable about the surviving games is the simplicity of the court and its components. There are no more built ballcourts, with only simple lines traced in chalk, even "with the boot" (Leyenaar 2001: 123). There are no sculptures associated with the court. Unlike modern sports such as soccer, basketball or others, players do not set out to score points by collective or personal movements. Rather, it is necessary to force the opponent to lose, as in tennis or in volleyball, as there are no delimited scoring zones. One cannot score points except through the errors of his opponent.

All modern games have a division traced with chalk or identified by the presence of various markers (clothes, chair, etc.). In modern games, the scoring

---

[3] Cf Aguilar Moreno, this volume.

system is dynamic, e.g. one must win the service to be able to score points. If one team wins a point, the other team loses one. By scoring a certain amount of points in a row, an opposing team could lose all of its points. The advantage rule seems to be possible only for *Pelota Mixteca*.

Discussion

The two teams of one to ten players faced off across a transversal central line, sometimes marked by carved discs (as in the center of the Maya area), by sculptures with tenons (as in the southern Maya region), or by rings (as in the northern Yucatán Peninsula). Archaeologically, these different types of sculptures have not been found in the same courts. They probably had the same function and the rings were not used as scoring zones, as there is no evidence of any damage on those stones, which would be visible if players really hit them with a five kilograms rubber ball.

If we presume that these sculptures mark important positions on the court, then we can deduce from them many important aspects of the game. Taladoire (1981: tabla 4) presented a drawing showing all possible axes defined by the presence of the sculptures. He suggested these had a strong impact on the game itself. Indeed, an axis must be considered as a spatial division within the court, almost in the same way that a wall functions: these axes defined the gameplay by giving it internal boundaries. For instance, in tennis, the median lines of the court are essential during the service phase. If the ball does not fall down in the square delimited on the ground, it is considered a fault. This artificial line, less visible than a wall, has important consequences on the course of the game. Indeed, on pre-Columbian ballcourts, mainly in Maya area, sculptures such as discs, tenons heads or panels are found on the boundaries that could be interpreted as those temporal limits during an advantage phase.

The opposition shown during a ballgame does not have to be understood as a fight between good and evil as often conceived of in judeo-Christian civilization. It is indeed a fight between the Underworld and the Upperworld, but both levels in Mesoamerica are simultaneously opposed and complementary. Both have positive and negative aspects. Consequently, a king could impersonate a character of either world without impacting the result of the game.

To illustrate this, the central marker at Copan portrays the king, Waxaklaju'n Ubah K'awiil, personifying one of the gods of the Underworld. He is clearly opposed to Hunahpu, one of celestial twins of the *Popol Vuh*. However, as leaders are never represented in a losing position, we can assume that this iconographic scene shows that mythic confrontations between the Upperworld and the Underworld did not always have the same ending as described in the

Popol Vuh, especially since the ending of that book was written during colonial times. It is more possible that this myth has had diverse readings and alternatives, according to the regions and the moments of the history.

Although the presence of the hero twins of the *Popol Vuh* seems to be confirmed in the representations of older periods (El Mirador), we should be cautious in attempts to extrapolate Classic period references from this context. In fact, the hero twins' history is very late in date and reflects, above all, the Quiché Maya version of this part of pre-Columbian myths.

The apotheosis of the ballgame is the human sacrifice. According to Graulich, "the sacrifice by decapitation is intended to support the fertility of the fields" (Graulich 2005: 16). Blood is a fertilizer symbol and it is closely associated to ballgame (Baudez 1984: 149). Various scholars have suggested that the captain of the losing team was beheaded (Tozzer 1957: 139, Schele/Mathews 1998: 246).

Sacrifice was mainly performed by decapitation (Chichen Itza, Los Horcones), and sometimes extraction of the heart, or cardiectomy. Towards the end of the Classic period in northern Yucatán, the skulls of victims were presented in a structure next to the ballcourt known as the *tzompantli* among the Mexicas. Nevertheless, the abundance of representations of captives (Tikal, Coba, Tenam Puente, Tonina, Uxmal, Yaxchilan and Jaina) suggests that prisoners fulfilled an important role during the game. We know that prisoners did not play, because the players were always richly adorned, the opposite of how captives are usually represented, generally naked and dehumanized (Schele/Freidel 1990: 213).

This ring from Uxmal, Mexico, clearly shows a captive in a sacrificial position, such as the position of the Chaac Mol. Captivity is not a synonym of slavery as captives did not work for their masters. They were mainly used for human sacrifice. As seen for Mexicas (Graulich 2005: 218), captives symbolically replaced their captors and were sacrificed on their behalf. The giver said while speaking about his captive: "he is my flesh." They symbolically became the bodies of their owners, when they used their clothes (Graulich 2005: 218). For sacrifices related to Xipe Totec worship, the owner of the captive had to wear the victim's skin for a week. Thus, I suggest that players who lost the game had to give prisoners to be sacrificed on their behalf.

Fig. 4: Ring from Uxmal.
Museo Nacional de Antropología, México.
@RamzyBarrois2003

Conclusion

The Maya ballgame was one of a broader category of Mesoamerican games. Its roots are probably located in the Isthmus of Tehuantepec and then spread along the coast of the Mexican Pacific, as well as along the of the Gulf Coast of Mexico. Archaeology shows that the ballgame has known an evolution from its origin in the Isthmus of Tehuantepec. Those changes correspond to geographic locations. The first ballgame was practiced along the Pacific coast of Mesoamerica and is characterized by the use of tenon markers. The second type of game was found north of the Yucatán Peninsula, on the Gulf Coast and on the central highlands. The ring is the diagnosis of this variation. Finally, the central Maya lowland had a more specific game, one of the characteristics of which is the presence of a bigger ball.

The ballgame ring appeared for the first time in northern Yucatán, before diffusing into the region of Veracruz, nearer central Mexico, where the Mexica adopted the ballgame. All the members of Maya society practiced the ballgame. Members of the elite had access to constructed ballcourts, but it seems probable that commoner people also played in improvised courts. Two opposed teams played the game, each willing to force their opponent into commit faults. The ball went from one side of the court to the other, trying to keep the ball in motion.

The ballgame was practiced for political activities, such as the reception of allied sovereigns or other ceremonies. Thus, the ballcourt was a specific place in the city. During the ballgame, the Underworld fought against the Upperworld, in an eternal mythical struggle for balance. The players had to impersonate inhabitants of one of these worlds. The game had tragic consequences for the losers who were forced to symbolically die and, to this end, offered prisoners who were sacrificed on their behalf. This illustrates the fight between the Underworld and the celestial world is a common theme for gods, men and nature.

The *Popol Vuh*, the book of the Quiché Maya, shows that the upperworld has to win against the underworld. Nevertheless, this book was written during the Conquest period. It reflects the sensibility and beliefs of the Quiché at a given moment.

The ballgame has not yet delivered all its secrets and the rules of the game deduced here are only hypotheses. However, it is certain that there is a homogeneity of the rules within Mesoamerica, even if there were local differences. The presence of little damaged sculptures in the middle of the field indicates that the game has no goal zones (as modern basketball) but rather a negative counting system according the mistakes of the opponent, such as tennis. Some elements allow us to deduce rules that we can still observe today in modern versions of pre-Columbian games.

Bibliography

Alva Ixtlilxóchitl, Fernando de (1975): *Obras históricas*, Serie de Historiadores y Cronistas de Indias, 4. Ciudad de México: Universidad Nacional Autónoma de México, Instituto de Investigaciones Históricas.

Alvarado, Francisco de (1962): *Vocabulario en lengua mixteca / por fray Francisco de Alvarado ; reproducción facsimilar con un estudio de Wigberto Jiménez Moreno ; y un apéndice con un vocabulario sacado del Arte en lengua mixteca de fray Antonio de los Reyes*. Ciudad de México: Instituto Nacional Indigenista e Instituto Nacional de Antropología e Historia S. E. P. Reproducción facsímil de la edición de 1593.

BARROIS, Ramzy/TOKOVININE, Alexandre (2005): "El inframundo y el mundo celestial en el juego de pelota maya", in Juan Pedro Laporte/Bárbara Arroyo/Héctor E. Mejía (eds.): *XVIII Simposio de Investigaciones Arqueológicas en Guatemala.* Ciudad de Guatemala: Museo Nacional de Arqueología y Etnología, pp. 27-38.

BAUDEZ, Claude François (1984): "Le roi, la balle et le maïs, images du jeu de balle maya", in *Journal de la Société des américanistes,* n°. 70, pp. 139-151.

DURÁN, Diego (1867-1880): *Historia de las Indias de Nueva España e islas de Tierra Firme* Ciudad de México: Imprenta de J. M. Andrade y F. Escalante: 2 vols y 1 atlas in-4°.

EBERL, Markus (2000): "Tod und Seelenvorstellungen", in Nikolai Grube (ed.): *Maya. Gottkönige im Regenwald.* Köln: Könemann, pp. 310-318.

GRAULICH, Michel (2005): *Le sacrifice humain chez les Aztèques.* Paris: Fayard.

HELLMUTH, Nicholas (1987): *Ballgame Iconography and Playing Gear: Late Classic Maya Polychrome Vases and Stone Sculpture.* Culver City: Foundation for Latin American Anthropological Research.

— (1995): *An annotated bibliographic introduction to the various pre-Hispanic Rubber Ballgames of Mexico, Belize, Guatemala, El Salvador, and Honduras.* Culver City: Fundation for Latin American Anthropological Research.

HILL, Warren D./BLAKE, Michael/CLARCK, John E. (1998): "Ballcourts design dates back 3400 years", in *Nature,* n° 392, pp. 878-879.

LEYENAAR, Ted J. J. (1992): "Los tres Ulamas del siglo 20. Sobrevivencias del ullamaliztli, el juego de pelota prehispanico mesoamericano", in María T. Uriarte (ed.): *El Juego de pelota en Mesoamerica: raices y supervivencia.* Ciudad de México: Siglo XXI, pp. 369-389.

— (2001): "The Modern Ballgames of Sinaloa: A Survival of the Aztec Ullamaliztli", in Michael E. Whittington (ed.): *The Sport of Life and Death: The Mesoamerican Ballgame.* New York: Thames and Hudson, pp. 122-129.

LÓPEZ DE GÓMARA, Francisco (1922): *Historia general de las Indias.* Madrid: Espasa-Calpe.

MOTOLINIA, Toribio de Benavente (1941): *Historia de los Indios de la Nueva España.* Ciudad de México: Editorial Salvador Chávez Hayhoe.

PARSONS, Lee A. (1967-1969): *Bilbao, Guatemala: An Archaeological Study of the Pacific Coast Cotzumalhuapa Region.* 2 vols., Publications in Anthropology n° 11-12. Milwaukee: Milwaukee Public Museum.

PERALTA, Espiridion (1903): *Juego de pelota: Reglamento.* Ciudad de México: IIH/UNAM.

PÉREZ BAZÁN, Tomás/MANTEROLA, Adulfo (1936): *Disposiciones y reglamento para el juego de la pelota a mano.* Oaxaca: Roetert.

ROOSE, Ninon (2006): *Le complexe des Hachas, Jougs et Palmes en Meso-Amerique.* Thèse de doctorat, Paris: université de Paris 1, Panthéon Sorbonne, sous la direction d'Éric Taladoire, Paris.

SAHAGÚN, Bernardino de (1989): *Historia general de las cosas de Nueva España.* 2 vols. Ciudad de México: CONACULTA/Alianza.

SCHELE, Linda (1987): "The Figures on the Central Marker of Ball Court AIIb at Copan", in *Copan Notes,* n° 13, pp. 75-77.

SCHELE, Linda/FREIDEL, David A. (1990): *A Forest of Kings: The Untold Story of the Ancient Maya.* New York: Quill.

SCHELE, Linda/MATTHEWS, Peter (1997): *Code of Kings: The Language of Seven Sacred Maya Temples and Tombs*. New York: Scribner.

SCHELE, Linda/Miller, Mary (1986): *Blood of Kings: Dynasty and Ritual in Maya Art*. Fort Worth: Kimbell Art Museum.

SELER, Eduard (1996): "The animal pictures of the Mexican and Maya manuscripts", in Charles P. Bowdwitch (ed.): *Collected Works in Mesoamerican Linguistics and Archaeology*, vol. V, pp. 167-340.

SMITH, A. Ledyard (1955): *Archaeological Reconnaissance in Central Guatemala*, in VII, 87 S., 71 Bl. Abb. 4°, Carnegie Institution of Washington publication, Washington.

STRÖMSVIK, Gustav (1952): "Ball courts at Copan, with notes on courts at La Unión, Quiriguá, San Pedro Pinula and Asunción Mitla", in *Contributions to American Anthropology and History*, vol. 11, pp. 183-214.

TALADOIRE, Éric (1981): *Les terrains de jeu de balle (Mésoamérique et Sud-ouest des États-Unis)*. Ciudad de México: Centro de Estudios Mexicanos y Centroamericanos.

— (2000): "El juego de pelota mesoamericano: origen y desarollo", in *Arqueología Mexicana* vol. VIII, n° 43, pp. 20-27.

TAUBE, Karl A. (1992): *The Major Gods of Ancient Yucatan*. Washington: Dumbarton Oaks Studies in Pre-Columbian Art and Archaeology, n° 32.

TORQUEMADA, Juan de (1943-44): *Monarquía indiana*, 3 vols. Tercera ed. Ciudad de México: Editorial Salvador Chavez Hayhoe.

TOZZER, Alfred (ed.) (1941): *Landa's Relación de las Cosas de Yucatan: a Translation*. Cambridge: The Museum.

— (1957): *Chichen Itza and its Cenote of Sacrifice; A Comparative Study of Contemporaneous Maya and Toltec*. Cambridge: Peabody Museum.

TUROK, Marta (2000): "Entre el sincretismo y la supervivencia: El juego de pelota en la actualidad", in *Arqueología Mexicana*, vol. 8, n° 44, pp. 58-65.

ZENDER, Marc (2004): "Glyphs for 'Handspan' and 'Strike' in Classic Maya Ballgame Texts", in *The Pre-Columbian Art Research Institute Journal*, vol. IV n° 4, pp. 1-9.

Web sites and newspapers

BARROIS, Ramzy (2006): Les sculptures associées aux jeux de balle dans l'aire mésoaméricaine, deuxième édition, Université de Paris 1 Panthéon Sorbonne Wayeb: <http://www.wayeb.org/download/theses/barrois_2006_1.pdf>, <http://www.wayeb.org/download/theses/barrois_2006_2.pdf> (15-08-2019).

TALADOIRE, Éric (2003): "COULD WE SPEAK OF THE SUPERBOWL AT FLUSHING MEADOWS? La pelota mixteca, a third pre-Hispanic ballgame, and its possible architectural context", in *Ancient Mesoamerica*, 14(2), pp. 319-342. doi:10.1017/S0956536103132142.

TOKOVININE, Alexandre (2002): *Divine Patrons of the Maya Ballgame*, in *Mesoweb*: <www.mesoweb.com/features/tokovinine/Ballgame.pdf> (15-08-2019).

El duelo entre la Escuela-Ayllu de Warisata y los vecinos de Achacachi: la indigenización del fútbol en el departamento de La Paz (1900-1940)[1]

Juliane Müller

Introducción

Realicé la investigación que sustenta este artículo por la gran curiosidad que empecé a sentir acerca del fútbol *amateur* en los Andes bolivianos a partir de un trabajo anterior con migrantes bolivianos/as en Sevilla (España). Me inserté como jugadora en sus ligas de fútbol y fútsal e indagué en las experiencias deportivas que tuvieron antes de migrar. Todos habían jugado en sus lugares de origen, también las mujeres, sobre todo aquellas de familias de migrantes internos que vivían en la ciudad, pero cuyos padres eran del campo. Aprendí de ellos términos en quechua como *wuayra haytha* —patear al aire, según me explicaron— y, mientras compartimos una gaseosa después del partido o del entrenamiento, me contaron cómo habían jugado en Bolivia: en partidos intercolegiales en poblaciones rurales, ganando una vaca como premio, apoyando a sus mamás en un partido del Día de la Madre o participando en campeonatos de barrio organizados por las juntas vecinales. En definitiva, empecé a interesarme por las funciones y los significados del fútbol colegial, rural y barrial en Bolivia. Quería indagar en el devenir histórico de la práctica del fútbol en ámbitos campesino-indígenas para entender mejor la vitalidad y amplia divulgación de este deporte en el país actual.

En este texto se desea demostrar cómo el fútbol se ha ido introduciendo paulatinamente en el campo y en comunidades indígenas a lo largo de las primeras décadas del siglo XX y cómo ese proceso de recepción y apropiación está ligado al tema de la educación indigenal y la lucha de las comunidades indígenas por la tierra, así como la revitalización del ayllu[2]. Es un intento, a través de

---

[1] Este texto es una versión reelaborada del capítulo publicado en Müller/Murillo 2014.

[2] El ayllu es una institución rural-indígena. A grandes rasgos, el ayllu se define como una unidad socio-territorial de hogares con tierras comunales y un sistema rotativo de administración política y ritual.

una serie de fuentes y su contextualización[3], de interpretar el fútbol boliviano de una manera que no sea la habitual historia del profesionalismo (Mesa Gisbert 1994, Magne Soto 1964, Paravicini Ramos 2006, Peñaloza Bretel 1993). Me interesa trazar su llegada y práctica en los ámbitos rurales y escolares del principio del siglo pasado y mostrar rasgos emblemáticos políticos y culturales de cómo ha sido apropiado. Para este objetivo, y para contrarrestar las fuentes escritas disponibles (de docentes, del Ministerio de Instrucción Pública y otros funcionarios del Estado, así como de periodistas), el análisis de documentos históricos ha sido completado con la revisión de los estudios existentes sobre escuelas indigenales y luchas políticas de las comunidades en el altiplano boliviano de esta época, así como con entrevistas a dos personas cuyos familiares pertenecieron a dichas escuelas indigenales.

En los próximos apartados, primero se echa una mirada a la literatura acerca del deporte y en particular del fútbol en las teorías postcoloniales; segundo, se esbozan los escenarios históricos de la apropiación cultural del fútbol en Bolivia para, tercero, concentrarse en el rol de la escuela y de las escuelas indigenales en la expansión de la práctica del deporte y en particular del fútbol, en el departamento de La Paz, en la primera mitad del siglo XX. Finalmente, se indaga en lo que considero dos características claves de esa apropiación: el fútbol como expresión de las tensiones existentes entre indígenas y hacendados y su integración en las emergentes festividades cívicas.

Deporte y teorías postcoloniales

Una rama importante de los trabajos sobre deporte, sobre todo en el mundo angloparlante, lo enfoca en países del Sur Global y desde una perspectiva postcolonial. No se da por casualidad esa confluencia de campos académicos, ya que muchos de los enfoques postcoloniales[4] y los del deporte comparten un

---

[3] La investigación archivística se llevó a cabo en febrero y marzo de 2012 y se consultaron documentos de los siguientes archivos y bibliotecas en La Paz: Archivo de La Paz, Biblioteca del Ministerio de Educación, Biblioteca del INSEF, Biblioteca de las Ciencias de la Educación y de Historia (UMSA), Biblioteca de la COMIBOL. Realicé entrevistas a la licenciada Herminia Condori Choquehuanca, bibliotecaria del Instituto Normal Superior de Educación Física (INSEF) de La Paz y al profesor Roberto Choque Canqui, historiador aymara, investigador y autor de varios libros sobre escuelas indigenales y clandestinas y el movimiento de los caciques apoderados en el altiplano boliviano.

[4] A mi entender, las miradas postcoloniales comparten los siguientes aspectos: la importancia que otorgan a procesos históricos, la deconstrucción de oposiciones tales como tradicional y moderno (y la conceptualización de modernidades diferentes, múltiples o alternativas), así como la conciencia del nivel político de toda producción científica.

objeto de estudio —el cuerpo—, y una preocupación —las subjetividades (neo/postcoloniales), producidas por políticas hegemónicas (Bale/Cronin 2003)—. Es a partir de mediados del siglo XIX[5] que los poderes imperiales aprovechan las "oportunidades excepcionales que el deporte ofrecía como un sistema de conocimiento transmitido a través del cuerpo" (Kummels 2013: 20; traducción mía), es decir, la mayor accesibilidad del deporte para las poblaciones locales, al no depender de la alfabetización y aparecer menos politizado y más separado de mensajes ideológicos que las instrucciones religiosas y los idiomas europeos (Kummels 2007, 2013). La ideología (neo)colonial encubierta del deporte estaba especialmente ligada a la doctrina protestante, que veía el "cultivo del cuerpo como medio con el fin de conseguir no solamente la fe cristiana, sino también rectitud moral, puridad racial, masculinidad y acciones al servicio de Dios, Patria e Imperio" (Besnier/Brownell 2012: 447; traducción mía).

Ahora bien, retomando la obra de C. L. R. James, son algunos autores postcoloniales quienes primeramente cuestionan las lecturas unidimensionales del deporte y de la educación física como una totalidad, actuando siempre y en todos los niveles como sistema de dominación. James, basándose en sus experiencias con el sistema educativo británico en la isla caribeña de Trinidad, critica las relaciones de poder encubiertas, pero también reclama los valores e ideales del cricket como suyos (James 1993 [1963]; véanse MacAloon 2006, Kummels 2013). Al demostrar que el cricket abría espacios sociales donde se negociaban antagonismos político-coloniales y que, además, permitía la oportunidad de invertir simbólicamente las relaciones de poder, inspiró a Arjun Appadurai (1996) a analizar cómo en la India el cricket se convirtió en la máxima imagen de la nación independiente y moderna (Kummels 2013: 21s.). Aunque el cricket, igual que el fútbol, en cuanto a deportes regulados por normas y regulaciones fijas y universales, sean "formas culturales duras", más difícilmente indigenizadas que otras expresiones culturales, son los diferentes contextos sociopolíticos los que promocionan su adopción y parcial resignificación (Appadurai 1996: 90). En este sentido, la indigenización de los deportes modernos tiene varias dimensiones, desde su organización y administración hasta cuestiones de clase, etnicidad y sentimiento nacional (Appadurai 1996).

Hoy los trabajos al respecto abarcan un campo que gira hacia el análisis de la capacidad de acción de los sujetos subalternos y de los procesos de apropiación y criollización cultural por la intercalación de prácticas y significados (MacAloon 2006). Se considera que el deporte no es únicamente una herramienta de poder

---

[5] En un contexto político en Europa donde proliferaron (y se reproducían en las colonias) nociones, definiciones y propuestas pedagógicas que relacionaban el deporte y la educación física con determinados fines mayores: sobre todo fuerza militar, salud y moral (Bromber/Krawitz/Maguire 2013).

para disciplinar a los sectores sociales más bajos y étnicamente diferentes, así como para reproducir una fuerza de trabajo físicamente sana. Se reconoce también que, según el contexto, prácticas deportivas y organizaciones de base albergan en su seno formas cotidianas de solidaridad, rivalidad y resistencia que van más allá del espacio lúdico-deportivo. En Gran Bretaña, para mostrar un ejemplo bien estudiado, la "Gaelic Athletic Association" irlandesa, al igual que algunas organizaciones escocesas de deportes propios, demostraron formas de oposición a la colonización inglesa (Darby 2009). Muchos deportes requieren labores organizativas comunales para formar clubes y equipos, potenciando de esta manera el tejido social, un sentido de unión y acciones colectivas. El propósito de organizar y llevar a cabo actividades lúdico-deportivas es utilizado como pretexto para reunirse y organizar acciones políticas (Mills 2005). Ese fue el caso durante el periodo dictatorial de Bolivia. En esta época, entre 1964 y 1982, el fútbol sirvió para camuflar actividades dirigidas contra los gobiernos militares. A mediados de los años 1970, existían unas 130 ligas de fútbol de migrantes campesinos en el área metropolitana de La Paz/El Alto (Ströbele-Gregor 1988: 69). En suma, el deporte en equipo aparece como un campo donde se viven y expresan formas diarias de resistencia y conflictos de los cuales nos hablan los teóricos de la subalternidad.

Fútbol en Bolivia: una historia de múltiples orígenes

Acerca de las vías de llegada del fútbol al país no existe una narrativa clara y unívoca. Sobresale la historia que conecta las laborales de la Bolivian Railway Company, que construyó el ferrocarril del puerto de Antofagasta a los centros mineros bolivianos, con la fundación del primer club en Oruro. La industria minera había servido como puerta de entrada al país de técnicos y ejecutivos ingleses (Klein 2003, Peñaloza Bretel 1993). Los consorcios chileno-británicos organizaron partidos entre los trabajadores extranjeros y nacionales, uniformando "a los obreros con camisetas importadas con colores negro y blanco, los británicos visten camisetas rojo, blanco y azul, de su bandera nacional" (Paravicini Ramos 2006: 21). Los partidos eran "observados por los jóvenes orureños y poco a poco fueron asimilados, ya que se inquietaban por el extraño deporte" (Magne Soto 1964: 18).

Es probable que desde Oruro el fútbol se distribuyera a otras capitales departamentales, pero no parece ser el único foco de divulgación. Seguramente han existido vías de llegada y expansión particulares para diferentes provincias y cantones. Para La Paz, según Marcelo Ramos Flores (2014), hubo cuatro vías de llegada: por ingenieros, por marineros, por estudiantes bolivianos regresando de sus estancias en el extranjero y por misiones religiosas. La distribución del fútbol se puede haber facilitado también por la relativa cercanía del área rural altiplánica de la ciudad de La Paz.

Tal vez deberíamos pensar en dimensiones aún más particulares, en miles de historias de la llegada del fútbol a las comunidades por una persona concreta y una situación peculiar, como esta que narra Claure Toribio (1949) en un libro de recuerdos de la escuela rural de Vacas (Cochabamba) de los años 1930. Lejos de ser la alegría única de los alumnos, la pelota despierta entusiasmo, exaltación y excitación en toda la escuela:

> Un día llegué a la escuela con una flamante pelota de foot-ball. El maestro me [la] arrebató de las manos con aquella contagiosa alegría de niño y anunciando la feliz nueva a todos los compañeros [...]. Salió corriendo el maestro hacia la cancha e iba por delante llevándose la esférica en alto para que la vean [sic] todos, y todos corrieron tras él, yo mismo tuve que correr para asistir al espectáculo. [...] Cuando el balón rebotó sonoramente en el suelo, los niños, presos de mayor pánico, chillaban y corrían a más y mejor, como si la embrujada esférica les estuviera persiguiendo a todos y cada uno de mis pobres alumnos que en su vida jamás habían visto cosa semejante (Claure 1949: 118).

¿Fue la escuela una vía de entrada del fútbol al mundo rural del altiplano paceño, como insinúa esta cita? En el siguiente epígrafe, mi interés se centra en la educación física y el deporte en el ámbito escolar.

El deporte y la escuela

En la sociedad boliviana de fines del siglo XIX la educación era un privilegio de unos pocos. En este contexto el partido liberal, en el poder entre 1899 y 1920, lanzó un plan de reforma (Martínez 1999). Los liberales querían sacar su país de la autopercepción de atraso, conforme a los principios ideológicos llegados desde Europa (Larson 2003). Ahora bien, ¿qué rol tenía la educación física en estos esfuerzos pedagógicos? Desde los enfoques arriba mencionados podríamos pensar que jugaba un papel importante para inculcarles a los niños y jóvenes indígenas nuevos valores culturales y regímenes morales. Y, de hecho, como afirma Brooke Larson, la educación física era utilizada para "crear sujetos individualizados y dóciles en el altiplano amerindio de Latinoamérica" (Larson 2005: 53s.).

Como analiza Françoise Martínez, durante el segundo mandato del ministro de Instrucción Ismael Montes (1904-08), este empezó a considerar la gimnasia continental europea como elemento clave para el desarrollo psicomotriz y mental del niño boliviano, en general, y del niño indígena en particular

(Martínez 1999). Es llamativo que la fundación de la primera Escuela Normal de Bolivia en Sucre en 1909 (una normal urbana, todavía no rural) estuviera a cargo de Georges Rouma, pedagogo belga, quien introdujo, además de los principios de la educación integral europea, como la coeducación, la gimnasia. Este, junto con especialistas suecos, formó a los primeros profesores bolivianos de gimnasia y ayudó a abrir centros de educación física (Martínez 1999: 372s., Rodrigo 1932: IV).

Varios libros de la época enfatizan el supuesto potencial de los ejercicios gimnásticos y movimientos corporales para mejorar el estado físico y psíquico de los indígenas. Rigoberto Villarroel Claure, director de la Escuela Normal Rural de la Florida (Sacaba, Cochabamba), una de las primeras normales rurales, opinaba que "La gimnasia robustece los músculos, mejora la salud, templa el carácter, disciplina el espíritu y forma al hombre fuerte y resistente tan necesario en los trabajos del campo" (Villarroel Claure 1921: 92)[6]. Pedagogos criollos y políticos metropolitanos se preocupaban de que los campesinos indígenas no solo realizasen su tradicional "trabajo de vigor" y "esfuerzo físico" en las labores agrícola y de pastoreo, sino que desarrollaran "armonía, mayor soltura y agilidad" a través de las clases de gimnasia (Retamoso 1927).

En esta época también se menciona al fútbol paulatinamente, pero no como parte del currículo, sino como pasatiempo, privado de las expectativas y carga moral otorgadas a la gimnasia. Un informe del año 1921, escrito por el director de la Escuela Normal Rural de La Florida, mencionado anteriormente, da cuenta de la práctica extracurricular del fútbol en dicha normal (Villarroel Claure 1921: 26). Además, un manual escrito en 1932 por el Director General de Educación Física, Saturnino Rodrigo, quien en 1928 había viajado a Europa para, de nuevo, copiar modelos europeos, habla de una heterogeneización de los contenidos de educación física. Aunque mencionara, aparte de la gimnasia funcional y la sueca, la lucha, danzas y juegos educativos, así como el atletismo y la natación, no da cuenta de ningún deporte de pelota ni en equipo (Rodrigo 1932: VI).

En suma, los programas de educación física de las primeras tres décadas del siglo XX se concentraron en la gimnasia como medio de influir en el desarrollo psicomotriz y moral de los niños y jóvenes, especialmente indígenas. A diferencia de la gimnasia y los deportes individuales, el fútbol apenas aparece en los programas y documentos escritos. Si se menciona es como pasatiempo de los profesores y alumnos de las normales, no como parte del calendario curricular.

---

[6] Las reformas educativas querían también prevenir futuras sublevaciones de grupos aymaras y quechuas que pusieran en peligro el orden social y racial existente (Rivera Cusicanqui 1984).

En lo siguiente, y para completar el panorama, voy a escrutar otras iniciativas educativas, aquellas llevadas adelante por comunidades indígenas y de colonos.

Escuelas indigenales, las comunidades y el deporte

Paralelamente a la fundación de las primeras escuelas normales rurales, hubo otras políticas más específicamente dirigidas a la población indígena. Para afrontar la falta de escuelas en comunidades indígenas, sobre todo en tierra de haciendas, ya los liberales habían aprobado una ley en 1905 que promovía la formación de dichas escuelas a través de un incentivo pecuniario (Choque Canqui 1992: 20). Este programa, igual que otros futuros, tenía dificultades por la resistencia de las élites locales y terratenientes, las cuales obstaculizaron los intentos de educar a sus súbditos (aunque sí se establecieron escuelas en algunas comunidades, caso de la provincia Omasuyos). Tal fue la resistencia que en 1922 se introdujo la obligación por ley de mantener una escuela elemental en haciendas con más de 60 colonos, posteriormente a partir de 30 colonos (Choque Canqui 1992: 20ss., Soria Choque 1992). Desde la aprobación de esta ley, su reforzamiento en 1922 y la cláusula de que el gobierno autorizaba el establecimiento de una escuela rural a petición de los interesados, surgieron varias iniciativas escolares, políticas y culturales de personas aymaras, caso de la Sociedad República del Collasuyo de Eduardo Leandro Nina Quispi y el Centro Educativo de Aborígenes "Bartolomé de las Casas". Ambos tenían el objetivo de coadyuvar al desarrollo del movimiento por la tierra y contra el avasallamiento de los terratenientes (Choque Canqui 1992, Soria Choque 1992). También hubo escuelas que hoy en día llamamos clandestinas por operar en tierra de hacendados, escondidas de los ojos de los terratenientes.

En 1907, el gobierno liberal había introducido tempranamente un sistema de escuelas ambulantes inspirado en los Estados Unidos (Brienen 2002: 625, Martínez 1997). Un profesor itinerante se trasladaba de comunidad en comunidad para enseñar lo más básico de la lectura y escritura y de los valores cristianos. Aunque ese proyecto se considera ampliamente fracasado desde el punto de vista del compromiso del Estado y su control sobre dicho sistema, algunos autores, tales como Martínez (1997: 170) y Calderón (1996: 120), subrayan el relativo éxito de ese impulso de crear escuelas ambulantes en el departamento de La Paz, ya que fueron continuadas por nativos de las comunidades y, de forma clandestina, en las comunidades de colonos (Calderón 1996).

Ahora bien, en cuanto a las materias impartidas en estas escuelas, parece que no se diferenciaban mucho de las escuelas rurales convencionales. En las escuelas ambulantes también se enfatizó la lectura y escritura en castellano (Calderón 1996: 121). Asimismo, el objetivo primordial de la enseñanza en las

escuelas y los centros indigenales mencionados arriba era el alfabeto y el castellano, conocimientos claves para la lectura de los títulos coloniales y "todos los
trámites de reivindicación de sus tierras" (Soria Choque 1992: 59; entrevista a
Roberto Choque Canqui, La Paz, febrero de 2012)[7]. Es difícil de saber, por falta
de fuentes y la naturaleza más bien discreta y oculta de las escuelas de colonos,
si hubo algún tipo de práctica deportiva en esas escuelas del periodo entre
1910 y 1930; partidos de fútbol que fueran utilizados, por ejemplo, para reunir
a comunidades dispersas o para camuflar reuniones políticas. Roberto Choque
opina que en las escuelas clandestinas de los colonos no pudo haber fútbol por
ser una señal demasiado visible de una reunión masiva. En fin, parece más bien
que el fútbol en las comunidades no estaba todavía muy institucionalizado. Lo
que no significa que no se jugara: el padre de Roberto Choque Canqui, quien
organizó escuelas clandestinas en los años 40 entre los indígenas de la hacienda
Quilla Quilla (Pacajes), jugaba al fútbol con pelotas de *tejeta* (trapo en aymara)
en su niñez (entrevista a Roberto Choque Canqui, La Paz, febrero de 2012).

Warisata y los núcleos escolares de los años 1930

A partir de esas escuelas[8], reclamadas por las mismas comunidades indígenas en su lucha por derechos territoriales, políticos y culturales, se formó un
verdadero movimiento por la educación indigenal y comunal apoyado por el
Estado y algunos funcionarios. Gracias a la labor en conjunto de líderes indígenas, sindicalistas, profesores y funcionarios socialistas, en los años 30 se formaron una serie de escuelas de y para indígenas con terrenos y edificios propios.
Esas escuelas recibieron apoyo estatal, pero fueron recibidas por los vecinos y
terratenientes con hostilidad y acciones de descrédito (Choque Canqui 1992:
29ss.). Entre los considerados experimentos educativos de los años 1930 destaca el ejemplo de la llamada Escuela Profesional de Indígenas, la Escuela-Ayllu
de Warisata (provincia Omasuyos), asociada a los nombres Elizardo Pérez y
Avelino Siñani. Como afirmó Brienen (2011), Pérez partió de conceptos ra-
cializados e ideas educativas más bien comunes de la época. Es por ello que
Warisata es difícilmente interpretado como un proyecto de resistencia cultural.
Tampoco fue tan innovador en su filosofía educativa, dado que enfatizaba los

---

[7] Sobre los motivos del movimiento de los caciques apoderados por la educación, véase
Irurozqui (1999). Un objetivo principal del movimiento era poder leer los títulos coloniales
y formar escribanos propios para dar cuenta de los trámites legales (Irurozqui 1999).

[8] En el momento de la fundación de Warisata en 1931 hubo en la Bolivia andina cientos
de escuelas ambulantes y unitarias llevadas a cabo por los mismos comuneros y colonos
(Brienen 2011, 2002).

talleres artesanales y la producción agrícola (Pérez 1962), lo que resuena al concepto de las escuelas de trabajo del "Estatuto para la educación de la raza indígena" de 1919[9].

Aun así, no faltaron factores innovadores en la Escuela-Ayllu, como han demostrado una serie de autores (Claure 1989, Choque Canqui *et al.* 1992, Choque Canqui/Quisbert Quispe 2005, Brienen 2002, 2011). Aparte de la organización y gestión desde la comunidad[10] y la organización nuclear (véase abajo), es precisamente la institucionalización del deporte lo que parece diferenciar Warisata de las escuelas rurales e indigenales anteriores. Los clubes de fútbol (y de ajedrez y básquet) surgieron, como enfatiza Elizardo Pérez en sus memorias *Warisata. La Escuela-Ayllu* (1962), por iniciativa de los alumnos mismos, quienes formaron diversos clubes: "Actualmente [1961] existen en educación fundamental una suerte de clubes de carácter obligatorio, con los que trata de fomentarse el espíritu de compañerismo y solidaridad. Pero en Warisata aquellos clubes surgieron espontáneamente, precisamente como manifestación de ese espíritu, y acabaron por ser el complemento necesario de la educación escolar" (Pérez 1962: 221).

Los alumnos y profesores formaron el Club Kantuta, el Club Juárez y el Club Ollanta y organizaron una serie de actividades extraescolares (Pérez 1996: 37, 221). Entre ellos encontramos partidos de fútbol y básquet, teatro con danzas y coros. Las fuentes consultadas indican que entre las escuelas rurales en el departamento de La Paz fue la escuela de Warisata la que primeramente organizó campeonatos intra- e interescolares. Para los campeonatos entre las seccionales, población aymara del campo se trasladaba a la cancha de la central para ver los partidos de su comunidad (Ramos Flores 2010: 25). Además, la selección de Warisata participó en partidos y torneos provinciales e interprovinciales (Pérez 1996: 39, Salazar Mostajo 1991: 50, Ramos Flores 2010).

Hay que destacar dos fenómenos especialmente interesantes de la apropiación del fútbol durante la fase experimental y reivindicativa de Warisata entre 1931-39: el fútbol como motor de solidaridad y rivalidad, por un lado, y como parte integral del folklore y de las fiestas patronales, por otro.

---

[9] Desde 1920, el gobierno conservador había introducido un sistema dual con una educación rural manual y agropecuaria para los indígenas, separada de la educación universal para los criollos y mestizos urbanos (Gutiérrez Guerra 1919, Larson 2003: 188ss.).

[10] El presidente de la escuela era asistido por un comité (*ulaka* de la escuela) con representantes comunales y padres de alumnos. El comité era responsable de la gestión diaria y el mantenimiento de las instalaciones educativas y productivas (Pérez 1962: 169s.).

El fútbol como motor de solidaridad y rivalidad

Warisata introdujo la organización nuclear (o radial) de la educación indígena-rural, lo que permitió el uso sistemático de labores comunales para la escuela. El sistema nuclear consistía en una escuela central —que además funcionaba como escuela normal— con numerosas escuelas seccionales organizadas y supervisadas desde la central. Ahora bien, el sistema radial de la escuela de Warisata no organizaba el espacio físico de una manera aleatoria, sino que funcionaba en relación a la propiedad y los regímenes de tenencia, ya que la escuela se había fundado en "una rinconada del ayllu Warisata colindante con los poderosos hacendados del lugar" (Soria Choque 1992: 57). Warisata, como gran parte de la provincia Omasuyos (y la mayoría del territorio departamental de La Paz, con la excepción de la provincia de Ingavi), era tierra de hacendados. Solamente entre 1866-69 se habían subastado 216 comunidades en cuatro provincias de La Paz (Claure 1989: 74).

Entonces, podemos asumir que la mayoría de las seccionales de la escuela-ayllu operaban en comunidades que se encontraban sobre terreno de haciendas. Pero, es más, en esta situación de encontrarse en la frontera comunidad-latifundio, el sistema radial de Warisata debería circunscribir un territorio que "conformaba la antigua marka", como menciona Elizardo Pérez (Pérez 1962: 166). La escuela aspiraba a crecer y reclamaba mayores terrenos, por lo que su presencia fue percibida como una amenaza por los hacendados, los vecinos y el corregidor de Achacachi (Choque Canqui 1992: 29ss.).

Tanto fue así que Ana Pérez, la esposa de Eliseo, recuerda que cuando Warisata ganó el derbi local contra el equipo de Achacachi, capital del municipio y sede del poder gamonal, "antes de finalizar el partido ya todos estábamos en el camión con la ropa de los jugadores y el carro con el motor encendido para partir, apenas subieran los muchachos que competían, luego había que hacer frente a la lluvia de piedras" (Pérez/Pérez 1996: 40).

Esa reacción violenta de los vecinos del pueblo debe interpretarse como consecuencia de las tensiones entre la escuela de Warisata y el pueblo de Achacachi, lo que desencadenó en una serie de conflictos entre 1934 y 1936. En 1934, la prefectura abrió un proceso administrativo contra el corregidor, quien había agredido a dos indígenas. Elizardo Pérez, en su función como director de Warisata, junto con los dos hombres, le demandaron ante el Ministerio de Gobierno, lo que significó la sustitución del corregidor. Después de ello este intentó mancillar la escuela-ayllu movilizando a gran parte del pueblo de Achacachi en favor de él. En 1936, vecinos de Achacachi intentaron calumniar a la escuela ante el subprefecto de Omasuyos, especialmente a Elizardo Pérez, y desde entonces los ataques legales y morales contra Pérez y las agresiones físicas contra indígenas continuaron, siendo una de las razones de la disolución de la Escuela-Ayllu de Warisata como tal (Pérez 1962, Choque Canqui 1992: 34ss.).

Considerando este contexto local, el episodio del duelo entre Warisata y Achacachi demuestra que las tensiones políticas se trasladaban al campo del fútbol, donde los perdedores, además, expresaban actitudes de desprecio y racismo hacia los representantes de Warisata[11]. El equipo de la escuela-ayllu había ganado a nivel simbólico la confrontación deportiva, lo que era intolerable en ese momento en el que abundaban los conflictos por la tierra, por antiguos privilegios y por la búsqueda de derechos y protección legal para todos. El ejemplo insinúa que el fútbol en Bolivia llegó a crear tempranamente un foro para la puesta en escena de los conflictos raciales y políticos, por tanto, este fútbol de base rural funcionaba como un campo local de encuentro y lucha donde una victoria de Warisata llegaba a invertir momentáneamente las relaciones de poder. Como veremos en el siguiente epígrafe, el fútbol no solamente creó un foro para los encuentros y desencuentros, sino que empezó a formar parte de eventos cívico-culturales.

Fútbol y fiesta cívica

Llama la atención la aparición del fútbol como elemento de las fiestas cívicas desde el mismo momento de la creación de las escuelas indigenales de Warisata, Caquiaviri, Cliza y Vacas, ya que estas asumieron "funciones directamente orientadas a la revaloración [sic], organización y reproducción de la identidad comunaria y cultura andina" (Claure 1989: 93). Actos cívicos y fiestas folclórico-culturales deberían sustituir a las fiestas religiosas y sus rituales, eventos interpretados como manifestaciones de abuso del clero hacia los indígenas, de despilfarro y de embriaguez (Pérez 1962: 105)[12]. En Warisata, deportes, danza y música formaban también parte de los "domingos del campesino" (Oropesa Ortuño 1977: 124). El aniversario de la fundación de Warisata, el 2 de agosto, era celebrado con folklore y fútbol[13].

---

[11] La actitud y comportamiento de los vecinos contrasta con el ambiente en otro encuentro futbolístico de las dos localidades, esta vez en la cancha de Warisata, descrito por el diario La Razón como un evento que hacía desaparecer "los escrúpulos del vecindario mestizo" ante la "cordialidad" de los de Warisata, "nunca vista" (La Razón, 1937, p. 3).

[12] Hay que recordar aquí la fuerte corriente anti-clerical desde el auge de los liberales (Baud 2007).

[13] El 2 de agosto fue retomado después como Día del Indio y en la era post-revolucionaria como Día del Campesino. En homenaje a la escuela de Warisata, la Resolución de la Reforma Agraria fue datada en el 2 de agosto de 1953.

Esas celebraciones cívicas son especialmente evidentes para el tiempo de los gobiernos militar-socialistas (1936-39) después de la guerra del Chaco. Informaba el diario *La Razón* (19 de mayo del 1937, pág. 3) de que en Achacachi se estaba celebrando "el aniversario de la revolución socialista en el interior" con "varias festividades", siendo los "principales números de programas el *match* de fútbol entre los cuadros de Warisata" y el equipo Illampu de Sorata. En los años 1940, cuando Warisata fue disuelta y reconvertida en una "Escuela Normal Campesina para Maestros Indios", el fútbol se estableció como parte imprescindible de los programas del "Día del Indio". Existen numerosos ejemplos de informes que dan cuenta de ello, por ejemplo, el programa de la fiesta para el 2 de agosto del 1944 de Warisata. Algunas de las actividades fueron las siguientes (citas directas de informe s/n 1944a): "Día 1: [...] 14h: "Match de football entre primeras divisiones de aprendizaje (alumnos) y maestranza (profesores), con premios especiales para el ganador [...] 17h: Comparsas folclóricas [...]".

Otros ejemplos son los programas del Día del Indio de 1944, del núcleo campesino de Axawiri (Caquiaviri), provincia Pacajes (igual que Warisata, un experimento escolar clausurado en 1939 como tal) y del núcleo escolar campesino en Llica (Potosí). Los programas constan de "un gran match de fott-ball [sic]" en Llica y un desfile y festival deportivo escolar con la participación de la central y las seccionales en Axawiri (informes s/n 1944b+c).

Aquí vemos cómo el deporte fue impulsado como instrumento para crear una identidad a la vez campesina y nacional, lo que anticipa iniciativas postrevolucionarias. El fútbol proyectaba valores diferentes que la gimnasia; en vez de disciplina y rectitud moral fue usado para fortalecer la solidaridad y el compañerismo, así como la identificación e integración nacional.

A modo de conclusión

En este ensayo he rastreado la llegada, expansión y apropiación del fútbol en el departamento de La Paz entre 1900 y 1940 —una época clave en la distribución tanto de la escuela como de actividades deportivas entre la población indígena—. Si en las décadas 1910 y 1920 ya existían muchas más escuelas indigenales de lo que se pensaba, debido al hecho de que eran en su mayoría organizadas desde las mismas comunidades, no he encontrado fuentes que den cuenta de una práctica sistemática del fútbol. Es en el momento en que se crean instituciones mayores, impulsadas por el compromiso de funcionarios, profesores, caciques apoderados e indígenas en los 1930 —lo que ocasiona la fundación de las escuelas experimentales y del sistema nuclear— cuando el deporte en equipo, especialmente el fútbol, se consolida.

Mientras que el Estado, sobre todo bajo el gobierno liberal, se concentraba en programas de gimnasia de la Europa continental, los deportes de pelota del mundo anglosajón fueron introducidos de manera menos organizada como actividad básicamente recreativa, hasta que en la Escuela-Ayllu de Warisata surgieron los clubes deportivos de fútbol, básket y volley, compitiendo en torneos intra- e interescolares, municipales y provinciales. El fútbol también empieza a formar parte de festividades y se institucionaliza como parte del programa del Día del Indio en los Núcleos Educativos Campesinos de los 1940. En resumen, el balompié con pelota de *tejeta* (trapo) ha existido al menos desde los años 1920 en el departamento de La Paz, seguido por el fútbol indígena-campesino, ya más institucionalizado y ritualizado. Esta profundidad histórica ayuda a entender la vitalidad y amplia divulgación de la práctica de este deporte en el país hoy.

El caso analizado demuestra que el deporte, sobre todo el fútbol y otros deportes de pelota y en equipo, representa un *foro idóneo* para las identificaciones locales, étnicas y nacionales que se activan y reafirman en la interacción con el equipo contrario: "Es sin duda en esta capacidad de movilización de adhesiones en la que hay que buscar las razones de la extraordinaria popularidad de este deporte de equipo, de contacto y de competición" (Bromberger 1999: 30).

En Warisata, el fútbol ligado a la institución de la escuela-ayllu apoyaba el proyecto de la escuela al redibujar las fronteras territoriales de manera simbólica y fomentar un sentido de unidad de todas las seccionales y comunidades periféricas con la central, enfrentándose al equipo de los vecinos y hacendados de Achacachi. El fútbol aparece como una dimensión más de las luchas por la tierra y los derechos ciudadanos. Por ende, trazar las prácticas y encuentros deportivos ayuda a entender de qué manera las tensiones entre autoridades locales y hacendados, por un lado, y las comunidades y simpatizantes de la escuela-ayllu, por otro, se expresaron en la vida cotidiana de las personas.

Es interesante observar que, paralelamente a las luchas por la tierra, un deporte como el fútbol fuera apropiado. Los ideales del fútbol en este sentido encajan especialmente bien con unos proyectos que no se inscriben plenamente en el derecho político de corte individualista (voto universal) (véase Irurozqui 1999), sino en una lucha por derechos comunales de propiedad, por un lado, y por la revaluación del espíritu colectivo del ayllu, por otro.

Bibliografía

APPADURAI, Arjun (1996): *Modernity at Large. Cultural Dimensions of Globalization*. Minneapolis: University of Minnesota Press.

BALE, John/CRONIN, Mike (2003): *Sport and Postcolonialism*. Oxford: Berg.

BAUD, Michiel (2007): "Indigenous Politics and the State. The Andean Highlands in the Nineteenth and Twentieth Centuries", en *Social Analysis*, vol. 51, n° 2, pp. 19-42.

BESNIER, Niko/BROWNWELL, Susan (2012): "Sport, Modernity and the Body", en *Annual Review of Anthropology*, vol. 41, pp. 443-459.

BRIENEN, Marten (2011): *The Clamor for Schools. Indigenous Communities, the State, and the Development of Indigenous Education in Bolivia, 1900-1952*. Tesis doctoral no publicada, Universidad de Amsterdam.

— (2002): "The Clamor for Schools: Rural Education and the Development of State-Community Contact in Highland Bolivia, 1930-1952", en *Revista de Indias*, vol. 62, n° 226, pp. 615-650. <https://doi.org/10.3989/revindias.2002.i226>.

BROMBER, Katrin/KRAWIETZ, Birgit/MAGUIRE, Joseph (2013): "Introduction: From Asian Sports to Sport in Asia", en Katrin Bromber/Birgit Krawietz/Joseph Maguire (eds.): *Sport across Asia. Politics, Cultures, and Identites*. New York/Abingdon: Routledge, pp. 1-10.

CALDERÓN, Raúl (1996): "Paradojas de la modernización: escuelas provinciales y escuelas comunales en el altiplano de La Paz (1899-1911)", en *Estudios Bolivianos*, vol. 2, pp. 111-123.

CHOQUE CANQUI, Roberto/SORIA, Vitalino/MAMANI, Humberto/TICONA, Esteban/CONDE, Ramón (1992): *Educación indígena: ¿ciudadanía o colonización?* La Paz: Aruwiyiri.

CHOQUE CANQUI, Roberto/QUISBERT CHOQUE, Cristina (eds.) (2006): *Educación indigenal en Bolivia. Un siglo de ensayos educativos y resistencias patronales*. La Paz: UNIH/PAKAXA.

CLAURE, Karen (1989): *Las escuelas indigenales: otra forma de resistencia comunaria*. La Paz: Hisbol.

DARBY, Paul (2009): *Gaelic Games, Nationalism and the Irish Games in the United States*. Dublin: University College Dublin.

GUTIÉRREZ GUERRA, José (1919): *Decreto Supremo de 21 de febrero: educación del indio -se dicta el Estatuto para la educación de raza indígena*. La Paz.

INFORME (s/n) (1944): *"Día del Indio de Llica: homenaje al gran Día del Indio"*, 2 de agosto de 1937-1944. La Paz: Archivo de La Paz.

INFORME s/n (1992): *Los Congresos Pedagógicos Nacionales de este siglo y su aporte a la evolución y perfeccionamiento de la educación nacional*. La Paz: Biblioteca del Ministerio de Educación.

JAMES, Cyril Lionel Robert ([1963] 1993): *Beyond a Boundary*. Durham: Duke University Press.

KLEIN, Herbert S. (2003): *A Concise History of Bolivia*. Cambridge: Cambridge University Press.

KUMMELS, Ingrid (2013): "Anthropological Perspectives on Sport and Culture: Against Sports as the Essence of Western Modernity", en Katrin Bromber/Birgit Krawietz/Joseph Maguire (eds.), *Sport across Asia. Politics, Cultures, and Identities*. New York/Abingdon: Routledge, pp. 11-31.

LARSON, Brooke (2005): "Capturing Indian Bodies, Hearths, and Minds: The Gendered Politics of Rural School Reform in Bolivia, 1920s-1940s", en Andrew Canessa (ed.): *Natives Making Nation: Gender, Indigeneity, and the State in the Andes*. Tucson: University of Arizona Press, pp. 32-59.

— (2003): "Capturing Indian Bodies, Hearths, and Minds: 'El hogar campesino' and Rural School Reform in Bolivia, 1920s-1940s", en Merilee Grindle/Pilar Domingo (eds.), *Proclaiming Revolution: Bolivia in Comparative Perspective*. London: Institute of Latin American Studies, pp. 183-209.

MACALOON, John (2006): "Introduction: Muscular Christianity after 150 Years", en *The International Journal of the History of Sport*, vol. 23, n° 5, pp. 687-700.

MAGNE SOTO, Óscar (1964): *El fútbol en Bolivia*. La Paz: Empresa Editorial Universo.

MARTÍNEZ, Françoise (1999): "¡Que nuestros indios se conviertan en pequeños suecos! La introducción de la gimnasia en las escuelas bolivianas", en *Bulletin de l'Institut français d'Études Andines*, vol. 28, n° 3, pp. 361-386.

— (1997): "La création des 'escuelas ambulantes' en Bolivie (1905): instruction, éducation ou déculturation des masses indigènes?", en *Cahiers de l'UFR d'études Ibériques et Latino-Américains*, vol. 11, pp. 161-171.

MESA GISBERT, Carlos D. (1994): *La epopeya del fútbol boliviano 1896-1994*. La Paz: Edición de PAT y FBF.

MILLS, James H. (2005): *Subaltern Sports: Politics and Sport in South Asia*. London: Anthem Press.

MÜLLER, Juliane/MURILLO, Mario (2014): *"Otro fútbol": ritualidad, organización institucional y competencia en un siglo de fútbol popular en Bolivia (1896-2014)*. La Paz: Plural.

OROPESA ORTUÑO, Ruy (1977): *La educación rural boliviana. Warisata: una contradicción superestructural. Elementos para una tipología de la educación*. Disertación para el grado de Licenciado en Pedagogía. La Paz: Universidad Mayor de San Andrés.

PARAVICINI RAMOS, Eddy (2006): *San José. Rescatando la memoria colectiva*. Oruro: Colección San Miguel.

PEÑALOZA BRETEL, Marco Antonio (1993): *Historia contemporánea del fútbol boliviano 1960-93*. La Paz: Federación Boliviana de Fútbol.

PÉREZ, Elizardo (1969): *Warisata. La Escuela-Ayllu*. La Paz: Ceres/Hisbol.

PÉREZ, Raúl/PÉREZ, Ana (1996): *Historia de las escuelas indigenales de Caiza y Warisata*. La Paz: Biblioteca Nacional de Bolivia.

RAMOS FLORES, Marcelo (2014): *El proceso del fútbol en el departamento de La Paz 1900-1950*. La Paz: Consejo Municipal de La Paz.

— (2010): *Campeonatos interprovinciales de fútbol en el departamento de La Paz, 1917-1945*. La Paz: UMSA, Carrera de Historia, cuadernos de investigación sin publicar.

RETAMOSO, Abel (1927): *La Paz: La prensa de José L. Calderón*. La Paz: Ministerio de Instrucción Pública.

RIVERA CUSICANQUI, Silvia (1984): *Oprimidos pero no vencidos: luchas del campesinado aymara y qhechwa de Bolivia, 1900-1980*. Genève: UNRISD.

RODRIGO, Saturnino (1932): *La reforma de la educación física en Bolivia*. Publicación del Ministerio de Instrucción Pública. Dirección General de Educación Física. La Paz: Imp. Renacimiento.

362 JULIANE MÜLLER

SALAZAR MOSTAJO, Carlos (1991): *Warisata. Historia en imágenes.* La Paz: Ediciones Gráficas.

SORIA CHOQUE, Vitaliano (1992): "Los caciques-apoderados y la lucha por la escuela (1900-1952)", en Roberto Choque Canqui *et al.* (eds.), *Educación indígena: ¿ciudadanía o colonización?* La Paz: Aruwiyiri, pp. 41-78.

STRÖBELE-GREGOR, Juliana (1988): *Dialektik der Gegenaufklärung: zur Problematik fundamentalistischer und evangelikaler Missionierung bei den Aymara.* Bonn: Holos.

VILLARROEL CLAURE, Rigoberto (1921): *Educación Indígena. Informe que el Director de la escuela Normal Rural de la Florida (Sacaba) e Inspector General accidental de la Raza Indígena, presenta a la ilustrada consideración del señor Presidente del Consejo Universitario del Distrito.* Cochabamba: Escuela Normal Rural de la Florida.

Pelota mixteca:
pertenencia, convivencia y ancestralidad

Martin E. Berger y Leopoldo Peña

Introducción

La pelota mixteca es un juego de pelota a mano que tradicionalmente se practicaba en el estado de Oaxaca, en el sur de México. Originalmente llamado *pelota a mano fría* o simplemente *juego de pelota,* probablemente recibió el nombre de pelota mixteca en los años 20 o 30 del siglo XX, cuando la manera de ejecutarlo cambió a causa de la invención de guantes. Existen tres variantes del juego: pelota mixteca de hule, pelota mixteca de forro y pelota mixteca de esponja (para más detalles véanse Berger 2010, Pacheco Arias 2015).

Desde los inicios del siglo XX el juego fue introducido en lugares fuera de Oaxaca a causa de la amplia migración laboral de oaxaqueños. Empezando por la ciudad de Orizaba, en Puebla, su práctica se fue desplazando hacia el norte, llegando al Distrito Federal de México alrededor del año 1910 y a los Estados Unidos en los años 60 y 70 del mismo siglo. Hoy en día existen comunidades de jugadores en Oaxaca, en Ciudad de México, en varias ciudades de California y en la ciudad de Dallas, Texas. Don Marino, un jugador jubilado radicado en Fresno, narra cómo llegó la pelota mixteca a los Estados Unidos:

El primero que trajo un guante de pelota mixteca a California fue Crescencio Trinidad. Y ¿cómo [lo] sé? Porque nosotros venimos desde siempre. Llegamos a trabajar a Coalinga, y él se trajo un primer guante. Y cuando pasamos la frontera nos agarró la migra. Y empezaron a revisar. Yo no traía nada, él traía una pelota y un guante. No más eso traía. [...] Él era un hombre que tenía fe en el deporte, porque para todo hay que tener fe. Y él tenía fe en el deporte. Y cuando se lo llevaron [el guante], le pasaron rayos X y no se explicaban qué material tenía, porque pesaba demasiado. Y ¿qué tenía adentro? No le encontraron nada. Entonces lo tuvieron investigando. [...] Les tuvo que explicar [cómo era el juego]. [...] Y cuando ellos empezaron a escuchar cómo se narraba, dijeron: 'Este es semejante al fútbol Americano'. Semejante, nada más que se juega en diferente forma. [...] Y cuando dio esta explicación, lo dejaron libre. Lo echaron para Tijuana, le dejaron su guante, no se lo quitaron, pero se lo querían quitar. [Antes,] ahí en Coalinga, nada más se paraba uno, me paraba yo de un lado y Chencho de otro lado. Le botaba yo la bola.

Cambiábamos por turnos, y luego otro botaba y así no más. [...] Como al año, llegó uno que se llama Guadalupe Hernández y entonces, como se sabía que ya hubo un guante, se trajo otro guante. Los primeros dos guantes que llegaron fueron el de Lupe y el de Chencho, fueron los que pasaron para acá. Y de ahí empezaron a llegar. Fue un tal Regino Bolaños y trajo cuatro guantes. Entonces ya eran seis. [...] Y entonces ya jugábamos tres de un lado y tres de otro lado. Esto, es bien hermoso como comenzó. Después de ahí, ya empezaron a llegar. Cada persona que venía empezó a traer guantes. [...] [Fue] Chencho. Chencho Trinidad, el primero que pasó su guante. Estuvo bien bonito porque lo investigaron como si hubiera pasado mucha contrabanda. Pero no, era nada más un guante y una pelota. [...] ¿Cómo lo compararía? Como Cristóbal Colón, cuando pisó. Primer paso en la tierra. Descubrimiento (Entrevista a Don Marino, Fresno, 2012).

Fig. 1: Torneo internacional de pelota mixteca. Fresno/USA 2012
@LeopoldoPeña

Desde 1998 existe el Torneo Internacional de Pelota Mixteca, que se efectúa en la ciudad de Fresno, California. En este torneo, equipos de los EE. UU. compiten con uno o varios equipos de México. En el pasado, equipos de California también solían participar en torneos en Oaxaca, pero como la mayoría de los jugadores oaxaqueños en los EE. UU. no poseen los papeles para poder cruzar la frontera y regresar, equipos de California ya no participan en torneos en Oaxaca.

Fig. 2: Un niño observa las jugadas en el pasajuego de Fresno.
@LeopoldoPeña

El enfoque de este artículo subraya, por tanto, la importancia de los conceptos de pertenencia y larga duración en relación al juego de pelota mixteca y la
comunidad de jugadores del juego que vive tanto México como en los EE. UU.
Estos dos aspectos del artículo se expresan claramente en una discusión entre
Jaime y Pedro, dos jugadores de Fresno:

JAIME[1]
Todo este deporte consiste en una cadena, pues [...] yo tenía 15 años y yo iba a la
high school y todo ese rollo. Pero nunca me atraía este deporte. [...] Pero después de
ahí dije, pues, quiero empezar. Pues como que me empezó a atraer y dije 'esto es
lo mío'.

PEDRO
Yo pienso que traes algo de antes, de tu familia.

JAIME
¡La sangre!

---

[1] Para proteger su identidad, los nombres de Jaime, Pedro y Ricardo son pseudónimos
de jugadores que viven en los Estados Unidos sin documentación oficial.

366 MARTIN E. BERGER Y LEOPOLDO PEÑA

PEDRO

La sangre. La familia de él [Jaime] jugó mucho.

JAIME

Eso es lo que te digo, yo iba a la *high school* y que esto no era mi rollo. [...] Pero después [...] es como que la sangre llama (Fresno, 2012).

En la literatura académica existe un amplio debate en torno a las posibles raíces prehispánicas de la pelota mixteca. La mayoría de los investigadores lo consideran un juego de origen precolombino (Scheffler/Reynoso/Inzúa 1985, Swezey 1972, Borhegyi 1961, Bernal 1968, Bernal/Seuffert 1979, Taladoire 2003). Otros sugieren que el juego es de origen europeo, dado que representa una forma del juego de pelota a mano que se inventó en la época medieval en Europa y que fue asimilada por los pueblos indígenas de Oaxaca en los inicios de la época colonial (Berger 2010, 2011, Gillmeister 1997).

Hoy en día la pelota mixteca es considerada un juego autóctono, representado por la Federación Mexicana de Juegos y Deportes Autóctonos. El ser reconocido como un juego precolombino/autóctono/tradicional/indígena ha tenido una fuerte influencia sobre la difusión del juego, el número de jugadores que lo practican y el apoyo que la comunidad de jugadores recibe de parte de los diferentes gobiernos nacionales y estatales en México. Debido a su estatus de deporte "tradicional", el juego se difunde como parte de demostraciones culturales, relacionadas con el patrimonio cultural de la nación, en vez de fomentarse como un deporte vivo que puede ser jugado por cualquier persona.

Es en esta articulación de un deporte popular con atribuciones culturales donde la importancia de los conceptos de larga duración y pertenencia se revela. Por un lado, la perspectiva de la larga duración nos ayuda comprender por qué la pelota mixteca se representa hoy en día como juego precolombino. Por otro lado, el concepto de pertenencia nos hace comprender cómo esta articulación actual de la pelota mixteca con percepciones de tradición y antigüedad se convierte en un mecanismo de inclusión o exclusión de diferentes individuos y comunidades.

Eduardo Arellanes, quien forma parte de Los Gemelos/Arellanes, uno de los mejores equipos de pelota mixteca, captura la esencia del problema cuando explica:

Cuando [las autoridades] nos llevan parece que tiene que ser algo del INAH [Instituto Nacional de Antropología e Historia], que es algo histórico, que ahí se queda, como algo caduco, viejo. [...] Cuando damos exhibiciones la gente no sabe bien si se está fomentando para que se practique o si nos llevan [...] como un fenómeno de feria, donde la gente parece que ahí nos ve como algo extraño, no lo toma como algo propio que pueda practicar (Eduardo Arellanes, Mexico D. F., 2011).

Fig. 3: Jugadores gozando de un trago después de una partida
en el pasajuego de San Fernando/California 2014.
@LeopoldoPeña

El origen prehispánico del juego se ha convertido en un aspecto ambivalente. Por un lado, la larga herencia histórica del juego ha sido un obstáculo para que los jugadores obtengan fondos provenientes del Estado. Asimismo, la introducción de deportes "modernos" como el fútbol, el básquetbol y el béisbol, muchas veces introducidos con el apoyo del Estado, incluso ha causado una disminución del número de jugadores nuevos. Como la pelota mixteca es un deporte ancestral y tradicional, sin el "aura of globalization" (van Bottenburg 1994: 260) no tiene la misma atracción para jóvenes que en el futuro serían los posibles jugadores del juego. Por otro lado, este aspecto tradicional ha ayudado a preservar el juego dentro de familias de peloteros y es una fuente de inspiración para muchos de los jugadores. El orgullo de representar una tradición no solamente familiar, sino milenaria, es un estímulo para ellos. La tradición y la ancestralidad crean un sentido de pertenencia que otros deportes menos tradicionales no pueden ofrecer. Según Don Marino son estas tradiciones las que asegurarán la existencia del juego en el futuro:

Tenemos que empezar a preservarlo como era el original. El original del deporte era fiestas [sic]. Cuando se jugaba pelota, se jugaba por fiestas. Eran fiestas, era barbacoa, era con todo y no se vendía nada. Todo era gratis. [...] Y se ha ido perdiendo a causa de que no le estamos dando la promoción correcta. [...] Porque ¿cómo se comienzan a restaurar las cosas? Recordando la raíz. Esto no comenzó con balazos, no comenzó con pleitos. Comenzó con gozo, con fiestas, con barbacoas. Así fue como comenzó la pelota. Así es como llegó aquí [a Fresno] (Don Marino, Fresno, 2012).

Convivencia: pelota mixteca y pertenencia

Para muchos jugadores, el juego forma parte de su historia personal y la de sus familias, es parte de una herencia que se transmite del padre al hijo, del tío al sobrino o del abuelo al nieto. Los niños acompañan a sus familiares a partidos y torneos, lo que los afilia a la comunidad de jugadores. Para muchos jugadores, el juego forma parte de su historia personal dentro de su familia. Don Agustín Hernández lo expresa así:

Nosotros, desde niños, mi papá jugaba, mi abuelito jugaba. Entonces, esto ya viene como... [...] Ya viene por generaciones, ¿no? Y yo creo que es algo que lo traemos en la sangre, porque cuando yo llegué aquí al estado de California, pues, había muchos deportes que practicar. Pero no me llamaban la atención, sino yo quería seguir practicando la pelota mixteca. [...] Yo empecé como a los nueve años a practicarlo. Mi papá jugaba, terminaba de jugar él y sobraban los guantes. Los guantes que ellos ocupaban, pues entonces nosotros ya, los niños que veníamos de ver el juego de ellos, pues nosotros ya nos poníamos los guantes y ya que el campo estaba libre empezamos a practicarlo. Y, de ahí, cada jugada que tenían cada ocho días íbamos a ver y a correr por las pelotas. Y ya después, como digo, terminaba el juego y ya, pues, quedaban los guantes y a practicar otra vez (Don Agustín Hernández, Fresno, 2014).

El sentido de pertenencia se expresa en diferentes niveles. Primero, la pertenencia a un equipo, generalmente de cinco personas. Es el nivel más básico y a la vez de mucha importancia, ya que son los equipos los que muchas veces se componen de familiares y amigos, que inspiran a jóvenes jugadores a empezar a jugar.

Como los equipos muchas veces representan pueblos o barrios, otro nivel de pertenencia es el de los espectadores que apoyan a los equipos. Esto también puede incluir a las esposas, hijas y madres de los jugadores, un aspecto significativo, dado que la pelota mixteca solamente es practicada por hombres en este momento. Tradicionalmente, las mujeres no han jugado al juego. Sin embargo, en Oaxaca, donde se desarrollaron iniciativas para enseñar la pelota mixteca en escuelas primarias y secundarias, niñas han empezado a practicar el juego. La tradición del juego como una práctica limitada al mundo de los hombres es cuestionada en base a la internalización del juego y la introducción en el sistema escolar.

Fig. 4: Niños dando sus primeros pasos en el pasajuego de Fresno 2014.
@LeopoldoPeña

Fig. 5: Una esposa y una hija de un jugador aplauden a la jugada en Fresno 2014.
@LeopoldoPeña

En un tercer nivel, más amplio, existe la comunidad de jugadores, espectadores, organizadores de torneos y otros que están involucrados en la pelota mixteca. Ellos conforman la comunidad transfronteriza y transnacional que apoya a los jugadores para asegurar la existencia continua del juego. Es esta comunidad la que crea los espacios para perpetuar la cultura tradicional.

Para jugadores de pelota mixteca en los Estados Unidos la creación de espacios es de especial importancia, dado que muchos de ellos no tienen documentación oficial para su residencia allí y, por tanto, enfrentan diariamente racismo, discriminación y precariedad. El *pasajuego*, el campo donde se juega pelota mixteca, es un sitio donde pueden encontrarse con sus paisanos, gozar de su cultura tradicional y sentirse, al menos algunas horas, en casa, aunque sea en un ámbito poco hospitalario. En la perspectiva temporal se revela que, ya desde los inicios de la migración oaxaqueña, el *pasajuego* ha tenido este papel de lugar de encuentro, santuario para migrantes y centro de la cultura tradicional. Así lo expresa Cornelio Pérez, expresidente de la Asociación Mexicana de Jugadores de Juegos de Origen Prehispánico A. C, cuando habla del pasajuego de Balbuena, el más importante en la Ciudad de México:

> [El pasajuego de Balbuena era] un espacio que, desde sus orígenes, ayudó, pues, a darle un núcleo de convivencia a muchos de los migrantes, en este caso de origen oaxaqueño. [...] Era un espacio donde, en particular las personas de Oaxaca, de donde son originarios mis padres, pues ahí se encontraban. Había dos lugares donde en aquella época se buscaba la gente. [Como no tenían acceso a un] teléfono, simplemente llegaron y no sabían ni a dónde ir. Los podían buscar en la Villa de Guadalupe, donde todo el mundo se congregaba, porque iban ahí a la Virgen de Guadalupe o venían al pasajuego de Balbuena (Cornelio Pérez, Mexico D. F., 2009).

La Balbuena fue construida mediante el trabajo comunitario de los jugadores en los años 50 del siglo xx. Desgraciadamente, este lugar histórico y fundamental para el desarrollo de la comunidad oaxaqueña en el D. F. fue destruido en 2009 para hacer un aparcamiento para la Secretaría de Seguridad Pública. Por tanto, no carece de una cierta ironía que pocos años después de la declaración de la pelota mixteca como Patrimonio Cultural Intangible de la Ciudad de México los jugadores siguieran sin contar con espacios adecuados para practicarlo.

Pelota mixteca: inclusión, exclusión y el futuro

La pelota mixteca es una tradición ancestral, practicada por personas con raíces oaxaqueñas. Al mismo tiempo, la pelota mixteca es un deporte vivo, practicado por atletas y equipos. La tensión entre estos dos aspectos del juego —uno más enfocado en los ámbitos culturales de patrimonio y tradición, otro más relacionado con el deporte, la vida cotidiana y la afición— conforma el núcleo del debate sobre cómo el juego se puede mantener vivo. La declaración del juego como patrimonio cultural no atrae a nuevos jugadores, más bien conduce a una "museoficación" de la práctica. Así, el juego se convierte en un aspecto más de la cultura tradicional mexicana que no puede ser practicado por personas que carecen del origen "adecuado", es decir, oaxaqueño, apoyado por el INAH (Instituto Nacional de Antropología e Historia), pero no por la Comisión Nacional de Cultura Física y Deporte. Como lo expresa Eduardo Arellanes:

> Llevamos [a la comisión de cultura física y deporte] unas de la playeras con los logos [del equipo Arellanes]. Dijeron que lo veían muy beisbolero [...], entonces, yo no sé qué es lo que esperan, ¡¿que juguemos en taparrabo?! [...] Pienso que mitificar el juego no ha ayudado mucho para promoverlo. Pienso que es un error el tomar la bandera del juego ancestral que jugaban los antepasados. Esto llevó a que por mucho tiempo deberíamos [sic] dar exhibiciones en taparrabos y en zonas arqueológicas. [...] La gente que veía estas exhibiciones no nos preguntaban ¿cómo se llama el equipo? o ¿dónde y cómo entrenan? ¿Dónde me inscribo para practicarlo? No, las preguntas son: ¿es cierto que al que ganaba lo sacrificaban? o ¿por qué no vienen vestidos con taparrabos? (Eduardo Arellanes, Verona, Italia, 2014).

Fig. 6: El equipo Arellanes
@LeopoldoPeña

Fig. 7: Un niño está entrenando en el pasajuego de Oceanside, California.
La pelota que utiliza muestra la 'modernización' del juego.
Oceanside/California 2014
@LeopoldoPeña

Sin embargo, la "detradicionalización" que pretende promover el juego
como deporte, fuera del ámbito tradicional de fiestas patronales en comunidades oaxaqueñas, corre el riesgo de "enajenar" el juego de los individuos que lo
mantuvieron vivo durante décadas y siglos en las comunidades.

Uno de los grandes retos que las comunidades peloteras han de enfrentar
es el declive del número de jugadores, dado que los jóvenes prefieren jugar a
otros deportes. Queda por ver qué camino los futuros jugadores elegirán, el de
la tradición o el de la "detradicionalización". Lo que sí es cierto es que la comunidad es resistente, innovadora y fuerte. El juego no se perderá en las próximas
décadas, gracias a la multitud de iniciativas desarrolladas por los jugadores, he-
rederos de una larga tradición. Así lo expresa don Agustín Hernández: "Nosotros, desde niños, mi papá jugaba, mi abuelito jugaba. Entonces, esto ya viene
como... ya viene por generaciones, ¿no? Y yo creo que es algo que lo traemos
en la sangre" (Fresno, 2012). También Ricardo, jugador de Fresno, apuesta por
la transmisión generacional del juego y en su continuidad:

Yo lo traigo, se puede decir, de herencia. Yo empecé desde los 14 años a jugar.
Ahorita tengo 33 años, entonces desde los 14 años para acá yo he jugado a la pelota.

No he descansado ni un año, ni seis meses. Toda la vida he estado jugando. Mi abuelo, él jugó pelota, mi papá jugó pelota, yo juego pelota. Ahorita tengo mis tres hijos. Dos hijos hombres y una mujer y los estoy entrenando porque yo quisiera de mi parte que este juego siguiera adelante (Ricardo, Fresno, 2014).

Bibliografía

BERGER, Martin (2010): "El juego de pelota mixteca: identidad, tradición y cambio cultural", en *Itinerarios*, vol. 12, pp. 157-177.

— (2011): "The ballplayers of Dainzú? An alternative interpretation of the Dainzú Iconography", en *Mexicón*, vol. 33, pp. 46-51.

BERNAL, Ignacio (1968): "The Ball Players of Dainzú", en *Archaeology*, vol. 21 (4), pp. 246-251.

BERNAL, Ignacio/SEUFFERT, Andy (1979): *The Ball Players of Dainzú*. Graz: Akademische Druck- u. Verlagsanstalt.

BORHÉGYI, Stéphane F. de (1961): "Ball-Game handstones and Ball-Game gloves", en Samuel K. Lothrop (ed.): *Essays in Pre-Columbian Art and Archaeology*. Cambridge: Harvard University Press, pp. 126-151.

GILLMEISTER, Heiner (1997): *Tennis: A Cultural History*. London: Leicester University Press.

PACHECO ARIAS, Leobardo (2015): "El juego de la pelota mixteca de hule en Oaxaca", en *Cuadernos del Sur*, vol. 38/39, pp. 36-58.

SCHEFFLER, Lilian/REYNOSO, Regina/INZÚA, Víctor (1985): *El juego de pelota prehispánico y sus pervivencias actuales*. Ciudad de México: Dirección General de Culturas Populares.

SWEZEY, William R. (1972): "La Pelota Mixteca", en Jaime Litvak/Noemí Castillo (eds.): *Religión en Mesoamérica*. Cholula: Sociedad Mexicana de Antropología, pp. 471-477. TALADOIRE, Éric (2003): "Could We Speak of the Super Bowl at Flushing Meadows? La pelota mixteca, a third pre-Hispanic ballgame, and its possible architectural context", en *Ancient Mesoamerica*, vol. 14 (2), pp. 319-342.

VAN BOTTENBURG, Maarten (1994): *Verborgen competitie, over de uiteenlopende populariteit van sporten*. Amsterdam: Bert Bakker.

LOS MEDIOS DE COMUNICACIÓN

La sexta parte de este volumen concibe al fútbol como un espacio privilegiado para entender las dinámicas entre los medios de comunicación, el propio fútbol y la sociedad. En base a la tesis de que son las transmisiones las que sirven como los mecanismos discursivos que proyectan las distintas identidades sociales y regionales a millones, cuatro artículos exploran continuidades y discontinuidades en los temas y formatos mediales, comprobando de esta manera el poder de la comunicación sobre el fútbol.

El artículo de David Wood explora el rol que han desempeñado los medios escritos, electrónicos y sociales de comunicación a la hora de manifestar y mediar la relación entre el fútbol en América Latina y los procesos de globalización en una perspectiva diacrónica. Comprueba, además, que las formas en que el fútbol se ha representado en aquellos medios permiten seguir los flujos de personas, productos e ideas entre países y continentes en diferentes sentidos y con cada vez más rapidez. El rol de los medios de comunicación se presenta, por tanto, en el poder acelerado de determinar la forma en que vemos a otros y a nosotros mismos como parte de una colectividad futbolísticamente globalizada.

Patrick Thomas Ridge indaga sobre la construcción narrativa de rivalidades entre los clásicos en base a un filtro mediático: los partidos entre clubes como Boca Juniors y River Plate (Argentina), Club América y C. D. Guadalajara (México), C. F. Monterrey y Tigres UANL (México) y Peñarol y Nacional (Uruguay). Al analizar las técnicas de montaje y sonido empleadas por canales como Fox Deportes, GolTV y Univision, descifra la complejidad de la construcción en la narración hiperbólica de los comentaristas.

Sharún Gonzales Matute se enfoca en las dinámicas entre la prensa sobre el fútbol, la sociedad y el racismo peruanos. Se pregunta por las estrategias comunicativas de la prensa deportiva en un contexto en el que las expresiones de racismo están naturalizadas, pero en tensión con un discurso políticamente correcto de erradicación del racismo y la discriminación racial. Analiza cómo la prensa deportiva peruana sigue cumpliendo un rol que oscila entre la denuncia del racismo y la reproducción de este.

Enio Moraes Júnior y Luciano Victor Barros Maluly presentan los resultados de un amplio proyecto de investigación del grupo *Alterjor* (Periodismo Popular y Alternativo) de la Universidad de San Pablo sobre el impacto de las evaluaciones por parte de periodistas brasileños en las relaciones entre Brasil y Alemania. Destacan que la información deportiva básicamente se limita a la transmisión de estereotipos.

Cien años de goledad: medios, literatura y fútbol globalizado

David Wood

Introducción

La relación entre los procesos de globalización y el fútbol ha estado latente desde sus primeros tiempos en América Latina, siendo evidente tanto en los tempranos partidos internacionales entre Argentina y Uruguay como en los torneos (inter)continentales, sobre todo el Campeonato Sudamericano (que se convertiría en la Copa América a partir de 1975), los Juegos Olímpicos y el Mundial. Este ensayo explorará el rol que han desempeñado diversos medios de comunicación, incluyendo algunos textos literarios, en la mediación de la relación entre el fútbol en América Latina y los procesos de globalización. Por razones de espacio, enfocaremos tres periodos claves que dan constancia del papel de las nuevas tecnologías en articular espacios distintivos para el fútbol rumbo a su estado globalizado.

Como marco para nuestra consideración del fenómeno, seguiremos la clasificación en seis etapas de la globalización propuesta por Giulianotti y Robertson, que abarcan desde la etapa germinal (siglo XV hasta mediados del siglo XVIII) hasta la etapa *millennial*, que comienza a partir de los eventos de 11 de septiembre del 2001, según los autores (Giulianotti/Robertson 2009: 3-30). De particular relevancia para nuestro estudio son la tercera etapa, de "despegue" (c.1870-c.1925), y la cuarta, denominada "lucha por la hegemonía" (c.1925-c.1968), además de la etapa más reciente, que vivimos en la actualidad. Si bien es cierto que la electricidad y otras nuevas tecnologías resultan en una marcada aceleración en los procesos de globalización desde las últimas décadas del siglo XIX, los cuatro puntos de referencia fundamentales que tienen en común la tercera y cuarta etapas son: "seres individualizados; sociedades nacionales (masculinas) o estados-nación; el sistema mundial de sociedades (relaciones internacionales); y la humanidad como una sola" (Giulianotti/Robertson 2009: 3-4). Veremos a continuación hasta qué punto estos factores se manifiestan en la relación entre medios y fútbol, así como su rol en la globalización de este deporte.

Primer tiempo: 1890-1920

La llegada del fútbol a diversos países de América Latina durante la segunda mitad del siglo XIX constituye un capítulo importante del proceso que más tarde se conocería como globalización, manifestación cultural (pero también económica y política) de la participación de los países de la región en el capitalismo de mercado global. Los vehículos de este comercio global eran, por supuesto, los barcos, y el remplazo de las velas por los motores a vapor, primero con paletas y luego con hélices de tornillo, en la segunda mitad del siglo XIX, resultó en viajes más rápidos, que marcaron la primera reducción significativa de las distancias, tanto físicas como imaginadas, entre Europa y América Latina (y también los Estados Unidos). Alabarces pone énfasis en la importancia de los puertos en las historias de origen del fútbol en América Latina y fueron estos viajes en barcos a vapor, precisamente, los que permitieron que europeos, e hijos de familias latinoamericanas acomodadas que fueron a estudiar a Europa, llegaran a los países de la región con conocimientos del deporte, copias de las reglas y pelotas (Alabarces 2018).

Ya alrededor de 1900 varios periódicos y revistas daban constancia de la creciente importancia del fútbol a través de artículos, anuncios de materiales deportivos e informes sobre partidos, y el 21 de agosto de 1899 se publicó el primer texto literario sobre este deporte en la revista limeña *El Sport*. Por el valor histórico del mismo, se reproduce a continuación:

Para *El Sport*		
Señores jugadores	aquellos muchachos	limeños é ingleses
oíd este consejo	que han constituido	pronto se juntaron
por cierto muy sincero:	ese gran eléven	y de ambos elevens
"Para jugar foot ball	que siempre triunfante	*lo mejor sacaron:*
es necesario	les dá más aliento	Aquí, sí, la cosa
el ejercicio diario".	para ir adelante.	se hizo muy seria,
"Jugar con mucho orden	Primero lucharon	pues había de bueno
Prestarse auxilio siempre	con el buen eléven	y nada de malo.
y que la bola marche	de Santa Sofía;	El día llegó
derecha al enemigo".	allí ellos ganaron.	y el domingo veinte
Allí está la prueba	Y más todavía,	con tarde nublada,
y muy bien la han dado,	un poco después	mucha concurrencia
los marinos gringos	vencieron de nuevo	y algo de aguacero
siempre que han jugado;	en Santa Beatriz,	se llevó á efecto
Todos habrán visto	no ya á los ingleses	este match postrero:
ese gran concierto	sino á los limeños	Lujo hicieron todos
que al pasar la bola	que dormían tranquilos	de su habilidad
siempre hay *uno alerto;*	sobre sus laureles	y aun cuando teníamos

con gran entusiasmo		los del veinte y nueve.		ese gran *full bak*
y con ciego ardor		Grande fué la lucha,		los bravos marinos
juegan los ingleses		hubo Resistencia,		triunfaron completo:
á más y mejor,		pero al fin y al cabo,		esta es la verdad,
y patadas van		*"el que sabe sabe"*		en forma de resumen*
y patadas vienen		y el triunfo obtuvieron		y á son de remate*
ellos meten goal		por gran mayoría		lo digo y repito:
con ese gran orden		los señores gringos		*Para jugar foot ball*
por ese valor		á la luz del día.		*es necesario*
que se nota en ellos		Sin embargo de estos		*el ejercicio diario.*
al jugar foot ball!		tan serios reveses		J. de J.
Del *Leander* han sido		sufridos por ambos		Agosto 21 de 1899[1]

El poema, del anónimo autor J. de J., se inspira en una serie de partidos entre un equipo que representaba la tripulación del HMS Leander, barco de la marina británica, y tres equipos limeños, a saber, el de Santa Sofía, el de Santa Beatriz y, por último, un combinado compuesto de jugadores de Club Unión Cricket y Lima Cricket y Football Club. Más allá de los resultados (los británicos ganaron los tres partidos), lo que se resalta a través del poema son los valores "europeos" que supuestamente iba a introducir la práctica del fútbol: al abrir y cerrar con la advertencia de que "Para jugar foot ball/ es necesario/ el ejercicio diario", el autor llama la atención del público lector con respecto a la importancia de una rutina disciplinada para formar cuerpos viriles y fuertes. Son estos cuerpos los que van a poder lograr sus objetivos a pesar de las incomodidades y sufrimientos: "y patadas van/ y patadas vienen/ ellos meten goal/ con ese gran orden/ por ese valor/ que se nota en ellos/ al jugar foot ball!" En el contexto del Perú, hay que leer este deseo de cuerpos resistentes y disciplinados no solo como una forma de participar en la modernidad europea, sino también como respuesta a la traumática experiencia frente a Chile en la guerra del Pacífico (1879-83) y la preocupación por hombres limeños "débiles, raquíticos y enclenques" en los años después de la derrota (Muñoz Cabrejo 2001: 43).[2]

Este primer poema futbolístico es a la vez sintomático de y contribuyente a los procesos de globalización, entendida como un concepto que se refiere a la cada vez mayor interconectividad global y a las manifestaciones más fuertes de la globalidad, que se expresan a través de reflexiones sobre el mundo como tal (Giulianotti/Robertson 2009: xi). Con respecto al poema que aquí

---

[1] Estos dos versos han tenido que reconstruirse en parte, ya que las primeras palabras de cada uno se encuentran en muy mal estado en el número original de la revista, que se halla en la hemeroteca de la Biblioteca Nacional del Perú.

[2] Para un análisis más extendido del poema, ver Wood 2017: 9-11.

consideramos, estos elementos se pueden apreciar en tres dimensiones: la forma de expresión, la forma de reproducción y las prácticas y conceptos que se comentan. Primero, el uso del castellano como modo de expresión nos remite a la primera etapa germinal de la globalización, caracterizada por los viajes de "descubrimiento" que introdujeron al continente tanto el castellano como los textos alfabéticamente escritos, que pronto llegarían a gozar de un prestigio hegemónico. Al mismo tiempo, no se puede ignorar el uso del inglés para hablar de la práctica deportiva, ya que la presencia del *goal*, "ese gran eléven", el *full back* y el mismo *foot ball* nos recuerdan que el fútbol era un deporte que todavía no había pasado por un proceso de apropiación cultural local. El que ese mismo fenómeno lingüístico se note en otros países de la región (y no solo de la región) nos remite al hecho de que el autor del poema se encuentra frente a un deporte en vías de ser globalizado. Además, al tomar la poesía como vehículo para expresar el evento deportivo, el anónimo autor hace eco de las odas de Píndaro, que celebraban las hazañas de los atletas de la Grecia clásica, produciéndose así una compresión del tiempo y del espacio, elementos fundamentales de la globalización.

Segundo, la revista *El Sport*, donde se publicó el poema, es parte de un *miniboom* de tales publicaciones que obedeció a avances tecnológicos importados, sobre todo la electricidad, la llegada del fotograbado al Perú en 1898 (Gargurevich 2006: 141) y nuevas imprentas capaces de producir grandes cantidades de ejemplares con mayor rapidez. Al mismo tiempo, entonces, que estas nuevas tecnologías dieron constancia de la participación del Perú en el sistema global también facilitaron que el público lector peruano (la revista incluía referencias a su venta en provincias) fuera conociendo la práctica del fútbol y los beneficios físico-morales que supuestamente este iba a aportar al país.

El tercer aspecto del proceso en esta época fue el flujo de personas, objetos y conceptos, facilitado por avances en los nuevos motores a vapor y comunicaciones: ya en 1901 los cables telegráficos submarinos del Eastern Telegraph Company habían conectado los puertos principales desde el Caribe hasta el Río de la Plata y Chile con los Estados Unidos y Europa. El éxito del fútbol peruano llegaría a tener una gran deuda con la población de origen africano y también asiático, sobre todo a partir de la década de los 20, a través de figuras como Alejandro Villanueva y Jorge Koochoi Sarmiento, quienes representarían el país en torneos internacionales. Esta diversidad no se manifestó en el poema, ya que en 1899 el fútbol seguía siendo patrimonio de las élites locales, pero lo que sí se observa es la presencia de conceptos "científicos" de origen europeo con respecto a la relación entre la práctica del deporte y el higienismo, el darwinismo social y la noción de la herencia de características adquiridas, desarrollada por Lamarck.

Estas revistas ilustradas publicaban noticias, artículos informativos, cuentos, poemas y propagandas que se basaban en materiales europeos y norteamericanos. El material gráfico tenía en muchos casos orígenes comunes y los grabados artísticos, en particular, se alquilaban con frecuencia de Europa o se encargaban a grabadores ingleses y franceses (Gargurevich 2006: 139). Estas publicaciones cumplían así un rol importante en la creación de un ambiente en el cual los países de América Latina participaban en un circuito de saberes y prácticas cada vez más globalizado. Las conexiones entre el fútbol y las revistas ilustradas se arraigaron en las primeras décadas del siglo XX, periodo en el que los escritores latinoamericanos "eran cada vez más conscientes de su posición, no solo frente a sus poblaciones en general, sino también frente al resto del mundo, y se servían del clasicismo para promover sus intereses" (Conn 2018: 134).

Los textos de creación literaria sirvieron en varios casos para plasmar la acción deportiva en la página, muchas veces en revistas que aludían a la Grecia clásica en sus tapas a través de grabados, títulos o las dos cosas. Este es el caso de *Atlántida*, revista editada en Buenos Aires con un tiraje de 45 000 ejemplares, que publicó en mayo de 1918 el primer cuento futbolístico: "Juan Polti, *half-back*", del uruguayo Horacio Quiroga, sobre el suicidio del jugador epónimo. También es el caso de la revista *Calibán* de Montevideo, que publicó en marzo de 1922 el "Polirritmo dinámico a Gradín, jugador de fútbol", del peruano Juan Parra del Riego. Este poema, dedicado al gran futbolista afrouruguayo Isabelino Gradín, representa un claro ejemplo del futurismo italiano donde se reúnen referencias a la Grecia clásica, la Primera Guerra Mundial en Europa y anglicismos del léxico futbolístico para celebrar al jugador cuyos orígenes africanos se resaltan mediante repetidas menciones del color de su piel. En la última estrofa del poema, incluso trascendemos el plano terrestre para imaginar que se aclama la excelencia de Gradín desde la luna, ofreciendo así un ejemplo de la consideración del mundo como un planeta visto desde lejos, una clara invitación a ver al mundo como uno solo, unido por la admiración hacia el delantero uruguayo. Todo a través del fútbol.

Segundo tiempo: la década de 1930

En las primeras décadas del siglo XX se experimentó un auge vertiginoso en la cobertura mediática del fútbol. Diversos periódicos comenzaron a incluir comentarios sobre el fútbol desde los primeros años del siglo XX: por ejemplo, en México, el número de publicaciones deportivas pasó de una sola en 1896 a ocho en 1933, mientras en Brasil el aumento fue de cinco en 1912 a casi 60 en 1930 (Nadel 2014: 82-83). El alcance de tales publicaciones se puede apreciar con el diario popular *Crítica*, que ofrecía una amplia cobertura del fútbol local y tenía en Argentina un tiraje de 166 000 ejemplares en 1924 (Alabarces 2018: 77).

Benedict Anderson afirma que es la palabra impresa la que nos ofrece una clave para entender el surgimiento del nacionalismo, pero los años 30 fueron la década en la que otra nueva tecnología importada haría aun más que los periódicos y revistas para poder imaginar las naciones de la región a través del fútbol, a saber: la radio (Anderson 1983). El primer partido de la región que se transmitió en la radio fue, justamente, un partido entre Argentina y Uruguay en octubre 1924, pocos meses después del triunfo uruguayo en París en los Juegos Olímpicos (otra manifestación del neoclasicismo deportivo). El comentarista en Montevideo recibía una serie de cables de Buenos Aires y los comunicaba al público (Nadel 2014: 83); la victoria de Argentina sobre los nuevos campeones mundiales trascendió el ámbito porteño: el primer gol del partido, marcado por Onzari directo de un tiro de esquina, fue bautizado "gol olímpico", apelativo que marca hasta hoy el carácter globalizado del partido, tanto conceptual como tecnológicamente.

La Copa del Mundo de Uruguay de 1930 gozó de una cobertura por 12 estaciones de radio (Alabarces 2018: 199), en 1931 Rádio Educadora transmitió en São Paulo el primer partido del continente en vivo y en directo (Goldblatt 2014: 46) y en 1936 unas 5 000 personas se reunieron en el centro de Lima delante de las oficinas de *El Comercio* para escuchar noticias del partido Perú-Austria en los Juegos Olímpicos de Berlín. La combinación de fútbol y radio ya permitía, entonces, que la participación de selecciones nacionales en torneos internacionales se experimentara de una manera que reduciría al mínimo las distancias temporales y geográficas. El episodio clave en este proceso, que permite apreciar el rol tanto de la palabra escrita como de la radio, llegó sin duda en 1938, cuando Brasil fue el único representante sudamericano en el Mundial de Francia, evento que constituye "la base simbólica del fútbol brasileño" (Helal 2018: 1). Ya en 1937 el Presidente Vargas había reconocido la importancia de la radio al denunciar en una transmisión radial un complot comunista y la introducción de medidas especiales, justificando así el comienzo del Estado Novo. Para el Mundial de 1938, el primero donde se transmitía la acción de los partidos en directo por radio al Brasil (Wisnik 2008: 184), Vargas mandó instalar parlantes en lugares estratégicos para que el público brasilero pudiera escuchar la narración de los partidos de la *seleção* en Francia.

En una convergencia de los dos medios que nos deja confirmar lo novedoso de la cobertura radial, los grandes públicos que se reunieron para escuchar las transmisiones se convirtieron en noticia para los periódicos locales, que incluían fotos de las masas delante de las oficinas de *A Gazeta Esportiva* en São Paulo, por ejemplo. Al lado de una imagen del público que celebra la victoria frente a Polonia por seis goles a cinco, y comentarios sobre el partido, incluso hay un artículo que ofrece una reflexión sobre la actuación de Gagliano Neto como comentarista (*A Gazeta Esportiva* 06/06/1938: 3), muestra del protagonismo que se dio a este aspecto mediático del evento global.

Las transmisiones radiales permitieron "la compresión del mundo y la intensificación de la comprensión del mundo como uno solo" (Giulianotti/Robertson 2009: xi), pero las tecnologías del momento hicieron que la globalización se manifestara de manera irregular: la portada de *A Gazeta Esportiva* del mismo 6 de junio llevaba una imagen del gran Leônidas en un partido de Flamengo, a pesar de que el texto se refiriera a Estrasburgo y el "difícil triunfo da nossa seleção" gracias a los goles del delantero, que ya llamaban tanto en Francia como Brasil "diamante negro". Las fotos del partido se publicaron una semana después, cuando la portada de *A Gazeta Esportiva* se abrió con un relato visual del partido en siete imágenes bajo un estampado en grandes letras rojas que anunciaban 'Brasil x Polonia', todo en el marco de un rubro que anunciaba que cada edición del periódico era de São Paulo, una entidad local que ofrecía una mediación de la participación de Brasil en un evento mundial. La misma edición de *A Gazeta Esportiva* también incluía una foto de media página en la que un numeroso público miraba a la cámara, consciente de que desde Brasil participaban de la cobertura del Mundial de Francia, después del empate contra Checoslovaquia el día anterior, bajo el titular "O entusiasmo durante a irradiação na 'Gazeta'" (13/06/1938: 12).

Más allá de la participación física al acudir a escuchar los comentarios de partidos, la participación imaginada del público brasileño en el Mundial se manifestó en una pancarta sostenida por uno de los presentes que afirmaba "Brasil 1, Juiz 1", en referencia al penal que dio el empate a Checoslovaquia, y en un titular debajo de la foto que hablaba de los telegramas que se mandaban desde São Paulo para apoyar y animar a los jugadores en Francia.

Las hazañas de Leônidas llamaron asimismo la atención del público y los periodistas franceses y un reportaje sobre el partido Brasil-Polonia publicado al día siguiente llevó una foto del "diamante negro" en pleno disparo al arco con el título "La manière brasilienne" (*L'Auto* 06/06/1938). La diferencia de una semana en la visibilidad de las fotos del partido para el público francés y el brasileño nos recuerda que a los procesos de globalización les faltaba todavía comprimir algunas distancias y el título que acompañó la foto nos deja apreciar la manera en que se construían estilos nacionales frente a otros países dentro del marco de un torneo internacional.

Gilberto Freyre, el gran sociólogo brasilero educado en los Estados Unidos, también importó al Brasil la idea que circulaba en la prensa francesa con su artículo "Foot-ball mulato", que transfirió al fútbol su visión positiva de las múltiples herencias americanas, africanas y europeas para el país: "Acaba de se definir de maneira inconfundivel um estylo brasileiro de foot-ball; e esse estylo é mais uma expressão do nosso mulatismo agil" (*Diário de Pernambuco* 17/06/1938: 4). El encontrarse en un ambiente global que celebraba eufóricamente el equipo brasileño provocó en el país una serie de reflexiones sobre el lugar que ocupaba la nación ante el mundo y, específicamente, sobre la *brasilidade* (Kittleson 2014: 45). La influencia que ha tenido este texto, cuya idea principal se ha repetido y expandido para crear el mito de la democracia racial a través del fútbol brasileño, nos invita a reflexionar sobre la importancia de los textos escritos —frente a las emisiones por radio, por ejemplo— como fuente académica accesible y privilegiada que contribuye a la idea central de Anderson. La palabra impresa, sin duda, ayuda a la construcción de una comunidad imaginada alrededor del fútbol, pero fue sobre todo la radio la que ofreció, por primera vez, una experiencia inmediata de los eventos en otro continente que permitió una participación simultánea —y de mayor conexión emocional— de varias poblaciones nacionales en un hecho concebido precisamente como "del mundo".

Las fotos de las masas que acudieron a los parlantes estratégicos revelan un público casi exclusivamente masculino y blanco, por lo menos en São Paulo, pero la construcción futbolística del país no era propiedad solo de los hombres. Inspirada por los hechos de 1938, Gilka Machado escribió el poema "Aos heróis do futebol brasileiro", publicado en su colección *Sublimação* en ese mismo año. La primera estrofa del poema compara el éxito de la *seleção* a "uma epopéia internacional" para luego, en la segunda, evocar la reducción de las distancias físicas, supuestamente por los medios que se han descrito arriba, entre público y jugadores: "As almas dos brasileiros/ distantes/ vencem os espaços,/ misturam-se com as vossas".

Más adelante describe cómo los jugadores lograron "se insinuar/ no coração/ do Mundo!" y parece asimilar el discurso de Freyre al tomar como símbolo del equipo "os Leônidas e os Domingos", quienes "fixaram na retina do estrangeiro/ a milagrosa realidade/ que é o homem do Brasil". Por último, termina el poema celebrando la forma en que los futbolistas han dejado "aos olhos surpresos/ da Europa/ um debuxo maravilhoso/ do nosso desconhecido país", enfatizando de nuevo la participación de un Brasil globalizado en un evento que se caracteriza por la compresión del tiempo, del espacio y de los hechos.

Tercer tiempo: el nuevo milenio

La expansión de la televisión en América Latina, sobre todo a partir de la década de los 70, sirvió para eliminar en cada vez más hogares la distancia que se observó entre palabra e imagen con respecto al Mundial de 1938, ofreciendo una simultaneidad de experiencia frente a eventos en cualquier parte del mundo. El primer Mundial que gozó de una cobertura televisiva fue el de Suiza en 1954, pero la transmisión por satélite, que redujo aún más las distancias y produjo una mayor sensación del mundo como un solo planeta, llegó a América Latina con el Mundial de México en 1970 (Alabarces 2018: 221).

Es importante subrayar, sin embargo, que la relación entre el público y el evento que miraba en la pantalla era básicamente de receptor de información, a pesar de los ejemplos de interacción que notamos en 1938; lo que cambia en el nuevo milenio, con el surgimiento de nuevas tecnologías digitales y las redes sociales, son las posibilidades de agencia —por ilusoria que sea— que se abren frente al "sujeto" globalizado.

Un claro ejemplo de la manera en que las nuevas tecnologías reducen distancias en el fútbol globalizado es el famoso incidente del partido entre Barcelona F. C. y Villareal en La Liga el 27 de abril de 2014 en el que un hincha de Villareal tiró un plátano al jugador de Barcelona Dani Alves, quien lo tomó del suelo y lo comió antes de ejecutar un tiro de esquina.[3] Poco después del partido, en una entrevista con Globoesporte.com, Alves comentó su reacción al incidente diciendo que "somos todos iguais, **somos todos humanos**" (énfasis nuestro), expresando así una perspectiva de la raza humana como una sola, típica de la globalización que emergió en las primeras décadas del siglo XX (Giulianotti/Robertson 2009: 4). Al mismo tiempo, la presencia del brasileño en un club —auspiciado por un país árabe— que se ha convertido en símbolo del nacionalismo catalán, jugando un partido por la liga española, a raíz del cual enfrenta un problema global (el racismo), para un público internacional, habla con elocuencia de los procesos de migración de jugadores y financiación transnacional que se dan en la globalización del fútbol.

Ese mismo día, el episodio encontró el apoyo de Neymar Jr, también del Barcelona F. C. en ese momento (no jugó por lesión), quien publicó una foto en su cuenta de Instagram (que tiene 108 millones de seguidores) donde aparecía con su hijo, los dos con plátano en mano, y por su cuenta de Twitter (41 millones de seguidores) lanzó el *hashtag* #todossomosmacacos, con versión también en inglés, castellano y catalán. La imagen y las palabras fueron virales y, en un lapso de 48 horas, la campaña de Neymar (la cual pronto se revelaría como una idea que su agencia publicitaria Loducca ya tenía preparada) generó aprobación, respuestas y discusión en el espacio globalizado de las redes sociales. Gracias a las conexiones inmediatas del internet, miles y miles de hinchas de países de todo el mundo (además de los presidentes de Brasil y Ecuador y— cómo no— los dueños de una tienda de ropa en Brasil que vendía polos con el logo y un plátano) se convirtieron en sujetos que generaban comentarios, opiniones y

---

[3] El incidente se encuentra en numerosos vídeos de *YouTube*.

selfies con plátanos. El entusiasmo con el que el público global se manifestó en contra del racismo a raíz del episodio confirma la noción de que el fútbol no solo trasciende diferencias entre culturas, sino que incluso puede "ayudar a sanar heridas entre sociedades" (Giulianotti/Robertson 2009: 29), característica de la etapa más reciente de la globalización.

Parece que estamos lejos de 1938, cuando las fotos de los partidos de Brasil en el Mundial de Francia se publicaban en la prensa local con una semana de retraso y la única posibilidad de interacción con lo que se escuchaba por radio era mandar telegramas a los jugadores; y más aún de los años 1920 y la dominación de la prensa escrita, que publicaba algunas cartas de los lectores entusiasmados por los comentarios que se publicaban sobre los partidos. Sin embargo, el caso de Dani Alves, Neymar y el plátano nos ofrece un fuerte eco de 1920, cuando el escritor mulato Lima Barreto publicó un texto en la revista *Careta* de Río de Janeiro que expresaba su reacción ante lo que acababa de pasar en Buenos Aires. Al pasar por Buenos Aires, de regreso del Campeonato Sudamericano que se había celebrado en Chile, la delegación brasileña mereció el artículo "Monos en Buenos Aires" en el diario *Crítica*, que se acompañó de una caricatura de la *seleção* que se puede apreciar en la figura 1.

Fig. 1: "Monos en Buenos Aires", *Crítica* 3 de octubre de 1920
(nótese el plátano que está comiendo el delegado a la derecha).
Crédito: Biblioteca Nacional de Argentina

No era la primera vez que Antonio Palacio Zino, autor del artículo, se servía de epítetos raciales para referirse a brasileros: entre julio de 1919 y octubre de 1920 los describió como macacos doce veces, como monitos seis veces, monos otras seis veces, macaquitos dos veces, bananeros dos veces y orangutanes una vez (Richey 2015: 132, nota 17). Lima Barreto, fundador en marzo de 1919 de la "Liga contra o futebol", respondió al insulto con un texto irónico titulado "Macaquitos" (Careta 23/10/1920: 17), en el que sugirió que no había que ofenderse, ya que las historias populares siempre demostraban gran simpatía por ese animal.

Si la posición de burlarse del racismo nos recuerda la acción de Dani Alves, y después de Neymar, el *hashtag* de este último se encuentra en otro texto de Lima Barreto, "Bemdito [sic] futeból" (*Careta* 1/10/1921: 5), en el que comenta el debate local con respecto a la composición racial del equipo que iría a participar en el Campeonato Sudamericano de 1921 en Buenos Aires, resultado del incidente del año anterior. Ante la posibilidad de que el equipo que representaría a Brasil en Argentina pudiera incluir jugadores que "tivessem, nas veias, algum bocado de sangue negro, homens de cor, enfim", concluye que "todos nós, para eles, somos macaquitos". Los textos de Lima Barreto estaban destinados a un público local que tenía acceso a la prensa escrita; los mensajes de Neymar iban para un público global que recogió la oposición burlona al racismo y la amplificó a nivel mundial en cuestión de horas para convertirla en un llamado por la solidaridad global contra el racismo, pero que al mismo tiempo (re)conectó a estrellas del fútbol transnacional con su país de origen y sus retos socioculturales. No se sabe si la campaña ideada por Loducca se inspiró consciente o inconscientemente en los textos de Lima Barreto, y la figura del delegado "macaco" brasileño que comía un plátano en 1921, o si es simplemente un caso que nos demuestra que los debates en cuanto al poder del fútbol de trascender y mejorar la condición humana vienen estando en juego desde hace un siglo.

Hablando del período entre las dos guerras mundiales, Alabarces afirma que, a pesar de la migración de jugadores de América Latina y Europa, "el fútbol no se había globalizado: para eso le faltaba televisión, instantaneidad, disolución de la distancia y el tiempo" (2018: 200). Nosotros preferimos considerar la globalización como un proceso *de longue durée* que viene desarrollándose durante siglos y que se ha acelerado desde comienzos del siglo XX, una cuestión de grado y no una cuestión absoluta. Está claro que un factor primordial en este proceso son los avances tecnológicos, sobre todo en los medios, que permiten en cada vez mayor medida esa disolución de la distancia y del tiempo, evidente en los dos casos de los macacos. Este episodio también nos deja apreciar que la globalización del fútbol es un proceso acumulativo y que los diferentes períodos del mismo siguen en diálogo, borrando las distancias, al mismo tiempo que las hacen visibles.

Cuarto tiempo: fútbol, mujeres y globalización

Concluiremos nuestras reflexiones sobre la globalización del fútbol y el rol de los medios con una breve consideración del fútbol femenino en América Latina y de la posición de la mujer con respecto al deporte que se ha convertido en símbolo nacional en muchos países de la región. La más temprana referencia al interés de las mujeres por el fútbol que conocemos en la región se encuentra en la revista *El Perú Ilustrado*, donde una carta de la supuesta Baronesa de Libert comenta que: "Nuestras mujeres —dejamos siempre la palabra a los ingleses— han empezado por formar Cricketts-Clubs [sic], Bettings-Clubs [sic], se han aplicado en seguida a estudiar los misterios del Football" (Baronesa de Libert 18/03/1890: 1489). Este ejemplo confirma lo que se comentó arriba con respecto a las tecnologías e ideas importadas desde Europa y los Estados Unidos (el dueño de *El Perú Ilustrado*, Peter Bacigalupi, fue un empresario estadounidense de descendencia italiana que llegó a Lima en 1878), pero también nos deja ver, con la afirmación de que "Los médicos ingleses deploran esta tendencia" (Baronesa de Libert 18/03/1890: 1491), que desde su primera mención en América Latina la relación entre mujeres y fútbol se desaprobó con justificaciones globalizadas.

En las primeras décadas del siglo XX había mujeres como Anna Amélia de Queiroz Carneiro de Mendonça, Gilka Machado y Bertha de Tabbush que escribían poesía sobre el fútbol (masculino), encontramos numerosas referencias a mujeres que asistían entusiasmadas a partidos en varios países e incluso un temprano poema que relató (claro, con desaprobación) un partido entre mujeres en Santiago del Estero, Argentina, en 1924 (para mayores detalles ver Wood 2017, 2018).

A pesar de (o quizás —precisamente— a raíz de) este interés por parte de las mujeres en el fútbol como espectáculo y práctica, lo que se llegaría a conocer como el fútbol femenino — nombre de por sí problemático en cuanto suposiciones con respecto a comportamientos y actividades "apropiados" para mujeres— se vio obstaculizado e incluso prohibido, como en el caso notorio de Brasil. Lo que justificaba la regulación de la participación de las mujeres en el fútbol eran, sobre todo, los "conocimientos" médico-científicos que llegaban de Europa por vía de textos escritos y también visitas de figuras destacadas, así como misiones militares europeas que importaron diferentes estilos de gimnasia. Ya en 1899, en una charla reproducida en la revista limeña *El Sport*, el doctor Luis Varela y Orbegoso cita a expertos españoles e italianos antes de comparar la gimnasia sueca con la francesa y alemana, concluyendo que la sueca es la más apropiada para las mujeres porque "la Gimnasia, en la Mujer, no debe ser una Gimnasia de *fuerza*, sino *higiénica* y de *gracia*, correspondiendo así a los fines éticos y estéticos que la mujer debe llenar" (Varela y Orbegoso 07/10/1899: 2; énfasis en el texto original). En 1921, a comienzos de la década que vería la transformación del fútbol en Argentina como un símbolo nacional clave, *El Gráfico* publicó el texto "¿Por qué la mujer no debe practicar el football?", de Andy Ducat, jugador de Aston Villa (entonces campeones de la FA Cup) y de la selección inglesa (Ducat 15/01/1921). Para esta gran figura del fútbol inglés, que en esos momentos se encontraba en el medio de acalorados debates sobre la participación —muy exitosa— de mujeres en el fútbol, los conocimientos científicos lo llevaron a concluir que "con el ejercicio, la mujer creará músculo y se le agrandarán los pies; [...] una mujer así transformada dejará de ser mujer para convertirse en un marimacho". Y en Brasil, frente a la famosa carta que el Sr. Fuzeira mandó al Presidente de la República, los expertos de la Subdivisão de Medicina Especializada, a pedido de la Divisão de Educação Física do Ministério da Educação e Saúde, tomaron como referencia investigaciones médicas realizadas en Inglaterra en 1921 para justificar su desaprobación del fútbol como actividad apta para mujeres (Franzini 2005: 326), lo cual se convertiría en 1941 en la prohibición que duraría hasta 1979.

En todos estos casos, la globalización de ideas y de supuestos conocimientos científicos sirvió en la práctica para establecer una globalización de desigualdades con respecto al fútbol de mujeres. Las pautas que se establecieron en las primeras décadas del siglo XX han sido duraderas: Duncan y Messner (1998) afirman que, a pesar de una mayor participación de las mujeres en los deportes desde la década de 1970, los medios apenas han registrado estos cambios, y para Creedon "la cobertura de deportes de mujeres en los medios digitales y globalizados de hoy sigue siendo no equitativa, inadecuada y, con demasiada frecuencia, sexista" (2014: 715). La misma autora expresó la esperanza de que en los Juegos Olímpicos de Río de Janeiro se viera mayor equidad de representaciones de género en los medios digitales; efectivamente, la excelente actuación del equipo de fútbol de mujeres, liderado por Marta, gozó de una cobertura mediática muy favorable frente a la mala actuación inicial del equipo masculino. La falta de los guardianes de los medios tradicionales en los espacios digitales permitió que aparecieran fenómenos como la apropiación de la camiseta número 10 de Neymar para expresar el apoyo a la selección de mujeres y a su capitana como símbolo del "país do futebol" (figura 2).

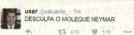

Fig. 2a y b: La camiseta viral original (arriba);
retoque de la camiseta después de la final
de fútbol masculino (abajo).
Río 2016 @Twitter

Sin embargo, después de que las mujeres perdieran su partido de semifinal y los hombres ganaran la final contra Alemania, con gol (y penal decisivo) de Neymar, la posibilidad de una nueva articulación de fútbol, mujeres y nación mediante las redes sociales se esfumó para que se reinstalara la narrativa tradicional del fútbol "masculino" como el discurso dominante. La mayor presencia del fútbol de mujeres latinoamericanas en los medios regionales e internacional es innegable, gracias a figuras como Marta, Formiga y Shirley Cruz, y la clasificación de Argentina, Brasil, Chile, Colombia, Costa Rica, Ecuador y México en los Mundiales de Mujeres en 2015 y 2019. Sin embargo, solo hay que ver el gran número de videos e imágenes en el internet donde mujeres jóvenes latinoamericanas muestran sus habilidades futbolísticas en ropas mínimas y/o tacones ante una mirada masculina globalizada para saber que las actitudes e ideas frente al rol de las mujeres en el deporte revelan también grandes continuidades con las primeras décadas del siglo XX[4]. Está claro que las posibilidades que ofrecen los medios sociales para lograr agencia como sujeto global siguen siendo sumamente problemáticas y que los medios —nuevos y antiguos— siguen siendo "uno de los sitios más importantes para la reproducción de divisiones de género" (Hargreaves 1986: 151).

Tiempo suplementario: conclusiones

Desde finales del siglo XIX, el fútbol ha constituido un sitio privilegiado para poder apreciar cómo los procesos de globalización se han manifestado en América Latina. Como se puede extraer de los ejemplos que hemos considerado a lo largo de este texto, las formas en que el fútbol se ha representado en los medios (escritos, electrónicos y sociales) nos permiten seguir los flujos de personas, productos e ideas entre países y continentes —en diferentes sentidos y con cada vez más rapidez— que son característicos de la globalización. El "crecimiento descomunal del peso del deporte como mercancía mediática" (Alabarces 2014: 205) en los últimos años del siglo XX ha resultado en la "futbolización de la sociedad" (Bromberger 1998) para dar pie a la noción de la "golbalización" en el nuevo milenio (Villena 2006), testimonio de la penetración del fútbol en el ámbito tanto cotidiano como académico. Al mismo tiempo que la omnipresencia del fútbol en los medios facilita la construcción de mitos, en el sentido de verdades parciales, ampliamente aceptadas, que enfatizan ciertas visiones de la realidad y suprimen otras, las numerosas representaciones del

---

[4] Una búsqueda en internet por videos con las palabras 'mujeres futbolistas', por ejemplo, es reveladora al respecto.

fútbol en los diversos medios son al mismo tiempo sitios de contestación donde se reimaginan, reelaboran y reconstruyen significados. En años recientes, el *boom* de los medios sociales ha permitido que tales procesos puedan llevarse (y se lleven) a cabo en cuestión de segundos con personas en comunidades "glocalizadas" donde pertenecer a una comunidad globalizada va de la mano con la afirmación de prácticas y valores locales o nacionales (Robertson 1995). Estas representaciones mediáticas, igual que a finales del siglo XIX, desempeñan un papel de suma importancia para determinar la forma en que vemos a otros y nos vemos a nosotros mismos, sea como individuos, como miembros de una comunidad nacional, como parte de una colectividad futbolísticamente globalizada o como todas estas posibilidades a la vez.

Bibliografía

ALABARCES, Pablo (2014): *Héroes, machos y patriotas. El fútbol entre la violencia y los medios.* Buenos Aires: Aguilar.

— (2018): *Historia mínima del fútbol en América Latina.* Ciudad de México: El Colegio de México.

ANDERSON, Benedict (1983): *Imagined Communities. Reflections on the Origins and Spread of Nationalism.* London: Verso.

CONN, Robert T. (2018): "Classicism in Modern Latin America from Simón Bolívar to Roberto Bolaño", en Andrew Laird/Nicola Miller (eds.): *Antiquities and Classical Traditions in Latin America.* Oxford: Wiley, pp. 132-143.

CREEDON, Pam (2014): "Women, Social Media, and Sport: Global Digital Communication Weaves a Web", en *Television and New Media*, vol. 15, n° 8, pp. 711-716.

DUCAT, Andy (1921): "¿Por qué la mujer no debe practicar el football?", en *El Gráfico*, n° 82, 15 de enero.

DUNCAN, Margaret Carlisle/MESSNER, Michael A. (1998): "The Media Image of Sport and Gender", en Lawrence A. Werner (ed.): *MediaSport.* London: Routledge, pp. 170-185.

FRANZINI, Fábio. (2005). "Futebol é 'coisa para macho'? Pequeno esboço para uma história das mulheres no país do futebol", en *Revista Brasileira de História*, n° 25, pp. 315-328.

FREYRE, Gilberto (1938): "Foot-ball mulato", en *Diário de Pernambuco*, 17 de junio, p. 4.

GARGUREVICH REGAL, Juan (2006): "Del grabado a la fotografía. Las ilustraciones en el periodismo peruano", en *San Marcos*, n° 24, pp. 133-150.

GIULIANOTTI, Richard/ROBERTSON, Roland (2009): *Globalization and Football.* Los Angeles/London/New Delhi: Sage.

GOLDBLATT, David (2014): *Futebol Nation: A Footballing History of Brazil.* London: Penguin

HARGREAVES, John (1986): *Sport, Power and Culture. A Social and Historical Analysis of Popular Sports in Britain.* Cambridge: Polity Press.

HELAL, Ronaldo (2019): "Narrativas de la prensa francesa sobre el fútbol brasileño en los Mundiales de 1958 y 1998", en *Lúdicamente*, vol. 8, no. 15. http://ppct.caicyt. gov.ar/index.php/ludicamente/article/view/14395/pdf (30-11-2020).

KITTLESON, Roger (2014): *The Country of Football. Soccer and the Making of Modern Brazil.* Berkeley/Los Angeles: University of California Press.

LIBERT, Baronesa de (1890): "Las mujeres pueden fumar?", en *El Perú Ilustrado*, n° 147, 18 de marzo, pp. 1489, 1491.

LIMA BARRETO, Afonso Henriques de (1920): "Macaquitos", en *Careta*, 23 de octubre, p. 17.

— (1921): "Bemdito [sic] Futeból", en *Careta*, 01 de octubre, p. 5.

MUÑOZ CABREJO, Fanni (2001): *Diversiones públicas en Lima 1890-1920: la experiencia de la modernidad.* Lima: Red para el Desarrollo de las Ciencias Sociales en el Perú.

NADEL, Joshua H. (2014): *Fútbol! Why Soccer Matters in Latin America.* Gainesville: University Press of Florida.

RICHEY, Jeffrey (2016): "The Macaquitos Affair: Soccer, Blackness and Brazil as Argentina's Racial Other", en *Radical History Review*, n° 125, pp. 116-136.

ROBERTSON, Roland (1995): "Glocalization: Time-Space and Homogeneity-Heterogeneity", en Mike Featherton/Scott Lash/Roland Robertson (eds.): *Global Modernities.* Thousand Oaks/London/New Delhi: Sage, pp. 25-44.

VARELA Y ORBEGOSO, Luis (1899): "La educación física de la mujer", en *El Sport*, n° 9, 7 de octubre, pp. 1-2.

VILLENA FIENGO, Sergio (2006): *Golbalización. Siete ensayos heréticos sobre fútbol, identidad y cultura.* San José de Costa Rica: Norma.

WISNIK, José Miguel (2008): *Veneno remédio: o futebol e o Brasil.* São Paulo: Companhia das Letras.

WOOD, David (2017): *Football and Literature in South America* London/New York: Routledge.

— (2018): "The Beautiful Game? Hegemonic Masculinity, Women and Football in Brazil and Argentina", en *Bulletin of Latin American Research*, vol. 37, n° 5, pp. 567-581.

Cómo leer los clásicos… de fútbol

Patrick Thomas Ridge

Introducción

Los clásicos —los partidos entre clubes como Boca Juniors y River Plate (Argentina), Club América y C. D. Guadalajara (México), C. F. Monterrey y Tigres UANL (México) y Peñarol y Nacional (Uruguay)— representan algunas de las rivalidades futbolísticas más populares, debatidas y divisorias del planeta. Estos enfrentamientos intensifican los sentimientos contradictorios de identidad regional, social y cultural. En los estadios, ciertas prácticas dramatizan estas diferencias, entre ellas, el canto de distintos himnos, el uso de colores y banderas contrarios y los diferentes estilos de juego. Sin embargo, la mayoría de los espectadores ven estos partidos por televisión, un filtro mediático que permite la construcción narrativa de estas rivalidades.

En su conferencia "Cómo leer un partido de fútbol", Juan Villoro explica cómo ciertos elementos literarios como el heroísmo, la nostalgia, la *performance* y la narración dan sentido a estos juegos, posibilitando así una lectura crítica. Al aplicar las teorías de Villoro, este estudio pretende identificar los aspectos que aumentan el drama y el conflicto entre estos rivales. Puesto que este análisis observa los juegos televisados —considera las transmisiones de canales como Fox Deportes, GolTV y Univision—, también señala cómo las técnicas visuales y narrativas construyen estos equipos y a sus participantes como figuras protagónicas y/o antagónicas.

Villoro: cómo leer un partido de fútbol

Días antes del Mundial Brasil 2014, la Biblioteca Vasconcelos (México) invitó a Juan Villoro a dar una conferencia sobre cómo leer un partido de fútbol. El autor de libros como *Los once de la tribu* (1995), *Dios es redondo* (2006) y *Balón dividido* (2014), representa uno de los escritores más significativos que comenta sobre el deporte. Ha explorado el tema a través de varios géneros literarios, pero, más que nada, sus ensayos emplean una aproximación crítica al fútbol, revelando así sus particularidades.

En la conferencia, Villoro propone que "un partido es un relato que se cumple a lo largo de noventa minutos". Como base de su teoría, el autor mexicano se refiere a Pier Paolo Pasolini. Inspirado por el estilo de la selección brasileña tras su victoria sobre Italia en el Mundial 1970, el escritor y cineasta italiano describió el enfrentamiento en términos literarios, yuxtaponiendo así la distinta forma poética y prosaica de los dos equipos:

> ¿Quiénes son los más grandes dribladores y anotadores del mundo? Los brasileños. Por eso mismo su futbol[1] es un futbol poético, porque realiza fundamentalmente el *dribbling* y el gol. El *catenaccio* y la triangulación (que Brera llama geometría) es un futbol en prosa, basado en la sintaxis, un juego colectivo y organizado; es decir la razonada ejecución del código. Su único momento poético es el contragolpe coronado con el gol —que, como ya hemos visto, no puede ser sino poético— (Pasolini 1998: 153).

Esta interpretación facilita una lectura de la táctica y los ritmos del partido. Por ejemplo, Villoro actualiza el argumento de Pasolini al explicar las técnicas de Pep Guardiola y Marcelo Bielsa en años recientes, entrenadores que prefieren un estilo basado en la belleza en lugar del fútbol "resultadista". En cuanto al ritmo del juego, el autor explica que el espectador distingue al equipo que va perdiendo por su ataque desesperado. En otras palabras, el lado que va ganando tiende a replegar y/o administrar el resultado, aunque el Barcelona de Pep muchas veces lograba un ataque continuo y eficiente durante su etapa exitosa.

Entonces, Villoro identifica los posibles personajes y desenlaces del partido. Uno de ellos se relaciona con el concepto del heroísmo. La conferencia nota los triunfos históricos de equipos como Atlético Madrid sobre Real Madrid —un rival sumamente superior— en la Copa del Rey 2013. Así, explica que las victorias de equipos inferiores o no favorecidos se vinculan con el mito de David y Goliat. Del mismo modo, indica que un enfrentamiento de fútbol puede terminar con la final sorpresa, por ejemplo, el gol de Sergio Ramos en el minuto noventa y tres del último partido de la Champions League 2014. Aunque algunos partidos producen un aumentado nivel de suspenso con estos giros argumentales, otros resultan en un empate a cero, un fin que Villoro nombra como una "*performance* de la nada".

Dicho esto, la focalización del espectador afecta a su interpretación. Por ejemplo, los partidos televisados presentan un drama más subjetivo. Diferente a las situaciones objetivas, explica Villoro —los estilos de juego, las estrategias, los resultados—, "la televisión es esclava de la pelota". Mientras el espectador

---

[1] Se escribe y se pronuncia "fútbol" sin acento en México y algunos países de Centroamérica. Esta cita traducida viene de una edición mexicana.

del estadio reconoce fácilmente las acciones de los jugadores que no tienen la pelota o sus movimientos para desmarcarse, el autor dice que en la televisión "solamente vemos lo que ocurre en las inmediaciones de la pelota". De la misma manera, declara que los resúmenes —comunes en programas como *Fútbol Picante* (México) o *Estudio Fútbol* (Argentina)— reducen el drama a goles y posibles goles.

Tanto en el fútbol como en la literatura, la narración da sentido a la acción. Sin embargo, los cronistas y los comentaristas tienden a embellecer y/o mitificar el juego y a sus participantes. Los ejemplos más notables incluyen los gritos de Víctor Hugo Morales durante el Mundial de 1986 —"Barrilete cósmico, ¿de qué planeta viniste?"—, la hipérbole de Ángel Fernández o las crónicas épicas de Nelson Rodrigues, las que les dieron a Pelé y Garrincha sus apodos míticos: "Rei" y "o Anjo das Pernas Tortas". En lugar de simplemente relatar las acciones de la cancha, ya vistas por los espectadores, Villoro enfatiza que los comentaristas tienen la tendencia de "contar anécdotas, leyendas, citar poemas, letras de corridos, bautizar a los jugadores, bautizar al equipo entero" y, más que nada, hablan a través de metáforas. Al analizar las mencionadas rivalidades televisadas, las páginas que siguen identifican los recursos narrativos y mediáticos que convierten los partidos entre dos equipos en clásicos entre dos rivales.

El clásico del fútbol mexicano: América contra Chivas

El clásico de clásicos, jugado entre América y Chivas, representa una de las rivalidades más grandes de América Latina. Más que la tensión regional —los clubes residen en la capital y Guadalajara, respectivamente—, se identifican con distintas ideologías. Por ejemplo, Chivas suele alinear a jugadores mexicanos, una actitud nacionalista y antiimperialista. Al contrario, América —controlado por Grupo Televisa— pretende fichar a los mejores talentos sin importar su nacionalidad y se asocia con la élite y/o la movilidad ascendente. Por lo general, los hinchas eligen su equipo preferido basándose en estos valores (Magazine 2007: 7-10, Parrish/Tyler 2017: 10-11). Según Parrish y Tyler, esta diferencia cultural —las dispares ideologías nacionalistas y/o neoliberales— constituye un antecedente que forma la base de la rivalidad (Parrish/Tyler 2017: 11).

El 3 de marzo de 2018, Chivas enfrentó a sus rivales invictos en el estadio Akron (Guadalajara). Además de transmitir el partido en horario central, *Univision*, una cadena estadounidense, empleó la fórmula "norteamericana" para dramatizar la rivalidad. Comparable con *Sunday Night Football* de NBC (los Estados Unidos), *Sábado Futbolero* abrió con una canción pop de Ninel Conde —reminiscente de la apertura de Carrie Underwood— y múltiples referencias al gran enfrentamiento[2]. Durante la transmisión, los dos comentaristas —Luis Omar Tapia y Paco Villa—, junto con cinco analistas en la cabina y la cancha, describieron el partido como "el súper clásico", "este gran clásico del fútbol mexicano" y "el clásico de clásicos", hiperbolizando así el enfrentamiento para los espectadores. Por añadidura, la mosca del marcador (*score bug*) adornaba la pantalla con la palabra "superclásico" a lo largo de las dos horas.

Típico de estas transmisiones, las imágenes en pantalla presentaron a los jugadores y las alineaciones. Además de esta exposición digital, la narración de Omar Tapia ayudó a construir a los jugadores como personajes literarios al llamarlos "protagonistas". Durante la primera mitad, especialmente después de los goles de Jesús Godínez (Chivas) y Oribe Peralta (América), los comentaristas y la producción mediática empezaron a formular una narrativa mítica para los distintos lados. Al marcar Guadalajara el primero, fabricaron la idea del joven promesa: "El joven salió respondón... Tiene 21 años de edad. Solamente había marcado un gol en toda su carrera. Está escribiendo la historia para Chivas". La narración, junto con el hecho de que Chivas estaba en las últimas posiciones de la tabla, vinculó al hombre y su equipo con el *underdog* o el mencionado héroe inesperado de David y Goliat. Además, la narrativa empleada encaja simbólicamente con las distintas ideologías de los clubes, como el equipo "local" (Chivas) contra el gigantesco poder de la élite (América).

Cuando Peralta, luego, empató el partido, los comentarios lo describieron como el gran talento, asociándolo así con la potencia americana. Aquí, el uso de metáfora e hipérbole enfatiza su juego superior y a veces mítico: "La definición de Oribe Peralta es espectacular, de *crack*" y "Es un mago, es un extraordinario jugador Oribe Peralta". Admirando su control del balón durante una repetición del gol, Paco Villa añade: "Qué giro. Qué forma de girar", una observación que trata la jugada como si fuera una pirueta. En algunas instancias, aquí, cuando lucha por el balón, la narración también resalta sus características "heroicas": "Se mete con el alma, con el corazón, con absolutamente todo se pelea". Las tomas de medio plano igualmente dan cara al protagonista y muestran su brazalete de capitán. Una mosca digital con su nombre y estadísticas acompaña a estas y demuestra cómo representa el antagonista de Chivas: "Ha notado cinco goles de los últimos ocho goles de América ante Guadalajara en Liga MX".

---

[2] El contacto visual y los gestos del *sex symbol* dirigidos hacia la cámara demuestran cómo *Univision* creó su programa principalmente para el espectador masculino heteronormativo. Hay que notar también que la transmisión incorporó un elevado número de publicidad, así como publimoscas (*ad bugs*) de Levi's, Bud Light, Tecate, Walmart, T-Mobile, Verizon, Modelo, McDonald's y Chevrolet. La presentación del partido como un espectáculo combinado con estos aspectos comercializados indica cómo el fútbol en México, al igual que el fútbol americano, se ha convertido en un fenómeno cultural capitalista.

Frente a esta representación, el espectador distingue al supuesto superhéroe de las Águilas. Asimismo, las narrativas contrarias de Godínez y Peralta sirven para polarizar a los dos equipos y, al mismo tiempo, reproducen simbólicamente sus distintas ideologías.

Fig. 1: Una toma de medio plano exhibe a Oribe Peralta.
@LigaMXyUnivision

Pese a que al partido no le faltó acción —hubo más de treinta tiros al arco—, el fin fue decepcionante, al terminar 1-1. Tampoco hubo mucho conflicto entre los jugadores en la cancha. Sin embargo, algunas técnicas televisivas destacaron el antagonismo entre los hinchas. Por ejemplo, en una secuencia, la cámara empezó enfocándose en el portero de América durante un saque de meta. Al sacar la pelota, se hizo una transición a las porras de Chivas y sus gritos no censurados de "¡puto!". Una práctica bien controvertida en los estadios mexicanos —algunos argumentan que la injuria sirve para demasculinizar y/o denigrar al oponente[3]—, el montaje reproduce el ambiente conflictivo de la rivalidad para el televidente. Así, similar a la caracterización antagónica, facilitada

_____

[3] A pesar de múltiples multas, los hinchas mexicanos siguieron usando el grito homofóbico hasta la Copa Mundial masculina de 2018. En años recientes, la Federación Mexicana de Fútbol (FMF) ha defendido su uso, pero durante el torneo internacional, el secretario general Guillermo Cantú por fin lo desaprobó. Para más información sobre el asunto, ver los trabajos de Azamar Cruz (2015), Calderón Gutiérrez (2009), Magazine (2007) y Ridge (2017).

por la narración, la técnica llama la atención hacia la supuesta hostilidad de los dos enemigos. No obstante, el buen ritmo del juego y el ataque balanceado en la cancha resultaron en un buen clásico o "buen fútbol", según muchos aficionados.

El clásico regiomontano: Monterrey contra Tigres

Cinco meses después de la final del torneo de apertura masculino —disputada por Monterrey y Tigres— los dos clubes se enfrentaron en una revancha de clausura, esta vez jugada entre los lados femeninos. A pesar de la larga historia del fútbol femenino en México, los torneos de 2017-18 de la Liga MX Femenil fueron los primeros con gran apoyo de la Federación Mexicana de Fútbol (FEMEXFUT o FMF)[4]. Después de un empate de 2-2 en la ida de la final, la vuelta se jugó en el estadio BBVA Bancomer el 4 de mayo de 2018 y estableció un récord de asistencia, ya que 51211 aficionados estaban presentes (Gomez)[5].

Similar al clásico entre Chivas y América, los dos clubes se asocian con distintas ideologías sociales. Históricamente, las clases obreras han tendido a seguir a los Tigres, mientras que los rayados (Monterrey) han sido el club de la élite regiomontana. Además, los vínculos con la Universidad Autónoma de Nuevo León y el Tecnológico de Monterrey, respectivamente, fomentan otra dicotomía entre lo público y lo privado (Marshall 2017). En años recientes, los dos se han convertido en algunos de los clubes más ricos de la liga, pero la competencia histórica entre los equipos masculinos —se han enfrentado más de 115 veces desde 1960 y han ganado una combinación de diez títulos nacionales— sigue intensificando la rivalidad. Para aumentar el supuesto conflicto entre los equipos femeninos, la transmisión de Fox Sports y la narración de Óscar Guzmán, Marion Reimers y Gustavo Mendoza dependieron de un énfasis en los sucesos anteriores, principalmente la reciente campaña exitosa de Tigres en el Torneo Apertura. Sin importar la falta de historia entre los equipos femeniles, Reimers contextualiza la rivalidad para el televidente al enfocar el escenario compartido de los dos campeonatos: "No podemos dejar a un lado

---

[4] El fútbol femenino mexicano tiene sus orígenes en los años 50 y la FMFF se formó en 1971 con un millar de equipos afiliados. A pesar de su popularidad —más de 110000 personas asistieron a la final del segundo campeonato femenil en el estadio Azteca en 1971—, la falta de apoyo de la FMF afectó a su desarrollo. Para más información sobre la historia del fútbol femenino en México, ver el trabajo de Nadel (2014).

[5] Aunque muchos señalan este récord de asistencia, la final mencionada de 1971 lo duplica.

lo acontecido hace seis meses en esta cancha". La mención del enfrentamiento masculino anterior y del mismo estadio crea el escenario deportivo para un tipo de secuela para los espectadores. Los acontecimientos de la cancha produjeron un verdadero *thriller* con varios giros argumentales. Haciendo eco de la conferencia de Villoro, Reimers confirmó los elementos literarios inherentes del fútbol: "No hay ficción que pueda superar esta realidad narrativa que existe en los deportes". Se refería al golazo de Lizbeth Ovalle (Tigres) tirado desde la medialuna del área, el penalti de empate de Rebeca Bernal (Monterrey), el próximo de Katty Martínez (Tigres) en el minuto 79' y la lucha desesperada de las rayadas, que se convirtió en el cabezazo de Norali Armenta (Monterrey) en los últimos momentos del partido. Como la transmisión del superclásico, los comentaristas dramatizan el conflicto y decoran el talento de las goleadoras. Por ejemplo, al igual que la narración de Peralta, la hipérbole de Gustavo Mendoza dibuja la figura heroica del partido: "La manera en que liquida la jugada del gol... Ovalle es de campeonato, es de título. Queda mucho tiempo, por supuesto, pero la manera en que liquida el mano a mano en una final como la del día de hoy, es de una campeona del mundo". Además, Reimers narra los gestos celebratorios de la jugadora, unas palabras que ayudan a reafirmar la presencia de dos rivales: "El gesto en el festejo, además, habla de una autoridad sobre el terreno de juego. Manda a callar al estadio del equipo archirrival y, ya de esta manera, lo está ganando Tigres 1 por 0, 3 a 2 en el global". Óscar Guzmán, el principal comentarista, vuelve a la tradición épica para narrar esta desesperación y el último gol de la substituida Armenta: "Se solicita la presencia de las heroínas. Se solicita la presencia de Diana Evangelista... Urge un gol por Monterrey" y "La heroína vino de la banca para empatar la final". Al terminar 2-2 —4-4 en el marcador universal, o sea, los goles agregados del partido de ida y vuelta—, el partido llegó al clímax al entrar en los penaltis para confirmar a las campeonas. Al fallar Armenta durante el último tiro, los penales terminaron a favor de Tigres y, de manera orgánica, el resultado produjo a la heroína trágica.

Diferente de los otros clásicos analizados, Reimers constituye una de las pocas narradoras del fútbol, un puesto históricamente ocupado por hombres. La comentarista representa a la primera mujer mexicana nominada a un Sports Emmy (2015) por su trabajo periodístico y ha colaborado con Versus en su campaña contra la discriminación hacia las mujeres en el mundo deportivo profesional. Durante la transmisión, narró de una manera formidable, decorando los logros, la condición física y la garra de las atletas en la cancha, pero es importante notar que también usó el micrófono para llamar atención sobre el impacto social del campeonato femenil. Según ella, los eventos del campo fueron más allá que una simple rivalidad regional cuando describe el comportamiento deportivo de los seguidores felinos ante las jugadoras rayadas:

Incluso llegan las jugadoras de rayadas a pasar enfrente de una parcialidad de Tigres que están allí y, no obstante, les aplauden. Y esto habla nuevamente de lo que es el deporte y el fútbol. Ya se los decía, compañeros, esto tiene que transmitir valores, tiene que ser un vehículo social, tiene que ser inspirador para nuevas generaciones, y no únicamente… empujar o encender una rivalidad geográfica que ya se ha ido marcando con el paso de los años. Me parece que estos gestos son muy importantes y marcan la tónica de lo que la liga femenil quiere transmitir (Reimers 2018).

Mientras que Reimers y sus colegas también dependían de una narración mitológica a lo largo del partido, refiriéndose así a las jugadoras como heroínas, campeonas, titanes, entre otras cosas, sus comentarios al final demuestran cómo el micrófono puede servir como una plataforma para cuestionar las prácticas tradicionales asociadas al fútbol, particularmente las que siguen construyendo el deporte como una entidad cultural exclusivamente masculina. Desafortunadamente, las imágenes conclusivas de la transmisión prueban esta tendencia. Fox celebró al club ganador con un gráfico con las palabras "¡Felicidades! ¡Tigres, Campeonas!", pero una foto del equipo aparece al lado del logo de UANL de color rosa[6]. De esta manera, a pesar de los comentarios de Reimers, el filtro mediático codifica a estas atletas en términos convencionales de femineidad, minimizando así sus logros deportivos y atléticos.

Los clásicos rioplatenses: Boca contra River y Nacional contra Peñarol

Debido a la temprana llegada de *football* a las orillas del Río de la Plata —algunos expatriados británicos jugaron el primer partido en 1867—, el caso rioplatense ofrece ejemplos más históricos. Por su parte, el superclásico del fútbol uruguayo constituye una de las rivalidades futbolísticas más antiguas de las Américas. Los orígenes del conflicto se basan en sus distintas identidades sociales y nacionales. Debido a sus vínculos con el Central Uruguay Railway Cricket Club (CURCC), Club Atlético Peñarol se tiende a asociar con los anglos y la clase trabajadora. Por otro lado, Nacional estableció el primer club criollo del país, un inicio que condujo a su conexión con la cultura local. Hoy en día, la competitividad histórica —los clubes han ganado más de noventa títulos nacionales— y un desacuerdo en la fecha de fundación de Peñarol siguen intensificando el conflicto (Bizzozero Revelez 2018: 562-563). Diferente del caso uruguayo, Boca Juniors y River Plate comparten orígenes similares. Aunque los dos se establecieron por comunidades de inmigrantes al principio del siglo XX, ciertas prácticas fomentaron la creación

---

[6] Su logo tradicional incluye el rostro auriazul de un tigre.

de identidades dispares. El fichaje costoso de jugadores durante los años treinta condujo a la designación de River como los millonarios. De esta manera, el club se empezó a asociar con la élite porteña, a pesar de sus inicios humildes. Al contrario, Boca sigue celebrando estos orígenes, demostrados por el uso de su apodo, los xeneizes. Como resultado, se distingue como el club del pueblo. No obstante, a diferencia del superclásico mexicano, la proximidad geográfica entre los clubes porteños ha empeorado la animosidad. Por ejemplo, la corta distancia actual entre las sedes —16 kilómetros separan el estadio Monumental y la Bombonera— ha conducido a varios conflictos entre los hinchas (Parrish/Tyler 2017: 3-4). Por lo general, las retransmisiones analizadas de los grandes clásicos rioplatenses —Boca-River y Nacional-Peñarol— resultaron menos elaboradas, especialmente en términos narrativos. Sin embargo, los dos sí emplearon técnicas visuales que proyectaron el supuesto antagonismo entre rivales. Al principio de los dos partidos, por ejemplo, Fox Deportes y GolTV dependieron de una exposición visual que pretendió llevar un ambiente hostil al espectador a través del montaje paralelo e imágenes asimétricas.

En la final de la Supercopa Argentina, Boca Juniors enfrentó a River Plate en el estadio Malvinas Argentinas de Mendoza el 14 de marzo de 2018. Antes de salir a la cancha, mientras que los dos equipos esperaban en un gimnasio, un ojo de pez (*fisheye*) mostró a los titulares divididos por la línea media. La cámara encuadró a las dos filas de jugadores de una manera simétrica, pero los distintos colores, diseños y escudos de las camisetas producían un efecto asimétrico, llamando así la atención hacia las dos identidades futbolísticas[7]. Una técnica similar capturó esta distinción antes de la patada inicial. Esta vez, una toma de plano largo mostró la línea media entre los dos clubes y la inclusión de logos virtuales entre la división contribuyó al entorno contestatario. Estas imágenes aún quedaron proyectadas en el campo hasta los primeros minutos. Así, tanto como los distintos colores y elementos territoriales, la realidad aumentada (*augmented reality*) añadía un estrato virtual que proyectaba a dos rivales diferentes para el televidente[8].

---

[7] Cabe destacar que los patrocinadores —Adidas (River Plate) y Nike (Boca Juniors)— aparecen en las distintas camisetas de los dos clubes. De este modo, la toma también presenta la rivalidad publicitaria. Dicho esto, BBVA patrocina a los dos lados, demostrando su monopolio en el enfrentamiento. Galeano habla de la conversión de la camiseta en "cartel publicitario ambulante". Debido a la globalización, propone que el clásico argentino ahora representa una disputa en la que "Quilmes juega contra Quilmes" o Nike contra Adidas (2017: 132).

[8] La filmación de distintos "territorios" del estadio señala la idea del "antagonismo intrabarrial" de clubes como Boca y River. En este caso, las técnicas reproducen simbólicamente

Fig. 2: La cámara muestra a los hinchas de Nacional
en el lado norte del estadio Centenario.
@GolTV

El montaje produjo los mismos efectos. La yuxtaposición de tomas contrarias entre los hinchas de Boca y River exhibió a las dos facciones en las tribunas. Al principio, estas vinculaban los distintos cantos y movimientos de cada sección, pero, tras el segundo gol de River —el partido terminó 2-0—, una secuencia emparejó las celebraciones de los millonarios con un hincha xeneize visualmente desmoralizado. La coordinación de estas imágenes, particularmente el uso del primer plano, sirvió para comunicar el peso emocional del superclásico. Por parte del espectador, el montaje facilitaba el reconocimiento de dos clubes con distintas prácticas e identidades. Debido a que muchos televidentes probablemente no eran argentinos —Gol TV se dirige principalmente al mercado norteamericano— estas técnicas aumentan el drama de la rivalidad, aun para el seguidor extranjero y/o casual.

La transmisión del clásico de fútbol uruguayo —el 22 de abril de 2018— abrió con técnicas semejantes. Igual que las tomas divisorias del estadio Malvinas, GolTV y Tenfield presentaron un escenario conflictivo desde arriba. Esta vez, las tomas aéreas iniciales del estadio Centenario exhibían los distintos colores de las gradas, los aurinegros de Peñarol al fondo y los tricolores de

_____

las diferentes identidades del barrio. Para más información sobre los modos de articulación de las rivalidades argentinas, ver los trabajos de Alabarces (2007) y Romero (1994).

Fig. 3: La toma siguiente del lado sur exhibe a los hinchas de Peñarol.
@GolTV

Nacional en primer plano. Debido al conflicto histórico en los estadios rioplatenses, el espectador puede notar que algunas secciones quedaban vacías y servían como una barrera entre las dos facciones. Una vez más, el montaje producía un efecto antagónico también, así que yuxtaponía tomas paralelas del lado norte (Nacional) y sur (Peñarol). El uso de ángulos reflejados y el mismo *zoom* producían un efecto que vinculaba la secuencia, pero los tonos contrastados resaltaban a los dos grupos y sus supuestas identidades oponentes.

Al mismo tiempo, el sonido comunicó la energía de la rivalidad. Durante esta exposición y a lo largo del partido, el espectador escuchaba los cantos, los bombos y las trompetas de la Barra Amsterdam, la barra más grande de Peñarol. La resonancia servía para amplificar la presencia del grupo ante sus rivales en el estadio, pero el volumen de estos sonidos también resonaba para el televidente, reproduciendo así el drama del entorno antagónico. Aparte de las imágenes del público, algunas tomas de largo plano y de vista aérea mostraron los aspectos formales futbolísticos que dividían a los equipos en la cancha. Como en la transmisión de la Supercopa Argentina, el canal también incorporó logos virtuales separados por la línea media, facilitando de este modo la identificación de los dos rivales.

Fig. 4: Los logos virtuales presentan a los dos adversarios futbolísticos.
@GolTV

No obstante, pese a la emoción creada por las técnicas audiovisuales, la acción del campo fue menos apasionante, especialmente durante la primera mitad. El partido terminó en empate, 1-1, pero se puede deducir que centrar el enfoque en el público ayudó a compensar la falta de antagonismo en la cancha. Así, el verdadero protagonista del encuentro fue la afición.

Comentarios finales

Otros trabajos han demostrado que estos clásicos se basan en diferencias geográficas, ideológicas y/o sociales. La cancha y el estadio simbólicamente reproducen estas diferencias, pero la narración y la filmación de estos encuentros —junto a la competitividad histórica— han servido como importantes elementos discursivos que ayudan a preservar la idea del supuesto conflicto. Una lectura crítica de estos partidos televisados, particularmente un enfoque en los comentaristas y los elementos audiovisuales, revela cómo las transmisiones pretenden aumentar el suspenso y exhibir un escenario antagónico para el espectador. Por ejemplo, en el contexto mexicano, el equipo de Univision dependió de la historia de David y Goliat para dramatizar las diferentes ideologías de América y Chivas. En la Argentina y Uruguay, las técnicas de montaje y sonido empleadas por Fox y GolTV continuaron escenificando algunos de los clásicos más antiguos de América Latina. Y en algunos casos, como la reciente final mexicana de fútbol femenino, estas transmisiones dan cara a nuevas protagonistas y narradoras, papeles históricamente dominados por hombres. Así, este análisis no solamente ha pretendido identificar las estrategias narrativas que perpetúan antiguos conflictos regionales o ideológicos a través del fútbol, sino también ha buscado lecturas alternativas que cuestionan la historia dominante del deporte y sus clásicos.

Bibliografía

ALABARCES, Pablo (2007): *Fútbol y patria*. 2ª ed. Buenos Aires: Prometeo.

BIZZOZERO REVELEZ, Lincoln (2018): "Uruguay", en Jean-Michel De Waele/Suzan Gibril/Ekaterina Gloriozova/Ramón Spaaij (eds.): *The Palgrave International Handbook of Football and Politics*. Cham: Springer, pp. 557-575.

CALDERÓN GUTIÉRREZ, Luis Adrián (2009): "Masculinidad y fútbol en México", en *El Tlacuache*, n° 393, pp. 1-3.

GALEANO, Eduardo (2017): *Cerrado por fútbol*. Madrid: Siglo XXI.

MAGAZINE, Roger (2007): *Golden and Blue Like My Heart: Masculinity, Youth, and Power Among Soccer Fans in Mexico City*. Tucson: University of Arizona Press.

NADEL, Joshua (2014): *Fútbol! Why Soccer Matters in Latin America*. Gainesville: University Press of Florida.

PASOLINI, Pier Paolo (1998): "Un lenguaje de poetas y prosistas", traducido por Guillermo Fernández, en Juan José Reyes/Ignacio Trejo Fuentes (eds.): *Hambre de gol: crónicas y estampas del futbol*. Ciudad de México: Cal y Arena, pp. 149-153.

RIDGE, Patrick Thomas (2017): "Mexico 'on Top:' Queering Masculinity in Contemporary Mexican Soccer Chronicles", en Jeffrey Kassing/Lindsey Meân (eds.): *Perspectives on the U.S.-Mexico Soccer Rivalry: Passion and Politics in Red, White, Blue, and Green*. Cham: Springer, pp. 123-144.

ROMERO, Amílcar (1994): *Las barras bravas y la "contrasociedad deportiva"*. Buenos Aires: CEAL.

VILLORO, Juan (1995): *Los once de la tribu*. Ciudad de México: Aguilar.

— (2010): *Dios es redondo*. 2ª ed. Ciudad de México: Booket.

— (2014): *Balón dividido*. Ciudad de México: Planeta.

Transmisiones

(2018): "Boca Juniors vs. River Plate". *Fox Deportes*. Mendoza, 14 de marzo.

(2018): "CA Peñarol vs. Club Nacional". *GolTV*. Montevideo, 22 de abril.

(2018): "CD Guadalajara vs. América". *Univision Deportes Network*. Guadalajara, 3 de marzo.

(2018): "Monterrey vs. Tigres". *Fox Sports*. Guadalupe, 4 de mayo.

Sitios web y periódicos

Azamar Cruz, César Ricardo (2015): "Del 'puto' (amistoso) a la 'bitch' (de cariño): el insulto como manifestación de violencia de género", en *Memoria del coloquio de investigación en género desde el IPN*, 1/1, pp. 471-485. <https://drive.google.com/file/d/1d08fLVc_D71FvjxTC08zMDKk1JhJy01G/view> (15-10-2018).

Gómez, Eric (2018): "Brilliant Liga MX Femenil final the cherry on top of a groundbreaking debut season". en ESPN.com, 5 de mayo. <http://www.espn.com/soccer/liga-bancomer/22/blog/post/3485437/brilliant-liga-mx-femenil-final-the-cherry-on-top-of-a-groundbreaking-debut-season> (15-10 2018).

Marshall, Tom (2017): "Everything you need to know about Monterrey vs. Tigres in Clasico Regio", en ESPN.com, 8 de mayo. <http://www.espn.com/soccer/mexican-liga-mx/22/blog/post/3108130/liga-mx-rivalry-monterrey-vs-tigres-clasico-regiomontano-everything-you-need-to-know> (15-10-2018).

Parish, Tyler/Tyler, B. David (2017): "Superclásicos and rivalry antecedents: exploring soccer club rivalries in Argentina, Brazil, and Mexico", en *Soccer & Society*, vol. 19, n° 5-6, pp. 1-17. <https://www.tandfonline.com/doi/full/10.1080/14660970.2017.1399604> (15-10-2018).

Villoro, Juan (2014): "Cómo leer un partido de fútbol". Ciudad de México: Biblioteca Vasconcelos. 28 mayo. <https://www.youtube.com/watch?v=zknTnwaNvI8> (15-10-2018).

Entre la naturalización y la visibilización: fútbol, racismo y prensa en Perú. Discurso sobre el racismo de la prensa escrita deportiva peruana a través del caso Tinga

Sharún Gonzales Matute

Introducción

Esta investigación comenzó con el propósito de explorar el vínculo entre el racismo y la prensa peruana en el plano discursivo, con el fútbol como excusa. En el proceso, el fútbol dejó de ser solo el escenario para convertirse en uno de los elementos centrales para entender las dinámicas de la prensa deportiva en el contexto peruano y su relación con el racismo. El racismo y la discriminación racial en el Perú existen y tienen características particulares que los distinguen de experiencias similares en otras partes del mundo (Oboler 1996). Al mismo tiempo, los peruanos niegan su existencia y se consideran una nación homogénea y mestiza (Callirgos 1993). Sin embargo, se trata de una sociedad que aún se concibe o estructura a partir de su propia y particular clasificación racial. La discriminación racial está presente en distintos espacios. El fútbol es uno de ellos.

Las siguientes líneas presentan parte de la investigación titulada "Representación del racismo y los estereotipos étnico/raciales en la prensa escrita deportiva peruana en el 2014" (Gonzales 2018). Primero, exponemos las ideas centrales que enmarcaron nuestra aproximación a la prensa deportiva, el racismo en el Perú y el fútbol. A continuación, abordamos el diseño metodológico y los principales resultados relacionados con el fútbol como espacio privilegiado para entender las dinámicas entre la prensa, la sociedad y el racismo peruanos.

El racismo es aún un tema hostil en el Perú. Es un tema que toca fibras sensibles y parece difícil de operacionalizar en categorías y variables de investigación (Kogan 2010). Para fines de esta investigación entendemos que el racismo existe en la sociedad peruana y es un fenómeno complejo y precisa mayor investigación sobre las formas como opera (Manrique 2014). El fútbol, por otro lado, es un espacio en el que el racismo, entre otros problemas sociales, es exacerbado y toma formas sorprendentes. El ímpetu con el que se vive el fútbol difumina la línea divisoria entre lo socialmente permitido y lo prohibido.

Desde gritar "negro de mierda" a la pantalla del televisor si Jefferson Farfán falla un gol, hasta emitir colectivamente y al unísono desde la tribuna la onomatopeya de un mono cada vez que un jugador toca la pelota, son expresiones que aparecen como parte natural de la dinámica de la afición.

Tradicionalmente, el fútbol ha sido percibido como un espacio en el cual es posible competir en igualdad de condiciones y que brinda a los afrodescendientes, por ejemplo, "la oportunidad inédita de invertir el orden social y político vigente, y obtener aquellas victorias que resultaban imposibles de lograr en otras esferas de la vida diaria" (Panfichi 2009). Sin embargo, es también un espacio en el que, de forma persistente, esos mismos jugadores no han podido dejar de lado los adjetivos raciales con los cuales se les rotula:

> En términos de fútbol, el cholo recién ha aparecido en los 70, con el 'Cholo' Sotil como gran jugador, pero los cholos ya jugaban en el fútbol o jugaban poco. Jugaban, pero no tanto, pero el 'Cholo' Sotil explotó esto por la gran migración de los 50, 60 a Lima. En cambio —y esto es lo interesante— el negro ha jugado en el fútbol peruano casi desde sus orígenes, pero a nadie se le ha ocurrido mencionar al 'Negro' Cubillas o al 'Negro' Villanueva. Más bien se les adjudicaban apodos donde lo importante era animalizarlos o convertirlos en un objeto: 'Manguera' Villanueva, 'Avestruz' Carty, podrás encontrar un montón. Pero jamás se les dijo 'negro'. El cholo apareció y es el cholo; el negro apareció y no fue negro" (Pulgar-Vidal en Mincul 2016).

Además, el deporte es probablemente la actividad que más se ha asociado a la población afroperuana. Este ha sido uno de los pocos mecanismos de ascenso social para varios afrodescendientes en el Perú, luego de la abolición de la esclavitud en el año 1854. Un recorrido superficial a través de la historia deportiva del país revela una participación activa de los afroperuanos en los espectáculos deportivos de masas, como históricamente en el fútbol, el boxeo y, más recientemente, en el vóley (Alejandro Villanueva, José M. Lavalle, Teófilo Cubillas, Héctor Chumpitaz, Julio César Uribe, Jefferson Farfán y Yordy Reyna en el fútbol; Mauro Mina, en boxeo; Cecilia Tait y Luisa Fuentes en el vóley). Esto, finalmente, ha producido una creencia generalizada en la población local de que los afrodescendientes tienen una predisposición especial para el deporte, a diferencia de otros grupos étnicos (PNUD 2013: 47).

Al igual que otros deportes, el fútbol es campo de identidades complejas que comprenden aspectos más allá del equipo. Entran en juego las identidades nacionales, de género, de clase y, como vemos, también las raciales.

Los clubes deportivos Alianza Lima y la Federación Universitaria (hoy Universitario de Deportes) se enfrentaban en el primer clásico de 1928 cuando surgió, de acuerdo a distintas investigaciones, la rivalidad entre ambos equipos. Desde entonces, los diarios sugirieron que las bases de la rivalidad eran raciales: por un lado, los negros obreros de La Victoria y, por otro, los estudiantes blancos. El predominio de terminología racial utilizada por la prensa para describir a ambos equipos —y sus respectivas barras[1]— hacen imposible negar su importancia para entender la relación entre los dos equipos más relevantes del Perú.

El factor racial es tan significativo en las canchas que el racismo y la discriminación racial se han convertido en un problema para las federaciones de fútbol en el mundo. En el 2013, por sugerencia de la Federación Peruana de Fútbol (FPF), la Asociación Deportiva de Fútbol Profesional (ADFP) incorporó en sus bases sanciones por casos de racismo y discriminación (Ministerio de Cultura, 2016). El reglamento del torneo nacional pasó a tener un protocolo para los casos de discriminación racial luego de que se hiciera pública la denuncia de Edgar Villamarín, jugador del Club Alianza Lima, agredido por la hinchada del Club Universidad Técnica de Cajamarca (UTC) durante un encuentro en el estadio Héroes de San Ramón. Un año después sucedieron los hechos que seleccionamos para esta investigación.

La "bestia negra" en Perú

Era febrero del 2014 y estábamos ante las eliminatorias de la Copa Libertadores de América, la competencia más prestigiosa del fútbol sudamericano. En esa etapa, Real Garcilaso, un equipo cusqueño fundado en el 2009 y novato en la copa, jugaba contra el Cruzeiro, uno de los equipos más exitosos del Brasil y dos veces ganador de la Copa Libertadores. Los días previos al partido del 12 de febrero, la prensa deportiva peruana ya anunciaba al oponente extranjero como la "bestia negra" (*Líbero*, 12 de febrero 2014), un equipo temido, que entre sus jugadores contaba, además, con la "bestia" Julio Baptista (*Líbero*, 11 de febrero 2014). Lo que sucedió luego pasaría a ser un hito en la historia del racismo peruano.

Contra todo pronóstico, Real Garcilaso, un equipo con menos presupuesto y reconocimiento que Cruzeiro, ganó el partido. En una cancha provinciana en la ciudad de Huancayo, a más de 3 000 metros de altura, frente a una afición que pocas veces tiene la oportunidad de ver un encuentro como este, se encendió la esperanza de que Real Garcilaso llegase lejos en la Copa Libertadores.

---

[1] Hoy en día, los jugadores e hinchas de Alianza Lima son descritos como "grones" (un juego de palabras con el término "negro"). En contrapartida, la afición de Universitario es "crema". La prensa escrita deportiva es uno de los espacios de diseminación de estas etiquetas o rótulos.

La noticia en los diarios al día siguiente podría haber sido que un pequeño equipo peruano había logrado ganarle a un equipo de Brasil, país cantera de *cracks* futboleros. En su lugar, medios brasileños y peruanos se hacían eco de una denuncia de discriminación racial por los gritos de la hinchada durante el partido. Cada vez que Paulo César "Tinga" Fonseca tocaba el balón, los aficionados en las tribunas hacían sonidos onomatopéyicos similares a los de un mono.

La denuncia hecha por Tinga ante la Confederación Sudamericana de Fútbol, conocida como la CONMEBOL, se inscribe en un fenómeno mayor en el Perú. Un estudio hecho por el Ministerio de Cultura sobre la discriminación racial en el fútbol peruano ubicó diecisiete casos de racismo entre el 2013 y el 2015. Dicha lista no tiene en cuenta la denuncia de Tinga, por tratarse de un torneo internacional. Sin embargo, este último comparte con los otros casos una característica: todos tienen como protagonista a un futbolista afrodescendiente.

Lo sucedido en Huancayo tuvo un impacto tal que la presidenta de Brasil en ese momento, Dilma Rousseff, y el presidente peruano, Ollanta Humala, se pronunciaron en contra de este tipo de manifestaciones (Straub *et al.* 2015). Así, el tema del racismo fue puesto nuevamente en la agenda mediática del Perú. Finalmente, el 24 de marzo del 2014, el Tribunal de Disciplina de la CONMEBOL decidió sancionar al Club Real Atlético Garcilaso de Perú con USD 12 000 "por los cánticos de naturaleza racista entonados por parte de un sector de sus aficionados" (Straub *et al.* 2015).

Estereotipos y racismo en el discurso de la prensa deportiva

En el contexto de tal caso, esta investigación se propuso identificar la relación entre el uso de estereotipos étnico/raciales en la práctica de la prensa deportiva peruana y la forma en que el racismo es representado en los artículos publicados en los diarios *Depor* y *Líbero* sobre el caso de agresiones racistas hacia Paulo Cesar "Tinga" Fonseca en febrero del 2014.

Para lograr tal objetivo diseñamos una metodología que incluye tres instrumentos de investigación: el análisis de contenido, el Análisis Crítico del Discurso (ACD) y la entrevista en profundidad. Los dos primeros fueron realizados a partir de las ediciones de ambos diarios publicadas entre el 10 y el 16 de febrero del 2014. Analizamos el contenido de todas ellas para identificar el uso de estereotipos étnico/raciales y seleccionamos las notas informativas que mencionaron el racismo o las agresiones a Paulo Fonseca para el ACD. Así, hallamos 14 piezas informativas en *Depor* y 22 en *Líbero*. Finalmente, seleccionamos 13 de ellas con miras a realizar un análisis tridimensional, tal como es propuesto por Norman Fairclough (2003), compuesto por el eje textual, la práctica discursiva y la práctica sociocultural.

a. Análisis de Contenido: racialización y deshumanización en la prensa deportiva

El análisis de contenido consistió en el registro de adjetivos y estereotipos en una muestra de 14 ediciones de los diarios *Depor* y *Líbero* publicados durante la tercera semana de febrero del 2014 (los días del 10 al 16 de febrero). Esa semana incluye el 13 de febrero, día en que el jugador de fútbol Paulo César "Tinga" Fonseca denunció haber sido sujeto de insultos racistas durante el partido entre el equipo brasileño Cruzeiro y el equipo peruano Real Garcilaso.

Los estereotipos fueron operativizados a través de las categorías deshumanización y racialización. "Aceituna", "bestia", "foca" o "monstruo" son algunas de las formas en las que la prensa deportiva llama a los deportistas afrodescendientes. Adjetivos o rótulos como estos son rastros en el lenguaje de un proceso complejo que es conocido como deshumanización (Rodríguez 2007). Este proceso, mediante el cual los humanos son percibidos como incapaces de actuar según los valores o las normas sociales, refuerza las creencias y actitudes que legitiman el rechazo y la exclusión social.

Mediante la racialización, a "los cuerpos, los grupos sociales, las culturas y etnicidades se les produce como si pertenecieran a diferentes categorías fijas de sujetos, cargadas de una naturaleza ontológica que las condiciona y estabiliza" (Campos 2012: 186). La racialización clasifica a los humanos según categorías raciales como "negro", "indio", "chola" o "zamba".

Encontramos que la prensa deportiva recurre a estereotipos étnicos y raciales como parte del tratamiento de las noticias. Hallamos 123 incidencias en 14 ediciones impresas. El proceso más recurrente entre las noticias que revisamos fue la racialización; es decir la asignación de razas a los deportistas mediante adjetivos o apelativos. Palabras como "zambo", "grone" y "cholo" destacaron en nuestro análisis. La mayor parte de los adjetivos estuvieron relacionados con la población afrodescendiente.

b. ACD: el racismo representado en tensión

El Análisis Crítico del Discurso (ACD) se basó principalmente en la metodología propuesta por Norman Fairclough (2003) y las aproximaciones de Theun van Leeuwen (1995) y Teun A. van Dijk (1999). En ese sentido entendemos el discurso como acción y los textos como producto de la práctica discursiva de los periodistas y los diarios (Fairclough 2003). La práctica discursiva, a su vez, se enmarca en la práctica sociocultural, es decir, los sistemas de creencias y estructuras de nuestra sociedad.

A partir del Análisis Crítico del Discurso (ACD) de las 13 piezas informativas publicadas por *Depor* y *Líbero* que mencionaron el racismo o las agresiones a Paulo Fonseca, reconstruimos la representación del racismo en el discurso de la prensa deportiva. Destacan en el análisis la representación de los actores sociales y la asignación de los roles de víctimas y agresores.

Encontramos que en los artículos de *Depor* y *Líbero*:

- El racismo es entendido como una agresión y ocasiona un escándalo público, *desproporcionado*.
- Según el discurso de estos diarios, el racismo es condenable. Sus argumentos para esta condena son la diversidad étnica, racial y cultural del Perú y que ninguna persona merece ser discriminada por esta causa. No es lo políticamente correcto.
- Los racistas, según estos medios, son un grupo difícilmente identificable, son todos y al mismo tiempo ninguno. Están dispersos y forman parte de un fenómeno global.
- Para *Depor* y *Líbero*, las víctimas del racismo son identificables. Sin embargo, no incluyen su voz en la noticia.
- Ante los ataques racistas a Paulo Fonseca, lo que se publicó en *Depor* y *Líbero* como lo más importante fue la posible sanción a Real Garcilaso, que sería de índole económica.
- En estos medios deportivos, el racismo es un fenómeno global, pasa en todo el mundo, lo cual coloca a la noción de racismo como un problema foráneo, externo al Perú.
- Las causas del racismo no son examinadas en los artículos que son parte de esta muestra.

De esta forma de representar el racismo, llama la atención que no exista una definición de este como concepto o fenómeno. En algunos de los textos analizados, el término xenofobia fue utilizado como sinónimo de racismo para describir lo que sucedió con Paulo César "Tinga" Fonseca. En general, la forma en la que es representado el racismo en el discurso de la prensa escrita deportiva peruana exhibe problemas conceptuales. Observamos que tal representación se construye en medio de tres tensiones cognitivas:

1. La primera está relacionada con qué es el racismo. Tan básico como la definición del mismo, la representación del racismo como un problema, una anécdota o una cuestión moral refleja el caos semántico sobre el tema que existe en el contexto peruano.
2. Otra tensión en la que se enmarca la representación del racismo versa sobre quiénes son los racistas. Aunque el caso que analizamos evidencia la actitud racista de los peruanos, no es fácil aceptar el rol de racistas en un contexto internacional. Particularmente, si se considera el racismo una cuestión moral y de reputación, de la opinión que otros tienen sobre uno. Así, al momento de representar a los actores sociales racistas, la prensa deportiva enfrenta la disyuntiva entre presentarlos como parte de la sociedad peruana

o aislarlos del resto y, así, limpiar la reputación y el nombre del Perú como país y de Real Garcilaso como uno de sus equipos representantes en la Copa Libertadores.

3. Finalmente, identificar a las víctimas del racismo es otra tensión importante en la que observamos cómo las prácticas sociales y culturales interactúan con el discurso que la prensa deportiva construye respecto al racismo. Entre la naturalización y la visibilización del racismo como problema, los afectados por la discriminación racial son representados de forma confusa.

c. Entrevistas: los encargados de redactar las noticias

La tercera herramienta utilizada en esta investigación fue la entrevista. Contactamos con periodistas deportivos que trabajaron en *Depor* y *Líbero* (dos de cada uno de los diarios). Los entrevistados ejercían como periodistas deportivos en el año 2014. Debido al carácter moral del racismo que identificamos en nuestro ACD, las entrevistas fueron anónimas. La conversación estuvo semiestructurada con preguntas sobre la labor periodística, los estereotipos étnicos/raciales y el racismo peruano.

Los entrevistados describieron el uso de estereotipos étnico/raciales en el fútbol como una práctica generalizada que se da de igual forma hacia distintos grupos ("racismo del afro hacia el andino, del andino hacia el afro, porque estamos metidos todos, no se salva nadie…"). Sin embargo, los ejemplos ofrecidos por los entrevistados sobre los estereotipos de los "blancos" estuvieron relacionados con diferencias de clase y acceso a recursos y no con diferencias físicas valoradas negativamente. Una de las entrevistas recuerda que al futbolista George Forsyth le dicen "Ken"[2], "en lugar de tapar que sea modelo, eso también es racismo porque es blanquito y guapo". De forma general, un entrevistado indica que se duda de las habilidades para el deporte del "churro, al bien puesto, al que tiene plata" ("¿qué va a ser futbolista, ese?").

Una parte de las entrevistas en profundidad estuvo dedicada a reconstruir el origen y contexto de algunos de los apelativos identificados por nuestro análisis. En el caso de la "Foquita" Farfán, todos coincidieron en que Jefferson Farfán heredó ese apelativo de su tío, Roberto "Foca" Farfán. Al preguntarles por las razones para el apelativo original, los entrevistados refirieron a las características físicas de Roberto Farfán como parecidas a las de una foca, desde color oscuro o negro de su piel, hasta la forma de sus dientes o su lenguaje corporal.

---

[2] El muñeco de Mattel creado en los 60 y considerado pareja de la muñeca Barbie.

Las entrevistas permitieron dar a la investigación la perspectiva desde el periodismo. En tanto las guías de entrevistas fueron construidas con los hallazgos del análisis de contenido y el ACD, las respuestas de los periodistas retroalimentaron los resultados de las otras dos herramientas de investigación. Al interrogar a los redactores de las noticias exploramos la práctica discursiva presente en los diarios deportivos y las prácticas socioculturales que enmarcan su discurso.

Entre la naturalización y la visibilización

Mediante el ACD expusimos algunas de las características del discurso de la prensa deportiva sobre el racismo. De ellas destacamos la tensión entre la "naturalización" y la visibilización del racismo. Así como encontramos un tratamiento del racismo como un acontecimiento negativo, el análisis de contenido advierte el uso de estereotipos étnicos y raciales en la redacción de las noticias. Al mismo tiempo que replican denuncias de racismo en las canchas de fútbol, los diarios deportivos refuerzan una clasificación de la población en términos raciales, lo cual lleva a entender el racismo como algo natural.

Notamos en la teoría y nuestro análisis dos posibles explicaciones para esta aparente tensión. Primero, el lenguaje de la prensa escrita deportiva está conformado por jergas, metáforas y se caracteriza por ser coloquial. Aunque algunos estudios han revelado que los periodistas deportivos tratan de evitar el trato prejuicioso a las minorías étnicas y raciales y se han vuelto más sensibles a problemas raciales (Van Sterkenburg *et al.* 2010), los estereotipos étnicos/raciales continúan siendo parte de su lenguaje.

Dentro del proceso de producción de textos se considera difícil eliminar o cambiar este tipo de lenguaje en las secciones donde los diarios hablan en términos muy coloquiales. Los adjetivos que aluden a categorías raciales son percibidos como "parte de la coloquialidad del asunto". Como explica uno de nuestros entrevistados, "si tú eres un diario deportivo y un diario de fútbol, donde tienes que ponerles... no tienes, voy a corregir, donde utilizas de manera cotidiana 'Foquita', 'Culebra', 'Caballito', 'Cuto', 'Arañita'", el uso de estereotipos étnicos es visto como inevitable.

Otra posible explicación para la "naturalización" del racismo en la prensa deportiva es la dinámica futbolística. Entendido como parte del fútbol, el racismo es justificado por nuestros entrevistados como una técnica para reducir al oponente y como parte de las emociones de la hinchada respecto al equipo contrario. Esta práctica sociocultural se ve reflejada en los textos bajo la forma de un discurso que representa al racismo como un escándalo público y *desproporcional* en lugar de un problema político y social. Aunque el racismo afecta a la vida de miles de ciudadanos de forma estructural y cotidiana, los diarios deportivos banalizan su naturaleza y consecuencias.

Una de nuestras entrevistas describe cómo "para efectos de las personas que lo ven desde fuera puede resultar un tanto chocante e hiriente, pero en la prensa deportiva el uso de este tipo de apelativos es común, es frecuente y está vinculado al argot deportivo". Si bien se reconoce la participación de los periodistas deportivos en la creación y difusión de apelativos estereotípicos, esta práctica está más vinculada a la dinámica deportiva de la cual la prensa forma parte.

El hecho de que un lenguaje que racializa y deshumaniza a los jugadores de fútbol coexista con noticias que replican el racismo toma otro matiz. Si lo primero es parte inherente de la prensa deportiva y del fútbol no se contradice (necesariamente) con las noticias que condenan acontecimientos como el denunciado por Paulo César "Tinga" Fonseca. Un contexto en el que las expresiones de racismo están "naturalizadas" entra en tensión con un discurso políticamente correcto de erradicación del racismo y la discriminación racial en el fútbol y la sociedad peruana.

La representación del racismo en el discurso de *Depor* y *Líbero* permite también ver cómo el fútbol y sus asociaciones, ambos parte de un sistema privado, respaldan sus actividades con narrativas nacionalistas y patrióticas, banderas y símbolos de orden público. Por último, el racismo es un proceso cíclico y constante en el fútbol. La prensa deportiva peruana sigue cumpliendo un rol que oscila entre la denuncia del racismo y la "naturalización" del mismo. El racismo en las canchas y en los diarios se construye como "algo que siempre ha existido y no va a dejar de existir".

Conclusión: carácter cíclico del racismo en el fútbol

El 16 de febrero, dos días después del incidente racista contra Cruzeiro, se presentó otro incidente de racismo en las canchas de fútbol. Esta vez el objetivo de los insultos fue Luis Tejada, jugador de fútbol panameño que radica en Perú. Una nota en la edición de *Líbero* de ese día describió los sucesos así: "El panameño marcó un gol, falló un penal y casi suspenden el partido porque recibió insultos racistas". Mientras el caso de Paulo César "Tinga" Fonseca seguía en la agenda mediática, ya había otro evento de características similares que le seguía. El carácter cíclico del racismo en el fútbol peruano aparece también como un recurso narrativo que no se agota y llama la atención de la lectoría.

Aunque la existencia de razas dentro de la especie humana ha sido negada por la biología, nuestras diferencias físicas aún tienen significado. La prensa deportiva utiliza estereotipos étnicos y raciales en la redacción de las noticias para representar a los futbolistas. ¿La explicación? Los apelativos raciales son entendidos como parte inherente de la dinámica futbolística. ¿Podremos disfrutar del fútbol sin usar etiquetas como "monos", "zambos", "cholos" o "indios"?

Bibliografía

CALLIRGOS, Juan Carlos (1993): *El racismo*. Lima: Centro de Estudios y Promoción del Desarrollo.

CAMPOS GARCÍA, Alejandro (2012): "Racialización, racialismo y racismo: un discernimiento necesario", en *Universidad de La Habana*, n° 273 (Enero-Junio 2012), pp. 184-199.

FAIRCLOUGH, Norman (2003): *Discourse and Social Change*. Cambridge: Polity Press.

GONZALES, Sharún (2018): *Representación del racismo y los estereotipos étnico/raciales en la prensa escrita deportiva peruana en el 2014*. Tesis de Licenciatura. Lima: Pontificia Universidad Católica del Perú.

KOGAN, Liuba (2010): *Desestabilizar el racismo: el silencio cognitivo y el caos semántico*. Lima: Centro de Investigación de la Universidad del Pacífico.

LUNDÚ (2012): *Observatorio Afroperuano de Medios de Comunicación*. Lima: Lundú.

MINISTERIO DE CULTURA DEL PERÚ (2014): *Comunicación que no discrimina. Guía para comunicadores*. Lima: Ministerio de Cultura.

— (2016): *Casos de racismo en el fútbol (2013-2015)*. Lima: Ministerio de Cultura.

OBOLER, Suzanne (1996): *El mundo es racista y ajeno: orgullo y prejuicio en la sociedad limeña contemporánea*. Lima: IEP.

ROCHABRÚN, Guillermo/MANRIQUE, Nelson/DRINOT, Paulo (2014): *Racismo, ¿solo un juego de palabras? Debate a partir del conversatorio 'Racismo y desigualdad en la historia del Perú' del Ministerio de Cultura*. Lima: Ministerio de Cultura.

RIQUELDI STRAUB, Lise/OLIVEIRA SOUZA, Maria Thereza/JENSEN, Larissa/MENDES CAPRARO, André (2015): "O caso Tinga: Análise de (mais) um episódio de racismo no futebol sul-americano", en *Pensar a Prática*, vol.18, n° 4, oct./dic. Goiás: Universidade Federal de Goiás.

VAN DIJK, Teun A. (1999) "Context models in discourse processing", en Herre van Oostendorp/Susan R. Goldman (eds.): *The Construction of Mental Representations during Reading*. Mahwah: Lawrence Erlbaum, pp. 123-148.

VAN LEEUWEN, Theo (1996): "The representation of social actors", en Carmen Rosa Caldas-Coulthard/Malcolm Coulthard (eds.): *Texts and Practices. Readings in Critical Discourse Analysis*. London: Routledge, pp. 32-70.

VAN STERKENBURG, Jacco/KNOPPERS, Annelies/DE LEEUW, Sonja (2010): "Race, ethnicity, and content analysis of the sports media: a critical reflection", en *Media, Culture & Society*, vol. 32, n° 5, pp. 819-839.

Sitios web y periódicos

PANFICHI, Aldo (2009): "Alianza Lima 1901-1935: Los primeros años de una pasión centenaria", en *Razón y Palabra*, vol. 14, n° 69. Ecuador: Universidad de los Hemisferios. Recuperado de: <http://www.redalyc.org/articulo.oa?id=199520330036>(10-07-2019).

PROGRAMA DE LAS NACIONES UNIDAS PARA DESARROLLO (2013) *Autopercepción de la población afroperuana: identidad y desarrollo*. Proyecto regional. PNUD "Población Afrodescendiente de América Latina II". <http://poblacionafroperuana.cultura.pe/sites/default/files/autopercepciones_de_la_poblacion_afroperuana.pdf> (08-08-2019).

RODRÍGUEZ, Armando (2007): "Nosotros somos humanos, los otros no. El estudio de la deshumanización y la infrahumanización en psicología", en *Revista IPLA*, vol. 1, n° 1. pp. 28-39. <https://www.ridpsiclo.ull.es/index.php/ridpsiclo/article/view/66/56> (10-07-2019).

Brasil, Alemanha e Futebol: confrontos, mediações e multiculturalismo no jornalismo internacional

Enio Moraes Júnior e Luciano Victor Barros Maluly

Introdução

A Copa do Mundo de Futebol Masculino, organizada pela Federação Internacional de Futebol (FIFA), é o evento mais importante de uma única modalidade esportiva. O Brasil já venceu o torneio cinco vezes (1958, 1961,1970, 1994 e 2002), seguido da Alemanha (1954, 1974, 1990 e 2014) e da Itália (1934, 1938, 1982 e 2006) com quatro; da Argentina (1978 e 1986), do Uruguai (1930 e 1950) e da França (1998 e 2018) com dois; Espanha (2010) e Inglaterra (1966), com um cada.

Brasil e Alemanha enfrentaram-se duas vezes em partidas válidas pela Copa do Mundo. O primeiro jogo aconteceu na final do Mundial de 2002, no International Stadium, em Yokohama, em território japonês, com placar de dois a zero favorável aos brasileiros. A segunda partida aconteceu na semifinal do torneio de 2014, com resultado de sete a um para os alemães, em jogo realizado no Estádio do Mineirão, em Belo Horizonte.

De que forma os resultados nos Mundiais de 2002 e 2014 influenciaram bilateralmente a cobertura internacional e, por si, as relações multiculturais entre Brasil e Alemanha? Para discutir essa questão, foram entrevistados sete jornalistas esportivos brasileiros. A análise do conteúdo das respostas se justifica pelos aportes teóricos em torno da relação entre jornalismo e multiculturalismo e também diante da especialização em esportes. A pesquisa integra um projeto do Alterjor (Grupo de Pesquisa em Jornalismo Popular e Alternativo) do Departamento de Jornalismo e Editoração da Escola de Comunicações e Artes da Universidade de São Paulo (ECA/USP), em parceria com o Programa Nacional de Cooperação Acadêmica (Procad), que vincula os Programas de Pós-Graduação em Ciências da Comunicação (PPGCom) da ECA/USP, em Comunicação da Universidade Federal do Mato Grosso do Sul (UFMS) e em Estudos da Mídia da Universidade Federal do Rio Grande do Norte (UFRN), ambos no Brasil, para realização de atividades de pesquisa.

Teorias do jornalismo e multiculturalismo

Uma corrente associada ao newsmaking articula-se ao objeto desta pesquisa: a teoria do *gatekeeping*, conforme proposta dos pesquisadores Pamela Shoemaker e Tim Vos (2011). Os autores enfatizam a compreensão da notícia a partir do seu processo, considerando cinco níveis de análise de sua produção: individual (pessoas, atitudes e valores pessoais); as rotinas de comunicação (práticas profissionais); a organização (estrutura da propriedade, posicionamento no mercado); as instituições sociais (mercado, governos e organizações) e o sistema social (economia e política; ideologia e cultura).

Considerando essas variáveis, os autores propõem o que denominam uma "perspectiva ecológica" para seu estudo da notícia e da informação, situando a sua produção como um processo macrossociológico —*gatekeeping*— no qual os níveis estabelecem permanentemente relações bivariadas de apoio e/ou tensões entre si e/ou o todo. Para o *gatekeeping*, a narrativa jornalística está intensamente carregada de valores subjetivos e ideológicos dos responsáveis pela construção da notícia, além das transformações e mediações ocasionadas por esse processo, conforme colocam Shoemaker e Vos:

> Gatekeeping é o processo de seleção e transformação de vários pequenos pedaços de informação na quantidade limitada de mensagens que chegam às pessoas diariamente, além de ser o papel central da mídia na vida pública moderna. As pessoas confiam em mediadores para transformar informações sobre bilhões de eventos em um subgrupo gerenciável de mensagens midiáticas (Shoemaker/Vos 2011: 11).

Ao enxergar jornalismo como processo de forças dinâmicas, o *gatekeeping* alerta para a ideia de não-isenção da cobertura e de mediação jornalística. Entretanto, chama atenção o fato de que, entre ser isento e ser ideológico, o jornalista precisa ser responsável e ético. Isso significa compreendê-lo dentro de tênues linhas que contam os acontecimentos no mundo, ao mesmo tempo que também polemizam e estimulam o debate.

O jornalismo é uma instituição capaz de oferecer elementos concretos em defesa das pessoas e dos direitos humanos. E é no cumprimento desse dever ou na sua falha que residem as críticas sobre o próprio jornalismo. Nesse sentido, a profissão guarda relações próximas com discussões ligadas ao multiculturalismo.

O sociólogo Stuart Hall (2005) analisa a complexidade do termo e adverte para os usos discursivos —políticos ou oportunistas— que são feitos da palavra, muitas vezes simplificando-a. Embora, para ele, esse significado seja, de fato, amplo, é importante que o conceito e a substância sejam sempre retomados e conservados em perspectiva. Ou seja, como uma vontade e um projeto político capaz de consolidar a convivência entre as diferenças entre povos e culturas. Segundo Hall:

[...] o termo "multiculturalismo" é substantivo. Refere-se às estratégias e políticas adotadas para governar ou administrar problemas de diversidade e multiplicidade gerados pelas sociedades multiculturais. É usualmente utilizado no singular, significando a filosofia específica ou a doutrina que sustenta as estratégias multiculturais (Hall 2005: 52).

Para o autor, a questão do multiculturalismo —como estratégia de convivência entre grupos— sinaliza mais que um conjunto de ações, sendo, de fato, um leque para discussões. Hall observa que, desde o final da Segunda Guerra Mundial, seguido pelo fim da Guerra Fria, e, principalmente, com a globalização, que se acentua a partir dos anos 70, as culturas tendem a estar juntas. Nesse cenário, a relação entre os grupos pode ser tanto de aceitação e conivência como de conflitos.

No entanto, o autor enfatiza algumas questões a partir da globalização. Ele pondera que, se, por um lado, ela tenta ser homogeneizante, por outro, há formas de resistência. É exatamente no seio desses conflitos que se tornam importantes os discursos e a mídia. Um trecho retirado da obra de Hall merece atenção para este estudo:

Juntamente com as tendências homogeneizantes da globalização, existe a "proliferação subalterna da diferença". Trata-se de um paradoxo da globalização contemporânea o fato de que, culturalmente, as coisas pareçam mais ou menos semelhantes entre si (um tipo de americanização da cultura global, por exemplo). Entretanto, concomitantemente, há a proliferação das "diferenças". O eixo "vertical" do poder cultural, econômico e tecnológico parece estar sempre marcado e compensado por conexões laterais, o que produz uma visão de mundo composta de muitas diferenças "locais", as quais o "global-vertical" é obrigado a considerar (Hall 2005: 60).

A base da concepção de uma "proliferação subalterna da diferença" ilumina esta pesquisa, pois permite enviesar a discussão sobre a cobertura midiática das partidas de futebol entre as seleções do Brasil e da Alemanha, tentando entender em que pontos a cobertura funciona dentro de uma padronização global, imposta pela ordem política, econômica e social, e, principalmente, em que momentos e de que forma o "local" de cada uma das nações e culturas se sobressai. Ao refletir sobre a cobertura do futebol no âmbito da produção de sentidos, é no próprio cenário dessas contradições que as teorias do jornalismo, especialmente a abordagem de *gatekeeping* descrita por Shoemaker e Vos (2011), dão conta exatamente do "modelo de poder mais discursivo" citado acima por Hall (2005: 59).

Jornalismo brasileiro especializado em esportes

Em um estudo pioneiro sobre o jornalismo esportivo brasileiro, Ouhides João Augusto da Fonseca (1981) reforça a importância das mídias, como o rádio e a televisão, e do futebol, como fatores fundamentais para a consolidação do esporte como uma área de cobertura do jornalismo brasileiro.

Foi exatamente por conta da sua visibilidade e midiatização que a Seleção Brasileira de Futebol começou a se destacar no cenário internacional, especialmente após as vitórias nas Copas de 1958, 1962 e 1970. Após esse período, surge uma crise no futebol brasileiro, como analisa o sociólogo e pesquisador Ronaldo George Helal:

> Nas décadas de 50 e 60, o futebol brasileiro consolidou-se como uma forma cultural capaz de trazer muito orgulho à nação. Além de vencer as copas de 58, 62 e 70, Pelé consagrou-se como o maior jogador de futebol de todos os tempos. De 1970 até 1990, no entanto, não conquistou uma Copa do Mundo sequer e a partir da década de 80 um número crescente de craques foi jogar no exterior. Estes fatores, somados à desorganização interna dos campeonatos e à queda de público, fizeram com que a mídia passasse a usar com frequência o termo "crise do futebol brasileiro" (Helal 1997: 41).

As conquistas brasileiras também pautaram outros estudos sobre o universo do futebol, com destaque para o trabalho da socióloga norte-americana Janet Lever (1983). Duas expressões são tratadas pela autora: *futebol-arte* e *futebol-força*. A análise diferencia a relação entre a filosofia da modalidade no Brasil e na Alemanha, ou melhor, na América do Sul e na Europa. Segundo Lever:

> O estilo sul-americano é considerado mais vistoso e com alto grau de improvisação, dando-se muita ênfase ao individualismo e ao ataque: 'O futebol brasileiro é uma dança repleta de surpresas irracionais e variações dionisíacas'. Encarada como uma expressão de personalidade nacional, o futebol brasileiro é cheio de ritmo, como se fosse um balé, esperto e malicioso: os brasileiros usam a palavra alegre, significando tanto feliz como vistoso, para descrever o seu estilo de jogar (Lever 1983: 67).

Lever segue: "Os europeus são mais controlados e metódicos, orgulhando-se do eficiente jogo de equipe e defesa. A seleção britânica vitoriosa na Copa de 1966 foi descrita como "sem nada de espetacular ... atacando cautelosamente com a paciência de um hábil cirurgião". Os estilos russo e alemão estão associados com força e determinação" (Lever 1983: 68).

Se, no auge, como observa Helal (1997), ou mesmo durante o período de crise, como anota Lever (1983), o futebol brasileiro esteve associado como um espetáculo cultural cheio de alegria e ritmo, diferenciando-se dos europeus pela força e determinação, como essa relação foi observada após a vitória de dois a zero na Copa de 2002 e a derrota de sete a um na Copa de 2014, ambas em jogos contra os alemães?

Durante a Copa de 2002, o professor Sérgio Settani Giglio (2002) desenvolveu uma pesquisa em que oito técnicos da primeira divisão do futebol brasileiro opinaram sobre a Seleção Brasileira da época e sobre a relação futebol-arte e futebol-força e concluiu:

> Sobre a seleção brasileira, quatro técnicos criticaram o estilo implantado pelo técnico Luiz Felipe Scolari, técnico que levou o Brasil à Copa do Mundo de 2002 e conquistou o título de pentacampeão mundial. [...] Os outros quatro técnicos disseram que a seleção cresceria durante a competição e que sempre seria uma das favoritas. Um deles afirmou que mesmo com a vitória o modelo não deve ser reproduzido, pois aquele estilo de jogar obteve sucesso com aquele grupo de jogadores e naquela competição e pode ser que em outro momento os resultados seriam outros (Giglio 2002: 3).

E avança o autor: "No entanto hoje, no futebol-arte ou no futebol-força, o objetivo a ser conquistado é a vitória. A diferença está na maneira como esses estilos de jogo buscam a vitória. Segundo os técnicos, as equipes têm buscado atacar e defender com o máximo de eficiência, entretanto, até hoje, são poucos os times que conseguiram atingir esse equilíbrio" (Giglio 2002: 3).

Se a preocupação com a mudança de estilo de jogo e da representatividade eram evidentes em 2002, ela tornou-se ainda maior após a derrota de 7 a 1, em 2014. É o que demonstram os pesquisadores José Carlos Marques e Neide Maria Carlos[1], após analisarem as imagens sobre o resultado dessa partida nos jornais brasileiros:

> Dos elementos que teceram os sentidos nas capas de jornais, as vozes dos personagens que choram têm um peso significativo na indução de sentido. São imagens que possuem um forte caráter apelativo e que partilhariam uma dor como se ela fosse realmente uma dor da coletividade. É fato que o futebol no Brasil é produto de grande audiência, a qual se multiplica em tempos de Copa do Mundo. Mas essa crença no futebol como nosso maior talento já vem sendo questionada ha tempos, num questionamento que toma corpo com a derrota vexatória dos "7 a 1". É um ponto crucial na desconstrução dessa ideia do futebol como patrimônio nacional, sendo esse esporte, nos moldes do futebol espetáculo, uma forma menos

---

[1] Os jornais analisados foram: *A Gazeta* (Espírito Santo), *Diário Catarinense* (Santa Catarina), *Gazeta do Povo* (Paraná) e *O Povo* (Minas Gerais).

ligada à cultura e mais ligada à exploração dos recursos financeiros que ele mobiliza (Marques/Carlos 2016: 59).

Este artigo proporciona um debate em torno das funções do jornalismo, especialmente o esportivo, ou seja, os conflitos e as mediações revelam uma tentativa de explicação e análise dos fatos, mas também demonstram como os meios e os jornalistas poderão contribuir para uma discussão que proporcione a aproximação entre as nações.

Metodologia

O objetivo geral desta pesquisa é entender se, e até que ponto, o futebol e a cobertura esportiva internacional interferem na convivência entre povos e nações. Assim, partimos da seguinte pergunta: de que forma esses resultados influenciaram bilateralmente a cobertura internacional e, por si, as relações multiculturais entre Brasil e Alemanha? A hipótese é que os jornalistas brasileiros e alemães estabelecem *pontos de vista* para além do campo esportivo. Sendo assim, os conflitos são mediados pelos jornalistas, com o objetivo de manter e, ao mesmo tempo, ampliar as relações multiculturais entre Brasil e Alemanha.

A pesquisa está dividida em três partes, sendo que a primeira fase, descrita neste artigo, traz a versão dos jornalistas brasileiros sobre o assunto. Já a segunda parte será composta pela avaliação dos jornalistas alemães, com a terceira fase sendo utilizada para comparar as duas versões.

Do ponto de vista da metodologia, trata-se de um estudo de caso, utilizando a entrevista como técnica de pesquisa. O período da pesquisa se concentra no primeiro semestre de 2018. Este artigo apresenta a primeira parte do estudo, focando sua atenção na visão de profissionais brasileiros sobre o tema. As perguntas a seguir foram enviadas por e-mail a partir de um contato prévio com cada jornalista. O período entre o envio das perguntas e o recebimento das respostas foi em torno de um mês, ou seja, fevereiro e março de 2018:

QUESTÃO UM: Os campeonatos mundiais de futebol masculino estabelecem relações internacionais entre países, desde a maneira como os povos se enxergam e se relacionam até a convivência política, social e cultural entre as nações. Fazendo um parâmetro entre as Copas do Mundo de 2002 e de 2014, como o jornalismo brasileiro tratou, pontualmente, os vínculos entre Brasil e Alemanha?

QUESTÃO DOIS: A cobertura jornalística de um jogo de Copa do Mundo pode ser conduzida valorizando o encontro amistoso entre dois times ou a ideia de rivalidade. Quais são "os pontos de tensão" que o jornalismo esportivo brasileiro enfrenta nesse sentido e em que ele precisa avançar para se tornar um espaço de convivência e de multiculturalismo nas relações internacionais entre Brasil e Alemanha?

Os dados foram interpretados aplicando técnicas da análise de conteúdo (Bardin 2008). As discussões de multiculturalismo de Hall (2005), bem como conceitos desses termos decorrentes, como relações internacionais e referências à convivência e aos interesses políticos, econômicos e culturais são as categorias de análise consideradas.

Os entrevistados liberaram a publicação de seus nomes e dados em publicações decorrentes desta pesquisa. Inicialmente, contávamos que seis jornalistas participariam da amostra. Entretanto, adotando uma atitude de vigilância em relação ao conteúdo trazido nas respostas, durante o período de análise dos dados, achamos conveniente ouvir pelo menos mais um entrevistado para verificar se apareciam informações novas. Não houve. Entendemos que as entrevistas terminariam neste ponto e acolhemos as sete contribuições, uma acima do previsto. São eles:

- Carlos Henrique de Souza Padeiro esteve em coberturas de eventos como a Copa América de 2011, na Argentina, e os Jogos Olímpicos de Londres, em 2012. Atua como professor na área de jornalismo esportivo e editor do *Esporte (ponto final)*, do UOL (Universo Online), ligado ao grupo *Folha*.
- Francisco José Bicudo Pereira Filho é jornalista e autor dos livros *Memórias de uma Copa no Brasil* (2014) e *Crônicas Boleiras* (2015), *Crônicas Boleiras: segundo tempo* (2018), entre outros. É professor universitário e repórter colaborador da *Revista da Fapesp*, da revista eletrônica *Giz* e colunista esportivo do *Chuteira F.C.*
- Gerd Wenzel nasceu em Berlim, mas vive no Brasil. Trabalha como jornalista, comentando jogos da *Bundesliga* e da Alemanha nos canais ESPN. Desde 2004, mantém na Internet um site sobre a Bundesliga (<http://www.bundesliga.com.br/gerd-wenzel/>, acesso em 30 de março de 2018).
- José Ricardo Campos Leite é jornalista e gerente de conteúdos digitais do FOX Sports. Participou da Copa do Mundo do Brasil (2014), dos Jogos Olímpicos de Londres (2012) e do Rio de Janeiro (2016) e dos Jogos Pan-Americanos do Rio de Janeiro (2007) e de Toronto (2015).
- Paulo Pinto foi o primeiro lugar no Concurso Panasonic e Santos Futebol Clube sobre fotos de futebol (2005), Menção Honrosa no Concurso Kodak — PC Word EUA de fotos digitais (2006) e Abear de Fotografia (2017), entre outras premiações.
- Roberto Nonato é jornalista e apresentador do programa *Lado B da Bola* na rádio CBN. Já trabalhou como comentarista esportivo, fez cobertura de estúdio na Copa do Mundo da África (2010).

• Vitor Guedes é jornalista e atua como jornalista esportivo desde 1998. É professor na Universidade Guarulhos, e assina a coluna *Caneladas do Vitão*, no *Agora São Paulo*, além de atuar como debatedor no programa *Os Donos da Bola*, na TV Bandeirantes.

Interpretação dos dados

As análises dos dados trazem elementos que merecem detalhamento:

1. A mediação da cobertura jornalística é pautada, sobretudo, por uma determinação mercadológica, tendendo a ser simplificadora quando reforça aspectos triviais da disputa, como a rivalidade, ou mesmo diante da reprodução de clichês e/ou tendências.

2. Gerd Wenzel é enfático ao citar claramente a lógica do mercado como primordial para o jornalismo, chamando atenção para os direitos de cobertura nas mãos de uma emissora de televisão do Brasil:

> Os direitos televisivos dos jogos da Seleção Brasileira são de exclusividade da Rede Globo de Televisão, que pode vender / ceder ou não, quotas de retransmissão para outros canais. Ou seja: quando se fala em jornalismo esportivo brasileiro que envolva a Seleção Brasileira, de fato, estamos falando da Rede Globo (Wenzel 2018).

E continua o entrevistado, reforçando o aspecto mercadológico da cobertura:

> A razão pela qual se opta por este tipo de transmissão é mercadológica: é aquilo que o mercado demanda. Enquanto prevalecer esta abordagem durante a transmissão de um jogo de futebol, não se pode dizer que, de fato, haja uma cobertura jornalística. Prevalece o entretenimento ufanista do tipo "Pra frente, Brasil" em detrimento da verdade, da verdade factual (Wenzel 2018).

Já Francisco José Bicudo Pereira Filho analisa a cobertura esportiva como reducionista, limitada apenas aos aspectos da partida. Para ele, há conexões que ampliariam e quebrariam os limites da pauta:

> [...] o jornalismo brasileiro precisa escapar dessa discussão mais pontual, restrita, reducionista e limitada. Sem esquecer o que é o jogo, obviamente, deve tentar construir versões da realidade que sejam mais plurais, amplas, contextos com antecedentes, consequências e reflexões. Incluir aí outras conexões sociais, culturais e políticas externas, buscando a convivência multicultural na área das relações internacionais (Pereira Filho 2018).

Em alguns momentos, no entanto, a cobertura das partidas parece ser seduzida pelos clichês, como a de um país marcado pela arte e outro pela organização, como exemplifica Roberto Nonato:

[...] num primeiro momento, 2002, o Brasil foi exaltado como o país que resolve no improviso, na simples arte. Quando chegamos a Copa de 2014, o planejamento alemão é exaltado, mas também sem esquecer da técnica apurada dos seus atletas. Ao que parece, o equilíbrio entre esse método da Alemanha e essa técnica natural do Brasil seria a chave efetiva para o sucesso (Nonato 2018).

Tendências da contemporaneidade também servem de referência para a cobertura jornalística. Nonato traz essa questão, revelando uma outra leitura:

Outro ponto que chamou a atenção foi a profusão de "memes" na internet, muitos deles partindo dos alemães e mostrando que eles também têm senso de humor e não são tão frios quanto aparentam. A cobertura jornalística em momentos como esse também é interessante para ressaltar aspectos das culturas dos países e, nesse sentido, são inevitáveis comparações entre as nações (Nonato 2018).

Nesse sentido, reforça-se o pensamento de Shoemaker e Vos (2011) sobre mediações e sobressaem-se também as considerações de Hall (2005) sobre as contradições que marcam a sociedade global.

3. A experiência da cobertura esportiva mostra que o melhor caminho é limitar a rivalidade entre os países ao campo de jogo, reforçando extracampo o multiculturalismo e os valores do esporte:

O jornalista Vitor Guedes, em poucas palavras, revela que a tensão e a rivalidade são marcas do campo de disputa: "Futebol é futebol e rivalidade esportiva não tem nada a ver com rivalidade e tensão entre povos e países". Essa afirmação é ampliada por Paulo Pinto, quando destaca e analisa os valores do esporte dentro de uma ótica jornalística:

[...] o jornalismo brasileiro lida bem com essas diferenças e as torna de fácil assimilação a todos que acompanham e procuram entender essa magia do esporte. Fazendo com que o esporte seja um fio condutor a troca de ideias e ao bom relacionamento entre os povos. Pois a cada dia vemos que, apesar de adversários em campo, essas equipes podem se mostrar mais unidas como gente, como seres humanos. Isso, o jornalismo já aprendeu e sempre exalta essa iniciativa (Guedes 2018).

Nonato também é claro em relação aos aspectos que reforçam o multiculturalismo fora do campo de disputa:

[...] o jornalismo esportivo do Brasil, salvo as exceções de praxe, precisa de mais análise e menos paixão, menos torcida. Claro que o latino é mais emotivo que outros povos, mas a dosagem desses sentimentos com análise crítica seria o ponto central a ser buscado pelo jornalismo esportivo do Brasil. Quanto aos espaços de multiculturalismo, entendo que nos períodos de jogos de Copa do Mundo esses aspectos são bem ressaltados na cobertura esportiva, proporcionando aos leitores, telespectadores e ouvintes uma troca de culturas e conhecimentos com outras Nações. Aliás, nada melhor que o esporte para fazer essa integração (Nonato 2018).

Nesse sentido, vem à tona o pensamento de Shoemaker e Vos (2011) sobre a notícia como *newsmaking*, estando subordinada a uma lógica organizacional e de mercado. Vale observar também que, ao optar por uma cobertura que se prende à rivalidade dos times dentro de campo, os *gatekeepers* terminam por trabalhar dentro de um "*padrão homogeneizante*", ao gosto dos discursos e formas de mediação que proliferam na globalização, como as questões relacionadas aos valores do esporte e ao multiculturalismo, reforçando-se o pensamento de Hall (2005).

4. Em oposição à pretensa neutralidade que sustenta a cobertura esportiva, há pontos de fuga em que os *gatekeepers* realçam o ufanismo pela Seleção Brasileira e também a admiração pela Seleção Alemã. Isto não chega a contradizer o item anterior (2) e termina claramente por reforçar o item (1).

Nonato traz elementos que argumentam bem essas questões: "O jornalismo esportivo no Brasil sempre foi muito ufanista e passional. Com a Copa de 2002 não foi diferente. O jornalismo ressaltou a arte dos brasileiros, a técnica e improviso de seus atletas, como sendo peças fundamentais para a conquista do Mundial".

Em seguida, afirma o entrevistado:

Em contrapartida, na Copa de 2014, foi preciso lembrar o trabalho e planejamento dos alemães para conquistarem o torneio. A ideia de um país que se preparou e soube apostar no longo prazo foi amplamente debatida pelos jornalistas. A comparação, então, foi inevitável. O Brasil precisava aprender a ter planejamento e o melhor exemplo vinha da Alemanha após o famoso "7 a 1" (Nonato 2018).

Wenzel cita um *gatekeeper* em especial para caracterizar essa dimensão da "paixão" dos brasileiros pela Seleção Brasileira:

[...] ao insistir, não apenas no entretenimento, mas também no discurso dicotômico 'nós' versus 'eles', uma expressão que, por sinal, permeia as narrações de Galvão Bueno em jogos da Seleção Brasileira, a emissora fomenta o acirramento em vez de promover a convivência com o diferente (Wenzel 2018).

O jornalismo esportivo, para os entrevistados, poderia investir em uma estrutura menos "confrontativa", onde se sobressaem o "nós" contra "eles", e trabalhar uma estrutura que valorize a complexidade das relações. Para alguns deles, a cobertura atual funciona dentro de uma mera simplificação. Leite é assertivo neste ponto:

A competitividade e *(a ideia de)* vencedor e perdedor são, sem dúvidas, fatos que não podem ser ignorados no esporte, mas há de se minimizar o emocional quando isso pode extrapolar os aspectos que guiam a prática esportiva. No que diz respeito a jogos entre Seleções, isso é algo ainda mais sensível, pois envolve culturas, viajantes, turismo, além de possíveis relações diplomáticas. Quanto mais factual e analítica carente de emoções a imprensa for, melhor fará seu papel (Leite 2018).

As trocas são analisadas por Paulo Pinto como um caminho possível à ampliação da pauta jornalística:

Em 2014, esse contato com os germânicos nos levou à reflexão de conviver com uma cultura mais dura, mais engajada na força, sem desrespeitar os direitos e os limites de cada um. Mas o contato diário foi o oposto disso. O tratamento da delegação alemã para com os brasileiros em suas respectivas sedes foi de muitos elogios pela cordialidade e simpatia, visto que de longe o povo é considerado duro, rígido, mas se mostrou amável e cordial, no dia a dia, para com os habitantes dessa terra. Os elogios não eram só em forma de amabilidades, mas também de ações de empatia pura. O jornalismo brasileiro não ficou indiferente a esse tratamento. Ressaltando que esse paralelo entre esporte, política e sociedade em si, só contribuiu para um melhor relacionamento entre os povos. E hoje podemos dizer que existe um respeito maior, pois nada como a proximidade para observamos melhor o que de real existe numa troca de experiência, seja ela social, política ou cultural (Pinto 2018).

O ufanismo pela Seleção Brasileira e a admiração pela Seleção Alemã explicam muito do significado da disputa, ou seja, se a derrota traumatiza, a vitória termina forçando a imprensa a engendrar reflexões sobre o futebol, como já avaliado pelo pesquisador e professor da Unicamp, Sérgio Settani Giglio (2002). Reforça-se, assim, o pensamento de Shoemaker e Vos (2011) sobre a notícia como produto da construção do *getekeeper*.

A presença do jornalista fica especialmente clara a partir do momento em que o locutor Galvão Bueno, da Rede Globo de Televisão, é trazido à cena desta discussão por um dos entrevistados. Isso reforça as discussões em torno da simplificação (item 1), sem contradizer o item 2 sobre a limitação da rivalidade entre os países ao campo de jogo (item 2). Mais uma vez, é também referendando o pensamento de Hall (2005), quando o autor observa que as contradições dos "padrões homogeneizantes" da globalização respingam em seus discursos e mediação.

5. Simplificada e superficial, a busca de "humanização" do time adversário termina por resultar em estereótipos. Wenzel é bastante lúcido ao falar sobre este aspecto:

> O jornalismo brasileiro em geral e o esportivo, em particular, tanto na Copa de 2002 como na de 2014, passou ao largo das grandes questões referentes às relações entre Brasil e Alemanha. Limitou-se majoritariamente em reproduzir estereótipos sobejamente conhecidos sobre os alemães e a Alemanha. Quase nada foi dito e escrito a respeito do "momentum" da relação entre os dois países nos campos da convivência política, social e cultural. [...] Claro que houve honrosas exceções representadas pela "pequena" mídia ou mídia alternativa (colunistas, blogueiros, canais pagos, etc). Contudo, com pouca ressonância, atingindo tão somente nichos ou segmentos específicos de público (Wenzel 2018).

Embora fazendo uma análise positiva da cobertura feita pela mídia da Alemanha, Padeiro permite entrever que a imprensa alemã agiu da mesma forma, ao levar os jogadores ao convívio com os índios.

> Na Copa do Mundo de 2014, disputada no Brasil, outro ponto a ser destacado foi o trabalho de comunicação realizado pela Seleção da Alemanha. A delegação alemã foi visitar tribos indígenas na Vila de Santo André, na Bahia. Alguns jogadores tocaram instrumentos musicais típicos dos indígenas. Essa ação, planejada estrategicamente pelos dirigentes europeus, teve um efeito positivo para fortalecer o vínculo dos alemães com os brasileiros que vivem naquela região onde eles estiveram hospedados. A ação teve ampla repercussão na imprensa nacional e contribuiu para a imagem construída pelos alemães perante todo povo brasileiro (Padeiro 2018).

Nesse sentido, reforça-se o pensamento de Shoemaker e Vos (2011) sobre a notícia como *newsmaking*. Ao mesmo tempo, chama atenção, novamente, o "padrão homogeneizante", ao gosto dos discursos da globalização. Desta forma, reforçando-se a perspectiva teórica de Hall (2005).

6. A qualidade da apuração e da narrativa pode ser um antídoto à superficialidade e aos estereótipos. Se os discursos *estandardizados* da cobertura dos Mundiais, do ponto de vista dos jornalistas brasileiros, estão preocupados em conter uma "proliferação subalterna da diferença", é necessário superá-la. Esta necessidade é levantada, de forma sutil, pela maior parte dos entrevistados quando se referem aos padrões que determinam a cobertura esportiva e sua subordinação ao mercado.

A crítica à falta de isenção da cobertura, feita por Wendel à pessoa de Galvão Bueno, e por Leite —"[...] há de se minimizar o emocional quando isso pode extrapolar os aspectos que guiam a prática esportiva" (Leite 2018)—, descritas no item acima (3), dão pistas disto. Entretanto, é Bicudo quem coloca este elemento de forma bastante clara:

> [...] o jornalismo esportivo brasileiro precisaria caminhar justamente na perspectiva de construção de narrativas — claro que elas são específicas, singulares e dão conta de um cenário, de uma realidade ou, pelo menos, de um espaço que é o do futebol. Entendendo que o futebol não é uma caixinha, uma redoma de vidro isolada de outras relações, sobretudo no caso do futebol brasileiro que representa tanto paixões, identidades, inclusões, exclusões, mais recentemente elitização e relações estabelecidas de outras naturezas (Bicudo 2018).

E segue o entrevistado:

> Acho que o jornalismo brasileiro precisa escapar dessa discussão mais pontual, restrita, reducionista e limitada, sem esquecer o que é o jogo obviamente, mas tentar construir versões da realidade que sejam mais plurais, amplas, contextos com antecedentes, consequências e reflexões, também com outras conexões sociais, culturais, de políticas externas, buscando sim essa convivência multicultural na área das relações internacionais. [...] Eu gostaria muito que o jornalismo esportivo brasileiro, futebolístico especificamente falando, que é o nosso caso, pudesse investir mais em apuração, pesquisa, relatos, testemunhos, documentações, entrevistas, perfis e, sobretudo, em reportagens. Aquela perspectiva absolutamente simples do ponto de vista conceitual, mas profundo na sua dimensão prática, que é a arte de contar bem boas histórias (Bicudo 2018).

Nesse sentido, vale a pena destacar os estudos de Lever (1983) ao contrapor o futebol sul-americano —onde se insere o brasileiro— a uma perspectiva de alegria, ritmo e improvisação, ao europeu —portanto, alemão— a preocupações com força, determinação e trabalho em equipe. Talvez sejam exatamente estes aspectos que brasileiros e alemães, respectivamente, devam acrescentar em suas mediações esportivas.

Reforça-se, enfim, o pensamento de Shoemaker e Vos (2011) sobre a notícia como construção, onde, de forma "ecológica", articulam-se diferentes interesses e personagens. Mas, acima de tudo, ao propor uma revisão das narrativas sobre / de futebol, Bicudo —bem como os demais entrevistados— endossam a ideia de contradição que Hall (2005) aponta, no seio da globalização, a incessante busca de "homogeneização cultural" que se dá, em parte, nos discursos da mídia.

Considerações finais

Constrangida pelo lucro, a cobertura esportiva fica limitada ao espetáculo e ao uso e reforço de estereótipos, clichês e tendências sobre os países e suas populações, desperdiçando assim algumas chances de ampliação da notícia. Uma delas, a de pautar e fazer conhecer mais a fundo os valores e os ensinamentos do esporte. Histórias de vida dos atletas e equipes poderiam ser contadas, estimulando a prática do esporte e o *fair play*. Da mesma forma, questões relacionadas à gestão do esporte, desde a preparação das equipes até aspectos econômicos, históricos e políticos que envolvem a Copa do Mundo, tanto no Brasil como na Alemanha, poderiam ser analisadas como modelo de desenvolvimento. Por fim, desperdiça-se a possibilidade de se construir caminhos para uma maior compreensão do que é o esporte em cada uma das nações.

Os resultados desta primeira etapa da pesquisa colocam o jornalismo —notadamente o esportivo— diante problemas cruciais da área. Se, por um lado, as determinações econômicas estimulam a trazer à tona as críticas às estratégias da globalização, por outro, enfatiza tensões e conflitos profissionais de *gatekeepers* que compreendem a complexidade e a riqueza do futebol e dos Mundiais como uma janela para fazer saber as peculiaridades das culturas e dos povos.

Portanto, a análise do conteúdo das entrevistas permite observar que estes resultados —construídos por um discurso que, embora tente ser homogeneizante, encontra em seu percurso aspectos que contradizem essa mesma homogeneização— contribuíram para que os povos destes dois países pudessem ensaiar alguma forma de empatia, traduzida em uma admiração mútua pelo futebol e pelas conquistam de ambos (seja em campo ou extracampo).

Esta primeira etapa da pesquisa confirma parcialmente a hipótese central. Se os jornalistas brasileiros no seu trabalho de cobertura buscam de fato estabelecer *pontos de vista* para além do campo esportivo, eles também são constrangidos, sobretudo, por interesses mercadológicos e pelo padrão de cobertura vigente. Assim, os profissionais terminam por conter a cobertura à rivalidade dentro de campo, tendo poucos espaços para narrativas que deem conta da diversidade e das dimensões multiculturais entre Brasil e Alemanha.

Bibliografia

BARDIN, Laurence (2008): *Análise de conteúdo*. Extra Colecção. Lisboa: Edições 70.

CARLOS, Neide Maria/MARQUES, José Carlos (2016): "Fotojornalismo esportivo e a cobertura da derrota", in *Revista discursos fotográficos*, vol. 12, n° 20, pp. 38-62.

FONSECA, Ouhides João Augusto da (1981): *O cartola e o jornalista: influência da política clubística no jornalismo esportivo de São Paulo*. Dissertação de Mestrado. São Paulo: Programa de Pós-Graduação em Ciências da Comunicação, Universidade de São Paulo.

GIGLIO, Sérgio Settani (2003): *Futebol-arte X futebol-força: a opinião dos técnicos. Relatório de pesquisa de iniciação científica*. Orientação: Jocimar Daolio. Universidade de Campinas, Faculdade de Educação Física.

HALL, Stuart (2005): *Da diáspora: identidades e mediações culturais*. Belo Horizonte: Editora UFMG.

HELAL, Ronaldo George (1997): *Passes e impasses: futebol e cultura de massa no Brasil*. Petrópolis: Vozes.

LEVER, Janet (1983): *A loucura do futebol*. Rio de Janeiro: Record.

SHOEMAKER, Pamela J./VOS, Tim P. (2011): *Teoria do gatekeeper: seleção e construção da notícia*. São Paulo: Editora Penso.

Entrevistas

GUEDES, Vitor (2018): Entrevista concedida por e-mail aos autores. São Paulo, 29 mar. 2018.

LEITE, José Ricardo Campos (2018): Entrevista concedida por e-mail aos autores. Rio de Janeiro, 21 de mar. 2018.

NONATO, Roberto (2018): Entrevista concedida por e-mail aos autores. São Paulo, 19 mar. 2018.

PADEIRO, Carlos Henrique de Souza (2018): Entrevista concedida por e-mail aos autores. São Paulo, 25 mar. 2018.

PEREIRA FILHO, Francisco José Bicudo (2018): Entrevista concedida por WhatsApp aos autores. São Paulo, 21 mar. 2018.

PINTO, Paulo (2018): Entrevista concedida por e-mail aos autores. São Paulo, 23 mar. 2018.

WENZEL, Gerd (2018): Entrevista concedida por e-mail aos autores. São Paulo, 24 mar. 2018.

Séptima parte

REPRESENTACIONES EN LITERATURA Y CINE

Los cuatro ensayos del último capítulo indagan acerca de las múltiples relaciones estéticas entre películas y literatura, sobre el fútbol y las sociedades que describen. El artículo de Yvette Sánchez discute hasta qué grado las ficciones literarias y fílmicas se aprovechan de la enorme popularidad global del deporte rey para defender sus propios intereses. Analiza cómo la creciente cercanía de las artes al fútbol nutre la paradoja de que con sus recursos y formatos literarios y fílmicos prefieran desviar su atención hacia la vida fuera del campo de fútbol o del estadio.

Nicolás Campisi examina las obras de ficción de Borocotó, un reconocido periodista de la revista argentina *El Gráfico* y fundador del imaginario del potrero en el Río de la Plata. A partir de una lectura de la novela *El diario de Comeúñas* (1951), sugiere que Borocotó hizo una radiografía literaria de la etapa de popularización del fútbol argentino. Su argumento principal es que la narrativa de Borocotó plantó las semillas para el desarrollo no solo del imaginario futbolero criollo, sino también de varios de los principales tropos literarios que han definido a la ficción de fútbol rioplatense desde entonces.

El artículo de Antonio Isea indaga sobre la película Hermano (2010), la cual, según su tesis, debe entenderse como una manifestación contemporánea de la escritura cinematográfica de múltiples masculinidades latinoamericanas. Analiza cómo el film genera una gestión de la vida y la muerte de corporalidades masculinas que está en sintonía con la lógica cultural de un neoliberalismo patriarcal que se reproduce dentro del deporte en el siglo XXI. Lo interpreta como un relato cautelar sobre las formas en que el hombre sigue marcado el juego de la vida en la Venezuela del siglo XXI.

En base al documental "Geraldinos", el artículo de Gilmar Mascarenhas, quien murió de manera trágica antes de la publicación de este libro, analiza la reacción de la hinchada después de la Copa del Mundo de 2014 a las obligaciones normativas de la FIFA, el llamado modelo "all-seated", en los grandes estadios en Maracanã, de Río de Janeiro, o el Mineirão, en Belo Horizonte en Brasil. Como se trató de una modernización y en gran parte privatización que renunciaba al diálogo con los hinchas, eliminó al sector popular tradicionalista, conocido como el "Geral". Mascarenhas se enfoca en la (por él) denominada "reconquista del estadio", lo que sería una estrategia de subversión y desobediencia. Muestra que, desde que los hinchas han podido ver de nuevo los partidos de pie, han hecho rodar el balón como siempre.

La múltiple instrumentalización del fútbol

Yvette Sánchez

El fútbol en boca de todos

Los años en que tienen lugar los mundiales de fútbol suelen llevar aparejado un considerable número de programas marco sobre el deporte rey en eventos académicos y culturales. El Mundial de Alemania en 2006 propició toda una serie de congresos sobre fútbol, centrados incluso en América Latina. Pude participar en tres de ellos, en las Universidades de Maguncia y Potsdam y en el Instituto Iberoamericano (IAI) de Berlín. El congreso de ADLAF de 2018 se distinguió por su carácter marcadamente interdisciplinar, al relacionar, por ejemplo, los estudios sociales (acercamientos politológicos o sociológicos) del fútbol con los culturales y literarios.

De hecho, las fuentes ficcionales, representaciones literarias y fílmicas, constituyen un perfecto apoyo para las hipótesis en el ámbito sociopolítico. Las paradojas del mundo empírico pueden reflejarse en las ficciones y viceversa, aunque, en este segundo sentido, su influencia reviste menor importancia. Durante los mundiales, es habitual leer manifestaciones de intelectuales, literatos o directores de cine en los medios de comunicación, los sospechosos habituales: Albert Camus, Pier Paolo Pasolini y, en el mundo hispánico, Osvaldo Soriano, Eduardo Sacheri, Roberto Fontanarrosa[1], Eduardo Galeano, incluso Borges (con su fobia al fútbol). Se organizan festivales de cine, se representan obras de teatro de fútbol.

Al igual que lo hacen la publicidad, las empresas, los negocios, las organizaciones, la política y los medios de comunicación, también las artes utilizan, aunque en menor medida, las plataformas de esos megaeventos que cuentan con máxima atención y cobertura global. La literatura y el cine aprovechan el motivo del fútbol como punto de atracción, quizás incluso de venta o de mercadeo. Hay pocos ámbitos que no instrumentalicen el fútbol de alguna manera, también Rusia, sede del mundial de 2018. Cualquier acontecimiento deportivo organizado por dicho país genera la percepción o el reproche internacionales

---

[1] Basta mencionar su segunda novela, *El Área 18,* publicada en Buenos Aires (Pomaire) en 1982.

que sugieren que el Kremlin maneja el deporte y especialmente el Mundial, claro objeto de prestigio, como maniobra de distracción, cual instrumento destinado a legitimar su régimen, estabilizando sus fundamentos y relaciones de poder. Y no hablemos de los escándalos de dopaje.

Tal instrumentalización se practica en torno a muchos partidos y torneos de fútbol, en escenarios ideológicos y políticos de todos los colores, que van desde las protestas de la sociedad civil en Brasil (2013/14), conflictos internos (como el independentismo catalán), hasta los sistemas totalitarios (Italia 1934 o Argentina 1978). Fue precisamente la Unión Soviética la que boicoteó un partido de clasificación para dicho mundial contra Chile por la dictadura de Pinochet. La protesta se dirigió sobre todo contra la sede del partido, el Estadio Nacional, que previamente había servido como una especie de campo de concentración de la dictadura, en cuyos vestuarios los opositores al régimen fueron tomados presos, torturados y asesinados. El absurdo partido fantasma lo vieron apenas 15 000, en vez de 100 000 espectadores (Soto 2013: s.p.). El equipo chileno marcó el gol en la portería contraria: "Un partido sin rival. Un ataque sin oposición. Un gol a puerta vacía. Una afición que no corea. Una victoria sin gloria y una clasificación a un Mundial sin celebración" (Soto 2013: s.p.). La instrumentalización llegó tan lejos en América Central, al servir como pretexto entre los países vecinos Honduras y El Salvador, para desencadenar la así denominada Guerra del Fútbol de 1969, con entre 4 000 y 6 000 muertos civiles y más de 15 000 heridos (Ferrer 1992: s.p.). La verdadera razón no fueron las provocaciones en torno al partido de clasificación, sino la xenofobia en Honduras surgida a causa de la inmigración masiva de mano de obra de El Salvador.

Pero no solo es instrumentalizado el evento deportivo en sí, sino que también ciertas figuras o hasta la propia jerga del fútbol deben consentir esta toma de posesión, cediendo la terminología en clave metafórica a muchos actores en sus discursos y narrativas. Lo ilustra un poema de endecasílabos de Enrique Badosa (Barcelona) titulado "Español básico":

> Fútbol, pelota, gol, copa, recopa,
> partido, promoción, campeonato,
> equipo, portería, córner, falta,
> quiniela, liga, entrenador y árbitro…
> Bastan solo estos términos precisos,
> junto con otros pocos de igual rango,
> para hablar de política, de ciencia,
> de civismo y de paz con los hispánicos.
> […] (Badosa 2012 [1976]: 43).

Ya de por sí el discurso futbolístico cuenta con un léxico reducido. Basta con escuchar los estribillos aprendidos por jugadores y entrenadores, que sacan a relucir en las entrevistas con los medios. De forma parecida, los discursos de políticos o directivos, entre otros, se sirven de las sempiternas metáforas que, aunque trilladas, logran atraer la atención y ser entendidas por la mayor parte del público.

Un caso especial de proyección por hinchas y jugadores dentro del sistema de fútbol es la instrumentalización del árbitro como válvula de escape. Eduardo Galeano, en su libro *El fútbol a sol y sombra*, en una de las viñetas titulada "El árbitro" (Galeano 1995: 111), se interesa no por los 22 jugadores en la cancha, sino por la figura del árbitro. Le dedica un texto muy elaborado de estructura bipartita, en un pasaje que habla de la general y unánime mala fama del árbitro y otro en el que habla de su propia actitud, sus actos y reacciones. Los forofos le adscriben al árbitro el papel de chivo expiatorio, lo utilizan y proyectan en su fatal autoridad cualquier frustración. Se instrumentaliza como "coartada de todos los errores, explicación de todas las desgracias" (Galeano 1995).

Con una ironía llena de simpatía y solidaridad, Galeano analiza el papel del antihéroe perenne, quien debe aguantar todos los ataques verbales y gestuales: "[I]nsultos, abucheos, pedradas y maldiciones" (Galeano 1995). De todo tiene la culpa él. Galeano elabora tres llamativos marcadores discursivos:

a) Crea e incluye en el texto toda una serie de aforismos basados en figuras retóricas: "El árbitro es arbitrario por definición". En esta paronomasia, sí que se trata de la misma raíz etimológica, pero las dos voces tienen significados opuestos: el juez que resuelve conflictos (< lat. *arbiter*), en oposición al que actúa con arbitrariedad, contrario a la justicia o a reglas acordadas de antemano, con abuso de autoridad, inoportuno, veleidoso, parcial.

Los siguientes tres aforismos obedecen todos al mismo esquema dual de oposición entre el árbitro y los demás: "Los derrotados pierden por él y los victoriosos ganan a pesar de él"; "Los hinchas tendrían que inventarlo si él no existiera"; "Cuanto más lo odian, más lo necesitan".

En los tres casos, la instrumentalización del referí se hace patente: los perdedores lo utilizan como excusa de su fracaso, los victoriosos no le deben nada. Los hinchas abusan de él; lo "necesitan" siempre.

b) Aparece toda una retahíla de superlativos incondicionales, afirmaciones absolutas: *todo, nada, jamás, nadie, siempre, única*, acumuladas en solo cuatro líneas, retóricamente adornadas, además de aliteraciones y asonancias. Todos los actores opinan lo mismo sobre el referí, lo que significa: "Única unanimidad del fútbol: todos lo odian. Lo silban siempre, jamás lo aplauden. Nadie corre más que él. Él es el único que está obligado a correr todo el tiempo". Las proyecciones negativas se expresan asimismo en la adjetivación de la viñeta, que no deja lugar a dudas: se tilda al árbitro de "abominable tirano" o "ampuloso verdugo" (Galeano 1995: 111).

c) Algunas explicaciones en torno a esta enigmática figura se metaforizan o simbolizan de una manera original y concisa. El hecho de que sus gestos sean exaltados, patética y pomposamente autoritarios, se concentra en una sola referencia: "[E]jecuta su poder absoluto con gestos de ópera". Con el marcador "ópera" se evoca todo el manierismo teatral, melodramático y *kitsch* en su lenguaje corporal.

El texto corto termina con una aclaración irónica sobre su vestimenta negra: "Durante más de un siglo, el árbitro vistió de luto. ¿Por quién? Por él. Ahora disimula con colores". Es decir, el cambio de código en su indumentaria por camisetas de colores no dice nada sobre la triste situación del árbitro: el colorido es mera apariencia, ya que el luto lo persigue. Solo supuestamente es él quien "castiga", "condena" y "exilia" (Galeano 1995) con su silbato nefasto cuando, en realidad, el condenado es él. Compiten por el papel de verdugo o víctima los jugadores e hinchas y el árbitro. Este último es un jugador frustrado, se sacrifica corriendo como un loco, sin siquiera poder jugar, pues no debe ni tocar la pelota. "Todo el tiempo galopa, deslomándose como un caballo" (Galeano 1995).

El árbitro como blanco de las burlas protagoniza igualmente el cuento ficcional de Osvaldo Soriano, "El penal más largo del mundo" (Soriano 2010: 1-9): debido a su ataque epiléptico se aplaza un penalti toda una semana. En cambio, el "aficionado" del poeta granadino Miguel Ángel Arcas se solidariza lleno de compasión y se concentra en el referí, concediéndole siempre la máxima atención en los partidos:

> EL AFICIONADO
> En verdad era un hombre muy extraño.
> Solamente iba a ver
> los partidos de fútbol
> para animar al árbitro
> (García Montero/García Sánchez 2012: 36).

El hincha respalda al árbitro y lo redime del papel de chivo expiatorio tan magistralmente descrito por Galeano.

El concepto de la instrumentalización del fútbol en distintos ámbitos

La connotación negativa del término remite a cierto uso o abuso de un asunto para fines propios. A menudo, significa simplemente "explotar", "capitalizar" o incluso "usar de manera fraudulenta". Además de la atracción global que ejerce el deporte más popular como plataforma para tantos y tan diversos intereses, otros atributos que rodean el *juego* del fútbol, como el candor, la ingenuidad, la sencillez y la sublimación, pueden ser igualmente factores que favorecen la aparición de mecanismos indirectos como agentes de instrumentalización.

Los editores de la antología de poemas de fútbol *Un balón envenenado*, Luis García Montero y Jesús García Sánchez, en su prólogo, esgrimen como razón por la cual el balompié se presta especialmente bien a las instrumentalizaciones la siguiente afirmación: "[P]odemos hablar de la inocencia última del fútbol frente a otras pasiones" (García Montero/García Sánchez 2012: 26). Tal oximorónica "pasión inocente" va acompañada, además, de "ilusiones compartidas" y de una "alegría inocente" (García Montero/García Sánchez 2012: 27).

Este mismo desvalimiento o vulnerabilidad del fútbol sirve como pretexto para la violencia practicada por un segmento de los fanáticos ultras en los alrededores del estadio, quienes instrumentalizan el deporte para descargar su vena agresiva y energía criminal, donde confluyen nacionalismo, racismo y homofobia.

Por supuesto que no debemos olvidar los resultados positivos: tanto el fútbol de aficionados como el profesional sirven de laboratorio para procesos transculturales, universales, glocales y multiculturales en diversos ámbitos: en los equipos y en torneos, valga la paradoja, nacionalistas y transnacionales[2] como el Mundial, el deporte rey puede obrar como motor de movilidad social (así sucede en América Latina con la promoción de jóvenes talentos y el sueño de las ligas extranjeras, europeas) y de integración (por ejemplo, en Europa). Sin embargo, el dilema de muchos jugadores binacionales lo expresan al no cantar el himno nacional del país de socialización. Zinédine Zidane inició la costumbre como hijo de inmigrantes argelinos, evitando el canto de la Marsellesa, a pesar de haber nacido en la propia Marsella.

---

[2] Los estudios transculturales, transareales, no han tomado el fútbol en suficiente consideración, aunque sería un objeto de estudio estupendo, tan solo en el marco de nuestras fragmentadas sociedades (Sánchez 2018: 432). El dilema existe dentro del propio sistema del deporte rey con las rivalidades entre clubes, por un lado, y un sentimiento de pertenencia a la selección nacional, por el otro.

Además de la instrumentalización dentro del ámbito deportivo (árbitro, hinchas), muchas áreas de la sociedad se aprovechan y se apropian del fútbol, que queda a su merced. ¿Por qué escriben sobre el balompié los literatos y cineastas, con qué motivaciones y objetivos personales? Algunos eligen el tema porque simplemente se sienten empujados por afición y pasión propias y de su entorno; como a tanta gente en el mundo, el deporte rey los mueve indefectiblemente. En otros se barrunta que eligen el tema, y es legítimo que lo hagan, simplemente porque calculan atraer a un segmento seguro del público. Pero las cuentas no siempre les suelen salir: el fútbol no les ayuda a adquirir más éxito. Quizás sea Eduardo Sacheri uno de los pocos autores que se haya dado a conocer precisamente a través de sus cuentos de fútbol. Por poner otro ejemplo prominente, opino que figuran entre los mejores textos de Juan Villoro sus ensayos de fútbol. Pero, por lo general, los literatos sobresalen más por otros motivos no necesariamente futboleros.

El tema de la instrumentalización, omnipresente en torno al fútbol, se ha analizado sorprendentemente poco en las ciencias sociales y humanidades. Explotar o manipular el deporte rey, usarlo como medio indirecto, como "instrumento ideológico eficaz de control y dominio" para conseguir algo, "mero engranaje de una maquinaria" (Hidalgo 2017: s.p.), significa más control y propaganda que integración social. En filosofía, se corresponde con un mecanismo propenso al utilitarismo. La "mentalidad instrumentalista" aumenta el poder sobre "la sociedad de masas", sirve para reproducir "el sistema social existente", para persuadir y para legitimar los propios intereses (Hidalgo 2017: s.p.) económicos, mediáticos o políticos tomando posesión del espectáculo (Sarremejane 2016: 106). A causa de la explotación de dicha "espectacularización", los tradicionales organismos deportivos han tenido que ceder una parte de su "soberanía a grupos privados", con su "política de imagen, de beneficios y de rentabilidad": "El sistema económico se organiza en torno a los organismos deportivos (COI y las Federaciones Internacionales) entre las marcas, los patrocinadores, los agentes y los distribuidores" (Sarremejane 2016: 106).

Dicha lógica instrumentalista llega a rozar el fraude y el delito de enriquecimiento (Sarremejane 2016: 113). Las frenéticas y poderosas barras argentinas, por ejemplo, se mueven en una zona gris, con maniobras de evasión de impuestos en los negocios de venta de jugadores a Europa en los que participan (Gutiérrez 2018: 36). El narcoterrorismo en Colombia también se había apoderado del fútbol (Soto 2017)[3]. La manipulación que afecta directamente a los

---

[3] En los años 90, se hacen patentes estas vinculaciones con Pablo Escobar, patrocinador de la selección nacional colombiana y de su defensa, tocayo pero no pariente, Andrés Escobar, presentado en el documental *The two Escobar* (2010), de los hermanos Jeff y Michael Zimbalist.

partidos es el amañamiento con sobornos, el universal *match-fixing*, apuestas ilegales incluidas.

La instrumentalización va ligada a la legitimación, por un lado, y al caso más extremo de la manipulación, por el otro. Con esta última se distorsionan u omiten, hábilmente y por intereses propios, hechos a menudo solo aparentes. Se conoce especialmente en el sector político o en el informativo de los medios, con tergiversación de informaciones tanto verbales como visuales, según diversas tácticas legitimadoras. En la "configuración mediática" filtrada (Sarremejane 2016: 114), se llega a un alto grado de construcción (y manipulación).

Paralelo a la instrumentalización mediático-económica del fútbol, que sigue la lógica del mercado, se muestra en el ámbito político con "una posición de *fuerza*, de poder o *reconocimiento*" (Sarremejane 2016: 117 y 118), compensando fracasos estatales frente a la sociedad. Para Eduardo Galeano, los "políticos y los dictadores especulan con esos vínculos" de patriotismo, nacionalismo o unidad nacional, con sus valores y símbolos (Loureiro Cornelsen 2018: 16). Los imaginarios construidos de identificación colectiva (cf. el concepto de "la comunidad imaginada" de Benedict Anderson) transfieren estilos de fútbol de una selección, maleables y, por ende, instrumentalizables (el *fútbol arte* latinoamericano, la *canarinha* brasileña, la *gambeta* argentina, la *garra charrúa* uruguaya, etc.), a la nación entera (Loureiro Cornelsen 2018: 20 y 21).

El caso del equipo de Panamá, con su reciente y sorprendente éxito en la clasificación para el Mundial de Rusia 2018, a pesar de contar tan solo con una liga semiprofesional, también sirvió para politizar el fútbol, teniendo en cuenta que las elecciones nacionales cayeron justo en la temporada del gran torneo. Los "políticos [...] siempre quieren salir en la foto" (Pretel 2018: 84), y el mundial les sirvió para distraer la atención de la negativa imagen de los *Panama Papers*. "[A]hora que el fútbol se ha convertido en cuestión de Estado, algunos ven en su popularidad terreno fértil para el populismo" (Pretel 2018: 84) y suele atraer a oportunistas. Igualmente, el presidente de Costa Rica, otro país pequeño con una exitosa selección nacional, no deja de "echar mano al fútbol" en sus discursos.

Fútbol y literatura: temas y recursos

Tomando en cuenta estos mecanismos de instrumentalización multiperspectivística, volvemos ahora a la pregunta planteada arriba: ¿hasta qué punto obedecen los propios literatos y cineastas de textos de fútbol a una orientación utilitarista? Antes de contestar, toca introducir temas y recursos corrientes de representaciones del deporte rey en la literatura y el cine latinoamericanos.

Los dos campos se parecen: el juego futbolístico, así como las simulaciones en la ficción y en la cancha. Están vistas las analogías, por ejemplo, entre el fútbol y el teatro; podríamos preguntarnos en cuál de los dos escenarios es más alta la dosis de ficción, simulación y construcción. La literatura de fútbol, por su parte, se mueve muy cerca del mundo empírico, también porque los autores, dada su pasión, su adicción al deporte rey, no siempre llegan a mantenerse a suficiente distancia del objeto de su deseo. ¿Hasta qué grado imitan o copian los literatos y directores de cine las historias escritas por el propio balompié, ya de por sí suficientemente apasionantes y autosuficientes? Según Juan Villoro, el carácter "incalculable" (Villoro 2018: 1), nada objetivo, animador de la imaginación es lo que hace del deporte rey un terreno fértil para la verbalización. Villoro crea unas frases cortas, casi aforísticas, que corroboran los nexos entre la narración, más mimética que diegética, y el fútbol: "Las pasiones piden ser contadas"; "Sin palabras, el juego pierde trascendencia"; "El fútbol necesita ser dicho" (Villoro 2018: 2); "Hay que volver a narrar lo sucedido. El lunes, los periódicos amanecen dichosamente abultados por noticias [...] que emocionan tanto o más que el partido" (Villoro 2018: 4).

Sirva como ilustración de la gran cercanía al fútbol, declarada en público por ciertos literatos, un ejemplo representativo de tantas confesiones (de los últimos diez, veinte años) de autores entregados al balompié: Eduardo Galeano, originario del pequeño país de rotundos éxitos futboleros, Uruguay: "Yo soy fútboladicto. Convicto y confeso, y sin curación posible. Sé que me acompañan millones de enfermos, en este mundo y quizás en otros planetas, y eso me consuela de toda la soledad habida y por haber".

Es muy frecuente la autopatologización de los hinchas intelectuales (mediante las metáforas de la fiebre, del vértigo y de la adicción). Aquí Galeano, con un deje religioso, incluso *confiesa* con convicción su enfermedad, su debilidad que no tiene remedio (quizás absolución, sí). Pero la hinchada es concebida como un colectivo ("You'll never walk alone", como dice el himno del F. C. Liverpool), lo que lo tranquiliza, como un colectivo global, incluso extraterrestre: debe de haber fútbol en otros astros.

El poeta granadino Daniel Rodríguez Moya les dedica un soneto a sus "amigos futboleros" (García Montero/García Sánchez 2012: 198), incondicionales, quienes consideran un gol de su equipo superior a la literatura clásica, como el yo lírico afirma en el terceto final:

Son hinchas entusiastas, letraheridos
que prefieren un gol a Garcilaso, [que no el Real Garcilaso F. C. peruano]
mis amigos poetas futboleros.

Entre los temas clave tratados en los cuentos de fútbol figuran precisamente el de la entrega terminante y la dimensión metafísica, sagrada, espiritual, mágica, casi religiosa ("mano de dios") del deporte, el trance, la magia, las prácticas del culto mundano al fútbol (cantos), la idolatría a los jugadores y entrenadores. La sublimación en el microcosmos del estadio, que significa el mundo, la irracionalidad, la ilusión y simulación deben mucho al pensamiento de analogía. La idealización glorificadora la describió a fondo Hans Ulrich Gumbrecht, en su libro *Elogio de la belleza atlética* (Gumbrecht 2006)[4].

Entre el fervor religioso, la mística futbolera y la patologización hay una transición fluida. Tres versos de tres poemas muestran el balompié como sustituto de las religiones y de sus usos y abusos. El colombiano Ramón Cote Baraibar, en su poema "Futbolistas en la playa", evoca la docena (quizás por los doce apóstoles) de dioses en la edénica cancha de fútbol (los 11 jugadores, más la hinchada), en los dos versos finales:

> [...] por una docena de dioses que nos señalaban
> que aquí en la tierra también era posible hallar el paraíso
> (García Montero/García Sánchez 2012: 75).

El poema "Fútbol", de Gioconda Belli, sigue asimismo la analogía religioso-futbolística, aunque transferida a la antigüedad grecolatina, de jugadores con fuerzas divinas y de la cancha como hogar de los dioses:

> La pelota corre
> el balón
> y detrás van las piernas
> aladas bajo la calzoneta
> Pienso en Mercurio
> Pienso en los Dioses
> en las canchas de hierba verde del Olimpo [...]
> (García Montero/García Sánchez 2012: 48).

El sencillo pero impactante verso inicial y final del poema "El balón de fútbol", de Gerardo Diego, eleva asimismo el esférico a un nivel sublime, acompañado de un profundo suspiro: "Tener un balón, Dios mío" (García Montero/García Sánchez 2012: 88 y 89).

Otros temas recurrentes en la narrativa de fútbol incluyen la dialéctica entre la derrota y la victoria, la nostalgia, la retrospectiva en la socialización futbolera

---

[4] Cf. la santa Trinidad en: el "tridente", el anterior trío de delanteros del Barça, Neymar, Messi y Suárez, y la trinidad argentina: Maradona, Messi y el actual Papa aficionado.

(activa y pasiva) e iniciación en la infancia y adolescencia con cierta glorificación romántico-sentimental y absoluta lealtad al club con un acento de melodrama, teatro o también espectáculo (mediático); las historias de hinchas, el final o la interrupción abruptos de la carrera de los jugadores (por presión excesiva en su rendimiento o lesiones); las interdependencias entre el fútbol y los negocios o la política (muchas veces totalitaria o populista, pero no únicamente); la situación del penal para crear suspense, la finalísima...

En cuanto a recursos literarios y fílmicos y la construcción narratológica, sobresalen textos de dramaturgia temporal, con una considerable carga cronopoética que ayuda a crear suspense mediante prolepsis y analepsis (o retrospección y prospección), tiempo lento, acelerado o dilatado. Intentan reproducir el insólito suspense inherente a un partido de fútbol inmovilizando o suspendiendo la trama, recreando dramáticas fracciones de segundos antes del penalti, prolongadas hasta el máximo. Hacia el final del partido, se conciben las carreras contra reloj del equipo que está perdiendo. Los escritores y cineastas saben jugar con las velocidades y ritmos variados, la cámara lenta y la rápida, generando intensidad y tensión.

Entre las manipulaciones del tiempo narrado se hallan las brechas temporales subjetivas o elipsis y la inversión del tiempo cronológico. Los cuentistas de penaltis saben aprovechar la deceleración, la digresión en el tiempo narrado. Mientras que Julio Llamazares, en "Tanta pasión para nada", dilata en doce páginas el tiempo narrado, un minuto de acción de suma soledad y tensión, la máxima deceleración en torno a un penalti literario la practicó Osvaldo Soriano en "El penal más largo del mundo". El retraso en este caso alcanza un intervalo récord de una semana entera de duración, a causa de un árbitro epiléptico y una pelea en la cancha. El tiempo congelado, paralizado, el limbo, lo practica Javier Marías, en "El tiempo indeciso" (1995), al hacer titubear a un delantero quien, solo, con la pelota en el área, renuncia a meter el gol y retiene el remate durante dos páginas.

En "Esperando a Tito", de Eduardo Sacheri, el suspense se genera porque un equipo de una liga inferior peruana, en la finalísima de la temporada, está aguardando la llegada, en el último momento antes de comenzar el partido, de una estrella de fútbol que juega en la liga europea, de la que ha prometido escaparse para reforzar el equipo de amigos de infancia en Perú. El protagonismo es asumido, antes que por el fútbol, por la lealtad, amistad y una conmovedora fiabilidad. Es un cuento balompédico, pero ni siquiera Sacheri, cuentista de fútbol por antonomasia, celebra el deporte por el deporte. El contexto de la narración vital es importante; incluye las cotidianas tragedias privadas de los miembros del equipo.

Los formatos literarios y cinematográficos de fútbol preferidos en España y América Latina son los cortos de cine y los cuentos o, incluso, microcuentos, numerosas crónicas y glosas y los poemas. Son más bien escasos los formatos extensos de exitosas novelas o largometrajes de fútbol[5]. Quizás sea la novela brasileña de Sergio Rodrigues, *El regate* (traducida al castellano por Juan Pablo Villalobos y publicada en Anagrama en 2014), cuyo título original es *O drible* (2013), una de las mejores escritas hasta la fecha. Pero, en general, las ficciones literarias y fílmicas de fútbol no se extienden demasiado y optan por la condensación del formato. Además, se buscan sus nichos no cubiertos por el deporte y se concentran en los sucesos vitales fuera del campo, en el fútbol *amateur* o en actores que no forman parte del equipo de jugadores, por ejemplo, el árbitro.

He aquí otro ejemplo peruano, el de Julio Ramón Ribeyro, quien con el cuento "Atiguibas" se concentra igualmente en el fuera de juego. Tras un inicio en las gradas de los hinchas, la espera, que crea tensión, se organiza en otros espacios y tiempos y en torno al protagonismo de la lengua y su fuerza mágica, el enigma semántico de la palabra "Atiguibas", gritada antaño por un hincha. Asimismo, va y viene entre el contexto vital y el fútbol el largometraje mexicano de Carlos Cuarón, *Rudo y Cursi* (2008), con los actores Gael García Bernal y Diego Luna. Desempeñan los papeles de dos hermanos medios catapultados de una cancha muy modesta en una zona rural a la primera división urbana del país. Tal salto extremo traslada el foco desde el fútbol hasta "la vida real" a la que hay que hacer frente.

Dos cortometrajes de Juanjo Giménez representan muy bien toda una serie de características de las ficciones futboleras. Ambos cortos, *Libre indirecto* (1997) y *Máxima pena* (2005), se sitúan en un barrio periférico madrileño de fútbol *amateur*, en una liga de ínfima categoría.

Giménez juega con el espacio implícito de la cancha, invisible: la cámara nunca muestra el partido en curso, que se oye solo en la banda sonora de fondo. En cambio, filma la vida de fuera de campo, con enfoque único en las zonas de la portería o de banquillos. Aunque el fútbol permanece en pie, la trama considera conflictos personales, de familia: así el entrenador, que casi se pierde el entierro de su padre, porque tiene que apoyar a su equipo de aficionados en una tarea existencial, es decir, debe salvarlos del descenso a una liga aún más baja, en la finalísima de la temporada. Surgen situaciones absurdas, grotescas, exageradas. El resultado del partido ya no parece tener importancia, ni para los jugadores en el banquillo, quienes fuman o caen dormidos.

En el otro corto, una mujer le declara al portero que está encinta echándole un sermón y una retahíla de reproches. Las voces de los jugadores en la cancha se mezclan con las imágenes en el afuera, escenas de la vida. La analogía entre

---

[5] Con excepción de dos en el Reino Unido: *Bend it like Beckham* (2002) de Gurinder Chadha y la historia de un hincha del Arsenal de Nick Hornby, *Fever pitch* (1992).

el fútbol y la existencia humana, o la pelota y el globo, el mundo, se hace obvia. El corto de animación o dibujo digital *Vida* (Brasil, 2014) de Gordeeff ilustra reflexiones sobre la existencia humana a través de jugadas de fútbol[6].

Entre los cortos presentados en el marco del congreso de ADLAF 2018, figuró el brasileño *Máscara preta* de Rene Brasil (2011), que igualmente se hace eco de una historia fuera del campo, una trama de amor inusual entre un hombre heterosexual y un travestí. Un partido carnavalesco de fútbol funciona de aglutinador para superar tabúes sociales. De modo que, en dicho cortometraje, el fútbol tiene el mismo papel que el Carnaval, la mascarada: poner el mundo al revés para superar convenciones. El hecho de que sea precisamente el travestí homosexual quien decide la victoria del equipo de jugadores *amateurs*, disfrazados de travestís postizos, en un partido de Carnaval, hace que su nuevo amante vuelva a la lealtad y a aceptar el pacto sentimental. Por supuesto que la trama critica la homofobia dominante que reina en el contexto del deporte rey. Pero su papel es de mero agente impulsor; en el centro de la historia de amor figuran la sinceridad y la lealtad. La atmósfera general de barrio de extrarradio y de liga de escasa categoría se parece mucho a la de Juanjo Giménez, y la evoca igualmente el cortometraje mexicano *Domingo* (2015). Nuevamente, al protagonista se le sitúa fuera del campo. Se trata de un apasionado locutor de radio sin puesto fijo, quien comenta en vivo partidos en canchas de barro de zonas muy marginadas y los graba en un modesto magnetófono; luego, colecciona y guarda prolijamente los casetes en su archivo hogareño.

El papel más o menos secundario del fútbol en todos estos cortometrajes nos devuelve a la pregunta de si los literatos y cineastas llegan a instrumentalizar el fútbol representándolo para sus propósitos, recreándose en la notoriedad del deporte rey. El hecho de que utilicen el fútbol a menudo en plan secundario[7] podría ser un indicio de táctica utilitarista, pero también manifestar lo contrario, el genuino interés por el fútbol, como lo mostró una encuesta de 2017. ExLibric preguntó a 2000 escritores sobre sus motivaciones y hábitos[8].

---

[6] El corto está disponible en línea en la página: https://medium.com/quadro-vermelho-produções/vida-life-80bb73c0d986.

[7] Ya lo había hecho Peter Handke con su novela *El miedo del portero al penalti* (1970), que lo único que tiene de fútbol es el título que, además, muestra que Handke no sabe mucho de fútbol, porque el miedo (a fracasar) en un penalti lo tiene más bien el jugador que lo tira.

[8] El 29 de agosto de 2017, la editorial ExLibric publica su encuesta elaborada, "para la que ha contado con la participación de 2000 personas de 18 a 55 años, en la que se abordan temas como la autoedición, la frecuencia de escritura, los géneros y lecturas preferidas o la formación de los escritores". http://www.culturaydeporte.gob.es/cultura/areas/libro/mc/observatoriolect/destacados/2017/agosto/autores-letras/encuesta-habitosescritor1.html [último acceso 27 de diciembre de 2018].

El resultado contradice la hipótesis de que instrumentalizan el fútbol por razones utilitaristas. Ahora bien, quedan algunas reservas respecto a la encuesta, ya que pocos artistas admitirán practicar la mera instrumentalización. La gran mayoría, según ellos mismos, escribe por puro placer. Afirmaron que el porcentaje de las razones de carrera resultaba menor: ganar dinero, publicar, sustento de vida, ganar premios y marca.

Pitido final

Estamos a un siglo de la primera publicación de un cuento de fútbol, el de Horacio Quiroga, "Juan Poltí, half-back" (1918), que tematiza el suicidio, en el centro de la cancha, de un jugador (fue el caso real de Abdón Porte del Nacional de Montevideo), por haber perdido su puesto en el equipo. Cien años no han alcanzado para crear un canon. La esporádica publicación de textos literarios de todos los géneros, con predominio de la crónica, no ha hecho escuela para la literatura balompédica, ni siquiera con el ganado prestigio de la reflexión intelectual y artística sobre fútbol. Juan Villoro no deja de deplorar, en sus magníficos ensayos sobre fútbol, la escasez de "las grandes novelas de fútbol" (Villoro 2018: 3).

La crecida simbiosis, desde hace dos o tres décadas, entre fútbol y literatura en el mundo hispánico se muestra en el poema "Iniesta y diez más" de Benjamín Prado, que ennoblece el fútbol universal y se burla precisamente del canon literario. Con sus versos más bien establece un canon de golazos que los colocan por encima de los grandes clásicos de la literatura universal, incluyendo el Quijote:

> El gol de Maradona a Inglaterra es Neruda.
> En los poemas de Auden se ve jugar a Cruyff.
> Zidane fue un García Lorca que esquivaba las balas.
> Iríbar fue la nieve negra de Paul Eluard.
> Un eslalon de Messi es un verso de Borges
> y Cristiano Ronaldo, Pessoa entre los lobos.
> Beckenbauer fue Rilke saliendo de un castillo.
> Romario era Anna Ajmátova conquistando Moscú.
> Por lo visto, Di Stéfano y Pelé fueron Shakespeare.
> Pero Iniesta es Cervantes y en España es lo más:
> el *Quijote* y su gol contra Holanda en Sudáfrica
> son las mejores obras que ha dado este país
> (García Montero/García Sánchez 2012: 190).

El hito de la enumeración de legendarios goles viene al final, el más emotivo, conmovedor, el de Andrés Iniesta, que sentenció la final contra Holanda (en el Mundial de África del Sur 2010), en la prórroga, minuto 116, único gol del partido. Posteriormente, el propio Iniesta comenta el mítico gol y el momento antes de dar el chute, de manera poética, con un oxímoron algo esotérico y describiendo su percepción del tiempo detenido y de los movimientos dilatados: "[S]e para todo, y solo estamos yo y el balón, como cuando ves una imagen en cámara lenta [...]. Es difícil escuchar el silencio en ese momento; escuchaba el silencio y sabía que ese balón iba dentro" (Canal+ 2011: 0:47'-1:07').

La mitificación heroica de este gol en boca de comentaristas y jugadores es una excelente muestra de cómo la pasión general alimenta o construye el imaginario colectivo. Los partidos funcionan como instancias de sociabilidad, generan sobresaltos de nacionalismo, movilizan ingentes capitales y crean ídolos.

La densa emotividad y fascinación, la fuerza estimulante, incluso electrizante, del espectáculo futbolístico (también sus dramas o tragedias) fomentan proyecciones de todo tipo y generan un gran potencial de imaginación. Los intentos de apropiación discursiva por parte de muchos sectores de la sociedad, incluyendo las artes, se deben al enorme y global impacto del fútbol. Los seguidores y *likes* a jugadores en su calidad de personalidades influyentes o *influencers*, superan con creces los "me gusta" cosechados por los políticos (o literatos). Nos parece central el concepto psicológico de la proyección como mecanismo de defensa atribuido a las virtudes, en este caso, del admirado fútbol. En cada caso, cabría determinar en una escala si es inconsciente tal identificación proyectiva o una toma de posesión minuciosamente controlada y hasta dónde va la inocencia de la pasión que impulsa el deporte rey.

Bibliografía

BADOSA, Enrique (2012, 1976 [1756]): "Español básico", en *Dad este escrito a las llamas*. Barcelona: Seix Barral, reproducido en Luis García Montero/Jesús García Sánchez: *Un balón envenenado. Poesía y fútbol*. Madrid: Visor, p. 43.

GALEANO, Eduardo (1995): "El árbitro", en íd.: *El fútbol a sol y sombra*. Madrid: Siglo XXI, p. 111.

GARCÍA MONTERO, Luis/GARCÍA SÁNCHEZ, Jesús (2012): *Un balón envenenado. Poesía y fútbol*. Madrid: Visor.

GUMBRECHT, Hans Ulrich (2006): *Elogio de la belleza atlética*. Trad. por Aldo Mazzucchelli. Buenos Aires: Katz.

GUTIÉRREZ, Fernando (2018): "Los argentinos y los mundiales: pasión, negocios, política y nacionalismo *light*", en Ángel Arellano *et al.* (eds.): *Sociedad, política y fútbol*. Montevideo: Konrad Adenauer Stiftung, pp. 32-43.

Loureiro Cornelsen, Elcio (2018): "Fútbol y política en América Latina en tiempos de la Copa del Mundo", en Ángel Arellano *et al.* (eds.): *Sociedad, política y fútbol.* Montevideo: Konrad Adenauer Stiftung, pp. 14-21.

Pretel, Enrique Andrés (2018): "Panamá, larga vida al fútbol fantasma", en Ángel Arellano *et al.* (eds.): *Sociedad, política y fútbol.* Montevideo: Konrad Adenauer Stiftung, pp. 78-91.

Sánchez, Yvette (2018): "TransArea Fussballstadion: Sublimiertes Lebenswissen im Zusammenspiel mit literarischen Kurzformaten", en Patricia Gwozdz/Markus Lenz (eds.): *Literaturen der Welt. Zugänge, Modelle, Analysen eines Konzepts im Übergang.* Heidelberg: Winter, pp. 427-439.

Sarremejane, Philippe (2016): "Los tres niveles de instrumentalización del deporte de alto nivel: implicaciones éticas", en *Fair Play. Revista de Filosofía, Ética y Derecho del Deporte*, vol. 4. n° 1, pp. 101-128.

Soriano, Osvaldo (2010 [1993]): "El penalti más largo del mundo", en *Pasión por leer.* Buenos Aires: Plan Nacional de Lectura, pp. 1-9.

Soto, Martha (2017): *Los goles de la cocaína. Lo que nadie sabe sobre las más recientes jugadas del narcotráfico en el fútbol colombiano.* Bogotá: Intermedio.

Sitios web, periódicos y películas

Beytía, Pablo (2017): "El Panóptico de Bentham y la instrumentalización de los derechos humanos (Bentham's Panopticon and Instrumentalization of Human Rights)", en *Universitas Philosophica*, vol. 68, año 34, pp. 173-196. <https://ssrn.com/abstract=3017969> (30-12-2018).

Brasil, Rene (2011): *Máscara preta* (15') (Brasil). <http://portacurtas.org.br/filme/?name=mascara_negra> (29-12-2018).

Dennis, Jon (2018): "The Life of a Song: You'll Never Walk Alone", en *Financial Times,* 20 de enero, s.p.

Ferrer, Isabel (1992): "Honduras gana la guerra del fútbol a los 23 años de que callaran las armas", en *El País*, 12 septiembre, s.p.

Gordeeff (2014): *Vida* (3') (Brasil). https://medium.com/quadro-vermelho-produções/vida-life-80bb73c0d986> (27-12-2018).

Hidalgo, Antonio (2017): "El peligro de instrumentalización ideológica del conocimiento científico y técnico", Blog *FILOSOFÍA*, septiembre de 2014. <https://filosofiabetica.blogspot.com/2014/09/el-peligro-de-instrumentalizacion.html> (27-12-2018).

Iniesta, Andrés (2011): "Comentario de su gol de la final en el mundial de Sudáfrica 2010", en Canal+. <https://www.youtube.com/watch?v=nmVstWkIpY0> (30-12-2018].

Soto, Óscar G. (2013): "El partido fantasma entre Chile y la URSS", en *MARCA* del 21 de noviembre, s.p.

Villoro, Juan (2018): "El fútbol es una novela", en *El País/Babelia* del 15 de junio, pp. 1-8. <https://elpais.com/cultura/2018/06/12/babelia/1528815382_021543.html> (27-12-2018).

Radiografía del potrero: Borocotó y los orígenes de la ficción de fútbol en Argentina

Nicolás Campisi

Introducción

El 16 de enero de 2018 fue un día de luto para el periodismo deportivo en Argentina: la popular revista *El Gráfico* anunció el cierre de su versión impresa. Fundada en 1919, *El Gráfico* empezó siendo un semanario de actualidad y solo a partir de 1921 se dedicó exclusivamente al ámbito deportivo. Quizás no haya figura más emblemática del temprano éxito de *El Gráfico* que el escritor Ricardo Lorenzo Rodríguez, mejor conocido por su seudónimo, Borocotó (1902-1964). Periodista en *El Gráfico* desde 1926 hasta 1955, hoy en día Borocotó es recordado sobre todo por la columna semanal en la que escribía sobre figuras destacadas del automovilismo, el boxeo, el ciclismo y el fútbol. Sin embargo, Borocotó se desempeñó simultáneamente en varios ámbitos de la industria cultural argentina durante la primera mitad del siglo XX. Además de su labor como cronista para *El Gráfico*, Borocotó fue relator radial en programas como la "Cabalgata Deportiva Gillette" (la versión argentina del show de la NBC, "Gillette Cavalcade of Sports") y "Fútbol con los Borocotó" (junto a su hijo Eduardo Lorenzo), así como guionista de los principales filmes deportivos de su época y escritor de los primeros textos de ficción de fútbol en Argentina[1]. Esta última faceta de su biografía intelectual, mayormente olvidada tanto por el público como por la crítica, es la que quiero examinar en las siguientes páginas.

Ante todo, Borocotó fue uno de los fundadores del imaginario del potrero en el Río de la Plata. Nacido en Uruguay y radicado en Buenos Aires, esta condición bifronte le permitió ser el cronista por excelencia del potrero rioplatense. Desde las páginas de *El Gráfico*, tal como ha demostrado Eduardo Archetti en una serie de trabajos fundamentales, Borocotó fue el autor intelectual de dos teorías interconectadas que definieron de ahí en más el imaginario del fútbol en el Río de la Plata: la teoría de las dos fundaciones del fútbol argentino y la del *dribbling* criollo. Por un lado, Borocotó advirtió que la primera fundación

---

[1] Borocotó contribuyó también en la escritura de una temprana *Historia del fútbol argentino* (1955), publicada en tres tomos por la Editorial Eiffel.

tuvo sus raíces en la práctica deportiva de los inmigrantes británicos y, en particular, en la hegemonía del club Alumni, establecido por quien hoy es considerado el padre del fútbol argentino, el escocés Alexander Watson Hutton. La introducción del fútbol en la sociedad argentina se dio a través de los colegios británicos, que lo incorporaron al programa educativo, ya que permitía cultivar la disciplina y la moral del *sportsman* (Frydenberg 2017: 26). Sin embargo, la segunda fundación del fútbol argentino se debió al desarrollo de un estilo criollo autóctono que se gestó en las canteras del Racing Club, que ganó el torneo nacional de 1913 sin la presencia de jugadores ingleses (Archetti 2001: 264). Esta victoria marcó un hito en el proceso de popularización del fútbol en el país.

Por otro lado, y vinculado directamente con la anterior, Borocotó desarrolló la teoría del *dribbling* criollo. Esta teoría destaca que, conforme el fútbol en Argentina se empezó a desligar de sus orígenes británicos, los hijos de los inmigrantes de origen latino (esto es, españoles e italianos) desarrollaron un estilo propio, encarnando la idea de que el carácter de una nación se expresa a través de los sentimientos y los movimientos físicos (Archetti 2001: 100). Mientras que el modo inglés o británico de jugar al fútbol es equiparado con lo industrial, lo mecánico y lo científico, el estilo criollo está caracterizado por el *dribbling*, o la gambeta, que se forja específicamente en el espacio del potrero y depende de la habilidad de jugadores individuales (Archetti 2001: 101). Por otra parte, si el estilo inglés se atenía a las reglas del *fair play*, Borocotó observa que el rioplatense se estructuró a partir de la noción de la picardía o la viveza criolla de los pibes, es decir, de características opuestas a la disciplina y la instrucción escolarizada. Ambas teorías encubrían una evidente narrativa de integración nacional, ya que, según estas, los inmigrantes ítalo-españoles podían encarnar el estilo criollo al entrar en contacto con la pampa, ingerir carne o tomar mate. A todas luces, las teorías de Borocotó no brindaban una "explicación antropológica" del modo rioplatense de jugar al fútbol, sino la mitificación de un estilo que desde la década de 1920 empezó a ser conocido como "la nuestra" (Alabarces 2018: 85).

Mi propósito es mostrar que la narrativa de Borocotó plantó las semillas para el desarrollo no solo del imaginario futbolero criollo, sino también de varios de los principales tropos literarios que han definido a la ficción de fútbol rioplatense desde entonces.

El fútbol según Borocotó

Además de teorizar sobre el estilo del fútbol criollo, Borocotó creó un mundo narrativo propio, basado en el imaginario del pibe y el potrero, en el personaje de Comeúñas y el club Sacachispas, que en 1928 empezó a plasmar en una columna para el semanario juvenil *Billiken* y que continuó luego en sus populares "Apiladas" para *El Gráfico*, desde 1932 hasta 1955. Curiosamente, los filmes que se desprendieron de este universo narrativo, y cuyos guiones fueron escritos por el propio Borocotó en solitario o en coautoría, han recibido una atención considerable por parte de la crítica: en orden cronológico, *Pelota de trapo* (1948), *Con los mismos colores* (1949), *Sacachispas* (1950) y *Pelota de cuero: historia de una pasión* (1963). Sin embargo, quizás por haber sido confinadas a la categoría de mero costumbrismo o por una falta de interés general en reeditarlas, como consecuencia directa de lo anterior, las obras literarias de Borocotó han quedado notoriamente relegadas: estas son *En el área del potrero* (1934), *Pelota de trapo* (1940) y *El diario de Comeúñas* (1951)[2]. De todas estas obras, es *El diario de Comeúñas*, una novela que Juan Sasturain ha descrito como el "modelo mitológico terminado", la que mejor encapsula la construcción del imaginario del potrero (Sasturain 2005).

La construcción del relato mitológico del fútbol criollo tuvo sus orígenes en las "Apiladas" que Borocotó escribía semanalmente para *El Gráfico*, muchas de las cuales fueron compiladas en los volúmenes *En el área del potrero* y *Pelota de trapo*. Las "Apiladas" eran breves viñetas costumbristas que narraban escenas del juego infantil en el potrero: un niño lisiado cuyo mayor deseo es patear una pelota, la evocación de la costurera o del farmacéutico que ayudaban a arreglar los balones dañados, o el sufrimiento de las madres que contemplan al potrero como un "lugar de corrupción" (Borocotó 1942: 7). La mayoría de las "Apiladas" adoptan un tono melodramático que las aproxima a las letras de tango al evocar la infancia, el sacrificio de las madres y las calles de barrio. Méndez señala que en estos textos Borocotó reproduce el movimiento de los gambeteadores que "apilan" jugadores rivales en el potrero (Méndez 2012: 336). Por otra parte, Beatriz Sarlo describe la emergencia de un nuevo género literario en la década de 1920, la glosa, que representa a los sujetos marginales de Buenos Aires en un tono que anticipa al radioteatro: "La expansión de una letra de tango, la proyección de una de sus situaciones características, la conversión de algunos versos en una historia de vida, con un desenlace infeliz y un movimiento narrativo cuyo motor de peripecias es la pobreza" (Sarlo 1988: 182). El tono de las "Apiladas", que podrían ser vistas como postales de "la infancia futbolística" en los arrabales porteños, oscila entre el júbilo del relato radial de un partido de fútbol y la melancolía de las letras de tango (Borocotó 1934: 3). En todo caso, las "Apiladas" de Borocotó presentan una de las instancias más

---

[2] La bibliografía de Borocotó comprende otros libros que detallan su actividad profesional en *El Gráfico*: *25 años en el deporte* (1946), *30 años en el deporte* (1951), *Pedaleando recuerdos: apuntes para la historia del ciclismo argentino* (1951) y *Medio siglo de automovilismo argentino* (1953).

tempranas en las que fútbol y literatura aparecen como ámbitos entreverados en el contexto rioplatense.

Las "Apiladas" hicieron visible, quizás como ningún otro texto literario de la época, el proceso de popularización del fútbol en Argentina. En estos textos el fútbol ya no es parte del currículum escolar como lo era en los colegios británicos, es decir, ya no está asociado a las leyes del *fair play* y la nobleza del *sportsman*, sino a la picardía criolla de los pibes que juegan en el potrero. A lo largo de esta colección de estampas costumbristas va emergiendo una imagen específica del pibe: habilidoso con la pelota, humilde, indisciplinado, pícaro y sumamente arraigado al barrio al que pertenece. En "Pebete sin barrio", Borocotó revela que el fútbol —junto con el café, la calle y el club— jugaba un rol primordial en la conformación de los imaginarios de identidad barrial (Frydenberg 2017: 128). Su protagonista, un niño cuya madre se muda incesantemente de barrio, encuentra en el espacio del potrero una puerta de acceso a los círculos de sociabilidad masculina. De esta manera, el niño se convierte en un "peregrino de los baldíos" que ve en la pelota un "eslabón" hacia su integración en la vida barrial (Borocotó 1934: 14). La pelota de trapo es entonces un símbolo fundamental para el surgimiento del mito de "la nuestra", porque encapsula el ingreso a la sociabilidad barrial en un contexto de inmigración masiva en el cual cada barrio estaba desarrollando una identidad propia. Aún más importante, la pelota de trapo obliga a la creación de un estilo de jugar al fútbol que privilegia la gambeta y los pases cortos, oponiéndose así al método inglés del control y los pases largos. Como observa Borocotó en otra "Apilada": "Todos los anhelos, las esperanzas, la vida misma convergían en esa pobrecita pelota de trapo que iba de un lado a otro, que era pisada, que hacía de eje en los entreveros, que recibía puntazos contra el cordón" (Borocotó 1934: 59). En suma, la pelota de trapo es el símbolo alrededor del cual Borocotó describe la apropiación popular de las reglas y los valores del fútbol, es decir, el acta de fundación del estilo criollo.

El diario de Comeúñas y la fundación del fútbol criollo

El diario de Comeúñas retorna al mundo narrativo de las "Apiladas" para delinear una versión acabada de la mitología del fútbol criollo. Mientras que el filme *Pelota de trapo* narra la historia del personaje de Comeúñas desde su temprana infancia en un barrio periférico de la ciudad de Buenos Aires hasta su transformación en el principal *crack* del fútbol argentino, *El diario de Comeúñas* se enfoca en la historia de un grupo de chicos que lleva a cabo una serie de artimañas para comprar una pelota, las camisetas del equipo y los demás accesorios deportivos, hasta cumplir el objetivo de fundar un club de barrio al que llaman Sacachispas. *El diario de Comeúñas* delinea las principales características que definen al espacio del potrero según Borocotó, esto es, las alpargatas, la cancha de tierra, los pantalones cortos, la pelota de trapo y la ropa agujereada. Asimismo, el mundo de la infancia es invocado a partir de los apodos de los niños: además de Comeúñas, están el Dulceleche, el Pancongrasa, el Rompehuesos, el Sietebarrigas, etc. El universo narrativo de Borocotó es predominantemente masculino, a pesar de que los padres de los niños no aparecen en ningún momento y las madres, en muchos casos enviudadas, deben cargar por sí solas con la responsabilidad de criar a sus hijos. Por otra parte, el narrador contempla retrospectivamente el potrero con una "nostalgia melancólica" que equipara con el sabor del mate amargo y que evoca los usos que hizo el tango del fútbol para la construcción de una identidad criolla y, por ende, el discurso criollista de un filme como *Los tres berretines* (1933) (Borocotó 1951: 94).

La noción de potrero deriva del imaginario gauchesco y designa a varios escenarios transitorios: la calle de barrio, los terrenos baldíos y, por extensión, el espacio donde la ciudad se confunde con el campo (Frydenberg 2017: 153). Borocotó asocia al potrero con una cualidad telúrica de las pampas argentinas y uruguayas y, por lo tanto, con el espíritu nacional. Sin embargo, en contraste con otros modelos masculinizados de la nacionalidad como el gaucho y el compadrito, el pibe está encarnado por el mundo de la infancia y por aquellos jugadores que todavía exhiben la idiosincrasia de los niños a través de la gambeta y la picardía (Archetti 1995: 440). En efecto, el mundo narrativo de Borocotó muestra que la creación de una tradición nacional, "la nuestra", está basada en el juego informal de los niños en el potrero. Borocotó empezó a desarrollar su teoría sobre el *dribbling* criollo en los años de la transición entre el amateurismo y la profesionalización del fútbol en Argentina, que se coordinó en 1931 por la Liga Argentina de Football (LAF), la cual no era reconocida por la Federación Internacional de Fútbol Asociado (FIFA). Pablo Alabarces observa que el profesionalismo del fútbol argentino dio lugar a una paulatina inclusión de los sectores populares, los cuales anteriormente no podían destinar el tiempo libre, el dinero y el esfuerzo a las prácticas deportivas (Alabarces 2008: 55). Los textos de Borocotó dan cuenta de las transformaciones que se produjeron en la práctica futbolística cuando los sectores populares tuvieron acceso a un ámbito que hasta entonces les estaba vedado.

En este contexto, *El diario de Comeúñas* permite hacer una radiografía del fútbol argentino durante el temprano peronismo. De hecho, *El diario de Comeúñas* y las demás ficciones de Borocotó encajaban cabalmente en la difusión del modelo deportivo populista que proponía el gobierno de Perón. Esto se debe a que el gran protagonista de sus ficciones es el "pibe" de barrio, encarnación de lo que Alabarces, refiriéndose a la adaptación cinematográfica de *Pelota de trapo*, denomina un "nuevo procerato" compuesto por las clases populares (Alabarces 2008: 74). Sin embargo, resultaría problemático emprender una lectura de estas ficciones únicamente a partir de su identificación con el modelo peronista, en mayor medida por la trayectoria profesional del propio Borocotó. Después de todo, *El Gráfico* pertenecía a la Editorial Atlántida, que había sido fundada en 1918, publicaba el semanario *Billiken* y presentaba un enfoque católico, conservador y tradicional (Rein 2015: 29). Como afirma Raanan Rein respecto del rol que desempeñó *El Gráfico* durante los primeros mandatos de Perón: "Quien hojee los ejemplares de *El Gráfico* de 1949 a 1955 no podrá saber que en Argentina gobernaba por entonces el peronismo, cuya presencia era sentida en forma contundente en todas las esferas de la cultura, del esparcimiento y los deportes" (Rein 2015: 29-30). Por esta razón, el peronismo creó su propio semanario, *Mundo Deportivo*, que combinaba el reportaje con la propaganda política (Panella 2015: 47). Cabe destacar que varios libros de Borocotó, entre ellos *El diario de Comeúñas*, fueron publicados por la Editorial Atlántida, lo cual denota su paradójica relación con el gobierno peronista.

Por otra parte, la verdadera historia del club Sacachispas, que se fundó en el barrio porteño de Villa Soldati, ilustra de manera emblemática el amplio alcance que la escritura literaria y cinematográfica de Borocotó tenía entre el público de masas. En 1948 la Fundación Eva Perón lanzó la convocatoria del primer certamen de los Torneos Evita, que aún siguen vigentes bajo el nombre de Juegos Nacionales Evita y cuyos objetivos incluían la integración de los sectores marginales urbanos y de provincias, el establecimiento de centros deportivos a lo largo del país y la promoción de los principios justicialistas entre los más jóvenes (Rein 2015: 34-35). Un muchacho de diecisiete años que jugaba en las divisiones inferiores de River Plate, Aldo Hugo Vázquez, decidió crear un equipo de barrio para participar en el primer Torneo Evita y lo inscribió como Sacachispas, inspirándose en el nombre del club de las "Apiladas" de Borocotó y del filme *Pelota de trapo*, que ese mismo año se había estrenado con un éxito masivo en la taquilla. En un giro de tintes míticos, el equipo ganó la final en la cancha de River Plate, donde tanto Perón como Evita oficiaban de espectadores y donde esta última dio el puntapié inicial. Bajo el padrinazgo del legendario futbolista de River Plate Carlos Peucelle —el emblema del jugador de potrero— y del propio Borocotó, Perón les donó las tierras para la construcción de la cancha. El club fue fundado el 17 de octubre de 1948 en homenaje al llamado Día de la Lealtad de 1945, que se considera la fecha de nacimiento del movimiento peronista.

Ahora bien, el potrero es también el lugar de disputa de la identidad nacional en el seno de la cultura inmigratoria. En sus artículos para *El Gráfico*, Borocotó privilegiaba a los hijos de los inmigrantes de origen latino, en oposición a los británicos, en el proceso de adaptación al territorio nacional y en el desarrollo de un estilo futbolístico propio (Archetti 1995: 430). En *El diario de Comeúñas*, Borocotó ofrece una versión ficcionalizada de su teoría sobre la criollización de los estilos extranjeros. Al principio de la narración llega al grupo el Galleguito, un niño al que apodan así porque su madre viuda lo ha enviado desde Galicia[3]. En estas escenas, el potrero es el lugar donde se produce la criollización no solo de su estilo de jugar al fútbol, sino también de su acento y su modo de hablar: "Lo acogimos en el seno del núcleo. Como el barrio, éramos ásperos, bravíos y sentimentales. Latía ese sentimiento solidario tan propio de la pobreza. El Galleguito jugaría con nosotros. Tendría que aprender, porque jamás había pateado una pelota, pero llegaría a hacerlo bien así que su 'deixa' se tornara en 'dejá'" (Borocotó 1951: 19-20). En este aspecto, Borocotó se oponía a la teoría del *melting pot* de Chantecler, otro famoso cronista de *El Gráfico*, quien consideraba que el estilo criollo es una tradición que se fue construyendo a partir de una serie de aportes individuales (Archetti 1995: 435). Borocotó, por el contrario, argumentaba que el fútbol criollo emergió de una combinación de factores del medioambiente y de la comida (el asado, la carne, el mate) que permitieron una transformación radical en los hijos de los inmigrantes de origen latino (Archetti 2016: 114).

Asimismo, *El diario de Comeúñas* muestra que el estilo criollo de jugar al fútbol surgió a partir de la oposición con dos otredades: los inmigrantes ingleses y las clases altas. Matthew Karush ha observado que en los años veinte el diario *Crítica*, uno de los más populares de la década debido a sus fórmulas amarillistas y a su identificación con la clase obrera, "repeatedly contrasted criollo football players not only to the British, but also to the rich. This version of the discourse defined criollo football style as a creation of poor Argentines" (Karush 2003: 18). De hecho, en la novela la diferencia entre la inmigración latina y la inglesa se hace evidente a través de las divisiones de clase. No sorprende, entonces, que la educación en escuelas británicas sea percibida en la novela como un signo de clase, ya que el fútbol empezó siendo un deporte practicado por las élites inglesas en colegios y clubes privados. En *El diario de Comeúñas*, la confluencia de estas dos otredades queda encarnada en el personaje de Pitín, "un pequeño capitalista" que va a un colegio privado, que habla inglés y cuyo papá es "gerente de algo con nombre inglés" (Borocotó 1951: 12). Mientras que el Galleguito puede entrar en un proceso de criollización, en la narrativa de integración nacional, los chicos que van a colegios británicos no tienen espacio en un equipo de barrio cuyo origen es el potrero. Otro personaje que va a una escuela británica, el Pollito, es sometido a un interrogatorio antes de poder jugar en el potrero. "¿Vos a qué jugás? ¿Al 'football' —le marcaban bien las

---

[3] Varias de las "Apiladas" que escribía Borocotó para *El Gráfico* fueron luego incorporadas a la narrativa de *El diario de Comeúñas*, en la cual se encuentran desarrolladas con una mayor profundidad. En este caso, la historia del Galleguito había formado parte de uno de los textos breves de *Pelota de trapo*.

dos 'o' y se alargaba la segunda 'ele'— o al fóbal?" (Borocotó 1951: 145). Estas escenas revelan que es solo a partir de la oposición discursiva entre el "foot-ball" y el "fóbal", entre lo británico y lo criollo, que Borocotó pudo construir la mitología del fútbol de potrero en el Río de la Plata.

Borocotó también demuestra que el imaginario del pibe depende de una figura paterna ausente. En este sentido, como sostiene Archetti respecto del imaginario futbolero de los pibes, "la imagen de un 'chico' (sin un padre) se considera muy positiva, como una imagen poderosa de libertad y creatividad" (Archetti 2016: 240). En términos demográficos, el barrio en el que transcurre *El diario de Comeúñas* parece poblado únicamente por niños, madres y figuras maternas. Por ejemplo, la costurera que les fabrica la pelota de trapo o la maestra que muere en su juventud y es destinataria de una sentida carta de pésame escrita por el narrador. Aún más, las mujeres que se manifiestan en el acto del 1 de mayo, el Día Internacional de los Trabajadores, son las únicas que levantan la bandera de identidad laboral luego de que se producen enfrentamientos con la policía: "En medio de la confusión veíamos a mujeres que mantenían en alto las banderas, desafiantes, en actitudes estatuarias, valientes, inconmovibles. No parecían mujeres reales. Eran otra cosa" (Borocotó 1951: 23). El narrador sugiere a través de estas escenas que las madres se ven obligadas a sustentar por sí solas la economía doméstica y, por ello, no pueden participar activamente en la crianza de sus hijos[4]. Por otra parte, en los textos de Borocotó abundan las escenas en las cuales los pibes se pelean entre sí y terminan en la cárcel vecinal. El arquetipo borocotiano de la madre sufriente ve el potrero como un lugar peligroso, pero en última instancia no puede evitar que su hijo juegue al fútbol de manera informal con los demás pibes del barrio. Así, Borocotó describe el surgimiento de la picardía criolla en una época en la cual las masas plebeyas se estaban apropiando del fútbol. *El diario de Comeúñas* desvela las causas de la sustitución del *fair play* y la hidalguía del *sportsman* por la concepción mediterránea de la derrota, esto es, la derrota como vergüenza, humillación y afrenta (Alabarces 2018: 82, Frydenberg 2017: 86).

Siguiendo esta línea de interpretación, *El diario de Comeúñas* es un retrato nostálgico de la época *amateur* del fútbol argentino. Esta etapa estuvo caracterizada por la fundación de innumerables clubes-equipos que competían en ligas independientes. El club que fundan los niños en la novela es uno que crece "para adentro", es decir, que se construye en el espacio de la calle y la cuadra (Borocotó 1951: 7). Como observa el narrador en tono melancólico: "Por

---

[4] Las figuras maternas son recurrentes en la obra de Borocotó, en particular, el arquetipo de la madre sufriente. Por ejemplo, el filme *Pelota de trapo* está dedicado a "la madre que encaneció prematuramente por su lucha contra la miseria" (*Pelota*).

entonces un club era un conjunto de chicos y una pelota" (Borocotó 1951: 7).
Por este motivo, la novela comienza con la elección del nombre, Sacachispas,
que debe diferenciarlos de los demás clubes de barrio. El origen del nombre
proviene de una botella de refrescos que los chicos ven en el escaparate de
una tienda, un nombre que a su vez es el de un caballo de carreras. El nombre
del club remite entonces a un símbolo de la pampa y, por extensión, de los
discursos criollistas sobre la integración de los inmigrantes a la sociedad argentina. En la primera década del siglo XX eran frecuentes las controversias entre
equipos de barrio que por casualidad elegían los mismos nombres, los cuales
en su gran mayoría eran adaptaciones de clubes ingleses: Everton, Manchester,
Bristol, etc. (Frydenberg 2017: 50-51). Por el contrario, en *El diario de Comeúñas*
los pibes eligen el nombre del club aun antes de contar con una pelota de fútbol: Sacachispas viene seguido de la designación Fútbol Club o, como se puede
apreciar en el afiche publicitario del filme *Pelota de trapo*, Fóbal Clú. A través de
esta criollización del *Football Club* inglés, el equipo de barrio se distingue de las
entidades que optaban por llamarse *Athletic Club* o Club Atlético, denominacio-
nes que evocaban el espíritu del *fair play* de los clubes y los colegios británicos
(Frydenberg 2017: 52). La escena fundacional del Sacachispas demuestra que
los clubes argentinos no se formaron identificándose con símbolos de las colectividades de inmigrantes, sino con el proceso de criollización o el sentido de
pertenencia a un barrio específico de la ciudad.

En el contexto de la sociedad inmigratoria, la formación de clubes de fútbol
contribuyó a definir los imaginarios barriales porteños. *El diario de Comeúñas* revela cómo los clubes de fútbol aficionado construyeron las identidades barriales
a través de la rivalidad o, en ciertos casos, la enemistad con equipos de otros
vecindarios. Según Frydenberg, los imaginarios territoriales se edificaron "sobre
la base de la diferencia con el otro, y en muchos casos de la hostilidad hacia el
vecino" (Frydenberg 2017: 154). En *El diario de Comeúñas*, los chicos inscriben al
Sacachispas en una liga que reúne clubes-equipos de diferentes barrios y refleja
la estructura de las primeras competiciones del fútbol aficionado en Argentina.
A lo largo de la narrativa van construyendo una rivalidad con el Reconquista, el
equipo de un barrio vecino. El episodio de mayor hostilidad entre ambos equipos se produce cuando los chicos del Sacachispas incluyen a un jugador que no
estaba previamente registrado en el torneo, por lo que el Reconquista dirime el
caso ante la secretaría de la liga. Esta escena de enfrentamiento juvenil en la sede
de un organismo que evoca las Comisiones de Protesta del fútbol aficionado,
cuya función era administrar justicia en casos de denuncia, muestra la alianza
inextricable entre el nombre del equipo y el del barrio al que pertenece (Frydenberg 2017: 58). De hecho, a fin de no perjudicar la reputación del club y, por
extensión, la del barrio, los chicos del Sacachispas confiesan haber infringido el
reglamento y otorgan el triunfo al equipo contrario.

Aún más importante, la construcción del imaginario barrial es el eje de una escena que transcurre en el marco del carnaval. Los muchachos del Sacachispas crean una murga con el objetivo de recaudar fondos para destinarlos al club. Cuando se alejan de los límites del barrio, los habitantes de una "mansión" los invitan a realizar una *performance* en el patio de la casa. El contraste entre los niños de la mansión y los pibes del Sacachispas lleva al narrador a afirmar lo siguiente: "Debía ser lindo vivir en esa opulencia, pedir cualquier cosa y obtenerla, elegir dulces, andar en auto, viajar… Pero un rato, nada más que un rato, como para probarlo. Vida a vida, acaso fuera más hermosa la nuestra" (Borocotó 1951: 114). Esta escena encapsula la operación cultural de Borocotó, quien en las "Apiladas" y *El diario de Comeúñas* mistifica el suburbio hasta crear productos literarios basados en la imagen de una Buenos Aires "pintoresca" (Gorelik 1998: 358). El paralelismo entre el estilo de jugar al fútbol en el potrero y las murgas de los carnavales, es decir, entre dos manifestaciones de la cultura popular que dan rienda suelta a la libertad creativa de los niños, resume sumariamente el mito borocotiano del fútbol criollo[5].

La narrativa de *El diario de Comeúñas* termina con el remate del lote baldío en el que los niños fundaron el club Sacachispas. El baldío que habían elegido los pibes para erigir su cancha de fútbol era un terreno intersticial que todavía no estaba siendo usado por el Estado argentino ni había sido expropiado. El último episodio de *El diario de Comeúñas* remite no solo a la clausura de innumerables clubes del fútbol aficionado que se asentaban en terrenos baldíos, sino también a la progresiva desaparición del potrero como espacio de recreación informal. Sin embargo, tanto las "Apiladas" como *El diario de Comeúñas* dieron lugar a una serie de fenómenos que expandieron el imaginario del potrero en el Río de la Plata. Por ejemplo, en la década del sesenta, la Fábrica Argentina de Alpargatas sacó a la venta los botines Sacachispas, basados en el modelo de Borocotó y destinados a niños cuyas familias no podían solventar la compra de zapatos de fútbol profesionales. Los botines Sacachispas, hoy discontinuados, se han convertido en estampas nostálgicas de una época irrecuperable del fútbol argentino. Por el contrario, el Sacachispas Fútbol Club todavía forma parte de la Asociación del Fútbol Argentino (AFA), actualmente milita en la tercera categoría (la Primera B Metropolitana) y su camiseta lleva el color lila que Borocotó imaginó en *El diario de Comeúñas*. Hoy en día, ante el éxito de

---

[5] De hecho, el seudónimo de Borocotó proviene del repiqueteo de los tambores de las tradicionales murgas montevideanas, tema de una de sus primeras crónicas para *El Gráfico*. Según el mito popular, el apodo se lo dio el jugador uruguayo Isabelino Gradín —famoso destinatario del poema "Polirritmo dinámico a Gradín, jugador de fútbol" (1922) de Juan Parra del Riego— cuando le sugirió "¡Borocotó chas, chas!" como título para uno de sus reportajes (Morales 1969: 665).

modelos tácticos importados desde Europa, los periodistas deportivos suelen reclamar que el estilo del fútbol argentino se mantenga fiel a sus orígenes en el potrero. El surgimiento esporádico de futbolistas que encarnan un estilo de juego vinculado al potrero, como el reciente caso del jugador de Boca Juniors Carlos Tévez —originario del barrio popular de Fuerte Apache y destinatario del mote de "jugador del pueblo"—, confirma que el mito de Borocotó sigue moldeando la identidad del fútbol argentino.

A manera de conclusión

La sobrevida del imaginario del fútbol criollo que fundó Borocotó es posible rastrearla en la popularidad de un escritor contemporáneo como Eduardo Sacheri, cuya trayectoria en la industria cultural argentina parece calcada a la que desempeñó Borocotó hace más de medio siglo y cuya obra está basada en la mitología del potrero rioplatense. Sacheri fue descubierto por el periodista Alejandro Apo en su programa radial y escribió una columna en *El Gráfico* desde 2011 hasta 2015. Además, fue guionista de varios filmes deportivos sumamente exitosos en la taquilla, incluyendo el primer filme animado en 3D del cine argentino: *Metegol* (2013). La alianza inextricable entre los mundos narrativos de Sacheri y Borocotó se refleja en una de las escenas más emblemáticas del filme *El secreto de sus ojos* (2009), adaptación de una novela de Sacheri para la que este fue coguionista. En esta escena, un plano secuencia desciende sobre la cancha del Club Atlético Huracán mientras se está disputando un partido de fútbol. En cuestión de segundos, a orillas del campo de juego se puede ver un anuncio de los botines Sacachispas. El trasfondo sociopolítico del filme son los crímenes impunes cometidos durante la última dictadura militar (1976-1983). David Wood observa que los cuentos de Sacheri "evoke a nostalgia for childhood and adolescence in the *barrios* of Buenos Aires, when the sport was enjoyed — or suffered — on its own terms, the action on and around the pitch largely self-contained and sealed off from broader issues and concerns" (Wood 2017: 158). Por el contrario, *El secreto de sus ojos* presenta una narrativa que entreteje los ámbitos del fútbol y la política, pero en la cual Sacheri también procura desvincular al juego de la violencia de Estado a partir de una vuelta al imaginario borocotiano del pibe y el potrero.

Los cuentos de Sacheri están construidos alrededor del modelo mítico del fútbol criollo. Resulta notable que el imaginario que fundó Borocotó en los años veinte y treinta se hiciera realidad unas décadas más tarde en la figura de Diego Armando Maradona, que vino a personificar tanto la gambeta como la picardía criolla del prototípico jugador rioplatense. El cuento con el que Sacheri obtuvo el reconocimiento del público, "Esperándolo a Tito" (2000), narra el

NICOLÁS CAMPISI

viaje inverso al paradigma de los relatos de Borocotó. Mientras que Borocotó relata la épica del pibe que se convierte en *crack*, Sacheri cuenta la historia del *crack* que vuelve de Europa a competir junto a sus amigos en el potrero, en el clásico del barrio que juegan desde la infancia. En el cuento de Sacheri, ya no son los inmigrantes ingleses los que vienen a traer el fútbol, ni los hijos de inmigrantes latinos los que dan forma a un estilo criollo, sino los jugadores argentinos quienes se han convertido en la principal materia de exportación nacional. Tito, el *crack*, es comprado por un empresario gallego —figura invertida del Galleguito borocotiano— y ahora debe demostrar la lealtad a sus orígenes en el potrero del barrio. En las primeras décadas del siglo XXI, entonces, el imaginario del potrero que construyó Borocotó en las páginas de *El Gráfico* y en sus obras de ficción continúa siendo canibalizado y actualizado, de manera voluntaria o involuntaria, aun cuando muy pocos sepan hoy que Borocotó ha sido su legítimo fundador.

Bibliografía

ALABARCES, Pablo (2008): *Fútbol y patria. El fútbol y las narrativas de la nación en la Argentina*. Buenos Aires: Prometeo.
— (2018): *Historia mínima del fútbol en América Latina*. Madrid/Ciudad de México: Turner/El Colegio de México.
ARCHETTI, Eduardo P. (1995): "Estilo y virtudes masculinas en *El Gráfico*: la creación del imaginario del fútbol argentino", en *Desarrollo Económico*, vol. 35, n° 139, pp. 419-442.
— (2001): *El potrero, la pista y el ring: las patrias del deporte argentino*. Buenos Aires: Fondo de Cultura Económica.
— (2008): "El potrero y el pibe. Territorio y pertenencia en el imaginario del fútbol argentino", en *Horizontes Antropológicos*, vol. 14, n° 30, pp. 259-282.
— (2016): *Masculinidades: fútbol, tango y polo en la Argentina*. Buenos Aires: Deldragón.
BOROCOTÓ, Ricardo Lorenzo (1934): *En el área del potrero*. Buenos Aires: Frigerio e hijo.
— (1942): *Pelota de trapo*. Buenos Aires: Atlántida.
— (1951): *El diario de Comeúñas*. Buenos Aires: Atlántida.
FRYDENBERG, Julio (2017) [2011]: *Historia social del fútbol: del amateurismo a la profesionalización*. Buenos Aires: Siglo XXI.
GORELIK, Adrián (1998): *La grilla y el parque: espacio público y cultura urbana en Buenos Aires, 1887-1936*. Buenos Aires: Universidad Nacional de Quilmes.
KARUSH, Matthew B. (2003): "National Identity in the Sports Pages: Football and the Mass Media in 1920s Buenos Aires", en *The Americas*, vol. 60, n° 1, pp. 11-32.
MÉNDEZ, Marcelo (2012): "Las 'Apiladas' de Borocotó en *El Gráfico*", en Eduardo Romano (ed.): *Intelectuales, escritores e industria cultural en la Argentina (1898-1933)*. Buenos Aires: La Crujía, pp. 329-346.

MORALES, Franklin (1969): "Literatura y fútbol", en *Capítulo Oriental: la historia de la literatura uruguaya*, n° 42, pp. 657-672.

PANELLA, Claudio (2015): "Mundo deportivo: la mirada peronista del deporte argentino", en Raanan Rein (ed.): *La cancha peronista: fútbol y política (1946-1955)*. Buenos Aires: UNSAM EDITA, pp. 47-64.

REIN, Raanan (2015): "Uso y abuso del deporte en la década peronista", en íd. (ed.): *La cancha peronista: fútbol y política (1946-1955)*. Buenos Aires: UNSAM EDITA, pp. 21-45.

SARLO, Beatriz (1988): *Una modernidad periférica: Buenos Aires 1920 y 1930*. Buenos Aires: Nueva Visión.

WOOD, David (2017): *Football and Literature in South America*. London/New York: Routledge.

Sitios web, periódicos y películas

Con los mismos colores, Carlos Torres Ríos (Dir.). Cinematográfica Argentina General Belgrano, 1949.

El secreto de sus ojos, Juan José Campanella (Dir.). Haddock Films/Tornasol Films, 2009.

Los tres berretines, Enrique Susini (Dir.). Lumiton, 1933.

Metegol, Juan José Campanella (Dir.). 100 Bares *et al.*, 2013.

Pelota de cuero: historia de una pasión. Producciones LM, 1963.

Pelota de trapo. Leopoldo Torres Ríos (Dir.). Sociedad Independiente Filmadora Argentina, 1948.

Sacachispas, Jerry Gómez (Dir.). Sociedad Independiente Filmadora Argentina, 1950.

SASTURAIN, Juan (2005): "El padre", en *Página/12*, 27 de noviembre. <https://www.pagina12.com.ar/diario/suplementos/radar/9-2654-2005-11-28.html> (19-09-2018).

Marcaje al hombre: fútbol y cine en la Venezuela del siglo XXI

Antonio Isea

> Tan imbuido está de la carga simbólica del fútbol que declara, sin pudor:
> "Este no es un juego de señoritas". Maradona no se ha enterado todavía que las señoritas ya no existen, aunque no organicen todavía campeonatos de fútbol.
>
> Cristina Peri Rossi.

> Masculinity has personal meaning only because certain acts, choices, and policies create it —with devastating consequences for human society.
>
> John Stoltenberg.

A manera de introducción

El 9 de febrero del 2014, durante la entrega de los premios Goya, el director de *Azul y no tan rosa* (2012), Miguel Ferrari, declaró que "en Venezuela [este día] se está viviendo como si fuera la final de un mundial de fútbol" (Noticiero Telesur 9 de febrero 2014). Este eufórico e hiperbólico enunciado, sin lugar a dudas, llevaba consigo una sensata dosis de estrategia publicitaria. Huelga afirmar que, más allá del clan de los cinéfilos venezolanos, la muchedumbre/hinchada venezolana se enteró más bien poco del triunfo de *Azul y no tan rosa*. La ocurrencia de este director venezolano, sin embargo, es algo más que una vacua exageración. Ferrari, es de recordar, ha sido guionista de telenovelas y, como cultor del arte del melodrama, está al tanto del turbión afectivo que el fútbol genera en el imaginario de toda nación. Algo análogo ya se le había ocurrido al Rainer Werner Fassbinder que nos regaló *El matrimonio de María Braun* (1978). Fassbinder, sabedor del impacto afectivo del fútbol, empleó la final del mundial de 1954, en *El matrimonio de María Braun* (1978), para inyectarle una gran carga de dramatismo a la clausura de un film que daba cuenta de una Alemania que accedía al final de su etapa de posguerra (Gumbrecht 2006: 11). Hans Ulrich Gumbrecht, a este respecto, añade que: "[When] the German national soccer team won its first world championship, in 1954, at Bern, [we encountered] a historically symbolic [event]. One only has to see Rainer Werner Fassbinder's classic film *The Marriage of Maria Braun* to know this" (Gumbrecht 2006: 11).

La alusión al fútbol, hecha por Ferrari, sirve para que el film quede arropa-
do con el poder de convocatoria que hoy detenta el fútbol en nuestra aldea globalizada. Por otra parte, y de cara al objetivo de este trabajo, lo expresado por
el director de *Azul y no tan rosa* debe entenderse como un pertinente pretexto
para comenzar esta discusión sobre fútbol, masculinidad y cine en la Venezuela
del siglo XXI.

Hermano (2010), film que nos ocupa y que hace del fútbol su razón de ser, es
la ópera prima del cineasta venezolano Marcel Rasquin. Esta película dirige la
cámara y su enfoque narrativo hacia ese fútbol macho y ríspido que se juega en
las canchas de los violentos barrios de la Caracas de la presente centuria. Examinar la escritura cinematográfica de la masculinidad, en el fútbol venezolano
contemporáneo, es el objetivo de este estudio. Comenzar este ensayo con las
palabras de Ferrari, acaso, podría entenderse como una manera, desesperada
y extremada, de asociar *Azul y no tan rosa*, primer film venezolano que gana el
Goya, con *Hermano*, primer largometraje venezolano que aborda el mundo del
fútbol. Ambos filmes, de maneras distintas, se construyen gracias al fútbol.
Este dato no debe pasar desapercibido. Ferrari, a través de su enunciado en la
premiación de los Goya, reviste su obra, paratextualmente, con una poderosa
capa mediática que se hilvana a través del deporte rey. Es de recordar, a tenor
de lo anterior, que Gérard Genette, en su obra *Umbrales*, advertía de que ningún texto moderno se nos presenta al desnudo: "La obra literaria se viste con
un cierto número de producciones: el nombre del autor, la portada, un título,
ilustraciones, dedicatorias, y entrevistas que ofrece el autor sobre la obra" (Genette 2001: 7). Este ropaje, al que Genette llama paratexto, "ejerce una estrategia de acción sobre el público y está al servicio de una lectura conveniente
a los intereses del autor y sus aliados (grupo editorial, agentes literarios, ferias
del libro)" (Genette 2001: 7). Las palabras de Genette pueden trasladarse al
ámbito del séptimo arte. Los premios, otorgados por las diversas academias y
los festivales del cine, dan un pletórico poder mediático a todo film que se alza
con ellos. Estos reconocimientos, concedidos por los popes del cine, terminan
condicionando la interpretación/lectura de toda obra galardonada. El prestigio
de la premiación de los Goya es una plataforma donde, gracias a la alusión a la
final de un mundial de fútbol, Ferrari logra reconstruir su película.

Lugares de esperanza en una nación dividida

Ferrari y Rasquin, hay que admitirlo, están en sintonía con el *Zeitgeist* de una
Venezuela, la del siglo XXI, que ve en la selección nacional de fútbol "un nuevo
lugar de la pasión y la esperanza y [nuevo] territorio emotivo" (Llorens 2012:
19). Ambos directores, por lo tanto, parecen ser conscientes del enorme viraje

afectivo, generado por el fútbol, en un país que fue, durante todo el siglo XX, *a baseball nation*. Ferrari y Rasquin están, a mi modo de ver, situados en la misma longitud de onda que habita Manuel Llorens. Este último, antiguo psicólogo de la selección venezolana y autor del libro *Terapia para el emperador* (2012), comenta que la reciente historia de selección nacional de fútbol ha venido a:

> Ocupar el lugar simbólico de la esperanza en tiempos oscuros[.] [Esa] es la tarea que ha asumido la selección. [Esta es] la historia de una actividad que supera la de cualquier otro proceso colectivo, público o privado en los últimos veinte años de historia. En un país atravesado por dificultades políticas, sociales y económicas, el fútbol ha crecido de manera exponencial. Esta es la historia que necesita ser contada porque es la historia de crecimiento comunitario e institucional (Llorens 2012: 24-25).

Las palabras del psicólogo venezolano fueron escritas en el 2012 y, sin embargo, no han perdido vigencia. Es de recordar que la selección nacional llegaba a la final del mundial sub-20 en junio del 2017, en uno de los momentos más desgarradores de la historia contemporánea venezolana. La selección nacional, durante los días de la más cruenta violencia urbana[1], fue instrumentalizada por el gobierno y la oposición venezolanas para imponer dos visiones irreconciliables sobre una misma realidad nacional. Rafael Dudamel, el director técnico del combinado nacional, luego de la victoria contra Uruguay en la semifinal, interpeló al presidente, Nicolás Maduro, de la siguiente manera: "Hoy la alegría nos la ha dado un chico de 17, y ayer murió uno de 17 años. Presidente, paremos ya las armas. Que esos chicos que salen a la calle quieren una Venezuela mejor" (Meza 2017: s.p.). Nicolás Maduro, haciendo uso de las redes sociales, expresó: "Nuestros muchachos de la Vinotinto sub 20 son el orgullo de una Patria Digna, forjadora de grandes victorias" (Meza 2017: s.p.). Estos dos enunciados, donde se fusiona fútbol con nación, no constituyen una novedad. Pablo Alabarces ha señalado que el fútbol, como espacio que sirve para pensar/imaginar lo nacional, ha sido un lugar común de la modernidad latinoamericana (Alabarces 2018: 34).

La noción del lugar común, por diversos motivos, ocupa un espacio preponderante en este ensayo. Esto obedece a que el fútbol, constructo falocéntrico por excelencia, ha sido un *locus* clásico para imaginar la nación latinoamericana. Por otra parte, no lo olvidemos, lo que aquí se discute es la representación

---

[1] Los meses de mayo y junio del 2017, Venezuela vivió masivas protestas en las calles debido a la creación de la Asamblea Nacional Constituyente y a la demoledora crisis económica nacional. Los detalles y cronología de este turbulento momento de la historia contemporánea venezolana aparecen en el trabajo de Alfredo Meza que incluyo en esta bibliografía.

cinematográfica de la masculinidad futbolística en una nación, en Venezuela. Esta comunidad imaginada, la cuna de Bolívar, se forjó, como todas la naciones latinoamericanas, desde la reiteración de un procerato abrumadoramente patriarcal (Rocha 2013: 4). Este androcéntrico lugar común de la cultura nacional remite al otro nexo entre las obras de Ferrari y Rasquin. Ambos filmes, *Azul y no tan rosa* y *Hermano*, ofrecen un sobrecogedor comentario sobre el virus de la masculinidad patriarcal (terrible constante de ayer y de hoy en Latinoamérica). Las dos cintas hacen evidente que la homofobia, como ha señalado Michael Kimmel, "es uno de los principios organizadores de lo masculino" (Kimmel 2008: 16). *Azul y no tan rosa* es un film donde la homofobia, la paternidad y las masculinidades subalternas ocupan un robusto primer plano. Ferrari nos enfrenta a un relato donde "la homofobia explica no solo la manera en que entendemos las relaciones entre hombres heterosexuales y homosexuales, sino también cómo funciona la construcción de la masculinidad" (Kimmel 2008: 16). En el caso de *Hermano*, tenemos una película donde "la medida de la hombría" pasa por estar a la altura de las cotas más elevadas de la violencia armada y el homicidio, dentro de una cancha de fútbol. Lo que hermana las obras de Ferrari y Rasquin es la reincidencia en una apuesta cinematográfica que da cuenta del perverso lugar común de la cultura patriarcal venezolana en pleno siglo XXI.

Este análisis de *Hermano*, reitero, tendrá que ver con ciertos *topoi* del deporte más globalizado y masculinizado de nuestro tiempo. La presente discusión, sobre todo, intenta dar cuenta del fútbol como territorio del machismo y la violencia. Hablaremos, por lo tanto, de todo aquello que ya se sabe. Podría alegarse, por lo tanto, que este ensayo se atascará en el marasmo de lo tautológico. Josefina Ludmer, sin embargo, nos ha aleccionado sobre la importancia de enfrentarnos al análisis de los lugares comunes. Ludmer, en "Las tretas del débil" (1985), destaca que "los lugares comunes, como los textos clásicos, interesan porque constituyen campos de lucha donde se debaten sistemas e interpretaciones enemigas; su revisión periódica es una de las maneras de medir la transformación histórica de los modos de lectura (objetivo fundamental de la teoría crítica)" (Ludmer 1985: 47). Las palabras de la pensadora argentina, en cierta forma, suponen una suerte de autorización que, sin más preámbulos, invita a la exploración de los lugares comunes que informan la escritura de la masculinidad en *Hermano*.

Al internarnos en el terreno del androcentrismo global, lugar común que marca al planeta fútbol, necesariamente, hay que tener en cuenta que la socióloga australiana Raewyn Connell advierte que los ancestros de la globalización, la colonización y el imperialismo estuvieron profundamente marcados por el género (Connell 2015: 30). Connell, de hecho, asevera que:

La violencia de género ha desempeñado un papel formativo en la configuración de las sociedades coloniales y poscoloniales. La colonización en sí misma fue un acto marcado por el género, llevado a cabo por fuerzas trabajadoras imperiales, abrumadoramente constituidas por hombres, extraídas de ocupaciones masculinizadas, como la milicia y el comercio transatlántico. La violación de las mujeres de las sociedades colonizadas era parte cotidiana de la conquista. La brutalidad fue incorporada a las sociedades coloniales, ya sea que estas fueran colonias de población o colonias de explotación. La reestructuración de los órdenes de género de las sociedades colonizadas era también una parte normal de la creación de las economías coloniales [...]. [Esto se vio], por ejemplo, en la incorporación de los hombres a las economías imperiales como esclavos, sirvientes o mano de obra migrante en las plantaciones y minas (Connell 2015: 30).

A la sombra de lo anterior hay que convenir que el cronotopo de la globalización nos somete al inmisericorde tempo del psicoanálisis. En la cosmovisión freudiana, es de recordar, se desdibuja lo cronológico, gracias al retorno de lo reprimido (Certeau 2007: 22). En el psicoanálisis emerge la posibilidad de actualizar constantemente el pasado traumático, pues el inconsciente ignora el paso del tiempo (Certeau 2007: 22-24). En nuestros contemporáneos tiempos de globalización, desafortunadamente, el presente luce más que nunca como el más ominoso pasado. Es un hecho que la "teología" de la globalización, con su fervoroso culto al mercado y su ataque a la soberanía del Estado nación, sigue favoreciendo, abrumadoramente, al sector de directivos de empresas transnacionales. Este espacio empresarial es un coto donde la riqueza y el poder se acumulan en una escala sin precedente, en manos del patriarcado. El movimiento *Me Too*, por un lado, y el manual para conquistar a una chica rusa, producto de la AFA[2], por otra parte, nos recuerdan que vivimos sepultados bajo un pasado, colonial-patriarcal, que hoy viste el ropaje de una nueva y agresiva masculinidad globalizada. El fútbol actual, producto de una sofisticada y tecnológicamente avanzada industria transnacional, forma parte de un denso entramado neopatriarcal. No en balde, Michael Messner clamaba que el deporte, lejos de ser un ámbito natural, es una institución social producida por y para el hombre (Messner 1992: 7). María Lugones, de hecho, afirma que el sistema de género moderno, el de nuestros tiempos de globalización, está estrechamente ligado a lo que Aníbal Quijano denominó la colonialidad del poder[3] y eso

---

[2] La AFA ofreció a periodistas, futbolistas, técnicos y dirigentes un curso sobre cultura rusa. El máximo órgano del fútbol argentino, en el marco de tal evento, repartió una suerte de manual donde existía un capítulo en el que se explicaba cómo se podía seducir a mujeres rusas. Véase el artículo, del diario *Clarín*, que incluyo en la bibliografía.

[3] El concepto colonialidad del poder fue acuñado por Aníbal Quijano en su obra *La colonialidad del poder*. La colonialidad reposa en la imposición de una clasificación racial y/o

permite hablar de la colonialidad y la globalidad del género (Lugones citada en Connell 2015: 25). Discutir *Hermano* es un acto que obliga a pensar en la vigencia de la colonialidad del género. A la luz de todo lo anterior, el título de este artículo, marcaje al hombre, remite a una problemática ubicada más allá de una estrategia de juego en el fútbol. Marcar al hombre, en estas páginas, pasa por la necesidad de leer al hombre como un constructo cultural marcado por el género.

Marcajes al hombre en el fútbol venezolano

La noción de marcaje al hombre, en este trabajo, funciona como la metáfora que nos obliga a ver en el fútbol ese tatuaje que lo distingue como un producto cultural globalizado que se rige por la lógica de un orden neoliberal-patriarcal. Las páginas que siguen, montadas sobre las propuestas del sociólogo estadounidense Harry Brod, remarcan que los hombres, también, están calados por el género (Brod 2002: 166). Estudiar el género, indica Brod, no es, solo, estudiar a las mujeres como sujetos marcados por la opresión que padecen (Brod 2002: 166). Permitir que el estudio del género sea equivalente al estudio de las mujeres es dejar al hombre libre de su marcaje/impronta de género y, por lo tanto, verlo como lo normativa y universalmente humano. Tal falta de marca, apostilla Brod, es lo que caracteriza el dominio y la supremacía de todas las élites hegemónicas (Brod 2002: 166).

Hermano es un largometraje donde diversas construcciones de lo masculino son tasadas, publicitadas y vendidas dentro del mercado global del deporte profesional. El film, al mismo tiempo, pertenece a esa ola del cine venezolano, del siglo XXI, que ha optado por dar cuenta de la depauperada condición existencial de niños y adolescentes. La película de Rasquin representa una pulsión actual de la cinematografía latinoamericana, que pone en primer plano a un ingente colectivo humano que es vulnerable e, irreprochablemente, inocente. Ana Rodríguez Navas, al abordar el análisis de *Hermano*, comenta que:

> We must first recognize that *Hermano* is one among many recent Latin American films that have sought new strategies with which to frame the experiences of impoverished children. Indeed, filmic depictions of dispossessed children, though long a part of Latin American cinema, have in the new millennium evolved into a robust and coherent category that demands to be considered as a significant new genre

---

étnica de la población del mundo (Quijano 2000: 122-123). La colonialidad del poder, sostiene Quijano, es uno de los elementos constitutivos y específicos del patrón mundial de poder capitalista (2000: 122).

within Latin American cinema. In the past decade and a half, a new generation of Latin American filmmakers has arisen whose work is guided by a growing critical awareness of childhood as a global and globalized phenomenon, and who consider local stories a powerful tool for interrogating the political and socioeconomic realities resulting from neoliberalism and global capitalism (Rodríguez Navas 2017: 78).

El grupo humano, protagonista en películas como *Hermano*, es uno que, en palabras de Sharon Stephens, es "[an] integral [part] of an emerging order of global capitalism" (Stephens 1995: 11). No sería osado alegar, a tenor de lo anterior, que *Hermano* es el tipo de film que logra dar cuenta de un "mode of historical experience proper to the age of global capitalism" (Andermann 2012: xvii). El film de Rasquin puede entenderse como un comentario "[about] a time when subjects have been stripped of control over their own lives" (Andermann 2012: xvii). Rodríguez Navas, en línea con lo anteriormente expresado, concluye, al pensar la obra de cineastas como Rasquin:

> These filmmakers imbue their young subjects [with such a] lack of agency that they come to represent all people, children and adults alike, caught up in the historical and social currents [of global capitalism]. These films propose that for the children they portray, and by extension for all those on the economic periphery, life goes by in a series of immediate, local and urgent struggles. Denied a broader view of the forces causing their condition, those caught up in the hardships generated and perpetuated by poverty cannot resolve their problems from within their communities (Rodríguez Navas 2017: 80).

Hermano narra la experiencia de dos jóvenes que, mutilados por la precariedad socioeconómica, malviven en una Venezuela donde el paternalismo de Estado y la globalización androcéntrica han dejado a sus ciudadanos en la orfandad. Julio, el mayor de los hermanos, es el líder del club de fútbol de un miserable barrio caraqueño. Este hermano mayor supone una curiosa inflexión de la figura del buen malandro. Él es el proveedor económico de un hogar donde el padre está tangiblemente ausente. Gracias a su rol como narcotraficante, de nómina menor, Julio cuida de su madre y su hermano. Julio es afrodescendiente, posee un físico atlético, muscularmente exuberante, y es refractario a expresar la mayoría de su emociones, excepto la ira. Julio es un homófobo *playboy* que, obviamente, no puede esconder su misoginia. Su estilo de juego, en el campo de fútbol, se afiliaría, sobre todo, al del rocoso medio centro de contención del Real Madrid, Carlos Enrique Casemiro. Si decimos que Julio juega siempre al límite del *fairplay* estaríamos cayendo en el terreno de un muy craso eufemismo.

Ahora bien, Ian Wellard, al poner atención en la centralidad del cuerpo en prácticas sociodeportivas, observa la prevalencia de lo que él llama una forma de expectativa de masculinidad deportiva que se expresa a través de específicas *performances* corporales (Wellard 2009: 46). Estos despliegues corporales, observa Wellard, señalan frente al rival y a los aficionados una versión particular de masculinidad basada en una agresiva competitividad, una ofuscada voluntad del poder y una contundente asertividad (2009: 46). La expectativa de la masculinidad deportiva establece que "[a] domination of the body of others becomes important. [This is a domination] of the opponent [and] [is] also [a domination] of team-mates, women, gay men" (Wellard 2009: 16). Julio, el hermano mayor del relato de Rasquín, cumple al pie de la letra con la expectativa de la masculinidad deportiva que describe Wellard.

Daniel, por otra parte, es el hermano menor de este dúo fraterno-filial. Daniel es un expósito que, a los dos años de edad, fue rescatado de un basurero por un Julio que, en ese entonces, contaba con solo cuatro años. El hermano menor es menudo, dócil, blanco criollo, buen estudiante y muy sensible al dolor y emociones de los otros. Se trata de un joven muy tímido que, sobre todo, es una promesa del fútbol. Daniel es un mago del regate y un gran anotador de goles, especialmente cuando juega escoltado por su intimidante gran hermano. El pequeño hermano tiene un estilo de juego que podríamos identificar con el de un Andrés Iniesta con prestaciones de goleador. Daniel no cabe dentro del perfil de expectativa que describe Wellard (2009: 46). Por la desenfadada expresión de sus sensibilidades, por su facultad para llorar y mostrarse vulnerable, Daniel nos hace pensar en André Gomes, ex jugador portugués del Barcelona F. C., que expuso, en la revista *Panenka*, su fragilidad emocional ante el macho planeta futbol[4].

Los dos hermanos acarician el sueño de ser reclutados por un cazatalentos del Caracas Club de Fútbol. Esa aspiración se ve amenazada, pues la madre de ambos jóvenes es víctima de un homicidio involuntario cuyo autor es uno de los compañeros de pandilla de Julio. Daniel, testigo de tal acto de violencia criminal, evita compartir con Julio la identidad del autor de la muerte de su madre. El hermano menor quiere evitar, a toda costa, que el gran hermano caiga preso en un ciclo de violencia que lo lleve al campo santo y no al campo de fútbol. Daniel, sabedor del demoledor deseo de venganza de Julio, siente el deber de ser el guardián de su hermano mayor para guiarlo al paraíso del deporte profesional. Daniel, sin embargo, detecta en Julio la forma más ejemplar

---

[4] Gomes, medio centro portugués del F. C. Barcelona, expresó que vivía en una diaria tortura psicológica por su bajo rendimiento en el equipo catalán (Laguna 2018: s.p.). Véase la entrevista, titulada "Pensar me hace daño", cuyas señas incluyo en la bibliografía del presente trabajo.

de masculinidad que él mismo desea habitar. Ser hombre, para Daniel, es poder ser como Julio. Esa gramática de la masculinidad es una asignatura pendiente que enfermizamente devorará al hermano menor.

En la clausura del film, de forma obsesiva, la cámara de Rasquin se desplaza a una deteriorada cancha de fútbol. Allí, en un escenario lumpen y violento, Julio y Daniel juegan excelsamente el *match* de sus vidas, frente al director técnico del Caracas Club de Fútbol. El relato del cineasta venezolano, sin embargo, evita gravitar hacia el final feliz, lugar común de las llamadas *feel good movies* de Hollywood, donde ambos hermanos habrían firmado sendos contratos profesionales para escapar del laberinto del Sur Global. Durante las escenas finales de *Hermano* la belleza de la imagen deportiva hace acto de presencia. Gumbrecht, al reflexionar sobre la estética de la experiencia atlética, indica que esta tiene que ver con una

> unexpected appearance of a body in space, suddenly taking on a beautiful form that just as quickly and irreversibly dissolves [and] can be thought of as a kind of epiphany. Such epiphanies are, I believe, the source of joy we feel when we watch an athletic event, and they mark the height of our aesthetic response. They throw us into oscillation between the sheer beauty of the physical form and our obligation to that form according to the rules of a particular game (Gumbrecht 2006: 54).

La producción de tal belleza atlética, recreada en dos cuerpos masculinos, no ofusca el flujo del relato de Rasquin. La presencia de lo bello, en estos encuadres postreros del film, deviene en una efectiva y afectiva coartada para generar la inesperada presencia de lo monstruoso, de la polaridad de lo bello, en una acción que proviene de un cuerpo masculino en movimiento. Daniel, a pesar de la belleza del juego que practica, termina involucrado en un acto de violencia, un apuñalamiento que le quita la vida al portero de su propio equipo. Este último, la víctima de Daniel, es el compañero de pandilla de Julio que mató a la madre de los hermanos futbolistas. La conversión de Daniel en violento vengador de su madre pone boca arriba el horizonte de expectativas que la audiencia haya podido albergar en torno al desenlace del film. Esta vuelta de tuerca, sin embargo, no deja de ser parte del repertorio de lugares comunes en guiones de cine de acción de Hollywood. El final de esta escena produce la presencia de un acto de violencia *in crescendo*. Los miembros de la pandilla urbana a la que pertenece Julio saltan al terreno de juego para vengar la muerte del portero, apuñalado por Daniel. Esto desdibuja la efímera producción de la presencia de la belleza atlética dentro la cancha de fútbol. Tal giro escénico restaura la consuetudinaria violencia que consume a la juventud venezolana del presente siglo.

Lugares comunes en la Venezuela del siglo XXI

La escena de la reyerta, en el desapacible campo de fútbol, se funde, bruscamente, a negro. Tal fundido se abre luego, desde negro, y la cámara se posa, abruptamente, en el hogar del Caracas Club de Fútbol. Allí, en un edénico y coqueto campo de fútbol profesional, Rasquin hace un paneo de los jugadores del Caracas. Julio aparece, en esa escena, como el undécimo jugador del equipo capitalino. La cámara, acto seguido, hace un primer plano de la cara de un Julio que, con un rictus de dolor en su rostro, posa junto a sus nuevos hermanos, sus compañeros de equipo. Con esta imagen, de un gran hermano que se persigna y mira al cielo, llega el film a su clausura. Desde la estridencia de esta escena, donde solo se siente el rugir de la hinchada del Caracas Club Fútbol, queda claro que Daniel ha quedado fuera del juego de la vida. El violento macho alfa, Julio, no termina matando y muriendo, marcado por el hierro de la violencia masculina. El proverbio "quien a hierro mata a hierro muere" queda tatuado en el invisible cadáver de la masculinidad del hermano menor.

Concluir este análisis sobre *Hermano* exige afirmar que este film se vertebra a través de la escritura cinematográfica de dos cuerpos masculinos. Vinodh Venkatesh alega, sobre la escritura contemporánea de las masculinidades en la Latinoamérica del siglo XXI:

> The writing of masculinities in contemporary Latin American fiction is reflective of and reactive to the social and economic processes of neoliberalism. Working through what I contend to be a neoliberal aesthetic, that is, a distinctly market-based system of representation and an economically conscious poetics, I focus on the male body as a dialogic site of enunciation, arguing that the writing of masculinities is a project that centers socioeconomic and political concerns and paradigms on specific sites of the male anatomy. In novels published after 1990 by canonical, well-known, and newer writers from Mexico, Central America, the Caribbean, Peru, and Chile, the male body is a capital commodity that is metaphorically bartered, segmented, marketed, and sold in works coinciding with the neoliberal experiment; its movements and circulations code for textual anxieties and considerations of the changing politico-economic landscape (Venkatesh 2015: 4).

Hermano, visto desde la lente de Venkatesh, es una obra que publicita, tasa y vende dos cuerpos masculinos. La película, en su clausura, hace evidente que el cuerpo que goza de una buena cotización, en el mercado global de lo masculino deportivo, es el de Julio. El cuerpo del *Big Brother* termina preservado, dentro del androcéntrico mundo del fútbol profesional, seguramente, porque este supone un recurso valioso para la producción de ese tipo de agresividad legalizada que Brian Pronger denomina "the tyranical aggressión of the modern technological and patriarcal culture" (Pronger 2002: 55). Pronger, acudiendo a ese Martin Heidegger que repensó la tecnología moderna[5], nos recuerda que la esencia de la tecnología se encuentra en la forma en que esta "reveals or produces beings as a resource" (Pronger 2002: 58). Pronger, de cara a lo anterior, no nos deja olvidar que "even humans become resources: most large public and private enterprises, such as my university (the University of Toronto) no longer have personnel departments-they are now departments of human resources" (Pronger 2002: 58). El cuerpo de Julio, rescatado por y para el fútbol, debido a su fornida anatomía y a su agresivo perfil afectivo, hace evidente que, "in modern society, the body is a commodity that has exchange value in (at least) several respects: It has a cultural value in its capacity for symbolic exchange- for instance, the symbolic value of the bodies of athletes" (Pronger 2002: 105). Urge destacar, a tenor de lo anterior, que el último encuadre del film, ese que expone en primer plano el cuerpo de Julio en la cancha de fútbol profesional, da buena cuenta de un recurso atlético-masculino que viene empaquetado por una camiseta que despliega, en la parte frontal, el logotipo (la marca) de Direct TV. Tal impronta sobre el pecho de Julio no es un dato menor/superficial. El logo de Direct TV, corporación mediática globalizada, aparece como la obvia marca de un producto mediático que se confunde con otra mercancía globalizada, la del cuerpo de un futbolista del siglo XXI.

Llegados a este punto, y corriendo el riesgo de atascarme en lugares comunes, conviene formular la siguiente interrogante: ¿en qué consiste la masculinidad que se produce, como recurso o materia prima, para el deporte moderno globalizado? Sugiero que la respuesta a la anterior pregunta pasa por admitir que tal constructo cultural (la masculinidad deportiva) es uno donde las conductas obsesivo-competitivas, agresivas y violentas son vistas como normales y necesarias (Wellard 2009: 15). La *performance* de Julio, en la obra de Rasquin, fuera y dentro de la cancha está vertebrada por esa conducta agresiva y violenta a la que alude Wellard. Esta masculinidad deportiva, acota Keith Nurse, está vinculada a una filosofía fundamentada en cuatro pilares: sexismo, modernidad, capitalismo e imperialismo (Nurse 2000: 5). Esta concepción de la masculinidad se convierte en el baremo a través del cual todos los hombres son medidos sin que importe su edad, raza, orientación sexual, trasfondo cultural y estatus económico (Nurse 2004: 6). La ironía, apunta Nurse, es que esta es una construcción mítica de lo masculino a la que muy pocos pueden acceder (Nurse 2004: 6). Remarca Nurse que el hombre blanco es usado como

---

[5] Pronger se fundamenta en "The Question Concerning Technology", ensayo que escribe Heidegger en 1954. Véase la compilación de la obra básica de Heidegger, hecha por David Krell, que incluyo en mi bibliografía.

emblema de tal masculinidad. Sin embargo, esta masculinidad hegemónico-deportiva asume pigmentaciones más oscuras y menos anglo-europeas a lo largo y ancho del mundo (Nurse 2004: 6). Nurse, de hecho, especula con que esta paradoja sugiere que los hombres que experimentan su masculinidad de forma contradictoria (por no ser blancos, por no ser ricos, por no ser violentos y por no ser sexualmente promiscuos) vivirían en un miedo constante de ser vistos como afeminados por otros hombres y por las mujeres (Nurse 2004: 14). No es ninguna sorpresa, por lo tanto, que "the machismo found in the Caribbean is premised on securing and bolstering a particular male 'reputation' [based on the] domination of women, competition between men, aggressiveness, [and] predatory sexuality" (Nurse 2004: 8). Julio, el gran hermano del film de Rasquin, implica una robusta expresión de la *performance* de ese machismo caribeño donde imperan el donjuanismo, la homofobia y el empleo del cuerpo como arma.

Ahora bien, a la sombra de lo anteriormente señalado, urge reconocer una obviedad. Me refiero al hecho de que el deporte moderno globalizado es un constructo (capitalista, sexista y racista) donde las masculinidades subalternas (mestizos, afrodescendientes, mulatos, hijos de campesinos y obreros) son subsumidas por/para el rédito de la masculinidad hegemónica de Occidente. Aviston Downes, al pensar la intersección raza-masculinidad en el Caribe, añade: "As Messner and Sabo point out, hegemonic masculinity is constructed in relation to various subordinated masculinities (Messner/Sabo 1990: 12). Indeed, for any representation of masculinity to become hegemonic, the co-optation or complicity of 'lesser masculinities' is necessary" (Nurse 2004: 107). *Hermano* construye un relato donde Julio, un adolescente afrodescendiente, asume una masculinidad tóxico-agresiva que lo convierte en recurso, y en cómplice idóneo, para la buena salud del globalizado neopatriarcalismo del deporte profesional.

Hermano, a través de la muerte de Daniel y del rescate de Julio, escenifica una gestión de la vida y la muerte (un ejercicio de biopoder) que está en sintonía con la lógica cultural de un neoliberalismo androcéntrico que, como señala Judith Butler, reproduce su visión del mundo en todas las parcelas del quehacer humano en el siglo XXI (Butler 2017: 19). El frágil Daniel es sacado del juego de la vida en este film, pues su agresividad no es rentable y tampoco es lícita dentro de la cancha. El rescate de Julio, sin lugar a dudas, obedece al hecho de que el gran hermano es un activo/inversión que es *too big to fail*[6]. Su agresividad

---

[6] *Too big to fail* es el término que el director de la Reserva Federal de Estados Unidos Ben Bernanke empleó para describir las gigantescas y depredadoras corporaciones que, como Lehman Brothers, causaron la crisis financiera del 2008. Estas desproporcionadas y rapaces entidades financieras fueron, a pesar de todo, rescatadas por el gobierno federal estadounidense (Bernanke 2010: s.p.).

sistemática, redituable y legalizada es una perfecta metáfora del modo en que opera el negocio del fútbol profesional contemporáneo. Estas operaciones hermanas, las de desecho y rescate de particulares cuerpos masculinos, marcan el largometraje de Rasquin. La película termina proyectando un relato (una escritura cinematográfica de la masculinidad) donde el hombre queda marcado, tatuado, por una tóxica identidad género que, en la Venezuela del siglo XXI, sigue siendo un impostergable lugar común.

Bibliografía

ALABARCES, Pablo (2018): *Historia mínima del fútbol en América Latina*. Ciudad de México: El Colegio de México.

ANDERMANN, Jens (2012): *New Argentine Cinema*. London: I. B. Tauris.

BROD, Harry (2002): "Studying Masculinities as Superordinate Studies" en Judith Kegan Gardner (ed.): *Masculinity Studies and Feminist Theory: New Directions*. New York: Columbia University Press, pp. 161-175.

BUTLER, Judith (2015): *Notes Towards a Performative Theory of Assembly*. Cambridge: Harvard University Press.

CERTEAU, Michel de (2007): *Historia y Psicoanálisis. Entre ciencia y ficción*. Trad. de Alfonso Mendiola y Marcela Cinta. Ciudad de México: Universidad Iberoamericana.

CONNELL, Raewyn (2015): *El género de serio. Cambio global, vida personal, luchas sociales*. Ciudad de México: Universidad Autónoma de México.

DOWNES, Aviston (2004): "Elite Education and the Construction of Hegemonic Masculinity in Barbados 1875-1920", en Rhoda Reddock (ed.): *Interrogating Caribbean Masculinities: Theoretical and Empirical Analyses*. Kingston: University of the West Indies Press, pp. 105-136.

GENETTE, Gérard (2001): *Umbrales*. Trad. de Susana Lage. Ciudad de México: Siglo XXI.

GUMBRECHT, Hans (2006): *In Praise of Athletic Beauty*. Cambridge: The Belknap Press of Harvard University Press.

KIMMEL, Michael (2008): "Los estudios de la masculinidad: una introducción". Entrevista hecha por Joseph Armengol y Angels Carabí, en *La masculinidad a debate,* vol. 15, n° 1, pp. 15-31.

KRELL, David (1977): *Martin Heidegger: Basic Writings*. New York: Harper and Row.

LLORENS, Manuel (2012): *Terapia para el emperador*. Caracas: Libros Marcados.

LUDMER, Josefina (1985): "Las tretas del débil", en Eliana Ortega/Patricia González (eds.): *La sartén por el mango: Encuentro de escritoras lationamericanas*. Río Piedras: Huracán, pp. 47-55.

MESSNER, Michael (1992): *Power at Play*. Boston: Beacon.

NURSE, Keith (2004): "Masculinities in Transition: Gender and The Global Problematique", en Rhoda Reddock (ed.): *Interrogating Caribbean Masculinities: Theoretical and Empirical Analyses*. Kingston: University of the West Indies Press, pp. 3-37.

PRONGER, Brian (2002): *Body Fascism: Salvation in the Technology of Physical Fitness*. Toronto: University of Toronto Press.

QUIJANO, Aníbal (2000): "La colonialidad del poder, eurocentrismo y América Latina", en Eduardo Lander (ed): *La colonialidad del saber: eurocentrismo y ciencias sociales*. Buenos Aires: CLACSO, pp. 122-151.

ROCHA, Carolina (2013): "Introduction", en Carolina Rocha (ed.): *Modern Argentine Masculinities*. Chicago/Bristol: Intellect, pp. 1-16.

RODRÍGUEZ NAVAS, Ana (2017): "Global Market, Hyperlocal Aesthetics: Framing Childhood Poverty in Contemporary Latin American Cinema", en *Bulletin of Hispanic Studies*, vol. 94, n° 1, pp. 77-95.

STEPHENS, Sharon (1995): "Children and the Politics of Culture in Late Capitalism", en Sharon Stephens (ed.): *Children and the Politics of Culture*. Princeton: Princeton University Press, pp. 3-48.

VENKATESH, Vinodh (2015): *The Body as Capital: Masculinities in Contemporary Latin American Fiction*. Tucson: The University of Arizona Press.

WELLARD, Ian (2009): *Sport, Masculinities and the Body*. New York: Routledge.

Sitios web, periódicos y películas

BERNANKE, Ben (2010): "Causes of the Recent Financial and Economic Crisis", en *Federal Reserve News*, 2 de septiembre. <https://www.federalreserve.gov/newsevents/testimony/bernanke20100902a.htm> (02-08-2018).

CLARÍN: "Manual machista: bochorno por un curso de la AFA con consejos para tener alguna oportunidad con una chica rusa" (2018), en *Clarín*, 15 de mayo. <https://www.clarin.com/deportes/bochorno-curso-afa-consejos-tener-alguna-oportunidad-chica-rusa_0_rJ6sZ2OCz.html> (01-08-2018).

Hermano. Marcel Rasquin (Dir.). Cines Unidos, Music Box Films, Escalon, Wanda Distribución, 2010.

LAGUNAS, Aitor (2018): "Pensar demasiado me hace daño", entrevista a André Gomes, en *Panenka*, 12 de marzo. <http://www.panenka.org/miradas/intrahistorias/pensar-demasiado-me-dano/> (02-08-2018).

MEZA, Alfredo (2017): "El técnico de la selección sub-20 de Venezuela envía un mensaje a Maduro: 'Paremos las armas'", en *El País*, 8 de junio. <https://elpais.com/internacional/2017/06/09/america/1496964360_175835.html> (13-08-2018).

TELESUR (2014):"Cineasta Miguel Ferrari: el cine venezolano está arriba y cada vez mejor". Telesur, 9 de febrero. <https://www.telesurtv.net/news/Cineasta-Miguel-Ferrari-el-cine-venezolano-esta-arriba-y-cada-vez-mejor-20140209-0005.html> (04-8-2018).

"Sinopsis y ficha técnica de *Azul y no tan rosa*" (2014), en *Ibermedia* sitio web, 20 marzo. <http://www.programaibermedia.com/proyectos/azul-y-no-tan-rosa/> (03-08-2018).

"Geraldinos": cultura popular e exclusão social no novo Maracanã (Rio de Janeiro)

Gilmar Mascarenhas de Jesus

Introdução

A realização da Copa do Mundo de 2014 deixou marcas profundas nos principais estádios de futebol do Brasil. Mesmo naqueles que não acolheram jogos do certame, o chamado "padrão FIFA" se difundiu e consolidou a implantação do modelo "all-seated" como novo paradigma, eliminando assim o tradicional setor popular, que no Maracanã (e em outros grandes estádios como o Mineirão, em Belo Horizonte) era conhecido como "Geral". O processo de modernização de nossos estádios já estava em curso desde o final dos anos 1990, mas sem dúvida alguma a Copa do Mundo consolidou e acelerou este movimento que se fez sem qualquer diálogo ou consulta aos torcedores. Junto com ele a forte tendência à privatização destes equipamentos (Mascarenhas 2014, 2013).

No plano funcional, o processo de transformação material e simbólica de nossos grandes estádios, também conhecido por "arenização", resultou certamente em maiores níveis de ordenamento, segurança, conforto e higienização. Mas do ponto de vista mais amplo, considerando a reprodução social, a cultura popular e o direito à cidade, o essencial impacto desta transformação é o sentido da elitização de um equipamento de uso coletivo que no passado abrigava amplamente as camadas populares. A exclusão deste segmento social, tão importante para a "cultura do futebol" no Brasil e todo o seu ruidoso protagonismo no recinto, produziu um "silenciamento" do estádio, uma forte redução da intensa atmosfera festiva que o caracterizava até então.

O Maracanã, oficialmente Estádio Mário Filho, foi construído para a Copa do Mundo de 1950 e se chamaria incialmente Estádio Nacional. Em seu projeto original, de natureza colossal e modernista, o maior estádio do mundo já constava a Geral, com capacidade estimada para trinta mil pessoas. O gigantesco equipamento propunha uma estrutura claramente hierárquica e, podemos dizer, multiclassista, reservando espaços para todas as camadas sociais: Tribunas de honra, Cadeiras, Arquibancadas e a Geral. Situada bem junto ao campo de jogo, e pouco acima do nível deste, a Geral destinava-se àqueles que, por opção ou falta de recursos materiais, aceitavam assistir os jogos em pé e sem proteção alguma das intempéries. Provavelmente, o estádio Centenário, em Montevidéu, foi o primeiro a, ao menos na América do Sul, adotar este modelo integrador ainda que rigidamente hierarquizado. Temos assim o estádio como representação da sociedade nacional, com os seus quatro principais estratos sociais, cada um devidamente situado na arquitetura interna do equipamento: as elites na Tribuna de Honra, a classe média nas cadeiras, o operariado (o País vivia intenso processo de industrialização) e a classe média-baixa na arquibancada, restando o "lumpemproletariado" (incluindo trabalhadores mais humildes) na Geral.

Durante cinquenta e cinco anos, a Geral do Maracanã aglutinou e potencializou a inventividade das camadas populares, produzindo um dos espaços mais emblemáticos da cultura popular da cidade do Rio de Janeiro. Sua completa extinção, em 2005, para atender à realização dos Jogos Pan-americanos de 2007, gerou ampla e polêmica repercussão. Outros grandes estádios brasileiros, como o Beira Rio, em Porto Alegre, adotaram idêntica medida de exclusão, no que parecia ser um ponto final na longa história de protagonismo e festa popular do futebol em nossos estádios.

Todavia, temos observado que o período "pós-copa" apresenta claros indícios de um movimento que proponho designar como "reconquista do estádio" (Mascarenhas 2017), através da subversão e desobediência em relação às novas regras de conduta por parte dos torcedores, que pouco a pouco conseguiram eliminar algumas das interdições destas arenas, tais como assistir ao jogo em pé e portar determinados adereços. Está inclusive em curso um debate em torno da retomada da Geral em arenas como o Maracanã[1] e o Mineirão[2]. Daí a importância e atualidade do tema que ora propomos discutir.

Não obstante a relevância social e singularidade deste espaço comum, praticamente nada foi publicado academicamente sobre a Geral do Maracanã, sendo apenas comentada em diversos livros e artigos sobre futebol e estádios em geral. Também a Coréia do Beira Rio, ou a Geral do Mineirão, aguardam ainda reflexões, pesquisas e registros acadêmicos acerca de seu papel histórico, político e sociocultural. Estamos, pois, diante de uma lacuna a ser enfrentada.

---

[1] Em julho de 2018 o CR Flamengo, principal usuário do Maracanã, manifestou interesse em retirada de cadeiras para abrir um setor popular semelhante à velha Geral. Cf. https://blogs.oglobo.globo.com/lauro-jardim/post/flamengo-tera-que-aprovar-lei-para-construir-geral-no-maracana.html, acessado em 12 de setembro de 2018.

[2] Sobre a possível retomada da Geral no Mineirão, ver a matéria https://bhaz.com.br/2017/05/17/geral-volta-mineirao/ , acessada em 7 de setembro de 2018, que revela interesse do consórcio que gere o estádio (o Minas Arena) e do gerente de marketing do Cruzeiro, principal clube usuário do Mineirão.

Todavia, em meio ao silêncio analítico da academia, vários registros audio-visuais foram produzidos desde o fim da Geral. Dentre os documentários mais elogiados e comentados, elegemos "Geraldinos", de Pedro Asberg e Renato Martins, lançado em 2015. Trata-se de um extenso filme para a categoria (gênero documentário), um longa-metragem com 75 (setenta e cinco) minutos de duração. Um dos principais méritos do filme é reunir não apenas imagens e cenas de época (principalmente os últimos dias da Geral em 2005), mas localizar e entrevistar, dez anos depois, importantes "personalidades" populares: autênticos e destacados "geraldinos".

O presente artigo pretende analisar o processo de elitização e exclusão social no Maracanã a partir do fechamento da Geral. Para recuperar parte da animada atmosfera deste setor popular do estádio e toda a nostalgia que este ainda gera, recorremos a um dos mais elogiados documentários sobre o tema. Ao lado da análise do conteúdo fílmico, expomos todo um conjunto de fatos e argumentos em torno da importância e do papel dos estádios para a cultura popular, bem como os mecanismos excludentes que orientam o processo de arenização em curso e sua relação direta com a produção do espaço urbano.

No tocante à estrutura do texto, procedemos ao seguinte encaminhamento: num primeiro momento, discorremos sobre os grandes estádios e seu significado na dinâmica social urbana, de modo a frisar sua importância enquanto equipamento de uso coletivo.

A seguir, e avançando no quadro teórico-conceitual que sustenta nossas reflexões, avaliamos o processo de adequação de tais equipamentos à nova economia do futebol, pautada pelos poderosos interesses da mídia televisiva. A adequação dos estádios, também conhecida por "arenização", vem promovendo a exclusão dos setores populares e de todo o seu protagonismo festivo, produzindo esvaziamento não apenas numérico mas qualitativo destes espaços. Por fim, no terceiro segmento, apresentamos o documentário "Geraldinos" e os principais aspectos deste filme para entender o significado da antiga Geral e sua importância para a cultura popular urbana.

O grande estádio de futebol e seus significados

Estádios são lugares da memória acumulada, vivida coletivamente. São gigantescos templos de concreto, nos quais Freud já havia detectado uma dimensão "sagrada". O formato "circular" das grandes arenas nos evocaria o eterno retorno dos tempos, exercício facilmente associado ao ciclo das temporadas esportivas. Meca de cânticos profanos, ao ingressar neste recinto, o indivíduo vivencia a suspensão do tempo externo (Morris 1981).

No Brasil, o poder público começa, a partir da decretação do Estado Novo em 1937 (regime de inspiração fascista), a construir grandes estádios de futebol, uma vez que este esporte é elevado à condição de símbolo da brasilidade e da integração nacional. O Pacaembu, inaugurado em 1939, exemplifica bem este momento. Dez anos depois, surge o Maracanã, primeiro estádio do mundo a superar a capacidade de 150 mil espectadores do Circo Máximo, de Roma imperial.

No plano operacional-urbanístico, funciona como uma centralidade periódica, capaz de acionar grande afluxo de visitantes em dias de jogos, forçando um reordenamento na gestão pública do seu entorno (para garantir segurança e acessibilidade) e gerando fugazes oportunidades comerciais e de serviços informais. Não obstante tal periodicidade, do ponto de vista político e simbólico, o estádio é uma centralidade constante, permanente na paisagem física e cultural.

Espaço vivido e lugar de referência, o estádio alimenta o sentido de pertencimento e a constante atualização das identidades coletivas (Gaffney 2008), sejam elas clubísticas —e intraclubísticas, considerando virtuais facções de torcidas de um mesmo clube—, locais, regionais ou nacionais. Em suma, o estádio, para além de sua função econômica de abrigar e comercializar espetáculos pode e deve ser considerado como "território usado" no sentido proposto por Santos (1996). Em outras palavras, como espaço apropriado pelos usuários, que nem sempre querem se reduzir a meros consumidores e passivos observadores, mas participar ativamente da festa, inclusive expressando coletivamente suas opiniões e reivindicações. O rico movimento de apropriação do estádio faz dele um elemento singular na reprodução social da cidade.

No plano da arquitetura interna, vimos que até recentemente muitos de nossos estádios possuíam um setor popular, junto ao campo de jogo, no qual os torcedores podiam, a preços módicos —permanecendo em pé, expostos ao sol e à chuva, e com uma perspectiva precária dos movimentos gerais da partida—, frequentar com regularidade. Ali, o espectador era participante: seus gritos chegavam aos ouvidos dos que estavam em campo, bem como os objetos eventualmente arremessados. Havia uma interlocução intensa, muito semelhante ao burburinho das feiras, dos tradicionais circos e dos pequenos estádios de outrora, algo banido das grandes arenas modernas, que muito distanciam fisicamente o torcedor do jogador.

No findar do século xx, portanto, podemos vislumbrar o discreto início de uma nova fase na história e na geografia dos estádios brasileiros. Após décadas de produção orientada para o "gigantismo" (Mascarenhas 2014), começam as reformas no sentido de redução de sua capacidade. Adveio o lento início de uma nova geração de equipamentos, inaugurada com a "Arena da Baixada", estádio privado, em Curitiba, no ano de 1999 (Holzmeister 2014). Assim, é possível afirmar que a importação do modelo de estádio *world class* já está em curso no Brasil há mais de uma década, o que resultou na remoção definitiva da lendária *Geral* do Maracanã e da *Coreia* do Beira-Rio (em Porto Alegre).

A reinvenção desses objetos geográficos não se reduz apenas a uma arquitetura sofisticada e monumental, alvo de ufanismo e promotora de mais um cartão postal em nossas metrópoles. Em nossa reflexão, ela abriga novos conteúdos da urbanização, ao propor e impor suas novas formas de vivenciar a vida pública e o futebol. Impõe-se, nos novos estádios, uma rotina altamente organizada, a empobrecer a sociabilidade historicamente construída no processo de apropriação desse espaço público pelas massas urbanas. E, assim, na contramão da cultura popular do futebol, o Brasil celebra seus novos estádios como paradigmas de modernidade. A retórica dominante enaltece tais equipamentos como dotados de uma multifuncionalidade, atribuindo-lhes o recorrente adjetivo "multiuso". Trata-se, na realidade, de uma adequação arquitetônica que permite o funcionamento de lojas e restaurantes no interior do estádio, bem como a organização de grandes eventos musicais, religiosos e outros. Sem dúvida, a moderna arena multiplica sua capacidade comercial ao flexibilizar as funções do equipamento. Todavia, para o torcedor engajado, o que se percebe é o movimento oposto, de restrição acentuada de seu comportamento, reduzido à condição passiva de assistir aos jogos, sentado. Portanto, ao contrário do que é entusiasticamente divulgado pelos agentes hegemônicos, interdições diversas padronizam as formas de torcer e acenam para o torcedor a clara redução da natureza efetivamente "multifuncional" do estádio tradicional, que era o verdadeiro portador da diversidade de usos: não apenas assistir a espetáculos, mas ser protagonista, e inventar formas de expressão coletiva, de cantar, dançar, comer e beber. De celebrar identidades fermentadas no cotidiano da metrópole.

Não obstante funcionar a partir de lógicas próprias, universo do futebol é permeado por agentes, interesses e processos externos a ele. Por isso, as transformações na cultura, na economia e na espacialidade do futebol precisam ser também lidas a partir das macroestruturas que geram e mobilizam tendências mais gerais do mundo contemporâneo. O avanço do neoliberalismo e os processos de globalização parecem estar no centro motor do ideário hegemônico que rege as transformações que estamos aqui tentando compreender. Bem como os novos modos de pensar e gerir nossas cidades, tema de nosso próximo segmento.

Ainda há lugar para os pobres nos grandes estádios?

No bojo da proclamada "nova economia do futebol", eufemismo para designar as últimas rodadas de hipermercantilização deste esporte e das formas sociais de vivenciá-lo (Hognestad 2012, Giullianoti 2002, Llopis 2009), o estádio contemporâneo se vê crescentemente submetido aos implacáveis princípios do gerenciamento técnico-empresarial. Gerenciamento que visa requalificar-revitalizar-refuncionalizar o tradicional equipamento, tornando-o mais rentável e mais "bem freqüentado". Invadido assim pelos princípios do empreendedorismo urbano, esta via de gestão assumidamente neoliberal (Harvey 2005, 2011, Vainer 2000), com seus princípios e dogmas expressos em reiterados processos de privatização, de exclusão, de "gentrificação", de esmagamento das pluralidades e de amesquinhamento da potência criativa dos espaços de encontro (Jacques 2004), o estádio em nossos dias se reinventa e sobrevive como pode.

Uma de nossas premissas fundamentais é a possibilidade de reconhecer o estádio de futebol como espaço-tempo da cidade (Carlos 2010), como momento e lugar da realização de parcela da vida urbana. As supracitadas transformações em curso —privatização, elitização e aumento do controle sobre os corpos— podem ser lidas no contexto da produção do urbano capitalista contemporâneo. Embora o princípio mercadológico já estivesse presente no "velho estádio" —sendo este um espaço acessado pelos indivíduos unicamente pela via da aquisição de ingresso—, as novas arenas ampliam e radicalizam o sentido da cidade mercadoria, ao impor valores comerciais muito mais altos para os ingressos e para a alimentação em seu interior, eliminando assim agentes e serviços informais que tradicionalmente compunham a experiência dos torcedores. Acima de tudo, para garantir a plena realização da mercadoria, vem sendo imposto um crescente aparato normativo que visa eliminar ou subjugar práticas e usos populares, em favor de comportamentos mecânicos e dirigidos, voltados para o consumo passivo. Toda a nova arquitetura dos estádios aposta nesse princípio do controle dos corpos, condicionando a circulação dos freqüentadores e reduzindo seu comportamento à passividade, distanciando-os do tradicional protagonismo festivo das massas ruidosas e, por vezes, imprevisíveis. Toda uma corpografia do torcedor que se pretende banir.

Entendemos que a elitização dos estádios —ou reelitização, dependendo da escala temporal adotada— não significa apenas uma operação funcional de troca de usuários, elegendo os "melhores" e mais comportados consumidores. As implicações dessa mudança para a reprodução social da cidade, e mais efetivamente para o universo cultural das práticas populares, são profundas, pois o estádio se constituiu historicamente como campo de pertencimento, de identidades e de uso popular. Como lugar do homem lento da metrópole.

Enquanto espaço da festa e da expressão coletiva, compunha a cidade vivida, aquela recheada de contra-usos (Leite 2007), de forma que sua radical transformação afeta um capítulo do "direito à cidade" para os menos favorecidos economicamente. Processo esse que se agrava, sobretudo nos novos ditames, cada vez mais perversos, de desigual distribuição de renda no interior da metrópole. Pensamos aqui, inspirados em Jacques (2004), em explorar as performatividades e os padrões corporais de ação no interior dos estádios enquanto lugar do conflito, e assim refletir sobre a corpografia[3] do torcedor, lançando sobre ela o debate mais amplo sobre a produção do espaço no contexto da espetacularização da cidade.

Não por acaso, o antropólogo e historiador Marcos Alvito sugere a noção irônica e autoexplicativa de "estádio-estúdio"[4]. Milton Santos (1987) já havia afirmado de forma contundente como a sociedade capitalista restringe o acesso aos direitos de cidadania apenas àqueles aptos a pagar: ao "cidadão-consumidor". Todavia, parece que estamos diante de uma nova situação, que radicaliza a associação do consumo com direitos de acesso à *polis*: trata-se do empobrecimento da vida pública pela via da segregação espacial (a insularização), conjugada à supracitada encenação, fruto do aparato normativo emergente.

Todo esse processo afeta profundamente a cultura do futebol, incluindo ncla a paixão do torcedor. Segundo o antropólogo Arlei Damo, o "pertencimento clubístico" é uma modalidade de vínculo identitário intenso e imutável com o clube, gerador de um "segmento de público militante", com grande engajamento emocional —condição para viver plenamente a excitação futebolística— e capaz de atitudes tidas como irracionais (Damo 2007: 51-53). Esta aparente irracionalidade, produtora de gestos considerados agressivos e imprevisíveis, não interessa à moderna indústria do espetáculo, que prefere um consumidor sóbrio. Ademais, um consumidor de maior poder aquisitivo, de forma que nossos novos estádios tendem a expulsar o pobre e o torcedor apaixonado, duas categorias sociais que muitas vezes se confundem no mesmo indivíduo, já que o "pertencimento clubístico" está enraizado na cultura popular urbana.

A nosso ver, o que muda substancialmente nas novas arenas é que, não obstante se mantenha (e até se expanda) em seu interior a distribuição

---

[3] Jacques (2006: 119) sugere o conceito corpografia como a "memória urbana do corpo, o registro de sua experiência na cidade". Acreditamos que o torcedor acumulou, ao longo de décadas de uso do estádio popular, todo um repertorio de práticas considerado impróprio para o novo modelo de estádio, por seu protagonismo e criatividade desafiadoras da ordem.

[4] Entrevista concedida ao Instituto Humanitas Unisinos. Cf. http://www.ihu.unisinos. br/entrevistas/505342-copa-do-mundo-2014-o-estado-paga-a-conta-e-a-iniciativa-privada-fica-com-o-lucro. Acessado em 12de janeiro de 2013.

socioeconomicamente hierarquizante de múltiplos setores[5], o novo estádio inaugura, após quase cem anos de progressiva inclusão (ocorrida no bojo da massificação do consumo do espetáculo), o modelo de estádio excludente para os pobres, no qual a "mistura" de classes é bem menor, conforme aferiu Claude Mangin (2012: 37): o novo estádio como filtro social eficaz[6].

Não obstante a massiva propaganda em favor das novas arenas, e todo o conforto material que elas proporcionam, algumas vozes dissonantes fazem-se ouvir, bem como se observam táticas de resistência à adoção do comportamento imposto. Desterritorializados pela normatização elitista, determinadas práticas e agentes buscam a reterritorialização (Mascarenhas 2013). É interessante registrar que a resistência ao novo modelo realiza-se também fora do calendário futebolístico do estádio, especialmente por grupos ativistas. O Comitê Popular da Copa e das Olimpíadas, no Rio de Janeiro, promoveu intensa campanha contra a privatização e a elitização do Maracanã. "O Maraca é nosso" é entoado nas manifestações, com o sentido de reapropriação popular desse equipamento de uso coletivo que representa um bem simbólico para a identidade do carioca. O movimento social em questão manifestava-se contrariamente à privatização do estádio, entendendo tal operação como a entrega de um patrimônio sociocultural à lógica estreita e implacável do mercado[7]. Neste sentido, recorremos às reflexões de Fani Carlos, quando enfatiza que a afirmação da lógica do mercado tem como consequência:

> [...] o empobrecimento, o esvaziamento dos espaços públicos, a normatização dos momentos do lazer e do ócio. A propriedade privada se impõe como potência estranha, redefinindo, constantemente, a realização da vida, delimitando-a e normatizando-a [...]. Trata-se do momento histórico que determina a produção da cidade, no qual o uso é subsumido pelo valor de troca; momento em que o planejamento

---

[5] Ferreira (2014) fala em "hiperssetorização" do estádio. O Maracanã, por exemplo, durante quase meio século comportou quatro setores: Geral, Cadeira, Arquibancada e Tribuna. Atualmente, a distribuição de setores é tão complexa (pois variável) que se torna difícil precisar sua quantidade, mas certamente triplicou, pelo menos, o número original de setores.

[6] Por ocasião do evento acadêmico que gerou o presente artigo, visitamos o Museu do Futebol, no Mineirão, e foi possível constatar mais uma vez o processo de elitização (terminologia por muitos contestada) dos estádios no Brasil: em 1972, havia ingressos que custavam menos de um centésimo do salário mínimo então vigente. Proporcionalmente, os ingressos mais baratos da atualidade podem custar entre cinco e dez vezes mais, dependendo do estádio e da partida.

[7] A tese de doutorado de Demian Castro (2016), por nós orientada, demonstra claramente o quanto as lutas sociais em torno da preservação do Maracanã enquanto espaço público e democrático expressam anseios de direito à cidade.

produz a cidade enquanto espaço funcionalizado. Ora, quanto mais funcionalizado e organizado é o espaço, menos ele se presta ao uso [...] (Fani Carlos 2010:187).

Para se tornar um território plenamente formatado para o circuito da mercadoria, além de encarecer sobejamente o acesso do público[8], o estádio foi alvo de toda uma nova regulamentação, destinada a garantir o conforto e o bem-estar do novo cliente. No Brasil, tais medidas vêm sendo adotadas paulatinamente. O Estatuto do Torcedor, implementado em 2003 (*Estatuto Do Torcedor* 2003) e reformulado em 2010 (*Estatuto Do Torcedor* 2010), amplia a abrangência dos atos ilegais e o rigor das penalidades, prevendo punição severa para os "indisciplinados". Estes podem ser banidos dos estádios por longa temporada: até três anos, conforme o artigo 39 da Lei nº 12.299. Trata-se de um processo de acentuada criminalização dos torcedores. Ao mesmo tempo, surge uma nova geografia do controle social, que se estende para o raio de cinco quilômetros em torno do estádio de futebol, conforme o artigo 41-B parágrafo primeiro da mesma lei. Portanto, a imposição de novo aparato jurídico ultrapassa o recinto do estádio, para compor um anel de vigilância e "ordem pública" ao seu redor.

Em suma, emerge mundialmente um novo conceito de estádio, endeusado pelos meios de comunicação e inteiramente adequado aos interesses do grande capital. As novas "arenas" agradam a segmentos sociais economicamente capazes de consumi-las, ou que não sustentam críticas ao modelo disciplinar e à supressão de práticas populares. Muitos "clientes" sentem-se plenamente satisfeitos com a segurança, a previsibilidade e a serenidade do novo ambiente, e não escondem a satisfação de ser ele frequentado por indivíduos de estrato socioeconômico mais elevado, como ocorre em *shopping centers*, clubes e *resorts*, que operam como "espaços insulares", enclaves que evitam a presença dos indesejáveis segmentos excluídos (Bidou-Zachariasen; Giglia, 2012), inserindo os novos estádios, portanto, nesse rol de espaços excludentes, redutos privatizados da passividade e do consumo.

Mas o "espírito do geraldino", expresso nas táticas "contra-hegemônicas" do torcedor, se verifica aqui e ali, na forma de ações mais ou menos moleculares, buscando brechas, buscando seu espaço de sobrevivência cultural e política na cidade que se espetaculariza em mais este campo do existir cotidiano. Sobre a Geral do Maracanã discorreremos a seguir.

---

[8] São poucos os indivíduos que dispõem de recursos para adquirir regularmente um ingresso que, nos últimos dez anos, em todo o Brasil, sofreu reajuste médio de 300%, contra apenas 73% da inflação geral, e 84% de aumento da Cesta Básica. Cf. http://www.espbr. com/noticias/inflacao-ingressos-futebol-preco-aumentou-300-ultimos-10-anos. Acessado em 21 de abril de 2013.

Era uma vez o maior estádio do mundo:
o filme "Geraldinos" em debate

Mesmo enquanto pesquisador experiente, é difícil para mim tratar da Geral do Maracanã. Nascido em 1962 na cidade do Rio de Janeiro, e residindo a apenas seis quilômetros do estádio, contando com fácil e barato acesso ferroviário, fui grande frequentador da Geral durante minha adolescência, entre 1976 e 1980, ano em que ingressei na universidade e, de acordo com os valores da época, me afastei temporariamente do futebol. No processo de transição da ditadura militar para a futura redemocratização do Brasil, ainda se considerava o futebol um poderoso agente alienante, "ópio do povo", de forma que um estudante de ciências humanas simpático à agenda de transformação social deveria relativizar seu envolvimento emocional com este universo esportivo.

No período em que mais frequentei a Geral, ao lado de colegas colegiais, o Maracanã amiúde acolhia grandes multidões, por diversos motivos: 1) não havia ainda a intensa migração de nossos maiores talentos futebolísticos para a Europa, processo marcante a partir da década seguinte; 2) os quatro grandes clubes cariocas (eventualmente um quinto, o América FC) apresentavam equilíbrio de forças, alimentando assim o interesse e as rivalidades. Atualmente, um único clube carioca (o Flamengo) concentra renda muito superior aos demais, causando desequilíbrio; 3) o Brasil não vivia ainda a recessão econômica dos anos 1980, que, associada a índices elevados de inflação, gerou desemprego e redução da capacidade de consumo; 4) outro fator a "esvaziar" os grandes estádios brasileiros a partir dos anos 1980 foi a crescente violência entre as torcidas organizadas. Em suma, maior poder aquisitivo da população, ingressos baratos, espetáculo atraente (equilíbrio de forças e presença de nossos ídolos em campo) e menores índices de violência atuaram como fatores conjugados para sustentar elevada afluência de público aos estádios[9].

O ingresso para a Geral era muito acessível, mesmo para os mais pobres. O subsídio governamental era fundamental: tanto o estádio quanto o sistema ferroviário eram estatais e mantinham uma política de manutenção de preços baixos. Enquanto estudantes egressos das camadas populares e que habitavam o subúrbio, tínhamos muito facilidade em frequentar o estádio. Recorrendo aos valores atuais, ano de 2018, podemos dizer que o bilhete da Geral custava algo

---

[9] Em 3 de junho de 1979, por exemplo, estive na arquibancada, espremido junto à mureta, para assistir Botafogo 1 x 0 Flamengo, pelo Campeonato Carioca. O público pagante foi de 140 mil pessoas. Estima-se a presença de outros quinze ou vinte mil torcedores que desfrutaram de gratuidade, seja por meios legais, seja por meios informais, como era comum na época.

em torno de 3 a 5 reais, enquanto o bilhete de trem custava o equivalente a um real. Portanto, tomando agora a moeda europeia como referência, com pouco mais de um único euro poderíamos desfrutar de uma animada tarde no estádio.

Para os miseráveis, que sequer despunham do pequeno montante para ingressar no estádio, havia a alternativa de aguardar o intervalo do jogo ou o transcorrer do segundo tempo quando frequentemente eram abertos os portões da Geral. O súbito aporte deste grupo ao recinto gerava animação extra, em ambiente de constante algazarra. Éramos conhecidos popularmente como "geraldinos", para nos diferenciar dos "arquibaldos" (os que frequentavam a arquibancada), termos criados pelo jornalista esportivo e radialista Washington Rodrigues (segundo outra versão, de menor divulgação, a terminologia teria sido criada nos anos sessenta pelo famoso cronista Nelson Rodrigues).

Os críticos da Geral costumam alegar o desconforto daquele espaço, mas, enquanto usuário assíduo dos anos 1970, posso pessoalmente assegurar que para seus frequentadores este aspecto não era relevante. Devido ao acesso quase irrestrito à área, nos considerávamos a Geral como um grande parque público, uma zona descampada, a céu aberto, onde havia amplas possibilidades de desfrute e improvisação: um espaço aberto Também costumam alegar a pouca visibilidade do campo de jogo. Certamente, mas a partida de futebol funcionava muitas vezes como um luxuoso pano de fundo para nossa diversão. Brincar com bolas de meias, em dias de menor afluência de público, era muito comum. O geraldino estava mais interessado em se divertir e compartilhar a experiência de estar no estádio do que acompanhar detalhes do jogo. Em dias de jogos mais importantes, havia a preferência pela arquibancada, por sua boa visibilidade.

O filme "Geraldinos" resgata parte significativa da atmosfera deste setor, recuperando alguns de seus personagens marcantes, como a "Vovó Tricolor" (sra. Maria de Lourdes Pereira), que contava com 63 anos de idade quando a Geral foi fechada definitivamente em 2005. Sua existência e assiduidade comprovam a pluralidade de atores neste setor, incluindo mulheres e idosos dispostos a abrir do conforto e de certo grau de segurança para viver o animado carnaval da Geral.

Outros personagens "folclóricos" da velha Geral, como Antônio Barbosa (conhecido popularmente por Valderrama, por sua semelhança física com o famoso jogador colombiano) e Antônio Ramos (vulgo "Índio da Geral"), contribuem para fornecer detalhes pitorescos do ambiente. Destaque para Edgar Roque, torcedor do Fluminense FC que, em 1982, em importante clássico Fla--Flu, invadiu o gramado e interrompeu o jogo. Seu time perdia o jogo e havia risco de sofrer goleada, que o mesmo entende ter evitado, tornando-se assim grande protagonista da partida. Embora existisse um fosso de três metros de altura a separar a Geral do campo de jogo, os geraldinos muitas vezes venciam esta barreira física, com ajuda de colegas para "escalar" a parede do fosso; também tinham que superar o controle policial para enfim adentrar o espaço verde "sagrado" e mítico, onde desfilavam seus grandes ídolos.

Além de resgatar imagens impactantes, o filme entrevista os geraldinos, e deles recolhe não apenas relatos saudosos, mas igualmente a crítica à elitização do estádio. Alguns reduziram muito sua afluência ao Maracanã, por razões financeiras, enquanto outros, como o supracitado Edgar Roque, prefere assistir os jogos do seu clube em casa. Dispondo de ampla área descoberta, o mesmo tenta recriar a atmosfera festiva da velha Geral, com bandeiras penduradas, instrumentos sonoros e reunião de amigos. Os que continuam de alguma forma afluindo ao estádio buscam preservar sua indumentária exótica e sua atitude irreverente. São os "neogeraldinos", segundo sugeriu Fernando Ferreira (2017) em sua bela tese de doutorado, por mim orientada.

Também ex-jogadores, jornalistas, políticos e escritores participam do documentário, fornecendo depoimentos, com destaque para as análises de Luiz Antônio Simas, Marcelo Freixo e Lúcio de Castro sobre o profundo significado da Geral para a cultura popular carioca. Em suma, entendo ser este um dos melhores registros audiovisuais (certamente o mais completo) já produzidos sobre a Geral do Maracanã. Na ausência de estudos acadêmicos, filmes como este fornecem subsídios valiosos para que governantes e classe empresarial (hoje envolvida na gestão do Maracanã) repensem o modelo FIFA e suas limitações para a realidade socioeconômica e cultural brasileira. Os times sentem falta da pressão e incentivo da torcida, comportamento muito mais característico dos segmentos populares. Ademais, mesmo as elites e classe média ressentem a ausência da velha atmosfera de animação popular. Também a transmissão televisiva se fartava das imagens insólitas produzidas na Geral. Em suma, mesmo se tais agentes (governo e empresariado) não sejam sensíveis à causa da exclusão social e direito à cidade, não faltam argumentos para tentar recuperar, ainda que parcialmente, a lendária Geral do Maracanã.

Considerações finais

O processo de transformação a que estão sendo submetidos os estádios, orientado por agentes globais e conduzido por atores hegemônicos locais, precisa ser estudado também sob a perspectiva do território, do uso e das microterritorialidades que neles se realizam, engendrando cenários de conflitos e resistências. Trazemos aqui uma reflexão sobre o estádio enquanto espaço público onde são latentes as disputas pelo sentido da cidade. Nas palavras de Fernandes, concebendo o espaço público "enquanto esfera do direito, da política, da democracia e da expressividade, contrapondo-se frontalmente à hegemonia do espaço público coisificado, adocicado e da cidade estratégica", este que se verifica no projeto elitista e excludente do novo estádio (Fernandes 2006: 62).

Entendemos que a recente transformação radical na forma e no conteúdo dos estádios de futebol pode ser interpretada para além das óbvias necessidades e interesses da nova economia do futebol-espetáculo. Pretendemos refletir sobre em que medida as mudanças em curso são expressão de um movimento mais amplo que se passa na cidade contemporânea, se olharmos o estádio como um potencial microcosmo do universo urbano. Vislumbramos, nas novas arenas, na extinção dos setores populares como a Geral do Maracanã, uma faceta da "redução da cota da experiência urbana", pelo controle exacerbado da ação corporal e coletiva: um empobrecimento da experiência, como integrante do cotidiano espetacular e "desencarnado", de que nos fala Jacques (2004).

A elitização do estádio através da extinção da Geral do Maracanã expressa a imposição da lógica "eficiente" da gestão empresarial sobre as cidades, consideradas pelo pensamento neoliberal como espaços potencialmente perigosos, que oferecem riscos indesejáveis ao necessário ambiente de negócios. Não podemos ser nostálgicos: o ambiente reinante em dias de confronto de grandes rivalidades clubísticas era hostil para mulheres, idosos e crianças. Mas o novo modelo que se impõe, sem diálogo, não deixa de engendrar novos —e mais abrangentes— mecanismos de exclusão. Ademais, o velho estádio, por sua própria arquitetura simplificada, permitia liberdade muito maior de apropriação, bem como a movimentação dos coletivos de torcedores, que ali produziram uma corpografia peculiar. O atual modelo é nitidamente cerceador, tendendo, segundo Bale (1998), a assemelhar-se aos espaços carcerários, contra o qual, conforme argumentamos aqui, alguns torcedores promovem táticas de subversão.

Lugar do vivido, preenchido por paixões e locuções, o estádio não se cala. E assim o jogo continua, na disputa pelo sentido do estádio, que sinaliza, de alguma forma, a luta pelo sentido da cidade.

Bibliografia

ALVITO, Marcos (2013): *A Rainha Das Chuteiras*. Rio de Janeiro: Larousse.

ARANTES, Otília (2000): "Uma estratégia fatal. A cultura nas novas gestões urbanas", in Otília Arantes/Carlos Vainer/Ermínia Maricato (org.): *A cidade do pensamento único. Desmanchando consensos*. Petrópolis: Vozes. pp. 11-73.

BIDOU-ZACHARIASEN, Catherine/GIGLIA, Angela (2012): "Vers la ville insulaire? Tendences globales, effets locaux", in *Espaces et Sociétés*, vol. 150, n° 3, pp. 7-14.

CARLOS, Ana Fani Alessandri (2010): "Sobre a gestão democrática da cidade: questões para o debate", in *GeoTextos*, vol. 6, n°1, pp. 179-189.

— (2011): *A condição espacial*. São Paulo: Contexto.

CASTRO, Demian (2016): *"O Maraca é Nosso!": elitização do futebol, neoliberalização da cidade e lutas sociais em torno do Maracanã*. Tese de Doutorado. Programa de Pós-Graduação em Geografia (PPGEO) da Universidade do Estado do Rio de Janeiro. Rio de Janeiro.

DAMO, Arley Sander (2007): *Do dom à profissão: a formação de futebolistas no Brasil e na França*. São Paulo: Hucitec e ANPOCS.

FERNANDES, Ana (2006): "Cidade e cultura: rompimento e promessa", in Henry Pierre Jeudy/Paola Berenstein Jaques (eds.): *Corpos e cenários urbanos*. Salvador: EDUFBA, pp. 51-64.

FERREIRA, Fernando da Costa (2004): *O bairro Vasco da Gama: um novo bairro, uma nova identidade?*. Dissertação de Mestrado em Geografia, Universidade Federal Fluminense, Niterói.

— (2017): *O estádio de futebol como arena para a produção de diferentes territorialidades torcedoras: inclusões, exclusões, tensões e contradições presentes no novo Maracanã*. Tese de Doutorado. Programa de Pós-Graduação em Geografia (PPGEO) da Universidade do Estado do Rio de Janeiro. Rio de Janeiro.

GAFFNEY, Christopher (2008): *Temples of earthbound gods: stadiums in the cultural landscapes of Rio de Janeiro and Buenos Aires*. Austin: The University of Texas Press.

GIULIANOTTI, Richard (2002): *Sociologia do futebol: dimensões históricas e socioculturais do esporte das multidões*. São Paulo: Nova Alexandria.

LEITE, Rogerio Proença (2007): *Contra-usos da cidade: lugares e espaço público na experiência urbana contemporânea*. 2a edição, Campinas: UNICAMP.

HARVEY, David (1992): *A Condição Pós-moderna — uma pesquisa sobre as origens da mudança cultural*. São Paulo: Loyola.

— (2011): *Le capitalisme contre le droit à la ville: néoliberalisme, urbanisation, résistances*. Paris: Amsterdam.

HOGNESTAD, Hans K. (2012): "Split loyalties: football is a community business", in *Soccer and Society*, vol. 13, n° 3, pp. 377-391.

HOLZMEISTER, Antonio (2014): "A brief history of soccer stadiums in Brazil", in *Soccer & Society*, vol. 15, n° 1, pp. 65-80.

JACQUES, Paola B. (2004): "Espetacularização Urbana Contemporânea", in *Cadernos do PPG-AU*, especial "Territórios Urbanos e Políticas Culturais", pp. 22-30.

LLOPIS, Ramón (org.) (2009): *Fútbol postnacional: transformaciones sociales y culturales del "deporte global" en Europa y América Latina*. Barcelona: Anthropos.

MANGIN, Claude (2012): "Les lieux du stade: modèles et médias geéographiques, in *Mappemonde*, vol. 64, n° 4, pp. 36-40.

MASCARENHAS, Gilmar (2014): *Entradas e Bandeiras: a conquista do Brasil pelo futebol*. Rio de Janeiro: EdUERJ.

— (2013): "Um jogo decisivo, mas que não termina: a disputa pelo sentido da cidade nos estádios de futebol", in *Cidades*, vol. 10, pp. 142-170.

MORRIS, Desmond (1981): *The Soccer Tribe*. London: Cape. 1981.

SÁNCHEZ, Fernanda (1999): "Políticas urbanas em renovação: uma leitura crítica dos modelos emergentes", in *Revista brasileira de estudos urbanos e regionais*, n° 1, pp. 115-132.

SANTOS, Milton (1996): *A Natureza do Espaço: Técnica e Tempo, Razão e Emoção*. São Paulo: Hucitec.

— (2007): *O espaço do cidadão*. 7a edição. São Paulo: EDUSP [1987].

Páginas web

BALE, John (1998): "Virtual fandoms: "futurescapes" of football", in *Lecturas: Educación Física y Deportes*, n°10. Disponível in <http://www.efdeportes.com/efd10/jbale.htm> (12-02-2014).

GAFFNEY, Christopher/MASCARENHAS, Gilmar (2006): "The soccer stadium as a disciplinary space", in *Esporte e Sociedade*, n° 1, Nov. 2005/Fev. 2006. Disponível in <http://www.lazer.eefd.ufrj.br/espsoc/> (18-08-2020).

Sobre las autoras, los autores, la editora y los editores

Manuel Aguilar-Moreno es doctor y profesor de Historia del Arte en la Universidad Estatal de California, con sede en Los Ángeles. Nacido en Guadalajara, México, es un reconocido experto en culturas prehispánicas, historia colonial de México y muralismo mexicano. Es considerado uno de los expertas del juego de pelota indígena *Ulama*. El título de su nueva publicación será *A Survival of the Mesoamerican Ballgame*.

Pablo Alabarces es licenciado en Letras en la Universidad de Buenos Aires (UBA), magister en Sociología de la Cultura (UNSAM) y doctor en Sociología (University of Brighton, Inglaterra). Es profesor titular de Cultura Popular en la Facultad de Ciencias Sociales de la UBA e investigador principal del CONICET. Sus investigaciones incluyen estudios sobre música popular, culturas juveniles y culturas futbolísticas. Es considerado uno de los fundadores de la sociología del deporte latinoamericana. Entre sus numerosos libros publicados se cuentan *Fútbol y Patria*, *Hinchadas*, *El fútbol entre la violencia y los medios* e *Historia mínima del fútbol en América Latina*. Fue coordinador del grupo de estudios "Deporte y Sociedad" del Consejo Latinoamericano de Ciencias Sociales (CLACSO).

Gabriela Ardila es historiadora, con máster en Estudios Interdisciplinarios Latinoamericanos de la Freie Universität de Berlín y estudiante de doctorado de la Universidad de Hamburgo. Sus intereses en materia de investigación son las metodologías feministas y anticoloniales de investigación historiográfica, las historias de vida y biografías de luchadoras sociales en Colombia, los movimientos sociales y el deporte y el fútbol practicado por mujeres.

Ramzy R. Barrois is a specialist of Maya archaeology, iconography and epigraphy. He wrote his PhD-thesis on the Mesoamerican ballgame and worked in collaboration with various archaeological projects in the Maya area (Rio Bec, Uaxactun and Holmul), inclusively a postdoc study on La Rejolla, a satellite site of Caracol, on the border Guatemala-Belize. He is the secretary of WAYEB, the European Association of Mayanists.

Luciano Victor Barros Maluly e jornalista, Doutor em Ciências da Comunicação e professor do Curso de Jornalismo e do Programa de Pós-Gradação em Ciências da Comunicação (PPGCom), na ECA-USP (Univeridade de São Paulo). Líder do grupo de pesquisas Alterjor, é autor dos livros *Jornalismo esportivo: princípios e técnicas*, *O ensino no radiojornalismo: experiências luso-brasileiras* e um dos organizadores do e-book *Antes da pauta: linhas para pensar o ensino do jornalismo no século XXI*.

Martin, E. Berger fue doctorado por la Universidad de Leiden (Países Bajos). Es comisario de la colección latinoamericana del National Museum of World Cultures, Países Bajos. Sus intereses de investigación incluyen la arqueología de Oaxaca, el tráfico ilícito y el mercado del arte prehispánico y los estudios de migración y globalización. Ha creado exposiciones para museos en los Países Bajos, Bélgica, Suecia, Austria y Alemania. Es autor de *From Ollamaliztli to Pelota mixteca and beyond: the role of globalization in the historical development of an indigenous Mexican ballgame*.

Nicolás Cabrera es licenciado en Sociología por la Universidad Nacional de Villa María (Argentina), becario del CONICET del IDAES-UNSAM y doctorando en Antropología en la Universidad Nacional de Córdoba (Argentina). Se encuentra redactando su tesis de doctorado sobre el proceso de formación social de la barra del Club Atlético Belgrano de Córdoba. Sus intereses de investigación abarcan la violencia y seguridad en el deporte y los estudios comparados entre Argentina y Brasil. También se dedica a la fotografía y la crónica periodística. Actualmente, desarrolla una investigación comparativa entre el fenómeno de las barras argentinas y las torcidas organizadas brasileras.

Nicolás Campisi es candidato al Doctorado en Estudios Hispánicos en Brown University (Providence, EE. UU.). Es coeditor de la antología de cuentos de fútbol *Por amor a la pelota: once cracks de la ficción futbolera*.

Flavio de Campos é formado em História pela Pontifícia Universidade Católica de São Paulo. É Mestre em História Social pela Universidade de São Paulo e Doutor em História Social também pela Universidade de São Paulo. É professor de História Medieval do Departamento de História da Universidade de São Paulo. É coordenador científico do Núcleo interdisciplinar de pesquisas sobre futebol e modalidades lúdicas (Ludens).

Arturo Córdova Ramírez es asistente científico de la Facultad de Filología Románica de la Universidad de Bonn (Alemania). Ha culminado estudios de licenciatura en Literatura en la Universidad Nacional Mayor de San Marcos en

Lima y de máster en Etnología en la Universidad de Bonn. Actualmente escribe su tesis de doctorado sobre representaciones de masculinidad y descripciones étnicas y racistas de afrodescendientes en la literatura peruana del siglo xx.

Martin Curi é atualmente assistente social no Projeto para Torcedores Fürth (Fanprojekt) da Arche Fürth, Alemanha, que oferece serviço social para torcedores adolescentes. Possui Pós-Doutorado em Antropologia pelo PPGA — UFF e Museu Nacional / UFRJ, Doutorado em Antropologia - Universidade Federal Fluminense (Niterói, Brasil), Mestrado em Sociologia - FernUniversität Hagen e graduação em Serviço Social - Georg-Simon-Ohm Fachhochschule Nürnberg (2002). É autor dos livros *Friedenreich - Das vergessene Fußballgenie; Brasilien Land des Fußballs, Football in Brazil* e *Enquanto a Copa não vem.*

Thomas Fischer es catedrático de Historia de América Latina y director del Centro de Estudios Latinoamericanos en la Universidad Católica de Eichstätt-Ingolstadt (Alemania). Su investigación abarca los ámbitos de la historia global desde la perspectiva de América Latina, la historia de la violencia política, de la memoria colectiva, así como la historia de la ciencia. Ha publicado ensayos sobre el mito de Maradona y sobre la nueva historia del fútbol en América Latina. Desde 2016 hasta 2020 fue presidente de la Asociación Alemana de Investigación sobre América Latina (ADLAF).

Sharún Gonzales Matute es licenciada en Periodismo por la Pontificia Universidad Católica del Perú. Es estudiante en las maestrías de Estudios Latinoamericanos y Ciencias Políticas en la Universidad del Sur de la Florida (Tampa, Florida, EE. UU.). Sus temas de investigación actuales son construcciones de raza y género en Perú.

Julia Haß es investigadora en el proyecto de investigación "Fútbol como espacio de pertenencia: equipos de fútbol *amateur* de migrantes latinoamericanos en Río de Janeiro y São Paulo", apoyado por la Fundación Alemana de Investigación — Deutsche Forschungsgemeinschaft (DFG), y doctoranda en Antropología Social y Cultural, en la Freie Universität de Berlín. Sus principales áreas de investigación son deporte, fútbol, relaciones de género, desigualdades sociales, migraciones y negociaciones del espacio urbano en ciudades en América Latina. En su tesis de doctorado estudia la participación de jugadoras y entrenadoras en los espacios del fútbol *amateur* en Río de Janeiro. Entre otras publicaciones, es autora de *Frauenamateurfußball en Río de Janeiro* y *Umkämpfter Sport und Stadtraum.*

502 FÚTBOL Y SOCIEDAD EN AMÉRICA LATINA

Antonio Isea es profesor titular de Literatura y Cine Latinoamericano en la Western Michigan University. Ha publicado e investigado el territorio de la novela histórica y la narrativa negra en los siglos XX y XXI. Actualmente investiga construcciones de afecto, masculinidad y porno-miseria en el cine y la literatura venezolanas del siglo XXI.

Romy Köhler es doctoranda de Antropología de las Américas con especial enfoque en los Estudios Amerindios en la Rheinische Friedrich-Wilhelms-Universität de Bonn. En su tesis explora los inicios de la globalización de la religión católica en una fuente escrita en nahuatl alfabético de la época colonial temprana en Nueva España (1547). Ha coeditado Las *agencias de lo indígena en la larga era de globalización*, un compendio que abarca producciones culturales de lo "indígena" en diferentes contextos políticos en una perspectiva diacrónica. De 2016 a 2018 fue representante de los investigadores jóvenes en la junta directiva de la ADLAF.

Günther Maihold es vicedirector de la Stiftung Wissenschaft und Politik (SWP). Maihold fue profesor en la Universität/GH Duisburg (Alemania) y en el Instituto de Estudios Latinoamericanos de la Freie Universität de Berlín (FU). Es profesor honorario de ciencias políticas en la FU. Estudió Sociología y Ciencias Políticas en la Universidad de Regensburg (Alemania). Tiene un doctorado de la misma universidad, donde, además, trabajó como investigador en el Área de Política Científica y Derecho Público. Fue director de proyectos de consultoría sociopolítica en México, Nicaragua, Panamá y Costa Rica, así como en el Departamento de Latinoamérica y el Caribe de la Fundación Friedrich Ebert.

Gilmar Mascarenhas de Jesus (1962-2019) foi um geógrafo brasileiro destacado, conhecido por sua visão única e pesquisa sobre a intersecção entre esportes, urbanização e cultura. Mascarenhas recebeu seu Doutorado em Geografia pela Universidade de São Paulo e foi professor no Instituto de Geografia da Universidade do Estado do Rio de Janeiro desde 1992. Ele foi uma figura-chave na Associação Brasileira de Geógrafos (AGB), foi um bolsista de CAPES, FAPESP, FAPERJ e CNPq e completou pós-doutorados na Universidade de Barcelona e na Sorbonne. Ele foi autor de cinco livros e dezenas de artigos, incluindo trabalhos pioneiros sobre a história do futebol no Brasil e as conexões entre território, urbanização, cultura e políticas públicas.

Renzo Miranda Cerruti realizó sus estudios de pregrado en Ciencias y Artes de la Comunicación en la Pontificia Universidad Católica del Perú (PUCP). Se licenció en Comunicación para el Desarrollo por esa misma casa de estudios.

Posteriormente, obtuvo el diploma en "Deporte y Sociedad" por la cátedra CLACSO (Consejo Latinoamericano de Ciencias Sociales). Ha colaborado con publicaciones que giran en torno al fútbol peruano. Actualmente, se desempeña como prosecretario académico de la Facultad de Ciencias y Artes de la Comunicación de la PUCP.

Enio Moraes Júnior es jornalista e Doutor em Ciências da Comunicação pela Escola de Comunicações e Artes da Universidade de São Paulo (ECA-USP) e integrante do Alterjor, da ECA-USP. É um dos organizadores do e-book *Antes da pauta: linhas para pensar o ensino do jornalismo no século XXI*.

Juliane Müller es doctora en Antropología Social y Cultural, investigadora y docente en la Ludwig-Maximilians-Universität Múnich. Sus ámbitos de interés son la etnografía andina, la antropología y sociología del comercio y del mercado, el deporte, así como la migración y la movilidad transnacional. Su bibliografía sobre deporte y fútbol incluye *Otro Fútbol: Ritualidad, organización institucional y competencia en un siglo de fútbol popular en Bolivia (1896-2014)* y *Migration, Geschlecht und Fußball zwischen Bolivien und Spanien. Netzwerke — Räume — Körper*.

Aldo Panfichi es doctor en Sociología por The New School for Social Research (New York City, EE. UU.) y vicerrector de Investigación en la Pontificia Universidad Católica del Perú. Ha sido presidente de la Latin American Studies Association (LASA). Sus áreas de enseñanza e investigación son los estudios urbanos, la representación política, los conflictos sociales y la relación entre el deporte y la sociedad. Entre sus últimas publicaciones sobre el deporte destacan las obras colectivas *Ese Gol Existe. Una mirada al Perú a través del fútbol* y *El otro Partido: la disputa por el gobierno del fútbol peruano* (coeditado con Gisselle Vila Benites, Noelia Chávez Ángeles y Sergio Saravia López).

Leopoldo Peña es investigador, docente y fotógrafo independiente radicado en Los Ángeles, California. Su trabajo fotográfico se enfoca en temas de inmigración y la diáspora indígena en California. Recientemente, recibió un doctorado en Español de la Universidad de California, Irvine. Como investigador, sus intereses comprenden fotografía, letras indígenas en México y los estudios Latinx en Estados Unidos. Actualmente, trabaja como docente en el Departamento de Español y Portugués en la Universidad de California, Davis (EE. UU.).

Stefan Reith es representante de la Fundación Konrad Adenauer (KAS) en Colombia. Estudió Ciencias Políticas, Relaciones Internacionales e Historia en Friburgo (Alemania) y Salamanca (España) y terminó la carrera universitaria con su tesis sobre "Un País Emergente ante los Desafíos de la Globalización - La Política Exterior de Chile después de Pinochet". Fue director para América Latina dentro del Departamento de Cooperación Europea e Internacional de la KAS. La KAS es miembro institucional de la ADLAF.

Carmen Rial es profesora titular en la Universidade Federal de Santa Catarina (Brasil) e investigadora del CNPq (Consejo Nacional de Desarrollo Científico y Tecnológico). Rial es presidenta del Consejo Mundial de Asociaciones de Antropología (WCAA) y expresidenta de la Asociación Brasileña de Antropología. Recibió su doctorado de la Universidad de París V - Sorbonne. Su trabajo se centra en la globalización cultural, la migración transnacional, el género y el deporte. Sus publicaciones giran en torno a estos campos de investigación.

Patrick Thomas Ridge es profesor asistente de Español en Virginia Tech (Blacksburg, EE. UU.). Su investigación actual explora las representaciones literarias y culturales del fútbol en América Latina, centrándose principalmente en cuestiones de género, nacionalismo, poder y violencia. Ha publicado trabajos sobre los documentales del Mundial '78, la homoafectividad en la serie de televisión "Club de cuervos" y la masculinidad.

Stefan Rinke es profesor catedrático de Historia Latinoamericana del Instituto de Estudios Latinoamericanos de la Freie Universität de Berlín. Ha sido presidente de la Asociación de Historiadores Latinoamericanistas Europeos (AHILA). Fue galardonado con el Premio José Antonio Alzate de la Academia Mexicana de Ciencias y de CONACYT y distinguido con el título de doctor *honoris causa* por la Universidad Nacional de San Martín (Buenos Aires, Argentina). Recibió un Einstein Research Fellowship. Ha publicado numerosas monografías; coordinó la publicación de dos libros sobre fútbol en perspectiva global.

Kevin Rozo Rodón es licenciado en Ciencias Sociales de la Universidad Pedagógica Nacional, Colombia, y maestrante en Antropología Social de la Universidad Iberoamericana, Ciudad de México.

Karmen Saavedra Garfias es doctora en Kultur und Theaterwissenchaft en la Johannes Gutenberg-Universität Mainz (Maguncia, Alemania) y licenciada en Literatura por la Universidad Mayor de San Andrés (UMSA), Bolivia.

Yvette Sánchez estudió y se doctoró en Lengua y Literatura Iberorrománicas, Etnología y Literatura Anglosajona en la Universidad de Basilea y escribió su segunda tesis, publicada bajo el título *Coleccionismo y literatura*. Desde 2002, es catedrática de Culturas y Letras Hispánicas de la Universidad de San Gallen, donde además ejerce de directora del Centro Latinoamericano-Suizo y de decana de la Facultad de Humanidades. Sus áreas de investigación abarcan los microformatos ficcionales, artísticos y digitales, Enrique Vila-Matas, el fracaso, la mirada y la literatura de fútbol, sobre la que ha publicado una serie de artículos entre 2006 y hoy. También ha publicado sobre temas de fútbol.

Stephanie Schütze es profesora de Antropología Cultural y Social con especialización en Estudios de Género y Migración, en el Instituto de Estudios Latinoamericanos de la Freie Universität de Berlín. Ha realizado investigaciones sobre cultura política, movimientos sociales, migración y relaciones de género en diversos contextos y regiones de México, Estados Unidos y Brasil. Su actual proyecto de investigación, con el título "Fútbol como espacios de pertenencia: equipos de fútbol *amateur* de migrantes latinoamericanos en Río de Janeiro y São Paulo", está apoyado por la Fundación Alemana de Investigación - Deutsche Forschungsgemeinschaft (DFG).

Christian L. M. Schwartz é pesquisador visitante no Centro de Pesquisa e Documentação de História Contemporânea do Brasil, o CPDOC da Fundação Getulio Vargas (FGV), e também na Faculty of History da Universidade de Cambridge. É Doutor em História Social pela Universidade de São Paulo (USP). Esteve associado ao Centro de Estudos Latino-Americanos de aquela mesma universidade inglesa, e desde seu doutoramento mantém-se como pesquisador contribuinte do Ludens — Núcleo Interdisciplinar de Estudos sobre Futebol e Modalidades Lúdicas.

Rosana da Câmara Teixeira é professora da Faculdade de Educação da Universidade Federal Fluminense (Niterói, Brasil). É pesquisadora do Laboratório de Educação e Patrimônio Cultural (Laboep-UFF) e do Núcleo de Estudos e Pesquisas sobre Esporte e Sociedade (Nepess-UFF). É Doutora em Antropologia pelo Programa de Pós-Graduação em Sociologia e Antropologia (PPGSA-UFRJ), Pós-Doutorado em Antropologia Social pelo Museu Nacional (PPGAS-UFRJ). Tem publicações sobre o futebol brasileiro.

Peter J. Watson es estudiante de doctorado en la Universidad de Sheffield (UK). Su tesis de doctorado investiga el uso del fútbol para la construcción de nación en Colombia durante la presidencia de Juan Manuel Santos (2010-2018). Publicó un artículo sobre el fútbol y el proyecto de unidad nacional de Santos y es autor de varios artículos en *Razón Pública, Football Paradise* y *Latin News*.

David Wood es catedrático de Estudios Latinoamericanos en la Universidad de Sheffield (Reino Unido), donde dicta cursos sobre diversos aspectos socioculturales de la América Latina contemporánea, entre los cuales figuran el fútbol y otros deportes. Durante las últimas dos décadas sus trabajos de investigación han enfocado las representaciones culturales del fútbol para explorar cuestiones de identidad nacional, de etnicidad y de género. Entre sus artículos, capítulos de libro y monografías sobre estos temas, publicados en Europa, América Latina y los Estados Unidos, se encuentra el libro *Football and Literature in South America*. Wood fue editor de un número especial del *Bulletin of Latin American Research* sobre "Historias del fútbol en América Latina" (2018). Es investigador principal, con colegas en Argentina, Brasil y Colombia, para una red sobre el fútbol y las mujeres en América Latina, auspiciada por el Arts and Humanities Research Council, y fue el presidente de la Society for Latin American Studies (Reino Unido).